Hörter/Wagner
Visionen im Bankmanagement

Visionen im Bankmanagement

Zukünftige Anforderungen an die Führung von Banken

Festschrift für Leo Schuster

Herausgegeben von
Steffen Hörter und Andreas Wagner

Verlag C.H.Beck München

Die Deutsche Bibliothek – CIP-Einheitsaufnahme

Visionen im Bankmanagement: Festschrift für Professor Leo Schuster/hrsg. von Steffen Hörter und Andreas Wagner. – München : Beck, 1997
ISBN 3-406-42604-2

ISBN 3 406 42604 2

Satz: Type & Data, Wangen
Druck: C.H. Beck'sche Buchdruckerei, Nördlingen
Gedruckt auf säurefreiem, alterungsbeständigem Papier;
(hergestellt aus chlorfrei gebleichtem Zellstoff)

Vorwort der Herausgeber

In den vergangenen zehn Jahren haben sich die Anforderungen an das Bankmanagement mit beispielloser Dynamik und Intensität gewandelt. Mit den Begriffen Qualitätsorientierung, Globalisierung des Bankgeschäftes, Value-at-Risk-Steuerung oder Virtualisierung von Banken seien nur einige der Entwicklungen genannt, die zu dominierenden Aspekten bei der Führung von Banken geworden sind. Der Beantwortung der Frage, welche Tendenzen möglicherweise maßgebend das Bankmanagement während der nächsten zehn Jahre bestimmen werden, nimmt sich der vorliegende Band an.

Diese Festgabe ist unserem sehr verehrten akademischen Lehrer, Herrn Professor Dr. Leo Schuster, anläßlich seines 60. Geburtstages gewidmet.

Freundschaftlich verbundene Kollegen und Führungskräfte der nationalen und internationalen Kreditwirtschaft sowie Schüler von Leo Schuster sprechen durch ihre Beiträge Dank und Anerkennung für seine langjährige wissenschaftliche Tätigkeit auf dem Gebiet der Bankbetriebslehre aus. Sie haben aus ihrer jeweiligen Expertensicht in sechs Kapiteln Rahmenbedingungen und Problemstellungen formuliert, mit denen das Bankmanagement zu Beginn des kommenden Jahrtausends konfrontiert werden wird.

Die Festschrift weist mit ihrer Mischung von Autoren aus dem Hochschulbereich und der Praxis auf die Einstellung des Jubilars zur Bankbetriebslehre als wissenschaftliche Disziplin hin. Er versteht sie als angewandte Wissenschaft, die ihre Problemstellungen aus dem jeweiligen praktischen Umfeld gewinnt und praktisch verwertbare Lösungen erbringen soll. Sein nachhaltiges Bemühen um einen intensiven Austausch von wissenschaftlicher Bankbetriebslehre und kreditwirtschaftlicher Praxis kam und kommt dabei besonders seinen Studenten zugute, denen er in zahlreichen Gastvorträgen, Exkursionen und Seminarreisen wohl einmalige Einblicke in die Vielfalt der Bankenlandschaft ermöglicht hat. Nicht zuletzt vergeht auch kaum eine Vorlesungsstunde an seiner derzeitigen Wirkungsstätte, der Wirtschaftswissenschaftlichen Fakultät Ingolstadt der Katholischen Universität Eichstätt, in der er nicht aus seinem reichhaltigen Fundus an praktischen Erfahrungen berichtet.

Leo Schuster hat sich stets der institutionellen Bankbetriebslehre verpflichtet gesehen. Dabei nehmen Fragestellungen der Bankpolitik sowohl in seinem wissenschaftlichen Schrifttum wie auch in seinem aktuellen Forschungsinteresse noch immer einen Schwerpunkt ein. Einen neueren Überblick zu ausgewählten Veröffentlichungen Leo Schusters auf diesem Gebiet gibt sein 1996 erschienenes Buch „Theorie und Politik der Banken im Wandel" (München 1996). Nicht zuletzt um diesem Umstand gerecht zu werden, fiel die Wahl des Titels dieser Festschrift auf „Visionen im Bankmanagement".

In jüngster Zeit beschäftigt sich Leo Schuster vor allem mit zwei aktuellen bankpolitischen Problemstellungen: der gesellschaftlichen Verantwortung von Banken und dem interkulturellen Bankmanagement. Der erste Themenkomplex hat ihn seit seiner Habilitationsschrift „Macht und Moral der Banken" (Bern und Stuttgart 1977) nicht mehr losgelassen. Seinem Leitspruch „banks are people" folgend, hat ihn die Überzeugung, daß Bankmanager zukünftig verstärkt gesellschaftspolitische Kompetenz aufweisen müssen, bestärkt, seine Überlegungen zum Ansatz einer „Gesellschaftsorientierten Bankbetriebslehre" zu konkretisieren (vgl. u.a. „Die gesellschaftliche Verantwortung der Banken, Berlin 1997). Die Sensibilisierung für interkulturelle Problemstellungen des Bankmanagements hat Leo Schuster vor allem durch seine zahlreichen Beziehungen zu ausländischen Bankiers und Bankwissenschaftlern entwickelt, von denen einige Beiträge zu dieser Festschrift beigesteuert wurden. Inspiriert auch durch seine Mitgliedschaft in der „European Association of University Teachers of Banking and Finance" berichtet er stets aufs Neue von den kulturellen Facetten, die Bankgeschäfte und Bankmanagement weltweit beinflussen. Trotzdem oder gerade deswegen, weil „banking" heutzutage „global" ist, plädiert Leo Schuster für eine verstärkte Berücksichtigung interkultureller Erkenntnisse im Rahmen bankpolitischer Entscheidungen und hat dies eindrucksvoll in seinem annähernd 50 Länder umfassenden Herausgeberwerk „Banking Cultures of the World" (Frankfurt am Main 1996) dokumentiert.

Die Autoren und Herausgeber der Festschrift für Leo Schuster verknüpfen mit ihren Beiträgen eine herzliche Gratulation sowie beste Wünsche für die weitere Schaffenskraft und das persönliche Wohlergehen.

Der Dank der Herausgeber gilt zunächst den Autoren, deren spontane Bereitschaft, den Jubilar auf diese Weise zu ehren, uns ermutigte, das Projekt in Angriff zu nehmen. Gedankt sei auch all denjenigen, die uns im Vorfeld und während des Entstehungsprozesses der Festgabe bei unserer Tätigkeit unterstützt haben. Hierzu zählen besonders Herr Professor Oskar Betsch, unser Kollege Herr Dipl.-Kfm. Holger A. Becker, unsere Lehrstuhlsekretärin Frau Anna Thurner sowie unsere studentischen Hilfskräfte Matthias Bachhuber, Stefan Dillerup, Arianne Jerey, Mandy Krafczyk, Boris Piekalnitis und Petra Stangier.

Ein herzlicher Dank gebührt auch unserem Gesprächspartner beim Verlag C. H. Beck in München, Herrn Bernhard S. Maier, für die stets kooperative und vertrauensvolle Zusammenarbeit.

Ingolstadt im Juli 1997 — Steffen Hörter · Andreas Wagner

Inhaltsübersicht

I. Visionen im geschäftspolitischen Umfeld von Banken

II. Visionen im Human-Ressourcen- und Organisationsmanagement

I

Visionen im geschäftspolitischen Umfeld von Banken

Global tätige Banken im Spannungsfeld lokaler Regulierungen und Usancen – Visionen und Realitäten

em. Prof. Dr. Beat Kleiner, Universität St. Gallen

Ausgangspunkt der nachfolgenden Betrachtungen sind Banken oder Bankkonzerne, die von einem Binnenstandort aus oder über Zweigniederlassungen und Konzerntöchter (im folgenden Untereinheiten genannt) im Ausland tätig werden. Mit der Liberalisierung der Kapital- und Finanzmärkte und der enormen Entwicklung des Bankgeschäftes ging eine gegenseitige Durchdringung der Finanzplätze einher. Das hat im System der auf rein nationale Märkte ausgerichteten lokalen Gesetzgebungen etliche Bewegung ausgelöst. Namentlich die Arbeiten des Basler Ausschusses haben bei den nationalen Gesetzgebern die Akzeptanz koordinierter, moderner Regelungen gefördert. Dieser erfreulichen Tendenz stehen aber nach wie vor traditionelle Eigenheiten und „Herr im Hause"-Standpunkte gegenüber, die sich auf Grund politischer und wirtschaftlicher Machtstellungen hartnäckig behaupten. Schließlich läßt sich – zu Recht – eine gewisse Skepsis gegenüber ausländischen Behörden nicht ausräumen, in der Befürchtung, diese könnten großzügig gewährte Rechte zu nicht vereinbarten Zwecken mißbrauchen. So stehen Visionen zunehmender Vereinheitlichung Realitäten nationaler Kulturen und – verständlicher – Vorteilswahrung gegenüber. Nach wie vor haben sich global tätige Banken lokalen Regelungen und Usancen zu unterziehen, was mannigfaltige Probleme mit sich bringt.

1. Gestaltung der Untereinheiten

1.1 Niederlassungsformen

In Rezession begriffen, aber nicht ausgemerzt, ist der Formzwang für die Etablierung an einem fremden Finanzplatz. Er ist teilweise verknüpft mit den Restriktionen des angloamerikanischen dualen Banksystems, das die einfache Lösung einer als Universalbank ausgestalteten Untereinheit nicht oder nur bedingt gestattet.

Kanada beispielsweise läßt keine Zweigniederlassungen ausländischer Banken zu. Die Etablierung kann somit nur in Form einer Tochtergesellschaft erfolgen, woraus für den Bankkunden als Gläubiger ein grundsätzlich anderes Haftungssubstrat resultiert als bei Zweigniederlassungen. In den USA ergeben sich aus den notorischen, zum Teil gelockerten, aber nicht vollständig aufgehobenen Beschränkungen des Interstate Branching und dem Trennbankensystem Standortwahl- und Geschäftsaufteilungszwänge. Aufteilungen bedingen auch die japanischen Vorschriften betreffend die weitgehende Kompartimentalisierung des Bankensystems. Das Universalbanksystem, das sich namentlich in Deutschland und in der Schweiz etabliert hat, hat sich auch im Rahmen der EU-Regelung uneingeschränkt gehalten.

1.2 Strukturierung der Untereinheiten

Die Organisationsvorschriften der einzelnen Rechtsordnungen, denen die Untereinheiten unterliegen, werden zumindest teilweise vom Recht des Hauptsitzes oder der Konzernholding (im Folgenden Obereinheit) abweichen. So sind beispielsweise Tochtergesellschaften in Ländern des Board Systems anders zu konzipieren als in jenen, die das strikte Aufsichtsratssystem kennen. Das erschwert eine einheitliche Strukturierung der Organe der Einheiten, bringt aber keine schwerwiegenden Probleme mit sich. Abgesehen von solchen äußerlichen Formvorschriften werden sich effiziente, modernen betriebswirtschaftlichen Anforderungen entsprechende Organisationsstrukturen unter allen Regelungen bedeutender Finanzplätze nicht nur durchführen lassen; sie sind wohl auch Zulassungsvoraussetzung. Das Problem zwingend umfassender Kompetenzen des obersten Organs einer lokalen Einheit nach Gesellschaftsrecht, die der konzerninternen Kompetenzaufteilung entgegenstehen mögen, betrifft nicht nur grenzüberschreitende Verhältnisse.

1.3 Rechtliche Gestaltung der Kundenbeziehung

Es versteht sich, daß die Beziehungen zwischen lokalen Untereinheiten und Kunden nach anwendbarem lokalem Recht auszugestalten sind. Auf verschiedenen Gebieten globaler Geschäftstätigkeit haben sich aber Mustervereinbarungen eingebürgert, die sich auch im Rahmen lokaler Vorschriften durchgesetzt haben, allenfalls mit Unterwerfung eines Vertrages unter das Recht eines bestimmten Finanzplatzes, auf das ein Mustervertrag ausgerichtet ist. Daß sich dabei das textlich ausufernde angelsächsische System durchgesetzt hat, ist bedauerlich, hat aber die Vereinheitlichung gefördert. Auf dem Gebiete des Massengeschäftes versuchen global tätige Banken ihre Konzepte von Mustervereinbarungen i.S. allgemeiner Geschäftsbedingungen durchzusetzen. Daneben entwikkeln sich Subkulturen vertraglich relevanter Verhaltensregeln, die zugleich aufsichtsrechtliche Bedeutung haben. Dabei ist die Tendenz sichtbar, in Selbstregulierung Wohlverhaltenskodices aufzustellen, deren Inhalt oft mehr oder weniger sanftem Diktat von Überwachungsinstanzen entspringt und in der Folge auf anderen Plätzen Eingang findet. Eine solche Entwicklung ist namentlich auf dem Gebiete des Börsen- und Anlagesektors festzustellen, so etwa mit den Codes of Conduct der Selbstverwaltungsorganisationen, der SROs, in England oder dem ‚code de déontologie' der französischen Commission des Opérations de Bourse (COB). Selbstregulierungswerke haben die immanente Tendenz, – meist in verschärfter Form – durch gesetzliche Regelungen abgelöst zu werden, wie beispielsweise über die Wertpapierdienstleistungsrichtlinie der EU (93/22/EWG), Art. 11. Der so entstandenen Vielfalt von Normen, die gegebenenfalls auch extraterritoriale Wirkung entfalten, versuchen die Rules of Conduct der International Organization of Securities Commissions (IOSCO) entgegenzuwirken.

1.4 Arbeitsvertrags- und Sozialwesen

Daß die entsprechenden lokalen Gesetzgebungen einzuhalten sind, ist selbstverständlich. Logische Folge ist eine unterschiedliche Behandlung der Arbeitnehmer in einem Unternehmen und ebenso die Tatsache, daß sich die Besserstellung von Arbeitnehmern einer Einheit letztlich zu Lasten der Gesamtrechnung des Unternehmens auswirkt.

Delikater sind die lokalen Unterschiede im freien Bestimmungsbereich des Unternehmens. So stellt sich etwa die Frage, ob im Sinne einer globalen Unternehmenskultur für Einheiten mit weniger weitgehenden gesetzlichen Ansprüchen, z.B. auf Ferien, weitergehende Zugeständnisse gemacht werden sollen, trotz negativer Folgen für die lokale Branchengemeinschaft. Von besonderer Brisanz sind die Probleme, die sich bei der Bestimmung der Höhe der Saläre und namentlich der Boni für Kaderleute ergeben. Das Unternehmen kann sich den Zwängen vergleichsweise vorteilhafterer oder gar exorbitanter lokaler Usancen kaum entziehen, wenn es Spitzenkräfte engagieren will, provoziert dabei aber Mißmut beim entsprechenden Kader anderer Einheiten und hilft, lokale Exzesse zu fördern. Umgekehrt führt der Import exzessiver Bonussysteme in Länder, die keine entsprechenden Usancen kennen, zu den bereits erwähnten Konflikten mit der lokalen Branchengemeinschaft. Das war beispielsweise der Fall im Zusammenhang mit der Etablierung der Handelsaktivitäten amerikanischer und englischer Banken in Japan. Der unternehmensinterne Konflikt wird besonders dann manifest, wenn Großtransaktionen durch global zusammengesetzte Teams bearbeitet werden, deren Mitglieder massiv unterschiedlich aus dem Geschäft begünstigt werden. Solange extreme Bandbreiten in den Philosophien der Bonussysteme bestehen, wird sich eine vernünftige Lösung der Probleme kaum finden lassen.

1.5 Rechnungslegung und Geschäftsbericht

Die Rechnungslegung unterliegt in den einzelnen Rechtskreisen verschiedenen Konzepten, wie beispielsweise in den USA den Generally Accepted Accounting Principles (GAAP). Mit den International Accounting Standards (IAS) wird demgegenüber eine internationale Vereinheitlichung angestrebt.

Was die Bewertung anbelangt, besteht ein grundlegender Unterschied zwischen Systemen, die den Gläubigerschutz in den Vordergrund stellen und dem Prinzip der Vorsicht folgen, und jenen, die wie das erwähnte GAAP auf den Aktionär ausgerichtet sind und vorab vom Grundsatz der „fair presentation" ausgehen. Das GAAP stellt im formellen Bereich die Substanz über die Form. Andere Differenzen ergeben sich beispielsweise aus der extensiven Auslegung des Imparitätsprinzips in Deutschland oder rein formellen Elementen, wie etwa dem auf Ende März festgelegten Bilanzstichtag in Japan. Das alles führt dazu, daß die Untereinheiten einmal jenen Vorschriften zu folgen haben, denen die Obereinheit unterliegt, um eine einheitliche Gesamt- oder Konzernrechnung zu ermöglichen, anderseits aber einen eigenen Abschluß unter lokalem Recht zu präsentieren haben. Diese Doppelspurigkeit eliminieren die EU-Richtlinien „über die Pflichten der in einem Mitgliedstaat eingerichteten Zweigniederlassungen von Kreditinstituten und Finanzinstituten mit Sitz außerhalb dieses Mitgliedstaates zur Offenlegung von Jahresabschlußunterlagen" (89/117/EWG), indem sie die für das Stammhaus maßgebenden Vorschriften auch für die Zweigniederlassung anerkennen. Zu Recht wird im Ingreß zur zitierten Richtlinie gesagt, daß Zweigniederlassungsabschlüsse ohnehin keinen ausreichenden Einblick in die finanzielle Situation des Unternehmens zu geben vermögen, da der Teil eines Ganzen nicht isoliert betrachtet werden könne. Ein isolierter, nach anderen Regeln als den für das Stammhaus geltenden aufgestellter Zweigniederlassungsabschluß ist sinnloser Mehraufwand. Analoges gilt letztlich auch für Bankenkonzerne und deren Töchter, ungeachtet deren rechtlicher Selbständigkeit. Was die Rechnungslegung anbetrifft, sollte auch diesbezüglich den Bestrebungen zur einheitlichen Gestaltung zum Durchbruch verholfen werden.

Lokale Eigenheiten mögen auch fortschrittliche Versuche zu internationaler Angleichung hemmen. So schließt beispielsweise die Deutsche Bank die Konzernrechnung freiwillig nach IAS-Normen ab, was auch EU-Anforderungen genügt, muß aber einen separaten Abschluß nach deutschem Handelsgesetzbuch erstellen.

Zusätzliche Probleme ergeben sich, wenn eine global tätige Bank ihre Aktien an ausländischen Börsen kotieren möchte.

2. Organisation von Führung und Kontrolle im Gesamtunternehmen

Eigentlich sollte eine effiziente Führung und Kontrolle des Gesamtunternehmens im Interesse jeder Gesetzgebung liegen, da das Schicksal der Untereinheit untrennbar mit jenem des Gesamtunternehmens verbunden ist. Dazu gehört in erster Linie auch im grenzüberschreitenden Verkehr Transparenz der Untereinheiten gegenüber den Organen des Gesamtunternehmens. Es kann nicht angehen, daß gegenüber Führungs- und Kontrollverantwortlichen der Obereinheit lokale Geheimhaltevorschriften geltend gemacht werden können. Vorschriften über das Bankgeheimnis sind so auszulegen, daß sie den notwendigen Informationsfluß von der Untereinheit zu den Verantwortlichen der Obereinheit nicht behindern. Das wird beispielsweise neuerdings in Art. 4quinquies des Schweizerischen Bankengesetzes ausdrücklich festgelegt[1]. Dabei mag der zugelassene Informationsfluß ausdrücklich auf Zwecke der konsolidierten Aufsicht beschränkt werden.

Umgekehrt ist Transparenz der Obereinheit oder von Untereinheiten gegenüber anderen Untereinheiten für Aufsichtszwecke zur Wahrnehmung des Gläubigerschutzes nicht notwendig, da sich allenfalls aufdrängende Koordination bei den für das Gesamtunternehmen Zuständigen zu erfolgen hat.

2.1 Revision/Prüfung

Die Organisation der lokalen Revision bzw. Prüfung (je nach Terminologie) durch bankinterne Organe einerseits und externe Revisions- oder Prüfungsgesellschaften anderseits und die Koordination dieser Tätigkeiten sowie die Koordination der Revisionen bzw. Prüfungen im globalen Verbund der Einheiten einer Bank oder eines Konzerns lassen sich ohne Einschränkung durch lokale Gesetze bewerkstelligen. Es ergeben sich höchstens Doppelspurigkeiten bei Aufsichtssystemen mit direkter Revision bzw. Prüfung durch die lokale Aufsichtsbehörde, worauf unter 4. noch einzugehen sein wird. Die großen, für Bankrevisionen bzw. -prüfungen eingerichteten Gesellschaften sind in der Regel an allen wichtigen Finanzplätzen vertreten und zugelassen. Das gewährleistet eine weltweit möglichst einheitliche Revision bzw. Prüfung durch ein und dieselbe Gesellschaft.

2.2 Compliance als Teil der Unternehmensführung und Aufsicht

Kontinentaleuropäisch war eigentlich selbstverständlich, daß man sich an die Gesetze hält. Das war problemlos, solange die Regelungen allgemeinverständlich waren und dem entsprachen, was der Branchenangehörige als rechtens empfand. Je mehr aber die Regelungsdichte zunahm, die Spezialisierung fortschritt, überspitzte Anforderungen gestellt wurden und sich das Ganze vom normalen Volksempfinden entfernte, desto notwendiger wurden spezielle Maßnahmen. Das betrifft namentlich jene Gebiete, die, wie die Insiderregelungen oder die Maßnahmen zur Bekämpfung der Geldwäscherei, Reaktionen auf den zunehmenden Mißbrauch der Finanzsysteme zu Eigenvorteilen und kriminellen Machenschaften sind und den Finanzunternehmen Funktionen aufbürden, die, wie z.B. die Identifizierung nicht nur des Vertragspartners, sondern auch eines sogenannten „wirtschaftlich Berechtigten", von vertragsrechtlichen Prinzipien abweichen.

Nach dem Vorbild der US-amerikanischen und englischen Finanzunternehmen wurden in den letzten Jahren auch kontinentaleuropäisch eigene Compliance-Einheiten eingeführt, die zur Einhaltung der zum Teil nur noch schwer verständlichen Regelungen Weisungs- und allenfalls anstelle der Linienvorgesetzten auch direkte Kontrollbefugnisse haben. „Compliance" sollte vom „controlling" unterschieden werden, das auf die Führungsunterstützung, namentlich im Risiko-Management ausgerichtet ist.

Compliance-Einheiten waren im US-amerikanischen und englischen Rechtsbereich längst zwingend einzuführen und gehören heute wohl auch kontinentaleuropäisch zu den Organisationsvoraussetzungen, von denen die Zulassung zumindest größerer und international tätiger Finanzunternehmen abhängt. Gleichzeitig bemühen sich global tätige Banken, Verhaltensregeln aufzustellen, die einem aus der Sicht der Obereinheit festgelegten vernünftigen Standard entsprechen. Solche Verhaltensregeln sind vorweg unternehmensinterne Umsetzungen staatlicher Vorschriften, aber auch betriebsautonome Maßnahmen zur Vermeidung unerwünschter Eigengeschäfte, besonders in sensitiven Marktsegmenten. Wie weit solche Maßnahmen im Konkreten gehen können, hängt von lokalen Usancen ab, da es sich um einen vor allem im Handelssektor äußerst sensitiven Bereich handelt, der in Märkten hochkarätiger Spezialisten die Attraktivität des Arbeitsplatzes erheblich beeinflussen mag. Eine globale Vereinheitlichung entlang der wichtigsten Grundsätze wie Vermeidung von Konflikten zwischen Interessen des Angestellten und jenen der Bank oder von Kunden, etwa durch Ausnützung von nicht öffentlich zugänglichen Informationen zu Voraus- oder Paralleltransaktionen, durch Entgegennahme von Geschenken oder die Ausübung von Privatmandaten, und Vermeidung von desaströsen finanziellen Engagements der Angestellten in spekulativer Absicht wäre wünschenswert.

Überdies ergab sich die Notwendigkeit, das Verhalten der einzelnen Untereinheiten im grenzüberschreitenden Geschäft verstärkt auf die im Ausland einzuhaltenden fremden Rechtsordnungen auszurichten, eine Aufgabe, die ebenfalls der Compliance zufällt.

Schließlich – und für global tätige Banken die schwierigste Aufgabe – ist die Koordination der Compliance, die sich aus den Wechselwirkungen globaler Tätigkeit auf die einzelnen Einheiten ergibt. Besonders delikat sind dabei die extraterritorialen Effekte ausländischer Gesetzgebungen, allen voran jener der USA, deren Regulatoren an jeden Zipfel eines Unternehmens oder Geschäftes anknüpfen, das das Territorium oder einen Staatsbürger berührt. US-Regulators erwarten, daß die Compliance-Einheiten die Verantwortung für eine wirkungsvolle globale Kontrolle der Einhaltung der US-Vorschriften auch bei Banken übernehmen, deren Hauptsitz im Ausland liegt.

Daß fremde Rechtsordnungen auf deren Territorium zu beachten sind, ist klar. Dagegen ist eine extraterritoriale Wirkung lokaler Regelungen systemwidrig. Es ist nicht Sache der Hauptaufsicht, die Einhaltung von Regelungen der Gesetzgebung des Obereinheitsdomizils an anderen Finanzplätzen durchzusetzen, die keine solche Vorschriften kennen, und damit den eigenen Unternehmen Konkurrenznachteile aufzuerlegen, und schon gar nicht Sache der Behörden am Domizil von Untereinheiten, das Gesamtunternehmen weltweit zur Einhaltung von dortigen Standards zu verpflichten.

Compliance stößt in der Linie nach wie vor auf Widerstand. Zwar hat die Einsicht an Boden gewonnen, daß vieles, das früher als toleriertes Kavaliersdelikt gegolten hat, wie etwa Insidertransaktionen, nicht mehr in das heutige Umfeld paßt. Namentlich in Händlerkreisen werden aber Einschränkungen jeder Art weiterhin als nuisance value betrachtet. Das gilt umsomehr bei Restriktionen, die sich aus globaler Tätigkeit ergeben. Group Compliance ist deshalb an sich schon mit erhöhten Durchsetzungsschwierigkeiten behaftet.

Die Konflikte, die sich bei gleichzeitigem Kredit-, Emissions-, Broker- und Vermögensverwaltungsgeschäft bei Universalbanken aus den gesetzlichen Regelungen und den Aspekten der verschiedenen Vertragsverhältnisse ergeben, sind bekannt. Im vorliegenden Zusammenhang stehen nur lokale Vorschriften zur Diskussion, die sich unterschiedlich auf das Gesamtunternehmen auswirken, namentlich extraterritorial wirkende Regelungen in Ländern, die das Universalbanksystem nicht kennen. Da werden sich lückenlose Systeme, die allen lokalen Gesetzgebungen vollständig Rechnung tragen würden, gar nicht einführen lassen. Man denke etwa an eine weltweite Einstellung des Handels in Titeln, die Gegenstand einer Kapitalmarkttransaktion sind, an der die Haupt- oder eine Untereinheit des Unternehmens beteiligt ist. Da müßten wohl zur Erhaltung der Praktikabilität Ersatzkonstruktionen analog zu jenen Platz greifen, die, wie beispielsweise das Konzept der „Chinesischen Mauern" zwischen den Abteilungen einer Einheit des Unternehmens, Grenzen zwischen den Einheiten selbst ziehen. Die Akzeptanz solcher differenzierter Lösungen hängt aber nicht nur von Aufsichtsbehörden, sondern auch von den Anlegern ab, die allenfalls Begünstigte solcher Schutzgesetzgebungen sind. So sind Systeme anzustreben, die – wenigstens in optimaler Weise – gewichtige Risiken aus der Nichtbeachtung extraterritorial wirkender Regulierungen abbauen helfen. Es ist darauf zu achten, daß nur solche Eingriffe in die normale Geschäftstätigkeit anderer Einheiten erfolgen, die sich aus fremdem Recht zwingend ergeben und damit unvermeidbar sind. Es wäre widersinnig, wenn ein System der Chinesischen Mauern Universalbanken zu Trennbanken umfunktionieren würde.

Extraterritoriale Wirkungen von US-Vorschriften werden meist durch Zufall akut. Ein Geldwäschereifall, der mit einem Zipfel in die USA reicht, wird zum Anlaß genommen, das doing business in den Staaten vom Nachweis abhängig zu machen, daß US-Standards in der Festlegung von diesbezüglichen Sorgfaltspflichten weltweit eingehalten werden.

2.3 Fiskalmanagement

Die unterschiedlichen steuerlichen Belastungen an den einzelnen Domizilen veranlassen global tätige Banken, der örtlichen Zuteilung der Abwicklung von Geschäften unter steuerlichen Aspekten Rechnung zu tragen. Bekannt ist beispielsweise die Verlagerung des Anlagefondsgeschäftes vom Standort Schweiz an den steuergünstigeren Standort Luxemburg, eine rechtlich problemlose Schwerpunktbildung. Steuerrechtlich delikate Fragen ergeben sich bei der Allokation oder dem Transfer einzelner Geschäfte, beispielsweise von Positionen mit Abschreibungsbedarf.

3. Globaler Vertrieb von Einheitsprodukten

Auch der Finanzsektor vertreibt „Produkte", für die allenfalls lokale Regelungen bestehen, die zu berücksichtigen sind. Vernünftigerweise wäre dabei – wie beim System der Aufsicht – auf die Regelung im Herstellungsland abzustellen, wenn diese international akzeptierten Standards entspricht. Einmal mehr ist festzustellen, daß die Bevormundungstendenz der US-Gesetzgebung gegen dieses Prinzip verstößt, z.B. mit den bekannten Auflagen für Emissionen, die derart beschwerlich sind, daß sie von den Emittenten und Emissionshäusern außerhalb der USA durchgehend abgelehnt werden. Unsinnige Konsequenz sind die sich daraus ergebenden Verkaufsbeschränkungen gegenüber allen auf US-Territorium residierenden Personen wie auch gegenüber US-Staatsbürgern weltweit, soweit sie nicht unter die Ausnahme von Rule 144 A der Securities Act von 1933 fallen, womit diese von solchen Anlagen schlicht ausgeschlossen werden. Analoges gilt für Großbritannien und Holland, die den Vertrieb von im „Eurostil" gehaltenen Emissionen ebenfalls nur an professionelle und institutionelle Partner zulassen.

Standards der Regulierungsanforderungen sollten so vernünftig sein, daß sie praktikabel sind und von der Branche international akzeptiert werden. Nationale Sonderzüge sind Bevormundungsexzesse.

4. Staatliche Aufsicht und Aufsichtssysteme

Effiziente Aufsicht ist heute an den bedeutenden Finanzplätzen selbstverständlich, ihre Struktur aber vielfältig. Aufsichten unter einem Dach, wie die schweizerische Banken- und Börsenaufsicht durch die Eidgenössische Bankenkommission, heben sich von komplexen, sich überschneidenden Systemen ab, wie jene der USA oder Englands. Unterschiedlich sind auch die Verhaltenskulturen. Der Huldbesuch des General Counsel der Obereinheit ist z.B. bei der Bank of England oder der SEC gern gesehen, in anderen Ländern eher ungewöhnlich oder unerwünscht.

4.1 Aufsichtsprozedere

Die Aufsicht wickelt sich an den verschiedenen Finanzplätzen unterschiedlich ab. Mehrheitlich bauen die lokalen Aufsichten auf die unter 2.1 erwähnte interne Revision bzw. Prüfung durch eine private Gesellschaft auf, die primär im Auftrag der Bank tätig wird. Die Aufsichtsbehörde übt dabei nur eine Oberkontrolle auf Grund der Revisionsbzw. Prüfungsberichte dieser Gesellschaften aus. Dabei mag eine Beschränkung auf speziell zugelassene Gesellschaften gesetzlich verankert und der Prüfungsumfang gesetzlich näher umschrieben sein. In der Regel stehen den Aufsichtsbehörden subsidiär unmittelbare Interventionsrechte zu, sei es, daß sie gegebenenfalls direkt Spezialrevisionen bzw. -prüfungen in Auftrag geben, sei es, daß sie selbst in speziellen Fällen Revisionen bzw. Prüfungen vornehmen können. Demgegenüber steht das US-System, wo das FED und die Comptrollers of the Currency grundsätzlich generell eigene Revisionen bzw. Prüfungen vornehmen. Daraus entstehen unnötige Doppelspurigkeiten mit den nach den Vorschriften des Mutterlandes gesellschafts- oder aufsichtsrechtlich notwendigen privaten Revisionen bzw. Prüfungen des Gesamtunternehmens bzw. des Konzerns.

Zwischenlösungen bestehen dort, wo die Aufsichtsbehörden regelmäßig zusätzliche eigene Revisions- bzw. Prüfungsaufträge erteilen, wie dies die Bank of England mit Bezug auf jährlich wechselnde Geschäftsbereiche tut.

Bei Untereinheiten ausländischer Banken ist von wesentlicher Bedeutung, wie weit sich die zuständigen Behörden an das Basler System der Hauptaufsicht am Domizil der Obereinheit halten und sich auf die Kontrolle der isoliert betrachteten Untereinheit beschränken. Das wiederum bedingt ein einwandfrei funktionierendes Zusammenspiel zwischen den beteiligten Aufsichtsbehörden. Letztlich wäre volle Verantwortung der Aufsicht am Domizil der Obereinheit für das Gesamtunternehmen oder den Konzern die konsequenteste Lösung. Je nach Intensität in der Ausübung der Hauptaufsicht stellt sich die Frage der vor Ort-Kontrolle durch die für diese Aufsicht zuständige Behörde bei ausländischen Untereinheiten. Die vor Ort-Kontrolle ist denn auch Gegenstand des neuesten Berichtes einer Arbeitsgruppe des Basler Ausschusses und der Offshore-Gruppe von Bankenaufsichtsbehörden vom Oktober 1996.

4.2 Grenzüberschreitende vor Ort-Kontrolle im Besonderen

Die vor Ort-Kontrolle wäre kaum problembehaftet, wenn sich die Aufsichtsbehörden dabei strikt auf Prüfungen für Aufsichtsbelange im Sinne der Gewährleistung des Schutzes der Gläubiger des betreffenden Finanzunternehmens beschränken würden. Demgegenüber bestehen aber berechtigte Befürchtungen, daß solche Kontrollen zu anderen Zwecken benützt werden könnten, etwa im Zusammenhang mit Straf- oder Steuerverfahren vor Behörden im Lande des kontrollberechtigten Aufsichtsorgans, die Kunden und nicht die Bank betreffen, Befürchtungen, die selbst bei klarer staatsvertraglicher Zweckbeschränkung nicht ausgeräumt werden können. Solches Verhalten würde zur Umgehung formeller Rechtshilfeverfahren führen und öffentliche Interessen des Domizilstaates der kontrollierten Untereinheit verletzen. Zugleich aber wären private Bereiche tangiert, namentlich solche von Kunden des Finanzunternehmens. Folge wäre, daß Kunden aus dem Staate der kontrollberechtigten Behörde ausländische Untereinheiten des beaufsichtigten Unternehmens meiden würden, was erhebliche Konkurrenznachteile für die eigenen Unternehmen mit sich bringen könnte[2].

Die Aufsicht sollte deshalb in erster Linie durch Einforderung von Berichten der Revisionsstelle des betreffenden Finanzunternehmens oder der Bankenaufsichtsbehörde des Domizillandes der Untereinheit vollzogen werden und nur subsidiär durch vor Ort-Kontrollen.

5. Prozessuale Verletzlichkeit global tätiger Banken

Eine schwerwiegende Beeinträchtigung der Geschäftstätigkeit global tätiger Banken bilden die verschiedenen Möglichkeiten, nach lokalen Prozeßrechten Gerichtsstände für Klagen zu begründen, die Einheiten der Bank betreffen, die außerhalb des betreffenden Territoriums liegen. Solche Gerichtsstände werden an Vermögen angeknüpft, die auf einem Territorium liegen, oder ganz einfach an eine Geschäftstätigkeit in einem bestimmten Staatsgebiet. Damit werden Sachverhalte zur Beurteilung auf Gerichte übertragen, die anderem Recht und anderen Usancen unterliegen, was rechtswillkürliche Entscheide nicht ausschließt. Man denke namentlich an die für europäische Juristen zum Teil schwer verständliche Entscheidungskultur amerikanischer Einzelrichter.

In diesem Zusammenhang sind auch die amerikanischen sub poenas zu erwähnen, mit denen Untereinheiten ausländischer Banken gezwungen werden, Informationen oder Dokumente aus anderen Einheiten weltweit zu liefern. Erfreulicherweise haben diese der üblichen örtlichen Zuständigkeit und staatsvertraglichen Regelungen widersprechenden Maßnahmen zumindest am Finanzplatz New York abgenommen.

Anmerkungen

1 Vgl. dazu den Kommentar Bodmer/Kleiner/Lutz.

2 Vgl. zur aktuellen rechtlichen Situation in der Schweiz den Kommentar Bodmer/Kleiner/Lutz, N 2a zu Bankengesetz 23^{sexies}.

Literatur

Bodmer, D./Kleiner, B./Lutz, B. (Hrsg.): Kommentar zum schweizerischen Bankgesetz, Zürich 1996

The Impact of Deregulation and the Single Market Programme on EU Bank Strategies

Professor EPM Gardener, Institute of European Finance, University of Wales, Bangor, Gwynedd, UK

1. Introduction

Deregulation in all its forms is one of the major 'change drivers' for banks operating in the EU. In a practical sense, it poses one of the most fundamental and far-reaching challenges to bank management. Deregulation as both a government policy and a market phenomenon is helping to transform banks from historically protected, largely supply-led organisations into more competitive, market-orientated and efficient concerns. In this sense, deregulation is one of the most pervasive strategic external change drivers for EU banks and for banks in many other countries around the world.

This paper begins by examining the nature of bank regulation from a bank strategic perspective. In this context the challenges of the new banking environment in which deregulation is an integral feature are explored. The second part of the paper examines specifically the impact of the Single Market Programme (SMP) on EU bank strategies. The SMP is an important deregulating and integrating (globalising) regulatory framework for EU banking and credit markets. Completion of the SMP is also a necessary precursor to EMU and the single currency, which are currently occupying a great deal of the strategic attention of EU bankers. Particular attention is focused on the challenge of 'marketisation', an intensifying influence of the external market on bank thinking and strategy associated with a deregulating banking environment. In particular, the generalised lessons and problems of marketisation for bank performance evaluation and related strategic management are explored.

2. Impact of deregulation

2.1 The bank regulatory framework

Banking has always been a highly regulated industry and, paradoxically, this remains so even during the present (and likely continuing) phase of deregulation in Europe. Table 1 classifies the different methods of bank regulation. Economists have long debated the rationale for regulating banks; modern explanations tend to focus on asymmetric information problems and the possibility of contagion runs. Although optimal risk-sharing is ensured through allowing an early withdrawal of funds under banking fixed-claim demand deposit contracts, this also simultaneously opens up the possibility of a panic bank run (Diamond/Dybvig 1983). It is this contagion potential and the respective costs of a resultant systemic crisis that lie at the heart of the modern economics-based rationale for bank regulation. The kind of regulation that is encompassed nowadays within the preceding rationale is supervisory, or prudential, regulation. This body of regulation is concerned specifically with monitoring and constraining in various ways risk-taking within banks. Solvency ratios, or CAR (capital adequacy regulation), are invariably the centrepiece of modern bank supervisory systems, both nationally and internationally. During the present phase, supervision and CAR have been strongly re-regulated.

Regulations influencing the Structure	**Regulations influencing the Conduct**	**Regulations influencing Prudential concerns**
Functional separation of institutions	Regulations of banks' deposit and lending rates.[1]	Deposit insurance.
Entry restrictions	Regulations of fees and commissions.[1]	Discount window (lender-of-the-last-resort).[1]
Discriminatory rules against foreign banks (and investors)	Credit quotas.[1]	Minimum capital requirements.
Liberalisation of capital movements	Branching limitations	Solvency ratios.
	Reserve requirements[1]	Ownership restrictions.
	Money laundering	Restrictions on asset concentration (large exposures).
		Information disclosure requirements.

Table 1: Classification of the methods of banking regulation

Supervision has been re-regulated not only to reduce systemic risk potential, but also to ensure a greater international commonality in the functional supervision of capital adequacy. Essentially this means developing CAR systems that focus more on developing suitable rules for the kinds of business transacted rather than the types of specific institutions conducting that business. Another (and related) supervisory objective is to help level the competitive banking 'playing field'. A CAR sets a kind of implicit profit target for a bank. As a result, different regulatory CAR regimes can influence the ability of regulated banks to compete. For example, if country X has a less restrictive CAR regime (ie lower CARs) than country Y, banks from country X are given an artificial competitive advantage.

The need to restrain excessive risk-taking by some banks, to ensure that banks competing in international banking markets are all subject to (and cannot escape from) the same kind of functional supervision of their capital adequacy, and to help level internationally the competitive playing field were important factors that helped to shape the eventual 1988 Basle, or BIS, scheme for international bank capital adequacy (Chapter 6 in Norton 1991). The Basle system for CAR has been the global standard, or benchmark, that has shaped corresponding national legislative systems of CAR, including that for EU banks. This international agreement was a landmark event in bank prudential regulation. Not only did it reflect a high degree of international consensus, but it was also reflective of a much-changed and evolving world banking marketplace.

Up until the early 1970s (and well beyond the 1970s in some banking systems), banking was often highly regulated on all fronts. This kind of regulation took many forms, both explicit and implicit. The net result was generally to restrict banking competition and, thereby, protect some inefficient operators. From the early 1970s, however, with the growing acceptance of market solutions by governments, together with other developments (especially IT and technology advances) facilitating greater competition, a strong deregulatory policy ethos developed. Governments began to deregulate banking structure and conduct regulations in order to capture the economic gains of greater banking competition.

The net result is that the EU (and other) banking systems are subject to two, strong and apparently countervailing regulatory pressures: *de*regulation of structure and conduct rules and a concurrent *re*-regulation of prudential supervisory (especially CAR) rules. Deregulation[2] is designed to liberalise and enhance competition; the re-regulation of CAR is targeted to constrain excessive risk-taking. These two regulatory regimes are complementary in the sense that in a deregulating, free market environment banks have to balance risk and return in an efficient way; this is an underlying objective of CAR. At a policy level, however, regulators have to ensure that an excessive re-regulation of supervisory rules does not negate or unduly frustrate the deregulation gains sought from greater competition (Gardener 1996).

Banking and the financial services sectors are invariably at the centre of government policy moves to deregulate a country's economy. This is because of the pivotal position of financial services in achieving the overall economic gains from deregulating all economic sectors. Deregulation of financial services not only boosts competition within the financial services sectors themselves, it also has a knock-on boost to all other sectors who use finance services. The famous 1988 EC Cecchini (COECa) study, for example, estimated that up to one-third of the total economic gains expected from the SEM (Single European Market) during the first six years after 1992 would flow, directly and/or indirectly, from the deregulation and expansion of financial services.

2.2 The Single Market Programme

The SMP aimed to complete the EU internal market in financial services and it established an appropriate legislative and regulatory framework for such a market. Completion of the internal market in the present context means the creation of a globalised, or integrated, EU market for financial services in which banks and other financial services firms (FSFs) are able to deliver freely their products and services throughout the whole of the EU. This implies the elimination of barriers to trade in financial services, and freedom of establishment and delivery anywhere within the EU by FSFs. An inevitable and targeted outcome of the deregulatory process is greater competition.

The SMP has been rather complex and its implementation has been far from uniform within different EU countries (Molyneux *et al.* 1996, ch.2 and PACEC/IEF 1996,ch.3). Molyneux *et al.* (1996, p.13) draw attention to three distinct regulatory time periods: i) deregulation of entry to domestic markets from 1957 to 1973; ii) attempts towards harmonisation of banking regulation, 1973-83; and (iii) the recent European integration and 'international market' proposal of freedom of cross-border services, single banking licence, home country central and mutual recognition (Baltensperger/Dermine 1990).

Incorporating the June 1985 White Paper on completing the Internal Market into the Single European Act of 1986 was a re-affirmation of the EC's commitment to a Single European Market. The 1986 Act aimed for a substantial boost to competition by removing all of the existing (physical, technical and fiscal) barriers to free trade. Only a minimum level of harmonisation was sought on the respective regulations and laws through invoking the principles of 'mutual recognition' and 'home country control'. The mutual recognition of the single banking licence means that the authorities in each of the EU member countries will recognise that a bank licensed in any EC country is effectively supervised by its home (licencing) country (this is essentially the principle of 'home country control'). The single licence or 'single passport principle' means that a bank or other recognised kind of FSF established (licensed) legitimately in any EU member country can deliver its financial services in other EU countries on the same basis as domestic firms in these host countries.

Implementation of the SMP has been a complex process, but it has been on the whole successful. EU banking markets today (1996) have changed virtually out of all recognition compared with the 1970s and early 1980s, and the SMP has contributed significantly to these changes (PACEC/IEF 1996). This is not to deny that other important 'change drivers' (like technology and competition in general) were not important. Nor does it suggest that the SMP has eliminated all barriers to the completion of the internal market[3]. Nevertheless, much has changed. From a bank strategic perspective the SMP's biggest single impact has probably been in helping to alter the strategic mindset of EU bankers; this effect must not be underestimated. Bankers throughout the EU have accepted the move away from collusion and regulatory capture towards more open competition and non-discriminatory regulation, key elements of the SMP philosophy. In short, bankers have learned to live in a world where intensifying and freer competition are more the norm than the exception. This has brought many new opportunities, but also strong challenges and attendant dangers.

2.3 Deregulation and the new environment

One danger of the SMP and the move towards some form of EMU is to downgrade implicitly wider (outside the EU) trends in banking, to shift the strategic focus of EU banks excessively inwards towards Europe at the expense of global challenges. Technology, for example, will precipitate more global *de facto* deregulation through lowering the costs of entry and increasing alternative (competing) delivery channels for financial services. Banking systems in many other countries across the globe are experiencing common trends and facing similar challenges. Throughout the global banking industry, regulation, competition and technology are generally regarded as three of the key external strategic drivers of modern banking.

Worldwide the banking and financial services industry is currently undergoing a major restructuring; there are a number of features of this restructuring phase. In the EU and in many other countries, for example, banks have pursued the universal banking model. Off-balance sheet business and fee income have generally become more important. With the growth of securitisation trends, many banks have sought to enhance their investment banking capabilities. Banks across the globe have become more cost conscious and are targeting to reduce their cost/income ratios. Profitability, efficiency and shareholder value have become much more important strategic concerns for banks. With deregulation, banks experience downward pressure on their profits as a result of the intensifying competition. At the same time, the concomitant re-regulation of capital adequacy and the increasing emphasis on the need to improve shareholder value put an upward bias (target) into bank profits.

Customer service and quality are more heavily prioritised in this new banking environment. Generally, banks have become much more demand or market-orientated. Coopers and Lybrand in the UK caution that the successful banks of yesterday have not necessarily been the successful banks of today in terms of profitability (Collier 1996). They point out that a successful retail bank recognises its customers are effectively its capital; banks need to provide a more comprehensive, value for money service. The term they use is 'Triple A' banking, which reflects a banking need to provide such services Anytime; Anywhere; and Anyhow.

Although technology and the rise of virtual banking concepts have apparently tended to downplay the need for bigger individual bank size[4] in order to operate successfully in every banking product/market segment, many EU bankers continue to worry about whether they are big enough to withstand more competition with the approach of EMU, and they often complain about perceived stock market pressures for them to grow bigger. Within this maelstrom of change, the structure of the banking industry is changing. New links between banking and insurance are an example of this kind of change. Many other new kinds of alliances are forming in banking[5]. At the same time, new bank competitors are emerging from several sectors.

A key strategic imperative in the new banking environment is the external market pressure to evolve and change much of the traditional organisational culture within banks. Bankers in a deregulating environment have to re-shape their strategic mindsets towards the inevitability of more competition; this implies significant organisational culture changes for some banks. Banks have evolved in this respect from traditional, supply-led organisations into much more market-orientated ones (Clarke *et al.* 1988). Banks have to balance supply and demand factors within such strategies. There are costs and dangers, for example, in prioritising an exclusive demand orientation and ignoring any corresponding supply resources and costs (Abraham/Lierman 1991).

The importance and scale of these key cultural influences and associated changes in bank management style are explored in a recent scholarly treatise by Schuster (1996). In focusing on 'the numbers' and profit 'bottom line' (the financials), the importance of these kinds of cultural factors and the associated problems of evolving and managing the most appropriate organisational structures can be downplayed or even ignored completely. Attempts to 'de-humanise' bank strategy through ignoring a bank's organisational culture and focusing on alleged key variables like profit and cost assume away what is often a crucial element of the real story, the practical reality of how banks operate and how well they perform. Schuster has always been a student who has sought to recognise and incorporate these kinds of practical strategic realities into his own research and writings.

What is clear in the new, post-deregulated banking environment is that much of traditional banking has changed. Banks are no longer strongly protected by regulation. The position of banks in traditional market segments like savings is also eroding in many countries. Even in payments services, bankers are seeing their traditional monopoly position eroded through time as new competitors emerge. Securitisation (channelling credit flows through open financial markets) is becoming a more important source of external corporate funding. This has enhanced *inter alia* the importance of banks developing investment banking strategies (Gardener/Molyneux 1996).

Deregulation and other key developments, like technology, have helped to produce an 'excess capacity' problem (an opportunity for some banks) in many systems that has resulted in the current restructuring and consolidation. In all banking product/market segments, deregulation and intensifying competition are increasing the pressures on banks to be efficient and 'add value' in their product and service offerings. The following section explores in greater detail the specific impact of the SMP.

3. The SMP and EU Bank Strategies

3.1 The Cecchini model

Cecchini (COEC 1988 a & b) envisaged deregulation as a release of constraints that trigger a kind of 'supply side shock' to the system. This produces a kind of self-sustaining 'virtuous circle' in which, under the pressure of competition, costs and prices reduce, stimulating demand, companies increase their output as a result, and this precipitates another round of cost and price reductions *et seq*. The microeconomic gains were seen as analogous to the removal of non-tariff barriers. The microeconomic benefits of the resultant supply-side shock occasioned through deregulation were hypothesised by Cecchini to be increased CS (consumer surplus) gains[6] (Gardener/Teppett 1995). In the short-term, producers would lose as their profits were squeezed, but longer-term, businesses were seen as making various adjustments to improve their own efficiency and output. These adjustments include exploiting economies of scale and scope, beneficial learning curve effects, reductions in X-efficiencies and a generally improved capacity to innovate.

Four major consequences were expected from the combined impact of the elimination of barriers and substantial boost to competition. First, costs reduce as companies exploit economies of scale. Second, efficiency improves with the widespread industrial re-organisation of companies and prices moving down towards production costs under the pressures of competition. Third, new patterns of competition emerge. Fourth innovation by firms increase.

The Cecchini assumptions about the costs of 'Non-Europe' (COEC 1988a and b) were based primarily on a set of assumptions about how prices on financial products would move in an integrated (deregulated) financial market. The Cecchini model was predicated in part on the assumption that producers may experience internal economies of scale leading to inefficient and small scale production when the market is restricted within national boundaries and to an oligopolistic market structure. As a result, average costs are unnecessarily high in a non-integrated Europe. At the same time, the mark-up of prices over marginal costs is also higher than necessary to cover fixed costs. This kind of economics perspective suggests that the consequences of opening up trade are to lower unit costs by facilitating greater use of economies of scale and (probably) lower the mark-up of price over marginal costs to the extent that oligopoly is weakened. So whilst consumers will gain through lower prices and increase output, there will also be corresponding reductions in the excess profits of producers.

The Case 1 scenario simulated by Cecchini assumed no reductions of FSF super-normal profit or loss of producer surplus[7] because of the assumed (under this scenario) pre-existing competitive markets. This Case 1 scenario was the basis of the microeconomic CS gains estimated by Cecchini. In this case, the source of price differentials arises solely because some countries are able to produce financial services at lower cost at all levels of output. Under this scenario, Cecchini assumed that the prices of financial products and services following the completion of the Internal Market would move downwards to the average of the four lowest price countries for each product/service. Possible price rises were not simulated. Under these assumptions, the estimated CS gains were hypothesised to be considerable.

3.2 Extensions and critique

The Cecchini model, then, is a rather simplified, stylised model of how banks and banking markets may be expected to react to a deregulation. This approach can be extended and made even more informative. One such extension is to develop the essentially deterministic simulation model used by Cecchini into a stochastic framework. As a result, a probability distribution of price changes and corresponding CS estimates are produced. One such extension, using Monte Carlo simulation techniques, was reported by Chakravarty *et al.* (1995). Under the latter simulations, a fuller (and often different to Cecchini) picture of CS gains emerges.

Other extensions to Cecchini are also possible, but these must inevitably be based on the same kind of underlying model hypothesised by Cecchini. Although the Cecchini work was important and the results qualified, there were a number of significant limitations. Many of the latter revolved around technical aspects of the simulations and respective simulation data used. These included the use of a common elasticity of demand estimate (and that derived from a US study) for all financial products and services, and the apparent arbitrary 'adjustments' made to the estimates of theoretical price falls to produce 'indicative' price falls (used for Cecchini's CS estimates). There is also no strong theoretical or empirical support for the specific price convergence assumptions employed. Other issues included the real comparability of financial products and services in different sectors, and the practical problems of recognising and quantifying joint products and customer relationships in banking. Cecchini also emphasised scale economics, but later research (Molyneux *et al.* 1996) has drawn attention to the greater relative importance of cost savings from reducing X-inefficiencies in banking. More generally, the Cecchini work focused on deregulation, and did not explore the concomitant implications of supervisory re-regulation.

These are just a few select criticisms of the Cecchini exercise – see also Gardener and Teppett (1995) and Chakravarty *et al.* (1995). Of course, it is easy to be critical in retrospect. These criticisms should not detract from the importance and relevance of the Cecchini work at that time. In a short space of time and under tight time constraints, it was the first major study of its kind ever undertaken for the European financial services sectors. Much of the generalised impact of deregulation hypothesised by Cecchini would not be disputed. At the very least the Cecchini work exposed our lack of detailed understanding of the impact of deregulation on banking sectors.

Neven (1989) suggests that the Cecchini model of price convergence might hold in retail banking where the market is perfect, and for a homogeneous product and where there is a large number of small, profit-seeking banks. He then points out that in present banking markets, products are differentiated in the sense that small price differentials do not generally incentivise consumers to switch from one bank to another. At the same time, there are other countervailing factors: for example, the numbers of players are sometimes few, and banking regulation like supervision will remain after deregulation.

In exploring deregulation and the respective incentives for greater banking efficiency, Neven (1989, p.15) distinguished between allocative and productive efficiency. The incentives to allocative efficiency are that consumers will shift to lower priced-goods if prices move significantly out of line with those of competitors. The corresponding incentives to productive efficiency are the threat of bankruptcy or of a hostile turnover. Neven suggests that techniques like deposit insurance tend to reduce the probability of bankruptcy, and there is also no developed market in bank corporate control within the EU. He concludes from this analysis that although deregulation should improve allocative efficiency, much less may be expected in terms of the corresponding incentives for bank productive efficiency.

In reality the new (post-deregulation) environment in European banking has been one of excess capacity and the removal of this excess capacity; we are currently (1996) living through this phase. Excess capacity in banking is notoriously difficult to measure, but there are many symptoms. These include a series of domestic bank mergers in several countries, pressures to cut costs, a drive towards diversification and an apparent need to increase banking RoE. Many of these excess capacity indicators accord with Cecchini's model. In the case of the exploitation of economies of scale, the majority of significant mergers have been domestic and defensive. To date, the kind of cross-border M&A activity envisaged by Cecchini, however, has not materialised.

3.3 An alternative framework

The Cecchini model was essentially a theoretical exercise and, as such, was highly simplified. It embodied a kind of comparative-statics analysis; a post-EMP scenario was hypothesised to conform to an idealised model. This post-deregulation scenario was then compared with pre-deregulation reality. This is an acceptable approach so long as one is fully aware that the post-deregulation scenario is a hypothesised, theoretical one.

There are at least three fundamental problems with this approach. First, the hypothesised, idealised post-deregulation model may be wrong or at least it may ignore or 'assume away' important aspects of reality. Secondly, 'the public' may increasingly come to believe (and some politicians might even encourage this) that the hypothesised scenario is 'real' and 'correct', it is an accurate reflection of what is likely to happen. Thirdly, this kind of comparative statics framework ignores the adjustment path and respective policies towards the theoretical ideal (post-deregulation) state. It also downgrades the reality that banks and other FSFs are responding typically to a continually changing set of imperatives and incentives in the real world.

In 1995, PA Cambridge Economic Consultants (PACEC) and the Institute of European Finance (IEF) were commissioned by EC DGXV to study the effectiveness, and impact of the Internal Market Integration on the banking and credit sector (PACEC/IEF 1996)[8]. A major research exercise was undertaken that sought *inter alia* to build on the path-breaking Cecchini work; a pragmatic perspective was attempted in this study. The PACEC/IEF research set out to compare what has actually happened since the SMP with an appraisal of what might have happened without the SMP.

3.4 Generalised impact of the SMP

The PACEC/IEF (1996) study findings suggested that the most important generalised impact of the SMP has been in helping to shape the external environment towards greater competition. The strong and sustained EU political will and policy commitment towards deregulation and greater integration have undoubtedly influenced the thinking and strategies of bankers. One apparent measure of the success of the implementation of the SMP and the respective expectational (pre-deregulation) effects on bankers of this kind of regulatory change is that during the 1980s European bankers accorded regulation a very high priority as an external 'strategic driver' . In the 1995/96 survey by PACEC/IEF, however, technological change was ranked as the single most important of various factors in terms of their impact on the bank's strategy during the three years up to 1996; the SMP was ranked fifth in this same survey. At this time (end of 1996), it is likely that EMU would rank as particularly important, and this had begun to come through in the PACEC/IEF (1996) research.

The proximate strategic reaction of many EU banks to the SMP has apparently been defensive and domestic. Most frequently prioritised were increased scale effects via M&A activity and/or organic growth that was focused on expanding branch networks. This latter strategy was especially pronounced in countries like Italy and Spain that were previously highly regulated. A strong domestic merger and consolidation movement has been an evident SMP strategic reaction by banks in smaller EU countries and those less exposed to competition. Bank size and ability to compete have been a major issue in these countries.

The case study evidence in the PACEC/IEF (1996) study confirmed that many banks see the SMP as changing the parameters within which the bank operates. Banks now appear to be responding to the current competitive pressures on profitability by targeting more attractive (profitable) markets where they can be strong players. Another impact of EU SMP-induced bank legislation has been to help focus banks more on improving the efficiency of their cost base.

The PACEC/IEF (1996) study produced a wide collection of findings on the impact of the SMP on EU banking. In the rest of this section, however, we shall summarise (again selectively) the broader bank strategic reactions to the SMP. Table 2 summarises the survey results on the relative importance of different legislative changes associated with the SMP. Although there are country *differences*, the comparative importance of the Own Funds and Solvency Ratio Directives is clear. The postal and case study surveys also drew attention to the increasing need for banks to adapt to the pressures of the external market.

3.5 The performance challenge of marketisation

One of the most significant general finding from the PACEC/IEF (1996) study was the increasing influence of the external market on banks' strategies, products and services; we will label this phenomenon 'marketisation'. In one sense it fits in with the broad aims of deregulation of banking and financial services, the SMP and approach of EMU. At a general level it maps into the kind of post-1992 banking scenario envisaged by Cecchini. For bankers, it has helped to produce a new, challenging and often threatening environment. Bank regulators are also having to shape their thinking, policies and reflect the realities of a fast-changing and more complex environment for banks.

The preceding discussion has emphasised the role, nature and growing importance of an increasing 'market orientation' in banking. For example, the enhanced banking recognition that the 'customer is king', and the need to develop more market-responsive organisational cultures are all part of this same story in modern EU banking. We have also noted the dangers of an excessive movement towards a demand orientation at the expense of important supply-side resources and constraints in developing a practical bank strategy. But what do all of these developments imply for the way that a bank should evaluate its own performance in this new environment, and how such evaluations might in their turn shape other aspects of strategic management? We can begin by looking more closely at what the generic label 'marketisation' means and implies in practical terms.

Legislation	IRE	UK	F	D	E	P	B	NL	GR	DK	I	EU
Own funds and solvency ratio directives	87	84	64	81	65	77	67	68	82	65	82	77
Second banking directive	71	68	28	59	55	78	61	59	67	58	98	66
Liberalisation of capital flows	71	73	64	59	55	84	41	43	85	76	81	63
Deregulation of interest rates	69	75	95	45	87	80	73	24	66	59	50	55

Table 2: The relative importance of different legislative changes

NB: 0 is not important, 25 is of little importance, 50 is quite important, 75 is very important, 100 is critically important

Country Key:

IRE – Ireland	B – Belgium	E – Spain
UK – United Kingdom	NL – Netherlands	I – Italy
F – France	CR – Greece	P – Portugal
D – Germany	DK – Denmark	

Source: PACEC/IEF (1996, Table 4.39)

For present purposes, the term 'marketisation' refers essentially to a growing influence of the external market on a bank's strategies and decisions. There are several operational features of this new, developing marketisation environment in EU banking. First of all, it implies that the external market will need to be supplied increasingly with a higher volume, greater quality and more standardised information from banks about their own activities, both existing and planned.[9] Secondly, it means that banks will increasingly have to accept and understand the kind of 'externally focused, opportunistic' methods of evaluation that characterise a deregulated market environment. By this is meant that 'the market' (externally focused) will increasingly compare and judge a banking product/service (and switch out of a bank product/service if it is not competitive on this basis) with the nearest, competing alternatives available to customers in the market (this is what is meant by 'opportunistic').

This world is a far cry from the 'old world' of traditional (pre-deregulation) banking where protective regulation and sometimes inefficient external markets posed no serious threats to banks. Of course, as was emphasised earlier, this world is not the result only of deregulation by governments. The inexorable and ubiquitous development of IT, technology and other trends are *de facto* deregulating the financial marketplace. Traditional geographical and product/service dimensions of markets are being integrated, for example, by the increasing reality of a virtual market place.

All of these kinds of developments are increasingly reducing transactions costs, making many key banking products more fungible (or reproducable) and eroding traditional aspects of banking (like bank/customer relationships) that have in the past been 'bundled into' the 'characteristic set', or 'attribute set', of banks' products. At the same time, other key developments (like securitisation) are effectively 'unbundling' various product attributes, like risk exposures (for example, credit, market and interest rate risk), and distributing these via new channels to market participants who are best placed to utilise them.

These kinds of changes associated with marketisation are already producing marked strategic and structural changes in EU banking. At the retail level, the rise of new kinds of competition (like virtual banking) and new competitors (like the new banking subsidiaries of major corporations) are likely to further revolutionalise the industry. As we saw earlier, another example of strategic and structural change is in wholesale banking where the shift of corporate customers away from traditional banking products to the capital markets (securitisation) is incentivising many European universal banks to build up their own investment banking capabilities. All of these kinds of change typify the new European and global banking environment.

If banks are to 'add value', improve their performance, in this new environment, they have to recognise and meet new kinds of efficiency test. The most fundamental of these is the need to recognise, understand and incorporate into policy the notion of 'shareholder value'. Society and business today are increasingly driven by this same notion of 'value added' (less personal, more externally market and opportunistic focused) rather than traditional values like loyalty to the organisation and appeals to historic conventions and precedents. From a practical bank managerial context, this means that banks have to evaluate and allocate internally their own capital and other respective resources on an effective risk and return basis.

In a world characterised by greater marketisation and a respective increasing emphasis on maximising shareholder value[10], bankers have to be able to measure and evaluate their risks and corresponding returns on a market value basis. Market value means essentially shareholders (the 'external market') valuation of a bank's overall trade-off between risk and return. In this context, a bank has to be able to locate its own 'value destroying' and 'value creating' units, and manage its resources in order to achieve overall a maximisation of its net value added. Ultimately, this is what the test of marketisation means.

The current challenge is translating these kinds of strategic objectives into practical, operational banking policies; a related challenge is the need to integrate 'market thinking' and influence into banking strategies. One practical problem in implementing these kinds of approaches is that accounting-based performance using conventional bank accounting data and performance yardsticks invariably diverge from market (or economic) volume measures that provide a more direct link to shareholder value. Leemputte and Kearney (1991), for example, have examined this same problem in US banking and developed a technique called break-up value analysis (BVA), using market value (capital asset pricing model[11]) concepts, to help banks locate their internal 'value creators' and 'value destroyers'. The London Business School and First Consulting have also developed a new, market-related 'added value' bank performance measure (Heffernan 1996, p.21).

Bankers globally are also developing new kinds of risk-adjusted performance measurement (RAPM-techniques) to help improve their internal capital allocation. The market value model has long been advocated in the US as practically superior to the accounting model based on EPS (earnings per share) (Stern *et al.* 1996). Capital allocation modelling associated with the increasing focus on shareholder value has become another of the major challenges of modern banking (Matten 1995, 1996). At the same time, key bank regulatory bodies like the Basle Committee (1996) are increasingly using banks internal capital allocation models[12] for evaluating capital adequacy needs for market risk[13].

It is in this sense that marketisation can be argued to be the most fundamental of challenges in the developing post-deregulation EU banking market. Even mutual and other non-plc forms of banks compete increasingly in an integrating, more liberalised banking market. Leaving aside the pressures for 'de-mutualisation', mutuals and non-plcs also have to match increasingly the efficiency tests of their major plc competitors. In this sense, then, the SMP might be viewed as having finally 'tipped open' the lid of the Pandora's Box that contained all of these strategic and structural consequences of marketisation[14]. Within the present scenario, this lid is likely to remain open.

4. Concluding Remarks

This essay has explored the generalised impact of deregulation and the SMP on EU bank strategies. One underlying message from this survey is that it is unrealistic to focus on any one external driver of modern banking strategies without also recognising the simultaneity and importance of others. In EU banking, two other key external strategic drivers besides regulation are technology and competition. Another important message from this select survey is that banking is a complex and fast-changing industry. As a result, it is generally unrealistic and often dangerous to ignore the practical institutional realities of banking and what is actually happening in the marketplace. This is not to espouse any kind of 'anti-theory stance', but it is a cautionary note that inductive research in banking may be even more important today than in prior periods of banking stability and little change in banking and financial systems. Professor Leo Schuster, for example, is an academic who has sought to reflect these important kinds of institutional and inductive characteristics in much of his own research into banking strategies.

Finally, this essay focused in particular on the meaning and practical implications of the marketisation phenomenon in EU banking. If banks are to 'add value' in this new marketplace, they have to recognise the need for new standards of efficiency and performance, those preferred and dictated increasingly by the market. This new environment is both a threat and a challenge to the long established banks. Banks are certainly not going to disappear beyond the year 2000, but much of banking as we know it today might (Gardener 1996). In this specific context, the SMP is less of a political statement, but more of a necessary signpost along a deregulatory road that began in the early 1970s and whose trajectory is now firmly established and apparently inexorable.

Notes

1 These issues have no direct relevance within EU banking regulation in the framework of the SMP but are certainly influential.
Source: PACEC/IEF (1996, Table 3.1)

2 Unless otherwise stated or obvious, deregulation will be taken to mean or imply from now onwards the deregulation of banking structure and conduct rules.

3 Some barriers still remain (PACEC/IEF 1986, ch.5). These are sometimes county-specific, but may also be EU-wide (horizontal). Other barriers (like cultural and nationalistic preferences by customers) are more problematic and cannot be 'legislated away'.

4 This is not to deny that bigger size may be necessary for some banks, especially those with global and/or regional aspirations. Nor does it suggest that greater consolidation may not be desirable in the more fragmented banking systems. But the virtual banking strategy has downplayed the need for greater individual banking size as a necessary condition for banking success (Gardener 1996). At the same time, the economic benefits of greater size may be achieved through routes other than individual bank organic growth and M&A activity.

[5] For example, new links between banks and building societies in the United Kingdom.
[6] CS gains are computed as the area to the left of (under) the respective demand curve spanned by the simulated price reduction and corresponding output increase.
[7] Supra note 6: producer surplus is the corresponding area to the left of (under) the respective supply curve.
[8] This project was directed by Barry Moore (Downing College, University of Cambridge, UK) with Professors Ted Gardener and Phil Molyneux (at the Institute of European Finance, University of Wales, Bangor, UK).
[9] In order to facilitate better comparisons between banks.
[10] In this context, improving a bank's productive efficiency is a necessary though not sufficient condition for shareholder wealth maximisation.
[11] Recently, a debate has emerged on whether beta from the capital asset pricing model (CAPM) in its basic form is the best method of measuring a firm's risk in a market context. A firm's book-to-market ratio appears to be better at explaining changes in firms' share price than beta: see The Economist (1996).
[12] So-called value-at-risk (VAR) models, incorporating back-testing and stress-testing procedures.
[13] The risk of loss from movements in market prices.
[14] This paper has adopted a kind of positive (as opposed to normative) stance in discussing the development of marketisation in modern EU banking. We have not discussed the related policy issues that might include whether a completely unfettered market is the 'best' kind of banking market for society at large (PACEC/IEF 1996). For example, there might be grounds even in a deregulating world for protecting certain aspects of local and regional banking and ensuring that lower levels of the social strata can access the financial system. These kinds of very real concerns, however, lie outside the domain of the present essay.

References

Abraham, J.P./Lierman F.: European banking strategies in the nineties: a supply side approach, in: Institute of European Finance Research Papers in Banking and Finance, 8/1991, pp.1-42

Baltensperger, E./Dermine, J.: European banking: prudential and regulatory issues, in: *J. Dermine* (ed.), Banking in the 1990s, London 1990, pp.17-36

Basle Committee on Banking Supervision: International convergence of capital measurements and capital standards, Basle, July 1988

Basle Committee on Banking Supervision: Amendment to the capital accord to incorporate market risks, Basle, January 1996

Brown, K.: The Bank of the Year 2000 comes closer, in: Morgan Stanley European Banking Strategy, London, May 1995, pp.1-36

Chakravarty, S.P./Gardener, E.P.M./Teppett, J.: Gains from a Single European Market in Financial Services, in: Current Politics and Economics of Europe, Vol. 5, 1/1995, pp.1-14

Clarke, P.D./Gardener, E.P.M./Feeney, P./Molyneux, P.: The genesis of strategic marketing control in British retail banking, in: The International Journal of Bank Marketing, Vol. 6, 2/1988, pp.5-19

Collier, N.: Retail banking into the 21st century, in: Morgan Stanley European and UK Banking Bulletin, 25. November 1996, p.1

Commission of the European Communities, The (COECa): The Economics of 1992, European Economy, 35/1992

Commission of the European Communities, The (COECb): The 'Cost of Non-Europe' in Financial Services, in: Research on the 'Cost of Non-Europe' Basic Findings, Vol. 9

Diamond, D./Dybvig, P.: Bank runs, deposit insurance and liquidity, in: Journal of Political Economy, 91/1983, pp.401-419

Economist, The: Tales from the FAR side, November 1996, p.136

Gardener, E./Molyneux, P. (eds.): Investment Banking: Theory and Practice, London 1996

Gardener, E.P.M./Teppett, J.: A select replication of the Cecchini microeconomic methodology on the EFTA financial sectors: a note and critique, in: The Service Industries Journal, Vol. 15, 1/1995, pp.74-89

Gardener, E.P.M.: The future of traditional banking, in: Revue de la Banque, 4/1996, pp.187-199

Gardener, E.P.M.: The challenge of deregulation for European banks. Inaugural lecture at the opening of the University School of Banking and Finance at Katowice, Poland on 14 October 1996, and forthcoming in: Contemporary Economics and Politics of Europe, 1997

Heffernan, S.: Modern Banking in Theory and Practice, Chichester 1996

Leemputte, P.J./Kearney, M.E.: Where is value created in your retail business?, in: Journal of Retail Banking, Vol. XII, 4/1990, pp.7-18

Matten, Ch.: The capital allocation challenge for bank's, in: SBC/Prospects, 4-5/1996, pp.2-5

Matten, Ch.: Managing Bank Capital: Capital Allocation and Performance Measurement, Chichester 1996

Molyneux, Ph./Altunbas, Y./Gardener, E.: Efficiency in European Banking, Chichester 1996

Neven, D.J.: Structural adjustment in European retail banking: some views from industrial organisation, Discussion Paper No. 311, London, April 1989

Norton, J.J.: Bank Regulation and Supervision in the 1990s, London 1991

PACEC (PA Cambridge Economic Consultants Ltd.) and IEF (Institute of European Finance: A Study of the Effectiveness and Impact of International Market Integration on the Banking and Credit Sector: A Summary Report, 1996; A Technical Appendix, Nov./Dec. 1996, European Commission, Brussels

Schuster, L. (ed.): Banking Cultures of the World, Frankfurt am Main 1996

Stern, J.M.G./Stewart III, B./Chew, D.H. jr.: EVA – an integrated financial management system, in: European Financial Management, vol. 2, 2/1996, pp.223-245

Eigenkapitalvorschriften für Banken und Wertpapierhäuser: Überlegungen zur „Level Playing Field"-Diskussion

Dr. Burkhard Varnholt und Prof. Dr. Heinz Zimmermann,
Universität St. Gallen

1. Einleitung

Gemäß der europäischen Kapitaladäquanzrichtlinie sollen Banken und Wertschriftenhäuser für Wertpapiergeschäfte, welche grundsätzlich dasselbe Marktrisiko tragen, identische Eigenmittelunterlegungen besitzen (Scott-Quinn 1994). Dieser Ansatz wird auch als Level Playing Field bezeichnet. Seine Idee besteht in einer Harmonisierung der Wettbewerbsbedingungen für Marktteilnehmer unterschiedlicher institutioneller Ausprägung (Banken, Wertpapierhäuser). Die prägnante angelsächsische Kurzformel lautet daher: „Same business, same risk, same equity." Konkret: Emittiert eine Bank wie die Deutsche Bank eine OTC-Call-Option, so muß sie hierfür genau gleich viel eigene Mittel halten wie ein angelsächsischer Wertpapierbroker. Es ist kaum hinterfragt worden, ob dieser intuitive Ansatz ökonomisch begründbar ist. Man muß sich deshalb zunächst die Frage nach der Rechtfertigung von Eigenmittelvorschriften als Instrument der Bankenaufsicht stellen. Diese leiten sich daraus ab, daß die sozialen Kosten einer Bankliquidation höher sind als ihre rein privaten Kosten. Das bedeutet beispielsweise, daß bei einer Bankliquidation sämtliche Kredite zurückbezahlt werden müssen, was zwangsläufig unvorteilhafte Konsequenzen, sprich Kosten, für unbeteiligte Dritte mit sich bringt. Die privaten Kosten des Bankkonkurses umfassen hingegen nur den Verlust des Risikokapitals der Aktionäre – die Kosten für Dritte werden hierin nicht berücksichtigt. Aus diesem Grund haben die Aktionäre keinen direkten Anreiz, eine volkswirtschaftlich optimale Eigenmittelausstattung zu gewährleisten. Man erkennt damit, daß Eigenmittelregulierung primär aus der Notwendigkeit resultiert, ein auf einer Externalität beruhendes Marktversagen zu korrigieren. Es stellt keinesfalls ein wettbewerbspolitisches Instrument dar, als solches es häufig mißverstanden und eingesetzt wird.

2. Banken versus Wertpapierhäuser

Es gilt nun zu hinterfragen, ob dieselben Argumente, welche für die Eigenmittelvorschriften von Banken verantwortlich sind, auch für Wertpapierhäuser relevant sind. Ein Vergleich der typischen Bilanzstruktur eines Wertpapierhauses mit einer Universalbank zeigt, daß dies nicht der Fall ist.

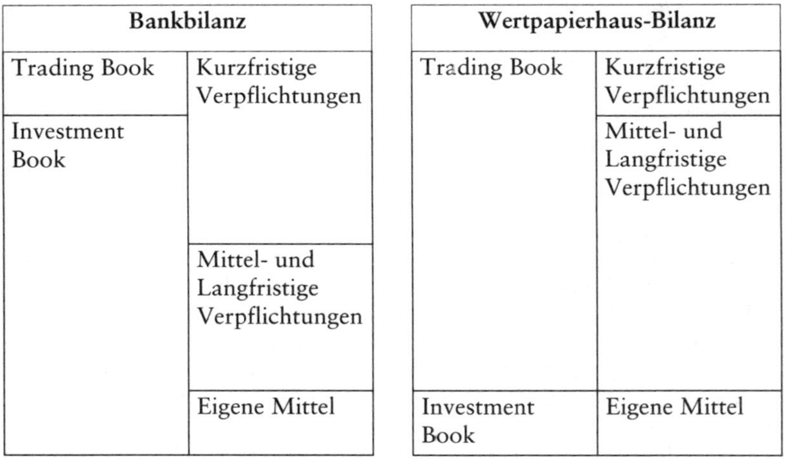

Abb. 1: Unterschiedliche Strukturelemente von Banken und Wertpapierhäusern

Die wichtigste Besonderheit von Banken ist ihre auf Fristentransformation ausgerichtete Bilanzstruktur. Sie trifft für reine Wertpapierhäuser nicht zu. Auf ihrer Passivseite ist eine Bank wegen des hohen Anteils von Kundeneinlagen gegenüber Liquiditätsabzügen stark exponiert. Kurzfristige Sichteinlagen machen typischerweise bis zur Hälfte ihrer Passivseite aus – was in starkem Gegensatz zur Passivstruktur eines Wertpapierhauses steht. Jenes ist langfristiger, z.B. über Commercial Paper und Kapitalmarktanleihen, finanziert. Seine Gläubiger können ihre Einlagen bei einem Vertrauensverlust nicht unmittelbar zurückziehen. Deshalb muß eine Erschütterung des Gläubigervertrauens nicht zwangsläufig einen Schaltersturm auslösen.

Auch auf der Aktivseite unterscheiden sich Banken von Wertpapierhäusern. Eine Bankbilanz ist typischerweise durch illiquide und mit Kreditrisiken behafteten Ausleihungen geprägt. Diese werden aber nicht zu ihrem effektiven Marktwert, sondern zu Fortführungswerten bilanziert, was auch den hohen Preisabschlag, der mit einer vorzeitigen Liquidation unweigerlich verbunden wäre, erklärt. Ein Schaltersturm auf eine Bank führt daher meistens zu einem sozial suboptimalen Ergebnis. Im Gegensatz dazu sind die wichtigsten Risiken eines Wertpapierhauses Marktrisiken. Ihre Bilanzen weisen deshalb Marktwerte statt Fortführungswerte aus. Die Aktiva und Passiva einer Marktwertbilanz sind bei einer Vertrauenskrise nicht nur relativ rasch, sondern vor allem auch ohne große unerwartete Liquidationsverluste am Markt realisierbar. Ein Beispiel hierfür stellte die Liquidation des Drexel Burnham Lambert Konzerns oder die Übernahme der Barings Bank dar, welche praktisch keine nennenswerten Externalitäten für das Finanzsystem zur Folge hatten.

Ein weiterer Unterschied besteht darin, daß die Verbindlichkeiten von Banken in besonders hohem Maße von privaten Kleinsparern gehalten werden, die kaum selbständig die permanente Solvenz und Liquidität der Bank überwachen können. Hieraus ergibt sich für die Bankenaufsicht ein besonderes Schutz- und Überwachungsmotiv zugunsten der Kleinsparer. Bei Wertpapierhäusern ist diese Frage praktisch nicht gegeben, weil die Kunden meisten Institutionelle sind. Ohnehin schreiben angelsächsische Rechtssysteme Wertpapierhäusern die Trennung ihrer Kundengelder vom eigenen Vermögen vor. Damit kann im Fall einer Liquidation bereits ein hoher Schutz der Kunden von Wertpapierhäusern erreicht werden.

3. Ziele und Zwischenziele der Regulierung

Der Systemschutz stellt das wichtigste und zugleich schwierigste Ziel der Banken- und Finanzmarktaufsicht dar. Dieser kann am besten über unterschiedliche Zwischenziele der Überwachung von Banken und Wertpapierhäusern erreicht werden. Aus diesen Zwischenzielen ergeben sich unterschiedliche Regulierungsansätze für Banken und Wertpapierhäuser.

Bei Banken steht die Solvenzsicherung im Mittelpunkt der Aufsicht. Solange eine Bank solvent ist, wird der Staat oder die Zentralbank eher bereit sein, bei vorübergehenden Liquiditätsschwierigkeiten als Lender of Last Resort aufzutreten. Damit kann verhindert werden, daß eine Liquiditätskrise sich zu einer Solvenzkrise ausbreitet.

Demgegenüber ist die Aufsicht über Wertpapierhäuser auf die Sicherung der permanenten Liquidität und erst in zweiter Linie auf den Anlegerschutz fokussiert. Die Illiquidität eines Wertschriftenhauses kann möglicherweise eine vorübergehende Erschütterung für Zahlungsverkehrssysteme bewirken. Neben den Liquiditätsvorschriften können solche Risiken über raschere Wertpapierabwicklungssysteme (Delivery versus Payment) gesenkt werden. Die Insolvenz und Liquidation eines Wertpapierhauses führt zwar in der Regel zu Gläubigerverlusten, doch stellen diese in erster Linie private Kosten dar. Die Insolvenzen von Barings, Drexel Burnham Lambert, Bank of New England, British Commonwealth Merchant Bank und andere demonstrieren diese Tatsache. Aufsichtsbehörden sollten deshalb nicht die Insolvenz eines Wertschriftenhauses abwenden, sondern sich auf die Überwachung seiner reibungslosen Liquidation konzentrieren.

Das zweite Ziel der Aufsicht über Banken und Wertpapierhäuser besteht im Anlegerschutz. Auch hier bestehen Unterschiede im Schutzobjekt und in den Überwachungsmethoden zwischen Banken und Wertpapierhäusern. Bei Banken steht vor allem der Schutz der privaten Kleinsparer im Vordergrund. Bei Wertpapierhäusern besteht hingegen ein geringeres öffentliches Interesse, weil ihre Gläubiger oft institutionelle oder sophistizierte Privatinvestoren sind.

4. Implikationen für die Regulierung

Die unterschiedlichen Gründe und Ziele der Aufsicht spiegeln sich in den unterschiedlichen Methoden der Aufsicht über Banken und Wertpapierhäuser wider. Das in der Praxis wichtigste Instrument der Bankenaufsicht besteht in der Regulierung eigener Mittel. Hier waren die Aufsichtsbehörden im Vergleich zu Wertpapierhäusern bislang doppelt streng. Erstens definierten sie anrechenbare, eigene Mittel für Banken restriktiver als für Wertpapierhäuser, und zweitens setzten sie den Maßstab für das minimale Eigenkapital höher, weil die sozialen Kosten einer Bankinsolvenz höher als bei einem Wertpapierhaus sind.

Weil an der Solvenz eines Wertpapierhauses kein dringendes öffentliches Interesse besteht, sollten die eigenen Mittel von Wertpapierhäusern weniger streng reguliert werden. Die wichtigsten Regulierungsvorschriften in diesem Bereich sind die Vorschriften über die minimale Liquidität von Wertpapierhäusern. Durch die Regulierung der minimalen Liquidität können die ohnehin geringeren systemischen Gefahren von Wertpapierhäusern im Fall ihrer Liquidation ausreichend gesenkt werden. Das zweite Schutzobjekt im Wertpapierhandel, der Schutz der Kunden, kann im wesentlichen über eine im angelsächsischen Raum weitverbreitete Trennung der Kundengelder vom eigenen Vermögen erreicht werden.

Zusammenfassend können die eben diskutierten Unterschiede der Regulierung von Banken und Wertpapierhäusern wie in Abbildung 2 dargestellt werden:

	Banken	**Wertpapierhäuser**
Gründe:	1) Systemrisiken 2) Gläubigerschutz 3) Zahlungssysteme	1) Marktliquidität 2) Investorenschutz 3) Zahlungssysteme
	↓	↓
Ziele:	Solvenzsicherung	Liquiditätssicherung
	↓	↓
Methoden:	1) Eigene Mittel 2) Liquiditätsvorschriften 3) Laufende Überwachung 4) Gewährvorraussetzungen 5) Kundenschutz	1) Liquiditätsvorschriften 2) Eigene Mittel 3) Trennung von Kundengeldern 4) Laufende Überwachung 5) Gewährvorraussetzungen

Abb. 2: Unterschiede in der Regulierung von Banken und Wertpapierhäusern

Der Schluß drängt sich auf, daß entgegen der Äußerungen mancher Politiker weniger das wachsende Handelsgeschäft von Banken Anlaß zu Sorge gibt, als vielmehr die hierdurch zunehmende Verflechtung von Banken mit Wertpapierhäusern (Dale 1994). Wenn Banken durch ihre Handelsoperationen bedeutende Kreditrisiken gegenüber Wertpapierhäusern eingehen, stellt dies noch keinen Grund für besondere Aufsichtsmaßnahmen dar. Kreditrisiken, auch solche gegenüber anderen Banken, stellen das älteste Risiko im Bankgeschäft dar. Sie können durch bestehende Limiten und Klumpenrisikovorschriften gesteuert werden.

Wenn hingegen die Solvenz einer Universalbank durch Verluste aus dem Wertpapiergeschäft in Gefahr gerät, so besteht ein öffentliches Interesse an Mindestvorschriften über die eigenen Mittel im Wertpapiergeschäft, welche die potentiellen sozialen Kosten einer Bankinsolvenz in Rechnung stellen. Deshalb ist das Wertpapiergeschäft von Universalbanken anders als dasjenige von Wertpapierhäusern zu beurteilen. Im Falle der einleitend beschriebenen Calloption sollte für die Deutsche Bank eine höhere Eigenmittelquote vorgeschrieben sein als für das angelsächsische Wertpapierhaus.

5. Special Purpose Entitäten

Ist diese Frage anders zu beantworten, wenn die Deutsche Bank ihr ganzes Wertpapiergeschäft in eine separate Special Purpose Entität ausgliedern würde? Diese Frage ist zu verneinen. Wenn man die Existenz von Kettenreaktionen und Domino-Effekten auf Finanzmärkten befürchtet, muß man dergleichen auch innerhalb von Konzernen anerkennen: Fire walls werden im Krisenfall nur allzu leicht zu Walls of fire! Aus diesem Grund besäße die Deutsche Bank im Krisenfall immer einen faktischen Beistandszwang gegenüber den mit ihr verbundenen Tochtergesellschaften. Deshalb sind auch Tochtergesellschaften, welche reine Wertpapierhäuser darstellen, mit denselben Eigenmittelquoten auszustatten, wie sie auch für das Stammhaus gelten.

6. Anreizprobleme

Zwei Anreizprobleme sind im Zusammenhang mit der europäischen Kapitaladäquanzrichtlinie schließlich noch zu diskutieren. Die dort vorgeschlagene Eigenkapitalunterlegung der Handelspositionen beruht erstens auf einem unrealistischen Verständnis der informationsökonomischen Logik eines Bankenkonkurses. Sie erlaubt die Anrechnung von nachrangigem Fremdkapital als sogenanntes Tier III-Capital unter der Voraussetzung, daß es sogenannte Lock-in-Klauseln besitzt. Diese Vorschrift verkennt, daß die Anrufung dieser Klausel durch eine Bank ohnehin mit dem vollständigen Vertrauensentzug durch den Kapitalmarkt quittiert würde. Deshalb sollte nachrangiges Fremdkapital in keinem Fall als Bestandteil des Eigenkapitals einer Bank zugelassen sein.

Zudem wird das Trading Book-Konzept im Ergebnis die paradoxe Situation schaffen, daß die Gleichbehandlung von Banken und Nichtbanken zu einem mikroökonomischen Wettbewerbsvorteil einzelner Geschäftsbereiche führt. So können zum Beispiel die Eigenmittelvorschriften für ein kurzfristiges Kreditgeschäft bis zu 32mal höher sein als die Eigenmittelanforderungen für einen Bond mit dem gleichen Markt- und Gegenparteirisiko (Scott-Quinn 1994). Die geringere Eigenkapitalunterlegung von Handelsbuch-Positionen werden Banken Anreize bieten, ihre Bilanzen zugunsten solcher Positionen umzustrukturieren. Zum Teil wird dies über buchungstechnische Manipulationen erreicht werden. Zu denken ist hier in erster Linie an die Vorschrift, daß Aktivpositionen, die mit klarer „Wiederverkaufsabsicht" gehalten werden, im Handelsbestand bilanzierbar sind. Wahrscheinlich wird der zentrale Begriff der Wiederverkaufsabsicht in seinen möglichen Auslegungen in Zukunft noch strapaziert werden.

Schließlich ist auf eine mögliche, unerwünschte Ausweitung der durch den Lender of Last Resort (LoLR) abgedeckten Risiken hinzuweisen. Dies ist dann zu erwarten, wenn die Banken durch die implizite LoLR-

Garantie im Wertpapiergeschäft gegenüber den Wertpapierhäusern einen markanten Marktanteilsgewinn erzielen werden.

7. Verhandlungspolitischer Hintergrund

Es ist ohnehin interessant, die verhandlungspolitische Entstehungsgeschichte des Level Playing Field Paradigmas zu kennen (Dale 1994). Der Versuch, einheitliche Eigenmittelvorschriften für einen gemeinsamen europäischen Markt für Finanzdienstleistungen zu bilden, erforderte bei den Verhandlungen über die Kapitaladäquanzdirektive eine politische Einigung zwischen Ländern mit einem Universalbankensystem und solchen mit einem hohen Anteil an Wertpapierhäusern. Das Level Playing Field Paradigma muß daher als Ergebnis einer politischen und nicht etwa einer ökonomischen Interessenabwägung gesehen werden:

Wegen seines traditionellen Universalbankensystems orientierte sich die Bankenaufsicht in Deutschland mit strengen Eigenmittelvorschriften in erster Linie an der Sicherstellung der Bankensolvenz. Anderseits genossen englische Wertpapierhäuser liberalere Eigenmittelvorschriften, weil die regulatorische Zielsetzung primär in der Sicherstellung einer ausreichenden Liquidität und Liquidierbarkeit als in der Sicherung der Solvenz dieser Investmentbanken bestand. Als für die Eigenmittelunterlegung des Wertschriftenhandels das Tradingbook-Konzept[1] der europäischen Kapitaladäquanz-Richtlinie konzipiert wurde, war ursprünglich seine ausschließliche Anwendbarkeit auf Wertpapierhäuser vorgesehen. Diese Absicht erfuhr jedoch Widerstand von deutscher Seite, welche Wettbewerbsnachteile für die Handelsaktivitäten ihrer streng regulierten Universalbanken befürchtete. Eine Ausweitung der strengeren Eigenmittelvorschriften für Universalbanken auf Investmentbanken war jedoch politisch ebenso undurchsetzbar, weil sie eine kompetitive Benachteiligung angelsächsischer Investmentbanken bedeutet hätte. Der verhandlungspolitische Kompromiß, welchen beide Seiten daraufhin fanden, bestand deshalb in einer funktionalen Neuausrichtung der Kapitaladäquanz-Direktive (Level Playing Field Ansatz). Damit sollte der bislang in Europa verfolgte, institutionelle Regulierungsansatz verlassen werden.

8. Folgerungen

Erstens: Aus volkswirtschaftlicher Sicht erscheint es sinnvoll, für vergleichbare Transaktionen von Banken höhere Eigenmittelquoten einzufordern als für Wertpapierhäuser.

Zweitens: Die Regulierung von Wertpapierhäusern sollte sich primär auf die Überwachung ihrer liquiden Mittel konzentrieren und im Krisenfall die reibungslose Abwicklung der Liquidation sicherstellen, während bei den Banken die Sicherung ihrer Solvenz durch geeignete Eigenmittelanforderungen im Vordergrund steht.

Drittens: Mit dem Level Playing Field Ansatz ist eine Ausweitung der durch die Lender of Last Resort abgedeckten Risiken nicht auszuschließen.

Anmerkungen

1 Diese regelt die Eigenmittelunterlegung des Handelsbestandes.

Literatur

Dale, R.: „The Regulation of Investment Firms in the European Union", Discussion Paper 94-85, Southhampton University, 1994

Dale, R.: „The Capital Adaquacy Regulation of US Broker-Dealers: A Comparative Analysis", Discussion Paper 94-13, Southhampton University, 1994

Scott-Quinn, B.: „EC Securities Market Regulation", in: *Benn/ Style* (eds.) „International Financial Market Regulation", Wiley, 1994

Die Rolle der WWU im Gesamtkontext der europäischen Integration

Peter M. Schmidhuber, Mitglied des Direktoriums der Deutschen Bundesbank, Frankfurt am Main

Wie kaum ein anderes Thema beherrscht die im Vertrag von Maastricht vereinbarte Errichtung einer Europäischen Währungsunion die aktuelle politische Diskussion in den meisten Staaten der Europäischen Union.

1. Im Spannungsfeld unterschiedlicher Interessen

Der 1. Januar 1999 – vom Vertrag als letztmöglicher, „automatischer" Termin für den Start der 3. Stufe vorgesehen und von den europäischen Staats- und Regierungschefs als Starttermin mehrmals nachdrücklich bestätigt – rückt immer näher. Nur noch weniger als zwei Jahre trennen uns von diesem Termin. Die Entscheidung, welche Staaten sich an der dritten Stufe beteiligen werden, wird spätestens Ende April 1998 getroffen. Dann sind die Würfel gefallen.

Die Vorbereitungen für die 3. Stufe sind im vollen Gange, und zwar in allen Bereichen und auf allen Ebenen: Der Europäische Rat von Dublin (13./14.12.1996) hat wichtige Orientierungen in bezug auf den sog. Stabilitätspakt, die Nachfolgeregelung für das Europäische Währungssystem (EWS) und die Sekundärgesetzgebung zur Einführung des EURO gegeben. Die Notenbankgouverneure der Europäischen Gemeinschaft, denen im Rahmen des Europäischen Währungsinstituts (EWI) die Vorbereitung der Währungsunion in regulatorischer, organisatorischer und logistischer Hinsicht anvertraut ist (Art. 109f, Abs. 3, S. 2), haben sich auf der EWI-Ratssitzung am 3.12.1996 auf das Design der künftigen Euro-Banknoten geeinigt.

Je näher der Termin 1. Januar 1999 rückt und je konkreter die Vorbereitungen und Festlegungen für die 3. Stufe, den eigentlichen Beginn der Währungsunion, Gestalt annehmen, desto dringlicher stellt sich in der Öffentlichkeit die Frage nach der Sinnhaftigkeit und den Erfolgsaussichten dieses Jahrhundertwerkes, das sich die Mitgliedstaaten der Europäischen Gemeinschaft kurz vor dem Übergang ins 3. Jahrtausend vorgenommen haben. Die Verantwortlichen in Politik, Wirtschaft und Gesellschaft sehen sich angesichts einer in weiten Teilen skeptischen Öffentlichkeit einem Begründungs- und Rechtfertigungszwang ausgesetzt. Die Debatten, die privaten und öffentlichen Meinungsäußerungen konzentrieren sich stark auf die befürchteten Risiken und Nachteile der Währungsunion – und damit im Zusammenhang stehend – auf die Problematik der Ablösung der Erfolgswährung DM durch den newcomer EURO.

Auch in der akademischen wirtschaftswissenschaftlichen Fachdiskussion dürften die Zweifel überwiegen. Sie beziehen sich in erster Linie darauf, ob das unabhängige System der europäischen Zentralbanken seinen geldpolitischen Stabilitätsauftrag (Art. 105 Abs. 1, S. 1 EG-Vertrag) angesichts der derzeit gegebenen integrationspolitischen Rahmenbedingungen auf Dauer erfüllen kann und ob durch die Wirtschafts- und Währungsunion (WWU) ein optimaler Währungsraum geschaffen werden kann.

Die juristische Analyse der Bestimmungen über die WWU steuert ebenfalls einige gewichtige Bedenken bei, wie etwa die Funktion der gemeinschaftsrechtlichen Bindungen in bezug auf ein so kompliziertes Integrationsprojekt mit nicht absehbaren politischen und ökonomischen Langzeitwirkungen wie die europäische Wirtschafts- und Währungsunion. Trotz – oder gerade wegen – des Urteils des Bundesverfassungsgerichts zum Maastricht-Vertrag bedarf das Verhältnis von nationalem Verfassungsrecht und europäischem Gemeinschaftsrecht und dabei insbesondere die Rolle der nationalen Verfassungsgerichte im Verhältnis zum Europäischen Gerichtshof (EuGH) noch einer eingehenden Klärung. Dieser Aspekt könnte in Deutschland im Zusammenhang mit dem von Bundestag und Bundesrat postulierten Prüfungsrecht des Abstimmungsverhaltens der Vertreter der Bundesregierung in den Ratsgremien beim Auswahlverfahren der Teilnehmer an der 3. Stufe (Art. 109j, Abs.4, S. 2) neue Aktualität erhalten.

Die wissenschaftlichen Fachfragen müssen weiter geklärt werden. Dabei ist darauf hinzuweisen, daß auch die Fachdiskussionen im wesentlichen im nationalen Rahmen ablaufen. Dies gilt sowohl für die juristischen als auch für die wirtschaftswissenschaftlichen Probleme, weniger wohl für die politikwissenschaftliche Betrachtungsweise, für die entsprechende internationale Foren und Strukturen vorhanden sind. Dieses Manko ist umso bemerkenswerter, als die Europäische Kommission eine Reihe interessanter Diskussionsimpulse gegeben hat, die aber nur wenig Widerhall gefunden haben.

Was weitgehend fehlt, ist eine Zusammenschau der wirtschaftspolitischen Zielsetzungen und der fachlichen Probleme sowie ihre Einordnung und Würdigung vor dem Hintergrund der großen europa- und weltpolitischen Zusammenhänge, die Bundeskanzler Helmut Kohl z. B. in seiner Rede an der Universität Löwen (Bulletin d. Bundesregierung 1996, S. 131 ff.) dargestellt hat.

2. Die wirtschaftspolitischen Zielsetzungen

Da ist zunächst die zentrale Frage nach der Notwendigkeit und Zweckmäßigkeit einer Europäischen Währungsunion. Brauchen wir den Euro wirklich oder soll man es besser bei der Währungsvielfalt in Europa belassen? Die Mitgliedstaaten der Gemeinschaft haben diese Frage im Vorfeld von Maastricht aufgrund einer mehr als dreißigjährigen Vorgeschichte gescheiterter oder zurückgestellter Projekte eingehend untersucht und sich mit Unterzeichnung des Vertrages zur Schaffung einer Wirtschafts- und Währungsunion gemeinschaftsrechtlich verbindlich auf die Errichtung einer Währungsunion geeinigt. Somit könnte man sagen, daß diese Frage bereits beantwortet worden ist. Angesichts der weit verbreiteten Skepsis und tief verwurzelter Vorbehalte ist es unerläßlich, daß man die Vorteile einer europäischen Gemeinschaftswährung auch für die sog. Hartwährungsländer erklärt und deutlich macht.

Die wirtschaftlichen Vorteile einer stabilen Gemeinschaftswährung liegen auf der Hand. Die unmittelbaren Vorteile bestehen im Wegfall der Transaktionskosten und des Wechselkursrisikos – und als Konsequenz in der Schaffung eines großen Währungsraums. Angesichts der bestehenden wirtschaftlichen Verflechtung in Europa sind dies Faktoren von erheblicher Bedeutung. Es sei in diesem Zusammenhang nur an die Wettbewerbsverzerrungen im Binnenmarkt durch erratische Wechselkursschwankungen (insbesondere der Lira) im Jahr 1995 erinnert.

Die Einführung des Euro führt aber auch zu mehr Wettbewerb, weil Preise und Leistungen besser vergleichbar werden. Die wirtschaftliche Integration Europas wird sich weiter verstärken und der Binnenmarkt mit seinen wachstumsfördernden Wirkungen könnte sich voll entfalten. Die Vorteile eines großen Binnenmarktes liegen in der besseren Allokation der Ressourcen, die zu insgesamt mehr Wirtschaftswachstum und damit mehr Arbeitsplätzen und Wohlstand führen. Die Währungsunion stellt somit die logische Ergänzung zum Binnenmarkt und zur Liberalisierung des Kapitalverkehrs dar. Die vollständige wirtschaftliche Integration Europas ist wiederum eine Voraussetzung für die langfristige Selbstbehauptung der Europäischen Union (EU) in der Weltwirtschaft.

Aus politischer Sicht stellt die Wirtschafts- und Währungsunion zusammen mit den anderen Elementen des Maastricht-Vertrages – auf die im folgenden noch eingegangen werden soll – „eine neue Stufe bei der Verwirklichung einer immer engeren Union der Völker Europas dar", wie es Artikel A des Maastricht-Vertrages formuliert. Die Vertiefung der politischen Integration zusammen mit der Erweiterung, d. h. der Aufnahme neuer Mitgliedstaaten in die Europäische Gemeinschaft sind Herausforderungen, denen sich die EU nicht entziehen kann. Das gleichzeitige Vorantreiben von Vertiefung und Erweiterung wirft schwierige Probleme auf, da zwischen diesen Handlungspolen Zielkonflikte bestehen. Diese Strategie wird der EU aber durch die weltpolitische und weltwirtschaftliche Entwicklung nahegelegt, um nicht zu sagen aufgezwungen.

Die Ereignisse in Südosteuropa haben deutlich gemacht, daß Europa neben einer Wirtschaftsgemeinschaft auch zu einer politischen Union entwickelt werden muß. Die Wirtschafts- und Währungsunion kann hier katalytische Wirkung haben, sie kann starke Kräfte in Richtung vertiefter politischer Integration freisetzen. Man kann aber auch nicht völlig ausschließen, daß eine derartige Strategie die EU in eine tiefe Krise stürzt, sollte das Projekt WWU fehlschlagen.

Eine unabdingbare Voraussetzung für das Gelingen der WWU ist aber die Einlösung der Stabilitätsgarantie. Die neue Währung muß sich als stabil erweisen. Nur dann können sich die gesamtwirtschaftlichen Vorteile des Binnenmarktes und der Währungsunion voll entfalten und das Projekt politisch ein Erfolg werden. Ein instabiler Euro hätte äußerst negative politische und wirtschaftliche Folgen.

Die Frage, ob der Euro stabil sein wird, kann man nicht einfach mit Ja oder Nein beantworten. Geldwertstabilität hängt nämlich bekanntlich von einer Vielzahl von Faktoren ab. Neben der Geldpolitik der Notenbank haben die Steuer- und Haushaltspolitik aber auch die Lohnpolitik entscheidenden Einfluß auf die Entwicklung des Preisniveaus.

Es spielen aber auch subjektive Faktoren eine Rolle. Nur wenn die Öffentlichkeit und der einzelne Bürger von der Bedeutung der Geldwertstabilität als der Grundlage einer dynamischen Wirtschaft und eines Systems privater und kollektiver Daseinsvorsorge überzeugt sind, läßt sich die Stabilität auch in schwierigen Zeiten bewahren. Letztlich geht es hier um ordnungspolitische Grundüberzeugungen. Es ist also der Aufbau bzw. die Festigung einer von einer breiten Mehrheit der Bevölkerung getragenen Stabilitätskultur erforderlich.

Hier gab es in Deutschland und wird es auch zukünftig in Europa unterschiedliche Lager geben. Eine Analyse der nationalen und internationalen Berichterstattung ergibt, daß nach wie vor divergierende Auffassungen im Bereich der Wirtschafts- und Währungspolitik vertreten werden. Was angestrebt und erreicht werden muß, ist ein Grundkonsens darüber, daß die Inflation weder ein Schmiermittel für den stotternden Konjunkturmotor noch ein Methode zur Entschärfung des Verteilungskampfs ist. Die institutionellen Vorkehrungen im Vertrag sind in eindeutiger Weise getroffen. Die offene Frage ist, ob bei allen Beteiligten auch der feste und nachhaltige Wille zur Einhaltung eines konsequenten Stabilitätskurses vorhanden ist.

Geldwertstabilität und – damit verbunden – wirtschaftliches Wachstum, Arbeitsplätze und Wohlstand sind leider kein Zustand, den man einmal erreichen und dann auf Dauer besitzen kann. Die Sicherung der Geldwertstabilität ist vielmehr eine wirtschafts- und währungspolitische Daueraufgabe, die von den Entscheidungsträgern immer neue Antworten auf konkrete Herausforderungen in einem sich ständig wandelnden wirtschaftlichen und weltpolitischen Umfeld abfordert.

3. Der ungelöste Zielkonflikt zwischen Vertiefung und Erweiterung

Die WWU ist ein wesentliches Element des Vertrages über die Europäische Union, aber eben nur ein – wenn auch sehr wichtiges – Element unter mehreren anderen.

Die WWU muß also auch im Zusammenhang mit den anderen integrationspolitischen Komponenten gesehen werden. Dabei geht es um folgende Probleme:

(1) Die Ansätze zur Schaffung einer politischen Union, ohne daß schon konkrete Aussagen über die Rechtsnatur dieses Zusammenschlusses gemacht wurden. Sie manifestieren sich in folgenden Bestimmungen des EU-Vertrags:

a) die Vorschriften der Artikel A und B des EU-Vertrages über die Integrationszwecke.
b) das Kapitel über eine gemeinsame Außen- und Sicherheitspolitik – Artikel J.
c) die Festlegungen über eine institutionalisierte Zusammenarbeit auf den Gebieten der Innen- und Rechtspolitik – Artikel K.
d) die Artikelgruppe 8 des EG-Vertrages, die sich mit der Unionsbürgerschaft befaßt.

(2) Die Bestätigung der Strategie der Erweiterung der EU, die sich aus der Übernahme des Artikels 236 EWG-Vertrag als Artikel O in den EU-Vertrag ergibt – angesichts der durch den Wegfall des Ost-West-Gegensatzes veränderten gesamteuropäischen Lage. Die tatsächlichen Beitrittshindernisse, die sich aus der Vormachtstellung der Sowjetunion östlich der Elbe und der Westgrenze Ungarns ergaben, bestehen ja seit Ende 1989 nicht mehr. Die von der EU in Aussicht genommene und von den Beitrittskandidaten dringend geforderte Entwicklung wird zwangsläufig Erscheinungsbild und Struktur der EU verändern.

(3) Die Festlegung des Termins einer Folgekonferenz in Artikel N Nr. 2 zum Zweck der Weiterentwicklung der Grundsätze der Artikel A und B, die – wie bereits erwähnt – am 29. März 1996 in Turin unter italienischer Präsidentschaft eröffnet worden ist. Die Regierungskonferenz soll – wie sich aus dem Kommuniqué von Dublin ergibt – auf dem Europäischen Rat von Amsterdam (Juni 1997) finalisiert werden. Es ist bisher noch nicht absehbar, ob und wie die großen anstehenden Probleme gelöst werden können, wie z. B. die Anpassung der Institutionen und Verfahren der Gemeinschaft an den wachsenden Mitgliederbestand der EU, der möglicherweise eine Größenordnung von 30 erreichen könnte. Auf der Regierungskonferenz stehen also die beiden Grundanliegen der Integrationspolitik auf der Tagesordnung, nämlich Vertiefung und Erweiterung.

Es ist also noch nicht möglich, den „Ertrag von Maastricht II“ abzuschätzen. Dies hängt nicht zuletzt von der Haltung des Vereinigten Königreichs ab, die erst nach den anstehenden Unterhauswahlen definitiv formuliert werden kann. Ganz generell kann man sagen, daß ein tiefer Gegensatz zwischen Integrationalisten und Intergouvernementalisten besteht, der nach den bisherigen Erfahrungen nur durch Kompromisse über Teillösungen auf höchster Ebene partiell überbrückt werden kann.

Die Feststellung, daß für die Zustimmung zur WWU seitens der Vertreter der Bundesrepublik auch die Erwartung eine Rolle gespielt hat, daß auf der Maastricht II-Konferenz substantielle Fortschritte hinsichtlich einer Politischen Union erzielt werden, ist mehr als ein zeitgeschichtliches Apercú. Sollte sich das Ergebnis von Maastricht II an „der institutionellen Nullinie" bewegen, sollte es also nicht gelingen, einen ausreichend stabilen Kompetenzrahmen für eine gemeinschaftliche Wirtschaftspolitik zu schaffen und die Funktionsfähigkeit der Gemeinschaftsorgane institutionell abzusichern, dann müßte die Frage geprüft werden, ob die integrationspolitischen Voraussetzungen für eine stabilitätsorientierte Gemeinschaftswährung noch gegeben sind.

(4) Die Effizienz der Organe der EU, insbesondere des ECOFIN-Rats und der Kommission, hat außerdem unmittelbare Auswirkungen auf die Funktionsfähigkeit der WWU, weil sie für die Überwachung der Haushaltspolitik der Mitgliedstaaten – einer wesentlichen Bedingung für eine stabile Gemeinschaftswährung – zuständig sind (Artikel 104c).

Sollte die auf dem Gipfel von Madrid (Dezember 1995) erneut bekräftigte Beitrittsstrategie hinsichtlich der assoziierten Staaten Mittel- und Osteuropas sowie des Mittelmeerraums in einem überschaubaren Zeitraum – angenommen bis 2005 – ganz oder teilweise realisiert werden, so ist davon auszugehen, daß mittelfristig nicht alle Mitgliedstaaten der EU an der Gemeinschaftswährung teilnehmen werden. Dies bedeutet, daß heute noch nicht gesagt werden kann, ob und wann die Verheißung „one money, one market" in der EU erfüllt werden kann. Es ist also davon auszugehen, daß ab 1.1.1999 für längere Zeit mit einem Europa der zwei Geschwindigkeiten zu rechnen ist – einer Alternative, die im bisherigen Verlauf des Integrationsprozesses vermieden werden konnte.

4. Eine Streßsituation der Integrationspolitik

Die Einführung der Gemeinschaftswährung EURO muß in einem sich verändernden politischen und sozioökonomischen Umfeld erfolgen, das sich bereits heute von der Ausgangslage des Jahres 1991 beträchtlich unterscheidet.

Nach den Intentionen des Gipfels von Maastricht sollte die WWU den gemeinsamen Markt vervollständigen. Beide zusammen sollten die Basis für eine Revitalisierung der europäischen Volkswirtschaften abgeben.

Im Weißbuch der Kommission von 1993 „Wachstum, Wettbewerbsfähigkeit, Beschäftigung – Herausforderungen der Gegenwart und Wege ins 21. Jahrhundert" – dem wirtschaftspolitischen Vermächtnis des damaligen Kommissionspräsidenten Jacques Delors – sind detaillierte Vorschläge zur Beschleunigung des Zusammenwachsens der europäischen Volkswirtschaften (die transeuropäischen Netze) und zur Überwindung der strukturellen Schwächen insbesondere auf dem Arbeitsmarkt gemacht worden, die seinerzeit auch vom Europäischen Rat von Essen aufgegriffen, aber nicht mit der notwendigen Entschiedenheit umgesetzt worden sind.

In den letzten Jahren ist allerdings ein gewisser integrationspolitischer Klimawandel eingetreten. Heute überwiegen die Bedenken, das nationale Bestitzstandsdenken, das ängstliche Festhalten am Status quo – nicht nur in weiten Kreisen der Bevölkerung, sondern auch bei Angehörigen der Funktionseliten.

Es wird versucht, das Konzept der Supranationalität auszuhöhlen. Dazu lieferte der Vertrag von Maastricht zwei Ansatzpunkte. Mit der Etablierung der 2. und 3. Säule (Außenpolitik sowie Rechts- und Innenpolitik) wurde das gemeinschaftsrechtliche Konstruktionsprinzip ausgehebelt. Die Aufnahme des Subsidiaritätsprinzips (Art. 3b) als Kompetenzabgrenzungsnorm in den Vertrag wurde zur Untermauerung von Renationalisierungswünschen von Gemeinschaftskompetenzen und zur Einforderung erweiterter Mitspracherechte bei der Verwaltung der Fonds benützt.

Man kann selbstverständlich dem Normalbürger nicht verübeln, wenn er bei währungspolitischen Veränderungen Angst um sein Geld bekommt. Der Abschied von der nationalen Währung hat eine andere Qualität als die bisherigen Integrationsschritte, denn eine neue Währung betrifft als nervus rerum die Lebensverhältnisse eines jeden Bürgers unmittelbar. Dies ist ein Faktor, der in Maastricht unterschätzt worden sein dürfte.

Zugespitzt ausgedrückt könnte man also behaupten: Der Erfolg der weiteren Integrationsbemühungen und der WWU bedingen sich gegenseitig. Stagniert die Verdichtung der Integration, so gefährdet dies die Vollendung der WWU, scheitert die WWU, so ist der Integrationsprozeß als solcher in Gefahr.

Hinzu kommt das außenpolitische Erfordernis der Erweiterung. Dies alles summiert sich zu einer Streßsituation der Integrationspolitik. Sie ist nicht zu vermeiden, weil alle Handlungsstränge miteinander verknüpft sind. Eine weitere Verlangsamung des Integrationsprozesses andererseits könnte fatale Folgen haben.

Wer einer Verschiebung der WWU das Wort redet, sollte bedenken, daß der Grundsatzbeschluß von Maastricht (Dezember 1991) und der geplante Abschluß der Einführung der Gemeinschaftswährung (Ausgabe von auf EURO lautenden Geldzeichen bis spätenstens 30. Juni 2002) mehr als 10 Jahre auseinanderliegen. In einer freiheitlichen Demokratie ist dies ein sehr weit gespannter Zeithorizont, der immer wieder zu neuen Bedenken und Zweifeln Anlaß geben wird, selbst wenn die Würfel schon längst gefallen sind.

Das gewählte Konzept der WWU ist ein historisches Unikat. Es verzichtet auf die „normative Kraft des Faktischen“ der schnellen Einführung der neuen Währung, auf die streitbeendende Wirkung des fait accompli. Dies ist sicherlich demokratischer, aber es fordert der Politik nahezu unerträgliche Dauerbelastungen ab. Nicht umsonst fallen währungspolitische Entscheidungen am Wochenende, wenn die Börsen geschlossen sind.

The Influence of Globalised Money and Capital Markets for the Personal Sector with Regard to Ethical Problems

Prof. Steven F. Frowen, St. Edmund's College Cambridge, University College London, and
Prof. Elias Karakitsos, Management School, Imperial College London

The principal objective of this paper is to analyse the consequences of financial liberalisation and deregulation on money and capital markets along with the real economy. In particular we argue that these developments have made the consumer more vulnerable and prone to boom and bust cycles.

1. Innovations in Banking

The business of banking has changed dramatically in particular over the last two decades. In fact, most of the changes in the form of financial innovations and through world-wide mergers have taken place since the mid-1970s, at least in Anglo-Saxon countries. These developments also had far reaching ethical implications, which were not fully recognised until the risky and with it unethical behaviour on the part of even some of the most reputable financial houses – from Herstatt in Germany to the BCCI and Barings in the UK – drew the attention of a wider public to the seriousness of the situation the financial sector world-wide had plunged into.

Meanwhile groups of financial institutions in the UK have issued Codes of Conduct, mainly to appease customers. There are now so-called Ombudsmen to whom customers of financial institutions can turn, if they feel unjustly treated by banks. In the securities and futures markets, the UK Securities and Futures Authority has actually gone as far as to ban a number of former managers at Barings from working in the City of London as Managers for three years on top of a heavy fine.

What has actually happened during the last two decades? To gain a fuller understanding, let us look at the London market prior to the globalisation of financial markets with all the financial innovations involved.

Until the late 1950s and the 1960s, banking transactions in the City of London were dominated by the Big Five London clearing banks who accounted for roughly 80% of all banking business. Corporate finance via the capital market was entirely in the hands of a small number of merchant banks. The most aristocratic of these were the twelve Accepting Houses, most of them founded in the early 19th century by German immigrant bankers from Hamburg and other German cities. Bills of exchange accepted by one of the Accepting House were the only ones eligible for rediscount at the Bank of England, although at a later stage bills accepted by the Big Five became eligible bills as well.

A further group of financial institutions consisted of a handful of Discount Houses. Their task was to discount bills previously accepted by accepting houses or other leading banks in London. It was then via the discount houses that the Bank of England regulated the liquidity in the money market and only vis-a-vis the discount houses did the Bank of England act as a lender of last resort. The commercial banks – mainly the Big Five – kept money at call with the discount houses – apart from cash their second most important liquid reserve. Recalling it forced the discount houses to rediscount eligible bills and securities at the Bank of England, the latter than charging Bank Rate.

These few groups of financial institutions, all situated within the one square mile of what is called the City of London, with the Bank of England in its midst, could easily and very effectively be controlled by the Bank of England without an extensive banking supervisory department or an outside supervisory authority, as exists in Germany.

Moral suasion was one of the main methods by means of which the Governor of the Bank of England controlled the UK banking system. Within minutes he could have the heads of banks and other financial institutions round his conference table hinting at policies he would like them to follow – and they all did. It would have been ungentlemanly not to. But, of course, they all knew too well, that in the end the Bank of England had the power to enforce its policies, a power the Bank of England was given by the Bank of England Nationalisation Act. But having this power in the background sufficed – it never had to be used.

The London Stock Exchange, with its peculiar system of brokers and jobbers, was a self-regulatory body. Any member not adhering to the rules was expelled without mercy and no longer permitted to trade. Indeed, the way the London system was run in those days was unique. Frauds and unethical behaviour were virtually non-existent.

What are the factors which have turned this in retrospect almost perfect system into the turmoil the London and other financial markets are in today? In fact, in the London market it happened in stages. Stage 1 consisted of the new regulations contained in the Bank of England document „Competition and Credit Control“ issued in September 1971. The principal aim was to increase competition between banks and as part of this policy, also removed a number of cartel arrangements. Stage 2 was marked by the UK abolishing exchange control, and Stage 3, the so-called Big Bang, deregulated the entire London stock exchange system whereby outsiders gained free access to securities dealings on the London market. These changes in total had the effect of attracting a vast number of foreign banks to London. Big Bang was also responsible for the large number of investment banks (most of them from the US and Japan) to operate on the London market.

Furthermore, we had the oil price rises of the 1970s with the OPEC countries depositing the bulk of their oil proceeds in US dollars in the London market, which led to the rapid expansion of the already existing London Euro-Dollar market in which the operators consists predominantly of foreign banks – at first mainly US banks, then Japanese, Continental and ultimately Arab banks themselves.

2. Problems in New Financial Markets

But this was not enough – new markets developed: The swap, options and futures markets. The derivatives provided an unparalleled challenge to bank managements. A high degree of mathematical skill was required to cope with the intricacies of these complex financial instruments – a skill which few of the traditional managers in the banking industry possessed. They were left at the mercy of skilled youngsters, the most ruthless of whom managed to exterminate the perhaps leading and most aristocratic London merchant bank – Barings. In fact, the head of group finance at Barings – one of those banned by the Securities and Futures Authority from working in the City as a manager for three years – was banned for „failing to understand, control and reconcile the provision of funding“ to Barings (Futures) in Singapore. The former head of Derivatives at Barings himself declared that futures and options sales had „descended into organisational chaos weeks before the bank's collapse.“

Of course, some derivatives are far from new and have served the financial world and its customers well in the past. Futures markets themselves have been in existence for several centuries. Stock index futures, too, have proved their usefulness in the past, such as the Nikkei 225 futures, which enables buyers to take a position on the future value of Japanese stocks. They are invaluable financial tools because they are relied on by institutional portfolio managers to manage risk and allocate assets. In this way, they ultimately benefit millions of pensioners, mutual fund investors, trust beneficiaries and other investors world-wide. Used prudently, stock index futures are insurance policies against market risks. And yet, it was Barings' positions on Nikkei 225 futures contracts, extending to a total nominal value of $ 27 billion, which led to the collapse of Barings.

Index futures themselves are not the most sophisticated instruments of the derivatives markets. Over The Counter (OTC) derivatives are more complex instruments involving multiple layers of risk, based on a wide range of underlying assets. These assets can be currencies, stocks, bonds and commodities.

Derivative experts have no copyright on any of their products and usually shroud their work in utter secrecy. The instruments are designed to manage and hedge risk, but highly publicised disasters have shown how lethal they can be when they go wrong. The losses then have reached billions of dollars in the past. Yet derivative trading can be hugely profitable if you are lucky. And this is where the danger lies. Excessive profits and growth, which asset management could not provide, become addictive. OTC derivatives are quite rightly regarded as highly explosive not only because of their infancy in the financial world, but also because they are designed to manage specific risks. There is another reason for concern. Because the market is evolving at such rapid speed, any regulation is likely to become quickly outdated. This is why the more responsible securities houses designing OTC's have introduced their own rigorous safety nets. The pure leverage of derivatives means that without these safeguards, securities houses would be in danger of collapsing at one point or another.

3. Recent Trends in Banking

If we look at the financial industry today – what do we find? The most important elements appear to be a shift away from the traditional role of intermediation between saving and investment towards fund management, the development of new financial products and derivatives.

Leading research analysts with an investment bank in London (usually US ones) can easily be on pay packages of up to £ 1 million a year with guaranteed bonuses over a guaranteed length of time. Their incredible pay has to be justified by the profitable financial products and derivatives they develop and by the massive fees they generate as they dream up and initiate lucrative merger and acquisition activities in the corporate finance department. Investment bankers spend their lives dreaming up mergers and then looking at ways to split them up again. They are paid to do so and their efforts are likely to become all the more intense as the pressure to justify their ballooning salaries increases.

These trends may well justify a feeling of uneasiness, some might find them totally amoral. Questions may be asked such as: What is the actual benefit to the economy and society of these activities and transactions? Are those involved not totally motivated by greed – greed on the part of the investment banks concerned, their shareholders and not least the analysts themselves demanding salaries and bonuses quite out of line with top earnings in other fields.

All this certainly applies to the financial sector in the Anglo-Saxon world. Continental banks – in particular German and Japanese banks – have probably remained more traditional in their activities and in their links with industry. The German principle appears to be that the interests of industry and banking are interlinked and that this leads to a mutually benefiting long-term relationship in with the banks sitting on the boards of industrial companies. In contrast, the Anglo-Saxon tradition dictates a separation of the interests of banking and industry. This short-term view stems from increased competition within the banking sector, but which forces banks to be more innovative and productive.

The questions arising in this connection are: Which of the two approaches has been more profitable? And, perhaps more important, which approach has been more beneficial from a social welfare point of view in terms of economic growth, employment, income distribution and other ethical dimensions? However, the impression given is that the effect of globalisation and international competition is forcing even German and Japanese banks to imitate their Anglo-Saxon rivals. In the case of Germany, this usually takes the form of business undertaken by foreign branches or subsidiaries of German banks, and not infrequently even acquiring foreign banks. In this form the leading German banks are now active participants in the London and other foreign financial markets.

4. Some Ethical Problems

A vital question is whether these new trends are forcing the banks to take more risks than is ethically acceptable. What are the moral issues when banks go bankrupt? From a regulatory point of view the general trends in the financial industry also pose serious questions as to the adequacy of measures to control the money supply, of the risk to banks and the consequences for society at large.

The crucial question appears to be: Where does the answer to these problems lie? To ask for a return to the tightly controlled money, capital and currency markets of the 1950s and 1960s would be naive. The world has moved on too far. Today we live in an increasingly global economy dominated by fast communications, free capital movements and a growing freedom from government control. It is claimed that this sets the scene for huge rewards in terms of greater prosperity. But prosperity for whom? Is it likely to spread beyond the financial houses cautious enough to avoid heavy losses over their – one is tempted to say – gambling activities and beyond the traders employed by them, earning huge salaries plus bonuses? And anyhow, are the so-called global capital flows not principally exchanges between the leading industrial countries? Indeed, we seem to be faced with a great asymmetry: On the one hand, the international financial system wants to make as much money as it can, free of any regulatory constraint – when times are good; but when its actions put individual banks, or the entire system, at risk, it looks to governments to act as a safety net.

On ethical grounds, but also in their own self-interest, financial institutions using derivative markets should ensure that the following requirements are adhered to:

- sufficient resources are available to cover future obligations;
- the accumulation of losses is avoided;
- detect promptly any financial and operational weaknesses;
- make allowance for swift and appropriate action to rectify financial problems and protect the clearing system; and finally
- introduce a regular and independent monitoring by a surveillance team with wide-ranging powers.

Financial markets desperately need superintending and policing. Governments should co-ordinate their policies in this direction and set strict rules by which the trade and financial game is played. With regard to international co-operation, financial institutions such as the IMF, the World Bank and the Bank for International Settlements in Basle should be regarded as more – not less – important. Within Europe, the proposed European Central Bank will have a crucial role to play. A step in the right direction are the guidelines for risk management of derivative trading issued by the Basle Committee at the BIS, responsible for Banking Supervision. These guidelines are already being used in Germany by a group of experts considering changes in the minimum requirements applying to off-balance-sheet transactions and also to ensure a greater degree of transparency in derivatives trading.

We have to be aware that trading in derivatives has changed the entire structure of banking business within a very short period of time, leading to huge trading profits but also to huge losses being derived from the trading sector. This means that customers' deposits can be at risk. To protect them, a great deal can be done by the banking supervisory authorities if their rules over risk management are adequate.

But active participants of the derivative markets are also non-banks, including many industrial firms. Ways should be found to integrate these market participants too in attempts to achieve a greater degree of stability.

5. The Adjustment of Consumption in the Business Cycle

The wider macroeconomic implications of the developments in the financial sector can be established if we investigate in some depth the changed consumption patterns in the business cycle.

According to the LCH/PIH consumers smooth their consumption patterns in the business cycle by basing their expenditure on their estimate of their permanent or trend income. Hence, saving should rise in a boom and fall in a recession as consumers interpret the fluctuations in current income as temporary. In a boom consumers regard the high current income as temporary and save the excess over permanent or trend income for the rainy days. In a recession consumers regard the drop in their current income as temporary and try to safeguard their standard of living by drawing down their savings (wealth). Thus, the saving ratio (the fraction of saving over disposable income S/YD) moves pro-cyclically. (A variable is said to fluctuate pro-cyclically if it rises in the upswing of the cycle and falls in the downswing.)

These premises can easily be derived by combining the PIH, Equation (1), with the definition of disposable income, Equation (2).

$$C = Cy\ YP \qquad (1)$$

$$YD = C + S \qquad (2)$$

where C = consumption; YP = permanent income; YD = disposable income; S = saving.

With a simple substitution of (2) into (1) the behaviour of saving (saving ratio) in the course of the business cycle can be assessed

$$\frac{S}{YD} = 1 - C_y \frac{YP}{YD} \qquad (3)$$

In a boom current income exceeds permanent income and the ratio YP/YD falls which leads to a rise in saving ratio S/YD. In a recession current income falls short of permanent income the ratio YP/YD rises which leads to a fall in the saving ratio.

However, the conclusion that the saving ratio fluctuates pro-cyclically is not robust in more complicated models as the empirical evidence for some countries suggests. This can easily be seen if we take a simple version of the combined PIH/LCH. Thus, assume that consumption is decided according to the simple function

$$C = Cy\ YP + Cv\ V \qquad (4)$$

where V = private sector wealth.

Substituting (2) into (4) the saving ratio is obtained

$$\frac{S}{YD} = 1 - C_y \frac{YP}{YD} - C_y \frac{V}{YD} \qquad (5)$$

It is clear from the above relationship that the saving ratio depends not only on the ratio of permanent to current income in the business cycle, but also on the wealth-income ratio. Thus, although in a boom the permanent to current income ratio falls, the wealth-income ratio may rise sufficiently to cause a fall instead of a rise in the saving ratio. Hence, in order to analyse the behaviour of the saving ratio in the business cycle we must examine the determinants of the wealth-income ratio.

Wealth is created by the accumulation of past savings. Thus, if saving commenced n-periods ago the value of wealth in period t (today) is

$$V = \sum_{i=t-n}^{t} S_i \qquad (6)$$

But wealth is kept or invested in various assets (tangible and financial) and consumers can additionally borrow using as a collateral their assets in order to increase the value of their wealth through investment. Thus, wealth is properly defined as net wealth which is the value of assets less the liabilities of consumers. The value of assets and liabilities can increase or decrease as their prices change through time thereby altering the net wealth of consumers.

Table 1 provides a schematic framework of the personal sector balance sheet which determines net wealth. The assets consist of two major items, physical and financial. The latter consists of cash, all forms of bank

ASSETS (A)	LIABILITIES (L)
FINANCIAL ASSETS	Bank Loans
Notes and coins	Mortgages
Bank and other Deposits	Consumer Credit
Bonds and Equities	Other Credit (e.g. credit cards)
PHYSICAL WEALTH	
Land and Property	
	NET WEALTH = A – L

Table 1: The personal sector balance sheet

deposits and deposits with other financial institutions, government as well as corporate bonds and shares. Physical wealth consists of land and property, including owner-occupied houses. The liabilities of the personal sector consist of bank loans for house purchase (mortgages), consumer credit for big ticket items such as consumer durables and other consumer credit, such as credit cards. Table 2 shows the UK personal sector balance sheet at the end of 1990.

How therefore would consumers respond in the course of the business cycle? At any point in time they would have a target wealth which is computed on the required consumption for the remainder of their life expectancy taking into account that one of the spouses may outlive to become very old, the bequests consumers would like to leave to their heirs and the amount of precautionary saving, in case they are faced with large medical bills during retirement. Since the target level of wealth would finance future consumption for themselves or their children, consumers would use the PIH/LCH to estimate their permanent or life time resources and the desired level of consumption.

ASSETS (A) £2,342	LIABILITIES (L) £440 bl
FINANCIAL ASSETS £1,127 bl	Bank Loans (20%)
Notes and coins (1%)	Mortgages (65%)
Bank and Building Society Deposits (28%)	Consumer Credit (2%)
Equities (15%)	Other Credit (13%)
Unit Trusts (2%)	
Equity in LAPFs (43%)	
National Savings (2%)	
Other (8%)	
PHYSICAL WEALTH £1,215 bl	
Land and Property	
	NET WEALTH = £ 1,902 bl

Table 2: The UK personal sector balance sheet end of 1990

However, actual wealth would fluctuate around its target level as asset prices fluctuate in the course of the business cycle and consumers take advantage of low or high interest rates to borrow or repay their debts. Moreover, other variables, like consumer confidence influenced by the level and rate of change of unemployment, inflation, wage-settlements and interest rates, the length and depth of the recession or the extent of the boom may affect the level of precautionary saving and consumers' estimate of their permanent income. In good periods, like a boom in the property or the equity market, wealth may exceed its target prompting consumers to spend more, thereby reducing their savings ratio as they feel wealthier. This situation may be accentuated if economic activity is buoyant in which consumer confidence is rising prompting consumers to borrow more as their estimate of their permanent income is also rising.

In bad periods, after a bust in the property or equity market or because their debt increased, wealth may fall short of its target prompting consumers to spend less thereby raising their saving ratio as they feel poorer. This situation may be aggravated, if falling wealth is accompanied by a recession in which consumer confidence is eroded, precautionary saving is increased and the estimate of their permanent income is reduced thereby prompting consumers to repay their debt. Hence, the adjustment of the saving ratio in the course of the business cycle requires an evaluation of all components of net wealth as well as the factors which affect permanent income.

In this framework the interest rate becomes a vital variable because if it changes it affects directly (through valuation) or indirectly (through other macro-variables) all components of the personal sector net wealth. Thus, in periods of high interest rates the value of bonds falls, house prices and the value of shares decline, servicing the debt increases or the value of debt increases through the restructuring of loans. Accordingly, consumer net wealth declines as the value of assets falls, whereas the liabilities increase. Consumer wealth falls short of its target prompting consumers to spend less and rebuild their wealth by saving more as they feel poorer. In contrast, in periods of low interest rates the value of bonds rises, house prices and the value of equities increase, servicing the debt becomes easier or the value of debt is reduced through the restructuring of loans. Accordingly, consumer net wealth exceeds its target prompting consumers to lower their savings ratio (Flemming 1992).

Figure 1 shows the UK personal sector saving ratio (saving as a percent of personal disposable income) in the course of the business cycles between 1960 and 1996. The saving ratio was relatively stable in the 1960s fluctuating around 8.5%. However, from the beginning of the 1970s onwards the fluctuations have been very large with a maximum at 13.5% in 1980 and a minimum of nearly 5.5% in 1988. What are the causes of these large fluctuations in the saving ratio from the 1980s onwards? Are these large fluctuations a new permanent feature or is it likely that we shall return to the relatively stable environment before the 1970s?

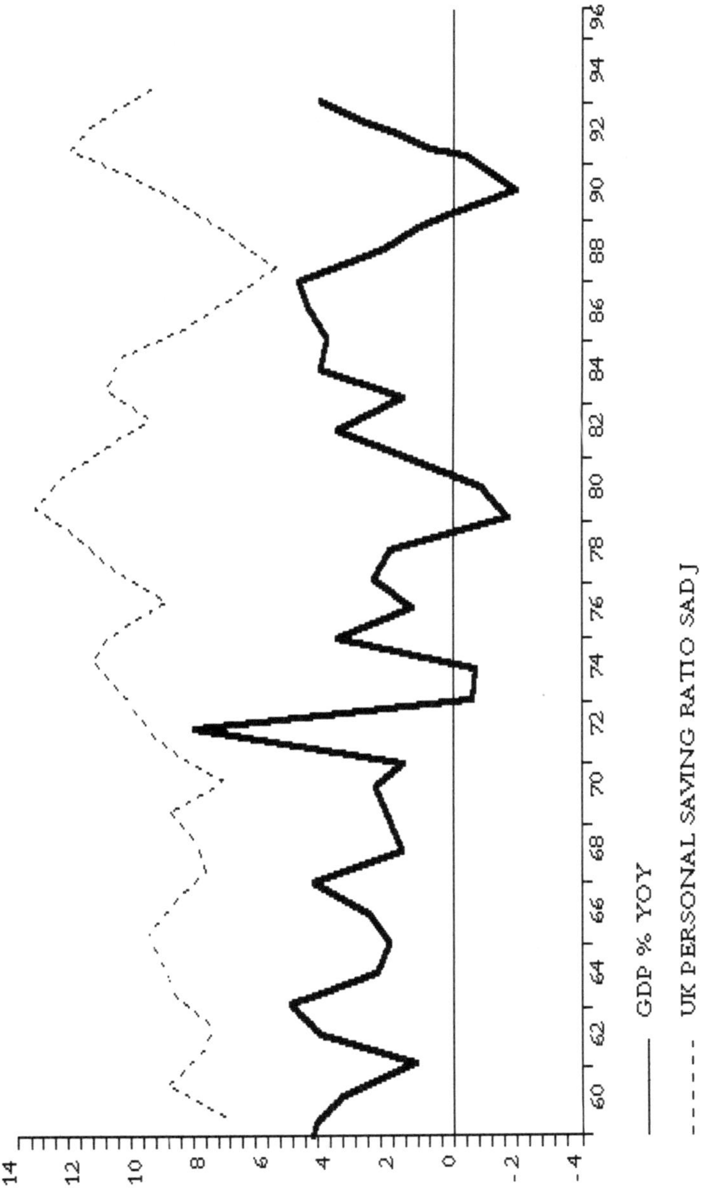

Figure 1: UK personal saving ratio in business cycles

A cursory look at Figure 1 suggests that most of the time the saving ratio fluctuates counter-cyclically – rising in a recession and falling in a boom[1]. This is at odds with the LCH/PIH which predicts that since consumers smooth their consumption over their lifetime the saving ratio should move pro-cyclically – rising in a boom and falling in a recession. The implication of a counter-cyclical movement in the saving ratio is that consumers increase the amplitude of the business cycle – when their income is falling they attempt to save more thereby making the recession worse. When their income is rising they run down their savings making the boom more pronounced. This makes the case for activist policies – in which the policymakers attempt to dampen the amplitude of the business cycles – even stronger. How therefore can such a behaviour on the part of consumers be explained? The quick answer is that financial deregulation and liberalisation, as discussed above, has made the large fluctuations in the saving ratio a permanent feature, and that the counter-cyclical pattern of the saving ratio is the product of a complicated adjustment between the net wealth-income ratio and the ratio of permanent to current income according to (Equation 5) which involves an evaluation of all the constituent components of the personal sector balance sheet in Tables 1 and 2. The long shot requires an explicit definition of the relevant variables and their time profile.

The UK national accounts define the personal sector not only as households but also as unincorporated business, charities and the life assurance and pension funds (LAPFs). Personal saving is defined as the difference between personal disposable income and consumer expenditure, according to (Equation 2).

$$S = YD - C \qquad (2)$$

Saving can be used to invest in physical and financial assets. Investment in physical assets (called simply investment, I) includes purchases of new houses, land and existing buildings as well as spending on improvements and maintenance of houses. The difference between saving and investment defines the personal sector financial balance. The personal sector is said to be in financial surplus when its saving exceeds its investment and in financial deficit when its investment exceeds its saving. The financial surplus can be used to acquire financial assets or repay debts, net acquisition of financial assets, NAFA.

$$S - I = NAFA \qquad (7)$$

Figure 2 shows the saving, investment and financial balance of the personal sector from the late 1960s onwards. The personal sector, with the exception of 1986-88, has been running a financial surplus. In spite of these surpluses, its net financial wealth, the accumulation of NAFA, declined in the 1970s. However, net wealth increased as the value of physical assets (houses) more than offset the decline in financial wealth. Net financial wealth is equal to assets less liabilities. Figure 3 shows the personal sector debt burden in a stock and flow form. In a stock form, which follows from the balance sheet definitions of Tables 1 and 2, the debt burden is defined as the stock of outstanding debt relative to disposable income. The stock concept is more relevant for the long term. The flow form is more relevant in the short run as it is restraining the cash flow of consumers and is defined as the interest payments relative to disposable income (i.e. the proportion of income which is allocated for servicing the debt). If interest payments rise then consumers have less income for consumption. Finally, Figure 4 shows the house price-earnings ratio. House prices have varied substantially since the 1970s thereby affecting the valuation of physical wealth. Such fluctuations in asset prices play a key role in the adjustment of the saving ratio in business cycles.

With this information as a background we can attempt to answer why the saving ratio varies counter-cyclically. Consumers have a target level for their wealth so that they can finance their own future consumption as well as that of their children in the form of bequests. Hence, households determine the optimal rate of their annual saving on the basis of their expectations about future income, asset prices, interest rates and inflation. In addition consumers take into account their precautionary saving – for the rainy days. If plans turn out as expected there is no need for adjusting their saving rate. However, if wealth is rising faster than expected their need to save is reduced, while if wealth is falling short of its target then consumers need to save more. Wealth can rise faster than expected if asset prices increase or income is growing faster or if inflation falls more than anticipated. Hence, the saving ratio varies in a way to achieve the target wealth in the face of unexpected developments in the main determinants of the future path of wealth.

Consider now the causes of the counter-cyclical fluctuations in the saving ratio in the 1980s. First, as house prices increased faster than income (see Figure 4) consumers felt wealthier (wealth increased) and reduced their saving ratio. Second, as inflation abated in the 1980s the real value of their financial wealth was restored hence again prompting consumers to reduce their saving ratio. Third, large increases in equity prices until October 1987 further boosted financial wealth again contributing to a fall in the saving ratio. Fourth, rising incomes reduced precautionary saving. Fifth, rising house prices and the possibility of capital gains prompted households to invest more in the property market thereby inducing them to increase their debt to income ratio, see Figure 3. Sixth, rising incomes made those extra debts affordable in the sense of being able to service higher levels of debt. This trend was exacerbated as interest rates fell and consequently interest payments were made more affordable. Hence, as net wealth rose consumers were willing to accumulate more debt. All these factors did not operate independently but were mutually reinforcing.

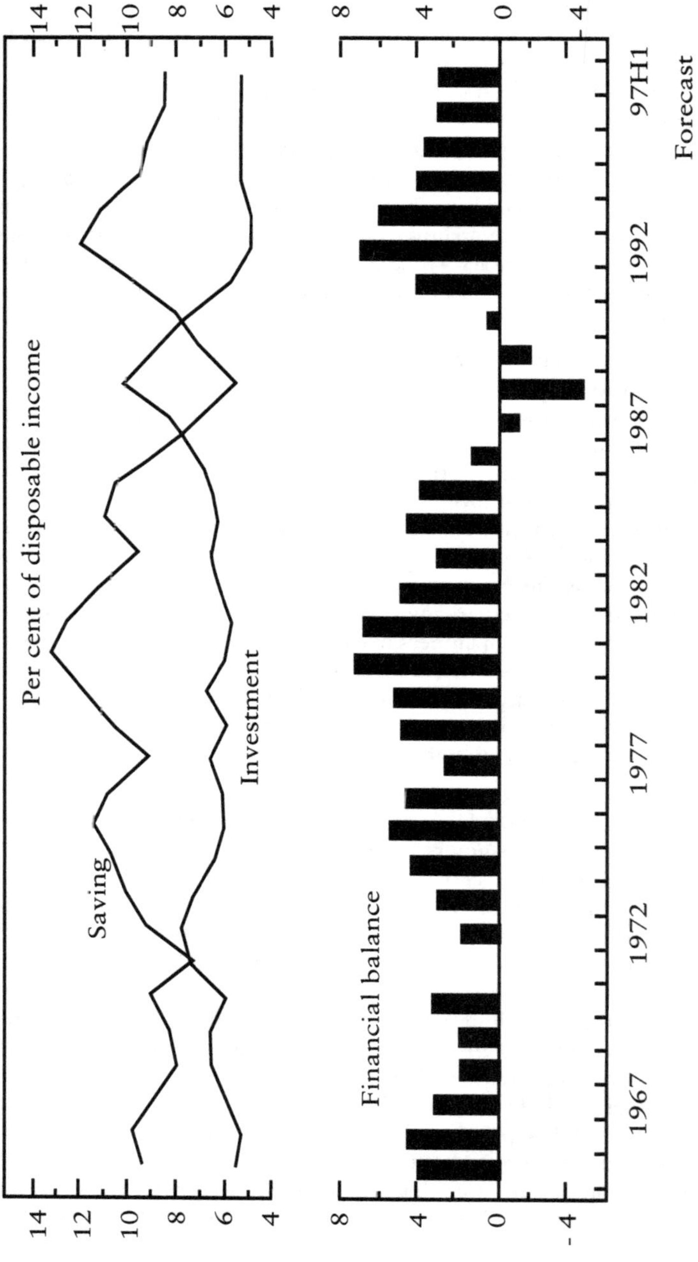

Figure 2: The personal sector financial balance

However, this is a recipe for a boom-bust cycle. Consumers' expectations are self-fulfilling. The more consumers are willing to accumulate debt the more their wealth is rising. In the late 1980s consumers' expected these trends to last forever. This was evident in the unprecedented deficit that the personal sector occurred in 1986-88 in which investment in houses exceeded saving. Obviously consumers got up to their neck with debt on the expectation that house prices would continue to rise.

The catalyst to this process is monetary policy. As soon as interest rates start to climb the demand for credit declines and banks become less willing to extend credit. Hence, the upward trend in asset prices is reversed, wealth falls and consumers' expectations are shattered. Indeed, interest rates not only in the UK but in all major economies in the late 1980s increased as the boom in domestic demand led to overheating and inflation started to climb. The most sensitive component to changes in interest rates is equity prices which were the first to give in as interest rates started to rise (see the October 1987 world stock market crash).

With a lag property prices are also hit. In a boom both property developers and consumers are willing to accumulate debt as house prices rise and the banks are willing to finance both the demand and the supply in the property market. Banks are willing to finance the property developers when house prices rise as the balance sheet of the banks looks healthy on the back of rising developers' profits. Banks are also willing to finance the demand for houses since the collateral of consumers (the price of houses) is also increasing. This is a spiral causing a boom in the property market as banks, developers and consumers enjoy profits. This situation persists as long as interest rates remain low. But such a boom is unsustainable if it is financed by credit. As soon as interest rates start to climb both property developers and consumers find it difficult to service their debt. The appetite to accumulate more debt diminishes and the demand for houses falls. House prices then decline not only because demand is weakening but also because developers lower prices as they face cash flow problems. Falling asset prices reduce wealth. The deteriorating cash flow position of consumers and property developers induces banks to restrict credit.

At the initial phase of this adjustment process consumers do not overreact as their incomes continue to grow and therefore they can still service their debt. However, as interest rates continue to rise the economy decelerates, disposable income is reduced and consumers find it difficult to service their debt. The restructuring of the personal sector balance sheet aims at rebuilding wealth by increasing saving and repaying debts. This retrenchment takes many years to unwind. Hence, the ensued recovery is anaemic – less buoyant than usual. Indeed, in the US, Japan and the UK which all experienced a boom-bust cycle in asset prices with considerable variation in net wealth and increased indebtedness the recovery was anaemic because of the retrenchment not only of the personal sector, but also of the corporate and financial sectors.

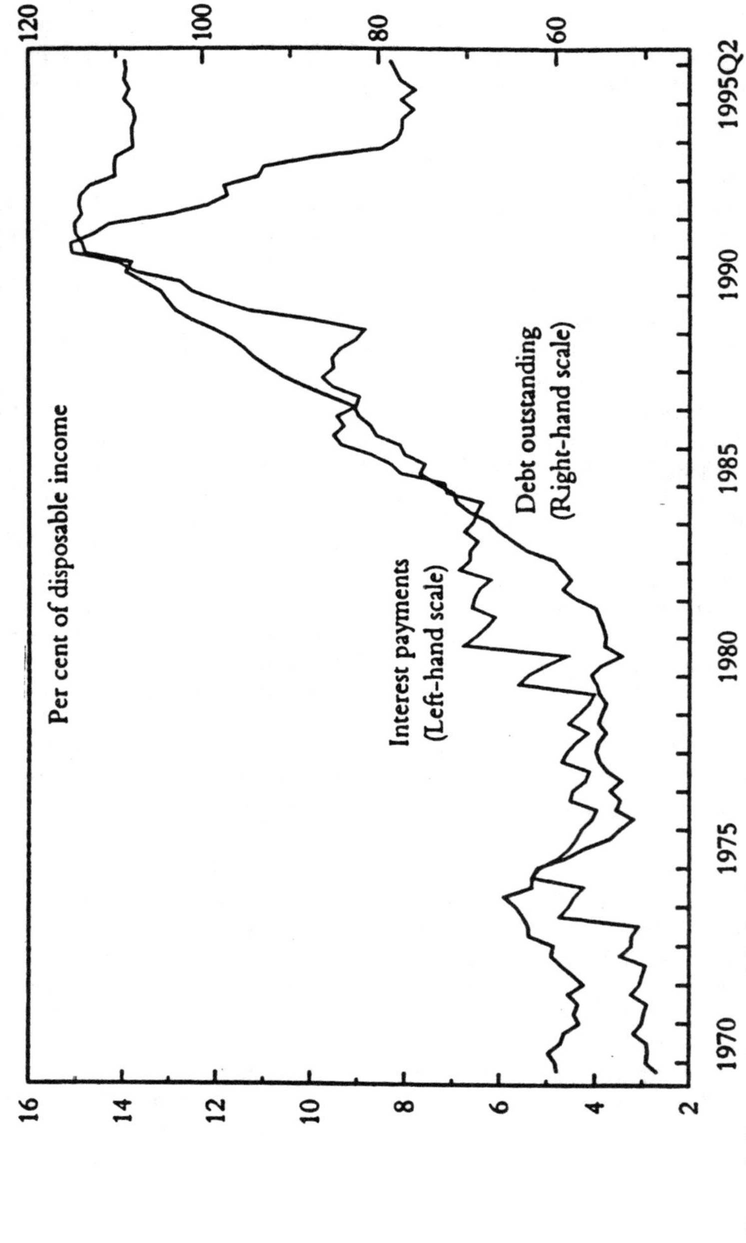

Figure 3: Personal sector debt burden

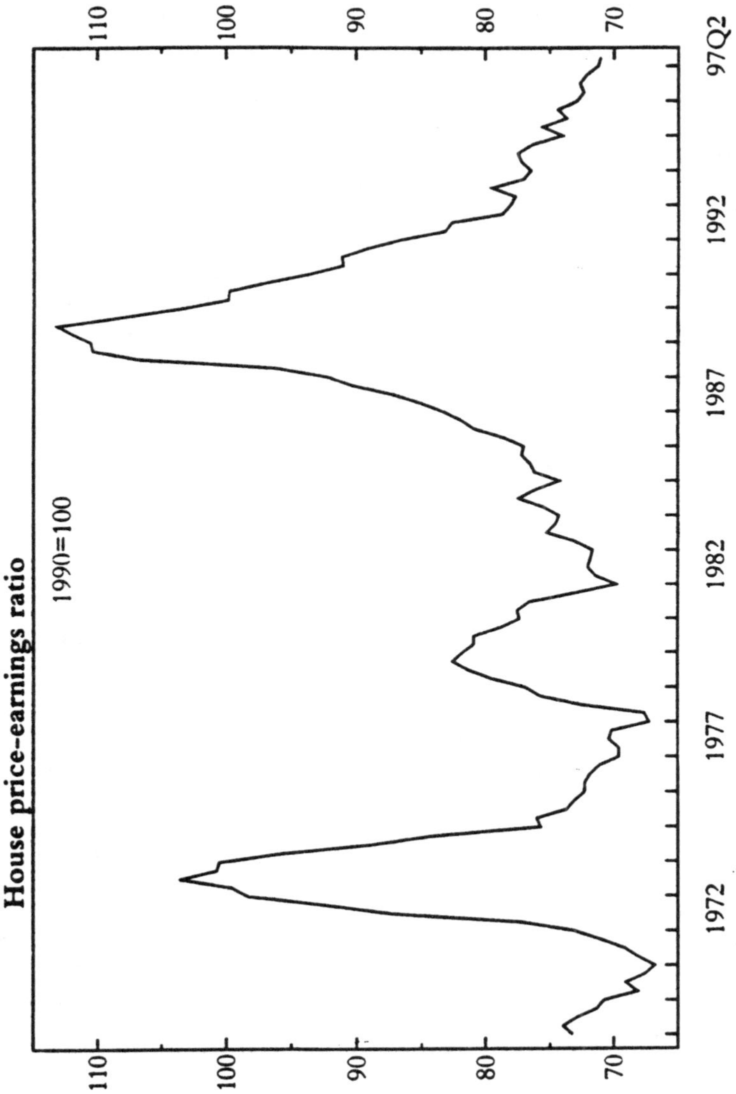

Figure 4: House price-earnings ratio

In addition, as the recession deepens consumer confidence is eroded because of rising unemployment, declining wealth and falling income which reduces estimates of permanent income. Accordingly, precautionary saving increases. Moreover, more people find themselves liquidity constrained as banks restrict credit (credit crunch). Thus, more people base their consumption expenditure on current rather than permanent income. This leads to a rise in the aggregate saving ratio.

Hence, contrary to the common belief the wealth effect in consumption is very slow but very pronounced. This was, perhaps, best expressed in the aftermath of the October 1987 stock market crash according to which the belief of a sizeable wealth effect led forecasters to predict a dramatic slowdown in the economy and policymakers to pump liquidity into the system and lower interest rates to avoid a recession of the 1930s style. The subsequent meagre impact effect on consumption and the quick reversal of policies was interpreted as evidence that the wealth effect is negligible. However, this is not true! The wealth effect took years to unwind as consumers had to restructure their balance sheet in the face of falling asset prices and unsustainable levels of debt and debt servicing because of lower incomes.

The wealth effect is slow but very pronounced and is triggered by changes in interest rates. Thus, contrary to the other common belief interest rates have a significant effect on consumption, but which is unleashed gradually through the changes in wealth and the consequent restructuring of the personal sector balance sheet.

6. Financial Deregulation and Liberalisation – UK and other Countries

Other countries, in particular, the US, Japan, Canada, Australia and a number of Nordic countries experienced similar boom-bust cycles in asset prices and hence large swings in wealth and the saving ratio. The worst hit was Japan in which both land and stock prices rose at a frenetic rate in 1986-90 and then fell rapidly in the first half of the 1990s. However, it was not the personal sector which suffered most from these large fluctuations in asset prices but the corporate and financial sectors as these were the ones who invested heavily in these markets. Hence, the saving ratio of the personal sector did not fluctuate wildly in the 1980s – it moved in the range 15-18%. The Nordic countries – Finland, Norway and Sweden – experienced the second largest fluctuation in asset prices with large swings in the saving ratio. The UK was somewhere in between with the US affected even less.

In all these countries the fluctuations in the saving ratio reflected an adjustment to offset the variations in wealth relative to its target as a result of unexpected developments in asset prices, inflation, interest rates and incomes in the manner described above for the UK. However, the severity of this adjustment has varied among these countries. Apart from country specific factors two major forces have contributed to this variation – first, the stance of monetary policy; and second, financial deregulation and liberalisation.

The stance of monetary policy determines the level of interest rates. If monetary policy is accommodative then interest rates are low and this encourages consumers and property developers to acquire credit and banks to provide it. Thus one reason why asset prices rose more in some countries than others is because interest rates were very low, for example in Japan and to a lesser extent in the UK.

Financial deregulation and liberalisation lifts hire purchase controls and other credit restrictions, widens the range of activities permissible to banks and building societies, opens up money and capital markets to small savers and makes credit more easily and generally available, as mentioned above. In the UK financial deregulation and liberalisation began in the early 1970s and has continued almost uninterruptedly until early 1990s. Before deregulation monetary tightening affected the supply of credit to households and businesses through the banking system. Banks, in effect, rationed the quantity of credit as reserves were withdrawn from the system at the will of the central bank. Credit rationing after deregulation is less important because there are now many alternatives to bank lending. Hence, after deregulation credit markets are relying for clearing much more on the price adjustment mechanism (mainly interest rates). This reasoning provides the answer to our second question, namely whether the large fluctuations in the saving ratio, observed in the 1980s, will become a permanent feature from now on. Deregulation has made consumers much more sensitive to changes in interest rates because of the high levels of debt. Hence, there will be large fluctuations in the saving ratio in response to changes in incomes, asset prices and indebtedness triggered by swings in interest rates, unless monetary policy is assigned to asset price stability. In some countries, like Japan, asset price stability has become one of the targets of monetary policy, following the boom-bust cycle of the last ten years, and in many countries asset prices are used as indicators of the stance of monetary policy.

The effect of deregulation should be a once and for all step increase in the debt to income ratio and a corresponding permanent drop in the saving ratio as consumers are now able to meet their desired debt ratio which previously they could not because of credit rationing. In the UK demand for credit surged after the financial deregulation in the 1980s and the indebtedness of the personal sector rose from 55% of disposable income in 1975 to 120% in 1990. However, not all of that surge in debt represented a permanent increase because of financial deregulation. Part of it was cyclical caused by the forces described above which led consumers to increase their debt and reduce their saving ratio as they felt wealthier. But there is no doubt that a significant proportion of the increase in debt and the resulting fall in the saving ratio from 13.5% to

5.5% between 1980 and 1988 can be accounted for by financial deregulation.

Although more empirical work is required if the importance of deregulation and the cycle is to be quantified, the experience of other countries can throw some light. In the US where financial deregulation preceded that in the UK the debt to income ratio has stabilised at around 100% of disposable income. In the UK the debt to income ratio declined to 110% by the end of 1995. Therefore the UK may now have reached its new steady state with the appetite for new credit having been saturated. Other countries, such as Japan and Canada, are also converging to the same debt ratio of 100 – 110%. If the new steady state is somewhere in this range then most of the increase in debt and the drop in saving ratios in the UK in the 1980s can be accounted for by financial deregulation. Moreover, from now on as interest rates vary in the business cycle the debt to income and the saving ratios may fluctuate wildly around their new steady states.

7. Effect on Financial Markets

The development of and changes in the consumption pattern did not fail to have a deep effect on financial markets and the demand for their products, aggravating the effect of the collapse of the Bretton Woods system in 1973 which led to greater exchange rate flexibility and highly volatile financial markets. Hedging became then the order of the day and an entire industry producing financial innovations emerged. This industry has shown a phenomenally high growth rate while the real sector of the world economy went into a long-lasting recession or at best stagnated. The huge profits earned by the financial sector and by the traders producing them constitute a claim on the declining or stagnant real sector and therefore contribute to the inflationary tendencies in the world economy, which the authorities of some countries then suppress by a policy of high interest rates and a generally tight monetary policy. This in turn leads to changes in the consumption pattern as described above and prevents a genuine upturn of the world economy and perpetuates the problem of unemployment, has been pointed out in a previous paper by the co-autho55r (Frowen 1995, p. 41). New financial instruments emerging in this situation, such as derivatives, „can be a means for insuring against risk but they can also seriously undermine the relationship between money supply and interest rates and between money supply and the price level ... through such types of operation, financial institutions assume potential risks regulators should not tolerate."

The co-author's plea in that paper for a supra-national supervisory authority also still stands and the belief is that if the monetary authorities and national governments world-wide cannot gain control over the state of financial markets, the balloon, ever increasing by the non-stoppable growth of the financial industry and already close to bursting point, will eventually burst with rather disastrous consequences, but this may provide the hope for a new beginning.

Notes

[1] The main exception to this rule was in the early 1970s – the so-called „Barber boom" – in which the saving ratio moved pro-cyclically. The boom was caused by easy monetary policy through the relaxation of hire purchase controls. The consumer went into a spending spree financed by credit. Imports soared, the balance of payments went into deficit and a year later monetary policy had to be tightened again. Hence, in spite of the rise in the saving ratio consumers increased their spending by raising their debt to income ratio. In the sharp and quick downswing of the cycle the saving ratio continued to rise resuming its counter-cyclical adjustment.

References

Flemming, J.S.: Financial Innovation: A View from the Bank of England, in: *S.F. Frowen* and *D. Kath* (eds.), Monetary Policy and Financial Innovations in Five Industrial Countries: the UK, the USA, West Germany, France and Japan, London/New York 1992, pp 120-128

Frowen S.F.: The Functions of Money and Financial Credit: Their Objectives, Structure and Inbuilt Deficiencies, in: *S.F. Frowen* and *F.P. McHugh,* Financial Decision-Making and Moral Responsibility, London/New York 1995, pp 31-51

Entwicklung der Anleihemärkte

Prof. Dr. Uwe Bestmann, Fachhochschule Aachen

1. Einführung

Im Verlauf der vergangenen 15 bis 20 Jahre haben die nationalen und internationalen Finanzmärkte eine rasante Entwicklung erfahren, die ohnegleichen ist. Dies schlägt sich zunächst in den riesigen Volumina nieder, die heute an allen Märkten bewegt werden. Die verschiedenen nationalen und internationalen Märkte verzeichneten naturgemäß unterschiedliche Wachstumsraten. Selbst vor dem Hintergrund der immer existenten – im Zeitverlauf aber variierenden – Inflationsraten ist dieses Wachstum beeindruckend und die gleichzeitig mit diesem Prozeß einhergegangene exorbitant gestiegene Anzahl der Geschäftsvorfälle (z.B. Wertpapieremissionen, Handelsprozesse, Tilgungsvorgänge, Umfinanzierungen etc.) unterstreicht die außerordentliche Entwicklung.

Neben diesem quantitativen Wachstum der Finanzmärkte ist zugleich eine Veränderung in qualitativer Hinsicht erkennbar, die hier nur kurz angeschnitten werden kann. Bedeutender scheinen die Fragestellungen nach den Ursachen dieser qualitativen Entwicklung in der Vergangenheit. Möglicherweise können aus dieser Kenntnis anschließend Aussagen zur möglichen künftigen Entwicklung der Geld- und Kapitalmärkte abgeleitet werden.

Hier interessiert nur die Entwicklung der Anleihemärkte, die allerdings im Kontext zum Umfeld – also auch zu den anderen Finanzmärkten – gesehen werden muß.

2. Die Entwicklungen im Verlauf der Vergangenheit

Der an den Anleihemärkten zu verzeichnende quantitative Wandlungsprozeß ist im Regelfall für die verschiedenen nationalen und internationalen Märkte für den gesamten Zeitraum seit 1948 dokumentiert und publiziert.

Eine eingehende quantitative Analyse würde hier aber zu keinen gravierend neuen Erkenntnissen führen. Lediglich zwei Werte, die einen gewissen Eindruck vermitteln können, sollen das Rentenmarktwachstum demonstrieren. So ist der Umlauf festverzinslicher Wertpapiere inländischer Emittenten im Zeitraum Ende 1980 bis Ende 1995 von 548 645 Mio. DM auf 3 059 835 Mio. DM gestiegen. Eine Analyse der anderen deutschen Kredit- und Kapitalmärkte zeigt ein ähnlich verlaufendes Wachstum.

Im weiteren sollen die möglichen qualitativen Ursachen der Marktentwicklung untersucht werden.

2.1 Der veränderte Kapitalbedarf bei allgemein erhöhter Risikolage

Im Verlauf der vergangenen Jahre verzeichneten die großen Industrienationen, aber auch eine ganze Anzahl von Entwicklungsländern ein starkes Wirtschaftswachstum mit gleichzeitig intensivem Technologieschub. Damit ging eine erhebliche Kapitalnachfrage einher. Diese erhielt weiterhin zeitweise starke zusätzliche Impulse durch Sonderentwicklungen an den Rohstoff-, Güter- und Arbeitsmärkten, die in strukturelle Veränderungen der Weltwirtschaft einmündeten. In gleicher Richtung wirkten Investitionsmaßnahmen der Unternehmen, die zu Erweiterungs-, Rationalisierungs- und/oder Substitutionsmaßnahmen getätigt wurden.

Vor allen Dingen Ende der 70er Jahre entstand durch exorbitante Preissteigerungen am Ölmarkt (Ölkrise), aber auch an anderen Rohstoffmärkten eine erhebliche Kapitalnachfrage. Insbesondere Dritte-Welt-Länder konnten den gestiegenen Kapitalbedarf nicht über erhöhte Preise ihrer Produkte an den Weltmärkten abdecken. Dadurch wurden sie zur massiven Kreditaufnahme an den internationalen Kredit- und Kapitalmärkten veranlaßt. Die Folge war eine massive Überschuldung vieler Länder Mittel- und Südamerikas (Argentinien, Brasilien, Mexiko) sowie der meisten Länder Afrikas. Dabei waren die Kredite im Regelfall auch noch falsch, d.h. fristeninkongruent, finanziert worden. Zahlungsbilanz- und Schuldentilgungsprobleme entstanden aber auch im Zuge notwendiger Umstrukturierungs- und Sanierungsmaßnahmen ganzer Industriezweige Nordamerikas und Europas.

2.2 Das Ratingverfahren

Die gegebene Überschuldung vieler Länder Lateinamerikas und Afrikas und die damit jeweils drohende Zahlungsunfähigkeit konnte im Verlauf mehrerer Jahre im Rahmen von Umschuldungsabkommen gelöst werden. Den Investoren an den Finanzmärkten wurde aber schlagartig die allgemein erheblich veränderte Risikosituation demonstriert. Damit konnten Emittenten ihre Titel (Anleihen oder kurzfristige Geldmarkttitel) ohne ein Rating oft nicht mehr plazieren.

Beim Rating handelt es sich um die bontitätsmäßige Einstufung der Qualität von Ländern, Banken, Geldmarkt- und/oder Kapitalmarkttiteln in ein Klassifikationsystem. Das Rating wird von neutralen Ratingagenturen auf Wunsch des Emittenten (z. B. Industrieunternehmen) durchgeführt. Bekannteste und zugleich führende Ratingagenturen sind Standard & Poor's und Moody's Investors Service. Das Ratingverfahren zielt auf drei unterschiedliche Subjekte ab: Länderrating, Bankrating und Emissionsrating.

2.3 Neue Anleiheformen

Die Risikosituation verschärfte sich für die Marktteilnehmer insofern weiter, als die Inflationsraten in den relevanten Volkswirtschaften zeitweise erheblich stiegen. Damit waren die Investoren zunehmend nur dann zur Kapitalanlage bereit, wenn ihnen gegen dieses Risiko eine Absicherung angeboten wurde. Andererseits war die Kapitalnachfrage groß. Ihre Finanzierung diente nicht zuletzt vielen Schuldnern zur Befriedigung des Kapitaldienstes aus alten Verbindlichkeiten.

Zunehmend wurden daher Titel offeriert, deren Tilgung an eine gegebene Größe (z.B. Gold, andere Währung) indexiert war, die durch ihre Wertbeständigkeit Schutz vor dem Inflationsrisiko bot.

Die temporär hohen Inflationsraten und zeitweise negative konjunkturelle Entwicklungen induzierten im Regelfall den Einsatz entsprechender restriktiver notenbankpolitischer Maßnahmen mit dem dann gegebenen Effekt eines steigenden Zinsniveaus. Langfristig wurden die Zinssätze zudem volatiler. Abbildung 1 veranschaulicht die Zinsstrukturentwicklung für den Zeitraum 1983 bis 1996 in Deutschland.

Die Volatilität der Marktzinssätze hatte sich nach Abschaffung des Bretton-Wood Systems bei den Wechselkursen zusätzlich verstärkt, wenn auch zwischen den Währungen der meisten Staaten Europas durch das EWS über weite Phasen eine gewisse Sonderentwicklung erreicht werden konnte.

Die Folge war auch hier, daß einerseits die Kapitalnachfrager ihre Liquiditätswünsche nur darstellen konnten, wenn sie ihre ohnehin zinsreagiblen Anleihen so konstruierten, daß die potentiellen Investoren gleichzeitig bei volatilen Marktzinssätzen nicht zu hohen Risiken ausgesetzt waren.

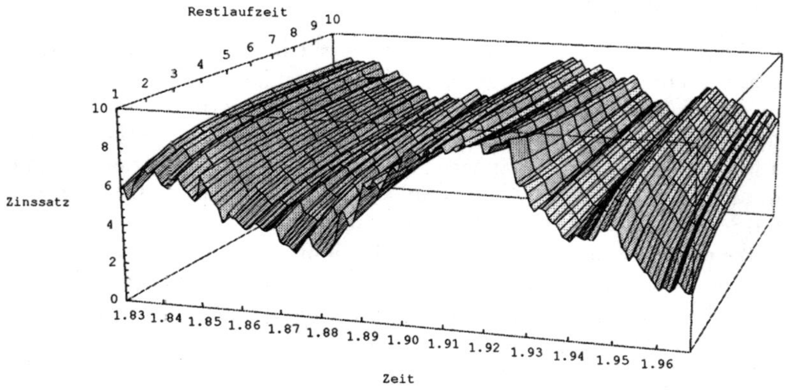

Abb.1: Zinsstrukturgebirge für die Bundesrepublik Deutschland im Zeitraum 1/1983 – 1/1996

Bis zu Beginn der 70er Jahre existierte im Anleihemarkt nur die Festzinsanleihe. Ihr wurde die Floating-Rate-Note als neuer Anleihetyp zur Seite gestellt. Deren Verzinsung gestaltet sich über die gesamte Laufdauer insofern variabel, als sie sich in einem festgelegten Rhythmus mit einer bestimmten zeitlichen Verzögerung an das herrschende Marktzinsniveau anpaßt. Für die kapitalnachfragenden Unternehmen, staatliche Institutionen und Banken ergibt sich der Vorteil, daß die laufende Zinsbelastung deutlich unter dem jeweils herrschenden Kapitalmarktzins gestaltet werden kann. Im Zeitablauf hat sich dieser Anleihetyp fest etabliert und wird in zahlreichen Varianten angeboten.

Hiermit setzte ein Prozeß ein, der bis zum heutigen Tage nicht abgeschlossen wurde (Silber 1983; Bestmann 1995). Man erkannte, daß Finanzinstrumente lediglich in ihre jeweiligen Grundelemente aufgespalten werden müssen, um anschließend entsprechend den spezifischen Zielsetzungen der Emittenten und Investoren – und eingepaßt in die jeweilige Marktsituation – zu neuen Produkten wieder zusammengefügt zu werden. Bei den Grundelementen handelt es sich um die Währung, den Zins, die Laufzeit, das Kündigungsrecht (Put oder Call), die Besicherung, die Tilgung (Rückzahlungskurs, Tilgungsverfahren) sowie eventuelle Sonderrechte (z.B. Options- oder Wandlungsrecht). Durch diese Entwicklung entstanden die sog. strukturierten Anleihen, die inzwischen an den wesentlichen nationalen und internationalen Märkten fest etabliert sind. Zu nennen wären hier beispielsweise neben den Floatern, der Reverse-Floater, die Stufenzinsanleihen, der Zero Bond, die Annuitätenanleihe, die Aktien-Indexanleihe usw.

2.4 Caps und Floors

Mit einem reinen Floater ist für den Emittenten das Risiko einer nach oben offenen Zinssatzsteigung verbunden, die zudem noch dauerhaft sein kann. Daher wurde gegen dieses Risiko schon relativ frühzeitig das Instrument der Caps oder auch Zins-Caps geschaffen, die mit der Anleihe verbunden sind. Diese Caps definieren einen Höchstzinssatz (Zinsdeckel), bei dessen Erreichen oder Überschreiten sich die Anleihe bis zum nächsten Zeitpunkt der Zinsfestsetzung verzinst. Der Anleger erhält also auch bei höherem Marktzinsniveau nur die ex ante definierte Höchstverzinsung. Sinkt das Marktzinsniveau wieder unter den Höchstzinssatz, wird die Verzinsung wieder zu variablen Konditionen wirksam. Gekappte Floater werden im Gegensatz zu reinen Floatern mit einem Aufschlag von ca. 0,2 – 0,5 Basispunkten gehandelt.

Die verbundenen Caps wurden durch die Gruppe der separaten Caps erweitert. Hierbei handelt es sich um eigenständige Rechte (Zinsausgleichsvereinbarungen), die gehandelt werden. Dabei verpflichtet sich der Käufer eines Caps gegenüber dem Verkäufer – gegen Zahlung einer Prämie – die Differenz zwischen dem vereinbarten Cap-Satz und dem Marktzinssatz zu vergüten, sobald das Geldmarktzinsniveau den vereinbarten Zinssatz überschreitet. Damit wurde es Anleiheemittenten möglich, reine Floater ohne „Cap“ am Markt unterzubringen und sich über separate Caps gegen das Risiko exorbitanter Zinssatzsteigerungen abzusichern. Bei separaten Caps handelt es sich letztlich um eigenständige verbriefte Optionsrechte, die inzwischen breite Verwendung (z.B. mit Krediten mit flexibler Verzinsung) finden.

Da umgekehrt Anleger bei reinen Floatern dem Risiko einer zu starken und zudem dauerhaften Zinssatzsenkung ausgesetzt sind, wurden ihnen Floater mit Floors angeboten. Somit wird den Investoren auch in einer Niedrigzinsphase eine Mindestverzinsung garantiert.

2.5 Swaps als Finanzierungstechnik

Als weiteres Instrument, welches in Reaktion auf die geänderten Wünsche der Emittenten und Investoren geschaffen wurden, sind die Swaps hervorzuheben.

Hierbei handelt es sich um einen Tausch von Zahlungsverpflichtungen, mit dem Ziel, relative Vorteile zu arbitrieren. Die Ursachen für diese relativen Vorteile liegen in der unterschiedlichen Bonität und Stellung der Partner an den Märkten. Damit aber erhalten sie ihre Finanzmittel zu differierenden Konditionen.

Erst durch Swaps (Merl 1989; Kapner/Marshall 1990) wird die Ausnutzung von komparativen Vorteilen an den verschiedenen Märkten möglich, wobei die komparativen Vorteile ihre Ursache in den Marktunvollkommenheiten, die aus der Segmentierung in Teilmärkte entstanden sind, haben. Dieses Ausnutzen vollzieht sich durch Arbitrage, die durch ein gegebenes Bonitätsgefälle zwischen den Swappartnern möglich wird. Swapfähig sind grundsätzlich Zahlungsverpflichtungen aufgrund unterschiedlicher Zinsbindungszeiträume, Währungen oder Zinsbindungszeiträume und Währungen. Daher wird allgemein zwischen Zinsswaps, Währungsswaps sowie Zins- und Währungsswaps unterschieden.

Zunehmend sind mit Beginn der 80er Jahre Anleiheemissionen im Rahmen von Swaps erfolgt, da in erster Linie durch Einsatz dieses Instruments enorme Kostenvorteile erzielt werden konnten. Bekannt ist, daß über 80% aller Anleiheemissionen am Euromarkt über Swaps plaziert werden. Die Ursache liegt darin, daß einerseits bei reinen Zinsswaps die Swap-Partner (in diesem Fall z.B. zwei oder mehrere Anleiheemittenten) ihre Zinszahlungsverpflichtungen gegeneinander austauschen und so die Anleiheemissionen zu deutlich niedrigeren Kosten darstellen können, andererseits Kapitalbedarf an Märkten finanzierbar wird, zu denen ansonsten selbst für hochbonitäre Adressen nur schwer oder kein Zutritt gegeben ist.

Da aber Swapkonstruktionen zusätzlich Möglichkeiten einer individuellen Konstruktion im Hinblick auf die Gestaltung von

- Volumina,
- Zinszahlungsmodalität,
- Währung und
- Tilgungsmodus

eröffnen, können auch die unterschiedlichsten Bedürfnissse verschiedener Emittenten und Investoren berücksichtigt werden. Insofern eröffnet die Anwendung von Swaps die Optimierung des Asset-/ Liability-Managements.

2.6 Neue Informations- und Kommunikationstechniken

Der technische Fortschritt in der elektronischen Informations- und Kommunikationstechnologie sowie deren konsequente Nutzung im Finanzsektor gab der Evolution der Finanzmärkte einen entscheidenden Impuls.

Dieser Entwicklungsverlauf begann zunächst schrittweise ab Mitte der 60er und 70er Jahre mit dem Einsatz von Großrechnersystemen (Silber 1983). Allerdings waren diese Rechneranlagen zunächst ausgesprochen personal- und kostenintensiv. Zudem fehlte oft die erforderliche Standardsoftware. Erst mit dem Einzug schneller Großrechnersysteme, moderner kostengünstiger PCs, notwendiger Softwareentwicklung und -bereitstellung durch die Industrie, der Ausstattung von Arbeitsplätzen im Handel und dem Research mit Realtime- und Fundamentaldaten, konnte das hier vorhandene Potential genutzt werden. Hinzu kam, daß einerseits die finanzwirtschaftliche Theorie weiterentwickelt, andererseits das erforderliche Personal ausgebildet wurde.

Die meisten Finanzmarktprodukte wären heute ohne moderne Informationssysteme und Computertechnologie einschließlich entsprechender Software nicht existent. Dies ergibt sich beispielsweise aus dem hohen Zeitbedarf, der bei der Analyse auf Grund der meist hohen Komplexität des Instruments immer anfällt. Eingehende Untersuchungen werden aber bei der Entwicklung oder der Anwendung (sei es z.B. als Finanzierungs- oder Anlageinstrument) z.B. vor dem Hintergrund unterschiedlicher Zins- oder/und Währungs-Szenarien immer erforderlich.

Auch die Bewältigung der umfangreichen Zahlungsvorgänge zu Coupon- oder Tilgungsterminen, die schnell, sicher und kostengünstig zu realisieren sind, die Unterstützung im Front-Office oder die schnelle Handelsabwicklung im Backoffice zu den heute niedrigen Kosten ist ohne Computerunterstützung heute kaum möglich, ganz zu schweigen von der Handelsüberwachung.

Der Handel erfolgt teilweise nur noch als Computerhandel (z.B. IBIS, IBIS-R, Handel der Deutschen Terminbörse).

Bleiben schließlich der klassische Parketthandel an den Börsen- oder der OTC-Handel, die jeweils im Regelfall nur noch rechnergestützt schnell und kostengünstig realisiert werden können. Dies gilt auch für die Depotverwaltung.

2.7 Der Einfluß des Handels an Terminbörsen und OTC-Märkten auf das Handelsgeschehen an den Kassamärkten

Der Handel an den Terminbörsen und OTC-Märkten hat heute auf das Geschehen an den Kassamärkten von Kapitalmarktprodukten – insbesondere am Rentenmarkt – einen erheblichen Einfluß. Dies geht u.U. sogar so weit, daß das Handelsgeschehen in einem bestimmten Segment am inländischen Kassamarkt nicht nur durch den Handel an der heimischen Terminbörse, sondern durch den Handel von Terminmarktprodukten einer ausländischen Terminbörse beeinflußt wird. Voraussetzung ist dabei allerdings, daß Titel dieses Segments das Underlying (wenn auch als idealtypische Anleihe) eines solchen Futures- oder Optionskontrakts bilden. Der zeitweise nicht unerhebliche Einfluß des Handels an der Liffe auf den Handel in Bundesanleihen an den deutschen Rentenmärkten ist in diesem Zusammenhang intensiv diskutiert worden.

Die Notwendigkeit des Terminhandels ergibt sich oftmals aus den Absicherungsbedürfnissen der Investoren, die im Zusammenhang mit der hohen Volatilität der Zinssätze zu sehen sind.

Es wurde beobachtet, daß in einer Reihe von europäischen Ländern die Liquidität von Kassainstrumenten ohne entsprechende Futureskontrakte stärker beeinträchtigt wurde als an den Märkten, an denen Futurestitel angeboten wurden. So konnten hier Anomalien bei der Kursbildung entlang der ganzen Renditenstrukturkurve für Staatstitel beobachtet werden. Auf Grund dieser Erfahrungen führte dies an einigen europäischen

Terminbörsen zur Einführung von Futureskontrakten, welche die Schließung von Lücken im Fristigkeitsspektrum möglich machten.

2.8 Geänderte Ordnungspolitk und Globalisierung der Märkte

Setzt ein ordnungspolitischer Rahmen den Marktteilnehmern zu enge Grenzen, kann er diese zu Ausweichreaktionen auf ausländische Märkte veranlassen, die vergleichbaren ordnungspolitischen Restriktionen nicht ausgesetzt sind. Umgekehrt wirkt die Veränderung durch Aufhebung restriktiver ordnungspolitischer Maßnahmen (z.B. Abbau von Kapitalverkehrskontrollen, Abbau notenbankpolitischen Instrumentariums, Abschaffung von fixierten Zinsobergrenzen usw.) auf die Finanzmarktentwicklung unterstützend. Hinzu kommt, daß bei der nahezu problemlos schnellen Umkehrbarkeit der Finanzflüsse auf derartige Entwicklungen entsprechend reagiert werden kann. Nachdem dies erkannt wurde, sind weltweit, wenn auch in unterschiedlichem Maße, entsprechende Auflockerungen vorgenommen worden. Deutschland war auf diesem Gebiet der Liberalisierung nicht gerade führend und hat damit nicht unerhebliche Nachteile gehabt.

Diese sog. „Restliberalisierung“ hat in Deutschland gerade auf dem Rentenmarkt eine Verbreiterung der Anlagepalette bewirkt. Zudem wurde nach Abschaffung der 25% Kuponsteuer (1984) und der 10% Quellensteuer ein starker Zufluß ausländischen Kapitals in deutsche Rentenwerte bewirkt. In gleicher Richtung wirkte die liberalere Haltung der Deutschen Bundesbank ab 1992. Hierdurch bildeten sich insbesondere für Commercial Papers und Medium Term Notes neue Marktsegmente heraus. Schließlich bewirkten die Aufnahme des Rententerminhandels ab 1986 und stärker noch die rechtlich möglich gewordene Handelsaufnahme durch die Deutsche Terminbörse wesentliche Impulse für den deutschen Rentenmarkt.

Parallel hierzu hat – wenn auch ausgeprägter – weltweit die Globalisierung der Finanzmärkte eingesetzt, die hierzu auch geradezu prädestiniert sind. Schon seit Beginn der 60er Jahre existiert der Euromarkt. Andere internationale Finanzmärkte sind zwischenzeitlich aufgebaut worden. Insofern hatte die Finanzindustrie ausreichend Erfahrungen gewonnen und die für eine Globalisierung notwendige Infrastruktur aufgebaut. Dies bezieht sich nicht nur auf Kommunikations- und Handelssysteme, die weltweit computergestützt agieren. Ratingagenturen haben sich weltweit positioniert und dringen mit eigenen Tochtergesellschaften in nationale Märkte ein.

Der internationale Handel, der auf den ersten Blick problemlos scheint, wird aber erst im großen Stil möglich, wenn Settlement (Abschluß, Abwicklung und Erfüllung), Clearing und Depotprozedur zweifelsfrei geregelt sind. An den Internationalen Kapitalmärkten sind auch Möglichkeiten der Krediteinräumung zur Liquiditätssicherung und das Bondlending geregelt (Group of Thirty 1989).

Für den Euromarkt sind die beiden Institutionen Euroclear mit Sitz in Brüssel und Cedel mit Sitz in Luxembourg tätig, die über effiziente Verbindungen zu den jeweiligen nationalen Systemen verfügen.

Insgesamt zeigt sich, daß durch die Globalisierung (Pavel/McElravey 1990) sicherlich Handel von den nationalen Märkten abgezogen wird. Andererseits erfolgt auch eine Stärkung, die durch die Fokussierung ausländischer Investoren auf erstklassige inländische Werte ihren Niederschlag nicht unbedingt am internationalen Markt haben muß oder aber zusätzliche Nachfrage schaffen kann. Voraussetzung hierzu ist allerdings, daß die inländische Börse ein markt- und abwicklungstechnisches Umfeld im Bereich des Clearing, Settlement, Depositing, Bondlending (einschließlich hoher Markttransparenz) darstellt, welches sie bei möglichst niedrigeren Kosten und höherer Abwicklungsgeschwindigkeit als echte Konkurrenz zum internationalen Markt oder anderen nationalen Märkten erscheinen läßt.

Insofern haben Internationalisierung und Globalisierung damit im Verlauf der vergangenen Jahre auch sehr stark zahlreiche nationale Börsen beeinflußt.

3. Künftige Entwicklungen

Bei der Schnellebigkeit der Märkte sowie der Entwicklung der Informationstechnologie und Kommunikationstechniken, des jeweiligen nationalen und internationalen Börsenumfelds ist eine zuverlässige und damit seriöse Prognose hinsichtlich der künftigen Entwicklung einzelner nationaler Anleihemärkte kaum möglich.
Hier können also nur einige Vermutungen getroffen werden:

- Die Globalisierung wird zu einer Verschärfung des Wettbewerbs führen und zunächst einen Marktkonzentrationsprozeß einleiten.
- Damit werden zumindest in der Europäischen Union langfristig einige der jetzigen Provinzbörsen ihre Tätigkeit einstellen. Auf dem europäischen Kontinent werden die Börsen Paris und Frankfurt dominieren und einen scharfen Wettbewerb mit dem führenden Finanzplatz London aufnehmen.
- Möglich wird dieser Vorgang u.U. nur dann, wenn die Kassamärkte neue Produkte entwickeln, die den Anlegern neue Investitionsmöglichkeiten eröffnen. In jedem Fall ist davon auszugehen, daß verstärkt Aktiengesellschaften an den Markt herangeführt werden.
- Da die positive Entwicklung der Kassamärkte zunehmend von der Existenz effizienter Terminmärkte mit den erforderlichen – ggf. neu zu entwickelnden – Produkten abhängig wird, dürfte sich dieser Vorgang einstellen.
- Im Zusammenhang mit diesem Prozeß wird sich möglicherweise im Bereich der Kassamärkte langfristig eine stärkere Marktsegmentation

ergeben. Dieser Prozeß ist schon im Bereich des Aktienmarktes (Neuer Markt) erkennbar.

- Die Terminbörsen werden zunächst verstärkt zusammenarbeiten und einen 24-Stunden-Handel anstreben. Möglicherweise sind Computerbörsen – wie die DTB – langfristig im Vorteil. In jedem Fall wird langfristig ein Marktkonzentrationsprozeß einsetzen. Dieser dürfte im Endergebnis zu weniger Terminbörsen führen.
- Möglicherweise werden die Terminbörsen Produkte entwickeln, die ihnen einen Angriff auf die OTC-Märkte erlauben. Erste Ansätze sind erkennbar.
- Bislang existiert kein Patent- oder Gebrauchsmusterschutz für Finanzprodukte aller Art. Dies bedeutet, daß im Regelfall kurz nach der Markteinführung derartiger Produkte die jeweilige Konkurrenz bei gegebener Markttransparenz problemlos Markenpiraterie betreibt. Da die Produktentwicklung aber zunehmend kostenintensiver wird, ist davon auszugehen, daß die Finanzindustrie weltweit versuchen wird, einen entsprechenden Schutz vor Markenpiraterie durch die Gesetzgeber zu erhalten.
- Die weitere Entwicklung der Kassa- und Terminmärkte steht in einer engen Wechselbeziehung zu derjenigen der Informations- und Kommunikationstechnologie sowie der erforderlichen anwenderfreundlichen Software.

Literatur

Bestmann, U.: Securities, in: *Walter* and *v.Rosen* (Ed.), German Capital Markets, Cambridge 1995, S. 154 -185

Chappe, T.: Globals Finance: Causes, Consequences and Prospects for the Future, in: Global Finance Journals, 1 (1), 1989

Group of Thirty: Clearence and Settlement Systems in the World's Securities Markets, London 1989

Kapner, K./Marshall: The Swaps Handbook, New York 1990

Merl, G.: Zins- und Währungsswaps, in: *Beyer/Bestmann:* Finanzlexikon, 2. Aufl., München 1989, S. 295 – 297

Pavel, Chr./McElravey: Globalization in the Financial Industry, in: Economic Perspectives, Federal Reserve Bank of Chicago, 14 (3), 1990

Silber, L.W.: The Process of Financial Innovation, in: American Economic Review, Papers and Proceedings, 1983, S. 89 – 95

Die Europäische Währungsunion und ihre Konsequenzen für die schweizerische Wirtschaftspolitik

Prof. Dr. Bernd Schips, Eidgenössische Technische Hochschule (ETH), Zürich

Auch wenn bei der Abfassung dieses Beitrages noch nicht definitiv feststand, ob die dritte Stufe der Europäischen Währungsunion (EWU) tatsächlich zum ursprünglich als spätesten Termin genannten Datum, d.h. am 1.1.1999 beginnen wird – aufgrund der erst im Frühjahr 1998 fallenden Entscheidung über den Kreis der von Anfang an teilnehmenden Länder ist eine rein technisch bedingte geringe Verzögerung, trotz aller Anstrengungen bei den Vorbereitungsarbeiten, nicht völlig auszuschließen –, sollten bezüglich des Zustandekommens der Währungsunion keine Zweifel mehr bestehen. Die Währungsunion ist ein wichtiger Schritt im von der Mehrheit der EU-Länder angestrebten politischen und ökonomischen Integrationsprozeß, so daß auf dieses zentrale Element bei der Verwirklichung des Binnenmarktes und der Europäischen Union nicht mehr verzichtet werden kann.

Ein gewisser Vorbehalt bezüglich des anvisierten Termins besteht jedoch noch immer. Da der Kreis der Länder, die möglicherweise die Konvergenzkriterien im Frühjahr 1998 auch unter Ausnutzung des gegebenen Interpretationsspielraumes nicht erfüllen, u.U. für eine Sperrminorität bei der Beschlußfassung über die von Beginn an teilnehmenden Volkswirtschaften ausreicht, könnte dies zu einer „echten" Verschiebung des Beginns der dritten Stufe der Währungsunion führen, so lange, bis eine zahlenmäßig große Ländergruppe geschlossen den Übergang zum Euro vollziehen kann. Eine derartige Fristverlängerung würde von den Märkten aber vermutlich gut aufgenommen, weil damit auch ein Signal für die Stabilitätsorientierung in der künftigen Währungsunion gegeben würde und durch eine Verschiebung um ein oder zwei Jahre die vorgesehene Einführung von Euro-Noten und -Münzen auf den 1.1.2002 noch nicht in Frage gestellt ist. Ob eine solche Verschiebung überhaupt rechtlich möglich ist oder durch ein geeignetes Prozedere ersetzt werden muß, soll hier außerhalb der Betrachtung bleiben.

Eine Volkswirtschaft wie die Schweiz, die sich im Rahmen der europäischen Integration zunächst auf einen Sonderkurs festgelegt hat, muß sich aber auf jeden Fall frühzeitig mit den durch die Währungsunion sich verändernden Bedingungen für die nationale Wirtschaftspolitik auseinandersetzen, unabhängig davon, welches der denkmöglichen Szenarien letztlich eintreten wird. Insbesondere die Geldpolitik wird sich in einem veränderten Umfeld bewegen müssen, aber auch die übrigen wirtschaftspolitischen Bereiche werden unter neuen Bedingungen zu gestalten sein.

Zur Zeit besteht offensichtlich in weiten Kreisen der europäischen Öffentlichkeit und teilweise auch bei den Akteuren auf den Finanzmärkten immer noch ein gewisser Zweifel in bezug auf die Stabilität der künftigen europäischen Währung (Euro). Besonders in Deutschland, aber auch in anderen Ländern, wie z.B. in der Schweiz, ist man von der Wertbeständigkeit des Euro noch nicht völlig überzeugt. Diese Unsicherheiten im Vorfeld der EWU gehen in einem gewissen Umfang sicherlich auf die noch nicht getroffenen Entscheide bezüglich des Teilnehmerkreises und der nach Eintritt in die dritte Stufe notwendigen Instrumente zur haushaltspolitischen Diziplinierung der Teilnehmerländer zurück. Ein nicht unerheblicher Teil dieser noch bestehenden Skepsis hängt aber sicherlich auch damit zusammen, daß noch keine völlige Klarheit darüber besteht, wie die Europäische Zentralbank (EZB) ihre Verantwortung für die Geldwertstabilität wahrnehmen wird und vor allem auch umsetzen kann, d.h. welche Indikatoren und geldpolitischen Instrumente für die Verfolgung dieser Zielsetzung letzten Endes zur Verfügung stehen werden.

Die Hauptaufmerksamkeit in der öffentlichen Diskussion galt bisher den Beitrittskriterien, insbesondere den numerischen Grenzwerten für die beiden haushaltspolitischen Kriterien Neuverschuldung und Schuldenstand, jeweils in Prozent des Bruttoinlandprodukts. Weniger Beachtung fanden dagegen die für eine Beurteilung des Standes der wirtschaftlichen Integration der potentiellen Teilnehmerländer an sich viel aussagekräftigeren Kriterien für die Teuerungs-, Zins- und Wechselkursentwicklung. Es ist dabei weitgehend unbestritten, daß die Stabilität der öffentlichen Finanzen für den Erfolg einer Währungsgemeinschaft von besonderer Bedeutung ist und die im Vertrag von Maastricht vorgesehenen Sanktionsmechanismen bei Verletzung des Grenzwertes für die Neuverschuldung nach dem Eintritt in die dritte Stufe zur Disziplinierung der Teilnehmerländer vermutlich nicht ausreichen. Deshalb wird gegenwärtig zu Recht über einen sogenannten Stabilitätspakt diskutiert. Damit sollen das Verfahren zur Feststellung eines übermäßigen Defizits präzisiert und vor allem die notwendigen weiteren Schritte – Empfehlungen an das betreffende Mitgliedsland, mit dem Ziel, die Lage innerhalb einer bestimmten Frist zu ändern; Beschlüsse über Maßnahmen für den erforderlichen Defizitabbau, falls das betreffende Mitgliedsland den Empfehlungen nicht gefolgt ist, und schließlich Sanktionen für den Fall, daß den Beschlüssen über die zu treffenden Maßnahmen nicht Folge geleistet wird – verbindlich festgelegt werden. Gerade weil sich immer deutlicher die Möglichkeit abzeichnet, daß die numerischen Grenzwerte für die haushaltspolitischen Kriterien für den Eintritt in die dritte Stufe nicht von allen, aus politischer Sicht praktisch unverzichtbaren Teilnehmern zum genannten spätesten Termin für den Beginn der Währungsunion auch wirklich eingehalten bzw. nur durch gewisse buchhalterische Maßnahmen erreicht werden können, ist ein rechtsverbindlich vereinbarter Mechanismus zur Sicherung einer nachhaltig tragbaren Finanzpolitik in allen Teilnehmerländern erforderlich. Nur durch eine solche Vereinbarung kann ein wesentlicher Beitrag zur Reduktion der noch bestehenden Unsicherheiten über die Stabilität der künftigen europäischen Währung geleistet werden. Je größer der Kreis der Länder ist, mit dem die dritte Stufe der Währungsunion gestartet wird, desto wichtiger wird ein solcher Stabilitätspakt sein, um den Bürgern und den Märkten das notwendige Vertrauen zu geben.

Aber es gibt noch andere Quellen der Unsicherheit im Hinblick auf den Beginn der dritten Stufe der Währungsunion. Zu diesem Termin müssen die Wechselkurse zwischen den Währungen der Teilnehmerstaaten unwiderruflich festgelegt werden. Da durch diesen Beschluß auch über die preisliche Wettbewerbsfähigkeit der Unternehmen in den Teilnehmerländern entschieden wird, ist diese Umstellung nicht nur ein technischer Vorgang und sollte deshalb nicht Gegenstand politischer Aushandlungsprozesse sein. Festgelegt ist bisher nur, daß der Euro der bisherigen Korbwährung (ECU) im Wert entsprechen soll und daß der Außenwert des ECU sich durch die Umstellung nicht ändern darf. Die Skalierung „ECU=Euro“ bewirkt im übrigen, daß auch die Wechselkurse der sich zunächst oder überhaupt nicht an der Währungsunion beteiligenden EU-Länder Auswirkungen auf die Umstellungskurse haben werden, da sie in der Korbwährung ECU enthalten sind.

Eine Umstellung aufgrund der Wechselkurse eines Stichtages, z.B. des letzten Tages vor Eintritt in die dritte Stufe, birgt die Gefahr in sich, daß es kurz vor diesem Datum zu heftigen Wechselkursschwankungen kommen kann und dann durch die Umstellung Wechselkurse festgeschrieben werden, die nicht im Einklang mit der realwirtschaftlichen Entwicklung in der Zeit zuvor und danach stehen. Eine Verwendung von Durchschnittskursen aus einem längeren Zeitraum würde dieses Risiko beträchtlich reduzieren. Bei einer entsprechenden Ankündigung zur Verwendung von Durchschnittskursen aus einem längeren Zeitraum für die Umstellung werden die Akteure an den Devisenmärkten nicht bereit sein, von den Durchschnitten wesentlich abweichende Notierungen zu akzeptieren, und am Markt werden sich faktisch die zur Umrechnung verwendeten Kurse herausbilden. Die Bedingung einer Erhaltung des Außenwertes des ECU wäre dadurch genau so erfüllt wie bei der Verwendung der aktuellen Notierungen am Tage vor Beginn der dritten Stufe zur Festlegung der Umrechnungskurse, ohne mit den oben genannten Nachteilen verbunden zu sein. Das Problem bei der Verwendung von Durchschnittskursen zur Umrechnung ist aber die Festlegung des zur Ermittlung der Durchschnitte in Betracht zu ziehenden Zeitraums. Ein längerer Zeitraum könnte sicherlich zur Stabilisierung der Erwartungen beitragen, würde aber damit gleichzeitig den mit Blick auf das Zustandekommen der Währungsunion gemachten Anstrengungen einzelner Länder zur Erfüllung der Beitrittskriterien in den letzten Monaten und deren Rückwirkungen auf die Wechselkurse nur unzulänglich Rechnung tragen.

Eine weitere Möglichkeit zur Festlegung der Umrechnungskurse besteht in einer sukzessiven Verengung der Bandbreiten innerhalb des

Europäischen Währungssystems (EWS). Da aber die Leitkurse im EWS nicht in allen Fällen mit den Entwicklungen am Markt in Einklang stehen, würde ein solches Vorgehen die Notenbanken der betreffenden Länder zu massiven Interventionen verpflichten und damit möglicherweise zu Umstellungskursen führen, die erheblich von den Einschätzungen und Erwartungen der Marktteilnehmer abweichen. Aus ökonomischer Sicht spricht daher viel für eine Verwendung von Durchschnittskursen über einen längeren Zeitraum zwischen 12 und 24 Monaten zur Ermittlung der Umstellungskurse. Bei einem solchen Vorgehen können sich die Wechselkurse weiter anpassen, und die Möglichkeiten zur Einflußnahme auf die Umstellungskurse durch geldpolitische Maßnahmen der einzelnen Länder bleiben begrenzt. Diese Überlegungen zeigen aber wiederum, wie wichtig eine Begrenzung des Teilnehmerkreises zu Beginn der dritten Stufe der Währungsunion auf Länder ist, die schon seit längerer Zeit wirtschaftlich stark integriert und deren Wechselkurse schon seit Jahren relativ stabil sind.

Dennoch ist nicht auszuschließen, daß es selbst bei einem zu Beginn der dritten Stufe derart eingeschränkten Teilnehmerkreis zu heftigen Kursschwankungen des Euro gegenüber Drittwährungen, insbesondere gegenüber dem Dollar, dem Yen und dem Schweizerfranken, aber auch gegenüber den Währungen der nicht oder zunächst noch nicht teilnehmenden EU-Länder, den sogenannten „Outs", kommen wird. Die Finanzmärkte werden sorgfältig beobachten, wie die EZB agieren und insbesondere welche geldpolitische Strategie die EZB verfolgen wird. Es spricht sehr viel dafür, daß die EZB sich an der bisher doch recht erfolgreichen Deutschen Bundesbank orientiert und ein Geldmengenkonzept verfolgen wird. Weil die auf Verlagerungen zwischen den verschiedenen europäischen Währungen zurückzuführenden Instabilitäten in der EWU künftig entfallen, ist sogar in einigen Jahren mit einer stabileren Geldnachfrage und damit mit einer besseren Voraussetzung für eine geldmengenorientierte Politik zu rechnen. Mittel- bis längerfristig sind die Bedingungen für die Verfolgung einer auf das Ziel der Preisstabilität ausgerichteten Geldpolitik also durchaus gegeben, kurzfristig ist aber praktisch nicht abzuschätzen, wie sich die Euro-Geldmenge entwickeln wird. Wie wird sich die Bargeldhaltung ändern, welche Auswirkungen haben die Umstellungen im Zahlungsverkehr, wie ändert sich das Anlageverhalten usw.? Es wird nun viel davon abhängen, wie die EZB in der Anfangsphase mit diesen Problemen umgeht und damit Vertrauen für die von ihr verfolgte Geldpolitik schafft. Dabei wird es aufgrund der genannten Schwierigkeiten unvermeidlich neben der Geldmengenentwicklung auch andere Indikatoren, insbesondere Entwicklungen auf den Finanzmärkten, wie beispielsweise die Zinsstruktur, die Aufschluß über die Einschätzungen der künftigen Teuerung durch die Anleger geben können, zur Beurteilung des eingeschlagenen geldpolitischen Kurses heranzuziehen und sowohl über die Wahl der benutzten Indikatoren als auch deren Interpretation durch die EZB die interessierte Öffentlichkeit zu informieren.

Eine kleine offene Volkswirtschaft wie die Schweiz, die einen großen Teil ihres Außenhandels mit den Teilnehmerstaaten an der EWU abwikkelt und die bislang gewissermaßen im „Windschatten" einer stabilitätsorientierten Geldpolitik der Deutschen Bundesbank relativ erfolgreich eine autonome, d.h. auf die binnenwirtschaftliche Preisstabilität ausgerichtete Geldpolitik praktizieren konnte, ist von der künftigen Entwicklung der neuen europäischen Währung besonders betroffen. Die Schweiz muß sich daher auf alle Eventualitäten vorbereiten. Eine sorgfältige Analyse und Sichtung des geld- und wirtschaftspolitischen Instrumentariums zeigt aber rasch die Grenzen der Handlungsmöglichkeiten auf (KfK 1996). Das monetäre Regime der Deutschen Bundesbank hat es der Schweizerischen Nationalbank (SNB) bisher zweifelsohne erleichtert, eine primär auf die binnenwirtschaftliche Preisstabilität ausgerichtete Geldpolitik zu verfolgen. Dieser geldpolitische Spielraum könnte teilweise oder unter Umständen sogar fast völlig verlorengehen, falls die EZB den stabilitätsorientierten Kurs der Deutschen Bundesbank nicht genauso konsequent weiterverfolgen sollte oder die Märkte, aus welchen Gründen auch immer, einen derartigen Eindruck von der Geldpolitik der EZB gewinnen würden. Diskretionäre Maßnahmen der EZB, d.h. einer Instanz, an deren Entscheidungsprozessen die SNB nicht direkt beteiligt ist, bekommen so eine erhebliche Bedeutung für die gesamtwirtschaftliche Entwicklung in der Schweiz.

Die zentrale Herausforderung der schweizerischen Wirtschaftspolitik resultiert dabei aus einer starken realen Aufwertung des Schweizerfrankens, die nicht im Einklang mit der relativen Produktivitätsentwicklung im In- und Ausland steht. Wie die Erfahrung zeigt, können bereits Befürchtungen über eine mangelnde Stabilitätsorientierung der geldpolitischen Instanzen der Währungsunion schon im Vorfeld des Beginns der dritten Stufe zu einer erheblichen Mehrnachfrage nach Schweizerfranken führen und damit die gesamtwirtschaftliche Entwicklung negativ beeinträchtigen, da derartige Aufwertungsschübe nicht rasch genug durch entsprechende Anpassungen im Produktionsapparat aufgefangen werden können.

Bei einer Begrenzung der Teilnehmerländer zu Beginn der dritten Stufe auf Volkswirtschaften, die schon über einen mehrjährigen Ausweis an stabilitätsorientierter Wirtschaftspolitik verfügen, und bei Einhaltung der bereits beschlossenen bzw. noch in Diskussion befindlicher Vorkehrungen – formelle Unabhängigkeit der EZB, griffiger Stabilitätspakt, EWS II – ist jedoch mit einer hohen wirtschaftlichen Stabilität in der EWU zu rechnen. In einem solchen Falle dürfte das Ausmaß der Kapitalumschichtungen aus den EU-Ländern in die Schweiz begrenzt bleiben. Aufwertungsschüben, welche unter diesen Voraussetzungen dennoch auftreten sollten, kann die SNB passiv begegnen, indem sie auf die kompensierende Wirkung der Zinseffekte vertraut, die sich bei einem

Zustrom von Kapital und einer stetigen Entwicklung der Notenbankgeldmenge in der Schweiz einstellen sollten. Bei allen anderen Szenarien – eine Ausweitung der Teilnehmerländer über den genannten Kreis hinaus; eine Verschiebung des Beginns der dritten Stufe, die von den Märkten nicht als eine Bestätigung der Stabilitätsorientierung interpretiert wird, – ist jedoch mit größeren, kürzer oder länger anhaltenden Währungsturbulenzen zu rechnen. Bei einer Verschiebung ist neben einer Aufwertung des Schweizerfrankens gegenüber der Deutschen Mark auch der Einfluß länger anhaltender Kursverschiebungen der Währungen außerhalb des D-Mark-Blocks auf die preisliche Wettbewerbsfähigkeit schweizerischer Anbieter zu beachten und vor allem nicht zu unterschätzen.

Sollten die Teilnehmerländer in der EWU in ihren Bemühungen um eine Stabilitätsorientierung nachlassen und die Preisstabilität in der Währungsunion ernsthaft gefährdet sein, dann kann sich eine Volkswirtschaft wie die Schweiz nicht ausreichend gegen die Folgen einer derartigen Entwicklung schützen. Die Schweiz würde in jedem Fall tangiert, sei es durch ein Überschießen des Wechselkurses im Fall einer weiterhin primär nur auf die Preisstabilität ausgerichteten Geldpolitik, oder sei es durch eine importierte Teuerung, falls die SNB den Versuch macht, den Wechselkurs zu stabilisieren. Abgesehen von dieser eher extremen Entwicklung in der Währungsunion – extrem, weil die Mehrzahl der potentiellen Teilnehmerländer gerade in den letzten Jahren doch ein zunehmendes Stabilitätsbewußtsein erkennen ließ – besteht jedoch das Risiko, daß es aus den oben genannten Gründen zu länger anhaltenden Aufwertungsschüben kommen kann. Angesichts der Tatsache, daß bei einem Übergang zu einer dauerhaften Wechselkursanbindung der deutliche Realzinsvorteil der Schweiz wegfallen würde, ist es aber auch dann nach wie vor im Interesse der Schweiz, weiterhin zu versuchen, mittelbis längerfristig eine autonome Geldpolitik anzustreben. Um die rezessiven Auswirkungen einer realen Aufwertung, welche nicht durch realisierte oder realistischerweise zu erwartende Produktivitätsvorteile der Schweiz gegenüber dem Ausland aufgefangen werden können, abzuschwächen, kann es aber notwendig sein, daß die SNB aktiv mit einer eigentlichen Lockerung der Geldpolitik reagiert.

Eine derartige, die Gesamtinteressen der Volkswirtschaft berücksichtigende Geldpolitik ist leichter formuliert als praktiziert. Ausgehend von einer laufenden und detaillierten Beobachtung der gesamtwirtschaftlichen Entwicklung, unter Einbezug der verfügbaren Vorlaufindikatoren für das reale ökonomische Geschehen, ist dabei laufend situativ zwischen einer eher passiven, d.h. an einer an einem stetigen Geldmengenwachstum ausgerichteten, und einer aktiven, d.h. auch ein beschleunigtes Geldmengenwachstum bzw. sogar eine temporäre Wechselkursanbindung nicht von vornherein ausschließenden, Geldpolitik zu entscheiden. Dabei müssen der Einfluß der in der Schweiz praktizierten und in der EU zu erwartenden Wirtschafts- und Finanzpolitik, der laufenden Strukturanpassungsprozesse sowie der gesamteuropäischen Konjunktur und die Grenzen der Preissetzungsspielräume der Unternehmen berücksichtigt werden. Insbesondere die in den letzten Jahren im Zuge der starken realen Aufwertungen des Schweizerfrankens erlittenen internationalen Marktanteilsverluste der schweizerischen Exportwirtschaft und die zunehmende Importdurchdringung im Inland sprechen dafür, im Zweifelsfall weiterhin nur allein auf die kompensierenden Zinswirkungen einer überwiegend passiven Geldmengenpolitik zu vertrauen.

Richtungsweisende Entscheide in den übrigen Bereichen der Wirtschaftspolitik können dazu beitragen, exogene Störungen besser zu verkraften. Auch wenn solche wirtschaftspolitischen Maßnahmen mehrheitlich schon viel früher in Angriff genommen hätten werden müssen, werden sie deshalb nicht obsolet. Erforderlich ist vor allem ein konjunkturgerechtes Gebaren der öffentlichen Hand auf allen Staatsebenen, eine Verstärkung der automatischen Stabilisatoren u.a. durch eine Gegenwartsbemessung bei den direkten Steuern, die Förderung des Wettbewerbs im Binnenmarkt und einer dadurch beschleunigten Weitergabe von Preisvorteilen im Import, die Konsolidierung der sozialen Sicherung und ihrer Finanzierung sowie eine generelle Verbesserung der Standortattraktivität der Schweiz. Die entsprechende Agenda ist schon lange bekannt, die Herausforderungen und Restriktionen der schweizerischen Wirtschaftspolitik durch die Vollendung der Wirtschafts- und Währungsunion unterstreichen aber die Dringlichkeit einer Lösung der anstehenden Probleme.

Die Währungsunion wird von Beginn an reale Anpassungsprozesse auslösen oder bereits in Gang befindliche Strukturanpassungen noch beschleunigen. Dies wird sich nicht nur auf eine Phase des Übergangs beschränken. Auch längerfristig wird man sich mit der Volatilität des Euro gegenüber dem Schweizerfranken und dem US-Dollar usw. auseinandersetzen müssen. Hinzu kommen Anpassungen, die aufgrund der intensivierten internationalen Arbeitsteilung notwendig werden. Diese Entwicklungen werden von der Schweiz ein erhebliches Maß an Restrukturierung und Neuorientierung erfordern. Aufgestaute und meist aus kurzfristiger politischer Sicht heraus zurückgestellte Anpassungsnotwendigkeiten sind dabei so rasch wie möglich nachzuholen. Dies erfordert eine neue Qualität des Denkens und Handelns in der schweizerischen Wirtschaftspolitik. Es ist aber noch ungewiß, ob der Prozeß der Problemerkennung in der schweizerischen Öffentlichkeit und Politik schon weit genug fortgeschritten ist, um die anstehenden Aufgaben auch anpacken zu können.

Literatur

KfK, Eidgenössische Kommission für Konjunkturfragen, Arbeitsgruppe Währungsunion: Die Schweiz und die Europäische Wirtschafts- und Währungsunion. Eine Analyse der wirtschaftlichen Aspekte, Bern 1996

Die Finanzfunktion internationaler Unternehmungen im Wandel: Internalisierung statt Outsourcing

Prof. Dr. Ehrenfried Pausenberger, Justus-Liebig-Universität, Gießen

1. Problemstellung

Das Finanzmanagement industrieller Unternehmungen hat in den letzten zwei Jahrzehnten erhebliche Veränderungen erfahren. Durch die zunehmende Internationalisierung der Unternehmungen sind Volumen, Heterogenität und Komplexität der finanzwirtschaftlichen Aufgaben gewachsen. Der Katalog der Finanzinstrumente ist durch eine Reihe von Neuerungen (Finanzderivate) verlängert worden. Der erhöhte Wettbewerbsdruck hat nicht nur in den realwirtschaftlichen Funktionen, sondern auch im Bereich der Finanzwirtschaft Maßnahmen einer systematischen Kostensenkung erzwungen. Während dies jedoch im Produktionsbereich typischerweise zu einer „Verschlankung" (lean production), zu Outsourcing (Reduktion der Wertschöpfung) und zur Konzentration auf Kernkompetenzen geführt hat, scheint im Finanzbereich eher eine Erweiterung des Leistungsumfangs eingetreten zu sein. Eine Reihe von Aufgaben, die vorher ausschließlich von Banken durchgeführt wurden, werden nun von den Industrieunternehmungen selbst wahrgenommen oder ihr Anteil an der Aufgabenwahrnehmung hat sich erhöht. In der Literatur wird dieses Phänomen unter der Bezeichnung Corporate Banking oder Inhouse Banking behandelt (s. Literaturverzeichnis).

In welchen Bereichen hat sich die traditionelle Arbeitsteilung zwischen Industrieunternehmungen und Kreditwirtschaft verändert? Welches sind die Anstöße und Motive dazu? Welche Veränderungen in den Rahmenbedingungen haben diesen Wandel ermöglicht bzw. erzwungen? Was sind die Konsequenzen dieses Wandels? Ausgehend vom traditionellen Inhalt der Finanzfunktion internationaler Unternehmungen soll im folgenden diesen Fragen nachgegangen werden.

2. Inhalt der Finanzfunktion internationaler Unternehmungen

(1) Die Finanzfunktion industrieller Unternehmungen umfaßt im wesentlichen vier Aufgaben:

- die Kapitalbeschaffung: Kostengünstige Deckung des Finanzbedarfs aus internen und externen Quellen;
- das Cash Management: Disposition über Kassenbestände und Zahlungsströme im Hinblick auf Liquiditätssicherung sowie Kosten- und Risikominimierung;
- die Anlage freier Mittel unter den Kriterien Rendite und Sicherheit sowie
- die Gestaltung der Kapitalstruktur.

Bei der Wahrnehmung dieser Aufgaben können die Unternehmungen die Unterstützung durch Banken in Anspruch nehmen. Gerade bei großen und international tätigen Unternehmungen scheint die Inanspruchnahme von Bankdienstleistungen jedoch rückläufig zu sein. Dies soll im folgenden erörtert werden. Zuvor ist noch auf jene spezifischen unternehmensinternen und -externen Faktoren einzugehen, die das Finanzmanagement internationaler Unternehmungen prägen. Dazu zählen insbesondere die folgenden **Einflußfaktoren:**

- Konzerneigenschaft: Träger von finanziellen Rechten und Pflichten gegenüber der Umwelt ist nicht der internationale Konzern als Ganzes, sondern sind jeweils einzelne Konzerngesellschaften.
- Dezentrale Liquiditätsverantwortung: Aus der Konzerneigenschaft ergibt sich die dezentrale Liquiditätsverantwortung jeder einzelnen rechtlichen Unternehmenseinheit, unabhängig von dem daneben bestehenden Konzernrückhalt.
- Währungsvielfalt: Internationale Unternehmungen operieren in mehreren Währungsgebieten und sind in einer Welt instabiler Währungsrelationen dem Wechselkursrisiko ausgesetzt. Eine internationale Chemieunternehmung wie die BASF beispielsweise operiert in mehr als 20 Währungen.
- Zugang zu zahlreichen Finanzmärkten: Die Präsenz in einer Vielzahl von Staaten eröffnet internationalen Unternehmungen die Möglichkeit, ihre finanziellen Transaktionen auf den leistungsfähigsten nationalen und internationalen Finanzmärkten durchzuführen.
- Unterordnung unter eine Mehrheit von Steuerhoheiten: Internationale Unternehmungen haben angesichts des internationalen Steuergefälles und sog. Steueroasen (Tax Havens) gerade im Bereich des Finanzmanagements die Möglichkeit, steuerliche Vorteile zu realisieren. Finanzwirtschaftliche Servicegesellschaften weisen vermutlich die höchste steuerpolitische Standortelastizität auf.

(2) Unternehmungen haben sich bei der **Kapitalbeschaffung** aus der Abhängigkeit von den Banken ein gutes Stück befreit. An die Stelle des Bankkredits ist in vielen Fällen die Finanzierung über Wertpapiere getre-

ten, wobei den Banken lediglich die Rolle des Händlers und nicht mehr die des Kapitalgebers zufällt. Die Deutsche Bundesbank konstatiert für den langfristigen Bereich „einen durchgehenden Trend zur Entkoppelung der Großunternehmen von der Kreditvergabe des Bankensystems" (Monatsbericht Oktober 1992, S. 31). Zwar ist dieser Zug zur Verbriefung (Securitisation) auf dem deutschen Kapitalmarkt noch nicht sehr ausgeprägt (sieht man vom öffentlichen Sektor ab); die deutschen Unternehmungen treten aber auf dem Euromarkt verstärkt als Wertpapieremittenten auf. In den angelsächsischen Ländern und auf den internationalen Finanzmärkten ist die Bevorzugung des Wertpapiers unübersehbar. In den USA hat das Trennbankensystem dazu beigetragen, daß die Securitisation erheblich weiter fortgeschritten ist als in Ländern wie Deutschland, in denen das Universalbankensystem vorherrscht. Auf dem Euromarkt lag 1995 der Anteil der verbrieften Finanzierungsformen am gesamten Finanzierungsvolumen bei 71,2% (gegenüber 45,2% im Jahre 1982) (OECD 1996 et al.). Das Volumen der Neuemissionen ist 1996 auf 678 Mrd. US-$ angewachsen, woran die DM einen Marktanteil von 16% erreicht hat (FAZ vom 8.1.1997). Die steigende Bedeutung der Verbriefung läßt sich auch mit dem im Zeitablauf veränderten Verhältnis von Anleihevolumen und Sozialprodukt belegen: Für die OECD-Länder ist dieses Verhältnis zwischen 1980 und 1993 von 50% auf 100% angewachsen.

Die Tendenz zur Verbriefung wurde auch durch die Entwicklung neuer Finanzprodukte gefördert. Beispiele dafür sind Revolving Underwriting Facilities (RUFs), Note Issuance Facilities (NIFs) oder Commercial Papers. Während die Ausgabe von RUFs und NIFs von Banken durch Absicherungsfazilitäten (sog. Stand-by-Linien) gestützt wird, ist dies bei Commercial Papers im allgemeinen nicht der Fall. Unternehmungen mit erstklassigem Standing können mit Hilfe von Commercial-Paper-Programmen auf dem Finanzmarkt kurzfristige Kredite aufnehmen, und zwar ohne Absicherung durch Underwriting-Banken und oft zu günstigeren Bedingungen als manches Kreditinstitut. Für den deutschen Kapitalmarkt ist dieses Finanzierungsinstrument, das den Überziehungskredit überflüssig macht, seit 1990 zugelassen. Die Daimler-Benz AG hat als erste Unternehmung ein derartiges Programm (über 500 Mio. DM) aufgelegt. Siemens gibt im Geschäftsbericht 1995 unter Hinweis auf die durch die führenden Rating-Agenturen erreichte bestmögliche Einstufung an, daß das Commercial-Paper-Programm mit einer Kredit-Fazilität über 2 Mrd. US-$ unterlegt wurde (Geschäftsbericht 1995, S. 45).

Eine Finanzierung unter Umgehung der Banken liegt auch beim konzerninternen Finanzausgleich vor: Konzerngesellschaften mit Finanzbedarf erhalten von Konzerngesellschaften mit Finanzüberschuß die benötigten Mittel. Dabei wird zumindest die Bankmarge eingespart. Das Management wird es auch zu schätzen wissen, daß die Kontrollmacht der Banken dadurch reduziert wird. Die „wachsende Bedeutung der zwischenbetrieblichen Kreditvergabe (‚Industrieclearing')" wird auch von der Deutschen Bundesbank als ein Symptom für die Entkopplung der Großunternehmungen von der Kreditvergabe der Banken bewertet (Deutsche Bundesbank, Oktober 1992, S. 31).

Auch im Bereich des **Cash Management** sind internationale Unternehmungen verstärkt zu Selbstversorgern geworden. Durch die Etablierung eines multilateralen Clearingsystems wird ein planmäßiger Saldenausgleich zwischen den in- und ausländischen Konzerngesellschaften erreicht, der die Zahlungsverkehrskosten vermindert. Nahezu alle großen internationalen Unternehmungen nutzen Electronic-Banking-Systeme, und zwar überwiegend von mehreren Anbietern. Die Bemühungen um eine Optimierung der Kontenführung haben die Banken zu Zugeständnissen veranlaßt: Im sog. Umsatzübertragungsverfahren werden die dezentral (in verschiedenen Ländern und Währungen) geführten Konten bei einer Bank täglich valutagerecht saldiert und auf ein Konzentrationskonto übertragen. Dabei wird der Spread zwischen Soll- und Habenzinsen gespart und die täglichen Dispositionen des Treasurers werden durch eine deutlich reduzierte Zahl von Konten erleichtert (Pausenberger u.a. 1995, S. 1377 f.).

Häufigkeit und Volumina der Transaktionen auf dem Devisenmarkt (für einzelne Unternehmungen im zweistelligen Milliarden-Dollar-Bereich) haben dazu geführt, daß die großen internationalen Unternehmungen seit langem eigene Devisenabteilungen unterhalten und den **Devisenhandel sowie das Währungsmanagement** selbst wahrnehmen. Für den Umgang mit dem Wechselkursrisiko ist dabei bedeutsam, daß sich für eine internationale Unternehmung mit ihren vielfältigen grenzüberschreitenden Zahlungsströmen ein großes Potential an Risikokompensation ergibt: Bestehen in einer Währung Forderungen und Verbindlichkeiten mit gleicher Laufzeit, so können sie gedanklich saldiert werden, da sich die Auswirkungen von Wechselkursänderungen auf die Positionen ausgleichen. Nur das dabei ermittelte Net-Exposure ist dem Wechselkursrisiko ausgesetzt und gegebenenfalls abzusichern (Pausenberger/Glaum 1993, 776 f.). Die organisatorische Zentralisierung des Währungsmanagements ist dabei eine notwendige Voraussetzung.

Zahlreiche Großunternehmungen übertragen die **Anlage freier Mittel** nicht mehr ihren Hausbanken, sondern führen diese Aufgabe in eigener Regie durch. Dazu werden zum Teil eigene Finanz-Servicegesellschaften gegründet. Die Siemens-Kapitalanlagegesellschaft verfügt laut Geschäftsbericht 1995 über Finanzmittel von 20,2 Mrd. DM, die in Wertpapieren und Spezialfonds angelegt sind. Die entwickelte Kompetenz in der Kapitalanlage hat wohl auch den Betriebsrat der Daimler-Benz AG zu dem Vorschlag veranlaßt, die hauseigene Finanzabteilung für die Geldanlage der Belegschaft zu nutzen (FAZ vom 15.11.1996). Dies läßt sich freilich angesichts der Reglementierung für Bankgeschäfte in Deutschland nicht ohne weiteres realisieren.

Durch den Einsatz ausländischer Finanz-Servicegesellschaften lassen sich die günstigen steuerlichen Bedingungen ausländischer Standorte auch für die Kapitalanlage nutzen. Als Beispiele seien hier angeführt die Coordination Centers in Belgien und die Finanzierungsgesellschaften in Irland (Pausenberger/Schmidt 1996).

Unternehmungen der Automobilindustrie und des Großanlagenbaus sind seit langem sehr erfolgreich und expansiv in der **Absatzfinanzierung** ihrer Produkte engagiert. Dadurch haben sie die Geschäftsbanken weitgehend aus diesem Bereich des Kreditgeschäfts verdrängt. Es gibt keinen großen Fahrzeughersteller, der nicht Absatzfinanzierungs- bzw. Leasinggesellschaften unterhält. Die Opel AG beispielsweise teilt mit, daß 70-80% der Neuwagenkäufer einen Kredit- oder Leasingvertrag mit der Opel-Bank abschließen (FAZ vom 28.12.1996). Daimler-Benz gibt das Volumen an zukünftigen Zahlungen aus den Leasing- und Absatzfinanzierungsverträgen für Ende 1995 mit 21,7 Mrd. DM an (Geschäftsbericht 1995, S. 44). Auch im Investitionsgüterbereich ist die Absatzfinanzierung eine wichtige Komponente der internationalen Wettbewerbsfähigkeit. Nach Einschätzung des Vorstands von Asea Brown Boveri hat die „Fähigkeit des Konzerns, innovative Finanzierungslösungen für komplexe Großprojekte vorzulegen“ dazu beigetragen, daß die Unternehmung 1995 den Zuschlag für mehrere Großaufträge (u.a. für einige Kraftwerke) erhielt (Geschäftsbericht 1995, S. 27). Es kann davon ausgegangen werden, daß die Bedeutung der Absatzfinanzierung als Instrument der Absatzförderung künftig noch zunehmen wird, insbesondere in den Branchen für hochwertige Konsumgüter (z.B. Automobile), in denen die Marktpreise der Produkte stärker steigen als die Kaufkraft der Haushalte (Berndt/Sander 1995, Sp. 6).

(3) Im Zuge der Erweiterung der Finanzfunktion hat sich auch das Selbstverständnis des Finanzbereichs gewandelt: Aus der passiven, lediglich den güterwirtschaftlichen Bereich unterstützenden Finanzabteilung ist eine aktive, zum Teil sogar **ergebnisorientierte Konzerneinheit** geworden. Häufig leisten die Finanzbereiche einen beachtlichen Beitrag zum Jahresergebnis.

Bei Asea Brown Boveri beispielsweise wurde eine eigene Sparte für Finanzdienstleistungen geschaffen, in der 817 Mitarbeiter tätig sind (1995). Diese Sparte ist in fünf Aktivitätsfelder untergliedert, nämlich in Geld- und Devisen, Leasing und Finanzierung, Versicherungen, Wertpapierhandel und Vermögensverwaltung sowie Projekt- und Handelsfinanzierung. Zum Betriebsergebnis hat diese Sparte 260 Mio. US-$ (das entspricht 8%) beigetragen (Geschäftsbericht 1995, S. 35).

Noch bedeutsamer ist der Beitrag des Finanzbereichs zum Konzernergebnis bei Siemens. Allein das Zinsergebnis erreichte in den Jahren 1992 bis 1995 Anteile am „Ergebnis der gewöhnlichen Geschäftstätigkeit vor Steuern“ zwischen 27% und 41% (vgl. die entsprechenden Geschäftsberichte).

3. Erklärungsansätze

Auf unvollkommenen Finanzmärkten sind Banken unverzichtbare Vermittler zwischen Angebot und Nachfrage nach Kapital. Für die Kapitalnachfrage der Industrieunternehmung ist die Suche nach einem Vertragspartner zunächst schon deshalb schwierig, weil sich die Präferenzen der Partner hinsichtlich Rendite, Risiko, Betrag und Zeithorizont entsprechen müssen. Der Kapitalanleger seinerseits benötigt vor Vertragsabschluß Informationen über die Verläßlichkeit des Schuldners, wobei das Risiko, daß der Schuldner sein Rückzahlungsversprechen nicht einhält, ohnehin weiterbesteht. Anbahnung, Abschluß und Kontrolle direkter Finanzbeziehungen sind also einerseits mit hohen Informations- und Kontrollkosten verbunden, andererseits ergeben sich aus der asymmetrischen Informationsverteilung zwischen den Vertragspartnern Agency-Probleme.

Die Rolle der Banken auf den Finanzmärkten besteht im wesentlichen in einem Ausgleich der unterschiedlichen Wünsche und Bedingungen von Kapitalanlegern und -nachfragern. Die Banken übernehmen die Informations- und Kontrollkosten, tragen bei eigenständiger Kreditvergabe das Risiko und bringen ihre Professionalität ein. Aufgrund ihrer Spezialisierung auf Finanzgeschäfte sind Banken in der Lage, bei der Kreditwürdigkeitsprüfung und der Kreditüberwachung Größenvorteile zu nutzen. Daher wird die Kontrolle der Kapitalnehmer von den Anlegern an die Bank delegiert (delegated monitoring). Die Kapitalanleger sind durch das Versprechen der Bank zur Rückzahlung und darüber hinaus durch die Bankenregulierung vor dem Verlust ihrer Einlagen geschützt. Die Banken ihrerseits halten durch Diversifikation der Kapitalvergabe das Ausfallrisiko klein.

Zunehmende Internationalisierung der Unternehmungen sowie die Globalisierung und Liberalisierung der Finanzmärkte haben die komparativen Vorteile der Banken gemindert. Die verbesserten Informations- und Kommunikationssysteme erleichtern es industriellen Unternehmungen, ihren Informationsrückstand gegenüber den Banken zu verkürzen. Mit höherer Transparenz und Effizienz der Finanzmärkte reduziert sich auch deren Marktunvollkommenheit und damit sinken die Transaktionskosten direkter Finanzbeziehungen. Zudem übernehmen Nicht-Banken einige der traditionell von Banken erbrachten Funktionen. So tragen beispielsweise Rating-Agenturen zur Senkung der Informationskosten durch die laufende Bewertung der Bonitätsrisiken von Wertpapieremittenten bei. Der Kapitalgeber kann die Bonität des jeweiligen Emittenten anhand der vorgenommenen Klassifikation besser einschätzen. Eine aufwendige Kreditwürdigkeitsprüfung ist im allgemeinen nicht mehr notwendig. Durch die laufende Bewertung wird zudem das Risiko eines Fehlverhaltens des Schuldners nach Vertragsabschluß reduziert, da der Emittent in diesem Falle eine Sanktionierung in Form einer schlechteren Einstufung befürchten muß, was sich wiederum in ungünstigeren Konditionen für künftige Kredite niederschlägt. Institutionelle Investoren (Versicherungen, Investment- und Pensionsfonds) fungieren als Kapitalsammelstellen und übernehmen dabei die Losgrößen- und Fristentransformation. Auch in diesen Fällen sind die Anleger vor dem Verlust ihrer Einlagen hinreichend geschützt, da die institutionellen Investoren ebenfalls dem Postulat der Diversifikation entsprechen. Zudem unterliegen auch sie staatlichen Schutzvorschriften bzw. bestimmten Anlageregeln, die z.B. den Erwerb unterdurchschnittlich eingestufter Wertpapiere untersagen (Mathes 1995, Sp. 1075 f.).

Man wird zusammenfassend feststellen können, daß sich der Bedingungsrahmen für Finanztransaktionen zugunsten der großen internationalen Industrieunternehmungen verändert hat:

- Volumen und Häufigkeit der von einzelnen Unternehmungen durchzuführenden Transaktionen haben dramatisch zugenommen.
- Moderne Informations- und Kommunikationstechniken erlauben eine kompetente, rasche und kostengünstige Vorbereitung von Finanzentscheidungen.
- Der Informationsvorsprung der Banken hat sich dadurch erheblich verringert.
- Die Liberalisierung der Finanzmärkte und die Entwicklung von Finanzinnovationen haben zusätzliche Gestaltungsspielräume eröffnet.
- Die Bonität der hier betrachteten internationalen Großunternehmungen hat sich typischerweise verbessert, in vielen Fällen gestützt durch eine reichliche Liquiditätsausstattung.

Mit einem Wort gesagt: Die Transparenz des Kapitalmarkts und die Professionalität seiner Akteure haben zugenommen. In vielen Industrieunternehmungen haben diese veränderten Bedingungen zu Maßnahmen der Internalisierung der von Banken angebotenen Finanzdienstleistungen geführt. Bei unternehmensinterner Durchführung von Finanzgeschäften lassen sich erhebliche Kosten einsparen: die Marge zwischen Soll- und Habenzins, der Spread zwischen Ankaufs- und Verkaufskurs von Devisen, die im Gefolge von Transfers im Bankensystem (während der Übertragungsdauer) entgangenen Zinsen sowie sonstige Gebühren und Provisionen.

Aber nicht nur die veränderten Transaktionskosten haben sich auf die Arbeitsteilung auf den Finanzmärkten ausgewirkt, auch die Agency-Problematik ist deutlicher ins Bewußtsein des Managements von Industrieunternehmungen getreten. Die Banken als Beauftragte von Industrieunternehmungen werden neben den Zielen und Interessen ihrer Auftraggeber (Prinzipale) auch eigene Interessen zu verfolgen wissen. Nur wenn die Industrieunternehmungen ihre Finanztransaktionen selbst in die Hand nehmen, wird dieser Interessengegensatz aufgehoben. Die Internalisierung von Finanzdienstleistungen durch Industrieunternehmungen bedeutet also, daß sich die Prinzipale zu Agenten in eigener Sache machen.

4. Auswirkungen

Die Finanzfunktion industrieller Unternehmungen hat durch die Erweiterung des Leistungsumfangs und die erhöhte Professionalität eine Aufwertung erfahren. Das veränderte Selbstverständnis des Finanzbereichs führt zu mehr Eigenständigkeit und zu einer Rückführung des traditionell großen Einflusses der deutschen Banken auf den Industriesektor. Historisch gewachsene Hausbankbeziehungen, die im Regelfall durch personelle Verflechtungen gefestigt werden, verlieren an Bedeutung. An ihre Stelle treten wechselnde Bankverbindungen mit mehreren Kernbanken, wobei jene Bank in Anspruch genommen wird, die für das jeweilige Geschäft die günstigsten Konditionen bietet („transactional banking"). Zu beachten ist jedoch, daß die Erweiterung der Finanzfunktion in Industrieunternehmungen zwar zu Kosteneinsparungen bei einer Reihe von Transaktionen führen kann, aber auch zusätzliche Investitionen für den Aufbau eines professionellen Finanzbereichs mit hochqualifizierten Mitarbeitern und modernen Informations- und Kommunikationseinrichtungen notwendig macht. Darüber hinaus ergeben sich durch die Umgehung von Banken neue oder erweiterte Risiken. Dies haben medienträchtige Verlustfälle wie jene von VW, Klöckner und insbesondere der Metallgesellschaft deutlich vor Augen geführt.

Die Erweiterung der Finanzfunktion in industriellen Unternehmungen wirkt sich entsprechend auf die Tätigkeit der Banken aus. Durch die konzerninterne Wahrnehmung finanzwirtschaftlicher Aktivitäten (interner Finanzausgleich, Clearing, Netting) verlieren die Banken einen Teil des lukrativen Firmenkundengeschäfts. Betroffen sind hiervon nahezu alle Geschäftsbereiche. Im Aktivgeschäft ergibt sich eine Reduktion des Kreditvolumens, wodurch den Banken Zinserträge entgehen. Im Passivgeschäft vermindern sich die Einlagen, so daß die Kreditgewährungsspielräume beschränkt werden. Auch die über Banken abgewickelten Zahlungsvorgänge nehmen ceteris paribus nach Anzahl und Volumen ab.

Darüber hinaus ändern sich auch die Art und Qualität des Firmenkundengeschäfts der Banken. Ihr Tätigkeitsfeld verlagert sich vom bilanzwirksamen Aktivgeschäft zum bilanzunwirksamen Vermittlungs- und Händlergeschäft. Dies hat zur Folge, daß sich die Ertragsstruktur der Banken ändert, da kontinuierliche Zinserträge durch einmalige Provisionszahlungen aus dem Emissions- und Plazierungsgeschäft ersetzt werden (Rossa 1991, S. 516). So stieg der Provisionsüberschuß der deutschen Kreditinstitute im Verhältnis zum Zinsüberschuß von 14,2% in 1982 auf 22,3% in 1990. Seitdem hat sich diese Relation verfestigt (Deutsche Bundesbank, Monatsberichte August 1992 und Oktober 1995). Es ist zudem davon auszugehen, daß sich das Kreditportfolio der Banken verschlechtert. Für Unternehmungen mit erstklassiger Bonität öffnet sich der direkte Zugang zu den Finanzmärkten; den Banken bleiben jene Kreditnehmer erhalten, die mangels einer entsprechenden Bonität nicht selbst auf den Kapitalmärkten als Emittenten auftreten können (Zimmermann 1992, S. 703). Durch die Absatzfinanzierungen der Automobilproduzenten erleiden die Banken auch im Privatkundengeschäft Einbußen.

Dennoch werden die Banken nicht um ihre Existenzberechtigung fürchten müssen. Eine vollständige Umgehung der Banken wird nur in bestimmten Tätigkeitsfeldern möglich sein, etwa bei der Anlage freier Mittel. In vielen anderen Bereichen verfügen Banken auch weiterhin über Größenvorteile und ein besseres Know-how. Darüber hinaus beschränken rechtliche Reglementierungen die eigenständige Wahrnehmung von Finanztransaktionen durch Industrieunternehmungen. Der Zugang zu den Wertpapierbörsen ist nach wie vor Banken und Maklern vorbehalten.

Ende der 80er Jahre haben Bank-Insider den Kreditinstituten ein unruhiges Jahrzehnt prophezeit: „Die Banken sind die Stahlindustrie der 90er Jahre" (Cartellieri 1990, S. 368). Damit wurde zum Ausdruck gebracht, daß große Anstrengungen mit dem Ziel des Kapazitätsabbaus, der Rationalisierung und Umstrukturierung gemacht werden müssen. Die Strukturveränderungen, die sich im Bankbereich vollzogen haben, scheinen diese Prognose bestätigt zu haben: Eine Reihe von Banken hat die Zahl der Mitarbeiter reduziert, Filialen wurden zusammengelegt oder geschlossen, viele kundennahe Dienstleistungen wurden automatisiert, zugleich wurden Geschäftsbereiche ausgebaut (z.B. Mergers & Acquisitions) oder regional verlagert (z.B. das Investment Banking nach London). In der Bank der Zukunft werden elektronische Vertriebssysteme an Bedeutung gewinnen; die virtuelle Bank ist nicht mehr nur Vision. Veränderte Geschäftsbedingungen bringen Einschränkungen und Risiken, aber auch neue Chancen. Dies wird im nächsten Jahrhundert nicht anders sein.

Für internationale Unternehmungen hat sich die Internalisierung bestimmter Finanzfunktionen offensichtlich bewährt. Von einer Rückgliederung einmal übernommener Aufgaben an die Banken ist nichts bekannt, wohl aber von einer weiteren Verbreitung und Intensivierung der Internalisierungskonzepte. Das Ziel heißt Steigerung der finanzwirtschaftlichen Effizienz, und der Weg führt über höhere Professionalität bei der Gestaltung und Durchführung von Finanztransaktionen. Viele internationale Unternehmungen konnten so ihre Position auf dem Kapitalmarkt verbessern, den Absatzbemühungen den nötigen finanziellen Flankenschutz gewähren und zudem erhebliche Beiträge zum Unternehmensergebnis leisten.

Literatur

Ankrom, R.K.: The Corporate Bank, in: Sloan Management Review, 34. Jg., 1994, S. 63-72

Berndt, R./Sander, M.: Absatzfinanzierung, in: *Gerke, W./Steiner, M.* (Hrsg.): Handwörterbuch des Bank- und Finanzwesens, 2. Aufl., Stuttgart 1995, Sp. 1-7

Cartellieri, U.: Überkapazität erzwingt Auslese, in: Die Bank, Nr. 7/1990, S. 366-371

Deutsche Bundesbank: Monatsberichte, verschiedene Ausgaben

Gerke, W./Pfeufer, G.: Finanzintermediation, in: *Gerke, W./Steiner, M.* (Hrsg.): Handwörterbuch des Bank- und Finanzwesens, 2. Aufl., Stuttgart 1995, Sp. 727-734

Hagemann, H.: Strategien für den Erfolg, in: Manager Magazin, 21. Jg., Nr. 3/1991, S. 164-178

Löffler, E.: Der Konzern als Finanzintermediär, Wiesbaden 1991

Mathes, M.: Kapitalanlagegesellschaften und Investmentfonds, in: *Gerke, W./Steiner, M.* (Hrsg.): Handwörterbuch des Bank- und Finanzwesens, 2. Aufl., Stuttgart 1995, Sp. 1075-1078

Organisation for Economic Co-operation and Development (OECD): Financial Market Trends, verschiedene Jahrgänge, zuletzt Nr. 64 vom Juni 1996

Pausenberger, E.: Finanzwirtschaftliche Servicegesellschaften internationaler Konzerne, in: *Macharzina, K.* (Hrsg.): Finanz- und bankwirtschaftliche Probleme bei internationaler Unternehmenstätigkeit, Stuttgart 1985, S. 119-145

Pausenberger, E.: Finanzierung internationaler Unternehmungen, in: *Gerke, W./Steiner, M.* (Hrsg.): Handwörterbuch des Bank- und Finanzwesens, 2. Aufl., Stuttgart 1995, Sp. 618-628

Pausenberger, E./Glaum, M.: Management von Währungsrisiken, in: *Gebhardt, G. u.a.* (Hrsg.): Handbuch des Finanzmanagements, München 1993, S. 763-785

Pausenberger, E./Glaum, M./Johansson, A.: Das Cash Management internationaler Unternehmungen in Deutschland, in: Zeitschrift für Betriebswirtschaft, 65. Jg., Nr. 12/1995, S. 1365-1386

Pausenberger, E./Schmidt, C.: Madeira als Standort für Finanz-Servicegesellschaften, in: Internationales Steuerrecht, 5. Jg., Nr. 9/1996, S. 415-420

Richtsfeld, J. (1994): In-House-Banking: Neue Erfolgsstrategien im Finanzmanagement internationaler Unternehmen, Wiesbaden 1994

Rossa, M.: Das In-House Banking, in: Kreditwesen, Nr. 11/1991, S. 512-518

Schuster, L. (1988): In-House Banking, in: Die Unternehmung, 42. Jg., Nr. 5/1988, S. 346- 362

Ulrich, S. (1991): Die neuen Bankiers, in: Manager Magazin, 21. Jg., Nr. 3/1991, S. 155-164

Zimmermann, F.A.: „In-House Banking“ multinationaler Unternehmen, in: Die Bank, Nr. 12/1992, S. 701-704

II

Visionen im Human-Ressourcen- und Organisationsmanagement

Zur Bankführung der Zukunft

Prof. Dr. Johann Heinrich von Stein, Universität Hohenheim

1. Die Unternehmungsführung – entscheidend für Erfolg oder Scheitern

Die Realität im marktwirtschaftlichen Bankwesen lehrt uns, daß Ertragskraft und Krisenanfälligkeit einer Bank vor allem von Fähigkeiten und Verhaltensweisen ihrer Führung abhängen. Wie in den anderen Wirtschaftszweigen sind exogene Faktoren wie die Entwicklung der Konjunktur oder auf Finanzmärkten nie letztlich entscheidend für Erfolg oder Scheitern. Auch Mängel oder Fehler von Mitarbeitern wurden als zentrale Krisen- bzw. Insolvenzursache ermittelt.

Fähigkeiten und Verhaltensweisen der Führungspersonen auf der obersten Ebene prägen das Verhalten auf allen Ebenen in sämtlichen Funktionsbereichen der Bank, und zwar zusammen mit mehr oder weniger stark wirksamen Elementen der Unternehmungskultur. Das wird selbstverständlich so bleiben, auch wenn sich die Rahmenbedingungen für die Kreditinstitute verändern, bankaufsichtliche Vorschriften beispielsweise spürbar enger gefaßt werden. Welche Veränderungen werden aber für die Führung als entscheidender Erfolgsfaktor, ihre Prinzipien, Methoden und Instrumente in der Zukunft eintreten, was wird – modifiziert vielleicht – auch künftig Bestand haben? Führung soll dabei als zielgerichtete Einwirkung zur Erfüllung von Arbeitsaufgaben verstanden werden.

2. Klassische Erfolgsfaktoren der Führung

Gute Vorgesetzte haben schon immer durch Überzeugung und Menschlichkeit für ihre Ziele gewonnen. Die Entwicklung der Führung im Kreditgewerbe ist aber durch die Elemente des Hierarchiesystems – Macht, Vorschrift und Sanktion – geprägt. Sie haben bis heute für die

Führung starkes Gewicht. Denn sie sind zeitlose Elemente in der Führung von sozialen Organisationen, und sie passen als Instrumente (häufig zusammen mit anderen) für einen wesentlichen Teil der Leitungsaufgaben in der Bank.

Aber die Existenzbedingungen haben sich für die Kreditinstitute seit Ende der 50er Jahre grundlegend geändert. Zunächst am Markt: Er forderte, von der Produktionsorientierung zu immer konsequenterer Ausrichtung an den Kunden überzugehen. Dezentrale Organisationsformen wurden notwendig mit der Verpflichtung und dem Recht zum eigenverantwortlichen Einsatz der Marketinginstrumente auf den Ebenen mit Kundenverbindung, um so in immer schärferem Wettbewerb seine Chancen erfolgreich nutzen zu können. Als Konsequenz daraus wurde und wird Führung, die auf den Instrumenten des Hierarchiesystems beruht (Positionsmacht), von den Mitarbeitern nicht mehr akzeptiert. Diese Entwicklung hat der gesellschaftliche Wertewandel seit den 70er und 80er Jahren verstärkt. Danach werden Arbeitsaufgaben und Ziele am besten realisiert, wenn die Führungspersonen durch persönliche und fachliche Autorität überzeugen und die Mitarbeiter sich mit den Zielen und Aufgaben identifizieren, so daß ihre Erfüllung durch eigene Entscheidungen und Handlungen ein Stück persönlicher Selbstverwirklichung wird.

Führung heißt heute: effizient-zielgerichtetes Handeln bei den nachgeordneten Stellen erreichen, und zwar durch Zielesetzen, Motivation, Kommunikation (nach innen und außen), Koordination und Kontrolle – die Kernfunktionen der Führung. Sie verlangt die Fähigkeit, Zusammenhänge zu erfassen und zu beurteilen sowie strategisches Denken und Handeln. Sie bedeutet, gute Wege zur Zielerfüllung aufzuzeigen und bei deren Beschreiten durch Erfahrung, Einsicht und Erkenntnis des Wesentlichen zu leiten. Sie gewinnt Autorität durch Fachkunde, richtige Entscheidungen, Menschlichkeit und Werteverpflichtung.

3. Strukturwandel und Führung

Die Bankwirtschaft steht in einem kraftvollen Veränderungsprozeß, der alle ihre Teile in Breite und Tiefe erfaßt: Marktbedingungen, Finanzsysteme und ihre Institutionen, Produktion und Marketing von Finanzdienstleistungen. Er verändert klassische Aufgaben der Führung und stellt ihr neue. In den Wandel werden auch die Kernfunktionen der Führung einbezogen, die Anforderungen an Führung und Führungspersonen sind neu zu bestimmen.

Dazu sind – im Bewußtsein der Grenzen für Prognosen – die wichtigsten Veränderungen und ihre Auswirkungen auf die Führung zu erkennen. Zuvor sei aber festgestellt, daß die Finanzdienstleistungswirtschaft ein attraktiver Wirtschaftszweig mit hohen Ertragsmöglichkeiten bleiben wird.

Der Wandel wird vor allem durch vielfältige Veränderungen der Nachfrage, aber auch durch neue Angebote, die ihre Nachfrage erst wecken sollen, und durch die Weiterentwicklung der Märkte als Drehscheiben für Nachfrage und Angebot bewirkt. Daneben wird er durch Einstellungsänderungen der Menschen und nicht zuletzt durch den technischen Fortschritt beeinflußt. Bei allen Kundengruppen im nationalen und internationalen Geschäft werden die Entwicklungstrends ein wachsendes Volumen an Nachfrage nach bedarfsgerecht differenzierten und individualisierten Finanzdienstleistungen zur Folge haben. Innovationsführer werden verstärkt neue Angebote entwickeln, um auf diese Weise bevorzugt vom Marktpotential zu profitieren.

Nichtbanken und Wettbewerber aus anderen Zweigen der Finanzleistungswirtschaft werden – unbelastet von Bankrecht und Bankenaufsicht, von der bankentypischen Kostenstruktur und den Bindungen aus der traditionellen Geschäftsphilosophie der Branche – mit attraktiven Produkten und Preisen sowie effektiven Vertriebsformen die bestehende und prospektive Kundschaft der Banken umwerben. Kunden mit entsprechender Fachkompetenz und Bedarfshöhe werden zunehmend ihre Marktpartner ohne die Intermediation der Banken suchen und finden.

Demgegenüber werden im Bankensektor wegen steigender Risiken, Kapitalanforderungen und Kosten und bei Konvergenz der Bankensysteme neue institutionelle Lösungen zu entwickeln und umzusetzen sein. Kein Zweifel, der Erfolg im Wettbewerb wird wesentlich mehr an Professionalität, Anpassungsfähigkeit und nicht zuletzt Kapitalstärke fordern.

Die weitreichenden Veränderungen im Markt der Banken werden ohne ein hohes Maß an Kreativität und Entscheidungskraft in allen Funktionsfeldern des Marketing, besonders aber in Vertrieb und Produktgestaltung, nicht zu bewältigen sein. Während früher Bankleistungen als wenig variierbar galten, kann heute Standardbedarfen des Zahlungsverkehrs, der Finanzierung und Anlage kundenproblemgerecht mit zahlreichen Produktvariationen des Mengengeschäfts und speziellen Bedarfen mit maßgeschneiderten Einzellösungen entsprochen werden.

Im Vertrieb, Tor zum Kunden mit zentraler Bedeutung für den Absatzerfolg, werden die Banken aus Effektivitäts- und Kostengründen Grundsatzentscheidungen über den Bestand bzw. die Weiterentwicklung der traditionellen Systeme, ihre Ergänzung durch bisher nicht genutzte Vertriebswege oder den Aufbau neuer Vertriebsformen zu treffen haben. Dabei werden ihnen als Informations-Dienstleister nicht zuletzt durch die raschen Fortschritte in der Datentechnik neue Optionen eröffnet. Voraussetzungen, aber auch Konsequenzen solcher Entscheidungen für die Führung reichen offenkundig weit.

Wandel und Umbrüche in der Organisation und bei den Produktionsbedingungen werden immer wieder für neue Konstellationen betrieblicher Risiken, aber auch Chancen sorgen. Die Fähigkeit, Erfolgs- und Verlustfaktoren sowie ihr Zusammenwirken klar und unvoreingenommen zu erkennen, war schon immer eine wesentliche Eigenschaft guter

Unternehmer. Ihr Gewicht wird deutlich größer. Überleben und Erfolg einer Bank werden aber vielleicht noch stärker davon abhängen, daß geeignete Konzepte für Organisation und Produktion konsequent und flexibel umgesetzt und in ihrem Nutzen laufend überprüft werden. So kann beispielsweise auf Nachfrage- und Wettbewerbsentwicklungen mit einer Konzentration auf Kernkompetenzen – etwa zusammen mit einer Ergänzung der Angebotspalette durch Partner aus einem Kompetenznetzwerk – und weitgehender Auslagerung dafür geeigneter Funktionen auf hochqualifizierte Zulieferer reagiert werden.

Ebenso wird ganz zweifellos der voraussehbar rasche Fortschritt in der Informationstechnik nicht nur im Marketing, sondern gerade auch für Organisation und Produktion große Chancen eröffnen, die ohne den Mut zu neuen Wegen und Investitionen allerdings nicht wahrgenommen werden können. Für Führungskonzeptionen und -techniken wird es auch künftig viele Vorschläge und Regeln geben. Es wird darauf ankommen, mit diesen Anregungen und Elementen eine eigene aufgabengerechte Maßkonzeption zu entwickeln.

4. Anforderungen an die Bankführung der Zukunft: Konsequenzen der Veränderungen im Wirkungsfeld der Führung

Auch künftig wird im Kern das gleiche zeitlose Bündel von Eigenschaften, Fähigkeiten und Verhaltensweisen wie schon immer den guten Bankleiter charakterisieren und die beste Voraussetzung des Erfolgs sein: Ziel- und Wertorientierung, Gefühl für Chancen, Risiken und Proportionen, Intelligenz, Fähigkeit zu Analyse und Überzeugung, Fleiß, Entscheidungs- und Durchsetzungsvermögen sowie nicht zuletzt Humanität. Kommt das launische Glück hinzu, können Defizite des Bündels (sogar über-)kompensiert, umgekehrt durch Unglück tüchtige Bankleiter um ihren Erfolg gebracht werden.

Die Veränderungen im Wirkungsfeld der Führung von Banken fordern aber auch Ergänzungen dieses Bündels, und vor allem fordern sie Ausprägungen und Einsatzweisen für Eigenschaften und Verhalten, die den künftigen Führungsaufgaben entsprechen.

Die Entwicklung läßt sich an einem zentralen Gegenstand des beschleunigten Wandels bei Funktionen, Tätigkeitsfeldern und dem Umfeld der Banken, den Marktleistungen, festmachen. Klassische Produkte im Zahlungsverkehr, bei Kreditfinanzierungen oder Wertpapieranlagen verlieren stark an Ergebnispotential. Erfolgreiche Banken werden sich demgegenüber sehr viel mehr darauf konzentrieren, einen Wissensfundus und hohe Problemlösungsfähigkeit auf den Gebieten ihrer besonderen Kompetenz für kunden- oder kundengruppenspezifische Lösungen aufzubauen. Neue und hierfür charakteristische Führungsaufgaben sind das Stimulieren und Steuern von Kreativität, das Schaffen und Einsetzen zweckmäßiger Anreize und die bewußte, geplante Entwicklung der Fähigkeiten der Mitarbeiter zu verantwortlichem, unternehmerischem Handeln.

Kommunikation, Integration in geeignete Netzwerke, Verbindungen mit Problemlösungsspezialisten für bestimmte Aufgaben und Zielgruppen treten in den Vordergrund – die Entscheidungssituationen werden damit wesentlich komplexer.

Worauf, mit welchen Prioritäten, Gewichtungen und Ausprägungen, kommt es an? Die Kerneigenschaften werden durch das Eigenschaftsbündel bezeichnet. Führungspersonen und Führungsteams brauchen eine harmonierende Mischung. Bei Ziel- und Wertorientierung, Bewußtsein für das rechte Maß, Fleiß, Entscheidungs- und Durchsetzungskraft sowie intellektuellen und analytischen Fähigkeiten bergen einseitige Stärke ebenso wie unverhältnismäßige Schwächen einzelner Elemente die Gefahr unkorrigierbarer Fehlsteuerungen und destruktiver Konflikte.

Für die Führung sind die Kerneigenschaften beständige Grundlage und Kriterien zur Beurteilung. Entscheidung und Handeln in konkreten Situationen können darüber hinaus spezifische Eigenschaften, Fähigkeiten und Verhaltensweisen verlangen, die sich nach Gegenstand und Gewichtungen mit der Veränderung der Führungsaufgaben ebenfalls wandeln.

Veränderungen in der Nachfrage bei steigender Wettbewerbsintensität (auch und gerade durch Nichtbanken) sowie starkem Kostendruck führen zu neuen Ansätzen auf allen Gebieten des Marketing – vor allem im Vertrieb und bei den Produkten – zu komplexeren Entscheidungssituationen und dementsprechend zur Notwendigkeit und zum Einsatz höher entwickelter komplizierterer Führungsinstrumente im Vergleich zu Vergangenheit und Gegenwart.

Analoge Konsequenzen sind aus dem Wandel bei den Produktionsbedingungen und bei der Aufbau- und Ablauforganisation zu erwarten. Hier wird die Dynamik ebenfalls wesentlich vom europäischen und globalen Fortschritt auf diesen Gebieten angetrieben werden. So beispielsweise in der Organisation der Leistungserstellung zur Ausrichtung auf Kernkompetenzen und im Aufbau eines Netzwerks mit spezialisierten Produktionspartnern als ein exemplarischer Weg, Effektivität, Kostenwirtschaftlichkeit und Risikominderung zu erreichen.

Der Wandel bei den Anforderungen verlangt eine Anpassung der Führungspersönlichkeiten. Wo und in welcher Weise, ist schon an mehreren Stellen dieses Beitrags angesprochen worden. Danach bestätigt sich: Was bisher unternehmerische Kerneigenschaften waren, wird auch in Zukunft wichtigster Teil dessen sein, was ein Bankleiter mitbringen muß. Erfolgsentscheidend werden allerdings andere Ausprägungsformen und Gewichtungen, das Zusammenspiel und möglicherweise Ergänzungen des Persönlichkeitsbildes sein. Natürlich kann es hier nicht um eine bis ins einzelne gehende Analyse der Eigenschaften, Fähigkeiten und Verhaltensweisen gehen, sie muß auch Experten überlassen bleiben.

Die Dynamik der Veränderungen fordert strikte Realitätsorientierung und Anpassungsfähigkeit, d.h. aktive oder aktivierungsfähige Eigenschaften, Fähigkeiten und Verhaltensweisen, die sich den sich verändernden Situationen anpassen. Sollen Delegation und die notwendige, wachsende Selbständigkeit der organisatorischen Teilbereiche der Bank erfolgreich sein, setzt dies die vollständige Annahme und bewußte Ausübung von Kommunikation und Teamfähigkeit voraus. Die Funktion der Bank als Löser komplexer Kundenprobleme erfordert die Fähigkeit zu bewußtem Denken und Handeln in Zusammenhängen sowie zum Umgang mit der Informationstechnik und ihren Ergebnissen bei zunehmender Verflochtenheit der Geschäftsphänomene und der Systeme in den Kreditinstituten.

Komplexität und Verletzlichkeit der modernen Bankwirtschaft im Umfeld einer offenen Gesellschaft mit ihren Instabilitäten und Gefährdungen sowie die Vertrauensempfindlichkeit im Bank-Kunden-Verhältnis verlangen weit- und tiefreichende Verinnerlichung von Werten, Verhaltensmaximen und Maßstäben, und zwar sowohl bei der einzelnen Unternehmung als auch im Wirtschaftszweig insgesamt. Sie ist erforderlich für die Schlagkraft am Markt, zur raschen und flexiblen Reaktionsfähigkeit in allen betrieblichen Funktionsbereichen, aber ebenso auch im Interesse attraktiver Tätigkeitsfelder, der Dezentralisierung und Delegation von Entscheidungskompetenz. Gerade letztere werden künftig wachsende Bedeutung haben im Verhältnis zur für bestimmte Aufgaben allerdings unumgänglichen Regelung und Führung von oben. Beides bedarf der Anerkennung gemeinsamer Werte sowie deren Benennung und ständig erneuerter Operationalisierung in Unternehmungsgrundsätzen bzw. Unternehmungskultur. Sie sind wichtige, wenn auch schwierig zu handhabende Instrumente der Koordination des gemeinsamen Handelns, ausgerichtet auf die Ziele der Bank und des organisationssozialen Verhaltens. Nur eine kurzsichtige Schwarz-Weiß-Betrachtung (die allerdings weit verbreitet ist und häufig zum individuellen Nutzen instrumentalisiert wird) verkennt, daß auch im marktwirtschaftlichen System mit seinen materialistischen Motiven die Werte humaner kaufmännischer Ethik für den Erfolg der Bank ebenso wie für eine befriedigende berufliche Entfaltung der Mitarbeiter eine unmittelbare, zentrale Funktion haben. Mit den erkennbaren Entwicklungstrends wird ihre grundsätzliche Bedeutung und die ihrer richtigen Umsetzung in der Führung weiter steigen.

Damit stellt sich die Frage, wie die in der Unternehmung verbundenen Menschen auf eine wertgerichtete Linie gebracht werden können. Erfahrungsgemäß eine schwierige Aufgabe. Hauptvoraussetzung ist die Überzeugung, daß eine Unternehmung als Element der Gesellschaft langfristig nur in Übereinstimmung mit den Werten erfolgreich geführt werden kann, die in den Menschen angelegt und in der Gesellschaft anerkannt sind. Das bedeutet nicht nur die kritische Auseinandersetzung mit simplifiziert-plausiblen (darwinistischen) Regeln, sondern auch die Erziehung zu differenzierter Analyse und Aktion. Das heißt, im Mittelpunkt von Strategie und Taktik stehen weniger die (noch relativ einfachen) Fragen der Prinzipien und allgemeinen Regeln als die – viel interessanteren – Probleme der sach- und situationsgerechten Leitlinie (häufig ein Kompromiß) und vor allem des ihr entsprechenden Bündels von Handlungen. In seinem Zentrum stehen Gestaltung und Einsatz wechselseitiger Kommunikation. Dabei ist Wertorientierung neben den Primärzielen, wie vor allem Gewinn, originäre Aufgabe der obersten Führung. Der Aufsichtsrat hat sie dafür in die Pflicht zu nehmen, um Kontinuität durch Verantwortung beim Wahrnehmen dieser Aufgabe zu erreichen. Diese Ausrichtung systematisch durchzusetzen und zu überwachen, bieten sich hausindividuell zahlreiche Möglichkeiten. Sie beginnen damit, vorhandene bzw. zu besonderen Zwecken zu schaffende Einrichtungen (etwa im Beschwerdemanagement, denn Kursabweichungen wiegen schwer, wenn sie sich im Kundenverhältnis zeigen) zu nutzen. Die regelmäßige Behandlung durch Führungsgruppen, durch spezifische Beauftragte oder in Rechenschaftsberichten sind andere Ansatzpunkte.

5. Struktur und Instrumente der Führung

Seit den späten 60er Jahren lebt die Kreditwirtschaft in einem zunehmend dynamischen Wandel bei wesentlichen Elementen von Konzeption und Organisation der Führung. (Die praktischen Konsequenzen wurden allerdings keineswegs überall gezogen.) Die Zukunft wird unter noch wesentlich stärkerem, unausweichlichem Veränderungsdruck stehen: Änderung des Konkurrenzumfeldes, anspruchsvollere Kunden mit neuartigem Bedarf in allen Segmenten, Innovationsdruck, aufwendigere Vertriebswege, erweiterte Märkte, neue Techniken und steigendes Kapital- und Ertragserfordernis sind einige Gründe dafür. Sie garantieren, daß die Dynamik des Wandels nicht nur erhalten bleibt, sondern steigt. Auch ohne daß es dabei zu schwierigen Zeiten mit ihren besonderen Ansprüchen an die Führung kommt, heißt das wachsende Anforderungen an Konzeption, Struktur und Instrumente der Führung. Kern und Richtgröße jeder Konzeption wird mehr denn je die striktkonsequente Kundenorientierung sein. Eine Konstante, die sich in ständig neuen Erwartungen darstellt. Wer ihre Gunst gewinnen und erhalten will, muß immer wieder Lösungen für veränderten Bedarf finden. Mal helfen dabei Muster und Erfahrungen von früher, mal müssen sie originär entwickelt werden – ein Rezept gibt es nicht!

Die Herausforderung wird an die Führung, ihre Personen und Gruppen gerichtet. Auch hier fortgesetzter Wandel. Führungsanspruch und Macht aufgrund klassischer Subordination und tatsächlich-funktionales Gewicht für die Erfüllung der Unternehmungsziele entsprechen sich häufig nicht. Eine Führungsstruktur muß gefunden werden, die es ermöglicht, die vorhandenen Produktionsfaktoren besser zu nutzen.

Angesichts der Entwicklungstrends bei Kundenbedürfnissen und Markt, Chancen und Risiken, Technik und Personalwirtschaft dürfte es in Zukunft weniger um Konsequenz in Prinzip und Konzept als um pragmatische, aber stimmige Zu- und Unterordnungen gehen. Wichtige, auch operative Aufgaben werden zentral wahrzunehmen sein, aber Kundenorientierung, Wettbewerb und Komplexität der Geschäfte vergrößern die Erfordernis der Dezentralisierung der Führung.

Für die zentralen Instanzen erwächst daraus als immer wieder neu zu bestimmende Aufgabe die eigeninitiative Begleitung, Organisation, Steuerung und Überwachung der dezentralen Instanzen auf der Grundlage intensiver Kommunikation. Für die Führungsinstrumente folgt daraus unmittelbar, daß ihr Einsatz, die Entwicklung seiner Bedingungen und seine Wirkungen beobachtet werden und Gegenstand von Anpassungsmaßnahmen sein müssen. Der sich ausdifferenzierenden Welt der Banken entsprechend, wird der Erfolg beim Einsatz der Führungsinstrumente entscheidend davon abhängen, ob sie situationsgerecht ausgewählt und angewendet werden.

Hauptvoraussetzung sind eine Führungskultur und Führungsgrundsätze, die breit anerkannt sind, persönliche Autorität und fachliche Kompetenz der Führungspersonen, ihre Akzeptanz permanenter Veränderung (die auch die Angst vor Statusverlust und Überforderung einbezieht), die Lust an der Mitgestaltung und sehr viel Kommunikationsbereitschaft. Dabei sind die Unterschiede und Konfliktpotentiale zwischen Teilbereichskulturen einzubeziehen. Sie bilden sich durch Einflüsse aufgrund von Besonderheiten bei Geschäften und Märkten, Kunden- und Mitarbeitertypus in den Teilbereichen. Besonders ausgeprägt ist dies im Investmentbanking (mit seinen Unterschieden in Arbeitsweise, Vergütungssystem und -höhe). Bei starker Fokussierung eines solchen Teilbereichs im Dienst des Marketing auf eine spezifische Kundengruppe und das Leistungsbündel für sie wächst auf Gesamtbankebene die Führungsaufgabe, den Zusammenhalt in Unternehmung und Konzern zu wahren und zu fördern, aber auch für die richtige Positionierung und Toleranz zu sorgen, wenn anderenfalls durch unterschiedliche Auffassungen und Verhaltensweisen Konflikte, Effektivitätsverluste und unnötige Kosten drohen. Damit trägt die Führung dazu bei, einen Entfaltungsrahmen für Prozesse zu schaffen, die sich selbst auslösen und steuern. Darüber hinaus ist die Führungskultur Voraussetzung für ein Steuerungssystem, das, wirksam auf die Unternehmungsziele ausgerichtet, Wagemut und Initiativen anregt und harmonisiert.

Primäre Aktionsfelder für den Einsatz der Führungsinstrumente sind:

- Organisation und Koordination der Funktionsbereiche Markt, Stab und Betrieb miteinander, aber auch innerhalb der Bereiche – unter den künftigen Arbeitsbedingungen der Bank eine komplexe Aufgabe;
- die Geschäftssteuerung mit Planung, Kontrolle und Berichtssystem;
- das Personalwesen mit Aus- und Weiterbildung und vor allem der Gewinnung und Formung der mittleren Führungspersonen, die für

den Führungserfolg entscheidend sind. Dieses Aufgabenfeld soll exemplarisch gleich etwas näher behandelt werden.
Übergreifende Aktionsfelder sind die Kommunikation und das Controlling. Kommunikation als Vermittlungskunst von Führung zwischen den Handlungsebenen, aber auch auf jeder dieser Ebenen als prägendes Element eines Führungsstils, der auf Zusammenarbeit, Teilhabe an Entscheidung und gegenseitiger Achtung vor der Aufgabe des anderen beruht.

Qualität und Einsatz des Personals werden in der Zukunft mehr denn je zuvor erfolgsentscheidende Führungsaufgaben sein. Gerade bei Kreditinstituten mit Mengengeschäft werden technische Systeme zunehmend einfache, dann auch anspruchsvollere Funktionen übernehmen. Für die wettbewerbsstarke Gestaltung und Nutzung dieser Systeme werden Arbeitsplätze mit hohen Anforderungen entstehen.

Neben dem Wandel in der Personalstruktur werden das Umfeld intensiven Wettbewerbs, der Fortschritt auf allen Feldern des Marketing und die Kostenwirkungen Personal-Fehlentscheidungen riskant und sehr aufwendig machen. Die noch weitverbreiteten traditionell-üblichen Handlungsweisen auf diesem Gebiet werden dem nicht gerecht. Der Änderungsbedarf beginnt bei Definition und Steuerung der Mitarbeiterqualifikation, also der internen und externen Aus- und Weiterbildung.

Die unmittelbare Bedeutung von Faktenwissen, das bekanntlich immer schneller wächst, aber auch rasch überholt ist, geht zurück zu Gunsten der Fähigkeit, sich relevantes Wissen verfügbar zu machen, es dann in seiner Bedeutung für die eigene Aufgabe einzuschätzen, Zusammenhänge zu erkennen und Problemlösungen finden zu können. In diesem Sinne muß der Nachwuchs zu flexibler, kreativer Reaktion auf ungewohnte Situationen und Entwicklungen befähigt werden. Verhaltensbezogene Ziele und Maßnahmen werden damit auf breiter Front mehr Raum und Gewicht in Aus- und Weiterbildungsprogrammen gewinnen.

Eine weitere, ganz anders geartete Änderung könnte für die Kreditinstitute besonders fruchtbar werden. Für qualifizierte Aufgaben gewinnen sie viel Nachwuchs von externen Bildungseinrichtungen, insbesondere von den Hochschulen. Deren Studiengänge sind aber im Grundsatz auf die Ausbildung zum Wissenschaftler ausgerichtet. Sie bedürfen der Anpassung an die hier skizzierten Anforderungen, damit die Absolventen ihnen künftig – auch im internationalen Vergleich – möglichst gut gerecht werden. Diese Anpassung wird am besten in enger – auch institutionalisierter – Kooperation mit der Kreditwirtschaft unter Wahrung der Prinzipien des Selbstverständnisses wissenschaftlicher Hochschulen und Ausbildung erfolgen.

Für den Einsatz der operativen Führungsinstrumente wird ständige Neuorientierung an geänderten Verhältnissen sowie am Erkenntnis- und Erfahrungsfortschritt die Leitlinie auf dem Weg zu guten Lösungen sein. Prinzipien etwa der dezentralen gegenüber der zentralen Führung haben dabei ihren Sinn darin, generelle Richtungsoptionen zu zeigen. Konkrete

Lösungen werden aber gerade komplexen Aufgaben am ehesten durch pragmatische Kombination und Gewichtung von zum Beispiel organisatorischen Instrumenten mit Elementen fixer bzw. erfolgsabhängiger Vergütung gerecht. Solche Lösungen brauchen intensive Kommunikation, kluge, einfühlsame Betreuung bei den Betroffenen und nicht zuletzt ein leistungsfähiges Controlling.

Der Übergang zu einer neuen Entwicklungsperiode in Gesellschaft und Wirtschaft in den letzten Jahrzehnten unseres Jahrhunderts hat die Kreditinstitute zwar relativ spät erfaßt, die Evolution schreitet aber wesentlich rascher voran als in vergleichbaren Zeiten der Vergangenheit. Für die Führungsanforderungen bedeutet das einen Quanten- und vor allem Qualitätssprung. Gleichzeitig wächst die Erkenntnis über Wirkungszusammenhänge und ebenso das Führungsinstrumentarium.

Die Konsequenz ist einerseits eine Rückbesinnung auf offenbar zeitlose Tatbestände, Grundsätze und Handlungsmöglichkeiten, die aber in ihrer Ausprägung für die künftigen Verhältnisse erkannt und ganz begriffen werden wollen, und andererseits die Erkenntnis des grundlegenden Wandels bei den Arbeitsbedingungen der Banken und veränderter persönlicher Einstellungen sowie nicht zuletzt das neue Instrumentarium der Kommunikation, Motivation, Steuerung und Kontrolle.

Daraus folgen – auch bei wachsendem Wettbewerb – gute Erfolgsaussichten, wenn die Rahmenbedingungen für die Kreditinstitute und die Entwicklungen auf den Märkten (insbesondere die innovativen Phänomene) kundig, einsichtsvoll und tatkräftig von den nationalen und internationalen Autoritäten zusammen mit den professionellen Organisationen gestaltet und unter sachgerechter Kontrolle gehalten werden.

Vorstandsmitglieder von Sparkassen – ihre Herkunft, ihr Umfeld, ihr Wirkungskreis

Prof. Dr. Günter Ashauer, Deutsche Sparkassenakademie, Bonn

1. Einführung

Leo Schuster hat sich in seinem publizistischen Oeuvre mehrfach direkt und noch häufiger indirekt mit dem Faktor „Mensch in Kreditinstituten" beschäftigt. Insbesondere in den jüngeren Veröffentlichungen, die sich zunehmend mit Fragen der Ethik, der Moral oder auch „nur" der Unternehmenskultur in Kreditinstituten befassen, ging es ihm immer wieder um die Verantwortung von Bankvorständen und Bankmitarbeitern (Schuster 1996).

So dürfte es voraussichtlich bei ihm, zu dessen Ehren diese Festschrift kompiliert wird, auf Interesse stoßen, die Gedanken des Autors zu einem speziellen Bereich des Human Resources Development in Kreditinstituten zur Kenntnis zu nehmen, sich vielleicht sogar damit kritisch auseinanderzusetzen: Es geht um die Beschreibung und Analyse der spezifischen Führungskultur in den kommunalen deutschen Sparkassen. Die Vorstandsmitglieder dieser Institute sind einerseits von Gesetzes wegen (KWG §1 Absatz 2, §33) Geschäftsleiter wie die Vorstandsmitglieder der übrigen Kreditinstitute, zugleich aber andererseits aufgrund der spezifischen Ausrichtung der Sparkassen und der Rahmenbedingungen ihrer Arbeit ein besonderer Typus von Bankmanagern.

2. Sparkassen im 19. Jahrhundert

Die Sparkassen entstanden in Deutschland vor allem in der ersten Hälfte des 19. Jahrhunderts im Rahmen der damaligen philanthropischen Strömungen, die sich parallel zum Biedermeier und zum Vormärz entfalteten und die trotz aller sozialen Verantwortung für die unteren Schichten der Bevölkerung im Grunde konservativ ausgerichtet waren. Die Sozietätsbewegung mit ihrer „menschenfreundlichen" Grundhaltung, kommunale Honoratioren vor allem, aber auch Gutsbesitzer, wohltätig gesinnte Landesfürsten und Geistliche erkannten in den Sparkassen und in ihren Vorläufern und Schwesterinstituten, den Witwen- und Waisenkassen und Leihhäusern, Instrumente zur Linderung des Pauperismus, der Armenfrage des 19. Jahrhunderts.

Bis gegen Ende des 19. Jahrhunderts hatten die Sparkassen i.d.R. keine hauptberuflichen Führungskräfte. Sie wurden von Kuratorien (oder anders genannten Kollegialorganen) geleitet, die aus ehrenamtlich tätigen Personen bestanden. Die Kuratoren entstammten dem Beamtenstand, waren Großbauern, Kaufleute, vereinzelt auch Pfarrer, Offiziere und Fabrikanten. Viele waren zugleich Bürgermeister. Auch der Adel war relativ stark in den Kuratorien vertreten (Wysocki 1977, S. 167).

Die Führung der laufenden Geschäfte und insbesondere die Abwicklung des Kassenverkehrs oblag dem nebenamtlich und später hauptamtlich tätigen Rendanten (Rechner), dem Vorgänger des Sparkassenleiters und der heutigen Vorstandsmitglieder. Rendanten mußten vertrauenswürdig, diskret, korrekt und fast penibel sein, gut rechnen können und eine schöne Handschrift zur Führung des Kassenjournals und der Quittungsbücher besitzen. Bis ins 20. Jahrhundert hinein (in Preußen bis 1909) mußten die Rendanten ihren guten Leumund durch die Stellung einer Kaution absichern.

Die weitaus meisten Rendanten entstammten der Laufbahn des Schreibers (Assistent, Aktuar) in den Rathäusern und Landratsämtern. Nur eine Minderheit wechselte aus den Banken in die Sparkassen über oder kam aus sonstigen Berufen. Bis ins 20. Jahrhundert hinein waren die Sparkassenleiter denn auch nicht nur formaljuristisch, sondern auch von ihrem Prototyp her Kommunalbeamte und nicht Bankiers. Sie waren (selbstverständlich) „königstreu", besaßen eine „strenge Amtsmiene", trugen abgenutzte Amtsröcke und fühlten sich inmitten ihrer schweinsledernen Zins- und Kapitalienbücher, die sie mit ihrer schönen Handschrift füllten, insgesamt durchaus wohl (Württembergischer Sparkassen- und Giroverband 1985, S. 155).

Die Sparkassenrendanten des 19. Jahrhunderts besaßen i.d.R. eine stark ausgeprägte soziale Einstellung, und die Führungskräfte der Sparkassen suchten bewußt die Nähe zu sozial-karitativen Einrichtungen. Der erste Deutsche Sparkassentag, der 1882 stattfand, war 1881 auf dem Armenpflegerkongreß angeregt worden.

3. Die „bankmäßige Entfaltung" der Sparkassen und ihre Konsequenzen für die Personalentwicklung

Erst seit 1908 – in diesem Jahr erhielten die Sparkassen durch das Reichsscheckgesetz die passive Scheckfähigkeit –, verstärkt seit dem Ersten Weltkrieg (die Sparkassen waren damals an der Emission und depotmäßigen Verwaltung der neun Kriegsanleihen maßgeblich beteiligt und gelangten so ins kundenbezogene Wertpapiergeschäft) und schließlich seit 1934 (Kreditinstitutseigenschaft der Sparkassen gem. dem neuen Reichs-KWG) wurden sukzessiv aus den philanthropisch-karitativen Sparkassen Universalkreditinstitute.

Parallel zur „bankmäßigen Entfaltung" der Sparkassen wurden zunehmend bankspezifische Anforderungen an die Führungskräfte der Sparkassen gestellt. Die steigenden Qualifikationsanforderungen führten zur Einrichtung von besonderen „Instruktionskursen" (seit 1907), schließlich zur Errichtung eigener Sparkassenbildungseinrichtungen (die erste Sparkassenschule wurde 1920 in Hannover gegründet; das Lehrinstitut für das kommunale Sparkassen- und Kreditwesen nahm 1928 als Einrichtung des Deutschen Sparkassen- und Giroverbandes, Berlin, seine Tätigkeit auf).

Die meisten überbetrieblichen sparkassenspezifischen Lehrgänge wurden von den Gemeindeverwaltungsschulen durchgeführt; erst nach dem zweiten Weltkrieg trennten sich die Sparkassenschulen (Vorläufer der heutigen Sparkassenakademien) von diesen Verwaltungsschulen und sind seit 1985[1] durchgängig Einrichtungen der Sparkassen- und Giroverbände.

Noch in den 1920er Jahren war es jedoch üblich, Führungskräfte der Sparkassen aus anderen Kommunalverwaltungen zu rekrutieren. Oft geschah dies erst in fortgeschrittenem Alter, um damit zugleich die Pensionslast auf die Sparkasse abzuwälzen. Eine eigenständige Ausbildung des Sparkassennachwuchses „von der Pike auf" setzte sich erst allmählich durch.

Die Berliner Großbanken begannen in der Zeit der Weimarer Republik damit, sich außer mit Lehrlingen auch mit akademischen Nachwuchskräften zu versorgen, insbesondere von den jungen Handelshochschulen (in Berlin, Leipzig, Nürnberg, Mannheim, Königsberg u.a.). Den Sparkassen gelang dies nicht. Sie waren dazu weder von ihren Stellenplänen noch von ihrem Image her in der Lage. Deshalb machten sie sozusagen aus der Not eine Tugend und gründeten – auf Hochschulniveau und zunächst in Anlehnung an die Berliner Verwaltungsakademie – das Lehrinstitut für das kommunale Sparkassen- und Kreditwesen, das heute noch (als Teil der Deutschen Sparkassenakademie, Bonn) besteht und 1997/98 seinen 60. Jahreslehrgang durchführt[2]. Ziel des Lehrinstituts war es von Anfang an, Nachwuchs für die oberste Führungsebene der Sparkassen heranzubilden. Als deren Leitbild nannte der erste Wissenschaftliche Leiter des Lehrinstituts, Professor Dr. Curt Eisfeld (Universität Hamburg), sie sollten zugleich „Beamter und Kaufmann" sein (Eisfeld 1928, S. 421).

Obwohl die Sparkassen 1931 durch Notverordnung aus den Kommunalverwaltungen herausgelöst und rechtlich – als Anstalten des öffentlichen Rechts – verselbständigt wurden, blieb die Personalhoheit bei den Gewährträgern, und zwar sowohl für die Vorstände als auch für alle sonstigen Beamten und Angestellten.

4. Veränderungen im Umfeld – tiefgreifende Konsequenzen für die Sparkassenführung

Die Vermischung der je eigenen Kundschaft der verschiedenen Kreditinstitutsgruppen seit dem Ende der 1950er Jahre, insbesondere die Hinwendung der privaten Banken zum Mengengeschäft einerseits und die erfolgreiche Betreuung der (sich zum Mittelstand entwickelnden) Gewerbekundschaft durch die Sparkassen andererseits führten zu der innerhalb der Sparkassenorganisation immer wieder diskutierten Frage, ob Sparkassen nunmehr Banken und ob Sparkassendirektoren deshalb Bankdirektoren seien oder nicht.

Ludwig Poullain hatte während seiner Präsidentschaft beim Deutschen Sparkassen- und Giroverband (DSGV; 1967-1971) das Motto „Opas Sparkasse ist tot" geprägt und war – wie er bekundete – davon überzeugt, daß er als Landesbankchef und auch zuvor schon als Sparkassendirektor kein Amtsträger gewesen sei (Poullain 1979, S. 321 f.). Er mußte sich vom Gericht belehren lassen, daß er sich hier in einem subjektiven Irrtum befände und daß die Vorstände von Sparkassen (und Landesbanken) sehr wohl (und bis zum heutigen Tag) Amtsträger, wenn auch nicht mehr Beamte im formalen Sinn seien. Die Beamteneigenschaft der Sparkassenvorstände wurde bekanntlich während und nach der Präsidentschaft Poullains nacheinander in den Bundesländern z.G. von mehrjährigen Privatdienstverträgen abgeschafft. 1960 waren noch alle Vorstände Beamte, 1970 88,2%, 1980 6,8% und 1990 keiner mehr[3].

Die 1960er und 1970er Jahre brachten noch drei weitere Änderungen in der Führung der Sparkassen:

- Mit den Novellierungen der Landessparkassengesetze erhielten die Sparkassen durchgängig die Personalhoheit, so daß nunmehr auch nicht mehr die Kommunen, sondern die Organe der Sparkassen für die jährliche Aufstellung des Stellenplans zuständig waren und insofern geschäftspolitischen Handlungsspielraum erhielten. Die Überleitung der Personalhoheit betraf zunächst nur die Angestellten und Beamten der Sparkassen, später auch die Vorstandsmitglieder[4].

- Gleichzeitig wurde durchgängig die Organ-Zweiteilung vorgeschrieben, d.h. die Auflösung des ehrenamtlichen Vorstands mit dem Sparkassenleiter als nur teilweise stimmberechtigtem Mitglied in einen ehrenamtlich besetzten Verwaltungsrat und einen hauptberuflich besetzten Vorstand, der als Kollegialorgan gestaltet wurde. Die Stellung des Vorstandsvorsitzenden ist allerdings in den einzelnen Landesgesetzen unterschiedlich geregelt.
- Schließlich wurde i.d.R. mit der Neufassung der Sparkassengesetze auch die Mitbestimmung in den Verwaltungsräten eingeführt (s.u.).

5. Sparkassenvorstände – Geschäftsleiter im Sinne des KWG

Die Vorstandsmitglieder von Sparkassen[5] sind zunächst einmal, wie alle Vorstandsmitglieder von Kreditinstituten, Geschäftsleiter im Sinne von § 1 Absatz 2 und § 33 KWG. Danach müssen sie „zuverlässig" sein und die „für die Leitung des Kreditinstitus erforderliche fachliche Eignung" besitzen (§ 33 Absatz 1 Nr. 3 KWG).

In der amtlichen Begründung des KWG heißt es zur Zuverlässigkeit:

„Die persönliche Zuverlässigkeit ist in der Regel zu verneinen, wenn der ... Geschäftsleiter Vermögensdelikte begangen, gegen gesetzliche Ordnungsvorschriften für den Betrieb eines Unternehmens nachhaltig verstoßen oder in seinem privaten oder geschäftlichen Verhalten gezeigt hat, daß von ihm eine solide Geschäftsführung nicht erwartet werden kann."

Hinsichtlich der fachlichen Eignung dekretiert das KWG, daß die Geschäftsleiter „in ausreichendem Maß theoretische und praktische Kenntnisse in Bankgeschäften sowie Leitungserfahrung" haben müssen; (§ 33 Absatz 2 Satz 1 KWG). Es wird die Vermutung ausgedrückt, die „fachliche Eignung für die Leitung eines Kreditinstituts" sei „regelmäßig anzunehmen, wenn eine dreijährige leitende Tätigkeit bei einem Kreditinstitut vergleichbarer Größe und Geschäftsart nachgewiesen werde" (§ 33 Absatz 2 Satz 2 KWG). Das Bundesaufsichtsamt für das Kreditwesen prüft in jedem Einzelfall, ob die fachliche Eignung als gegeben angesehen werden kann und entscheidet darüber nach billigem Ermessen.

In den weitaus meisten Fällen haben die Vorstandsmitglieder von Sparkassen ihre theoretischen Kenntnisse im Sparkassenfachlehrgang (rd. fünfmonatiger Vollzeit-Studiengang zum Sparkassenbetriebswirt) der regionalen Sparkassenakademien und häufig außerdem im Lehrinstitut für das kommunale Sparkassen- und Kreditwesen erworben. 1988 hatte z.B. jeder dritte Geschäftsleiter einer Sparkasse die Höhere Fachprüfung am Lehrinstitut abgelegt. Eine derzeit noch kleinere (aber überproportional wachsende) Gruppe von Vorstandsmitgliedern hat ein wirtschaftswissenschaftliches oder juristisches Hochschulstudium absolviert. Wie die Auswertung der Stellenanzeigen in der Deutschen Sparkassenzeitung zeigt – hier werden fast alle freien Stellen in der Sparkassenorganisation ausgeschrieben – wird der Abschluß des Lehrinstituts einer akademischen Abschlußprüfung zumindest gleichgestellt, oft sogar vorgezogen. Allerdings liegt das Angebot (bei jährlich knapp 120 Absolventen des Lehrinstituts) deutlich unter dem (sehr großen) Angebot an akademischen Nachwuchskräften[6]. Interessanterweise ist in den Sparkassen in denen die „Lehrinstitutler"-Quote besonders hoch ist, i.d.R. auch die Akademikerquote überdurchschnittlich hoch. Im privaten Bankensektor dürfte inzwischen der Abschluß eines akademischen Studiums mit großem Abstand bei den Vorstandsmitgliedern der Regelfall sein. Ein Hilmar Kopper[7] ist hier die seltene Ausnahme, die die Regel bestätigt.

Die (vom KWG geforderten) praktischen Leitungserfahrungen werden i.d.R. in der Sparkassenorganisation gesammelt. Nur wenige Vorstandsmitglieder stammen „von außen", d.h. wechselten von anderen privaten oder genossenschaftlichen Kreditinstituten zu den Sparkassen über. Umgekehrt: Je höher eine Führungskraft in der Hierarchie der Sparkassen aufgestiegen ist, desto häufiger verbleibt sie in der Sparkassenorganisation, in der sie „groß geworden" ist.

Bei einer Totalerhebung über die berufliche Entwicklung aller Lehrinstitutsabsolventen der Zeit von 1951-1988 wurde z.B. empirisch ermittelt, daß 90% von ihnen zum Erhebungsstichtag (1. April 1988) noch der Sparkassenorganisation angehörten, d.h. nur 10% in andere Kreditinstitute oder (selten) in andere Wirtschaftsbereiche abgewandert waren (Ashauer 1989, S. 36). Offensichtlich tun sich Führungskräfte generell beim Überschreiten von Gruppengrenzen in der deutschen Kreditwirtschaft schwer. Man trägt den je eigenen „Stallgeruch" der Sparkassen, der Kreditgenossenschaften oder der privaten Banken, der – bei aller Vergleichbarkeit der Geschäfte und Produkte, der rechtlichen Regelungen und der technischen Gegebenheiten und trotz der starken Überschneidung der Kundengruppen – offensichtlich gegeben ist[8].

Neben der gemeinsamen Geschäftsleiterqualifikation einigt die Vorstandsmitglieder von Sparkassen und Banken in Deutschland die Entscheidungspraxis des Bundesaufsichtsamtes für das Kreditwesen bezüglich der fachlichen Eignung. Regelmäßig wird nämlich Kreditkompetenz gefordert, was zur Folge hat, daß die Nachwuchskräfte darauf achten, diese in ihrer Karriere in hinreichendem Umfang zu erwerben. Handelskompetenz, wie sie z.B. inzwischen in den „Mindestanforderungen für das Betreiben von Handelsgeschäften" des Bundesaufsichtsamtes für das Kreditwesen von den Handelsvorständen, aber auch von Kontrollvorständen, ja in Grundzügen bezüglich der Risikoabschätzung von allen Vorstandsmitgliedern gefordert wird, ist demgegenüber bisher weniger ausgeprägt.

6. Sparkassenrecht und Verbandszugehörigkeit – normative Bedingungen

Neben dem KWG gelten für die Sparkassen als leges speciales die Sparkassengesetze der Länder. Sie bilden mit ihren Bestimmungen zum Organisationsrecht und zum Geschäftsrecht der Sparkassen den Rahmen für die Tätigkeit der Sparkassenvorstände. Die (früher engeren) Geschäftsbegrenzungen sind inzwischen weitgehend gelockert. Im geschäftlichen Alltag werden sie nicht mehr allzu sehr als Restriktion gespürt. Im Organisationsrecht werden die Wesensmerkmale und die Verwaltung der Sparkassen sowie die Zuständigkeit der Organe geregelt. Danach obliegt dem Vorstand die eigenverantwortliche Leitung (Geschäftsführung) und Vertretung der Sparkasse. Der Vorstandsvorsitzende hat das Recht, die Geschäftsverteilung innerhalb des Vorstandes festzulegen. Er besitzt aber gegenüber den weiteren Vorstandsmitgliedern als primus inter pares keine Weisungsbefugnis.

Gemäß den Sparkassengesetzen der Länder sind die Sparkassen gemeinsam mit ihren kommunalen Gewährträgern Pflichtmitglieder der regionalen Sparkassen- und Giroverbände, die ihrerseits den Status von Körperschaften des öffentlichen Rechts besitzen[9]. Die regionalen Sparkassen- und Giroverbände sind ihrerseits gemeinsam mit den Girozentralen ordentliche Mitglieder des Deutschen Sparkassen- und Giroverbandes e.V.

Die Mitgliedschaft bei den regionalen Sparkassen- und Giroverbänden hat für die Sparkassen und ihre Vorstände beachtliche Konsequenzen:

- Diese Verbände sind gemäß Satzung für die umfassende geschäftliche, betriebswirtschaftliche und rechtliche Beratung der Sparkassen zuständig.
- Sie vertreten die Interessen der Sparkassen auf Landesebene.
- Sie besitzen einen Informationsvorsprung, nachdem die meisten wichtigen Informationen z.B. des Bundesaufsichtsamtes für das Kreditwesen, der Deutschen Bundesbank und des DSGV über sie laufen.
- Sie beraten und unterstützen die Sparkassenaufsichtsbehörden.
- Sie halten für die Sparkassen i.d.R. die Anteile an den Landesbanken/Girozentralen, an den Verbandsrechenzentren, zum Teil an den Landesbausparkassen, zum Teil an den öffentlichen Versicherungen und an weiteren Gemeinschaftseinrichtungen.
- Sie wirken bei der Bestellung von Vorstandsmitgliedern (unterschiedlich intensiv) mit, indem sie z.B. Voranfragen gem. § 33 KWG an das Bundesaufsichtsamt für das Kreditwesen richten.
- Den Prüfungsstellen der regionalen Sparkassen- und Giroverbände obliegt die externe Revision der Sparkassen. Dies gilt für die Jahresabschlußprüfungen, die Kreditprüfungen, unvermutete Prüfungen und i.d.R. auch bezüglich der Depotprüfungen gemäß KWG. Die Sparkassen können also ihre Wirtschaftsprüfer – im Unterschied etwa zu den Aktienbanken – nicht selbst wählen[10].

- Die regionalen Sparkassenakademien (= Einrichtungen der regionalen Sparkassen- und Giroverbände) besitzen eine Schlüsselstellung in der Aufstiegsweiterbildung der Sparkassenmitarbeiter[11].

Die Sparkassen – und nur diese – haben die regionalen Sparkassen- und Giroverbände im Umlageverfahren zu finanzieren. In den Vorständen der Verbände haben die kommunalen Gewährträger als wirtschaftliche Eigentümer der Sparkassen eine mehr oder minder ausgeprägte Mehrheit[12].

Kurzum: Alle Sparkassenvorstände haben so gut wie täglich mit „ihrem" Sparkassen- und Giroverband in der einen oder anderen Form zu tun. Die Verbände üben in Addition der aufgezählten Funktionen in der Sparkassenorganisation nicht nur eine dienende, sondern eine normativ-gestaltende Funktion aus und schränken insoweit den Entscheidungsspielraum der Sparkassenvorstände ein.

7. Die Verwurzelung der Sparkassenvorstände in Gremien der Sparkassenorganisation und der Region

Die festgestellte Organisationstreue vieler Sparkassenführungskräfte hat eine Implikation, die man einerseits als Voraussetzung, andererseits auch als Folge des Zugehörigkeitsgefühls zur Sparkassenorganisation erklären kann: Sparkassenvorstände sind über ihr Hauptamt hinaus häufig noch auf andere Art und Weise mit der Sparkassenorganisation verbunden, als Mitglied von Gremien der regionalen Sparkassen- und Giroverbände, des Deutschen Sparkassen- und Giroverbandes, der Landesbanken/Girozentralen, der übrigen Verbundpartner, wie Landesbausparkassen, öffentliche Versicherungen und Deka-Bank, oder der Verbandsrechenzentren. Ferner sind viele von ihnen als nebenberufliche Dozenten an den Sparkassenakademien tätig. Schließlich stammen auch viele Beiträge in den Publikationen der Sparkassenorganisation aus der Feder von Sparkassenvorständen.

Darüber hinaus kann man – fast als wesensbestimmendes Kennzeichen von Sparkassenvorständen – die Zugehörigkeit zu Gremien und Organen kommunaler Einrichtungen sowie zu örtlichen und regionalen Vereinen und Gruppen rechnen. Oft werden von den Sparkassendirektoren leitende Funktionen solcher Vereinigungen wahrgenommen, ob es der Kreisverband des Roten Kreuzes, Trägervereine von Altenheimen, Museen oder Fördervereine von Bildungseinrichtungen sind. Je nach Region kommen dann noch die Zugehörigkeit zum Senat von Karnevalsvereinen, zu Schützenbruderschaften oder anderen Brauchtums-Pflege-Vereinen hinzu.

8. Vorstände und Verwaltungsräte

Die kommunale Bindung der Sparkassen als Anstalten des öffentlichen Rechts[13] spiegelt sich auch in der Bestellung und im beruflichen Alltag der Vorstandsmitglieder wider.

Sparkassenvorstände werden vom Verwaltungsrat bestellt, Vorstandsverträge vom Verwaltungsrat verlängert. Die Mehrheit in diesen Gremien besitzen regelmäßig Angehörige der Vertretungskörperschaft des kommunalen Gewährträgers, also des Kreistags oder der Stadtverordnetenversammlung/des Stadtrats, und zum Teil „sachkundige Bürger", die nicht der Vertretungskörperschaft anzugehören brauchen[14]. Stets sind in den Verwaltungsräten – analog den Gegebenheiten im Kommunalparlament – mehrere Parteien mit Kommunalpolitikern vertreten. Der (Ober-)Bürgermeister oder der Landrat sind regelmäßig Vorsitzende[15].

Da nimmt es nicht wunder, daß bei der Auswahl der Vorstandsmitglieder auch darauf geachtet wird, daß die künftigen Amtsinhaber über ihre fachliche und persönliche Eignung hinaus in die jeweilige kommunale „Landschaft" passen. Es dürfte häufig der Fall sein, daß die Vorstandsvorsitzenden der gleichen politischen Partei angehören oder nahestehen wie die Verwaltungsratsvorsitzenden[16]. In größeren Sparkassen, deren Vorstände aus mehr als zwei Mitgliedern bestehen, sind dann oft auch – spiegelbildlich zum Kommunalparlament – die anderen Parteien vertreten. Das könnte zu Spannungen in den Vorständen führen. In der Regel ist es aber doch wohl so, daß die gebotene sachliche Zusammenarbeit die unterschiedlichen politischen Standorte überstrahlt.

In den meisten Bundesländern ist, wie oben bereits erwähnt, seit den 1960er/70er Jahren die Mitbestimmung auf Unternehmensebene eingeführt worden, d.h., daß in der Regel seitens der Vertretungskörperschaft des Gewährträgers nur noch zwei Drittel der Verwaltungsratssitze vergeben werden; ein Drittel des Verwaltungsrats wird von der Belegschaft gewählt[17].

Mit der Einführung der Mitbestimmung verlor in nicht wenigen Sparkassen die Mehrheitsfraktion des Kommunalparlamentes die Mehrheit im Verwaltungsrat der kommunalen Sparkasse. Die „Mitbestimmer" sind dann das „Zünglein an der Waage". Dies hat in manchen Instituten die Macht zugunsten der „Mitbestimmer" verschoben. Diese sind nicht selten personenidentisch mit Personalratsmitgliedern, so daß zugleich die Stellung der Personalräte stärker geworden ist. Ferner scheinen die Belegschaftsvertreter in den Verwaltungsräten sich (verständlicherweise) häufig aus Führungskräften der zweiten Ebene in den Hauptstellen der Sparkassen zu rekrutieren, die in ihren Instituten bekannter sind und deshalb größere Wahlchancen besitzen als andere Mitarbeiter/innen insbesondere in den Geschäftsstellen. Damit entsteht zur Macht des Vorstandes eine Ergänzung oder auch eine Gegenmacht mit Sachkompetenz und de facto größerer Bedeutung, als es der „Drittelparität" im Verwaltungsrat entspricht[18].

Den Aufsichtsräten der privaten und zum Teil auch der genossenschaftlichen Banken gehören oft Personen an, die einkommensmäßig mit den Vorstandsmitgliedern vergleichbar sind oder die ein höheres Einkommen als diese disponieren. In den Verwaltungsräten der Sparkassen ist dies nicht durchgängig der Regelfall. Nicht nur die „Mitbestimmer" verdienen weniger, sondern auch viele Kommunalpolitiker. Selbst der Verwaltungsratsvorsitzende, also z.B. der Oberbürgermeister oder Landrat, bezieht i.d.R. ein niedrigeres Einkommen als die Vorstandsmitglieder, obwohl deren Gehälter (mit der Grundvergütung und diversen fakultativen Zuschlägen) im Vergleich zu den Bezügen der Vorstände vergleichbarer genossenschaftlicher oder privater Kreditinstitute relativ niedrig sind[19]. Die Gehaltsunterschiede zwischen Verwaltungsrats- und Vorstandsmitgliedern können – müssen nicht – unterschwellig zu Spannungen führen. Jedenfalls sind die Vorstandsmitglieder von Sparkassen gut beraten, wenn sie in ihrer Amtsführung und in ihrer persönlichen Lebensführung Bescheidenheit an den Tag legen und „Demonstrationseffekte" durch „conspicuous consumption" vermeiden.

9. Auswirkungen der kommunalen Bindung und der sozialen Grundausrichtung

Die kommunalen Gewährträger erwarten von den Vorstandsmitgliedern „ihrer" Sparkasse die Unterstützung kommunaler Projekte und Vorhaben. Ob es um Gewerbeansiedlung, um Erschließungsmaßnahmen, ob es um kulturelle, soziale, sportliche oder jugendfördernde Maßnahmen geht: Regelmäßig wird das Engagement der Sparkassen eingefordert, das sich einerseits in der Bereitstellung von Know-How, andererseits aber auch – gerade auch in Zeiten, in denen die kommunalen Kassen leer sind – in Form von Sponsoring und Spenden manifestiert. Aktuell engagieren sich z.B. viele Sparkassen in der Verwirklichung kommunaler Infrastrukturmaßnahmen durch neue Finanzierungsmodelle (Leasing, Betreibermodelle, Fondslösungen u.a.).

Die Vorstände der Sparkassen müssen deshalb nicht nur die kommunale Bindung der Sparkassen im Prinzip bejahen, sondern sie auch in der Realität praktizieren und mit Leben füllen. Darüber hinaus engagieren sich Sparkassenvorstände zunehmend im regionalen Mäzenatentum, was die Förderung von Kunst und Künstlern, von (Breiten-)Sport- und Jugendarbeit usw. anbelangt. Viele Sparkassen haben für diese Zwecke eigene Stiftungen errichtet.

Von den Sparkassen wird auch heute noch, entsprechend ihrer historischen Herkunft und ihrer sozialen Grundausrichtung, erwartet, daß sie sich im besonderen Maße um die sozial schwächeren Bürger kümmern. Dies in die geschäftliche Praxis umzusetzen, fällt manchem Vorstand nicht immer leicht, weil auch die Sparkassen längst erkannt haben, daß im wachsenden Segment der vermögenden Privatkundschaft höhere Deckungsbeiträge zu erwirtschaften sind als im „Mengengeschäft". Immerhin haben sich die Sparkassen zum Teil freiwillig, zum Teil aufgrund gesetzlicher Vorschriften bereit gefunden, Girokonten für jedermann zu führen und sich an der Finanzierung der Schuldnerberatungsstellen zu beteiligen, obwohl dort nur wenig Sparkassen-Schuldner beraten werden.

10. Formale und informale Gruppen

Über die einzelne Sparkasse hinaus verstehen sich die Vorstandsmitglieder von Sparkassen als Corps und praktizieren ein beachtliches Zusammengehörigkeitsgefühl. Dies wird zum einen durch die bereits erwähnte Gremienzugehörigkeit und die Wahrnehmung vergleichbarer nebenberuflicher Aufgaben gefördert. Es gibt aber noch eine Reihe anderer Mechanismen, durch die dieser Corpsgeist gestärkt wird.

Zunächst ist darauf hinzuweisen, daß Sparkassen sich infolge des Regionalprinzips nicht als Wettbewerbs-, sondern als Schwesterinstitute verstehen. Sparkassenvorstände können infolgedessen institutsübergreifend viel offener über strategische und geschäftspolitische Fragen sprechen, als dies unter konkurrierenden Banken möglich ist.

Einen entscheidenden Anteil an der – Betriebsgrenzen überschreitenden – Corporate Identity haben die Sparkassenakademien mit ihren Lehrgängen und Seminaren. Viele Lehrgangsabsolventen, z.B. der Sparkassenfachlehrgänge der regionalen Sparkassenakademien und des Lehrinstituts der Deutschen Sparkassenakademie, treffen sich ein Berufsleben lang auf jährlichen Lehrgangstreffen, an denen sich fast immer auch die Partner(innen) beteiligen. Der Duz-Comment, der in den Lehrgängen entsteht, begünstigt die gegenseitige geschäftliche Zusammenarbeit, erleichtert den Erfahrungsaustausch und führt oft auch zu lebenslangen Freundschaften der betroffenen Familien. Diese Verbindungen sind „Kitt" in der dezentralen Sparkassenorganisation mit der Kehrseite, daß „Seiteneinsteiger" sich nicht immer leicht tun, in diese Strukturen der „old boys' networks" hineinzuwachsen. Freilich leisten nicht zuletzt die überregionalen herkunftsunabhängigen Seminare, Arbeits- und Fachtagungen der Deutschen Sparkassenakademie für Vorstandsmitglieder hier eine wichtige Integrationsfunktion.

Seit vielen Jahren werden die Vorstandspositionen, die in Sparkassen zur Besetzung anstehen, auch außerhalb der Sparkassenorganisation in den üblichen Medien ausgeschrieben. Seit einigen Jahren bedient man sich bei der Auswahl darüber hinaus auch der Hilfe von Unternehmensberatern (Headhunters). Dies führt dazu, daß in nicht mehr seltenen Einzelfällen Sparkassenvorstandsmitglieder aus der zweiten oder dritten Führungsebene der privaten Banken, insbesondere der Großbanken, gewonnen werden. Die Erfahrung zeigt, daß es überwiegend gelingt, auch diese „Seiteneinsteiger" in die spezifischen Vorstands-Netzwerke der Sparkassenorganisation rasch zu integrieren, guter Wille freilich auf beiden Seiten vorausgesetzt.

An dieser Stelle ist noch das „Obmänner"-Wesen darzustellen, das in der Sparkassenorganisation eine traditionell große Bedeutung besitzt. Die Vorstände geographisch benachbarter Sparkassen bilden Arbeitsgemeinschaften, die jeweils einen Vorsitzenden wählen, der oft Bezirksobmann genannt wird[20]. Die Bezirksobleute bilden beim regionalen Sparkassen- und Giroverband den „Bezirksobmännerausschuß"[21], der seinerseits einen Vorsitzenden, den Landesobmann, wählt. Die Landesobleute und ihre Stellvertreter bilden schließlich den „Landesobmännerausschuß", einen satzungsmäßigen Ausschuß des DSGV, und wählen als ihren Vorsitzenden den Bundesobmann, der damit sozusagen als der gewählte Sprecher aller Sparkassenvorstände fungiert. Er gehört traditionsgemäß dem Vorstand und dem Präsidialausschuß des DSGV an und ist einer der vier Stellvertreter des DSGV-Präsidenten. Über diese dreistufige Organisation haben die Sparkassenvorstände eine zweite Möglichkeit – neben ihrer Mitgliedschaft in den übrigen Gremien der Verbände –, an der Meinungs- und Willensbildung der deutschen Sparkassenorganisation unmittelbar mitzuwirken.

11. Sparkassenvorstände als soziale Aufsteiger

Viele Vorstandsmitglieder der Sparkassenorganisation sind soziale Aufsteiger, d.h sie entstammen oft einem anderen sozialen Milieu als z.B. obere Führungskräfte von privaten Banken. Das überbetriebliche Bildungssystem der Sparkassenorganisation mit den zwölf regionalen Sparkassenakademien und der Deutschen Sparkassenakademie bot und bietet Aufstiegschancen bis zur obersten Führungsebene je nach Eignung und Engagement, fachlicher und sozialer Kompetenz, ohne Rücksicht auf die formale Vorbildung und Herkunft. Vermutlich verfügen manche Vorstandsmitglieder von Sparkassen deshalb nicht über eine gleich umfassende „Allgemeinbildung" oder universitäre Bildung wie die alerten und gesellschaftlich versierten Vorstandsmitglieder privater Banken. Sie beherrschen oft auch keine Fremdsprachen. Diese „Mängel" kompensieren sie aber i.d.R. durch eine ausgeprägte Fachkompetenz auch in geschäftlichen Detailbereichen, durch ein starkes, regional verwurzeltes soziales Engagement und durch ein Zugehörigkeitsgefühl zu den Menschen der Region, in der sie wirken.

Der Verfasser dieses Beitrags, der selbst aus einer Arbeiterfamilie stammt, in seiner Kindheit und Jugend Armut und milieubedingte Beschränkungen erlebte und der sich wohl zu den sozialen Aufsteigern rechnen darf, weiß aus eigenem Erleben, daß mit dem gelungenen Aufstieg Einstellungs- und Verhaltensänderungen einhergehen können:

Einerseits ist man stolz auf die erreichte Position und rechnet sie (oft zu monokausal) gemäß dem Motto „Fortes Fortuna adiuvat" der eigenen Tüchtigkeit zu. Andererseits neigt man leicht dazu, beruflich und sozial weniger erfolgreiche Menschen im beruflichen und sonstigen Umfeld als nicht ebenbürtig, vielleicht sogar tendenziell als Versager einzustufen. Zugleich bringt der berufliche und soziale Aufstieg oft die Gefahr mit sich, daß man in seinem Beruf und den damit verbundenen Nebenämtern so aufgeht, daß daneben für private Interessensgebiete, oft auch für die Familie, zu wenig Zeit bleibt. Für viele Vorstandsmitglieder von Sparkassen ist deshalb die Pensionierung ein besonders großer Schock, nicht selten mit ernsten psychosomatischen Folgen.

Oft ist die räumliche Mobilität von Sparkassenvorständen wenig ausgeprägt. Berufliche Veränderungen quer durch das gesamte Bundesgebiet sind die Ausnahme. Unter anderem deshalb war es z.B. nach der deutschen Wiedervereinigung Anfang der 90er Jahre schwer, im nötigen Umfang hinreichend qualifizierte und geeignete Führungskräfte zur Veränderung in die neuen Bundesländer zu bewegen – möglicherweise eine Ursache neben anderen dafür, daß zahlreiche Vorstandsverträge 1995/96 nicht verlängert wurden.

Der allgemein gestiegene und weiter steigende Bildungsstand breiter Bevölkerungsschichten wird dazu führen, daß in Zukunft die Akademikerquote in den Sparkassen und – mit zeitlicher Verzögerung – auch die Akademikerquote in den Sparkassenvorständen steigen wird. Einerseits ist zu hoffen, daß dadurch die nötige überregionale, ja supranationale Mobilität und „Geländegängigkeit" wächst, daß es andererseits aber nach wie vor möglich bleibt, „von der Pike auf" bis in die obere Führungsebene aufzusteigen. Die Chance für die Sparkassen in größer werdenden Geschäftsgebieten und durch Fusion größer gewordenen Instituten liegt in Zukunft in der Kombination und dem Zusammenwirken von internen Aufsteigern und externen Einsteigern, die für die Zuführung „frischen Blutes" von außen sorgen.

12. Verantwortung für Gesellschaft und Region

Der Deutsche Sparkassen- und Giroverband hat in der Erklärung des Deutschen Sparkassentages 1995 in Hannover die Verantwortung der Sparkassen (und ihrer Vorstände) „für Gesellschaft und Region" besonders herausgestellt. Er hat als Handlungsfelder der Sparkassen den Mittelstand, die Kommunen, die Kunden und Verbraucher genannt. Er hat sich zur gemeinsamen Stärke im Verbund mit Leistungspartnern bekannt und die Sparkassenidee als europäische Idee mit der Verpflichtung zur Kooperation mit den übrigen Mitgliedern der Europäischen Sparkassenvereinigung dargestellt. In dieser Erklärung von Hannover werden die traditionellen Elemente der Sparkassengeschäftspolitik – Dezentralität, Regionalprinzip, Präsenz in der Fläche (ergänzt um moderne, menschlich gestaltete Technik), kommunale Bindung und öffentliche Rechtsform – nachhaltig bejaht. In einem zusätzlichen Positionspapier der Sparkassenorganisation zur Kunden- und Verbraucherorientierung[22] werden „Fairneß, Transparenz und Dialogbereitschaft" als Leitlinien der Sparkassengeschäftspolitik postuliert.

Das alles stellt hohe auch moralische und ethische Anforderungen an die Führungskräfte der Sparkassen, von denen verlangt wird, daß sie über die allgemeinen Anforderungen an Geschäftsleiter von Kreditinstituten hinaus eine spezifische innere Einstellung zu ihrer Aufgabe besitzen, die sich in ihrem äußeren Verhalten und in ihren Entscheidungen manifestiert.

Konkret wird dieses Postulat immer dann, wenn es zum Konflikt zwischen Sparkasseninteressen und Kundeninteressen kommt. In der täglichen Preispolitik ist dieser Gegensatz nicht existenziell für die eine oder andere Seite. Wenn aber z.B. ein mittelständischer Firmenkunde in eine Unternehmenskrise gerät, die nicht auf eigene Fehler, sondern auf externe strukturelle oder konjunkturelle Effekte zurückzuführen ist, dann wird das Spannungsfeld zwischen dem betriebswirtschaftlich gebotenen eigennützigen Verhalten der Sparkassenvorstände (hier ist Eigennutz zugunsten der Sparkasse gemeint) und dem vom Kunden und dem sozialen Umfeld der Sparkasse erwarteten altruistischen Verhalten offenkundig.

Es hat den Anschein, daß in solchen Konfliktsituationen Sparkassenvorstände sich häufiger zugunsten des Kunden und zu Lasten des eigenen Instituts entscheiden, indem sie z.B. gefährdete Kredite eher verlängern oder sogar aufstocken, als die private Konkurrenz. So konnte z.B. der Präsident des Deutschen Sparkassen- und Giroverbandes, Horst Köhler, 1995 darauf hinweisen, daß „in den kritischen Wirtschaftsjahren 1993 und 1994" Sparkassen „ihre Kreditengagements auch dann noch fortgesetzt" haben, „als sich die Großbanken bereits zurückzogen, weil das Ertrags-Risiko-Verhältnis ungünstiger wurde" (Köhler 1995, S. 208). Freilich wird dieses ausgeprägte interessenwahrende Verhalten zugunsten des kreditnehmenden Kunden letztlich doch durch risikopolitische Überlegungen und durch die Verantwortung der Vorstände gegenüber den Einlegern und den sonstigen Gläubigern der Sparkasse begrenzt (Kirchgässner 1996, S. 223-251).

13. Zusammenfassung

Die heutigen Sparkassenvorstände stehen in der Tradition der Rendanten und Sparkassenleiter als ihren Amtsvorgängern. Wie die Sparkassen sich in der ersten Hälfte des zwanzigsten Jahrhunderts sukzessiv von Abteilungen der Kommunalverwaltungen zu rechtlich und geschäftspolitisch selbständigen Kreditinstituten wandelten, haben sich die Sparkassenvorstände vom Prototyp des Kommunalbeamten zum kaufmännisch ausgerichteten Geschäftsleiter eines Kreditinstituts entwickelt.

Die Sparkassen bejahen und praktizieren nach wie vor als Anstalten des öffentlichen Rechts die enge Bindung an ihre kommunalen Gewährträger und ihre soziale Verantwortung „für Gesellschaft und Region". Daraus folgt für die oberste Führungsebene der Sparkassen eine besondere berufsständische Ethik.

Die Einbettung der einzelnen Sparkasse in die Sparkassenorganisation bildet den Rahmen und bestimmt die Grenzen für die geschäftspolitischen Entscheidungen der einzelnen Vorstände. Formale Gegebenheiten, wie die Pflichtmitgliedschaft in den regionalen Sparkassen- und Giroverbänden, und informelle Strukturen, wie die Zugehörigkeit zu „peer groups", schaffen zudem ein spezifisches Organisationsgeflecht, das bis in den Führungsalltag der Sparkassenvorstände hineinwirkt.

Auch in Zukunft wird es darum gehen müssen, daß die Sparkassenvorstände sich als Mittler zwischen dezentralen Instituten und notwendigen zentralen Gemeinschaftslösungen verstehen und daß sie andererseits zugleich die Balance zwischen öffentlichem Dienst und kommunaler Bindung einerseits sowie gewerblicher Ausrichtung und Marktorientierung andererseits realisieren. Sparkassenvorstände haben vor diesem Hintergrund sicher kein leichteres, sondern eher ein komplexeres Amt auszufüllen als Bankmanager außerhalb der Sparkassenorganisation.

Anmerkungen

1 In diesem Jahr wurde die (heutige) Sparkassenakademie Schleswig-Holstein, Kiel, als letzte Sparkassen-Bildungseinrichtung aus der Verwaltungs- und Sparkassenschule herausgelöst.

2 13 Jahreslehrgänge wurden zwischen 1928 und 1943 in Berlin durchgeführt; ab dem 14. Lehrgang (1951/52) ist Köln , ab dem 17. Lehrgang (1954/55) Bonn Lehrgangsort des (1951) neu errichteten Instituts.

3 Zu den Angaben von 1960 – 1980 vgl. *Ellgering, Ingo*: Das Personalwesen der Sparkassenorganisation, in: Deutscher Sparkassen- und Giroverband (Hrsg.): Das Personal- und Bildungswesen der Sparkassenorganisation, Sparkassenhistorisches Symposium 1992, Stuttgart 1993, S. 36 – 69, hier S. 43.

4 Lediglich in Baden und in Elsaß-Lothringen hatten die Sparkassen bereits zuvor die Personalhoheit besessen. In Bayern liegt bis zum heutigen Tag formaljuristisch die Personalhoheit bei den kommunalen Gewährträgern, wenn auch de facto die Entscheidungsbefugnisse weitestgehend auf die Vorstände der Sparkassen übertragen wurden.

5 1680 Personen, darunter 85 Frauen; Stand 31.12.1996.

6 Allein im Kolleg der Eberle-Butschkau-Stiftung stehen jährlich rd. 200 Hochschulabsolventen mit Doppelqualifikation (Sparkassenlehre plus Studium) zur Reintegration an.

7 Sprecher des Vorstandes der Deutschen Bank von 1989 bis 1997.

8 Eine Ausnahme scheinen die Landesbanken/Girozentralen und die Zentralinstitute der Genossenschaftsorganisation zu bilden. Von hier sind Wechsel in andere Bankengruppen und umgekehrt nicht selten.

9 Eine Ausnahme bildet der Hanseatische Sparkassen- und Giroverband, der privatrechtlich organisiert ist.

10 Auch für die Kreditgenossenschaften bestehen Pflicht-Prüfungsverbände.

11 Das sog. „Prüfungserfordernis" gemäß Anlage 3 zum BAT, das inzwischen aller-

dings nur noch in einem Teil der Verbandsgebiete gilt, besagt, daß im Regelfall bestimmte BAT-Vergütungsgruppen nur nach Ablegen bestimmter Prüfungen erreicht werden können.

[12] Insofern unterscheiden sich die Sparkassen- und Giroverbände von anderen berufsständischen Organisationen, an denen nur Unternehmungen als Mitglieder beteiligt und die Gremien entsprechend zusammengesetzt sind.

[13] Es bestehen nur noch sieben freie (private) Sparkassen, für die sinngemäß Ähnliches gilt.

[14] Bei Zweckverbandssparkassen scheint die Distanz zu den kommunalen Vertretungskörperschaften größer zu sein.

[15] In einigen Sparkassengesetzen, z.B. in Nordrhein-Westfalen, ist das nicht zwingend vorgeschrieben.

[16] Öffentlichkeitswirksame Funktionen werden freilich von den Sparkassenvorständen in den politischen Parteien i.d.R. nicht wahrgenommen.

[17] Ausnahmen bestehen in Bayern, wo es keine Mitbestimmung auf Unternehmensebene gibt, und in kleineren Sparkassen Nordrhein-Westfalens, wo weniger als ein Drittel „Mitbestimmer“ im Verwaltungsrat vertreten sind.

[18] Dies dürfte z.B. in den Aufsichtsräten vieler Genossenschaftsbanken völlig anders sein. Mitbestimmung ist hier eher die Ausnahme. Den Aufsichtsräten gehören oft Personen aus dem gehobenen Kundenkreis der Genossenschaftsbank an, die den Vorständen genehm sind und oft sogar von diesen (über die Vertreterversammlung) zur Wahl vorgeschlagen wurden. Sparkassenvorstände hingegen haben auf die Wahl „ihrer“ Verwaltungsratsmitglieder kaum Einfluß.

[19] Allerdings ist die Altersversorgung der Sparkassenvorstände relativ besser.

[20] Diese Arbeitsgemeinschaften haben in den einzelnen regionalen Sparkassen- und Giroverbänden unterschiedliche Bezeichnungen wie z.B. Bezirksarbeitsgemeinschaft, Bezirkskonferenz, Sprengel. Auch die übrige Terminologie ist unterschiedlich.

[21] Teilweise auch Beirat o.a. genannt.

[22] Vgl. zur Erklärung von Hannover und zum Positionspapier: Deutscher Sparkassen- und Giroverband: Verantwortung in Gesellschaft und Region, Deutscher Sparkassentag 1995 in Hannover, Stuttgart 1995, S. 225 ff. und S. 233 ff..

Literatur

Ashauer, G.: Berufsbildung in der deutschen Sparkassenorganisation. Ein geschichtlicher Überblick, Stuttgart 1986

Deutscher Sparkassen- und Giroverband (Hrsg.): Das Personal- und Bildungswesen der Sparkassenorganisation, Stuttgart 1993

Deutscher Sparkassen- und Giroverband (Hrsg.): Die Zukunft gestalten, Stuttgart 1989

Deutscher Sparkassen- und Giroverband (Hrsg.): Verantwortung in Gesellschaft und Region, Deutscher Sparkassentag 1995 in Hannover, Stuttgart 1995

Eisfeld, C.: Das Bildungswesen der Sparkassen, in: Sparkasse 21/1928, S. 421 ff. und S. 445ff.

Fischer, R.: Recht des Kreditwesens, Stuttgart 1995

Geiger, H.: Bankpolitik, Stuttgart 1975

Geiger, H.: Kreditwirtschaftliche Perspektiven, Stuttgart 1989

Kirchgässner, G.: Bemerkungen zur Minimalmoral, in: Zeitschrift für Wirtschafts- und Sozialwissenschaften, Verein für Socialpolitik, 2/1996

Poullain, L.: Tätigkeitsbericht, Stuttgart 1979

Schuster, L.: Theorie und Politik der Banken im Wandel, München 1996

Württembergischer Sparkassen- und Giroverband: Werden und Wirken 1885-1895, Stuttgart 1985

Wysocki, J.: Deutsche Führungsschichten der Neuzeit, Band 10, Bankherren und Bankiers, Limburg 1977

Visionäre Interdependenz zwischen Arbeitszeitmanagement und Bankarbeitsplatz

Prof. Dr. Rainer Förderreuther, Fachhochschule München

1. Der Unsinn kollektiver Arbeitszeiten

Seit Jahren wird von Praktikern und Wissenschaftlern die Notwendigkeit eines wesentlich flexibleren Umganges mit der Arbeitszeit diskutiert. Entsprechende Taten gab es nur sehr wenige. Dies obwohl der betriebswirtschaftliche Faktor Arbeit ein immer komplexeres System wird, bei dem eine Vielzahl von Komponenten aufeinander einwirken. Jede Organisation, d. h. jede Unternehmung hat in zunehmenden Maße unterschiedliche Prozeßabläufe in größerer Anzahl. Die Prozesse differieren aber nicht nur zwischen den Unternehmen, auch wenn sie von der gleichen Branche sind, vielmehr ebenso unternehmensintern.

Auf die Banken bezogen bedeutet dies nicht nur zwischenbetriebliche Unterschiede, sondern z.B. auch völlig verschiedene Abläufe in den Bereichen klassisches Wertpapiergeschäft, Auslandsgeschäft, Investmentbanking, Kreditgeschäft und Zweigstellengeschäft. In den einzelnen Bereichen gibt es aber wieder völlig verschiedene Prozesse, z. B. in den Kundenbereichen, im Handel, in den Stabsbereichen, im Marktfolgebereich, im Backoffice. Weiter kann man unterteilen nach Kundengruppen, Routineleistungen, maßgeschneiderten Angeboten etc.

All dies läuft in der gesamten Branche und im einzelnen Institut unter der einheitlichen manteltariflichen Arbeitszeit von 39 Wochenstunden. Darüber hinaus auch noch unter der Deckungsgleichheit von Arbeitszeit und Betriebszeit, wenn man von geringfügigen Gleitspielräumen absieht.

2. Die Konsequenzen undifferenzierter Arbeitszeit

2.1 Allgemeine volkswirtschaftliche Aspekte

McKinsey hat in einer Studie im Auftrag des Bundesministeriums für Arbeit und Sozialordnung (Schreiben des Ministeriums vom 1. Juli 1996) festgestellt, daß der Kostennachteil der deutschen Wirtschaft gegenüber japanischen Unternehmen zu einem Drittel auf bürokratische Arbeitsorganisation und zu starre Arbeitszeiten zurückzuführen ist. Zu dem gleichen Ergebnis kommt auch eine IBM-Studie (Made in Germany 2, 1995).

Undifferenziert lang arbeiten steht unverständlicherweise auch heute noch für Fleiß und Engagement. Die Verschleierung von Leerzeiten und die damit zusammenhängenden zeitaufwendigeren Organisationsstrukturen und Arbeitsabläufe werden dabei geflissentlich übersehen (Weidinger 1996, S. 769).

2.2 Die Auswirkungen bei Banken

Die Bankkunden bekommen diese Gleichschaltung der Arbeitszeit in fragwürdiger Servicequalität zu spüren. Ein Beispiel dafür sind die noch immer starren Schalteröffnungszeiten. Nimmt man die Bankstellen in Einkaufszentren, so findet man dort meist heute noch erhebliche Unterschiede zwischen den Laden- und den Schalteröffnungszeiten. Die Banken öffnen meist um 8.00 Uhr und schließen wieder um 16.00 Uhr, meist werden auch noch zusätzlich am Mittag für 1,5 Stunden die Schalter dichtgemacht. Die Ladenöffnungszeiten in derartigen Zentren gehen von 9.00-18.30 Uhr, nach dem neuen Ladenschlußgesetz noch länger. Die Banken leisten sich den Luxus, während der Hauptgeschäftszeiten zu schließen, ein bereits 1977 angeprangerter Tatbestand (Förderreuther 1977, S. 99 ff.).

Weiteres Beispiel sind die Wertpapierberater. Wer an einem Vormittag bis Auftragsannahmeschluß für Börsengeschäfte einen Auftrag telefonisch durchgeben möchte, kann ein Lied von den belegten

Telefonleitungen singen. Am Nachmittag haben diese Berater alle Zeit der Welt. Kapazitätsengpässe und Leerzeiten im Wechsel sind ein Kostenproblem und vor allem ein eklatanter Servicemangel.

Wann haben die Kunden z. B. für Baufinanzierungen den größten Beratungsbedarf? Erfahrungsgemäß in den Abendstunden und samstags. Die Kapazität der Banken zu diesen Zeiten ist aber äußerst gering. Braucht der Bereich Rechnungswesen und Controlling im Sommer die gleiche personelle Besetzung wie zu Zeiten des Jahresabschlusses? Warum haben in der Abteilung Auslandsfinanzierung die Länderbüros für Übersee keine versetzten Arbeitszeiten? Diese Beispiele kann man beliebig fortsetzen.

3. Die bisherigen Maßnahmen zur Personalkostensenkung

Nicht zuletzt der unflexible Umgang mit der Arbeitszeit brachte die deutschen Unternehmen im Interesse der internationalen Wettbewerbsfähigkeit in den Zugzwang, die Personalkostenentwicklung zu dämpfen. Es ist erschreckend, wie unflexibel man auch hier reagiert hat und dies noch heute tut. Die deutschen Manager erwiesen sich als wahre Lemminge, die den undifferenzierten Maßnahmen der Verbände und einiger Vorreiter blind folgten.

Besonders enttäuschend ist, daß auch aus der Bankenecke keine Kreativität ersichtlich wurde. Die Banken pflegten jahrelang eine hervorragende Führungsausbildung, sie hatten eine vorbildliche Nachwuchsentwicklung, die höchsten Weiterbildungsinvestitionen aller Branchen. Im Bereich Sozialleistungen waren sie Spitzenreiter.

Die Personalpolitik mit begleitenden Instrumenten wie z.B. qualitativer und quantitativer Personalplanung, Mitarbeitergesprächs- und Beurteilungssystemen war nahezu perfekt. Dennoch gelang es damit nicht, die Kreativität und Flexibilität in bezug auf unternehmensspezifische Maßnahmen zur Kosteneindämmung zu wecken. Möglicherweise liegt dies an den immer noch sehr konservativen streng hierarchischen Strukturen dieser Branche. Tatsache ist jedenfalls, daß sich die Banken nach 40jähriger Schönwetterperiode bei den ersten Schlechtwetterwolken brav in die Reihe der Trendsetter einfügten. Lean Management, personeller Kahlschlag und Shareholder Value bestimmen die Maßnahmenautobahn.

3.1 Lean Banking

Dem globalen Arbeitsplatzabbau ging auch im Bankensektor die allgemeine Leanwelle voraus. Da, anders als in der Industrie, Gruppenarbeit kaum möglich ist, bedeutete dies häufig lediglich den Wegfall einer Führungsebene bei sonst weiter bestehenden Strukturen. Konsequenzen waren für die Führungskräfte eine größere Führungsspanne, für die

Mitarbeiter ein Mehr an Sachaufgaben. Der Einstieg zum Mitarbeiterabbau war gemacht.

3.2 Globaler Arbeitsplatzabbau

Die Banken brüsten sich häufig damit, daß bei ihnen der Personalabbau „sozialverträglich" vonstatten geht. Ein höheres Maß an sozialpolitischer Verantwortung beweisen sie damit freilich kaum. Abgeschaffte Arbeitsplätze können nicht mehr besetzt werden, und was noch 1990 undenkbar war, ist heute Realität: ein Heer arbeitsloser Banker (Gottwald 1996, S. 16). Durch fortschreitende Technik und sinnvolle Straffung der Organisation gibt es auch im Bankbetrieb immer weniger Arbeit zu verteilen. Dieser Trend wird sich in den nächsten Jahren durch Direktbanken, Online- und Elektronikbanking, Internet usw. weiter verschärfen. Auch die hohe Zweigstellendichte in Deutschland wird nicht zu halten sein.

Während es in anderen Branchen wenigstens einige Außenseiter gibt, die dem personellen Kostendruck durch kreative unternehmensspezifische Ideen begegnen, herrscht bei den Banken weitgehend Funkstille.

3.3 Sozialleistungsabbau und Shareholder Value

Die Banken haben sicherlich in der Vergangenheit im Bereich der Sozialleistungen zuviel getan und mancher Wildwuchs ist entstanden. Über 97% Personalnebenkosten sprechen eine deutliche Sprache (vgl. Abb. 1). Wobei aber immerhin mehr als 63% dieser Kosten nicht gesetzlich bedingt, sondern tariflich und betrieblich vereinbart und somit freiwillig sind.

Die Art und Weise, wie man sich dieser Lasten entledigen will, zeigt ein hohes Maß an Unsensibilität. So waren z. B. eine Reihe von Großbanken die ersten Umsetzer des geänderten Lohnfortzahlungsgesetzes. Dies, obwohl die Banken die mit Abstand niedrigste Krankenquote aller Branchen aufweisen. Der erzielbare Einsparungseffekt liegt dadurch nur bei ca. 1% der Lohnnebenkosten – „Peanuts" im Vergleich zu anderen Einsparungsmöglichkeiten. Sicher kein kluger Schachzug, in Zeiten allgemeiner Unruhe mit diesem Thema vorzupreschen, ungeachtet der Auswirkungen auf das Betriebsklima.

Würden sich die Banken ihre Personalnebenkosten genauer ansehen (Abb. 1), so kämen gewichtigere Kostenfaktoren zum Vorschein, wie z.B. wenig genutzte Betriebssportzentren, zu teure betriebliche Altersversorgung, die einer Überversorgung sehr nahe kommt, überhöhte Jubiläumszahlungen, unnötig lange Sonderurlaube zu bestimmten Anlässen, über das 13. Gehalt hinausgehende leistungsunabhängige Sonderzahlungen. Ein Abbau in diesen Bereichen ließe sich nach interner Diskussion und mit gewissen Arbeitsplatzzusagen leichter durchsetzen als die Umsetzung des Lohnfortzahlungsgesetzes mit der Brechstange.

Gesetzliche Personalzusatzkosten	**34,1**
Sozialversicherungsbeiträge der Arbeitgeber	25,2
Bezahlte Feiertage	4,2
Entgeltfortzahlung im Krankheitsfall	4,2
Sonstige gesetzliche Personalzusatzkosten (z. B. Mutterschutz)	0,5
Tarifliche und betriebliche Personalzusatzkosten	**63,5**
Urlaub, einschließlich Urlaubsgeld	15,0
Sonderzahlungen (Gratifikationen, 13. Monatsgehalt usw.)	18,8
Betriebliche Altersversorgung	14,3
Vermögensbildung	1,9
Sonstige Personalzusatzkosten	13,5
Insgesamt	**97,6**

Quelle: Statistisches Bundesamt und Institut der deutschen Wirtschaft

Abb. 1: Verteilung der Personalzusatzkosten bei den Banken in 1995 (alte Bundesländer) in % des Entgelts der geleisteten Arbeit

Man hat jedoch fast den Eindruck, daß mit einer „selbstzerstörerischen Lust“ in den Vorstandsetagen der Banken die Konfrontation mit Belegschaft und Betriebsrat direkt gesucht wird. All die Beteuerungen der letzten zwei Jahrzehnte vom Mitarbeiter als wichtigstem betrieblichen Kapital werden damit ad absurdum geführt. In dieses Bild passen auch die *Shareholder Value* Konzepte. Dieses einseitige Ziel, den Aktionärsinteressen zu dienen, bedeutet das Ende der Sozialpartnerschaft. Mitarbeiter sind dabei nämlich zuallererst einmal ein Kostenfaktor – und Kosten sind Gift für den *Shareholder Value.*

4. Die Auswirkungen dieses Handelns

4.1 Volkswirtschaftliche Konsequenzen

Mitarbeiterabbau in größerem Stil, so wie er auch von den Banken betrieben wird, ist ein Zeichen volkswirtschaftlicher Verantwortungslosigkeit und Kurzsichtigkeit, solange nicht alle anderen Kostensenkungsmöglichkeiten ausgeschöpft sind. Wobei sich gerade auch die Banken die Frage gefallen lassen müssen, ob angesichts von DAX-Höchstständen und besten Betriebsergebnissen die Kosteneinsparungsmöglichkeiten im Personalbereich wirklich bis zum letzten ausgeschöpft werden müssen, nur um dem Shareholder Value zu dienen und zu einer frühkapitalistischen Einstellung zurückzukehren. Jeder Arbeitslose kostet in Form von

Arbeitslosengeld, Sozialhilfe und Wohngeld sowie zu zahlenden Renten- und Krankenversicherungsbeiträgen. Dem Staat entgehen Lohnsteuer, Umsatz- und Verbrauchssteuern, Arbeitslosen-, Renten- und Krankenversicherungsbeiträge. Und der Staat holt sich die entgangenen Gelder, wie täglich feststellbar ist, auf andere Weise wieder herein. Am Ende des Prozesses führt es durch allgemeinen Kaufkraftverlust auch zu betriebswirtschaftlichen Konsequenzen. Um so verwunderlicher ist es, daß gerade die Banken mit bestens ausgestattetem volkswirtschaftlichem Knowhow und eigenen diesbezüglichen Abteilungen voll auf die Linie der Industrie einschwenken und nicht vor den Konsequenzen dieser Entwicklung warnen.

4.2 Betriebswirtschaftliche Konsequenzen

Selbst wenn man – egoistisch – die volkswirtschaftlichen Konsequenzen des eigenen Handelns völlig ignoriert, müßte man bei den innerbetrieblichen Auswirkungen nachdenklich werden. Ein derartig leichtfertiger und auf Konfrontation, nicht auf Verständnis, zielender Umgang mit den Besitzständen der Mitarbeiter, vor allem mit ihren Arbeitsplätzen, hat fatale Folgen. Wie es scheint, haben die Bankvorstände „ihren Herzberg" nicht gelernt. Demotivation, innere Kündigung, Dienst nach Vorschrift, fehlende Identifikation mit dem Unternehmen und mittelfristig ein Absturz in die wirtschaftliche Mittelmäßigkeit sind die Folgen. Leistung kann auf Dauer nicht durch Druck oder Angst erzeugt werden. Wer die veränderten klimatischen Verhältnisse in den letzten Jahren bei vielen Banken in Deutschland wahrgenommen hat, weiß die zahlreichen Pannen auch größter deutscher Banken entsprechend zu deuten.

Halten gerade die Banken ihre langjährigen Investitionen in Projekte zur Unternehmenskultur, zur Identifikation, zu Führungsgrundsätzen, Führungsstilanalyse und Corporate Identity, um nur einige zu nennen, für so wenig effektiv, daß sie sie mit einem Schlag kaputt machen?

Neben diesen sicherlich schwer quantifizierbaren Schäden gibt es aber gerade auch für Personalabbau eine Reihe exakt ermittelbarer Kosten. Zu nennen sind hier vor allem Sozialpläne, individuelle Abfindungen und Vorruhestandsregelungen.

5. Das Rollenverständnis des Personalmanagements

Die Rolle, die die Personalleute beim Vollzug dieser Maßnahmen spielen, ist nicht gerade rühmlich zu nennen. Sie haben es in den lange anhaltenden „fetten" Jahren versäumt,

- personalpolitische Alternativstrategien zu entwickeln und den Geschäftsleitungen vorzulegen,
- ihren Unternehmen die langfristigen Kosten der kurzfristig sicher erfolgreichen Entlassungsmethoden vorzurechnen und zu belegen,

- Controllinginstrumente und damit den Beweis für den Nutzen von Personalentwicklungs-, Klima-, Motivations- und Weiterbildungsmaßnahmen zu entwickeln.

Dies führt dazu, daß die meisten Führungskräfte im Personalwesen der Banken heute – jeglicher Visionen beraubt – eifrige Verwalter und Handlanger des personellen Kahlschlags sind (Förderreuther 1994, S. 304 f.).

6. Individuelle Arbeitszeitgestaltung als Zukunftsvision

Sparmaßnahmen im Bereich der Sozialleistungen – im Interesse des Betriebsfriedens aber nicht mit der Brechstange – sind sicher eine Möglichkeit, die Personalkosten zu senken. Sie können aber im elektronischen Zeitalter die Abnahme der Arbeit nicht verhindern. Da ideenloser Arbeitsplatzkahlschlag auch nicht die Lösung sein kann, muß die vorhandene Arbeit bei den Banken in viel stärkerem Maß als bisher auf mehr Köpfe verteilt werden. Dabei ist nicht an pauschale Verkürzung gedacht, wie sie die Gewerkschaften lange Zeit genauso einfallslos forderten, wie die Banken nun Stellen reduzieren. Unternehmensindividuelle Arbeitszeitflexibilisierung lautet das Schlagwort.

Die Vision beruht dabei weniger auf der Neuheit der Ideen als auf der Hoffnung einer zukünftig wesentlich stärkeren Umsetzung durch die Banken. Allerdings benötigt man dazu meist auch die Bereitschaft der Gewerkschaften, etwas von ihrem manteltariflichen Einfluß aufzugeben. Dazu ist allerdings Vertrauen in ein sozialpartnerschaftliches und verantwortungsbewußtes Handeln der Banken notwendig. Zum derzeitigen Zeitpunkt ist das Verhalten der Bankarbeitgeber leider nicht dazu angetan, einen Vertrauensvorschuß zu rechtfertigen. Insofern sind wir vom zweiten Teil der Vision leider noch ein gutes Stück entfernt. Dennoch sollen im folgenden einige Überlegungen dazu dargestellt werden.

7. Rahmenbedingungen für mehr Flexibilität

7.1 Variablere Grenzen zur Gleitzeit

Der Rahmen der gleitenden Arbeitszeit bewegt sich bei den meisten Banken bei einem monatlichen Zeitsaldo von monatlich plus/minus 10 Stunden. Darüberliegende Zeiten verfallen oder müssen schnellstmöglich ausgeglichen werden. Diese Regelungen nehmen somit keinerlei Rücksicht auf die tatsächliche Arbeitssituation. Der Mitarbeiter kann gezwungen sein, trotz hoher Arbeitsauslastung Stunden abzufeiern. Einige Wochen später wird er bei geringer Arbeitsauslastung für die bloße Anwesenheit bezahlt.

In die gleiche Richtung gehen die strengen Regelungen hinsichtlich der Verwendung von Zeitguthaben. So ist oft die Koppelung mit Urlaubstagen untersagt, die Zahl der ganzen und halben Gleittage ist beschränkt. Der Sinn derartiger Restriktionen liegt allerdings im Dunkeln. Wenn die zusätzliche Arbeit in Spitzenzeiten erforderlich war und der Mitarbeiter mit seinem Freizeitausgleich verantwortungsbewußt die Leerzeiten verringert, worüber ja zusätzlich die Vorgesetzten wachen, so steht großzügigeren Lösungen nichts im Wege.

7.2 Mehr Aufgeschlossenheit für Teilzeit

Neues Grundverhältnis zur Teilzeit

Teilzeit hat in aller Regel einen beschäftigungspolitischen Effekt und den Vorteil, daß sie auch bei chronologisch unflexiblen Betrieben in größerem Umfang eingesetzt werden kann.

Eine weitere Verbreitung der Teilzeit ist bisher vor allem an zwei Faktoren gescheitert:

Die Bequemlichkeit der Führungskräfte: Teilzeitarbeit, ganz gleich in welcher Form, heißt für die Führungskräfte einen höheren Organisations-, Planungs- und Kontrollaufwand. Nicht die dafür erforderliche Arbeit wird meist gescheut, sondern die erforderliche Kreativität und Flexibilität. Eine Vollzeitarbeitskraft ist in der Regel „pflegeleichter" als zwei Teilzeitmitarbeiter, auch wenn es bei der Arbeitsintensität umgekehrt aussieht. Warum soll man sich dies antun? Wenn dabei positive Beschäftigungsaspekte auf der Strecke bleiben, so kümmert das in egoistischer Kurzsichtigkeit nur wenig.

Das Vorurteil gegen das Kürzerarbeiten: Vor allem bei Führungs- und ehrgeizigen Nachwuchskräften gilt eine überlange Tages- und Wochenarbeitszeit, unabhängig von der Effektivität, immer noch als Statussymbol, mit dem auch häufig geprahlt wird. Man könnte es allerdings auch als Anzeichen von mangelhaftem Zeitmanagement und/oder Überforderung ansehen (Kutschera/Weidinger 1996, S. 495). Demgegenüber wird Kürzerarbeiten oft noch mit weniger arbeiten, geringerem Engagement, ja mit Faulheit gleichgesetzt. Teilzeitverständnis wird aus diesem Grund nur Frauen entgegengebracht, die aus familiären Gründen „kürzertreten". Wenn alleinstehende Personen Teilzeit arbeiten wollen, so outen sie sich als zu freizeitorientiert, was praktisch einen Karriereknick zur Folge hat. Leider haben sich in der Vergangenheit gerade bei den Banken, wo fast jeder Arbeitsplatz teilzeitfähig ist, die Personalabteilungen bei der Aufrechterhaltung dieses Vorurteils hervorgetan.

Teilzeit und Karriere

Zu dem eben Gesagten paßt, daß bei den Banken der Anteil der Männer an der Gesamtzahl der Teilzeitmitarbeiter zu vernachlässigen ist. Der nachweislich häufiger vorhandene Wunsch nach kürzerer Arbeitszeit wird tunlichst verschwiegen, um das eigene Fortkommen nicht zu behindern und um nicht als Außenseiter dazustehen. Karriere und Teilzeit schließen sich derzeit faktisch aus, obwohl es keinen vernünftigen Grund dafür gibt. Personalentwicklungs- oder Laufbahnpläne für Teilzeitmitarbeiter existieren in der vorbildlichen Personalentwicklung der Banken (noch?) nicht. In manchen Instituten ist sogar das periodische Mitarbeitergespräch, respektive die Beurteilung, nur für Vollzeitmitarbeiter vorgesehen.

Teilzeit für Führungskräfte

Die Vorstellung, daß Führungsaufgaben nicht teilzeitfähig sind, wird zum einen von dem soeben dargestellten vermeintlichen Zusammenhang zwischen Arbeitsdauer und Engagement genährt. Zum anderen geistert gerade bei den Banken noch immer das Dogma der Unteilbarkeit der Führungsverantwortung herum. Sicher sollte ein Mitarbeiter nicht mehrere disziplinarische Vorgesetzte haben. Andererseits hat man im Zeitalter des Lean Banking aber erkannt, daß man viel mehr Verantwortung als bisher auf die Gruppe und den einzelnen Mitarbeiter übertragen kann (Friedel-Howe 1993, S. 421).

Sind darüber hinaus die Vollzeitführungskräfte tatsächlich jederzeit für den Mitarbeiter ansprechbar? Dauert es nicht vielmehr oft mehrere Tage ,bis ein Mitarbeiter mit seinem Chef ein Problem besprechen kann? Fragt man Führungskräfte nach dem Umfang ihrer Führungsaufgaben, so kommt ein Anteil an den Gesamtaufgaben zwischen 5 und 10 % heraus. Die restliche Zeit ist die Führungskraft mit Sachaufgaben wie z.B. Verwaltung, Kundenbetreuung, Sitzungen und Dienstreisen zugedeckt. Die Führungsaufgaben im Rahmen der Personalverantwortung (Feedback geben, Mitarbeiter fördern und Leistungen verbessern, Auseinandersetzen mit Problemen des Mitarbeiters) und der Sachverantwortung (Ziele vereinbaren, Planen, Entscheiden, Realisieren und Organisieren, Delegieren und Motivieren) stehen meist am Ende der Prioritätenliste.

Eine Teilzeitführungskraft, entlastet um Sachaufgaben, könnte erheblich effektiver und verantwortungsbewußter sein und damit der Aufgabe besser gerecht werden. Hinzu kommen die Kostenvorteile für die Bank. Eine Teilzeitführungskraft ist billiger und die zu verteilenden Sachaufgaben können problemlos an die Mitarbeiter delegiert werden – im Sinne eines echten Lean Banking!

Begrenzte Teilzeit

Teilzeit bedeutet heute in aller Regel ein festes Arbeitsverhältnis, mit einer auf Dauer gegenüber der Vollzeit reduzierten Arbeitszeit. Die organisatorischen Prozesse verlangen, nach landläufiger Meinung, eine möglichst genaue Planung der Arbeitskapazitäten. Schlimm genug, nach Meinung vieler Führungskräfte, daß man urlaubs- und krankheitsbedingt eine gewisse Flexibilität zeigen muß. Im Interesse dieser Planungen nimmt man dann eben auch die kostenintensiven Leerzeiten in Kauf.

Viele Mitarbeiter kommen im Laufe ihres Berufslebens in Situationen mit erhöhtem persönlichen Zeitbedarf, z. B. durch Krankheitsfälle in der Familie, familiäre Veränderungen, Umzug usw. Eine Teilzeitmöglichkeit für wenige Wochen oder Monate könnte gerade hier, für beide Seiten, zu einer sehr befriedigenden Lösung führen. Der Teilzeitvorteil einer erhöhten Arbeitsintensität würde hier voll zum Tragen kommen, da diese Mitarbeiter besonders bestrebt sind, ihren Arbeitsplatz auch bei verkürzter Zeit auf dem laufenden zu halten. Diese Teilzeitform geht also zu Lasten der Leerzeiten, zumal das Unternehmen bei der Chronologie der Arbeitszeit nach wie vor das letzte Wort haben muß.

Ein weiterer positiver Effekt ist der Fehlzeitenrückgang, da die Mitarbeiter durch mehr Freizeit ihre privaten Probleme besser lösen können und so die Streßbelastung während der Arbeitszeit abnimmt. Diese Form der Teilzeit kann allen Mitarbeitern, auch den Führungskräften, angeboten werden. Gerade bei qualifizierten Tätigkeiten im Bankbetrieb, z. B. im Beratungsbereich, läßt sich ein großer Teil der fehlenden Arbeitszeit durch konkrete Terminvereinbarungen mit Kunden und Entlastung von Routinearbeiten auffangen. Bei einfacheren Arbeiten hilft bei den Banken das seit Jahren bewährte Springerprinzip bzw. der Einsatz von Aushilfskräften, z. B. aus dem Pool ehemaliger Mitarbeiterinnen. Auf alle Fälle kann damit auch eine für die Bank kostenneutrale, beschäftigungspolitische Wirkung erzielt werden. Einzige Voraussetzung: der echte Wille zur organisatorischen Flexibilität.

Altersteilzeit

Durch den Abbau der staatlichen Fördermittel und die stufenweise Erhöhung der Altersgrenzen in der gesetzlichen Rentenversicherung ist der bisher so häufig praktizierte Vorruhestand praktisch gestorben. Eine zumindest von der gesetzgeberischen Seite neue Variante ist die Altersteilzeit. Tarifvertraglich wurde auf diese Möglichkeit bisher nur in der Papier- und der Chemischen Industrie hingewiesen. Das Altersteilzeitgesetz (ATG) vom 01.08.1996 will diese Möglichkeit nun einer breiteren Wirtschaftsöffentlichkeit schmackhaft machen.

Der Mitarbeiter hat den Vorteil, daß er zu seinem regulären Teilzeitentgelt vom Unternehmen einen Aufstockungsbetrag bis zu 20%, und zwar steuer- und abgabenfrei, erhält. Darüberhinaus zahlt das Unternehmen einen Beitrag zur gesetzlichen Rentenversicherung auf der Basis der Differenz zwischen 90% des beitragspflichtigen Vollzeitentgelts und dem tatsächlichen Teilzeiteinkommen. Aufstockungsbetrag und zusätzlicher Beitrag zur Rentenversicherung werden dem Unternehmen unter bestimmten Umständen (z.B. Mindestalter 55 Jahre) vom Arbeitsamt zurückerstattet (Hölscher 1996, S. 778 ff.).

Arbeitsplatzrelevanz hat die Altersteilzeit insofern, als eine Voraussetzung für die Erstattung der Fördermittel pro Altersteilzeitplatz die Übernahme eines Auszubildenden oder eines gemeldeten Arbeitslosen voraussetzt, dies aber nicht zwingend auf einen durch Altersteilzeit freigewordenen Arbeitsplatz. Ein weiterer Tatbestand macht das Gesetz interessant: Die Teilzeit mit 50% Beschäftigungsgrad muß nur im Jahresdurchschnitt erfüllt sein. Eine Kombination mit herkömmlichen Regelungen zur flexiblen Jahresarbeitszeit ist also hervorragend möglich.

Wird zur Altersteilzeit ein Tarifvertrag abgeschlossen, so muß die geforderte durchschnittliche Teilarbeitszeit erst nach einem Fünfjahreszeitraum erreicht werden. Dies erlaubt es, daß der Mitarbeiter zu den Teilzeitbezügen zunächst 2,5 Jahre voll arbeitet und danach 2,5 Jahre quasi Vorruhestand genießt. In Schweden praktizieren bereits 45% der älteren Arbeitnehmer die Altersteilzeit (Then 1993, S. 66). Das läßt auch bei uns eine hohe Akzeptanz dieser Mitarbeitergruppe erwarten, wenn die Arbeitgeber mitziehen.

7.3 Weitere Ansatzpunkte zur Lockerung bisher starrer Arbeitsregelungen

Die folgenden Maßnahmen sind kleine Schritte, die keine großen organisatorischen Änderungen benötigen. Sie haben jedoch alle eine gewisse Beschäftigungswirkung. Häufig muß die Bank dabei von langjährig gepflegten Grundsätzen und Prinzipien abgehen. Aber gerade dadurch wird ersichtlich, wie ernst es dem Institut wirklich mit einem „Bündnis für Arbeit“ ist.

Erziehungsurlaub

Es gibt Häuser, in denen auch heute noch die internen Anträge auf Erziehungsurlaub in rein weiblicher Form abgefaßt sind. Dies zeigt die oft sogar offen ausgesprochene Einstellung, daß diese Maßnahme der Karriere hinderlich ist. Männer sollten deshalb tunlichst ganz darauf verzichten, ebenso wie Frauen, die beruflich vorwärtskommen möchten. Warum wird in den Augen von Geschäftsleitung und Personalabteilung eine Lebensphase, in der die privaten Ziele vor den beruflichen rangieren, nicht verziehen?

Unbezahlter Urlaub

Statt einer Forcierung sind zu diesem Thema meist sehr hohe Restriktionen zu finden. Der Mitarbeiter wünscht diesen Schritt meist, um sich weiterzubilden, eine längere Urlaubsreise zu verwirklichen oder den Partner bei einem Auslandsaufenthalt zu begleiten – alles Dinge, die die Persönlichkeitsentwicklung fördern und letztlich auch für den Arbeitgeber von Nutzen wären.

Wechsel mit Rückkehrmöglichkeit

Viele Banken sind auch heute noch „beleidigt“, wenn ein Mitarbeiter kündigt, und sie pflegen das Prinzip „they never come back“. Andererseits kauft man oft gezielt fremde Bewerber ein, um externes Know-how zu bekommen. Es gibt Industrieunternehmen, die einen Wechsel mit Rückkehrmöglichkeit sogar als Personalentwicklungsmaßnahme betrachten. Zumindest bringt jeder qualifizierte Rückkehrer Erfahrungen mit, die für das Unternehmen von Vorteil sind.

8. Cafeteriasysteme zur Arbeitszeit

Noch einen Schritt weiter als die dargestellten Teilzeitmöglichkeiten gehen Cafeteriasysteme zur Arbeitszeit. Das Unternehmen, bietet hier jährlich, z. B. in Form einer Mitarbeiterbefragung, individuelle Vereinbarungen hinsichtlich Dauer, Lage und Ort der Arbeit an (vgl. Abb. 2). Zahlreiche Umfragen, so die jüngste des ISO Instituts 1995, belegen, daß die Arbeitnehmer in Deutschland im Durchschnitt eine um 10% verkürzte Wochenarbeitszeit wünschen. Rein rechnerisch entspricht das einem Beschäftigungseffekt von rund 3,2 Millionen Vollzeitstellen (Kutschera/Weidinger 1996, S. 497). Bei den derzeit praktizierten globalen Arbeitszeitmodellen ist dies eine Utopie und eine Milchmädchenrechnung obendrein. Die Reduzierungswünsche der Arbeitnehmer sind meist so speziell, daß sie nicht in ein allgemeingültiges Schema passen. Ändert man aber – wie angesprochen – Strukturen, Abläufe und Denkweisen bzw. paßt die Arbeitszeit chronologisch und chronometrisch an die betrieblichen Prozesse an, so sieht es anders aus. Zudem wird Zeitvergeudung und fehlende Marktkonformität gerade im Bankbetrieb ersichtlich.

Der Lösungsansatz der Zukunft muß deshalb die individuelle Arbeitszeit sein. Ideal wäre eine Deckungsgleichheit der Wunschvorstellungen von Mitarbeiter und Bank. Dies wird auf Anhieb in den wenigsten Fällen zu erreichen sein. Durch Mitarbeiterbefragungen (vgl. Abb. 2) kann man aber in vielen Fällen eine beiderseitig gute Lösung finden.

Damit die für derartige Regelungen erforderliche Flexibilität nicht im Chaos endet, ist es erforderlich, daß die Vereinbarungen für eine bestimmte Dauer, z. B. für ein Jahr, Gültigkeit haben. Es empfehlen sich allerdings Prüfungs- oder Probezeitklauseln, um festzustellen, ob die beiderseitig in die neue Lösung gesetzten Erwartungen auch zutreffen. Gewisse Rahmenbedingungen zu dieser individuellen Wahlarbeitszeit, z.B. Abendzuschläge, können bzw. sollten durchaus betrieblich oder tariflich geregelt sein.

Es gibt genügend Beispiele in jüngster Zeit, daß Betriebsräte oder Gewerkschaften für derart flexible Lösungen zu gewinnen sind, wenn im Gegenzug Arbeitsplätze gerettet oder geschaffen werden.

1. Derzeitige vertragliche Wochenarbeitszeit
   - ☐ Vollzeitbeschäftigung
   - ☐ Teilzeit von ...... Wochenstunden

2. Gewünschte Arbeitsdauer
   - ☐ ich möchte die bisherige Stundenzahl beibehalten
   - ☐ ich möchte gerne kürzer arbeiten, nämlich .... Stunden pro Woche
   - ☐ ich möchte meine bisherige Teilzeit gerne verändern und .... Stunden pro Woche arbeiten

3. Falls Sie zukünftig weniger arbeiten wollen, wie wäre der Arbeitsanfall nach Ihrer Meinung zu bewältigen?
   - ☐ Rationalisierung
   - ☐ Übertragung bestimmter Tätigkeiten auf andere Arbeitsplätze
   - ☐ bei Arbeitsplätzen im Kundenbereich: Zuschlüsselung von weniger Kunden
   - ☐ andere Arbeitsorganisation und bessere Anpassung an Beschäftigungsschwankungen
   - ☐ Schaffung eines zusätzlichen Teilzeitarbeitsplatzes

4. Stellenwechsel bei Arbeitszeitreduzierung
   – nur bei gewünschter Verkürzung der Arbeitszeit beantworten -
   - ☐ wünschen Sie die Zeitreduzierung ausschließlich am derzeitigen Arbeitsplatz?
   - ☐ können Sie sich auch einen gleichartigen Arbeitsplatz bei einer anderen Zweigstelle oder Abteilung vorstellen?
   - ☐ wären Sie mit einem Wechsel des Aufgabengebietes einverstanden?

5. Wünschen Sie eine Festlegung der Stundenzahl mit Gestaltungsspielraum pro
   ☐ Woche☐ Monat ☐ Quartal ☐ Halbjahr ☐ Jahr

6. Wären Sie bereit, auch eine andere Lage der Arbeitszeit zu akzeptieren, z. B. nach 17.00 Uhr oder an Samstagen?
   - ☐ ja
   - ☐ nein, auf gar keinen Fall
   - ☐ sollte in einem persönlichen Gespräch geklärt werden

7. Frage gilt nur für Teilzeitmitarbeiter
   Könnten Sie sich für begrenzte Zeiten eine längere Arbeitszeit vorstellen ?
   - ☐ ja
   - ☐ nein, auf gar keinen Fall
   - ☐ sollte in einem persönlichen Gespräch geklärt werden

8. Betrieblicher bzw. häuslicher Arbeitsplatz
   Hätten Sie Interesse an einer teilw. Verlegung Ihres Arbeitsplatzes nach Hause?
   - ☐ ist – aus meiner Sicht – bei meiner Tätigkeit nicht möglich
   - ☐ ich möchte meinen betrieblichen Arbeitsplatz unverändert beibehalten
   - ☐ es besteht Interesse an einem kombiniertem Arbeitsplatz

Vielen Dank für Ihre Mitarbeit! Falls Sie Veränderungswünsche haben, wird die Personalabteilung diese, zusammen mit Ihrem Vorgesetzten, intensiv prüfen. Eine Zusage zur völligen oder teilweisen Realisierung Ihrer Wünsche können wir Ihnen an dieser Stelle noch nicht geben. Ihr Personalreferent und/oder Ihr Vorgesetzter werden Sie auf alle Fälle ansprechen.

Abb. 2: „Wunschzettel“ zur Arbeitszeitflexibilisierung

9. Arbeitszeitkonten

9.1 Das Langzeitkonto mit Unterkonten

Eine weitere Möglichkeit des Arbeitszeitmanagements bei Banken sind persönliche Zeitkonten. Auf der Basis fest vereinbarter Voll- und auch Teilzeitarbeit können Guthaben angesammelt werden. Besonders sinnvoll sind Langzeitkonten, die zu größeren Freizeit- oder Bildungsblöcken bzw. zu bezahlter Freistellung vor dem Ruhestand genutzt werden können. In der Praxis wird mit längerfristigen Zeitkonten (1 Jahr und darüber) nur sehr wenig und mit unterschiedlichster Modifikation gearbeitet (z.B. BMW, Hewlett Packard, Mohndruck, Wielandwerke, Dräger, Voith). Die Guthaben auf dem Lebensarbeitszeitkonto können von verschiedenen Unterkonten kommen.

Gleitzeit- bzw. Mehrarbeitskonto

Wird auf dem Gleitzeitkonto ein bestimmter Guthabenstand erreicht, so kann der Mitarbeiter statt Auszahlung oder sofortigem Freizeitausgleich einen Übertrag auf das Lebensarbeitszeitkonto beantragen. Besonders hier muß genau geregelt werden, was zuschlagsfrei bzw. mit Zuschlägen übertragen wird.

Überstundenkonto

Bei den Banken sind, im Gegensatz zur Industrie, angeordnete Überstunden selten, sieht man einmal vom Jahresabschluß im Bereich des Rechnungswesens ab. Dort, wo sie anfallen, könnten sie ab einer bestimmten Summe, einschließlich der Zuschläge, auf das Lebensarbeitszeitkonto übertragen werden.

Wochenstundenausgleichskonto

Die Reduzierung der wöchentlichen Arbeitszeit von 40 auf 39 Stunden kann auf verschiedene Arten aufgefangen werden. Eine Möglichkeit ist die Beibehaltung der 40-Stunden-Woche und die Gutschrift der einen Stunde auf einem Ausgleichskonto. Bei Erreichen einer bestimmten Stundenzahl kann wiederum ein Übertrag auf das Langzeitarbeitskonto vorgenommen werden.

Urlaubskonto

Die meisten Banken handhaben das Bundesurlaubsgesetz sehr restriktiv, d. h. unverbrauchter Jahresurlaub verfällt zum 31.3. des Folgejahres. Ein Umstand, der bei vielen Mitarbeitern zu Frustrationen und unnötigem „Verbraten" von Urlaubstagen auch bei hoher Arbeitsbelastung führt.

Sicher ist es unbestritten, daß der Urlaub der Erholung zu dienen hat. Es gibt jedoch immer wieder betriebliche Situationen, wo Mitarbeiter nur unter größten Schwierigkeiten ihren gesamten **Jahresurlaub** nehmen können. Eine betriebliche Regelung, die z. B. besagt, daß die über dem gesetzlichen Mindesturlaub von 24 Werktagen liegenden Tage gespart und dem Langzeitkonto gutgeschrieben werden können, vermag aus diesem Dilemma zu helfen und ist auch mit dem Bundesurlaubsgesetz vereinbar.

9.2 Vorteile von Langzeitkonten

Langzeitkonten eröffnen alle Möglichkeiten der Arbeitszeitgestaltung. Weitere allgemeine Arbeitszeitverkürzungen können damit ebenso aufgefangen werden wie die notwendige Mehrarbeit an Spezialistenarbeitsplätzen, deren Teilung zu teuer wäre, wo aber auch ein kurzfristiger Zeitausgleich nicht machbar ist. Geänderte Schalteröffnungszeiten mit eventueller Schichtarbeit, längere Telefonsprechzeiten, wie bei den Direktbanken heute schon üblich, all diese Aspekte sind mit langfristigen Arbeitszeitkonten leichter durchführbar.

Der staatlich subventionierte Vorruhestand ist nicht mehr finanzierbar. Statt dessen ist die rentenpolitisch motivierte Verlängerung der Lebensarbeitszeit angesagt. Ein Umstand, der betriebswirtschaftlich mit höherem Aufwand verbunden ist, da die Lohnkosten für ältere Mitarbeiter tarifbedingt, aber auch durch freiwillige Arbeitgeberaktivitäten höher sind. Dies meist bei nachlassender Leistungsfähigkeit. Früheres Ausscheiden durch Zeitguthaben wäre hier eine gute Lösung.

Auch bei Zeitkonten ist die Verringerung der Leerzeiten ein wesentlicher Kostenaspekt. Längerfristige Schwankungszyklen z. B. bei Hypothekenbanken, können ohne Personalabbau überbrückt werden. Die Motivationswirkung auf die Mitarbeiter, die mehr Zeitsouveränität haben, sowie die Verminderung von Fluktuations- und Absentismuskosten sind weitere wichtige Punkte.

Für die Mitarbeiter besteht ein größerer Freiraum für die Kombination der beruflichen mit den persönlichen und familiären Interessen. Längere Freizeitblöcke können zur individuellen Weiterentwicklung genutzt werden. Die Handlungsspielräume bei der Arbeitszeitgestaltung werden größer. Schließlich nimmt auch die Arbeitsplatzsicherheit zu. All diese Faktoren führen letztendlich zu einer höheren Arbeitszufriedenheit und damit besseren Lebensqualität (Marr 1993, S. 164).

Gesamtwirtschaftlich interessiert vor allem der Beschäftigungseffekt. Trotz der Begrenzung des möglichen Ansparvolumens durch Arbeitszeitgesetz und Bundesurlaubsgesetz ist bei vorsichtiger Schätzung ein jährliches Guthaben von 15 Arbeitstagen erreichbar. Dabei muß der Mitarbeiter sein normales Gleitverhalten nicht verändern, d. h., er kann noch zusätzlich 3 Gleittage pro Jahr einplanen. Auf dieser Basis erreicht der Mitarbeiter nach ca. 15 Jahren ein Freistellungsjahr. Selbst wenn nur 10 % der Mitarbeiter eines Unternehmens diese Möglichkeit unmittelbar vor dem Ruhestand nützen würden, ergäbe sich dadurch – allerdings erst längerfristig – ein erheblicher Beschäftigungseffekt.

9.3 Zu lösende Probleme bei Langzeitkonten

Allgemeine Rechtssituation

Der Gesetzgeber hat sich mit längerfristigen Arbeitszeitansparungen erstmals im Rahmen des Altersteilzeitgesetzes befaßt und hier auch nur für einen Fünfjahreszeitraum in dem ganz speziellen Fall der Altersteilzeit. Es gibt deshalb für eine ganze Reihe von Fragen Regelungsbedarf und bei den wenigen Anwendern von Langzeitarbeitskonten höchst unterschiedliche Ausprägungen.

Tarifrechtlich ergeben sich bei vielen Tarifverträgen weitere Probleme (Marr 1993, S. 166). Der Manteltarifvertrag der Banken läßt allerdings betrieblichen Vereinbarungen einen großen Spielraum, so daß von dieser Seite nur ein Einvernehmen mit dem Betriebsrat zu erzielen ist unter Berücksichtigung der Frage, ob für die Zeitgutschriften Mehrarbeitszuschläge relevant sind oder nicht.

Sozialversicherungsproblematik

Das Thema Sozialversicherungsbeiträge stellt formaljuristisch sicherlich den größten Problempunkt dar. Streng nach Sozialversicherungsrecht werden die Beiträge zum Zeitpunkt ihres Entstehens, also beim Ansammeln der Zeitgutschriften fällig. Unternehmen und Mitarbeiter haben jedoch ein vitales Interesse daran, daß sie erst zum Zeitpunkt der Gutschriftseinlösung, also der bezahlten Freistellung fließen.

Das Bundesministerium für Arbeit und Sozialordnung arbeitet nach eigenen Aussagen zwar derzeit an einem Referentenentwurf zum Thema Langzeitarbeitskonten. Bis dieser Gesetz wird, können aber noch Jahre vergehen. Große Unternehmen, die bereits derartige Konten eingeführt haben, setzen sich im Benehmen mit den Sozialversicherungsträgern und auch den Finanzämtern derzeit einfach über die bestehenden Vorschriften hinweg. Die stillschweigende Duldung durch diese Stellen basiert auf dem positiven Beschäftigungseffekt dieser Maßnahme. Befriedigend ist die Situation allerdings nicht.

Finanzielle Absicherung der Zeitguthaben

Auch hier wäre eine gesetzliche Initiative zu begrüßen, damit die Mitarbeiter, z. B. im Insolvenzfall, nicht mit leeren Händen dastehen. Denkbar wäre eine Regelung analog zu den Pensionsrückstellungen. Weitere Möglichkeiten wären externe Fonds, die treuhänderisch verwaltet werden, oder eine Versicherung der Ansprüche.

Verzinsung

Da die Zeitguthaben bis zur Auszahlung oft eine sehr lange Laufzeit haben, stellt sich die Frage der Verzinsung. Dieses Problem ist relativ leicht lösbar, indem die Guthaben bei künftigen Tariferhöhungen und persönlichen Höhergruppierungen Berücksichtigung finden.

Ausscheiden des Mitarbeiters

Hier bedarf es klarer innerbetrieblicher Regelungen, ob der Mitarbeiter sein Guthaben noch „abfeiern“ kann, oder ob es zu dem derzeit valutierenden Wert ausbezahlt wird. Im Todesfall müßten die Erben anspruchsberechtigt sein.

Erkrankung des Mitarbeiters während der bezahlten Freistellung

Eine Reihe rechtlicher Klippen verlangt hier eine sehr genaue betriebliche oder einzelvertragliche Vereinbarung. Fragen, die hier auftauchen können, betreffen z. B. die Höhe der Lohnfortzahlung im Krankheitsfall. Gelten die Gesetze und Tarife zum Zeitpunkt der Ansparung oder der Inanspruchnahme? Eine weitere Frage in diesem Zusammenhang ist die Herkunft des Zeitguthabens, z. B. vom Überstundenkonto oder vom Urlaubskonto. Davon hängt es ab, ob überhaupt ein Lohnfortzahlungsanspruch besteht. Zur Vereinfachung wäre es denkbar, daß ein Erstattungsanspruch erst ab einer Krankheitsdauer von mindestens drei Tagen vereinbart wird.

10. Ausblick

Die weitere Internationalisierung der Märkte, der zunehmende Wettbewerb sowie die steigende Technisierung bzw. Elektronisierung bewirken bei den Banken zukünftig einschneidende Veränderungen im Bereich der Prozesse, der Organisationsform, der Dienstleistungsangebote und der Betriebsbereitschaft. Die Arbeitsaufgaben werden sich nicht nur inhaltlich ändern, sondern auch hinsichtlich Umfang und zeitlicher Lage der Tätigkeiten. Man wird Abschied nehmen müssen von bankeinheitlichen Betriebszeiten. Nicht die Globalisierung, sondern die Individualisierung der Arbeitszeit steht im Vordergrund. Damit lassen sich auch Leerkosten in erheblichem Umfang reduzieren.

Vernünftig mit dem Mitarbeiter vereinbart, stößt diese Notwendigkeit dort auch auf breite Zustimmung, da sie seinen persönlichen Gestaltungswünschen entgegenkommt. In diesem Zusammenhang wird sich in den nächsten Jahren auch eine enge Wechselbeziehung zwischen flexibler Entgeltgestaltung und Arbeitszeitflexibilisierung ergeben. Der Mitarbeiter wird über die Variablen Erfolg und Arbeitszeit einen größeren Einfluß auf seine Bezahlung nehmen können. Je besser das persönliche Arbeitsergebnis ist, desto größer werden die individuellen Mitbestimmungsmöglichkeiten hinsichtlich Dauer und Lage der Arbeitszeit sein. Volkswirtschaftlich können dadurch Arbeitsplätze nicht nur erhalten, sondern auch dazugewonnen werden.

Die dennoch sehr zögerliche Haltung von Banken und auch Gewerkschaften zur Arbeitsflexibilität ist deshalb schwer verständlich. Wie bei allen Inovationen gilt auch hier: Kreative Arbeitszeitflexibilisierung beginnt mit der Flexibilität in den Köpfen der Verantwortlichen!

Literatur

Alt, H.: Der Dräger-Langzeit-Freizeitspeicher, in: *Marr, R.* (Hrsg.), Arbeitszeitmanagement, 2. Aufl., Berlin 1993, S. 453-458

Cisek, G.: Vision einer natürlichen Lebensarbeitszeit, in: *Marr, R.* (Hrsg.), Arbeitszeitmanagement, 2. Aufl., Berlin 1993, S. 39-57

Fauth-Herkner, A./Holenweger, T.: mobilZeit, in: Personalführung, 2/1996, S. 110-116

Förderreuther, R.: Beschäftigungspolitik im Bankbetrieb, Berlin 1977

Förderreuther, R.: Flexible Handhabung des Faktors Zeit, in: Personal, 7/1994, S. 304-307

Förderreuther, R.: Innovative Handlungsspielräume: Teilzeit und Karriere müssen sich nicht ausschließen, in: Personalführung, 1/1997, S. 42-47

Friedel-Howe, H.: Arbeitszeitflexibilisierung bei Führungskräften, in: *Marr, R.* (Hrsg.), Arbeitszeitmanagement, 2. Aufl., Berlin 1993, S. 413-424

Gottwald, C.: Banken specken Belegschaft ab, in: Süddeutsche Zeitung vom 9.4.1996, S. 16

Heinzel, U.: Das Voith-Modell, in: Personalführung, 10/1987, S. 647-653

Hemmer, E.: Personal- und Personalzusatzkosten 1995, in: Personal, 6/1996, S.292-296

Kutscher, J./Weidinger, M.: Bündnis für flexiblere und individuellere Arbeitszeiten, in Personalführung, 6/1996, S. 494-503

Marr, R. (Hrsg.): Arbeitszeitmanagement, 2. Aufl., Berlin 1993

Marr, R.: Chancen und Probleme einer Individualisierung der Arbeitszeit durch Zeitsparmodelle, in: *Marr, R.* (Hrsg.), Arbeitszeitmanagement, 2. Aufl., Berlin 1993, S. 161-176

Schramm, F./Schlese, M.: Beschäftigte wünschen auch in den Neunziger Jahren kürzere Arbeitszeiten, in: Personal, 11/1995, S. 571-576

Schuller, F.: Arbeitszeit bei der Hewlett-Packard GmbH, in: *Marr, R.* (Hrsg.), Arbeitszeitmanagement, 2. Aufl., Berlin 1993, S. 255-263

Then, W.: Die Evolution im System Arbeit, in: *Marr, R.* (Hrsg.), Arbeitszeitmanagement, 2. Aufl., Berlin 1993, S. 59-75

Weidinger, M.: Abschied von der „Zeitverbrauchskultur", in: Personalführung, 9/1995, S. 768-775

Wendland, C. von/Herden, S.: Lebensarbeitszeitkonten, unveröffentlichte Diplomarbeit, München 1996

Implikation der Agency-Theorie für die bankbetriebliche Entgeltpolitik

Prof. Dr. Henner Schierenbeck und
Dipl.-Vw. Torsten Arnsfeld, Universität Basel

Einleitung

Anreizsysteme stehen in den letzten Jahren vermehrt im Mittelpunkt des Interesses sowohl theoretischer und als auch praktischer Untersuchungen. Diese parallele Entwicklung ist eine Konsequenz der häufigen Trennung zwischen Eigentums- und Verfügungsmacht einerseits sowie der zunehmenden Dynamik und Komplexität der Anforderungen an eine moderne Bankführung andererseits. Daraus erwächst die Forderung, die traditionellen Kontroll- und Delegationsmechanismen grundsätzlich zu überprüfen und diese um moderne Vergütungskonzepte zu ergänzen bzw. zu substituieren.

Der Begriff der Vergütung wird aus Mitarbeiter- und aus Banksicht unterschiedlich gefüllt. Aus Mitarbeitersicht kann dieser charakterisiert werden als der durch die Bank zu befriedigende Anspruch auf angemessene Entschädigung für die geleistete Arbeit. Um diese Angemessenheit zu beurteilen, sollten einzig Leistung und Position des Mitarbeiters relevant sein. Es stellt sich die Frage nach einer adäquaten Evaluation dieser beiden Größen (Schierenbeck/Arnsfeld 1996).

Vergütung aus Sicht der Bank als reine Anspruchsbefriedigung (Personalkosten) zu betrachten, griffe zu kurz. Infolge der vielfältigen wissenschaftlichen Erkenntnisse muß die Remuneration vielmehr als Chance aufgefaßt werden, Mitarbeiterverhalten im Sinne der Ziele einer Bank zu beeinflussen und zu steuern. Es sind primär zwei theoretische Disziplinen – die sozialpsychologische Verhaltensforschung und die mikroökonomisch fundierte Agency-Theorie –, die bisher Wesentliches zum besseren Verständnis dieser Thematik beigetragen haben.

Gerade letztere hat in den vergangenen Jahren viele neue Erkenntnisse geliefert. Im Zentrum der Forschung steht dabei die Frage, durch welche Kontroll- und Anreizmechanismen die Handlungen der Führungskräfte (Agenten) auf die Ziele der Anteilseigner oder des Eigentümers (Prinzipal) auszurichten sind. Es gilt insbesondere Zieldivergenzen – differierende Nutzenfunktionen von Agent und Prinzipal – und Informationsasymmetrien zu überwinden.

Die folgenden Ausführungen sollen einen Eindruck darüber vermitteln, wie die Mikroökonomie die Frage nach geeigneten Anreizsystemen angeht, worauf ihre Ergebnisse beruhen und inwieweit diese auf den Bankbereich transformierbar sind. Den mannigfaltigen entscheidungstheoretischen Problemstellungen, wie etwa der Entscheidungskontrolle und Risikobeherrschung (Fama/Jensen 1983), der expliziten Risikoaufteilung (Horst et al. 1982), den Entscheidungen unter Unsicherheit und einer stets unterstellten bestimmten Risikoneigung des Entscheidungsträgers, kann hier nicht nachgegangen werden. Vielmehr ist es für einen ersten Schritt ausreichend, die Erkenntnis zu vermitteln, daß mit Hilfe von Risiko- und Leistungsprämien eine angemessene Risikoverteilung zwischen den zwei Parteien einer Delegationsbeziehung, dem Agenten und dem Prinzipal, erreicht werden kann.

1. Zur Agency-Theorie als Konsequenz der mikroökonomischen Entwicklung

Der Begriff der Prinzipal-Agenten-Theorie geht auf Ross zurück (Ross 1983). Sie befaßt sich mit der Problematik, wie der Prinzipal ein Vergütungssystem auszugestalten hat, damit er den Agenten dazu motivieren kann, sich in seinem Sinne zu verhalten. Dieses Unterfangen stellt nur deshalb ein Problem dar, weil die Prämisse der vollkommenen Information verworfen wurde. Der Prinzipal kann nicht länger (vollständig) beobachten, welche Anstrengungen der Agent bei seiner Arbeit unternimmt. Infolgedessen ist es bereits intuitiv einleuchtend, daß es nicht anreizoptimal sein kann, dem Agenten ausschließlich ein fixes Einkommen zu zahlen. Die Agency-Theorie zeigt des weiteren, daß der Prinzipal Verantwortung an den Agenten delegieren sollte. Denn selbst wenn der Prinzipal in der Lage wäre, die Handlungen des Agenten vollständig zu beobachten, wüßte er infolge der unterstellten Informationsasymmetrie immer noch nicht, ob die durchgeführten Aktivitäten die best möglichen waren. Schließlich berücksichtigt sie auch explizit unterschiedliche Risikopräferenzen zwischen Prinzipal und Agenten (Stiglitz 1992). Im folgenden soll daher zunächst das Grundproblem bei Risikoneutralität vorgestellt werden, bevor ausführlicher der realitätsnähere Fall der Risikoaversion diskutiert wird.

1.1 Problemstellung der Agency-Theorie

Das Standardproblem der Prinzipal-Agenten-Theorie wird als der Hidden-Action-Fall beschrieben. Grundlage bildet ein Vertrag zwischen einem (oder mehreren) Prinzipal(en) und einem Agenten. Der Prinzipal stellt einen Agenten ein mit dem Ziel, die Arbeit nicht selber verrichten zu müssen und trotzdem einen möglichst hohen Erfolg zu erzielen. Dieser ist sowohl vom deterministischen Arbeitseinsatz des Managers abhängig als auch von Zufallseinflüssen und aufgrunddessen stochastisch (Franke 1993). Es wird grundsätzlich eine positive Korrelation zwischen Arbeitseinsatz und Erfolg unterstellt. Daher bietet es sich an, die Remuneration des Managers an seinen Erfolg zu koppeln, um ihn bereits ex ante zu einem höheren Arbeitseinsatz zu motivieren. Zu beachten gilt es hierbei, daß der Nutzen des Managers positiv von seiner Entlohnung und negativ von seinem Arbeitseinsatz abhängt, mithin ein Zielkonflikt zwischen beiden Größen existiert.

Besteht nun die Bezahlung des Managers nur aus einem Festgehalt, dann hat dieser als rational handelndes Individuum konsequenterweise keinen Anreiz, sich über Gebühr anzustrengen. Ein erhöhter Arbeitseinsatz wirkt sich ausschließlich negativ auf seinen Nutzen aus, da der gesamte Erfolgszuwachs allein dem Prinzipal zugute kommt. Zahlt der Prinzipal hingegen einen Teil der Entlohnung leistungs- respektive erfolgsgebunden aus, so stellt diese simple Modifikation bereits einen ersten Lösungsansatz für das skizzierte Problem dar. Alternativ bietet es sich an, dem Agenten den gesamten Erfolg auszuzahlen und dem Prinzipal entsprechend einen deterministischen Betrag. Dadurch, daß in diesem Fall sämtliche Effekte einer Arbeitssteigerung internalisiert werden, wird der Manager diese gerade so wählen, daß sein Grenzleid aus zusätzlicher Arbeit exakt dem erwarteten Grenznutzen des Erfolgszuwachses entspricht (Shavel 1979; Holmström 1982; Grossmann/Hart 1983). Diese Extremlösung ist jedoch nur dann pareto-optimal, wenn der Manager risikoneutral ist. Ist dieser hingegen risikoavers, was insbesondere im Bankwesen eher der Realität entsprechen dürfte, dann sind einige Modifikationen vonnöten.

Zunächst gilt es jedoch prinzipiell zu untersuchen, inwieweit die Agency-Theorie es vermag, das Verständnis realer Delegationsbeziehungen zu verbessern und konkrete Handlungsempfehlungen für die (praktische) Anreizsystemgestaltung bereitzustellen, d.h., den Informationsstand für die Entscheidungsträger zu erhöhen. Für eine empirische Wissenschaft wie die Betriebswirtschaftslehre ist es von elementarer Bedeutung, daß die aus der Prinzipal-Agenten-Theorie abgeleiteten Erkenntnisse reale Valenz besitzen. Denn bereits Kosiol formulierte, daß eine solche Wissenschaft insbesondere zwei Erkenntnisziele verfolgt

(Kosiol 1964): ein theoretisches und ein pragmatisches. Der *normative* Agency-Ansatz dient in Anbetracht seiner realen Ansprüche wohl eher dem pragmatischen Wissenschaftsziel. Dieses strebt die Herstellung sozialwissenschaftlicher Theorien zur Lösung resp. „Bewältigung praktischer Lebensaufgaben" (Kosiol 1964, S. 744) an. Die normative Agency-Theorie greift diese Anforderungen auf und postuliert durchaus praxisnahe Applikationsmöglichkeiten (Arrow 1985; Eisenhardt 1989; Elschen 1991), die jedoch in der Literatur nicht ungeteilten Zuspruch finden (Laux 1990). Dem *positiven* Agency-Ansatz kann hingegen ein Beitrag zum theoretischen Wissenschaftsziel zugesprochen werden, d.h., ihm die Fähigkeit zur Erklärung realer betrieblicher Vertragsgestaltungen zu attestieren. In der Literatur wird gerade diese Eigenschaft oft als eigentliche Stärke der Agency-Theorie postuliert (Jensen 1983; Arrow 1985; Eisenhardt 1989; Laux 1990). Vor diesem Hintergrund scheint es unablässig, die Prinzipal-Agenten-Theorie auf den oben erwähnten Informationsgehalt und die empirische Valenz hin zu überprüfen. Zu diesem und dem oben genannten Zwecke sei das erweiterte Grundmodell (bei Risikoaversion) skizziert.

1.2 Das erweiterte Grundmodell bei Risikoaversion

Es gelten auch hier die vereinfachenden, dargestellten allgemein üblichen Annahmen der Agency-Theorie. Besondere Erwähnung soll in diesem Zusammenhang das von Spremann entwickelte „LEN-Modell" finden, das besonders in der deutschsprachigen Literatur vielfach Verwendung gefunden hat. Spremann unterstellt dabei eine lineare Produktionstechnologie und Belohnungsfunktion (L), eine exponentielle Risikonutzenfunktion (E) und einen normalverteilten Zustandsraum (N) (Spremann 1987 und 1988; Neuss 1989; Blickle-Liebersbach 1990). Der Prinzipal kann grundsätzlich zwar weiterhin das Arbeitsergebnis des Agenten, nicht aber dessen Leistungsverhalten beobachten. Wie bereits gesehen, kann infolgedessen ein Leistungsanreizsystem lediglich am Kooperationsoutput anknüpfen, der bei annahmegemäß unsicheren Erfolgserwartungen nur einen probabilistischen Rückschluß auf das Aktivitätsniveau des Agenten zuläßt. Prinzipal und Agent bilden das delegierte Ausführungsproblem in übereinstimmende Entscheidungsfelder (A, S, x) ab, mit einem Aktionsraum (A), einem Zustandsraum (S) und einem Kooperationsergebnis (x). Die Ergebnisfunktion lautet (Müller 1995):

(1) $x = x(a,s) = f(a) + S$

mit x =Ergebnis, Output

a =gewähltes, kardinal meßbares Anstrengungsniveau (Leistung) des Agenten

s =eingetretener Umweltzustand mit $s \in S$, wobei S eine $NV(0, \sigma^2 = 1)$ verteilte Zufallsvariable ist.

Die Aktion a wird allgemein als Leistungsniveau interpretiert (Holmström 1979; Rees 1985). Der Erwartungswert des Kooperationserfolges, E(x), ist – bei gegebener Varianz des Kooperationserfolges, σ^2 – eine monoton steigende und streng konkave Funktion des Leistungsniveaus a des Agenten (mit $dE(x)/da > 0$ und $d^2E(x)/da^2 < 0 \ \forall a$). Infolge der Normalverteilung der Umweltzustände ist auch der Erfolg x normalverteilt.

Die beiden **risikoaversen** Agency-Parteien maximieren die folgenden Bernoulli-Nutzenfunktionen (Blickle-Liebersbach 1990; Laux 1990):

(2) $U_A\,[B(x),a] = -\exp[-ß \cdot B(x)] - L(a)$

(3) $U_B\,[B(x)] = -\exp[-\alpha \cdot (x-B(x))]$

mit UA =Bernoulli-Nutzenfunktion des Agenten
UB =Bernoulli-Nutzenfunktion des Prinzipals
α =Arrow-Pratt-Maß der absoluten Risikoaversion des Prinzipals ($\alpha > 0$ bei Risikoaversion des Prinzipals)
ß =Arrow-Pratt-Maß der absoluten Risikoaversion des Agenten (ß > 0 bei Risikoaversion des Agenten)
L(a) =monetär gemessenes Arbeitsleid des Agenten (mit $dL(a)/da > 0$ und $d^2L(a)/da^2 > 0$)

(4) $B(x) = F + p \cdot x$

mit F =fester, risikounabhängiger Grundlohn
p =Prämiensatz, wobei $0 < p < 1$

(5) $a = a(p)$ mit $da(p)/dp > 0$

Für eine exponentielle Risikonutzenfunktion und eine normalverteilte Zielgröße sowie unter expliziter Beachtung der Linearität der Belohnungsfunktion (4) lassen sich mit Hilfe des Sicherheitsäquivalentes (SÄ) die Zielfunktionen von Agent und Prinzipal operational schreiben als:

(6) $SÄ_A[B(x),a] = SÄ[B(x)] - L(a)$

$$= p \cdot E(x) + F - \frac{\beta}{2} \cdot p^2 \cdot \sigma^2 - L(a)$$

(7) $SÄ_p[x-B(x)] = (1-p) \cdot E(x) - F - \frac{\alpha}{2} \cdot (1-p)^2 \cdot \sigma$

Die vollständige Problemstellung des Prinzipals lautet nun:

(8) $SÄ_A[x-B(x)] = (1-p) \cdot E(x) - F - \frac{\alpha}{2} \cdot (1-p)^2 \cdot \sigma^2 \dashrightarrow \underset{a,p,F}{\text{Max!}}$

unter den Nebenbedingungen

(9) $SÄ_A[x-B(x),a] = p \cdot E(x) + F - \frac{\beta}{2} \cdot p^2 \cdot \sigma^2 -- L(a) > U_{AMin}$

und

(10) $\frac{\delta SÄ_A\,[B(x),a]}{\delta a} = p \cdot \frac{dE}{da} - \frac{dL}{da}$

Das Problem des Prinzipals besteht in der Determinierung eines optimalen Aktivitätsniveaus a und – aufgrund der Linearität von (4) – der optimalen Fixierung der Parameter p und F. Mit der „Partizipationsbedingung" (9) internalisiert der Prinzipal die Restriktion, daß der Agent nur solche Anreizverträge akzeptiert, die ihm einen Mindestnutzen U_{AMin} garantieren. Mit der Anreizbedingung (10) antizipiert er überdies, daß der Agent – bei mangelnder Verhaltensbeobachtbarkeit durch den Deligierenden – stets jenes Aktivitätsniveau a_{ha} wählen wird, für das das Sicherheitsäquivalent des Mitarbeiters $SÄ_A[B(x), a]$ maximal ist.

Im Hidden-Action-Fall – Index ha – erweist sich nach Lösung eines einfachen Lagrange-Ansatzes als optimal:

$$(11)\ p_{ha} = \frac{\frac{dE(x)}{dp} + \alpha \cdot \sigma^2}{\frac{dE(x)}{dp} + \alpha \cdot \sigma^2 + \beta \cdot \sigma^2}$$

$$(12)\ F_{ha} = U_{AMin} + L(a_{ha}) + \frac{\beta}{2} \cdot p^2_{ha} \cdot \sigma^2 - p_{ha} \cdot E(x(a_{ha}))$$

Ist nun der Agent risikoavers (ß > 0) – eine für den durchschnittlichen Bankmitarbeiter durchaus realistische Annahme –, dann hat p_{ha} eine **Risikoteilungs**- und eine **Motivationsfunktion,** da der Prämiensatz sowohl von den relativen Risikopräferenzen der beiden Agency-Parteien – α und ß – zueinander als auch von dem erwarteten Grenzerfolg in bezug auf den Prämiensatz, dE(x)/dp, abhängt. Als Fixum F_{ha} wird dem Agenten genau sein Reservationslohn U_{AMin} ausbezahlt, die Entlohnung seines Arbeitsleides $L(a_{ha})$ und seine Risikoprämie $ß \cdot p_{ha}^2 \cdot \sigma^2 /2$ abzüglich der erwarteten optimalen Prämie p · E(x). Der Grundlohn F_{ha} hat eine reine **Ausgleichsfunktion,** die dafür sorgt, daß der Agent nicht eine höhere Bezahlung, erhält als er als Minimum beim optimalen Leistungsniveau a_{ha} verlangt. Vergleichbare Ergebnisse finden sich etwa auch bei Ruhl (1990), Spremann (1988) oder Neuss (1989).

Der Trade-off zwischen dem Motivations- und dem Risikoteilungsziel wird anschaulich, wenn man die Varianz des Erfolgs α^2 ceteris paribus variiert: Wird das Risiko vernachlässigbar klein (lim α^2 -> 0), so ergibt sich ein allein unter dem Motivationsgesichtspunkt gestalteter Prämiensatz von p_{ha} = 1. Je größer jedoch die Wahrscheinlichkeit des Risikoeinflusses wird, desto wichtiger wird auch das Risikoteilungs- im Vergleich zum Motivationsziel des Prämiensatzes. Im Extremfall (lim α^2 -> ∞) dient der Prämiensatz allein der Teilung des Erfolgsrisikos, da der Agent hier das nach Maßgabe der Informationsasymmetrie niedrigstmögliche Aktivitätsniveau wählt.

Der optimale Prämiensatz p_{ha} ist ceteris paribus umso größer, je höher das Arrow-Pratt-Risikomaß a des Prinzipals respektive je kleiner das Arrow-Pratt-Risikomaß ß des Agenten bzw. je größer der erwartete Grenzerfolg in bezug auf den Prämiensatz, dE(x)/dp ist (Müller 1993; Ruhl 1990). So sich der Prinzipal einer first-best-Situation der vollkommenen Beobachtbarkeit aller Modellelemente – d.h. aller Handlungsalternativen und Umweltzustände sowie der Ziel- und Ergebnisfunktion des Agenten – gegenübersähe, Index fb, würde sein Optimierungsproblem durch die Gleichungen (8) und (9) vollständig beschrieben sein. Mittels eines „forcing contracts" kann der Prinzipal sich in diesem Fall vollständig vor Minderleistungen schützen, da gemäß dieses Vertrages nur dann eine Auszahlungsverpflichtung der vertraglich fixierten Belohnung in Höhe von $B_{fb}(x(a_{fb}))$ besteht, wenn die vereinbarte Leistung a_{fb} auch tatsächlich erbracht worden ist. Andernfalls wird keine Belohnung fällig, sondern höchstens eine Vertragsstrafe. Der first-best-optimale Prämiensatz hat hier mithin keine Anreiz-, sondern lediglich eine Risikoallokationsfunktion. In der first-best Lösung genügt a_{fb} der Bedingung dE(x(a))/da = dL(a)/da. Weiterhin ergibt sich: $p_{fb} = a/(a+ß)$ und $F_{fb} = U_{AMin} + L(a_{ha}) + ß/2 \cdot p_{ha}^2 \cdot \alpha^2 - p_{ha} \cdot E(x)a_{ha}$. Analoge first-best-optimale Prämiensätze erzielen bspw. Rees (1985), Laux (1990) sowie Blickle-Liebersbach (1990). Die Differenz zwischen dem höheren Sicherheitsäquivalent des Prinzipals in der first-best-Situation und dem niedrigeren im Hidden-Action-Fall wird als **Agency-Costs** bezeichnet.

Soll die Prinzipal-Agenten-Theorie, wie oben gefordert, dazu dienen, betriebliche Anreizmechanismen erklären und optimieren zu helfen, dann sind – wie erwähnt – die ihr zugrundeliegenden empirischen Hypothesen auf ihren Informationsgehalt und ihre faktische Wahrheit hin zu überprüfen (Müller 1995). Denn sind die der logisch wahren Deduktion zugrundeliegenden Aussagen nicht hinreichend bezüglich dieser Anforderungen, so werden die abgeleiteten Aussagen kaum einen höheren informativen Gehalt aufweisen (können).

Drei Klassen von Annahmen der Agency-Theorie sollen daher im folgenden beispielhaft untersucht werden:

(1) Annahmen über das Arbeitsverhältnis
(2) Annahmen über die Information
(3) Annahmen über das Arbeitsverhalten.

2. Zu den (impliziten) Annahmen der Agency-Theorie

2.1 Die Annahmen über das Arbeitsverhältnis

Die Prinzipal-Agenten-Theorie setzt (implizit) voraus, daß Vergütungssysteme als Bestandteil von vollkommen spezifizierten Arbeitsverträgen gebildet werden. Entsprechend dieser Sichtweise erwirbt der Prinzipal Verfügungsrechte an exakt definierten Dienstleistungsströmen des Agenten, d.h., an dessen Aktivitätsniveau, das als kardinal meßbar (Ruhl 1990; Laux 1990) und rechtlich durchsetzbar (Baiman 1984) angenommen wird. Mit dem Zeitpunkt des Vertragsabschlusses in t_0 ist somit der gesamte Verlauf der Kooperation für eine determinierte Periode (z.B. t_0 bis t_2) festgelegt, die zu allen späteren Zeitpunkten lediglich vollzogen wird. In t_1 wählt der Agent seine Arbeitsintensität in Abhängigkeit von der in t_2 erwarteten Vergütung. In t_2 wird er nach Maßgabe der Höhe der (annahmegemäß von beiden beobachtbaren) Erfolgsbemessungsgrundlage x entlohnt. Prinzipal und Agent lösen somit alle denkbaren Vertragsprobleme ex ante in Verhandlungen, so daß Arbeitsverträge aus Sicht dieser Theorie „self-enforcing" (Müller 1995) sind.

Behauptete man allgemein die vollkommene Spezifikation von Arbeitsverträgen, so würde diese Hypothese infolge ihrer Universalität und hohen Präzision einen enormen Informationsgehalt aufweisen. Indes dürfte in nahezu allen Fällen die Nebenbedingung der faktischen Wahrheit verletzt sein, was bei den derzeit existenten Arbeitsverträgen zweifelsohne der Fall ist. Einen Lösungsweg aus diesem Dilemma scheint die explizite Formulierung und Vereinbarung von Leistungszielen zwischen Prinzipal und Agenten zu bieten (Schierenbeck/Arnsfeld 1996).

Zunächst limitiert die nur endliche Informationsaufnahme, -verarbeitungs- und -speicherkapazität von Menschen und deren beschränkte Voraussicht in die Zukunft, die Vereinbarungsfähigkeit konkret zu erbringender Arbeitsinputs in Arbeitsverträgen. Vorstellbar wäre eine solch vollkommene Voraussicht vielleicht bei einer akkordfähigen Aufgabe, bei der Leistungsin- und -output vollständig miteinander korreliert sind und sich das Ergebnis in einer einzigen Größe abbilden läßt, z.B. Stückzahl pro Zeiteinheit. Doch realiter sind Arbeitsaufgaben, im besonderen Maße Dienstleistungen zumeist nicht akkordfähig. Die Mehrdimensionalität insbesondere der komplexen Bankdienstleistung und die damit einhergehende Mehrschichtigkeit ihrer Messung stellen dabei weniger ein Problem dar (Schierenbeck/Arnsfeld 1996). Vielmehr unterliegen nicht nur die Entscheidungen des Agenten über sein Aktivitätsniveau, sondern bereits die Vereinbarungen von Prinzipal und Agent dem Problem unsicherer Erwartungen. Infolge der ständig neuen Entscheidungen des Agenten während der Vertragsdurchführung – z.B. über Reihenfolge, Schnelligkeit oder Qualität seiner Verrichtung – ist es dem Prinzipal (bisher) kaum möglich, für alle denkbaren Fälle des Eintritts von Umweltzuständen sämtliche wahrscheinliche Entscheidungsprobleme des Agenten (und dessen zukünftigen Wissensstand) zu antizipieren, diese ex ante in der von ihm gewünschten Weise zu entscheiden, und die Ergebnisse (als Resultate dieser Entscheidungen) als Vertragsbestandteil zu benennen.

Aber selbst wenn die Aushandlung eines solch **perfekten Konditionalvertrages** ausnahmsweise gelänge, d.h., nicht an der beschränkten Rationalität und Vorhersehbarkeit scheitern würde, so wäre sie wohl bei den derzeit existenten Arbeitsverträgen kaum sinnvoll. Denn die Kosten der Vereinbarung dürften die im Gegensatz dazu mit einer geringeren Spezifizierung verbundenen Optimalitätsverluste in der Regel weit übersteigen. Deshalb bietet es sich gerade an, lediglich Leistungsziele zu vereinbaren und den Weg der Leistungsrealisation allein dem Agenten zu überlassen.

Realiter erwirbt der Prinzipal mit dem Arbeitsvertrag bisher keine Verfügungsrechte an konkreten Dienstleistungströmen, sondern lediglich am Arbeitsvermögen (einem bestimmten Tätigkeitstypus) des Agenten (Nutzinger 1978). Verträge dieser Art sind mithin nicht self-enforcing. Dem Prinzipal stellt sich somit das Problem der Durchsetzung seiner erworbenen **Property Rights** (Eigentumsrechte), d.h., dem Agenten geeignete Verhaltensnormen vorzugeben und deren Einhaltung zu kontrollieren.

Wenn es in der Realität jedoch Gründe gibt, die dem Abschluß „perfekter“ Arbeitsverträge zu wider laufen, so müssen prinzipiell auch die Kosten zur Durchsetzung von Arbeitsverträgen, die **Monitoring Costs** (Jensen/Meckling 1976), beachtet werden, von denen die Agency-Theorie, aufgrund der Annahme der vollkommenen Spezifikation, (konsequenterweise) abstrahiert. Es ist sofort einleuchtend, daß in einem Modell, welches diese Kosten berücksichtigt, eine ständige Beobachtung nicht mehr first-best sein kann. Der kostenoptimale Grad der Verhaltenskontrolle würde dann wohl stets (erheblich) unterhalb der perfekten Beobachtbarkeit des Arbeitsverhaltens liegen.

2.2 Die Informationsprämissen

Da die Bedeutung der Unvollkommenheit und der Informationsasymmetrie in Agency-Beziehungen stets betont wird, verdient die Untersuchung ihrer Relevanz besondere Beachtung. Der oben beschriebene Standardfall der Hidden Action stellt dabei – wie dargelegt – nur ein mögliches Informationsasymmetrie-Szenario dar. Die Informationsvorteile des Agenten können sich – neben seiner Leistung – auf alle relevanten Elemente des Entscheidungsmodells beziehen. Dem Prinzipal können – bei zusätzlicher zeitlicher Differenzierung zwischen t_0, t_1 und t_2 – folgende Informationen (I) fehlen (Müller 1993):

a) Informationen über individuelle Eigenschaften des Agenten
   - Elemente der Zielfunktion des Agenten
   - die Risikonutzenfunktion U_A (I_1)
   - der Reservationsnutzen U_{AMin} (annahmegemäß stets bekannt)
   - die Produktivität des Agenten, als Ergebnisfunktion (I_2)
   - die Reaktionsfunktion a (annahmegemäß stets bekannt)

b) Informationen des Agenten im Zeitpunkt des Vertragsabschlusses (t_0)
   - Kenntnis (aller) entscheidungsrelevanter Handlungsalternativen, da die Aktionenräume in den Entscheidungsfeldern von Prinzipal und Agent in t_0 differieren (I_3)

Typ / Vergleichskriterium	hidden characteristics	hidden intention	hidden information	hidden action
Entstehungszeitpunkt	vor Vertragsabschluß	vor oder nach Vertragsabschluß	nach Vertragsabschluß, vor Entscheidung	nach Vertragsabschluß, nach Entscheidung
Entstehungsursache	ex-ante verborgene Eigenschaften des Agenten	ex-ante verborgene Absichten des Agenten	nicht beobachtbarer Informationsstand des Agenten	nicht beobachtbare Aktivitäten des Agenten
Problem	Eingehen der Vertragsbeziehung	Durchsetzung implizierter Ansprüche	Ergebnisbeurteilung	Verhaltens-(Leistungs-)beurteilung
Resultierende Gefahr	adverse selection	hold up	moral hazard/ adverse selection	moral hazard/ shirking
Lösungsansätze	signaling screening self selection	signaling reputation	Anreizsysteme Kontrollsysteme self selection (reputation)	Anreizsysteme Kontrollsysteme (reputation)

Abb. 1: Typen asymmetrischer Informationsverteilung

- exaktere Kenntnis der entscheidungsrelevanten Wahrscheinlichkeitsverteilungen über die Ergebnisse bzw. die Umweltzustände, da die erwarteten Verteilungsfunktionen von Prinzipal und Agent sich in t_0 unterscheiden (I_4)

c) Informationen des Agenten im Zeitpunkt seiner Leistung (t_1)
- (I_5) analog zu I_3 nur hier zum Zeitpunkt t_1
- (I_6) wie I_4 jedoch auch hier zum Zeitpunkt t_1

d) Informationen des Agenten über die Realisation des Entscheidungsprozesses (zwischen t_1 und t_2)
- Kenntnis der tatsächlich getroffenen Entscheidung (I_7)
- Kenntnis des eingetretenen Umweltzustandes (I_8)

Die Menge der relevanten Informationen enthält acht Elemente ($I_1 - I_8$), da der Prinzipal in fast allen Agency-Modellen am Ende der Kooperationsperiode – in t_2 – den Erfolg x eindeutig beobachten kann und er auch stets die Reaktionsfunktion (5) des Agenten und dessen Reservationsnutzen U_{AMin} kennt (Müller 1995). Werden für jede dieser möglichen Informationen zwei Zustände unterschieden, „Information liegt dem Prinzipal vor" (Informationssymmetrie) und „Information liegt dem Prinzipal nicht vor" (Informationsasymmetrie), so resultieren insgesamt $2^8 = 256$ verschiedene Informationsverteilungskonstellationen. Jede dieser Konstellationen beinhaltet einen potentiellen Interessenskonflikt und verlangt infolgedessen gegebenenfalls nach einem speziellen Anreizsystem. Zwischen den beiden Lösungsextrema der vollständigen Informationssymmetrie bzw. -asymmetrie müssen die Standard-Probleme der Hidden-Action (moral hazard, d.h., Informationsasymmetrie bei I_7 und I_8), der Hidden-Information (adverse selection, d.h., Informationsasymmetrie bei $I_3 - I_6$) und der Hidden-Characteristics (Informationsasymmetrie bei I_1 und I_2) angeordnet werden. Diese Ansätze werden üblicherweise getrennt voneinander untersucht, was die theoretische Analyse zwar vereinfacht, deren praktische Relevanz indes stark vermindert. Abbildung 1 gibt einen Überblick über die zentralen Typen der Informationsasymmetrie (Breid 1995; Dietl 1991; Strong/Walker 1987).

Beim Typ der Hidden-Information ist der Prinzipal nun im Gegensatz zum Hidden-Action-Fall in der Lage, das Aktivitätsniveau des Agenten vollständig zu beobachten. Der Agent verfügt hingegen im Zeitpunkt der Entscheidung über einen Informationsvorsprung, den er zu einer für sich nutzenmaximierenden Entscheidung ausnutzen kann, es mithin zum Problem des 'moral hazard' kommt (Kiener 1990; Hartmann-Wendels 1989; Wenger/Terberger 1988). Informationsvorsprünge des Agenten resultieren aus der Kenntnis einer größeren Anzahl von Entscheidungsalternativen oder einer genaueren Vorstellung der Wahrscheinlichkeitsverteilung der relevanten Umweltzustände und/oder auf Erkenntnisse aus langfristigen Kooperationsbeziehungen, die sich durch Lerneffekte noch verstärken können. Von einem Hidden-Characteristics-Problem wird gesprochen, wenn dem Prinzipal vor Eingehen der Vertragsbeziehungen relevante Eigenschaften des Agenten, wie etwa Begabung oder Risikopräferenz verborgen bleiben (Picot 1991). Hidden-Intention muß zwischen den beiden zuletzt genannten Typen der Informationsasymmetrie eingeordnet werden. Es handelt sich hierbei nicht bzw. nicht ausschließlich um einen Kenntnisvorsprung hinsichtlich entscheidungsrelevanter Information, sondern um einer Partei bis zum Entscheidungszeitpunkt verborgene Verhaltensmerkmale der anderen Partei, die aber im Gegensatz zur Hidden-Characteristics-Problematik deren Willen unterliegen, wie z.B. Kulanz oder Fairneß (Dietl 1991; Weston et al. 1990; Alchian/Woodward 1987 und 1988). Diese Abgrenzungsschwierigkeiten haben unter anderem dazu geführt, daß Hidden-Intention-Probleme in der Agency-Diskussion (bislang) keine Berücksichtigung erfahren. Ihre Bedeutung liegt vielmehr in der Analyse der Beziehungen zu Stakeholdern mit nur impliziten Ansprüchen an die Unternehmung. Das Risiko des hold-up ergibt sich daraus, daß die Stakeholder irreversible Entscheidungen eingegangen sind, deren Erfolgswirkungen vom Verhalten der Bank (Unternehmung) abhängen, welches seinerseits wiederum durch die jeweiligen Umweltzustände und verfügbaren Informationen determiniert wird. Für die Stakeholder besteht nun die Gefahr, daß die Entscheidungsträger in der Bank den nicht explizit vorgegebenen Verhaltensspielraum bei der Erfüllung der impliziten Ansprüche zu Lasten der Stakeholder ausnutzen, da aufgrund der Unsicherheit über die Zukunft kaum alle denkbaren Entwicklungen der Kooperationsbeziehung ex ante geregelt werden können. Das hold-up muß nicht notwendigerweise durch Opportunismus verursacht sein, es kann auch aufgrund mangelnder Kommunikation oder nur partiell relevanter Umwelteinflüsse auftreten (Breid 1995).

2.3 Die Verhaltensprämissen

Grundsätzlich muß sich eine Theorie über Anreizsysteme auf empirisch gehaltvolle Hypothesen über das Arbeitsverhalten und die Leistungsmotivation stützen und Aussagen darüber liefern, von welchen Zielen sich die Arbeitnehmer bei ihrer Arbeitsausführung leiten lassen und welche Resultate oder Rahmenbedingungen sie als Belohnung – bzw. Bestrafung – empfinden. Die Prinzipal-Agenten-Theorie legt als Verhaltenshypothese – der allein von Geldeinkommen und Leistungshöhe abhängigen Bernoulli-Nutzenfunktion (2) – eine Reaktionsfunktion (5) zugrunde, nach der ein Agent nur dann Leistungen erbringt, wenn er eine positive Prämie auf das von ihm erwirtschaftete Ergebnis erhält. Mitarbeiter verfolgen deshalb bei der Wahl ihres Aktivitätsniveaus ausschließlich die Maximierung ihrer variablen monetären Belohnungen $p \cdot x$, so daß die fixen Prämiengrundlöhne F keinerlei Leistungsanreize bieten. Wenn der Prinzipal in einer moral hazard-Situation über keinerlei Möglichkeit der Verhaltensbeobachtung verfügt, dann senkt der Agent (ohne zusätzlichen finanziellen Anreiz) nach Maßgabe seiner Reaktionsfunktion sein Leistungsniveau auf Null. Entsprechend wird vollkommene Kontrolle – wie dargestellt – in diesem Fall als first-best-Lösung abgeleitet. Es sind also Anreizverträge vonnöten, um das unmoralische Verhalten des Mitarbeiters zu beschränken.

Durch die Limitierung auf Geld als einziges Handlungsmotiv des Mitarbeiters, unterstellt die Agency-Theorie ein ähnlich restriktives Verhaltensmuster wie die neoklassische Theorie mit ihrem homo oeconomicus: dem Opportunisten, der sich immer und überall vor seiner Arbeit drückt, wenn er einen unbeobachteten Verhaltensspielraum vorfindet. In dieser Allgemeinheit verfügt die Opportunismus-Hypothese über einen enormen Informationsgehalt. Da diese Annahme den Erfahrungen des realen Lebens oft zu wider läuft ist es wichtig, sich der Restriktion ihrer Aussagekraft bewußt zu sein.

Der (normative) Prinzipal-Agenten-Ansatz wird, will er die Adäquanz seiner Erklärungen herbeiführen, nicht umhin kommen, die Nutzenfunktion des Agenten genauer zu spezifizieren. In der Literatur wird in diesem Zusammenhang auch von „öffnen“ gesprochen (Blickle-Liebersbach 1990). Eine solche Vorgehensweise ist jedoch immer mit dem Problem konfrontiert, daß es bisher keinen verbindlichen Kanon der Motivationsforschung (Wiswede 1980) gibt und damit die Gefahr in Verzug ist, daß Präferenzen und Verhaltensannahmen ad hoc, d.h., nicht unabhängig vom zu erklärenden Sachverhalt formuliert werden (Tietzel 1985). Ein weiteres Problem resultiert aus der erheblichen formalen Komplexität, die sich aus einer solchen Spezifikation ergäbe.

Daß indes eine Anreizdifferenzierung unablässig ist, zeigt das Problem der Anreizrelevanz (Schierenbeck/Arnsfeld 1996). Selbst wenn man Geld eine große und vielleicht sogar die größte Anreizwirkung attestiert, so ist deren Anreizintensität zweifelsohne individuell unterschiedlich und nimmt sicherlich mit zunehmendem Verdienst – abnehmender Grenznutzen des Geldes – ab. Darüber hinaus differiert auch die Valenz der einzelnen Anreizarten (extrinsische sowie intrinsische) von Mitarbeiter zu Mitarbeiter. Eine Theorie, die relevante Aussagen zur praktischen Ausgestaltung von Anreizsystemen machen möchte, muß deshalb die Ergebnisse der Empirie internalisieren. Ansonsten kann sie nur einen bescheidenen Beitrag zum Verständnis und zur Lösung des Problems leisten.

Abb. 2 gibt einen zusammenfassenden Überblick über die aufgezeigten Interessendivergenzen und nennt einige Mechanismen zu ihrer Beseitigung im Rahmen der Prinzipal-Agenten-Theorie (Holmström 1979; Antle/Eppen 1985; Lambert 1986; Holmström/Ricart i Costa 1986; Ewert 1992). Es wird deutlich, daß sich neben den aus Investitionsalternativen resultierenden finanziellen Konsequenzen für die Entscheidungsträger auch die Wirkungen auf ihre Reputation und Karrierechancen sowie die investitionsbedingten Nutzenzuwächse aus nicht-monetären Nebeneinkünften (Milgrom/Roberts 1992) als Ursachen für nicht unternehmenszielkonformes Entscheidungsverhalten formal in agencytheoretischen Modellen abbilden lassen (Antle 1990; Kirby et al. 1991; Ewert 1992).

3. Zu den Applikationsmöglichkeiten der Agency-Theorie

3.1 Anwendungsgebiete in der betriebswirtschaftlichen Theorie

Die Fülle der Beiträge in der betriebswirtschaftlichen Literatur zeugt von einem breiten wissenschaftlichen Interesse und impliziert eine Vielzahl von Anwendungsmöglichkeiten (Laux 1988a und 1988b; Albers 1995). Wie oben gezeigt wurde, ist der generelle Gegenstand der Agency-Forschung die Analyse und Gestaltung von Auftragsbeziehungen zwischen einem Prinzipal (Auftraggeber) und einem Agenten (Beauftragten, Auftragnehmer), in denen

- ein Zielkonflikt zwischen Auftraggeber und -nehmer besteht oder bestehen kann, weil beide Parteien im Eigeninteresse handeln, also „opportunistische Ziele“ verfolgen;

Ansätze / Vergleichskriterium	Holmström (1979)	Lambert (1986)	Holmström/ Ricart i Costa (1986)	Antle/ Eppen (1985)	Ewert (1992)
Informationsasymmetrie: Typ	• hidden action	• hidden action • hidden information	• hidden action • hidden characteristics	• hidden action	• hidden action • hidden characteristics
Entstehung	• exogen	• Informationsbeschaffung duch Agenten (endogen)	• exogen	• exogen	• Informationsbeschaffung duch Agenten (endogen)
Gegenstand	• Aktivitätsniveau des Agenten	• Ergebnisverteilung	• Fähigkeiten des Agenten	• Investitionsrendite	• Ergebnisverteilung
Ursache für Interessendivergenzen	• Arbeitsaversion	• Arbeitsaversion • Risikopräferenzen (finanz. Vermögen)	• Risikopräferenzen (finanz. Vermögen) (Humanvermögen)	• Streben nach organizational slacks (fringe benefits)	• Arbeitsaversion • Streben nach fringe benefits
Interessenharmonisierung über	• rein erfolgsabhängiges Entlohnungssystem	• self selection auf Basis von Eintrittswahrscheinlichkeiten für Ergebnisse • Steuerung über „cut-off" Wahrscheinlichkeiten	• Entlohnung als Option auf den Marktwert des Humanvermögens • Steuerung über Kapitalrationierung	• self selection auf Basis von Investitionsrenditen • Kapitalrationierung über Mindestrenditevorgaben	• kombinierte, lineare Entlohnungsfunktion auf Basis des Lücke-Theorems • Kalkulationszinssatz als Steuerungsparameter

Abb. 2: Lösungsansätze für bestimmte Informationsasymmetrien

- es vom Prinzipal nicht unmittelbar zu beobachtende Entscheidungsunsicherheiten des Agenten über die Resultate dessen Handeln gibt, da Umweltbedingungen sichere Prognosen nicht zulassen.
- die Beurteilung des Verhaltens des Agenten durch den Prinzipal nicht durchgängig möglich ist, weil dieser Informationsdefizite über das Verhalten, insbesondere über das Anstrengungsniveau des Agenten hat.

Wie bereits dargelegt wurde, sind ausschließlich explizite Verhaltensnormen für den Agenten inoptimal, da der notwendige Informations-, Planungs- und Qualifizierungsaufwand für den Prinzipal so hoch ist, daß der Wert der gesamten Entscheidungsdelegation und damit der Wert der Agency-Beziehung an sich in Frage gestellt würde. Implizite Verhaltensnormen sind daher elementarer Bestandteil der ausgehandelten Kontrakte. Infolge der Informationsasymmetrie zwischen den beiden Vertragsparteien und den damit auftretenden Problemkreisen der Hidden-Information, Hidden-Action sowie Hidden-Characteristics muß der Prinzipal diesem bereits bei der Vertragsausgestaltung Rechnung tragen. Er kann dies einerseits durch den Ausbau zusätzlicher Informations- und Kontrollsysteme sowie einer stärkeren Bindung des Anreizsystem an das Verhalten des Agenten umsetzen und andererseits mittels einer direkten Verknüpfung von Ergebnis und Entlohnung.

Eine interessante Untersuchung, die letztere Umsetzungsmöglichkeit aufgreift, ist die von Albers (Albers 1995) hinsichtlich des optimalen Verhältnisses zwischen fixem Basisgehalt und variabler leistungsabhängiger Entlohnung bei Verkaufsaußendienstmitarbeitern (VADM). Dieser Berufszweig eignet sich für eine Analyse der Agency-Problematik ausgezeichnet, da in diesem „traditionell" der variable Vergütungsanteil an der Gesamtvergütung mit 30 % und mehr verglichen mit anderen Branchen sehr hoch ist (Ford et al. 1985). Über den variablen Vergütungsanteil, so hat die Praxis gezeigt, lassen sich Anreize (in diesem Berufszweig) am besten generieren und steuern. Nicht nur aufgrund dessen scheint es unabdingbar, auch die Gewichtung der Remuneration bei Bankmitarbeitern ähnlich zu gestalten (Schierenbeck/Arnsfeld 1996).

Die Prinzipal-Agenten-Theorie hat für den VADM Entscheidungsmodelle entwickelt, aus denen sie konkrete Kombinationen für fixes Basisgehalt und Provisionseinkommen ableiten (Basu et al. 1985; Lal/Srinivasan 1993). Demnach sollte der Anteil des Provisionseinkommens um so geringer gewählt werden, je höher das Risiko für den VADM ist, je risikoaverser er eingestellt ist und je höher die Elastizität des Nutzenentgangs in bezug auf seine Arbeitszeit sowie die Effektivität seiner Verkaufsanstrengung ist. Allerdings zeigen empirische Ergebnisse, daß Unternehmen sich in diesem Fall nicht immer an die Empfehlungen der Wissenschaft halten (Coughlan/Narasimham 1992, Krafft 1994). Albers analysiert die Ursachen für diese Diskrepanz, schlägt Modifikationsmöglichkeiten für die Theorie vor und leitet daraus neue Erkenntnisse ab. So kann das Unternehmen (Prinzipal) bei einer gering empfundenen Unsicherheit das Risiko sehr stark auf den VADM (Agent) verlagern, indem es ihm einen Kontrakt offeriert, der das Unternehmen im Extremfall am Umsatz selbst nichts mehr verdienen läßt, es aber im Gegenzug eine Art Franchise-Gebühr vom VADM kassiert. Neu an dieser Erkenntnis ist lediglich die explizit betrachtete Risikoaversion der Mitarbeiter, da die Franchise-Lösung bereits bei Risikoneutralität als first-best Lösung herausgearbeitet wurde.

Wie könnte infolgedessen ein leistungsorientiertes Vergütungssystem im Bankbereich aus Sicht der Agency-Theorie unter Berücksichtigung der verhaltenstheoretischen Erkenntnisse (motivationale Wirkung des Geldes) aussehen? Geht man von der Prämisse zumeist risikoaverser Bankmitarbeiter aus, muß das Gehalt aus zwei Komponenten, einem fixen Basisgehalt und einem leistungsabhängigen Anteil, bestehen. Das fixe Basisgehalt sichert die Partizipation des Mitarbeiters. Die leistungsabhängige Komponente ist derart auszugestalten, daß sie eine optimale Zielerreichung im Sinne der Gesamtbank garantiert (Schierenbeck/Arnsfeld 1996). Der Aufsplittungsgrad zwischen beiden Komponenten ist insbesondere von der Risikoneigung des Mitarbeiters abhängig, wobei zwei Restriktionen Rechnung zu tragen ist. Zum einen muß der variable Anteil spürbar sein, d.h., mindestens 20 % der Gesamtvergütung ausmachen, damit eine (positive) Motivationswirkung erzielt werden kann (Motivationsrestriktion). Zum anderen darf der Anteil des fixen Basisgehaltes nicht höher als bei der Konkurrenz liegen (Marktrestriktion), da ansonsten die Gefahr eines eventuell unerwünschten Zulaufes risikoaverser Mitarbeiter der Konkurrenzinstitute bestünde (Schierenbeck 1997; Schierenbeck/Arnsfeld 1996).

In diesem Zusammenhang weist Pfingsten bei der genauen Ausgestaltung eines Vergütungssystems nach, daß eine „faire“ Bezahlungsfunktion linear sein muß. Eine Auszahlungsfunktion muß dieser Eigenschaft deshalb genügen, da sie ansonsten nicht von allen Mitarbeitern akzeptiert würde und sich dies motivationshemmend und kontraproduktiv auswirkte. Pfingsten verwendet bei seinem Nachweis Grundlagen der Theorie des „surplus sharing", die als komplementär zur Prinzipal-Agenten-Theorie angesehen werden kann (Pfingsten 1991 und 1995; Moulin 1987)

Somit ist zu konstatieren, daß die wesentliche Bedeutung der ökonomischen Prinzipal-Agenten-Theorie in ihrer informationsökonomisch und entscheidungstheoretisch fundierten Analyse der Bestimmungsgrößen von Koordinations- und Delegationsproblemen liegt. Banken können als System von interdependenten Agency-Beziehungen aus streng rationalen Individuen mit individueller Zielsetzung interpretiert werden. Vorhandene Informationsasymmetrien limitieren die Kontrollmöglichkeiten und betonen die Notwendigkeit positiver Verhaltensanreize. Die Applikation finanzieller Anreizsysteme macht Kontrollen aber nicht redundant. Neben den mit einer Kontrolle verbundenen Verhaltenswirkungen ist zu berücksichtigen, daß selbst motivierte Entscheidungsträger Fehlentscheidungen treffen können, die mittels Kontrollen aufgedeckt werden müssen. Darüber hinaus dienen Kontrollen dazu, die von Anreizsystemen ausgehenden Verhaltenswirkungen zu überwachen und die jeweiligen Ausprägungen der Bemessungsgrundlagen, die in die Entlohnungsfunktion eingehen, zu verifizieren (Breid 1995; Laus/Liermann 1993).

3.2 Kritische Analyse praktischer Anwendungsmöglichkeiten

Wäre eine Unternehmung in ein System vollkommener Märkte eingebunden, könnten viele Interessenskonflikte, insbesondere die zwischen Anteilseignern und Unternehmensleitung gar nicht erst entstehen (Oviat 1988; Jensen/Smith 1985; Picot/Michaelis 1984). So gehen von einem im neoklassischen Sinne informationseffizienten Kapitalmarkt Anreize zu marktwertmaximierendem Verhalten aus, weil sich der Manager davon sowohl eine Verbesserung der Finanzierungskonditionen für die Unternehmung als auch seines persönlichen Ansehens am Arbeitsmarkt versprechen kann. Da realiter indes Marktineffizienzen bestehen, wird der Wirkungsgrad des Marktmechanismus vom Umfang des Informationsvorsprungs bestimmt, den das Management gegenüber dem Markt innehat (Fama 1980; Oviat 1988; Breid 1995).

Agencytheoretische Untersuchungen zeigen, auf welche Art und Weise sich die mit einem entsprechenden Informationssystem verbundenen Kosten begrenzen lassen. Die Durchführung und explizite Ausgestaltung von Verhaltenskontrollen muß vom erzielten Ergebnis und der Risikotoleranz des Entscheidungsträgers abhängig gemacht werden. Indessen sind der Substituierbarkeit von verhaltens- und ergebnisorientierten Kontrollen im strategischen Kontext stets dann enge Grenzen gesetzt, wenn Unsicherheit über die Ursache-Wirkung-Beziehungen des Entscheidungsverhaltens besteht und keine eindeutigen strategischen Zielsetzungen vorliegen (Ouchi/Maguire 1975; Breid 1995).

Anhand der vorhergehenden Ausführungen ist deutlich geworden, daß eine strikte Trennung zwischen theoretischen und praktischen Anwendungsmöglichkeiten sich als äußerst schwierig erweist. Bei einer Theorie wie der Agency-Theorie kann dies auch gar nicht gelingen, da sie – wie oben erwähnt – mindestens mit dem Anspruch antritt (theoretisches Erkenntnisziel), Erklärungsmuster für reale Verhaltensformen liefern zu können. Es stellt sich indes die Frage, ob nicht die geäußerte Kritik eine praktische Anwendung der Erkenntnisse der Agency-Theorie unmöglich macht. Im Zentrum der Kritik stand die Annahme, daß es, wenn auch nicht unmöglich, so doch viel zu aufwendig sei, einen (Arbeits-)Vertrag so genau zu spezifizieren (perfekter Konditionalvertrag), wie es im oben genannten Schrifttum gefordert wird. Aus dieser Schwierigkeit wird gefolgert, daß dann konsequenterweise die Monitoring Costs zu berücksichtigen wären.

In der Realität sind solche Konditionalverträge derzeit nicht zu finden. Es würde sich tatsächlich als sehr schwierig darstellen, wollte man alle Kausalitäten explizit berücksichtigen. Vorstellbar ist jedoch eine Ausgestaltung der Arbeitsverträge über Zielvorgaben. Solche Ziele müssen nach der Methode des Goal Setting (Schierenbeck/ Arnsfeld 1996) gemeinsam zwischen Mitarbeiter und Vorgesetztem vereinbart und nach Ablauf einer bestimmten – ex ante festgelegten – Periode beurteilt werden. Die variable leistungsabhängige Vergütung erfolgte dann ausschließlich in Abhängigkeit des realisierten Zielerreichungsgrades. Grundzüge dieser Technik (Management by Objectives) sind zwar bereits in vielen Unternehmen vorhanden, bedürfen aber noch einer konsequenteren Umsetzung als bislang, um als Substitut für eine vollständige Spezifikation fungieren zu können (Becker et al. 1995).

Bei der turnusmäßigen Leistungsevaluation, also der Messung und Bewertung des Zielerreichungsgrades, sind dann tendenziell alle externen Effekte herauszurechnen. Die Diskussion, ob dies vollständig erfolgen soll, um eine maximale Transparenz zu gewährleisten oder ob eher eine ex ante zu vereinbarende partielle Herausrechnung zu bevorzugen ist, um unternehmerisches Denken und Handeln zu fördern, wird an anderer Stelle fortgeführt (Schierenbeck/Arnsfeld 1996). Mit dieser impliziten Berücksichtigung sämtlicher unvorhersehbarer Ereignisse wird mit relativ einfachen Mitteln ein Arbeitsvertrag realisiert, der die Leistungsevaluaton eines Mitarbeiters genau auf die Weise ermöglicht, wie es von einem Konditionalvertrag gefordert wird. Damit wären die Erkenntnisse der Agency-Theorie – zumindest partiell – in der Praxis anwendbar.

Selbst wenn eine Bank ein konsequentes Management by Objectives betreibt, verbleibt jedoch noch eine weitere Schwierigkeit. Es wird kaum eine Bank geben, die alle Präferenzstrukturen ihrer Mitarbeiter kennt. Dies ist indes vonnöten, um die Arbeitsverträge optimal ausgestalten zu können. Riskofreudige Mitarbeiter verlangen ein anderes Risikoprofil des Arbeitsvertrages (höhere Verdienstchancen bei Akzeptanz eines größeren Risikos) als risikoaverse Mitarbeiter. Informationen über die Präferenzstrukturen können mithin im Zeitablauf gesammelt werden, so daß eine optimale Ausgestaltung mittelfristig erreichbar scheint. Im Sinne der Agency-Theorie erhält man beispielsweise zusätzliche Informationen im Rahmen eines Cafeteria-Modells durch die individuelle Wahl der einzelnen Fringe Benefits (Schierenbeck/Arnsfeld 1996).

Zusammenfassend bleibt festzustellen, daß für die Ausgestaltung der ausschließlich finanziellen Elemente strategischer Anreizsysteme agencytheoretische Analysen zwar wesentliche Anhaltspunkte liefern können, indem sie die Bestimmungsgrößen der Auswirkungen monetärer Entlohnungen auf das individuelle Verhalten aufzeigen, Ursachen für Interessendivergenzen offenlegen und die Bedeutung von Informations- und Marktbedingungen für die Aufbereitung von Anreizeffekten über Vergütungssysteme identifizieren. Das prinzipielle Festhalten an der Prämisse des rationalen Verhaltens, die Überbetonung der Anreizproblematik im Vergleich zu den branchen- und unternehmensspezifischen Fähigkeiten des Managements (Castani/Helfat 1991) sowie das hohe Maß an Unsicherheit schränken die Relevanz agencytheoretischer Erkenntnisse jedoch sehr ein.

Literatur

Albers, S.: Optimales Verhältnis zwischen Festgehalt und erfolgsabhängiger Entlohnung bei Verkaufsaußendienstmitarbeitern, in: ZfbF, 47 Jg. (1995), S. 124-142

Alchian, A.A./Woodward, S.: The Firm is Dead; Long Live the Firm. A Review of Oliver E. Williamson's „The Economic Institutions of Capitalism", in: Journal of Economic Literature, Vol. 26 (1988), S. 65-79

Alchian, A.A./Woodward, S.: Reflections on the Theory of the Firm, in: Journal of Institutional and Theoretical Economics, Vol. 14 (1987), S. 777-795

Antle, R./Eppen, G.D.: Capital Rationing and Organizational Slack in Capital Budgeting, in: Management Science, Vol. 31 (1985), S. 163-174

Antle, R. /Fellingham, John C.: Resource Rationing and Organizational Slack in a Two-Period Model, in: Journal of Accounting Research, Vol. 28 (1990), S. 1-24

Arrow, K.J.: The economics of agency, in: *Pratt, J.W./Zeckhauser, R.J.* (Hrsg.): Principals and agents: The structure of business, Boston 1985, S. 37-51

Baiman, S.: Agency research in managerial accounting: A survey, in: *Mattessich, R.* (Hrsg.): Modern accounting theory: History, survey and guide, Vancouver 1984, S. 251-294

Basu, A.K. et al.: Salesforce Compensation Plans: An Agency Theoretic Perspective, in: Marketing Science, Vol. 4 (1985), S. 267-291

Becker, F.G. et al.: Zielorientierte Leistungsbeurteilung, in: Die Bank, 35. Jg. (1995), S. 270-278

Blickle-Liebersbach, M.: Agency-Theorie: Rahmenbedingungen und Entlohnung, Diss. Ulm 1990

Breid, V.: Aussagefähigkeit agencytheoretischer Ansätze im Hinblick auf die Verhaltenssteuerung von Entscheidungsträgern, in: ZfbF, 47 Jg. (1995), S. 821-854

Castani, R.P./Helfat, C.E.: Managerial Recources and Rents, in: Journal of Management, Vol. 17 (1991), S. 155-171

Coughlan, A.T./Narasimham, Ch.: An Empirical Analysis of Sales-Force Compensation Plans, in: Journal of Business, Vol. 65 (1992), S. 90-121

Dietl, H.M.: Institutionen und Zeit, Diss., München 1990

Eisenhardt, K.M.: Agency Theory: An Assessment and Review, in: Academy of Management Review, Vol. 14 (1989), S. 57-74

Elschen, R.: Shareholder Value und Agency-Theorie – Anreiz- und Kontrollsystem für Zielsetzungen der Anteilseigner, in: BFuP, 43. Jg. (1991), S. 209-220

Elschen, R.: Gegenstand und Anwendungsmöglichkeiten der Agency-Theorie, in: ZfbF, 43. Jg. (1991), S. 1002-1012

Ewert, R.: Controlling, Interessenkonflikte und asymmetrische Information, in: BFuP, 44. Jg. (1992), S. 277-303

Fama, E.F.: Agency Problems and the Theory of the Firm, in: Journal of Political Economy, Vol. 88 (1980), S. 288-307

Fama, E.F./Jensen M.C.: Agency Problems and residual claims, in: Journal of Law and Economics, Vol. 26 (1983), S. 327-349

Ford, N.W./Walker, O.C./Churchill G.A.: Differences in the Attractiveness of Alternative Rewards among Industrial Salespeople: Additional Evidence, in: Journal of Business Research, Vol. 13 (1985), S. 123-138

Franke, G.: Agency-Theorie, in: Wittmann, W. et al. (Hrsg.): Handwörterbuch der Betriebswirtschaft. Stuttgart 1993, S. 37-49, hier S. 39

Grossman, S. J./Hart, O. D.: An Analysis of the Principal-Agent Problem, in: Econometrica, Vol. 51, (1983), S. 7-45

Hartmann-Wendels, Th.: Principal-Agent-Theorie und asymmetrische Informationsverteilung, in: ZfB, 59. Jg. (1989), S. 714-734

Holmström, B.: Moral Hazard and Observability, in: Bell Journal of Economics, Vol. 13 (1979), S. 74-91

Holmström, B.: Moral hazard in teams, in: Bell Journal of Economics, Vol. 13 (1982), S. 324-340

Holmström, B.R./Ricart i Costa, J.: Managerial Incentives and Capital Management, in: Quarterly Journal of Economics, Vol. 10 (1986), S. 835-860

Horst, M. et al.: Risikoaufteilung durch Prämiensysteme, in: ZfB, 52. Jg. (1982), S. 942-958

Jensen, M.C.: Organization theory and methodology, in: Accounting Review, Vol. 58 (1983), S. 319-339

Jensen, M.C./Smith, C.W.: Stockholder, Manager, and Creditor Interests: Applications of Agency Theory, in: *Altman, E.I./Subrahmanyam, M.G.* (Hrsg.): Recent Advances in Corporate Finance, Homewood (Ill.) 1985, S. 93-131

Jensen, M.C./Meckling W.H.: Theory of the firm: managerial behavior, agency-costs and ownership structure, in: Journal of Financial Economics, Vol. 3 (1976), S. 305-360

Kirby, A.J. et al.: Participation, Slack and Budget-Based Performance Evaluation, in: Journal of Accounting Research, Vol. 29 (1991), S. 109-128

Kosiol, E.: Betriebswirtschaftslehre und Unternehmensforschung, in ZfB, 34. Jg (1964), S. 743 -762

Krafft, M.: Empirische Untersuchungen der Aussagekraft der Prinzipal-Agenten-Theorie und Transaktionskostenanalyse zur Gestaltung von Entlohnungssystemen für den Verkaufsaußendienst, Diss., Kiel 1994

Lal, R./Srinivasan, V.: Compensation Plans for single- and Multi-product Salesforces: An Application of the Holmström-Milgrom Model, in: Management-Science, Vol. 38 (1993), S. 777-793

Lambert, R.A.: Executive Effort and Selection of risky Projects, in: Rand Journal of Economics, Vol. 17 (1986), S. 77-88

Laux, H.: Zur Irrelevanz erfolgsorientierter Anreizsysteme bei bestimmten Kapitalmarktbedingungen: Der Mehrperiodenfall, in: ZfB, 61. Jg. (1991), S. 477-488

Laux, H.: Die Irrelevanz erfolgsorientierter Anreizsysteme bei bestimmten Kapitalmarktbedingungen: Der Einperiodenfall, in: ZfB, 60. Jg. (1990), S. 1341-1358

Laux, H.: Risiko, Anreiz und Kontrolle: Principal-Agent-Theorie; Einführung und Verbindung mit dem Delegationswert-Konzept, Berlin u.a. 1990

Laux, H.: Grundprobleme bei der Ermittlung erfolgsabhängiger Anreizsysteme, in: ZfB, 58. Jg. (1988), S. 24-36

Laux, H.: Optimale Prämienfunktion bei Informationsasymmetrie, in: ZfB, 58 Jg. (1988), S. 588-612

Milgrom, P./Roberts, J.: Economics, Organization and Management, Englewood Cliffs 1992

Moulin, H.: Equal or Proportional Division of Surplus-Sharing Problems, Working Paper, Virginia Polytechnic Institute and State University 1987

Müller, Ch.: Agency-Theorie und Informationsgehalt, in: DBW, 55. Jg. (1995), S. 61-76

Müller, Ch.: Betriebliche Anreizsysteme aus der Sicht der volkswirtschaftlichen Agency-Theorie, Ausgewählte Volkswirtschaftliche Diplomarbeiten des Fachbereichs Wirtschaftswissenschaft der Universität-Gesamthochschule Duisburg, Nr. 12, Duisburg 1993

Neus, W.: Ökonomische Agency Theorie und Kapitalmarktgleichgewicht, Wiesbaden 1989

Nutzinger, H.G.: The firm as a social institution: The failure of the contractarian viewpoint, in: *Backhaus, H./Eger, T. /Nutzinger, H.B.* (Hrsg.): Partizipation in Betrieb und Gesellschaft, Frankfurt/M., New York 1978, S. 45-74

Ouchi, W.G./Maguire, M.A.: Organizational Control: Two Functions, in: Administrative Science Quarterly, Vol. 20, S. 559-569

Oviat, B.M.: Agency and Transaction Cost Perspectives on the Manager-Sharholder Relationship: Incentives for Congruent Interests, in: Academy of Management Review, Vol. 13 (1988), S. 214-225

Pfingsten, A.: Lineare Bezahlungsfunktionen, in: ZfB, 65 Jg. (1995), S. 517-532

Pfingsten, A.: Surplus-Sharing Methods, in: Mathematical Social Sciences, Vol. 21 (1991), S. 287-301

Picot, A.: Ökonomische Theorien der Organisation – Ein Überblick über neuere Ansätze und deren betriebswirtschafliches Anwendungspotential, in: *Ordelheide, D. et al.* (Hrsg.): Betriebswirtschaftslehre und ökonomische Theorie, Stuttgart 1991, S. 143-170

Picot, A./Michaelis, E.: Verteilung von Verfügungsrechten in Großunternehmungen und Unternehmensverfassung, in: ZfB, 54. Jg. (1984), S. 252-272

Rees, R.: The theory of principal and agent, in: Bulletin of Economic Research, Vol. 37 (1985), S. 3-26 und S. 75-95

Ross, St. A.: The economic theory of agency: The prinicipal's problem, in: American Economic Review, Vol. 63 (1973), S. 134-139

Ruhl, F.: Erfolgsabhängige Anreizsysteme in ein- und zweistufigen Hierarchien: ein Beitrag zur Principal-Agent-Theorie, Heidelberg 1990

Schierenbeck, H./Arnsfeld, T.: Leistungsorientierte Vergütungssysteme in Banken, WWZ-Forschungsbericht 1/96, Basel 1996

Schierenbeck, H.: Ertragsorientiertes Bankmanagement, Band 1: Grundlagen, Marktzinsmethode und Rentabilitätscontrolling (im Druck), Stuttgart und Wien 1997

Shavel, St.: Risk sharing and incentives in the principal and agent relationship, in: Bell Journal of Economics, Vol. 10 (1979), S. 55-73

Spremann, K.: Profit-sharing arrangements in a team and the cost of information, in: Taiwan Economic Review, Vol. 15 (1988), S. 41-57

Spremann, K.: Agent and principal, in: Bamberg, G./Spremann, K. (Hrsg.): Agency Theory, Information, and Incentives, Berlin u.a. 1987, S. 3-37

Stiglitz, J. E.: Principal and agent, in: Newman, P. et al. (Hrsg.): The new Palgrave Dictonary of Money & Finance, London und Basingstoke, S. 185-191

Strong, N./Walker, M.: Information and Capital Markets, Oxford und New York 1987

Tietzel, M.: Wirtschaftstheorie und Unwissen, Überlegungen zur Wirtschaftstheorie jenseits von Risiko und Unsicherheit, Tübingen 1985

Weston, F.J. et al.: Mergers, Restructuring and Corporate Control, Englewood Cliffs 1990

Wiswede, G.: Motivation und Arbeitsverhalten, München 1980

Zur Dimensionierung von Banken

Klaus Spremann und Marc Buermeyer, Universität St. Gallen

Im Zeitraum zwischen 1991 und 1995 ist die Anzahl der Bankinstitute in der Schweiz um rund 30 % von 592 auf 413 zurückgegangen (Schweizerische Nationalbank 1996).[1] „Heading for a single big bank?"– so lautet der Titel eines Interviews aus der Schweizer Zeit Professor Dr. Leo Schusters (Schuster 1989).[2] Die Frage nach der optimalen Bankengröße ist nicht neu (Coase 1937), aber, wie die jüngsten Diskussionen um die Schweizerische Bankgesellschaft, die großen Bayerischen Banken und Banken in Österreich zeigen, stets aktuell.

Das Problem der optimalen Dimensionierung von Banken kann grundsätzlich aus drei Perspektiven angegangen werden.

- Eine erste auf der Hand liegende und traditionelle Fragestellung ist die nach der optimalen Größe einer einzelnen Bank. Antworten hierzu können primär über eine Analyse der Technologie von Banken im Hinblick auf returns to scale oder scope, Transaktionskosten und die Kosten der internen Koordinationssysteme erarbeitet werden. Diesem Themenkreis sei der erste Abschnitt dieses Aufsatzes gewidmet.
- Eine zweite und bisher in der Diskussion etwas seltener thematisierte Sichtweise betrifft die Frage nach der optimalen Dimensionierung ganzer Bankgruppen, Vereinigungen, Allianzen oder von Netzwerken im Finanzsektor. Derartige Konfigurationen können den Wettbewerb in einem Teil des Bankensystemes zugunsten der Produktion bestimmter Leistungen ausschalten. In diesem Zusammenhang ist auch zu untersuchen, wie zu Gunsten der Produktion bestimmter öffentlicher Güter Teile des Bankensystemes öffentlicher Regulierung zu unterwerfen sind. Anders gefragt, in welchem Ausmaß wünschen Banken die staatlich garantierte Bindung an gewisse Formen kooperativen Verhaltens.
- Eine dritte mögliche Fragestellung ergibt sich bei der globalen Analyse des finanziellen Sektors einer Volkswirtschaft, wenn man das Verhältnis von Banken und Finanzmärkten untersucht – seien sie nun

beispielsweise formell in Gestalt von Börsen institutionalisiert oder informell etwa als Telefonhandel existent. Heutzutage emanzipieren sich Finanzmärkte zunehmend von Banken und treten in Wettbewerb zu ihnen. Unter dem Begriff der „Securitization" wird diese Entwicklung seit geraumer Zeit diskutiert. Die Fragen des dritten Abschnittes dieses Aufsatzes lauten dementsprechend: Welches ist die volkswirtschaftlich optimale Größe der Bankbranche als Ganzes im Verhältnis zu anonymen Märkten? Oder wirtschaftspolitisch formuliert: Soll der Staat eher Finanzintermediäre, also Firmen, oder statt dessen den direkten Zugang zum Kapitalmarkt fördern?

Alle angesprochenen möglichen Interpretationen der Eingangsfragestellung können in der vorliegenden theoretischen und empirischen Diskussion als nur partiell geklärt gelten. Jedoch versprechen Konzepte der Industrieökonomik, der Theorie asymmetrischer Information und der Institutionenökonomik hier weiterhin neue Einsichten. Die vorliegende Arbeit möchte einen Schritt in diese Richtung tun.

1. Technologie und die optimale Größe einer einzelnen Bank

Als Ausgangspunkt möglicher Antworten auf die drei aufgeworfenen Fragen soll das Verständnis der Bankunternehmung über ihre Hauptfunktionen herausgearbeitet werden:[3]

1. Banken produzieren und vertreiben Finanzdienstleistungen und -produkte.[4]
2. Banken tragen zur Stabilisierung der monetären Infrastruktur eines Währungsgebietes bei.[5]
3. Banken geben Garantien und erzeugen Sicherheit.[6]

Beginnen wir mit der Analyse der ersten Funktion – der Produktion und dem Vertrieb von Financial Services. Hierbei erkennt man, daß die Größe einer Bank permanentem Wandel unterliegt. Investitionen, Wachstumsaktivitäten und Diversifikationsstrategien (Allfinanz) erhöhen die Größe und verändern die Konfiguration einer Bank.[7] Nicht nur Wachstum, auch andere Phänomene der Redimensionierung von Banken aufgrund von Out-Sourcing, Reengineering und Restrukturierungen sind heute Realität. Die Unternehmen werden schlanker, fokussierter und forcieren eine Konzentration auf ihre jeweiligen Kernkompetenzen. In einigen Ländern läßt sich die Aufspaltung von Großbanken in kleinere und weniger eng verbundene Spezialbanken beobachten. Während zu Beginn der achtziger Jahre Marktsegmente über Kundensegmentierung mittels Marketingmaßnahmen innerhalb einer einzigen Institution abgegrenzt wurden, geht man heute dazu über, in Form von Privatbanken oder Discount-Banken kundengruppenspezifische Einzelorganisationen zu bilden – es lebe die kleine Serviceeinheit!

Entscheidende Kriterien für eine Umstrukturierung der Bank sind:

- die Kosten der Produktion, die Effizienz der Bank,
- das mit der Marktstellung verbundene Ertragspotential,
- die Flexibilität und Risikotragfähigkeit.

Diese, die optimale Größe der Bank bestimmenden Faktoren sind subsumierbar unter dem Begriff „Technologie". „Technologie" sollte daher nicht eng verstanden werden, als würde der Begriff nur die Be- und Verarbeitung von physischen Materialien umfassen. Alle Aktivitäten einer Unternehmung – Informationsverarbeitung, Kapitalerhöhungen, Refinanzierungsaktivitäten, Forschungs- und Entwicklungsaktivitäten – unterliegen bestimmten Mustern. Diese Muster aller Bankprozesse stellen die Technologie dar. Anders formuliert bestimmt eine Technologie das Verhältnis zwischen den verschiedenen Outputs und den dazugehörigen Inputs. Die Technologie bestimmt somit die Antwort auf die Frage nach dem Verhältnis zwischen Produktions- und Absatzkosten sowie der Unternehmensgröße.

Viele Technologien sind dabei durch positive economies of scale, andere auch durch economies of scope gekennzeichnet. Liegen solche Technologien vor, so resultiert eine Tendenz zur Vergrößerung der Unternehmung, weil damit abnehmende Durchschnittskosten verbunden sind.

Das Underwriting-Geschäft im Investment-Banking ist ein Beispiel für Größenvorteile. Große Banken können aufgrund von Diversifikationsaspekten das mit diesem Geschäft verbundene Risiko besser übernehmen und das Versprechen gegenüber den Kapitalnehmern vertrauenswürdiger signalisieren. Angebote von Großbanken im Underwriting-Geschäft sind somit in der Regel attraktiver als beispielsweise die Angebote einer mittelgroßen Bank. Gleiche Phänomene finden sich bei innovativen Produkten.

Das Phänomen positiver Skalenerträge ist nicht allgemeingültig. Einige Technologien führen schon ab einer geringen Unternehmensgröße zu negativen Skaleneffekten.[8]

Zurück zur Technologie bei der Produktion in Banken: Banken bieten ihren Kunden Finanzprodukte und Dienstleistungen an. Darunter fallen Gehalts- und Sparkonten, Kredite, Zahlungsverkehr, Devisengeschäfte im Retailbereich, oder in einem engeren Marktsegment private Vermögensverwaltung oder Portfoliomanagement. Weitere Angebote finden sich im Firmenkundensegment.

Individuelles Beratungsgeschäft im Hypothekar- oder Anlagegeschäft verursacht Aktivitäten, dessen Kosten in der Tendenz proportional zu der Anzahl betreuter Kunden verlaufen. Hier findet sich kaum empirische Evidenz für economies of scale und folglich sollten auch kleine Banken dieses Geschäft erfolgreich betreiben können.[9] Wo der Retailkunde die Qualität der Dienstleistungen beobachtet, könnten kleine Banken einen Wettbewerbsvorteil gegenüber Großbanken aufweisen.

Wenn auch im Retailbanking kaum Größenvorteile zu beobachten sind, so sind mögliche Sortimentsvorteile jedoch im Rahmen des Aufbaus von Allfinanzstrategien verstärkt ins Feld geführt worden (Krümmel et al. 1991). Etablierte Kundenbeziehungen mit Informationen über die individuelle Vermögenslage stellen attraktive Absatzkanäle für andere Produkte dar. Während die Idee eines weiten Angebotes, welches von Investmentfonds über Versicherungsverträge bis hin zu Pauschalreisen reicht, den meisten Bankführungskräften vor einigen Jahren noch undenkbar erschien, sind Allfinanzstrategien heute allgegenwärtig. Für kleine Banken resultiert aus diesem Trend eine zunehmende Wettbewerbsbedrohung, wenn auch die sogenannten Near-Banks mit existenten relativ breiten Sortimenten in diese Geschäftsfelder eintreten. Die Idee der Service Center bei den Postunternehmen verschiedener Länder möge hierfür als Beispiel dienen.

Welche Bankkonfigurationen sind nun vermutlich die wettbewerbsfähigsten im zunehmend härter werdenden Bankwettbewerb? Die vorhergehende Analyse führt zu drei Typen:

1. Banken mit Retailkunden, die ein relativ weites Sortiment anbieten: Sie können klein sein, sollten aber eine weite Spannbreite an Produkten anbieten. Ihr Hauptfokus liegt auf Dienstleistungen und nicht so sehr auf Produkten. Falls Produkte angeboten werden, so werden substantielle Erklärungsleistungen erbracht. Kundenfreundlichkeit ist die herausragende Eigenschaft.
2. Banken des zweiten Typus entsprechen Discount-Handelsunternehmen. Ihre Hauptkundengruppe sind ebenfalls Privatkunden, jedoch solche mit der höchsten Preissensibilität. Ihr Produktsortiment ist schmal. Zusatzberatungsdienstleistungen werden nicht angeboten. Das Design der Produkte soll selbsterklärend sein. Wenn auch nicht herausragend kundenfreundlich, so treten diese Unternehmen doch ordentlich und angemessen auf. Banken dieses Typus kreieren Produktmarken und nutzen Tele- und elektronisches Banking.
3. Ein dritter Typus von Bank produziert und garantiert Sicherheit im Großkundengeschäft. Voraussetzung ist eine hohe Eigenkapitalausstattung und Expertenwissen. Das Geschäftsfeld liegt fokussierter im Bereich des Financial Engineering. Bestimmende Eigenschaft der Unternehmenskultur ist Kompetenz.

Versuche, diese drei Bankentypen unter einem gemeinsamen Dach und einer gemeinsamen Firma zu vereinen, laufen.[10] Probleme mit der Vereinigung der drei Kulturen, intern als auch im Auftritt gegenüber den Kunden, entstehen leicht. Die Frage, ob eine Bank mit derartig heterogener Konfiguration noch zu führen ist, drängt sich förmlich auf. Die Antwort muß differenziert ausfallen: Wenn die von der Unternehmensführung gesetzten Rahmenbedingungen verschiedene Kulturen auf tieferen Hierarchieebenen zulassen, wird die Antwort positiv ausfallen. Fraglich wird ein Erfolg, wenn die Firma für eine bestimmte Unternehmenskultur und einen bestimmten Führungsstil steht. Dann ist die Zerschlagung der Universalbank zu erwarten. Auch kleine Bankeinheiten können so ihre Existenzberechtigung haben.[11]

2. Externalitäten und die optimale Größe eines Bankensystems

Eine weitere Primärfunktion der Banken ist die Unterstützung der Zentralbank bei der Schaffung und Aufrechterhaltung eines vertrauenswürdigen, stabilen, liquiden und transparenten monetären Systems. Es ist Teil der Infrastruktur eines Landes und bestimmt damit dessen kompetitive Position. Einzelne Elemente der Infrastruktur eines Landes können als öffentliche Güter analysiert werden.[12] Öffentliche Güter sind gemeinhin durch positive Externalitäten oder Nicht-Rivalität im Konsum und fehlende Konsumausschließbarkeit gekennzeichnet.

Die Mikroökonomik lehrt, daß in einer rein privaten Marktwirtschaft die Versorgung mit öffentlichen Gütern suboptimal ist. Die Allokation ist aufgrund der Trittbrettfahrerproblematik ineffizient. Die allgemeine Wohlfahrt könnte durch eine Erhöhung der Produktion von öffentlichen Gütern gesteigert werden. In diesem Zusammenhang stellen sich nun konkrete Fragen: Können Anreize gesetzt werden, so daß Banken beispielsweise mehr Geldautomaten aufstellen, längere Schalteröffnungszeiten einführen, oder geringere Risiken eingehen als es ihren individuellen Interessen entsprechen würde?

Zu beachten ist, daß es sehr wohl einen besonderen Unterschied darstellt, ob eine Unternehmung, die ein Insolvenzverfahren einleitet, eine Bank oder ein Industrieunternehmen ist. Eine insolvente Bank schädigt nicht nur ihre Einleger. Zusätzlich hat die Insolvenz im Fall der Bank immense negative externe Effekte, die die monetäre Stabilität eines Landes und die Reputation aller Banken beeinträchtigen. So stellt auch die Stabilität einer einzelnen Bank ein öffentliches Gut dar.

Die Finanzwissenschaften und andere Richtungen der ökonomischen, juristischen und politischen Wissenschaften haben eine Vielzahl von Mechanismen vorgeschlagen, um die Unterversorgung mit öffentlichen Gütern zu mildern oder zu beheben.

- Eine althergebrachte Lösung ist der Ruf nach mehr Staat. Im Extremfall führt dieses zu einem vollständig verstaatlichten Bankensystem, wie es noch heute in einigen Ländern anzutreffen ist.
- Eine aus Sicht der Subsidiarität angemessenere Lösung ist die Regulierung eines privaten Bankensystems. Richtlinien und Umfeldbedingungen setzen Anreize zu einer gesamtwirtschaftlich optimalen Allokation des Gutes „stabile monetäre Infrastruktur". Als Ausgleich für die kostenträchtige Mehrproduktion des öffentliche Gutes erlaubt Regulierung aber auch gewisse Renten und Privilegien, etwa durch mit der Regulierung verbundenen Protektionismus. In vielen Ländern sind Bankkartelle zulässig und die Behandlung von Übernahmefragen oder Insolvenzen geschieht auf eine sehr konservative Weise. Im Hinblick auf die Förderung der Produktion von Stabilität und Sicherheit läßt man Kooperationen zu und gestattet so eine Beschränkung des Wettbewerbs und der Marktkräfte.

Regulierung, Kartelle und ähnliche Arrangements erweitern die virtuelle

Größe einer einzelnen Bank – den Bereich, der nicht Marktwettbewerb ausgesetzt ist. Pläne und Aktivitäten werden zwischen vielen einzelnen Banken abgestimmt.[13] Die engere Bindung weist Vor- und Nachteile auf. Einerseits werden gewisse Ressourcen gemeinsam von Organisationen genutzt, die anderswo in hartem Wettbewerb zueinander stehen würden. Andererseits können individuelle Schritte einzelner Banken leichter als unfreundlich betrachtet werden.

Die hier diskutierte Frage der optimalen Allokation öffentlicher Güter im monetären Sektor einer Volkswirtschaft beinhaltet also das Problem, daß

- einerseits einige Banken weniger Regulierung und Kartellisierung bei reduzierten Privilegien vorziehen, um verstärkt unabhägig individuelle Erfolgsstrategien verfolgen zu können. Sie streben insofern eine relativ geringe virtuelle Größe an.
- Währenddessen präferieren andere Banken verstärkte Regulierung, ein mehr an Protektionismus und weniger Wettbewerb bei durchaus weniger individueller Strategiefreiheit.

Soziale Kosten sind mit allen Ordnungen verbunden: Ohne Regulierung würde eine suboptimale Menge des öffentlichen Gutes „monetäre Infrastruktur und Stabilität" erzeugt. Verbunden mit der Regulierung ist aber die zumindest Teilbereiche betreffende Ausschaltung von Marktanreizen, was X-Ineffizienzen fördert.[14] In der Konsequenz ist die Wahl zwischen verschiedenen Ordnungsausgestaltungen nicht so sehr eine technokratisch-ökonomische Frage als vielmehr eine verteilungspolitische. Kosten der Regulierung sind typischerweise von lokalen Retailkunden zu tragen. Großbanken mit internationalen Kunden sehen sich mit der Situation konfrontiert, daß die Kunden zunehmend mobil sind und günstigste Leistungen, an welchem Ort auch immer, beziehen. Zu beobachten ist, daß internationale Kunden nicht dort nachfragen, wo Regulierung, Kartellisierung und Protektionismus ineffiziente lokale Banken schützen, auch wenn die Stabilität dort vielleicht überdurchschnittlich hoch ist.

Als Ergebnis dieser Überlegungen zeigt sich, daß die Regulierung in einem Bankensystem (und insofern auch der Grad an Kooperation im Verhältnis zu Wettbewerb) von der vorherrschenden Bankengröße abhängt. Ausgehend von einer hohen Korrelation zwischen Einzelbankengröße und Internationalität läßt sich dieser Schluß ziehen: Je größer eine Bank ist, desto wahrscheinlicher ist ihr Wunsch nach Einbettung in das nationale Bankensystem über Regulierung oder Kooperation.

3. Prioritäten und die optimale Größe von Banken in Relation zu Finanzmärkten

Moderne Finanzsysteme zeichnen sich momentan dadurch aus, daß zunehmend Finanzverträge direkt auf Märkten – ohne Zuhilfenahme eines Intermediärs – abgeschlossen werden. In der Folge entwickelt sich zunehmende Konkurrenz zwischen Banken als der Gruppe der Finanzintermediäre und den Kapitalmärkten. Für die Wirtschaftspolitik resultiert daraus die Frage, ob ein Land eher die Entwicklung von Finanzintermediären oder die Entwicklung von Märkten fördern sollte.

Die Entscheidung zwischen Märkten und Intermediären betrifft die Wahl zwischen dezentraler und zentraler Koordination. Grundsätzlich kann davon ausgegangen werden, daß die Grenzen einer Bank als Institution klar zu bestimmen sind, und daß innerhalb dieser Grenzen Koordinations- und Entscheidungsmechanismen wirken, die ihre Begründung in *Property Rights* finden. Außerhalb der Grenzen der Unternehmung finden demgegenüber Regelungsmechanismen in Form von Markt und Wettbewerb Anwendung.

Innerhalb von Finanzintermediären dominieren Formen direkter Kontrolle, ausgeübt von den Eigentümern selbst oder von ihnen ausgesuchten Managern. Direkte Kontrolle manifestiert sich in Anreizen, Richtlinien, Planungen und in der Kommunikation von Strategien. Ausschlaggebend für dessen Legitimation ist die mit Eigentum verbundene Verfügungsmacht.[15] In der Konsequenz ist die Entscheidung innerhalb der Bank als zentralisiert zu sehen – im Gegensatz zu dezentralen Entscheidungen außerhalb der Banken auf dem Finanzmarkt.

Keiner der beiden Entscheidungsmechanismen (zentral, dezentral) ist dem anderen generell überlegen. Sowohl das zentrale als auch das dezentrale Verfahren besitzen Vor- und Nachteile. Für gewisse Kontraktformen sind Institutionen überlegen, während andere besser über Märkte abgeschlossen werden können.[16]

Die Frage also lautet: Welche Institutionen passen zu welchen Verträgen? Welches sind die entscheidenden Abgrenzungskriterien zwischen optimalerweise zentralisierter oder optimalerweise dezentralisierter Kooperation. Die Abgrenzung zwischen der Klasse von Verträgen, für die wir Institutionen und damit verbundene zentralisierte Entscheidungen für vorteilhaft gegenüber Märkten halten, ist von besonderer Wichtigkeit für die Frage nach der optimalen Größe und Ausgestaltung von Institutionen.

- Einmal mehr kann eine Antwort aufgrund der Analyse von Transaktions- und Agencykosten gesucht werden.
- Die ökonomisch optimale Lösung basiert aber auch auf kulturellen und traditionellen Hintergründen. Aufgrund des menschlichen Verhaltens können soziale Einstellungen und Werte nicht vernachlässigt werden.

In der Konsequenz liegt die Grenze zwischen den Vertragsdesigns in den USA anders als in China, und in Großbritannien anders als in Kontinentaleuropa. Über diese in der Zeit variable Grenze bestimmt sich auch die relative Bedeutung von Banken und Märkten in einer Volkswirtschaft.

Wandel in der relativen Bedeutung der Banken in einer Ökonomie resultiert aus institutionellem Wettbewerb. Bei jedem neuen Vertrag kann die Frage gestellt werden, ob es für die vertragschließenden Parteien besser ist, auf einem Markt zu interagieren oder innerhalb einer Unternehmung abzuschließen. Neben den kulturellen Unterschieden bestimmen hier auch die gebotenen Alternativen das Ergebnis.

- Wenn Märkte unterentwickelt und instabil sind, die Durchsetzung von Ansprüchen mithin unsicher ist, werden Intermediäre prosperieren. Diese versprechen vor einem längeren Zeithorizont aufgrund von Reputationsüberlegungen mehr Sicherheit. Wenn in der Folge effizient geführte Institutionen existieren, schwindet der Anreiz, Märkte zu entwickeln.
- Wenn demgegenüber die existierenden Institutionen nur schwach leistungsfähig, bürokratisch oder ineffizient sind, wird zunehmend der Abschluß von Verträgen auf Kapitalmärkten präferiert. Wenn bereits gut funktionierende Märkte existieren, ist demnach kein Wachstum von Institutionen zu erwarten, da neue Vertragswünsche schnell von der Effizienz der Märkte angezogen werden.

Im allgemeinen kann deshalb keine Aussage über die gesamtwirtschaftlich optimale Größe von einzelnen Banken getroffen werden. Man muß den Entwicklungsgrad der Kapitalmärkte und die Sicherheit der in ihm geschlossenen Verträge mitberücksichtigen.

Wirtschaftspolitisch gesehen, ist die Frage der Unterstützung der relativen Stärke von Banken oder Finanzmärkten auch eine Frage von Effizienz versus Stabilität (Rybczynski 1988). Vorausschickend sollte man einräumen, daß hier alle Länder auf eigene Erfahrungen zurückblicken. Der Glaube an Märkte ist in den USA stärker als in Europa. Die schwache Ausprägung eines Markets of Corporate Control in Europa manifestiert sich in einer geringen Zahl von Unternehmensübernahmen. Das wird von Amerikanern wenig verstanden (Manne 1965; Jensen/Ruback 1983). Als Haupthindernis wird stets auf die kontinentaleuropäische Tradition gegenseitiger Beteiligungen verwiesen. In einigen Ländern sind in der Tat unfreundliche Unternehmensübernahmen praktisch unmöglich.[17] Das kontinental-europäische System der Corporate Governance ist eher auf Stabilität ausgerichtet denn auf Effizienz. Märkte demgegenüber erzeugen Flexibilität. Wobei bei ihnen wiederum ein gewissen Maß an redundanter Informationsproduktion und Volatilitiät in Kauf genommen werden muß. Die Volatilität ist insbesondere in kleinen engen Märkten ein bedeutendes Phänomen. So kann es sein, daß kleine Länder Banken bevorzugen, große Länder Finanzmärkte (Spremann 1995).

- Im Hinblick auf mögliche wirtschaftspolitische Empfehlungen gilt: Schwellenländer wie Thailand, Indonesien oder Polen sollten zunächst ihr Bankensystem zu einer gewissen Reife befördern (Gerschenkron 1962). Die Entwicklung eines größeren Kapitalmarktes ist anschließend das Ziel einer langfristigen, schrittweisen Politik. Diese Politik geht dabei einen bewußten trade-off ein, die Stabilitätsorientierung ist nicht frei von Opportunitätskosten. Opportunitätskosten existieren insofern, als daß Hierarchien nie so effizient wie Märkte sind.

- Im Gegensatz dazu können andere Länder wie Australien, Neuseeland, die Schweiz oder Deutschland ihre Prioritäten auf die weitere Entwicklung von Finanzmärkten setzen und insofern die Gestalt und Größe des Bankensystems verstärkt der Wirkung von Marktkräften aussetzen. Diese Länder fördern damit Effizienzziele, verbunden mit einem flexibleren Finanzsystem. Kosten resultieren hier aus der erhöhten Volatilität in diesem Sektor.

Zusammenfassend werden wir auf eine fundamentale Frage im Zusammenhang mit dem Wettbewerb zwischen Märkten und Organisationen geführt: Wünscht eine Gesellschaft in ihrem gegenwärtigen Entwicklungsstadium mehr Flexibilität und Effizienz, oder bevorzugt sie unter Inkaufnahme von gewissen Effizienzverlusten ein stabileres System?

Die Frage, bei deren Antwort auch Zwischentöne möglich sind, ist landesspezifisch zu entscheiden. Die Schweiz und Deutschland gehören dankenswerterweise zu den stabilsten Volkswirtschaften der Welt. Eine Entwicklung in Richtung größerer Effizienz wäre daher verantwortbar.

Anmerkungen

1 Vgl. zur Konzentration im europäischen Bankensystem auch Euromoney (1996).

2 Vgl. auch Schuster (1990).

3 Eine allgemeingültige präzise Definition der Bankunternehmung läßt sich in der Literatur nicht feststellen. Als Übersicht über verschiedene Modellierungen der Bankunternehmung vgl. Baltensberger (1980), Fama (1980 und 1985), Santomero (1984), Bhattacharya & Thakor (1993), Mitusch (1995) oder Merton (1995).

4 Dazu müssen sie effiziente und flexible Firmen sein, die nah am Kundenmarkt operieren.

5 Dazu muß das Bankensystem als Ganzes reguliert und geschützt sein.

6 Dazu müssen Banken große Institutionen sein.

7 Dabei finden sich traditionell zwei, unterschiedlichen Diversifikationsgrad betreffende, Systeme: Einerseits das kontinentaleuropäisch-japanische-Universalbankensystem, andererseits das angelsächsische Trennbankensystem.

8 Als Beispiel hierfür können im Retailbereich Bäckereien angeführt werden. Die spezifische Technologie von Bäckereien führt dazu, daß eine geringe Anzahl großer Bäckereien in einer Volkswirtschaft nicht optimal ist, weil statt dessen kleine Bäckereien die geringsten durchschnittlichen Stückkosten aufweisen.

9 Vgl. als Übersicht Berger, Hunter & Timme (1993), für die Schweiz: Hermann & Maurer (1991), Sheldon & Haegler (1993), für Deutschland: Lang/Welzel (1993) und Uhle (1993).

10 Nicht unumstritten ist der Nutzen einer solchen Strategie in der Literatur: Santomero & Chung (1992) betonen positive Diversifikationsergebnisse; Berger, Humphrey & Pulley (1996) können empirisch keine positive Beziehung zwischen Rentabilität und Sortimentsbreite feststellen.

11 So auch Tichy (1990)

12 Vgl. im allgemeinen Cornes & Sandler (1986) und im speziellen Kiyotaki & Wright (1991).

13 Banken sind so viel intensiver in ihre Branche eingebunden, als zum Beispiel ein einzelnes Maschinenbauunternehmen in die Maschinenbaubranche eingebunden ist.

14 Die Messung dieser Kosten ist hingegen schwierig und je nach Ordnung müssen sie von unterschiedlichen Gruppen getragen werden.

15 Grundsätzlich hierzu Alchian & Demsetz (1972), Williamson (1990), Alchain & Woodward (1988) oder Fama & Jensen (1983 a und b).

[16] Beispielsweise wird ein Privatkunde einer Bank besonderen Wert auf ein kontinuierliches, lang währendes Betreuungsverhältnis mit einem Vermögensverwalter legen. Ein solches Verhältnis wird so stillschweigend und von beiden Seiten fortgeführt, daß man schon nicht mehr von einem Marktkontrakt sprechen könnte. Demgegenüber läßt sich beispielsweise ein Arbeitsverhältnis wie folgt betrachten: Trotz ausgewiesener Loyalität im gegenwärtigen Arbeitsverhältnis betrachtet ein Arbeitnehmer die Existenz eines funktionsfähigen Arbeitsmarktes doch als vorteilhaft, um von Zeit zu Zeit die Anstellung zu wechseln, wobei diese Möglichkeit aus seiner Perspektive positive Anreize im Hinblick auf das Verhalten des Arbeitgebers setzt.
[17] Ein Mitglied der schweizerischen Bankenaufsicht kann behaupten: „Nie wird es im Schweizer Bankensystem eine unfreundliche Übernahme geben."

Literatur

Allen, F.: Stock Markets and ressource allocation, in: C. Mayer & X. Vives: Capital Markets and Financial Intermediation, Cambridge 1993.

Alchian, A. A./Demsetz, H.: Production, Information Costs and Economic Organization, American Economic Review, 62 Jg. 1972, 5, 777-795.

Alchian, A. A. / Woodward, S.: The Firm is Dead; Long Live the Firm. A Review of Oliver E. Williamson' s Economic Institutions of Capitalism, Journal of Economic Literature, Vol. 26 (1988), S. 65-79.

Baltensberger, E.: Alternative Approaches to the Theory of the Banking Firm, Journal of Monetary Economics, 6, 1980, 1-37.

Baltensberger, E./Dermine J.: Banking Deregulation, Economic Policy, 4. Jg. 1987, 63-109.

Benston, G.: Universal Banking, Journal of Economic Perspectives, 8. Jg. (1994),121-143.

Berger, A. N./Hunter W.C./Timme S.G.: The efficiency of financial institutions: A review and preview of research past, present, and future, Journal of banking and Finance, 17. Jg. (1993), 221-249.

Bhattacharya, S./Thakor, A. V.: Contemporary Banking Theory, Journal of Financial Intermediation, 3, 1993, 2-50 .

Coase, R.: The Nature of the Firm, Economica, Vol. 4 (1937), S. 386-405.

Cornes, R./Sandler T.: The Theory of Externalities, Public Goods and Club Goods, London 1986.

Diamond, D.: Financial Intermediation as delegated Monitoring, Review of Economic Studies, 51 (1984), 393-414.

Dörig, H.-U.: Universalbank- Banktypus der Zukunft, Bern 1996.

Euromoney: Eat or be eaten, August 1996, 28-33.

Fama, E.: Banking in the Theory of Finance, Journal of Monetary Economics, 6, 1980, 39-57.

Fama, E.: What's different about banks?, Journal of Monetary Economics, 15, 1985, 29-39.

Fama, E. F./Jensen M. C.: Seperation of Ownership and Control, Journal of Law and Economics, Vol. 26 (1983), S. 301-325.

Fama, E. F./Jensen M. C.: Agency Problems and Residual Claims, Journal of Law and Economics, Vol. 26 (1983), S. 327-349.

Gerschenkron, A.: Economic Backwardness in historical Perspective, Cambridge, MA.

Gilligan, T./Smirlock M./Marshall W.: Scale and Scope Economies in the Multi-Product Banking Firm, Journal of Monetary Economics, 13, 1984, 393-405.

Hellwig, M.: Banking, financial intermediation and corporate finance, in: Alberto Giovanni & Colin Mayer: European Financial integration, Cambridge 1991.

Herman, W./Maurer M.: Kostenvorteile im schweizerischen Universalbankensystem, Schweizerische Zeitschrift für Volkswirtschaft und Statistik, 127.Jg. (1991),3,563-578.

Humphrey, D. B. : Costs and Scale Economies in Bank Intermediation, in: Richard C. Aspinwall & Robert A. Eisenbeis: Handbook for Banking Strategy, New York 1985.

Jensen, M. C./Ruback R.: The market for corporate control: The scientific evidence, Journal of Financial Economics, 11. Jg. (1983), 5-50.

Kiyotaki, N./Wrigth R.: A contribution to the pure theory of money, Journal of Economic Theory, 53 Jg. (1991), 215-235.

Lang, G./Welzel P.: Efficiency and technical progress in banking - Empirical results for a panel of German cooperative banks, Journal of Banking and Finance, Vol. 20 (1996), S. 1003-1023.

Manne, H.: Mergers and the Market for Corporate Control, Journal of Political Economy, 73.Jg. (1965), 110-120.

Merton, R.C.: A Functional Perspective of Financial Intermediation, Financial Managment, 2, 24. Jg. (1995), 23-41.

Mitusch, K.: Modelle zur Funktion der Bank, München 1995, zugl. Diss. Berlin 1994.

Rybczynski, T. M.: Financial Systems and industrial Re-Structuring, National Westminster Bank Quarterly Review, 3-13.

Santomero, A. M.: Modeling the banking firm, Journal of Money, Credit and Banking, 16. Jg. (1984),4, 576-602.

Santomero, A. M./Chung E.-J.: Evidence in Support of Broader Bank Powers, Financial Markets, Institutions & Instruments, Vol. 1 (1992), No. 1.

Schuster, L.: Heading for a single Big Bank?, in: Swiss Business, Juli/August 1989, S. 54-56.

Schuster, L.: Wettbewerb, Konzentration und Ertragslage von Banken, Wirtschaft und Recht, 42.Jg. (1990), 4, 237-247.

Schweizerische Nationalbank: Das Schweizerische Bankwesen im Jahre 1995, Zürich 1996.

Sheldon, G./Haegler, U.: Economies of Scale and Scope and Inefficiencies in Swiss Banking, in: Blatner, N. et al. (Eds.): Banking in Switzerland, Heidelberg 1993.

Spremann, K.: Does the best form to allocate control depend on the size of the economic system?, Comment on Sherwin Rosen: Managerial Compensation, Control and Investment, in: *Horst Siebert:* Trends in Business Organization: Do Partizipation and Cooperation increase Competitiveness?, Tübingen 1995.

Spremann, K.: Wirtschaft, Investition und Finanzierung, München/Wien 1996.

Tichy, G.: Bankengrösse und Effizienz, Kredit und Kapital, Vol. 25 (1990), Nr.3, S. 358-388.

Uhle, C.: Grösse als Effizienzkriterium bei Banken, Die Bank, 1993, No. 5, 260-264.

Williamson, O. E.: Die ökonomischen Institutionen des Kapitalismus – Unternehmen, Märkte, Kooperationen, Tübingen 1990.

III

Visionen im Back-Office-, Produktions- und Informationstechnologiemanagement

Zur Virtualisierung von Banken: Konsequenzen des Electronic Banking für Bankorganisation und Bankwettbewerb

Prof. Dr. Guido Eilenberger, Universität Rostock, und
Dr. Wolfgang Burr, Universität Hohenheim

1. Problemfeld

Fortschritte im kommunikationstechnischen Bereich lassen bereits die ersten Umrisse der **virtuellen Bank** am Horizont als Fernziel der Elektronifizierung des Bankgeschäfts, auch als **Electronic Banking** bezeichnet, erkennen. Idealtypischerweise besteht die virtuelle Bank aus einem Computersystem ohne notwendigen konkreten Standort und entsprechenden elektronischen Vernetzungen zu den Bankkunden des Systems. Die Vorstellung vom Bankbetrieb vermitteln spezifische Multimedia-Konzepte, während die **virtuelle Produktion** von Bankmarktleistungen in Verbindung mit qualifizierter Software erfolgt. Zur Abstraktheit der Bankmarktleistung, die das Wirken der Bankbetriebe bereits bei deren konkreter Existenz an räumlich diversifizierten Standorten bestimmt, gesellt sich die Abstraktheit des Bankbetriebes selbst und stellt insofern nur die letzte Konsequenz hinsichtlich der Anforderungen an die abstrakte Dienstleistungsproduktion im bankbetrieblichen Bereich dar. Einigen sich die Betreiber virtueller Banken auch noch auf einen gemeinsamen Standard für elektronisches Geld, das sich auf Grund seiner Abstraktheit als **virtuelles Geld** bezeichnen ließe, dann entfällt sogar die Notwendigkeit der Finanzierung bzw. Refinanzierung über Zentralbankgeld, dessen Schöpfung bislang den Zentralnotenbanken als Regulierungsinstanzen des Geldmarktes und des Geldwesens auf Grund deren Geldausgabemonopol vorbehalten war: Das virtuelle Geld wird von der Gemeinschaft virtueller Banken als virtuelle Leistung generiert und allgemein akzeptiert. Der Einführung des **Euro** bedürfte es dann nicht mehr.

Die beschriebene Vision vom virtuellen Bankwesen nimmt langsam Gestalt an, und zwar in Form des Electronic Banking, das seinerseits unterschiedliche Entwicklungsstufen aufweist und durchläuft. Im folgenden ist darüber ebenso zu berichten wie über dessen Auswirkungen auf die Bankorganisation traditioneller Art und den Wettbewerb unter Banken und mit sonstigen Finanzintermediären. In Anbetracht der hohen Wettbewerbsintensität im Bankensektor, hervorgerufen durch die Globalisierung der Bankentätigkeit, und einer Vielzahl neuartiger Finanzinstrumente (Eilenberger 1996 b), deren Zahl täglich zunimmt, wächst insbesondere die Bedeutung der Informations- und Kommunikationstechnik im bankbetrieblichen Leistungserstellungsprozeß, den schon seit jeher hohe Informationsintensität sowohl des Endprodukts als auch der betrieblichen Wertschöpfungskette prägte. Die Nutzung modernster Kommunikationstechnik soll als Instrument zur Erzielung von höherer Effizienz und zur Verbesserung der Wettbewerbsposition gegenüber Konkurrenten dienen (Mathauer 1995, S. 66).

In den letzten Jahren wurde in der Praxis und in betriebswirtschaftlichen Lehrbüchern insbesondere auf Investitionen in die EDV-Ausstattung einzelner Arbeitsplätze und deren innerbetriebliche Vernetzung abgestellt. Erst seit kurzem wird unter dem Oberbegriff „Electronic Banking" der Einsatz von Telekommunikations- und Datennetzen als innovative Vertriebskanäle für Bankdienstleistungen bis zum Endkunden verstärkt diskutiert und auch in der Praxis realisiert.[1] Dabei zeigen jüngste empirische Untersuchungen, daß viele Banken die mit der Einführung von Telefonbanking (eines Teilbereichs des Electronic Banking) verfolgten Ziele nicht erreicht haben. Anstatt Rationalisierungsvorteile zu erzielen und sich von der Konkurrenz zu differenzieren, mußten nicht wenige Banken nach der Einführung von Electronic Banking drastische Kostensteigerungen hinnehmen und Probleme bei der Kundenakquisition konstatieren. Als wesentliche Ursache für diese enttäuschenden Ergebnisse wurde in der Studie ermittelt, daß bei der Einführung von Telefonbanking strategische und technologische Fragen nicht angemessen berücksichtigt wurden[2]. Damit sind die zentralen Fragen des vorliegenden Beitrags aufgeworfen:

- Welche technischen Optionen bestehen für die Realisierung von Electronic Banking?
- Welche Implikationen hat Electronic Banking für die von Banken verfolgten Wettbewerbsstrategien und die Aufbau- und Ablauforganisation in Banken?
- Ist es für die einzelne Bank vorteilhaft, zu den Pionieranbietern im Electronic Banking zu gehören oder erst abzuwarten, wie sich der Markt für elektronisch mittels Telekommunikations- und Datennetzen vertriebene Bankdienstleistungen entwickelt?
- Wie wirkt sich Electronic Banking mittel- und langfristig auf die Struktur des Marktes für Finanzdienstleistungen im allgemeinen und der Bankwirtschaft im speziellen aus?

2. Grundkonzeption des Electronic Banking

Die einschlägige Literatur ist von Uneinigkeit über die Verwendung des Begriffes Electronic Banking geprägt.[3] Grundsätzlich kann hinsichtlich des Anwendungsgebietes von Electronic Banking zwischen innerbetrieblichem Einsatz (Datenbanken für interne Zwecke, Management Support Systeme, Expertensysteme) und dem Einsatz außerhalb der Einrichtungen des Bankbetriebes unterschieden werden (Eilenberger 1996, S. 194 ff.). Im vorliegenden Beitrag sollen die externen Anwendungsmöglichkeiten von Elektronic Banking im Vordergrund stehen, also die Abwicklung von Bankgeschäften zwischen Bankbetrieb und Endverbraucher mit Hilfe von Daten- und Telekommunikationsnetzen, die eine Überbrückung von Zeit und Raum bewirken. Charakteristisches Merkmal von Electronic Banking ist in diesem Sinne, daß unter Einsatz von Daten- und Telekommunikationsnetzen eine elektronische Verbindung zwischen Bank und Kunde bereitgestellt wird, die der Anbahnung, Vereinbarung, Abwicklung und Kontrolle von Finanztransaktionen dient. Dadurch grenzt sich das externe Electronic Banking vom zweigstellengestützten, traditionellen Bankgeschäft mit direktem face to face-Kontakt zwischen Kunde und Bankangestelltem ebenso ab wie vom ausschließlich bankinternen Einsatz der Informations- und Kommunikationstechnik zur Unterstützung von Betriebsabläufen.

Im folgenden werden die technischen, wettbewerbsstrategischen und organisatorischen Elemente des Electronic Banking eingehender dargestellt. Es wird zu zeigen sein, daß es für Banken, die den elektronischen Vertrieb von Bankprodukten planen, von großer Bedeutung ist, alle diese drei Elemente im Rahmen eines schlüssigen, zukunftsweisenden Electronic Banking-Konzeptes aufeinander abzustimmen und auf die Kundschaft zu fokussieren, um ihre mit Electronic Banking intendierten Ziele erreichen und den Kunden maximale Bedürfnisbefriedigung bieten zu können.

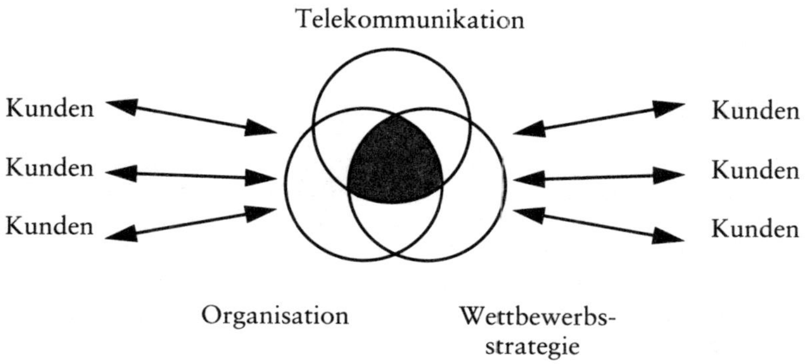

Abb. 1: Abstimmung von Wettbewerbsstrategie, Telekommunikationstechnik und Organisation

Darüber hinaus ist der Blick darauf zu richten, daß sich durch die Einführung von Electronic Banking die betriebliche und räumliche Organisationsform von Banken wandeln wird: Neben traditionelle Banken mit physisch existenten Zweigstellennetzen werden neue, virtuelle Unternehmensformen treten, die als vollständig elektronisierte Direktbanken mit ihren Kunden nur noch über Daten- und Telekommunikationsnetze kontrahieren. Daneben werden Hybrid- oder Mischbanken existieren, die sowohl traditionelle als auch elektronische Bankdienste unter einem Dach integrieren. Alle diese Banktypen werden miteinander in Konkurrenz stehen und ihrerseits von spezialisierten Nichtbanken bedrängt.

3. Die technologisch-infrastrukturelle Komponente des Electronic Banking

Mit Hilfe von Electronic Banking lassen sich verschiedene durch Informations- und Kommunikationstechnik unterstützte Bankmarktleistungen produzieren, die unterschiedlichen „Banking"-Formen zugeordnet werden. Erfolgt eine Zuordnung von elektronischen Bankmarktleistungen nach dem vom Kunden eingesetzten Endgerät, so lassen sich die in Abbildung 2 dargestellten Arten des Electronic Banking systematisieren.

Telefonbanking bezeichnet die Kontaktaufnahme des Kunden mit seiner Bank mit Hilfe des Telefons. Bei Telefonbanking kann der Kunde über das Telefon und nach Nennung eines Paßwortes einfache Bankdienste wie Abfrage seines Kontostandes und Einrichtung von Daueraufträgen, aber zunehmend auch anspruchsvollere Bankleistungen wie Wertpapier- und Vermögensberatung in Anspruch nehmen. Zur technischen Realisierbarkeit ist zu sagen, daß analoge und digitale Telefontechnik sehr ausgereift, bedienungsfreundlich und in fast jedem Haushalt verfügbar ist, da analoge und digitale Telefonnetze in der Bundesrepublik flächendeckend ausgebaut sind.

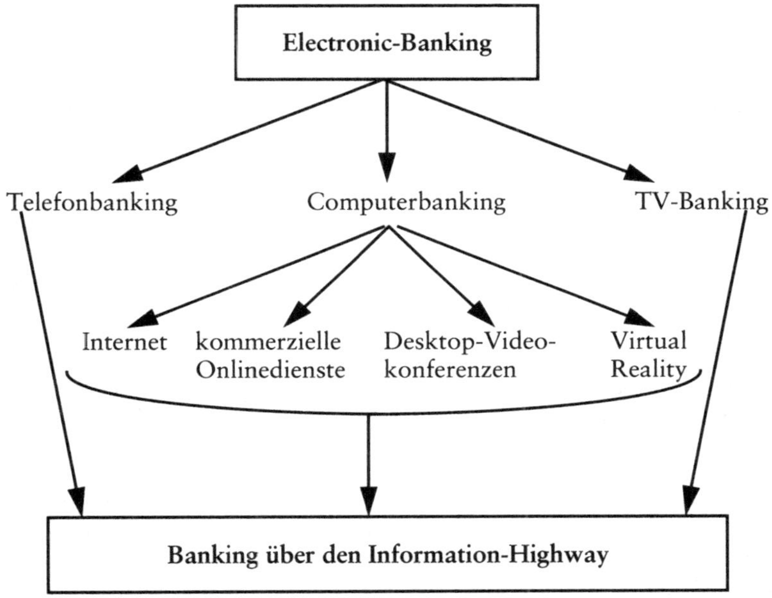

Abb. 2: Elektronische Bankmarktleistungen und „Banking"-Formen

Beim **Computerbanking** lassen sich vier elektronische Vertriebskanäle unterscheiden: **Internet-Banking** bzw. **Direct Banking im Cyberspace** bezeichnet die „Eröffnung" einer Bank im Internet, einem weltumspannenden Computernetzwerk, an das im Jahr 1995 ca. 38 Millionen Nutzer angeschlossen waren (Jaskulla 1996; o.V. 1995, S. 8)[4]. Ursprünglich war das Internet als Wissenschaftsnetz zum Datenaustausch zwischen Forschern an Universitäten und sonstigen öffentlichen Forschungseinrichtungen konzipiert. In den letzten Jahren ist eine Öffnung für private Nutzer und Firmen und dadurch eine Kommerzialisierung des Internet erfolgt. Seitdem wird das Internet von privaten Anbietern zunehmend als elektronischer Marktplatz für Güter aller Art und auch für Bankdienstleistungen entdeckt. Bisher kam es jedoch erst zur Gründung einer einzigen Bank in den USA, die alle wesentlichen Bankdienstleistungen, insbesondere die Abwicklung von Zahlungsvorgängen, im Internet anbietet und außerhalb dieses Netzes nicht präsent ist, d. h. auf ein traditionelles Filialnetz völlig verzichtet[5]. Die meisten Banken beschränken sich noch auf die Darstellung von Informationen über ihr Unternehmen und die in ihren traditionellen Filialen oder via Telefonbanking erhältlichen Bankdienstleistungen, ohne die Abwicklung von Bankdienstleistungen im Internet zu ermöglichen (Salmon/Jones 1995, S. 89). Die derzeit noch zu verzeichnende geringe Akzeptanz des Internet-Banking für die Abwicklung von Finanztransaktionen bei Banken ist maßgeblich durch Sicherheitsprobleme bei der Übertragung von vertraulichen Daten im Internet verursacht[6]. Zur technischen Machbarkeit ist festzustellen, daß die Technik des Internet erst in relativ geringem Umfang ausgereift und standardisiert ist, die Benutzerfreundlichkeit des Internet konnte jedoch in den letzten Monaten durch die Verwendung graphischer Benutzeroberflächen und die multimediale Darstellung von Informationen deutlich verbessert werden[7]. Als hemmend bei der Ausbreitung des Internet-Banking erweist sich derzeit, daß momentan nur ein geringer Teil der Bevölkerung in Deutschland über einen privaten Internet-Anschluß verfügt und das Internet aufgrund der weltweit stark wachsenden Benutzerzahlen häufig überlastet ist und dadurch Kapazitätsengpässe dessen Nutzung hemmen.

Online-Banking als weitere Form des Computerbanking ist dem Internet-Banking sehr ähnlich, die technische Grundlage (Netzprotokoll, Zugangsverfahren in das Netz über Computer in Verbindung mit Modem) ist dieselbe. Der einzige Unterschied zum Internet besteht darin, daß die Onlinenetze von Anfang an als kommerzielle Netze für private und gewerbliche Nutzer ausgelegt und am elektronischen Vertrieb von Gütern und Dienstleistungen aller Art interessiert waren[8]. Mit Hilfe kommerzieller Onlineanbieter wie T-Online, America Online, Compuserve, Apple E-World, Eunet, Europe Online und Microsoft Network (o.V. 1996 c, S. 58) können Banken ihre Dienstleistungen bis zum Endkunden vertreiben, und machen von dieser Möglichkeit starken Gebrauch[9]. Die technische Realisierbarkeit eines solchen Online-Banking wird im Gegensatz zum Internet bei kommerziellen Onlinediensten dadurch gefördert, daß hohe Sicherheitsstandards für die Übertragung vertraulicher Finanzdaten bereits heute bestehen und die Benutzerfreundlichkeit kommerzieller Onlinedienste relativ hoch ist. Die Benutzerzahl dieser kommerziellen Onlinenetze steigt derzeit sehr stark, z.B. sind in Deutschland derzeit über 1 Million Teilnehmer bei Onlinediensten registriert, wobei die Teilnehmerzahl aller kommerziellen Onlinedienste in Deutschland höher ist als die Teilnehmerzahl des Internet in Deutschland. Allerdings sind für die Zukunft bedeutende Veränderungen zu erwarten, die Banken in die Konzeption ihrer Online-Angebote einbeziehen sollten: Zwar weisen derzeit die Onlinedienste ein hohes Wachstum ihrer Teilnehmerzahlen auf, es gibt jedoch Prognosen, die stark abnehmende Wachstumsraten der Onlinedienste bis zum Jahr 1999 ankündigen, während das Internet weiterhin beeindruckende Zuwachsraten bei den Teilnehmerzahlen verzeichnen wird (Böndel 1995, S. 98, 105). Angesichts des gemäß dieser Prognosen begrenzten Wachstums der Onlinedienste stellt sich die Frage, ob es für Banken nicht empfehlenswerter ist, trotz der derzeitigen Sicherheits- und Kapazitätsprobleme im Internet gleich von Beginn an auf Internet-Banking zu setzen statt auf Online-Banking, nicht zuletzt weil zu erwarten ist, daß die Kapazitäts- und Sicherheitsprobleme mit der zunehmenden Kommerzialisierung des Internet einer Lösung zugeführt werden[10].

Desktop-Videoconferencing und **Virtual Reality** sind neue Techniken der Datenübertragung und Kommunikation, die sich aktuell in der Standardisierungs- und Markteinführungsphase befinden. Diese elektronischen Hilfsmittel werden für das Angebot von elektronischen Bankdienstleistungen derzeit noch kaum eingesetzt, könnten aber als neue Formen des Computer-Banking für die Zukunft großes Entwicklungspotential besitzen (Picot/Böhme 1996, S. 34)[11].

Die dritte Form des elektronischen Banking ist das **TV-Banking.** Hierbei benutzt der Kunde das Fernsehgerät, um mit seiner Bank Transaktionen zu tätigen. In der Bundesrepublik gab es eine Vorform des TV-Banking im Rahmen des Bildschirmtextes: Ein mit einem Btx-Decoder versehenes Fernsehgerät diente dem Benutzer als Kommunikationsschnittstelle zur Abwicklung von Bankgeschäften, die Datenübertragung erfolgte jedoch über die Telefonleitung. Der Fernseher hatte damit lediglich die Funktion, den damals noch sehr teuren Personal Computer als Endgerät einzusparen. Diese Form des TV-Banking hat sich jedoch nicht durchgesetzt und ist vom Online-Banking weitgehend verdrängt worden. Zukünftig besteht jedoch die Möglichkeit, daß sich der Fernseher zum umfassenden Kommunikationsmedium wandelt (Schlagwort: Interaktives Fernsehen) und damit als Endgerät für den Vertrieb von Bankdienstleistungen an Bedeutung gewinnt[12].

Die vorstehenden Ausführungen machen deutlich, daß Bankkunden mit einer Vielzahl unterschiedlicher Endgeräte (Telefon, Computer, Fernsehgerät) Zugang zu elektronischen Bankinformationen und zur Produktion von Bankmarktleistungen erhalten können. Die drei angeführten alternativen Vertriebswege für Bankprodukte sind je nach Bankmarktleistung gegenseitig mehr oder weniger substitutiv, d. h. Banken, die sich aller drei Vertriebswege undifferenziert bedienen, laufen Gefahr, Redundanzen und Ineffizienzen in ihren Vertriebskanälen aufzubauen. Banken, die sich für alle drei elektronischen Vertriebskanäle entscheiden, sollten daher zuvor ihren Kundenstamm segmentieren (Bauer 1995, S. 95), bestimmte Vertriebskanäle auf bestimmte Kundensegmente abstimmen und im Rahmen des absatzpolitischen Instrumentariums auch Anreize für die angesprochenen Kundensegmente zur Nutzung der jeweiligen elektronischen Vertriebskanäle setzen (z. B. durch Qualität, Werbung und Gebührenpolitik)[13]. Das Problem der Entscheidung für einen elektronischen Vertriebsweg kann jedoch in absehbarer Zeit obsolet werden: Durch die zunehmende Verfügbarkeit von Hochleistungstelekommunikationsnetzen auf Glasfaserbasis (sog. **Information Highways**) können die bisher mehr oder weniger getrennten Netze für Telefon-, Daten- und Fernsehübertragung in einem einzigen Netz für die Übertragung von Daten, Sprache und Bildern zusammengefaßt werden. Damit erscheint **interaktives Banking** über den Information Highway, das alle bisher getrennten elektronischen Vertriebskanäle in einen einzigen elektronischen Vertriebskanal integriert, möglich. Alle oben beschriebenen elektronischen Bankmarktleistungen lassen sich dann über ein einziges Netz und ein einziges Endgerät vertreiben. Derzeit ist jedoch noch keine Aussage möglich, ob die Kundenschnittstelle zu diesem Hochleistungsnetz ein Personal Computer (mit integriertem Telefon und integriertem TV-Decoder), ein Fernsehgerät (evtl. aufgerüstet mit einer Settop-Box) oder ein Telefonapparat (evtl. aufgerüstet mit Computertechnik und einem integrierten Bildschirm) sein wird, da sich die Marktstrukturen und technischen Standards auf dem Information Highway gerade erst herausbilden[14].

Insgesamt zeigt der Überblick über den Stand der technischen Entwicklung, daß Electronic Banking ohne moderne Telekommunikations- und Datennetze für die Verbindung zu den Kunden und ohne eine unternehmensinterne informationstechnische Infrastruktur nicht realisierbar ist. Dabei muß Electronic Banking nicht zwingend, wie bisweilen angenommen, mit dem Einsatz innovativer Spitzentechnik, wie Bildschirmtelephone und interaktive Multimedia-Dienste verbunden sein (Bordewyk 1995, S. 22). Bereits ein einfaches, alltäglich genutztes Telekommunikationsendgerät, wie z. B. ein analoges Telefon beim Kunden in Verbindung mit einem Call-Center in der Bank, kann für den Vertrieb einfacher elektronischer Bankprodukte völlig ausreichend sein (Lian 1995 b, S. 26)[15]. Auch für anspruchsvollere elektronische Bankmarktleistungen, wie z. B. multimedial aufbereitete Kundeninformationen, sind entsprechend leistungsfähige Netze als Transportmedium bereits vorhanden. Die zur Realisierung von Electronic Banking erforderliche Technik ist damit bereits heute größtenteils verfügbar (Perlmann 1995, S. 68). Leistungsfähige Telekommunikationsnetze allein ermöglichen aber noch kein Angebot elektronischer Bankdienstleistungen, vielmehr müssen die bei der Benutzung von Daten- und Telekommunikationsnetzen anfallenden Übertragungskosten so gestaltet sein, daß ein rentables Angebot elektronischer Bankprodukte möglich ist. Die zu Beginn des Jahres 1996 von der Deutschen Telekom AG realisierte Tarifreform führte allerdings zu deutlichen Tariferhöhungen im Ortsnetzbereich und zu Tarifsenkungen im Fernverkehrsbereich. Dies wird voraussichtlich die Nachfrage nach allen elektronischen Bankleistungen dämpfen, weil diese insbesondere das Ortsnetz in Anspruch nehmen und die Telekommunikationskosten bei Telefonbanking und Computerbanking im Regelfall vom Kunden getragen werden (Birkelbach 1995, S. 51)[16]. Das derzeitige Netzmonopol der Deutschen Telekom AG behindert damit das Angebot neuer, innovativer Bankdienstleistungen wie Online-Banking, Internet-Banking und Telefonbanking. Allerdings ist zu erwarten, daß bei Herstellung des freien Netzwettbewerbs ab 1998 infolge zunehmenden Wettbewerbs unter den Anbietern von Daten- und Telekommunikationsnetzen die Tarife für Übertragungsleistungen sinken und eine größere Zahl innovativer Telekommunikationsdienste, auch bei elektronischen Bankleistungen, angeboten wird[17].

4. Konsequenzen des Electronic Banking-Konzeptes auf Wettbewerbsstrategien von Banken und Finanzdienstleistungen

Das Angebot von Bankprodukten über Telekommunikations- und Datennetze ist geeignet, vielfältige Auswirkungen auf den Markt für Finanzdienstleistungen im allgemeinen und den Markt für Bankdienstleistungen im speziellen, insbesondere auf die Marktstrukturen und die Wettbewerbsstrategien der Anbieter zu zeitigen. Im folgenden wird untersucht, welche Bedeutung das elektronische Angebot von Bankdienstleistungen für den Wettbewerb zwischen Banken untereinander und für den Wettbewerb zwischen Banken und Nichtbanken hat. Die anzustellende Wettbewerbsanalyse basiert in Anbetracht des hohen empirischen Erklärungspotentials auf dem Ansatz von Porter (Porter 1988, S. 25 ff.). Abbildung 3 vermittelt einen Überblick über die im Markt für Electronic Banking wirkenden Gruppen von Wettbewerbern sowie deren Konzepte und über die Wettbewerbskräfte.
Durch die Einführung und zunehmende Verbreitung von Electronic Banking wird jede der fünf Gruppen von Wettbewerbern und Wettbewerbskräften tangiert.

4.1 Verhandlungsmacht der Nachfrager

Ob die Verhandlungsmacht der Nachfrager durch die Einführung von Electronic Banking steigt, ist von der konkreten technischen Realisierung, insbesondere dem Grad der Standardisierung der für Electronic Banking eingesetzten Hard- und Software abhängig. Setzt die Bank spezifische Hard- und Software bei der Verwirklichung von Electronic Banking ein, so kann sie den Kunden, nachdem er entsprechende komplementäre Investitionen getätigt hat, dadurch an sich binden, einen Wechsel der Bank erschweren und somit die Bankloyalität erhöhen. Kunden scheinen aber zunehmend weniger bereit zu sein, proprietäre technische Lösungen und Firmenstandards zu akzeptieren, die sie an eine einzige Bank und ihr elektronisches Diensteangebot binden (Bartmann 1995, S. 9). Vielmehr ist zu vermuten, daß er standardisierte Benutzeroberflächen und offene technische Systeme bevorzugt, die von vielen Banken eingesetzt werden und ihm den Anbieterwechsel ohne Entwertung seiner Investitionen in Hardware, Software und das Erlernen der Benutzeroberfläche zu geringen Such- und Vergleichskosten ermöglicht (Bartmann/Kerscher 1995, S. 42). Aus Sicht des Kunden wäre es ideal, sobald er im Internet oder im Onlinenetz eine elektronische Bank mit günstigeren Konditionen entdeckt, die gesamten Kontobestände und Daueraufträge durch Anklicken und Ziehen mit der Computermaus zu dieser konkurrierenden Bank verlagern zu können (Bartmann 1995, S. 9). Dieses derzeit noch sehr hypothetische Beispiel zeigt eindrucksvoll, daß sich bei weitgehend standardisierten Electronic Banking-Angeboten und einer Vielzahl von Anbietern elektronischer

Bankdienstleistungen die Verhandlungsmacht des Kunden erhöht. Beide Bedingungen – standardisierte Technik und eine Vielzahl von Anbietern elektronischer Bankdienste – können derzeit noch nicht als erfüllt ange-

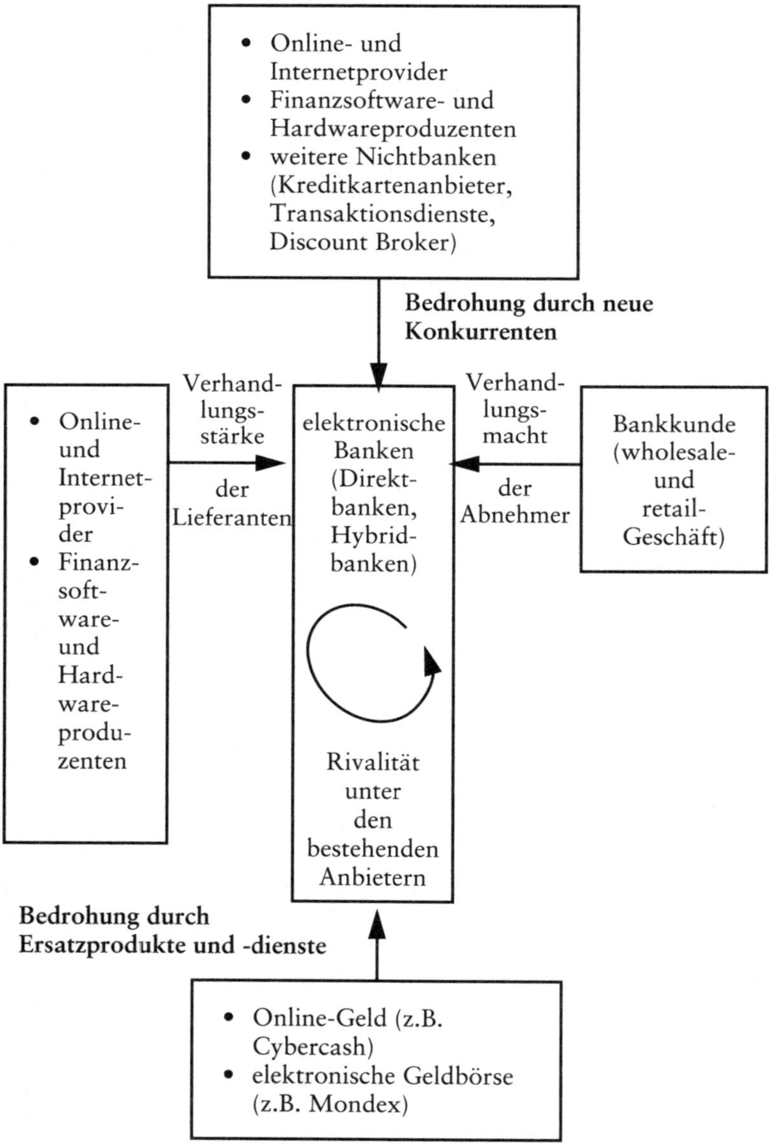

Abb. 3: Wettbewerber im Markt für Electronic Banking (in Anlehnung an Porter 1988, S. 26).

sehen werden, da der Markt für elektronische Finanzdienstleistungen sich erst in seiner Entstehungsphase befindet. Mit zunehmender Erfüllung dieser beiden Bedingungen wird jedoch die Verhandlungsmacht der Nachfrager in einem elektronischen Markt für Finanzdienstleistungen aller Voraussicht nach zukünftig stark zunehmen.

4.2 Verhandlungsmacht der Zulieferer

Für den elektronischen Vertrieb von Bankdienstleistungen sind Banken auf Kooperation mit Anbietern anderer Branchen angewiesen: Onlineprovider wie Compuserve, T-Online und AOL sowie Internetprovider halten die Daten- und Telekommunikationsnetze bereit, auf denen Banken ihre Dienste anbieten können. Hersteller von Finanzsoftware wie Intuit (Softwareprogramm Quicken) und Microsoft (Softwareprogramm Money) liefern an Banken und Endverbraucher Computerprogramme zur Verwaltung von Finanzdaten und die graphische Benutzeroberfläche, auf die der Kunde zugreift. Nur wenige große und kapitalkräftige Banken können die wesentlichen technischen Elemente ihres Electronic Banking-Konzeptes selbst entwickeln oder vorhalten. Kleinere Banken, denen diese Option nicht offensteht, können in ein Abhängigkeitsverhältnis zu diesen Hardware- und Softwarefirmen geraten. So wird derzeit beispielsweise von Banken zunehmend als Problem erkannt, daß sie davon abhängig werden könnten, wie günstig ihre Dienstleistungen von dem Onlineprovider auf dessen Übersichtsseite zwischen den anderen Anbietern elektronischer Dienste positioniert werden[18]. Auch der von Microsoft angestrebte Zusammenschluß mit dem Finanzsoftwarehersteller Quicken, der letztlich am Einspruch der amerikanischen Wettbewerbsbehörden scheiterte, hat den Banken die latente Gefahr des Entstehens einseitiger Abhängigkeitsbeziehungen deutlich gemacht (Bordewyk 1995, S. 19; Lian 1995, S. 25). Deshalb streben Banken an, die wesentlichen Ressourcen für die Konzipierung von Electronic Banking, den Zugang zum Onlinedienst/Internet und die Positionierung/Darstellung ihrer elektronischen Bankprodukte im Netz, selbst zu kontrollieren und das Entstehen von Abhängigkeiten von einzelnen Vorprodukteherstellern zu vermeiden[19]. Für Banken wäre es erstrebenswerter, die Veranstalter des elektronischen Marktplatzes zu werden[20], auf dem Güterhersteller aller Art ihre Leistungen und Banken die dazu passenden Finanzierungskonzepte und Zahlungssysteme anbieten, und zu verhindern, daß ein Onlineprovider bestimmt, auf welcher Seite seines Angebotes Bankmarktleistungen (z. B. alphabetisch zwischen Badesalzherstellern und Büroausstattern) gelistet und welche zusätzlichen Gebühren für eine günstige Positionierung verlangt werden (Taylor/Metha/Wurster 1995, S. 30). Für die zukünftige Wettbewerbsposition von Banken ist es somit wichtig, daß sie die Kontrolle über die Schnittstelle zum Kunden und damit über die Kundenbeziehung auch in einem elektronischen Finanzdienstleistungsmarkt behalten[21].

4.3 Bedrohung durch neue Wettbewerber

Electronic Banking führt dazu, daß für neu in den Markt eintretende Anbieter eine wesentliche Markteintrittsbarriere gesenkt wird, weil es nicht mehr notwendig ist, die bislang für eine flächendeckende Präsenz im Markt hohen Vorlaufinvestitionen in ein kapital- und personalintensives, konkretes Zweigstellennetz zu tätigen (Bartmann 1995, S. 6 f.; Devlin 1995, S. 20)[22]. Dementsprechend stellt sich die Frage, wer die potentiellen neuen Konkurrenten der Banken sein könnten. Viele Banken entwickeln ihr Electronic Banking Angebot in enger Zusammenarbeit mit Hardware- und Softwareherstellern. Diese Anbieter von Informations- und Kommunikationstechnik zeigen zunehmend Interesse, Electronic Banking selbst anzubieten, um mit diesem Diensteangebot ihre Netze für potentielle Onlinekunden attraktiver zu machen[23] und/oder auf den Verkauf ihrer Computerprogramme stärkeren Einfluß zu nehmen. So bietet beispielsweise die Firma Intuit nicht nur das Finanzverwaltungsprogramm Quicken, sondern auch einen Mehrwertdienst an, mit dessen Hilfe Kunden Überweisungen tätigen können und dazu nicht mehr auf Banken angewiesen sind (Picot/Böhme 1996, S. 32). Es besteht durchaus die Möglichkeit, daß die Kooperationspartner von heute, die mit den Banken gemeinsam Electronic Banking-Konzepte verwirklichen, zu den Wettbewerbern von morgen im elektronischen Finanzdienstleistungsmarkt werden.

Daten- und Telekommunikationsnetze können auch von anderen Nichtbanken als Zugang in klassische Bankmärkte benutzt werden: Viele Anbieter von Transaktionsdiensten (wie Reuters mit dem Angebot von Instinet und Moneydealing 2002), Discountbroker (wie Schwab Securities) und Kreditkartenanbieter (z. B. Visa, Eurocard) wickeln ihre Geschäfte auf der Basis gut ausgebauter Informations- und Kommunikationsnetze ab[24]. Bisher haben diese Anbieter Erfahrung mit dem elektronischen Vertrieb von Finanzdienstleistungen an institutionelle Großkunden (Reuters), dem elektronischen Vertrieb von Finanzdienstleistungen rund um die Aktie (Schwab) oder dem elektronischen Vertrieb von Zahlungsverkehrsleistungen (Visa, Eurocard) sammeln können, die sie bei ihrem Eintritt in klassische Bankmärkte wie z. B. das Retailbanking nutzen könnten.

4.4 Bedrohung durch Substitutionsprodukte

Elektronische Bankmarktleistungen substituieren traditionelle, über das konkrete Filialnetz im face to face-Kontakt zwischen Kunde und Bankangestelltem vertriebene Bankprodukte. Für die elektronischen Bankmarktleistungen selbst sind derzeit lediglich die im Entwicklungsstadium befindlichen Geldsubstitute und Zahlungssysteme auf Basis von Kupons für die Abwicklung von Güterkäufen im Internet („Online-Geld"), wie beispielsweise DigiCash und Cybercash, sowie elektronische Geldbörsen wie beispielsweise Mondex als Substitutionsprodukte erkennbar (Bartmann/Kerscher 1995, S. 40, 43; Bartmann 1995, S. 12). Ob sich diese Geldsurrogate durchsetzen, kann derzeit noch nicht mit Sicherheit prognostiziert werden. Die zukünftige Entwicklung wird zeigen, ob traditionelles Geld durch Geldsubstitute ersetzt wird oder ob Geld in seiner heutigen Form weiterhin existiert, der Bargeldverkehr jedoch in noch stärkerem Maße als bisher durch netz- und computergestützte elektronische Finanztransaktionen ergänzt wird. Im erstgenannten Fall wäre Electronic Banking die Vorstufe der cashless society, im letztgenannten Fall wäre die cashless society eine umfassende Vision des Electronic Banking der Zukunft. Ob Electronic Banking auf absehbare Zeit die letzte Evolutionsstufe im Bankgeschäft darstellt, kann beim derzeitigen Wissensstand nicht beurteilt werden.

4.5 Intensivierung des Wettbewerbs innerhalb der Electronic Banking-Branche

Derzeit befinden sich die Electronic Banking-Angebote vieler Banken in der Konzeptions- oder Markteinführungsphase. Neu gegründete **elektronische Banken** (sog. Direktbanken bzw. **virtuelle Banken**) und andere Anbieter elektronischer Finanzdienstleistungen verzeichnen große Zuwachsraten bei den Kundenzahlen und Einlagesummen (Picot 1995, Schaubild 1). Dementsprechend konzentriert sich in einer Phase starken Marktwachstums der Wettbewerb zwischen den Anbietern elektronischer Finanzdienstleistungen auf die Verteilung der Zuwachsraten. Wettbewerb in stark wachsenden Märkten ist im allgemeinen weniger intensiv als Wettbewerb in stagnierenden oder schrumpfenden Märkten, weil wachsende Märkte mehr Anbieter tragen können und der Erfolg eines Anbieters nur in abgeschwächter Form zu Lasten eines anderen Anbieters geht.

Zusammenfassend läßt sich feststellen, daß von den fünf Gruppen von Wettbewerbern und Wettbewerbskräften derzeit die Verhandlungsmacht der Zulieferer und die Möglichkeit des Markteintritts neuer Anbieter die größte Wettbewerbsbedrohung für die Anbieter elektronischer Bankmarktleistungen darstellt.

Es ist zu erwarten, daß in den nächsten Jahren die Verhandlungsmacht der Nachfrager und der Wettbewerb innerhalb der Branche mit zunehmender Marktreife an Intensität gewinnen werden. Ob Substitutionsprodukte für elektronische Bankdienstleistungen auftreten und sich langfristig durchsetzen werden, kann noch nicht mit Sicherheit prognostiziert werden. Die Auswirkungen von Electronic Banking auf die Branchenstruktur und die Wettbewerbsintensität werden kurzfristig aller Voraussicht nach wenig spürbar sein. Mittel- und langfristig wird Electronic Banking aber gravierende Konsequenzen für die Struktur und die Wettbewerbsintensität auf dem Markt für Finanzdienstleistungen nach sich ziehen.

Porter empfiehlt drei generische Strategien, mit deren Hilfe sich Unternehmen grundsätzlich gegen das Wirken der fünf Wettbewerbskräfte abschirmen und eine überlegene Wettbewerbsposition aufbauen können: Kostenführerschaft, Differenzierungsstrategie und Nischenstrategie (Porter 1986, S. 31 ff.) in Form einer Konzentration auf Schwerpunkte (Abb. 4). Deshalb sollten sich Unternehmen auf eine dieser drei Strategien konzentrieren und das gleichzeitige Verfolgen mehrerer Strategien im Rahmen sog. hybrider Strategien unterlassen, zumal dieser Parallelismus zu einer Position zwischen allen Stühlen (stuck in the middle) führt (Porter 1986, S. 38). Allerdings zweifelt neuerdings die Literatur die Position Porters zu hybriden Strategien an und versucht, Einflußfaktoren und Bedingungskonstellationen zu identifizieren, die auch die Verfolgung hybrider Strategien sinnvoll ermöglichen[25].

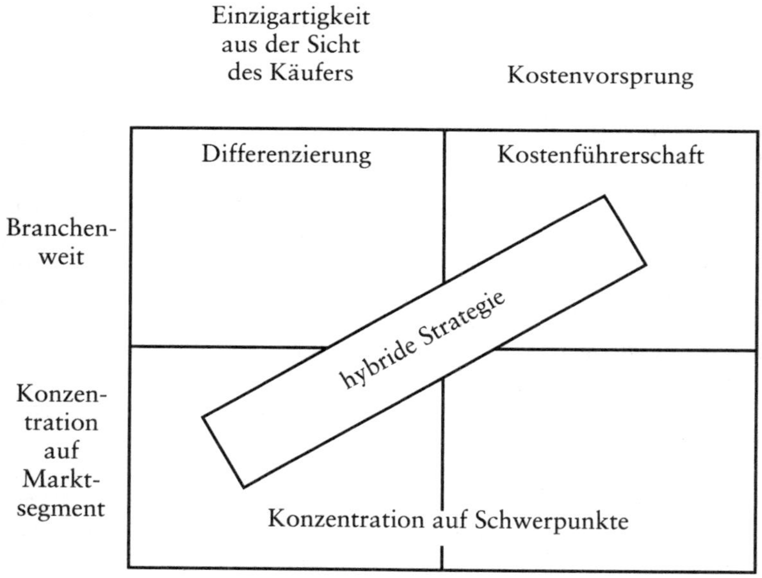

Abb. 4: Generische und hybride Wettbewerbsstrategien (in Anlehnung an Porter 1988, S. 67)

Electronic Banking bietet die Möglichkeit, jede der drei generischen Strategien und hybride Strategien zu unterstützen. Darin kommt der Optionscharakter der Informations- und Kommunikationstechnik zum Ausdruck: Electronic Banking kann eine **Strategie der Kostenführerschaft** unterstützen, denn durch Electronic Banking können – zumindest für den Vertrieb einfacher standardisierter Bankprodukte – traditionelle Zweigstellen mit hohen Overheadkosten entweder ganz ersetzt oder mit anderen Zweigstellen zusammengelegt und dementsprechend Kosten gesenkt werden. Schätzungen gehen davon aus, daß Banken durch das Angebot elektronischer Bankdienstleistungen ihre Kosten um bis zu 20% senken können[26]. Neu gegründete Direktbanken, die von Anfang an auf das Konzept des Electronic Banking setzen und auf ein traditionelles Filialnetz verzichten, können Kostenstrukturen realisieren, die selbst die effizientesten Wettbewerber unter den traditionellen Banken nicht erreichen können. Schwieriger gestaltet sich hingegen die Frage, wie Kostenführerschaft im Wettbewerb der Direktbanken untereinander von einem Anbieter erreicht werden kann. Neben der eingesetzten Technik dürfte insbesondere auch die organisatorische Implementierung der Technik darüber entscheiden, welcher Anbieter elektronischer Bankleistungen der Kostenführer im Electronic Banking-Markt wird[27].

Mit Hilfe von Electronic Banking kann aber auch eine **Strategie der Differenzierung** verfolgt werden[28]: Elektronische Bankprodukte können sich von traditionell über das Filialnetz vertriebenen, ansonsten jedoch identischen Bankprodukten zumindest hinsichtlich der Aktionsparameter Geschwindigkeit der Transaktionsabwicklung[29] und Komfort der Transaktion[30] differenzieren. Auch hinsichtlich Umfang, Aktualität und optischer Aufbereitung der über Daten- und Kommunikationsnetze dem Kunden angebotenen Finanzmarktinformationen kann Electronic Banking eine Differenzierung von Wettbewerbern mit traditionellem Zweigstellennetz ermöglichen. Electronic Banking bietet folglich die Möglichkeit, überlegenen Kundenservice zu realisieren, den traditionelle Banken überhaupt nicht oder nur zu sehr hohen Kosten anbieten können[31]. Im Verhältnis zu anderen elektronischen Direktbanken gestaltet sich die wettbewerbliche Differenzierung schwieriger, insbesondere wenn sich zukünftig ein technischer Standard für die beim Vertrieb elektronischer Bankmarktleistungen benötigte Informations- und Kommunikationstechnik etablieren sollte. Gegenüber anderen elektronischen Direktbanken kann sich eine einzelne Direktbank am ehesten über die optische Gestaltung der Benutzerschnittstelle, die Tarif- und Konditionengestaltung sowie insbesondere durch die Konzeption und rasche Markteinführung innovativer Bankprodukte differenzieren[32].

Electronic Banking kann drittens auch eine **Nischenstrategie** unterstützen. Da eine Direktbank mit anderen Kostenstrukturen als eine traditionelle Bank, insbesondere mit einer erheblich geringeren optimalen Betriebsgröße arbeitet, kann sie sich auf sehr enge Kundensegmente fokussieren, deren alleinige Bedienung für eine traditionelle Bank nicht rentabel wäre. Mit zunehmendem Preisverfall bei Hardware, Software und für Datenübertragungsleistungen können zudem die von elektronischen Banken besetzbaren Marktnischen noch fokussierter und enger abgesteckt werden.

Viertens scheint Electronic Banking auch die Möglichkeit zu bieten, oft für unvereinbar gehaltene Strategien wie Kostenführerschaft und

Differenzierungsstrategie gleichzeitig im Rahmen einer **hybriden Strategie** zu verwirklichen[33]. So wäre es denkbar, daß eine Bank durch den Einsatz moderner Informations- und Kommunikationstechnik einen überlegenen Service bietet und dennoch der kostengünstigste Anbieter im Markt ist. Diese Möglichkeit dürfte allerdings nur so lange bestehen bzw. durchzuhalten sein, bis die Wettbewerber den Lösungsansatz des Innovators analysiert und zumindest in Teilen imitiert haben, so daß die von Imitatoren bedrohte Bank gezwungen wird, sich stärker auf eine der beiden Strategien zu konzentrieren, wenn ihre Ressourcen für einen Wettbewerb an zwei strategischen Fronten nicht mehr ausreichen.

Somit zeigt sich, daß eine Bank durch den Einsatz von Informations- und Kommunikationstechnik die oben genannten vier Strategien (Kostenführerschaft, Differenzierung, Nischenbesetzung und hybride Strategie) unterstützen kann. Bei der **Strategiekonzeption** ist zusätzlich danach zu unterscheiden, ob ein Unternehmen zu den ersten Anbietern auf einem Markt zählen und dadurch first mover advantages erzielen will oder sich auf das Abwarten und Eintreten in einen bereits mehr oder weniger erschlossenen und mit mehreren Wettbewerbern besetzten Markt (follower-Strategie) beschränkt. Diese beiden Strategien des Markteintrittstimings müssen ebenfalls in die Betrachtung der dem Unternehmen offenstehenden Strategieoptionen einbezogen werden[34].

Neben der Unterscheidung zwischen first mover- und follower-Verhalten im Wettbewerb ist zweitens zwischen kurzfristiger (Zeitraum kürzer als 1 Jahr) und langfristiger (Zeitraum 1 bis 10 Jahre) Perspektive zu unterscheiden. Diese Unterscheidung ist mit der Unterscheidung zwischen first mover- und follower-Verhalten verwandt, aber nicht deckungsgleich. Kurzfristig können Banken durch den Einsatz von Informations- und Kommunikationstechnik im Rahmen von Electronic Banking Wettbewerbsvorteile im oben beschriebenen Sinne erzielen, wenn es ihnen gelingt, ihre Wettbewerber zu überraschen. Langfristig ist die Differenzierungs-, Kostenführer- oder Nischenstrategie sowie eine hybride Strategie auf der Grundlage von Electronic Banking nicht möglich, weil die vormals innovative Lösung von anderen Wettbewerbern nachgeahmt wird. Electronic Banking wird damit in langfristiger Sicht zum commodity und zur wettbewerblichen Notwendigkeit, mit deren Hilfe besondere Wettbewerbsvorteile nicht mehr errungen werden können, die eine Bank aber anbieten muß, um im Wettbewerb wenigstens nicht zurückzufallen.

Festzuhalten ist somit, daß der Optionscharakter der Informations- und Kommunikationstechnik die Realisierung unterschiedlicher Wettbewerbsstrategien ermöglicht, und Technik dabei als enabler für Strategien (Lian 1995 b, S. 27) fungiert. Die Informations- und Kommunikationstechnik hat das Potential, das Wettbewerbsfeld, auf dem sich Banken und Nichtbanken bewegen, neu zu definieren (Taylor/Metha/Wurster 1995 a, S. 8). Dabei zeigt sich aber auch, daß die Informations- und Kommunikationstechnik im Wettbewerbsprozeß eine Doppelrolle einnimmt: Einerseits kann Informations- und Kommunikationstechnik eingesetzt werden, um Wettbewerbsstrategien der Bank zu unterstützen. Die Technik kann andererseits auch von Unternehmen aus anderen oder verwandten Branchen als Einfallstor in klassische Bankmärkte benutzt werden. Insofern senkt die Technik Markteintrittsbarrieren für Unternehmen aus anderen oder verwandten Branchen und ist damit ein wettbewerbsverstärkender Faktor[35]. Dieser Doppelrolle der Technik wurde bisher zu wenig Beachtung durch das Bankmanagement geschenkt.

5. Electronic Banking und Organisation

Informations- und Kommunikationstechnik kann Wettbewerbsstrategien ermöglichen oder unterstützen. Damit die Wettbewerbspotentiale der Informations- und Kommunikationstechnik in vollem Umfang erschlossen werden können, sind organisatorische Regelungen zur Implementierung der gewählten Strategie und Flankierung des Technikeinsatzes zu treffen. Im Vordergrund stehen dabei Fragen der Gestaltung der technischen Organisation, der Leistungstiefengestaltung sowie der Aufbau- und Ablauforganisation und die Integration des neuen Geschäftsfeldes Electronic Banking in die vom traditionellen Bankgeschäft geprägten Unternehmensstrukturen.

5.1 Organisation der Technikbereitstellung / Technische Organisation

Die Grundlage zur Realisierung von Electronic Banking bildet eine adäquate informationstechnische Infrastruktur. Banken stehen vor der Entscheidung, ob sie die benötigte Infrastruktur (Daten- und Telekommunikationsnetze, Personal Computer sowie Software für die Steuerung von Betriebsabläufen und als Programmoberfläche für den Endkunden) selbst entwickeln und vorhalten, in enger Kooperation mit einem spezialisierten Diensteanbieter auf Basis langfristiger Verträge entwickeln oder von darauf spezialisierten Diensteanbietern auf der Basis kurzfristiger Verträge fremdbeziehen sollen. Zur Beantwortung dieser Frage haben die Wirtschaftswissenschaften mit dem Transaktionskostenansatz ein Tool für die Unterstützung von Leistungstiefenentscheidungen entwickelt[36].

Ein wesentlicher Entscheidungsparameter für die Eigenfertigungs-/Fremdbezugsfrage ist die Spezifität der infragestehenden Leistung, d. h. das Ausmaß, in dem für die Erstellung der (Teil-)Leistung Ressourcen erforderlich sind, die auf diese Verwendung besonders zugeschnitten sind und nicht oder nur unter großem Wertverlust in anderen Verwendungen eingesetzt werden können. Eine hohe Spezifität der infragestehenden Leistung führt zu einer großen Abhängigkeit zwischen Anbieter und Nachfrager der jeweiligen Leistung, die von einer der beiden Vertragsparteien opportunistisch ausgenutzt werden kann.

Das zweite wesentliche Entscheidungskriterium ist die strategische Bedeutung der infragestehenden (Teil-)Leistung, d. h. das Ausmaß, in dem eine Leistung zur Erlangung von Wettbewerbsvorteilen beiträgt und darum die Diffusion des entsprechenden Know-hows an Konkurrenten verhindert werden muß.

Die Transaktionskostentheorie gibt für Eigenfertigungs-/Fremdbezugsentscheidungen folgende generischen Handlungsempfehlungen: Hohe Spezifität in Verbindung mit hoher strategischer Bedeutung legen die Eigenerstellung, geringe Spezifität in Verbindung mit geringer strategischer Bedeutung den Fremdbezug der infragestehenden Leistung nahe. Bei mittlerer Spezifität und strategischer Bedeutung ist eine Kooperation mit einem externen Partner die effizienteste Lösung. Diese Grundaussagen der Transaktionskostentheorie müssen ggf. situativ relativiert werden, indem die Verfügbarkeit von benötigtem Know-how und Kapital in die Eigenfertigungs-/Fremdbezugsentscheidung einbezogen wird.

Bezogen auf die für Electronic Banking benötigte Infrastruktur lassen sich folgende Feststellungen, gestützt auf Aussagen der Transaktionskostentheorie treffen: Die zur Verwirklichung von Electronic Banking erforderliche technische Infrastruktur ist überwiegend sehr spezifisch, weil sie auf eine einzige Verwendung (die Übertragung von Daten und Sprache) zugeschnitten ist (hohe asset specifity). Zudem ist diese technische Infrastruktur immobil und damit an einen Ort gebunden (hohe site specifity). Das für den Betrieb der technischen Infrastruktur benötigte Humankapital ist teilweise spezifisch, zumindest wenn die Bank eine technische Lösung nach ihren Vorstellungen verwirklicht, damit von technischen Standardlösungen abweicht und Personal vorhalten muß, das mit den Charakteristika der auf die Verhältnisse in der jeweiligen Bank zugeschnittenen technischen Lösung vertraut ist (teilweise hohe human capital specifity)[37]. Die obigen Ausführungen haben zudem gezeigt, daß die technische Infrastruktur unternehmensstrategische Bedeutung besitzt insofern, als eine Bank durch geeignete Verknüpfung von technischen Potentialen und organisatorischen Regelungen Vorteile im Wettbewerb durch Differenzierung, Kostenführerschaft, Nischenbesetzung und hybride Wettbewerbsstrategien erzielen kann, die vor Wettbewerbern möglichst lange geheimgehalten werden sollten (hohe strategische Bedeutung). Mit Hilfe dieser sehr groben Analyse von Aufgabenmerkmalen läßt sich aus der Transaktionskostentheorie die grundsätzliche Gestaltungsempfehlung ableiten, die informationstechnische Infrastruktur für Electronic Banking selbst zu entwickeln und vorzuhalten. Diese Aussage ist jedoch durch situative Aussagen zur Verfügbarkeit von Know-how und Kapital zu relativieren. Nur sehr große und kapitalkräftige Banken können die für Electronic Banking benötigte technische Infrastruktur selbst bereitstellen[38]. Kleinen Banken fehlt entweder das Know-how oder das Kapital, das für den Aufbau eines elektronischen Vertriebsnetzes für Bankleistungen erforderlich ist[39]. Diese Banken sind auf die Kooperation mit spezialisierten Providern technischer Lösungen, wie Onlineprovider, Corporate Network-Anbieter oder Hersteller von

Finanzdienstleistungssoftware, angewiesen[40]. Sie sollten jedoch versuchen, mit diesen Anbietern langfristige Verträge zu schließen, die gegenseitige Abhängigkeiten begründen und einseitige Abhängigkeiten der Banken vermeiden. Gemäß transaktionskostentheoretischer Empfehlung ist die zuletzt genannte, dritte Lösung, ein auf kurzfristigen Dienstleistungsverträgen beruhender Fremdbezug der für Electronic Banking erforderlichen informationstechnischen Konzeption von einem Drittanbieter nicht empfehlenswert, da die Gefahr des Entstehens einseitiger Abhängigkeiten und des Verlusts strategisch relevanten Know-hows droht. Als aktueller Trend läßt sich feststellen, daß Banken als Folge von Electronic Banking mehr in ihre unternehmerische Informationsinfrastruktur investieren und diese EDV-Dienste zunehmend wieder selbst koordinieren[41]. Diese Gestaltungsempfehlung, die technische Infrastruktur möglichst selbst bereitzustellen oder bei Vorhandensein situativer Restriktionen zumindest in langfristiger Kooperation mit einem darauf spezialisierten Anbieter zu entwickeln, ist jedoch im Zeitablauf zu relativieren. In dem Maße, in dem sich ein technischer Standard für Electronic Banking durchsetzt (abnehmende Spezifität, zumindest des Sachanlagevermögens und des Humankapitals) oder sich Electronic Banking zum commodity wandelt, über das ein Wettbewerbsvorteil nicht mehr erzielbar ist (abnehmende strategische Bedeutung), werden Lösungen mit geringerem vertikalen Integrationsgrad möglich und effizient.

Zusätzlich zur Organisation der Technikbereitstellung ist in einem nächsten Schritt die Frage zu beantworten, ob und wie Electronic Banking in die bestehende Organisationsstruktur einer Bank integriert werden kann und welche Auswirkungen Electronic Banking auf die Aufbau- und Ablauforganisation einer Bank hat und wie ggf. eine virtuelle Bankorganisation aussehen könnte.

5.2 Electronic Banking in traditionellen Organisationsstrukturen

Hinsichtlich der aufbauorganisatorischen Auswirkungen von Electronic Banking stellt sich die Frage, ob und inwieweit die neue Geschäftseinheit, die sich auf das Angebot elektronischer Bankdienstleistungen spezialisiert, in eine vom traditionellen Bankgeschäft geprägte Organisationsstruktur integriert oder als neu gegründetes Tochterunternehmen aus dem Konzernverbund formell ausgegliedert werden soll. Jede dieser beiden Lösungen hat spezifische Vor- und Nachteile[42]. Von vielen Banken wird derzeit unter Inanspruchnahme weiterer Vorteile des out sourcings das Ausgliedern des elektronischen Dienstleistungsangebots in eigene Tochtergesellschaften präferiert[43]. Bei einem neugegründeten Tochterunternehmen für elektronische Bankleistungen (greenfield investment) besteht die Chance, völlig neuartige, innovative Unternehmensprozesse und informationstechnische Lösungen zu verwirklichen, die bei bestehenden Organisationsstrukturen nur gegen erhebliche

Widerstände durchgesetzt werden könnten. Auch besteht bei einer neugegründeten Tochtergesellschaft die Chance, von Beginn an Qualitätsbewußtsein (Total Quality Management) und Kundenorientierung in den Unternehmensprozessen zu verankern (Devlin 1995, S. 24). Dem stehen jedoch als mögliche Nachteile gegenüber, daß die neu gegründete Tochtergesellschaft eine zu ihrem innovativen, technologiebasierten Bankgeschäft passende eigene Unternehmenskultur entwickeln kann bzw. muß, die mit der Unternehmenskultur der Muttergesellschaft kaum vereinbar ist. Daraus können verstärkte Koordinationsprobleme für die Konzernführung entstehen, weil sie kulturell sehr heterogene Geschäftsfelder steuern und integrieren muß. Zudem besteht die Gefahr, daß durch die Ausgliederung des neuen Geschäftsfeldes eine abgestimmte Entwicklung zwischen dem innovativen Geschäftsfeld Electronic Banking und den sonstigen traditionellen Geschäftsfeldern erschwert wird. Im Extremfall wäre ein ungeregelter Wettbewerb zwischen den innovativen elektronischen Bankmarktleistungen und den traditionellen Bankmarktleistungen derselben Bank die Folge, anstelle einer abgestimmten Entwicklung beider Geschäftsbereiche, die Synergieeffekte[44] erschließen und Kannibalisierungseffekte vermeiden könnte. Zudem besteht die Gefahr einer erschwerten Koordination und eines verminderten Informationsaustausches zwischen den räumlich und organisatorisch getrennten Konzernunternehmen mit der Konsequenz, daß sich die Bank nur noch ein fragmentiertes und kein ganzheitliches Profil des einzelnen Kunden und seiner Bedürfnisse erarbeiten kann[45]. Viele Nachteile der **greenfield investment-Lösung** können vermieden werden, wenn das Angebot elektronischer Bankdienstleistungen in das bestehende traditionelle Bankgeschäft stärker integriert wird[46]. Eine Integration von elektronischem und traditionellem Bankgeschäft wird dazu beitragen, die bei Electronic Banking latente Gefahr, daß der Kunde seine elektronische Bank bei Entdecken einer anderen elektronischen Bank mit günstigeren Konditionen sehr schnell wechselt, zu vermindern. Diese Gefahr ist bei Electronic Banking besonders groß, da die Bindung zwischen Kunde und elektronischer Bank aufgrund des Fehlens persönlicher Ansprechpartner in der Bank schwächer ist als die Bindung des Kunden an seine traditionelle Bankfiliale. Auch lassen sich bei integriertem Angebot leichter Möglichkeiten der Arbeitsteilung zwischen Electronic Banking und traditionellem Banking identifizieren und erschließen. So zeichnet sich in der Praxis aktuell der Trend ab, daß Electronic Banking vorwiegend für das standardisierte Bankgeschäft mit großem Mengenvolumen und die traditionelle Bankfiliale für spezifische Kundenlösungen mit hohem Beratungsbedarf eingesetzt wird[47]. Die integrative Lösung ist allerdings aufwendiger zu implementieren und erfordert größeren Reorganisationsbedarf als die erstgenannte Ausgliederungslösung. Zwischen diesen beiden Extremlösungen ist jedoch auch eine Reihe von Zwischenlösungen möglich: Eine nach den verschiedenen elektronischen Vertriebskanälen differenzierte Betrachtung und Vorgehensweise erscheint als denkbare Alternative zu den beiden Extremlösungen. Einer Bank stehen damit grundsätzlich drei Optionen zur Verfügung (siehe Abb. 5): Sie kann erstens ihre gesamten Electronic Banking-Aktivitäten ausgliedern[48] oder zweitens nur einzelne elektronische Vertriebskanäle (wie z. B. Online-Banking) ausgliedern und andere elektronische Vertriebskanäle, die eine stärkere Affinität zum klassischen Bankgeschäft haben (wie z. B. Telefonbanking), in ihre bestehenden traditionellen Organisationsstrukturen integrieren (selektive Lösung), oder sie kann als dritte Option ihre gesamten Electronic Banking Aktivitäten mit der bestehenden Organisation verschmelzen und damit die integrative Lösung wählen. Welche Lösung eine Bank verwirklicht, wird wesentlich durch den Grad der Verwandtschaft/Ähnlichkeit der elektronischen Bankprodukte zu den traditionellen Bankprodukten und die Spezifität/strategische Bedeutung der jeweiligen elektronischen Bankprodukte und der zu ihrer Bereitstellung erforderlichen Unternehmensprozesse bestimmt. Die Zukunft wird zeigen, ob die Strategie vieler Banken richtig war, das elektronische Bankgeschäft kurzfristig auszugliedern und auf der grünen Wiese neu zu gründen, statt Electronic Banking als Anlaß zu nehmen, langfristig die gesamte Konzernstruktur neu zu ordnen und die Unternehmenskultur zu verändern

Die Einführung von Electronic Banking kann auch zum Anlaß werden, organisatorische Abläufe in der Bank zu überdenken und neu zu gestalten. Die Tatsache, daß im Rahmen des Computerbanking (und in absehbarer Zukunft im Rahmen des TV-Banking) der Kunde Daten eingibt und über Telekommunikations- und Datennetze an seine Bank schickt, bedeutet eine faktische Umgehung des Frontoffice und im Idealfall eine direkte Einspeisung von Daten in das Backoffice der Bank. Eine Direktbank kennt dementsprechend eine scharfe Trennung zwischen Backoffice und Frontoffice, die für traditionelle Banken typisch ist, nicht. Eine Bank, die sowohl traditionelle als auch elektronische Bankdienstleistungen unter einem Dach integriert (sog. Hybridbank) kennt zwar diese Trennung, muß aber das Verhältnis zwischen Frontoffice und Backoffice neu definieren. Der Kunde gibt Daten selbst ein und sendet sie über Telekommunikations- und Datennetze an das Backoffice der Bank, von wo sie nach der Verarbeitung und Aufbereitung an das Frontoffice weitergegeben werden können, das sie z. B. für die Gestaltung ihrer Programm- und Tarifpolitik und von Sonderverkaufsaktionen nutzen kann. Erstens werden durch Electronic Banking die derzeit herrschenden Informationsflüsse in Banken (vom Frontoffice in das Backoffice) teilweise umgekehrt. Zweitens verliert das Frontoffice an Bedeutung für die Abwicklung von Banktransaktionen, während gleichzeitig das Backoffice der hybriden Bank an Bedeutung gewinnt. Drittens wird die technische Integration von Backoffice und Frontoffice gefördert, weil beide Bankbereiche nunmehr stärker als bisher mit dem gleichen Medium (elektronisch gespeicherte Daten) und nicht mehr mit verschiedenen Medien (Papierbelege im Frontoffice, elektronische Daten im Backoffice) arbeiten. Banken, die die Chancen einer solchen Integration frühzeitig erkennen und realisieren, können Vorteile im Wettbewerb hinsichtlich time to market und flexibler, rascher Anpassung an neue Marktentwicklungen erzielen[49]. Dies verdeutlicht sehr gut, daß es nicht genügt, Unternehmensprozesse, die sich im traditionellen Bankgeschäft bewährt und als effizient erwiesen haben, zu elektronisieren. Vielmehr werden nur diejenigen Banken deutliche Effizienzsteigerungen erzielen können, die die Einführung von Electronic Banking zum Anlaß nehmen, Prozesse vor ihrer Elektronisierung radikal neu zu gestalten und anschließend elektronisch zu implementieren (o.V. 1995 a, S. 68).

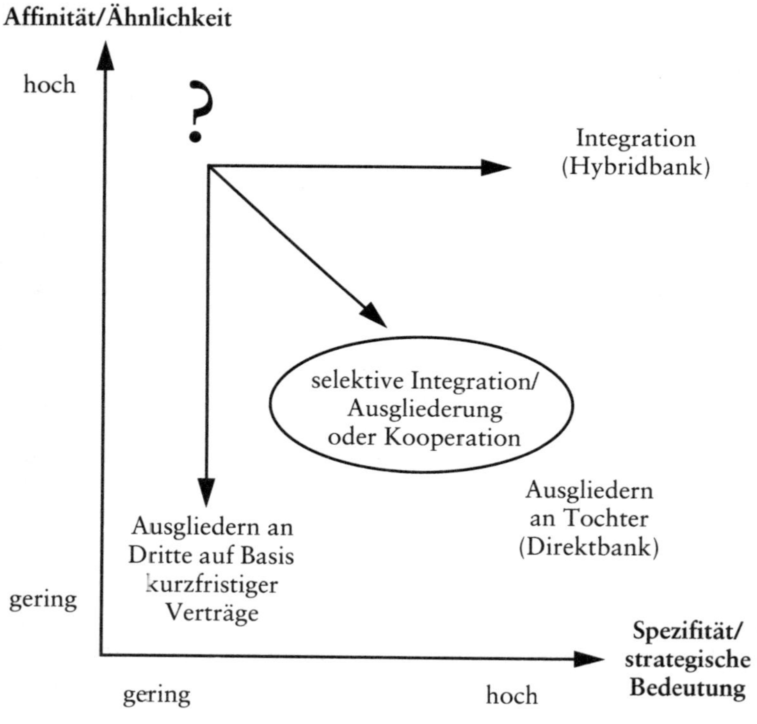

Abb. 5: Alternativen der Integration von Electronic Banking in die Aufbauorganisation der Bank

Sowohl in der Aufbauorganisation als auch in der Ablauforganisation bietet die Einführung von Electronic Banking die Chance, zentralere oder dezentralere Lösungen als bisher zu verwirklichen. So werden durch den Technikeinsatz partielle Zentralisierungstendenzen im Zweigstellennetz begünstigt und es können sich hub spoke networks zwischen den Zweigstellen herausbilden. Gemäß diesem Organisations- und Lozierungskonzept bieten bestimmte Zweigstellen alle Bankfunktionen an und erbringen zentrale Dienstleistungen (z. B. Datenverarbeitung, Belegerfassung) für andere Zweigstellen, während die letztgenannten Zweigstellen von der Hubzweigstelle geführt werden und damit gleichsam als Satelliten fungieren und den Kunden nur ein reduziertes Diensteangebot offerieren. Durch eine solche Gestaltung des Zweigstellennetzes können spezialisierungsbedingte economies of scale in den zentralen Zweigstellen und in den Satellitenzweigstellen erzielt werden (Devlin 1995, S. 22). Technische Grundlage eines solchen hub spoke Netzwerkes sind Daten- und Telekommunikationsnetze, die die Kommunikation und den Datenaustausch zwischen den Zweigstellen sicherstellen[50]. An diesem Beispiel wird deutlich, daß Banken mit traditionellen Zweigstellen nicht überflüssig werden müssen, sich aber zukünftig in neuen Formen und Konfigurationen organisieren werden, um im Wettbewerb auf den Finanzdienstleistungsmärkten zu bestehen.

Die bislang verfolgte Sichtweise erscheint primär an den der Bank zur Verfügung stehenden Ressourcen (informationstechnische Kapazitäten, organisatorische Fähigkeiten und strategisches Potential der Bank) orientiert und ist damit als **angebotsorientierte Unternehmungspolitik** zu klassifizieren. Eine **nachfrageorientierte Unternehmungspolitik** hingegen macht die Bedarfe der Kunden und das Ziel eines umfassenden Kundenservice zum Ausgangspunkt aller weiteren strategischen und ressourcenbezogenen Überlegungen. Während die ressourcenorientierte Konzeptionsweise für ein wettbewerbsarmes Umfeld geeignet erscheint, stellt die kundenorientierte Sichtweise in weitgehend deregulierten, wettbewerbsintensiven Wirtschaftszweigen langfristig die angemessenere Strategie dar[51]. Die kundenorientierte Sichtweise trägt dem im Bankgeschäft feststellbaren Wandel der Konsumentenpräferenzen, insbesondere dem wachsenden Interesse der Kunden an einer komfortablen, einfachen und kostengünstigen Abwicklung von Bankgeschäften Rechnung[52]. Banken müssen beim Entwerfen ihrer Vertriebskanäle diesen geänderten Kundenpräferenzen Rechnung tragen (Devlin 1995, S. 21). Wie eine solche kundenorientierte Konzeption von Electronic Banking-Konzepten zu verstehen ist, verdeutlicht das folgende, grob vereinfachte Beispiel:

Verfolgt eine Bank mit ihrem Angebot elektronischer Bankmarktleistungen das Ziel, den Kunden möglichst preisgünstige, im Extremfall unentgeltliche Bankmarktleistungen anzubieten, so wird sie sich für eine Strategie der Kostenführerschaft entscheiden. Diese Strategie kann sie umsetzen, indem sie mit einem darauf spezialisierten Anbieter einen langfristigen Kooperationsvertrag abschließt und im Rahmen dieses Vertrages standardisierte und damit infolge Massenfertigung sehr preisgünstige Informations- und Kommunikationstechnik bereitstellen und administrieren läßt. Da bei standardisierter Technik die von der Technik implizierten Kostenstrukturen für alle Anbieter von Electronic Banking mehr oder weniger gleich sind, wird die Frage, ob es gelingt, der kostengünstigste Anbieter im Markt zu werden, hauptsächlich durch die organisatorische Implementierung der Technik entschieden. Ziel der

Unternehmungspolitik von Banken muß es in diesem Fall sein, die Bereitstellung elektronischer Bankmarktleistungen so zu organisieren, daß die Gesamtkosten minimiert werden. Beispielsweise kann eine Bank Kosten senken, wenn sie personalintensive Produktionsstufen der Dienstleistungserstellung in Entwicklungsländern mit geringen Lohnkosten ausführen läßt (United Nations Conference On Trade And Development/Dtci 1994, S. 96), die bearbeiteten Daten dann über weltweite Telekommunikationsnetze wieder in ihr Stammland importiert und dort dem Kunden offeriert. Im Kosten- und Preiswettbewerb überlegene Angebote können nicht nur durch eine Neubestimmung der Leistungstiefe sondern auch durch eine Neudefinition der Unternehmensprozesse, beispielsweise über die stärkere Prozeßintegration von Front- und Backoffice oder über eine Nutzung von Synergieeffekten zwischen Electronic Banking und traditionellem Banking realisiert werden.

Setzt sich eine Bank hingegen zum Ziel, ihren Kunden mit Hilfe von Electronic Banking überlegenen Service und ein einzigartiges, z. B. besonders komfortables oder sicherheitstechnisch sehr aufwendiges Angebot zu offerieren, das Wettbewerber in dieser Form nicht anbieten können, so wird sie sich für eine Differenzierungsstrategie entscheiden. In diesem Fall kann es für die Bank von Vorteil sein, gerade keine von einem Spezialanbieter administrierte Standardtechnik zu verwenden, sondern Informations- und Kommunikationstechnik mit besonders hoher Leistungsfähigkeit oder Ausfallsicherheit als unternehmensspezifische Lösung selbst zu implementieren und zu verwalten. Organisatorisch kann diese technische Lösung flankiert werden, indem die Bank beispielsweise bewußt auf die Realisierung kosteneffizienter Organisationsstrukturen verzichtet und statt dessen mit organizational slack in Form von reichlichen personellen und informationstechnischen Kapazitäten versehene und darum sehr flexible Unternehmensstrukturen implementiert.

5.3 Electronic Banking und virtuelle Bankorganisation

Im Gegensatz zur traditionellen Zuweisung von Unternehmensaufgaben auf einzelne Stellen, die mit kompetenten Mitarbeitern zu besetzen sind, erfordert die fortschreitende Elektronifizierung, die den Einsatz von Personal zunehmend entbehrlich macht, eine Neuorientierung bei der Aufgabenanalyse und der Aufgabenverteilung in Bankbetrieben, die sich auf dem Wege der Virtualisierung befinden. An die Stelle der **stellen- bzw. personalbezogenen Segmentierung** der Aufgaben des Bankbetriebes herkömmlicher Art tritt die **technikorientierte Segmentierung** der Unternehmensaufgabe. Problemlösungen, wie sie bei traditioneller Aufbau- und Ablauforganisation typisch waren, treten in den Hintergrund, während die durch Electronic Banking bedingten technologisch-orientierten Problemlösungserfordernisse ansteigen: **Virtuelle Bankorganisation** kommt grundsätzlich ohne Filialen, Niederlassungen oder sonstige konkrete

Bankstellen aus, so daß auch die Grundsätze zur Gestaltung von Filialorganisationen entbehrlich werden. Darüber hinaus kann der Betrieb der virtuellen Bank mit einer geringen Zahl von Mitarbeitern, vorwiegend des technischen Bereichs, erfolgen. Daher verflachen die bislang bestehenden aufbauorganisatorischen Hierarchien und reduzieren sich in Anbetracht der zu erwartenden Spezialisierungen der virtuellen Banken auf bestimmte Ausschnitte des derzeit noch üblichen universellen Bankleistungsprogramms, im Einzelfall auf einer Ebene. Die Spezialisierung der virtuellen Banken auf ein geringes Leistungsspektrum wird von der Automatisierung der Verfahrensabläufe bei der Leistungserstellung erzwungen und führt vermutlich zum Verschwinden der Universalbanken bekannten Zuschnitts, die als Dinosaurier schwerfällig durch die Wogen der internationalen Finanzmärkte pflügen und deren Zweck in hohem Maße in der Selbstalimentation besteht. Kreditwürdigkeitsprüfungen der virtuellen Kreditbank und Anlageleistungen mit der Bildung von Portfolios bei virtuellen Anlagebanken laufen vollautomatisch ab. Der virtuelle Zahlungsverkehr kennt keine Probleme des Zentralbankgeld-Clearings, Computerprogramme erledigen von Geisterhand den Saldenausgleich virtueller Geldbestände.

Zur Realisierung dieser Vision wird es allerdings noch etwas dauern, wenn auch die Investitionen der Banken, insbesondere der amerikanischen Banken, in die Computerisierung des Bankgeschäfts als Voraussetzung für dessen Virtualisierung bereits beachtliche Größenordnungen erreicht haben. In absehbarer Zukunft wird es trotz allem nicht ohne den Einsatz von entscheidenden und beratenden Bankmitarbeitern sowie ohne Zentralbankgeld abgehen, so daß zumindest für die nächsten Jahre die Banken mit dem Problem fertig werden müssen, sich in zunehmend elektronifizierten Märkten behaupten zu müssen. Dieser Aspekt steht im Mittelpunkt der abschließenden Überlegungen.

6. Zukunft der Banken in elektronischen Märkten

Es stellt sich abschließend die Frage, ob Banken traditioneller Prägung in einem elektronisierten Finanzmarkt neben Direktbanken und Nichtbanken bestehen können oder ob sie als Institutionen zur Abwicklung von Finanztransaktionen überflüssig werden. Im folgenden wird versucht, diese Frage in zwei Schritten zu beantworten: Traditionelle Banken wären erstens überflüssig, wenn in einem elektronisierten Finanzmarkt ihre bisherige Funktion entfiele oder von anderen Finanzdienstleistungsunternehmen übernommen wird. Traditionelle Banken wären zweitens überflüssig, wenn ihre Funktion zwar noch fortbesteht, Banken sich aber in ihrer institutionell-organisatorischen Ausprägung so stark wandelten, daß sie mit den traditionellen Banken heutiger Prägung nicht mehr vergleichbar sein würden.

Zur ersten These: Banken werden als Intermediäre und Arbitrageure von Kapital und Informationen angesehen. Der Zugang zu und der Handel mit Finanzinformationen sowie die Verwaltung des Zahlungssystems einer Volkswirtschaft können heute noch als Kernfunktionen der Banken angesehen werden (Lian 1995, S. 29). Diese Funktionen wandeln sich jedoch unter dem Einfluß gesamtwirtschaftlicher und finanzmarktlicher Strukturveränderungen. Mit dem Übergang zur Informationsgesellschaft und mit der Elektronisierung und Vernetzung von Finanzmärkten wird die zuletzt genannte Funktion von Banken – die Arbitrage von Informationen über finanzmarktrelevante Ereignisse und Kapitalanlagemöglichkeiten – zunehmend wichtiger, während die klassische Funktion von Banken – die Intermediation von Kapitalströmen – zunehmend auch von Nichtbanken übernommen wird. Randle kommt zu folgendem Ergebnis: „We must accept that a financial-services institution manages financial information, not money. Through direct-access banking and payment-system initiatives, we are redefining our business charters" (Randle 1995 b, S. 48). Zusammenfassend läßt sich feststellen, daß sich die Funktionen, die Banken in der Gesamtwirtschaft erfüllen, wandeln und daß sich die Banken diese Funktionen mit Nichtbanken teilen müssen, die zunehmend versuchen, diese Kernfunktionen der Banken zu substituieren oder zu imitieren.

Die zweite These behauptet, daß die Funktion der Banken noch fortbesteht, aber sich Banken in ihrer institutionell-organisatorischen Ausprägung so stark wandeln, daß sie mit den Banken heutiger Gestalt nicht mehr vergleichbar sind. In diesem Zusammenhang ist die Frage zu beantworten, ob auf dem Finanzdienstleistungsmarkt der Zukunft die auf Electronic Banking spezialisierte Direktbank, die traditionelle Bank mit eigenem Filialnetz oder die hybride Bank dominieren wird, ob eine Organisations- und Unternehmensform die andere verdrängt oder alle diese Organisations- und Unternehmensformen nebeneinander bestehen werden. Vieles spricht dafür, daß eine vollständige Substitution traditioneller Banken durch Direktbanken nicht erfolgen kann oder wird, sondern vielmehr traditionelle Bankdienste und Electronic Banking nebeneinander existieren werden. Ein ökonomischer Grund dafür, der in der Literatur eher selten erwähnt wird, ist die Vertrauens- und Reputationsgebundenheit von Bankdienstleistungen: Vertrauenswürdigkeit und gute Reputation sind Core Assets im Bankgeschäft sowie im Wettbewerb zwischen Banken untereinander und zu Nichtbanken. Vertrauen und Reputation werden primär in der Interaktion zwischen Kunde und Bankangestelltem aufgebaut, können bei anonymer Kommunikation mittels elektronischer Daten- und Telekommunikationsnetze aber nur sehr eingeschränkt oder gar nicht aufgebaut werden[53]. Mit Hilfe der Hypothese der Vertrauensgebundenheit von Bankleistungen wäre auch zu erklären, warum elektronische Direktbanken die Kooperation mit anderen Banken oder staatlichen Postanstalten anstreben, um Zugriff auf ein etabliertes Zweigstellennetz zu erhalten[54]. Die obige Hypothese macht auch deutlich, daß das etablierte Zweigstellennetz gleichsam die Grundlage für Electronic Banking darstellt und die Bedeutung der Zweigstelle im Rahmen der Unternehmenskonzeption einer Bank trotz Reduktion der Zweigstellenzahl eher zunehmen wird, da sie die Grundlage für die Entwicklung neuer Geschäftsfelder (einen Kundenstamm und Reputation/Vertrauen der Kunden) in der Vergangenheit geschaffen hat und auch zukünftig schaffen wird (Devlin 1995, S. 21). Im Rahmen der Aufgabenteilung zwischen traditionellem Filialnetz und dem in elektronischen Netzen realisierten Angebot von Bankdienstleistungen zeichnet sich als Entwicklung ab, daß über Electronic Banking standardisierte Bankdienstleistungen mit hohem Mengenvolumen, über das Zweigstellennetz spezifische Kundenlösungen mit hohem Beratungsbedarf angeboten werden. Die Zweigstelle kann sich damit auf anspruchsvollere und beratungsintensive Bankdienstleistungen fokussieren[55]. So betrachtet erscheint Electronic Banking eher als komplementäre Ergänzung und qualitative Aufwertung denn als Ersatz des Zweigstellennetzes.

Die Einführung von Electronic Banking bedeutet somit gleichermaßen eine große Chance aber auch ein Risiko für traditionelle Banken. Die vielfältigen Chancen können erschlossen und die drohenden Risiken beherrscht werden, wenn die Banken mit der Zielsetzung der Erhöhung des Kundennutzens ihre Kernkompetenzen (Reputation und Vertrauen in Geldgeschäften) und Kernressourcen (qualifiziertes Personal sowie Informations- und Kommunikationstechnik) bündeln und sich auf die effiziente Erfüllung ihrer Kernfunktion (Verwaltung des Zugangs zu Finanzinformationen und Management des Zahlungssystems) konzentrieren. Dann besteht die begründete Chance, daß die von einigen Experten propagierte These „banking is essential to a modern economy, while banks are not“ (Kahler/Holliday 1995, S. 41) widerlegt werden kann.

Anmerkungen

1 Eine solche Diskussion über Electronic Banking fand bereits Anfang der 80er Jahre statt. Die damaligen Pilotprojekte der Banken zur Einführung elektronischer Finanzdienstleistungen scheiterten an benutzerunfreundlicher Technik, mangelnder Kundenakzeptanz und der Nichtverfügbarkeit entsprechender Endgeräte beim Kunden. Vgl. hierzu Bordewyk (1995), S. 18, sowie Taylor/Metha/Wurster (1995), S. 28, und Devlin (1995), S. 23.

2 So die Ergebnisse einer von der US-Beratungsfirma American Management Systems durchgeführten Befragung 24 britischer und deutscher Banken. Vgl. o. V. (1996), S. 17.

3 So werden die Begriffe Homebanking und Electronic Banking oftmals nicht oder nur ungenügend voneinander abgegrenzt. Bordewyk (1995), S. 18, weist darauf hin, daß der Begriff Homebanking generell unzutreffend ist, weil elektronische Finanztransaktionen nicht nur von zu Hause, sondern auch vom Arbeitsplatz oder Urlaubsort aus angebahnt, vereinbart und durchgeführt werden können.

4 Es ist allerdings darauf hinzuweisen, daß Prognosen über die zukünftigen Teilnehmerzahlen im Internet mit großer Unsicherheit behaftet sind und es nicht einmal möglich ist, die Zahl der aktuellen Internet-Benutzer präzise zu ermitteln, weil die Zahl der Internetanschlüsse nicht mit der Zahl der Internet-Nutzer gleichzusetzen ist, sondern vielmehr stark von der Zahl der tatsächlichen Nutzer (Anschlüsse, die nicht genutzt werden oder Anschlüsse, die von mehreren Personen genutzt werden)

abweicht.

[5] Zur Gründung und zum umfassenden Sicherheitskonzept der ersten Internet Bank, Security First Network Bank, vgl. Gandy (1995).

[6] Eine konkrete Beschreibung möglicher Sicherheitsrisiken im Internet und Wege zu ihrer Beseitigung durch Verschlüsselung findet sich bei Salmon und Jones (1995), S. 90 sowie Anderer (1995).

[7] Zu technischen Grundlagen und den betriebswirtschaftlichen Implikationen von Multimedia vgl. Gerpott (1996). Zum Einsatz von Multimedia im Bankgeschäft vgl. Perlman (1995).

[8] Mit der fortschreitenden Kommerzialisierung des Internet wird die Abgrenzung zwischen kommerziellen Onlinediensten einerseits und dem Internet andererseits zunehmend hinfällig.

[9] Fast alle Banken in Deutschland haben ihr Online-Banking-Angebot im Onlinenetz der Telekom AG (T-Online) realisiert, da der Sicherheitsstandard (Paßwortschutz und elektronische Verschlüsselung) in T-Online als sehr hoch gilt. In den anderen oben genannten Onlinenetzen wird Electronic Banking von deutschen Banken bis heute entweder gar nicht oder nur in sehr geringem Umfang praktiziert. Im Gegensatz dazu haben verschiedene amerikanische Banken angekündigt, Electronic Banking über kommerzielle Onlinenetze anbieten zu wollen. So planen Chase, First Chicago, US Bancorp und Michigan National Electronic Banking über das Microsoft Network anzubieten. Chemical und Wells Fargo haben sich dagegen für den Onlinedienst Prodigy entschieden. Vgl. Taylor/Metha/ Wurster (1995), S. 36.

[10] Salmon/Jones (1995), S. 87, erwarten, daß das Internet bei Lösung dieser zwei Problemfelder zu dem dominierenden Medium für die Recherche nach Finanzdaten und den Handel von Finanzprodukten werden könnte.

[11] Eine Videobankmaschine und Videoconferencing wird bereits bei der Huntington Bank eingesetzt. Vgl. hierzu Randle (1995 b), S. 47.

[12] Nat West führt beispielsweise ein Pilotprojekt durch, in dessen Rahmen der elektronische Vertrieb von Bankdienstleistungen über Kabelfernsehnetze und interaktives Fernsehen untersucht wird. Vgl. Wanless (1995), S. 11.

[13] Interessant sind die in einer Studie des Bank Administration Institute eruierten Zusammenhänge zwischen eingesetztem Endgerät und Marktsegment sowie zwischen eingesetztem Endgerät und angebotener elektronischer Bankdienstleistung. Gemäß dieser Studie wird beispielsweise Telefonbanking überwiegend im Massengeschäft mit Privatkunden für Kontobewegungen und Kontoabfragen eingesetzt, während Computerbanking sich überwiegend an Freiberufler und kleine Gewerbetreibende richtet und für das Angebot fast aller elektronischen Bankdienstleistungen eingesetzt wird. Vgl. Bogolin (1995), S. 62.

[14] Die Prognosen gehen hier sehr weit auseinander: Bartmann (1995), S. 8, erwartet aufgrund einer Delphi-Befragung, daß der PC das wichtigste Endgerät sein wird, während eine Expertenbefragung des Bank Administration Institute zu dem Ergebnis kommt, daß kein einziger Endgerätetyp im Electronic Banking dominieren, sondern eine Vielzahl von Endgeräten – Telefon, PC, Bildschirmtelefon, interaktiver Fernseher- nebeneinander existieren werden. Vgl. hierzu Bogolin (1995), S. 60.

[15] Zu den technischen Grundlagen von Call Centern vgl. Pribilla/Reichwald/Goecke (1996), S. 102 f.

[16] Eine Studie hat ergeben, daß jeder zehnte Nutzer in Deutschland beabsichtigt, wegen der hohen Telefonkosten seinen Onlinedienst zu kündigen, 46 % der befragten 1330 Nutzer haben aufgrund der hohen Telefonkosten die Nutzung von Onlinediensten reduziert. 82% der befragten Nutzer äußerten die Ansicht, daß die Tarifreform der Telekom AG die Entwicklung der Onlinedienste behindert. Vgl. o. V. (1996 b), S. 23.

[17] Zu den erwarteten positiven Auswirkungen einer weiteren Deregulierung des Telekommunikationsmarktes vgl. Burr (1995), S. 16 ff.

[18] Dieses Problem der Banken ist sehr ähnlich dem Problem der Lebensmittelhersteller, die um die Regalfläche des Lebensmittelhandels konkurrieren müssen.

[19] Diese Lösung wird in Deutschland beispielsweise von der WestLB und der Kölner

Sparkasse favorisiert. Vgl. hierzu Bartmann/Kerscher (1995), S. 43.
[20] Zu elektronischen Märkten vgl. Benjamin/Malone/Yates (1986).
[21] Zur Gefahr, daß die Banken die Kontrolle über die Kundenbeziehung verlieren, wenn sie keine Kontrolle über das Netz haben, auf dem ihre elektronischen Dienstleistungen angeboten werden vgl. Randle (1995 a), S. 22, sowie Randle (1995b), S. 47 f., und Lian (1995), S. 27 f.
[22] Auch o. V. (1995) konstatiert eine Neudefinition der Eintrittsbarrieren des Bankmarktes durch Informations- und Kommunikationstechnologien.
[23] So wird beispielsweise das Online-Banking im T-Online Dienst der Deutschen Telekom AG intensiv genutzt. Rund 90 % der neu akquirierten Nutzer dieses Online Dienstes haben an Electronic Banking großes Interesse gezeigt. Vgl. o. V. (1996 a), S. 10.
[24] Zu diesen und weiteren neuen Wettbewerbern der Banken vgl. Randle (1995a) und Randle (1995 b), S. 46, sowie Kahler/Holliday (1995), S. 42, und Taylor/Metha/Wurster (1995), S. 36.
[25] Zu den Möglichkeiten und Voraussetzungen hybrider Strategien vgl. z. B. Fleck (1995).
[26] Randle (1995 b) geht sogar von Kosteneinsparungen in Höhe von 50 % aus, Bauer (1995), S. 94, erwartet durch Electronic Banking Kosteneinsparungen in Höhe von 15% oder mehr.
[27] Vgl. hierzu die Ausführungen in Kapitel 6.
[28] Laut Furash (1994), S. 8, ist die Differenzierung von Wettbewerbern durch Wahl neuer, insbesondere elektronischer Vertriebskanäle eine erfolgversprechende Wettbewerbsstrategie, da die von Banken angebotenen Dienstleistungen weitgehend standardisiert sind und Differenzierung damit nur noch über die Wahl des Vertriebskanals möglich ist. Auch Devlin (1995), S. 19, 25, weist darauf hin, daß eine Differenzierung von Wettbewerbern eher über die Vertriebskanäle als über das Produkt selbst erreicht werden kann.
[29] Die Geschwindigkeit der Transaktionsabwicklung kann durch die Vermeidung von Medienbrüchen gesteigert werden, da die vom Kunden an die Bank gesandten Aufträge und Kontodaten sofort in der EDV-Zentrale weiterverarbeitet werden können.
[30] Der Komfort für den Kunden kann durch Electronic Banking erhöht werden, da der Kunde die Bankfiliale nicht aufsuchen und keine Wartezeiten am Schalter in Kauf nehmen muß.
[31] Neben einer Differenzierungsstrategie kann Electronic Banking auch im Sinne einer Nivellierungsstrategie eingesetzt werden: Kleine Banken können mit Hilfe elektronischer Bankdienstleistungen geographische Distanzen überbrücken, ohne ein personal- und kapitalintensives Zweigstellennetz vorhalten zu müssen. Mit Electronic Banking erhalten kleine Banken theoretisch zwar nicht die gleichen, aber zumindest annähernd vergleichbare Möglichkeiten der weltweiten Marktbearbeitung wie Großbanken. Die Technik wird zum wettbewerblichen Equalizer (vgl. hierzu Lian (1995 a), S. 35, sowie Gandy (1995), S. 76, und Bordewyk (1995), S. 18, 22) und dient dazu, einen wesentlichen Wettbewerbsvorteil der Großbanken – die weltweite Präsenz mit Zweigstellen in den wichtigsten Wirtschaftszentren der Erde – in seiner Bedeutung etwas zu relativieren.
[32] So kann Electronic Banking als Experimentierfeld und Testmarkt für die Einführung neuer Bankdienstleistungen benutzt werden. Beispielsweise hat die im März 1996 gegründete Advance Bank, die Direktbank-Tochter der Bayerischen Vereinsbank, als innovative Bankdienstleistung ein Cash-Management-Konto für Privatkunden angeboten, bei dem Guthabenzinsen aus Sparkonten und Festgeldanlagen mit eventuellen Überziehungszinsen automatisch verrechnet werden. Vgl. o. V. (1996), S. 17.
[33] So plant die Advance Bank, die Direktbank-Tochter der Bayerischen Vereinsbank, den Kunden eine sehr intensive Beratung über Telefon in Wertpapierfragen bei gleichzeitig niedrigeren Kosten für die Depotverwaltung als bei traditionellen Banken zu offerieren. Vgl. o. V. (1996 e), S. 17.
[34] Wenn eine Bank die Rolle des Pioniers im Markt für elektronische Finanzdienstlei-

stungen übernehmen will, geht sie höhere Risiken ein als bei adaptierend-imitierendem Markteintritt, kann jedoch im Gegenzug first mover advantages erzielen, weil sie als erste Bank die Möglichkeit hat, transaktionsspezifische Fähigkeiten sowie idiosynkratisches Wissen zu erwerben (vgl. Picot (1993), Sp. 4198). Generell hat eine Bank, die einen Markt als erster oder zumindest als einer der ersten Anbieter erschließt, weniger Widerstände bei der Umsetzung ihrer Strategien zu erwarten, da in einer frühen Marktphase die Zahl der Konkurrenten noch sehr gering ist. Entscheidet sich eine Bank hingegen für eine follower-Strategie, so geht sie damit geringere Risiken ein, da nunmehr mehr Informationen über die Marktgegebenheiten und die Wettbewerber verfügbar sind, sieht sich aber bereits etablierter Konkurrenz gegenüber, die die Realisierung der intendierten Strategie erschwert.

[35] Furash spricht in diesem Zusammenhang die Behauptung aus, daß der Einsatz von Informations- und Kommunikationstechnik zum Niedergang der Banken und zum Aufstieg von Nichtbanken in den Finanzdienstleistungsmärkten beigetragen hat, weil die Technik es den Nichtbanken ermöglicht hat, bisher von Banken wahrgenommene Funktionen zu simulieren. Vgl. Furash (1995), S. 8 f.

[36] Zur Transaktionskostentheorie vgl. Picot (1982) und (1993) sowie Picot/Dietl (1990).

[37] Diese Aussage müßte eigentlich nach den verschiedenen Elementen der für Electronic Banking erforderlichen informations- und kommunikationstechnischen Infrastruktur näher differenziert werden. So dürfte die Spezifität bei Telekommunikations- und Datennetzen sehr hoch, bei multifunktional verwendbaren Personal Computern hingegen relativ gering sein und bei Standardfinanzsoftware, die an die Erfordernisse des Bankbetriebs angepaßt wurde, im mittleren Bereich liegen. Die folgenden Ausführungen konzentrieren sich primär auf die Errichtung und Administration von Telekommunikations- und Datennetzen sowie die Integrationsdienstleistung, d. h. die Zusammenfügung der einzelnen Bausteine zu einem technischen Konzept gemäß den Vorgaben der Bank. Bei diesen beiden Teilaufgaben dürfte die Spezifität im allgemeinen mindestens im mittleren, oftmals auch im hohen Bereich liegen. Dasselbe gilt für die strategische Bedeutung dieser beiden Teilaufgaben.

[38] So hat beispielsweise die Deutsche Bank AG Know-how im Aufbau von unternehmensinternen corporate networks gesammelt, das sie nunmehr über das gemeinsam mit der Mannesmann AG geführte Unternehmen CNI Communications Network International AG vermarkten will. Vgl. hierzu o. V. (1996 d), S. 8. Ein Indiz für die strategische Bedeutung der technischen Informationsinfrastruktur ist die Tatsache, daß Banken zunehmend Kapitalbeteiligungen an den Herstellern von Hard- und Software erwerben. Beispielsweise haben Bank of America und NationsBank das Unternehmen Meca Software, Inc., das die Finanzsoftware „Managing your money" herstellt, aufgekauft. Vgl. hierzu Lian (1995 a), S. 36.

[39] Gemeinsam mit der Beratungsgesellschaft Arthur Andersen hat die Bayerische Vereinsbank AG zwei Jahre lang die Gründung ihrer Direktbank-Tochter Advance Bank vorbereitet. Die Informations- und Kommunikationstechnik inkl. der Gebäudetechnik für dieses elektronische Angebot von Bankdienstleistungen erforderte Investitionen von über 50 Mio. DM, für das Marketing ist allein im Jahr 1996 ein Werbeetat von mehr als 20 Mio. DM angesetzt. Vgl. o. V. (1996), S. 17. Dieses Beispiel zeigt sehr gut, daß für das elektronische Angebot aller wesentlichen Bankleistungen hohe Vorlaufinvestitionen erforderlich sind. Davon zu unterscheiden ist der Fall, daß eine Bank mit Hilfe einer Webpage im Internet oder anderen kommerziellen Onlinediensten über ihre Angebote lediglich informiert. Derartige Werbemaßnahmen können zu relativ geringen Kosten durchgeführt werden.

[40] Auch ist es denkbar, daß kleine Banken mit anderen kleinen Banken kooperieren, um die technischen Grundlagen für ein Electronic Banking-Angebot (Netze und Software) sicherzustellen, dann aber bei der Realisierung des konkreten Angebots wieder getrennte Wege gehen. Dieser Fall wird im folgenden nicht näher vertieft. Zur Zusammenarbeit von Banken mit anderen Banken und Partnern aus anderen Industriezweigen bei der Verwirklichung von Electronic Banking vgl. Lian (1995 a).

[41] US-Banken beabsichtigen, ihre Investitionen in neue Technologie von 16 Mrd. $

im Jahr 1995 auf 20 Mrd. $ im Jahr 1997 zu erhöhen. Vgl. Kahler/Holliday (1995), S. 43.

42 Vgl. zu einem Überblick Bartmann (1995), S. 13 f.

43 Diese Lösung wurde beispielsweise von der Deutschen Bank (Bank24), der Bayerischen Vereinsbank (Advance Bank) und der Commerzbank (Comdirect) gewählt.

44 Synergieeffekte könnten z. B. in der Nutzung von Informationen über das Kundenverhalten bestehen, die das Electronic Banking durch Abfrage der Informationssysteme gleichsam automatisch als Nebenprodukt generiert.

45 Dies stellt bereits ein gravierendes Problem bei in Abteilungen gegliederten Banken dar und potenziert sich bei Verwirklichung einer Ausgliederungslösung. Vgl. hierzu auch Saurais (1995), S. 58.

46 Eine Verzahnung von elektronischem und traditionellem Bankgeschäft kann beispielsweise – wie bei First Direct geschehen – dadurch erfolgen, daß die Direktbank traditionelle Zweigstellen und Bankautomaten der Muttergesellschaft nutzt und Einzahlungen bei der Direktbank auch in traditionellen Filialen der Muttergesellschaft geleistet werden können. Vgl. Devlin (1995), S. 24.

47 Eine Ausnahme von dieser Entwicklung stellt die Advance Bank dar, die – bisher einmalig unter den deutschen Direktbanken – ihren Wertpapierkunden eine intensive Beratung anbietet. Vgl. o. V. (1996 e), S. 17.

48 So hat die Bayerische Vereinsbank in ihrer Direktbank-Tochter Advance Bank ihre gesamten Telefonbanking und Online-Banking Aktivitäten gebündelt. Vgl. hierzu o. V. (1996), S. 17.

49 Auch Picot und Böhme (1996), S. 32, konstatieren, daß sich unter dem Einfluß neuer Informations- und Kommunikationstechnik das Zusammenspiel von Front- und Backoffice verändern kann. Zu den Auswirkungen der neuen Informations- und Kommunikationstechniken auf das Front- und Backoffice von Investmentbanken und Wertpapierhandelshäusern sowie auf die Integration von Front- und Backoffice vgl. o. V. (1995 a).

50 Eine allgemeine Betrachtung, wie Kommunikations- und Datennetze in Verbindung mit standardisierten Übertragungsprotokollen und Datenformaten (wie z. B. Electronic Data Interchange, EDI) die Herausbildung von Netzwerkorganisationen fördern, findet sich bei Neuburger (1995).

51 Zu Unternehmensstrategien in deregulierten Märkten allgemein und speziell erläutert am Beispiel der Bank of America vgl. Vietor (1994).

52 Zur Bedeutung geänderter Kundenpräferenzen für die Ausbreitung von Electronic Banking vgl. Jensen (1995) sowie Devlin (1995), S. 21.

53 Diese These wird auch dadurch nicht widerlegt, daß es in Deutschland zahlreiche Gründungen von Direktbanken gegeben hat, die kein traditionelles Bankgeschäft anbieten. Hierbei handelt es sich fast ausnahmslos um Tochtergesellschaften bereits etablierter Banken (Deutsche Bank, Bayerische Vereinsbank, Commerzbank), die von der über Jahrzehnte aufgebauten Reputation der Muttergesellschaften profitieren.
Diese These wird unterstützt durch die Ergebnisse einer von der US-Beratungsfirma American Management Systems durchgeführten Befragung 24 britischer und deutscher Banken: Viele Banken haben große Probleme und insgesamt enttäuschende Ergebnisse bei der Neukundenakquisition via Telefonbanking konstatiert. Vgl. o. V. (1996), S. 17.

54 Diese Tendenz stellt Bartmann (1995), S. 12, fest, führt sie aber auf andere Gründe wie z. B. das Streben nach Erstbankfähigkeit zurück.

55 Perlman (1995), S. 67, prognostiziert z. B. eine Fokussierung der traditionellen Zweigstelle auf Devisengeschäfte, Reiseschecks und Bürgschaften.

Literatur

Anderer, B.: Sicherheit im Internet: Diskussion unterschiedlicher Lösungsansätze, in: geldinstitute, 11-12/1995, S. 22-29.

Bartmann, D.: Jetzt den Anschluß nicht verpassen: Auswirkungen der elektronischen Medien auf den Vertrieb von Bankdienstleistungen, in: geldinstitute, 11-12/1995, S. 6-16

Bartmann, D./Kerscher, B.: Heißer Draht zum Kunden, in: Business Computing (Spezial), 4/1995, S. 40-43

Bauer, J.: Shift a gear, in: The Banker, November 1995, S. 94-96

Benjamin, R. / Malone, T. / Yates, J. : Electronic Markets and Electronic Hierarchies: Effects of Information Technology on Market Structures and Corporate Strategies, MIT Working Paper, April 1986

Birkelbach, J.: Bankgeschäfte im virtuellen Bankhaus: Telefonbanking versus Homebanking, in: geldinstitute, 1-2/1995, 46-51

Böndel, B.: Tanzende Puppen, in: Wirtschaftswoche, Nr. 42/1995, S. 94-105

Bogolin, K.: Homing in on Home, in: Bank Management, Januar/ Februar 1995, S. 60-62

Bordewyk, D. C.: Electronic Banking, in: Independant Banker, Januar 1995, S. 18-22

Burr, W.: Netzwettbewerb in der Telekommunikation: Chancen und Risiken aus Sicht der ökonomischen Theorie, Wiesbaden 1995

Devlin, J. F.: Technology and innovation in retail banking distribution, in: International Journal of Bank Marketing, Vol.13, Nr. 4/1995, S. 19-25

Eilenberger, G.: Bankbetriebswirtschaftslehre, 6. Auflage, München/Wien 1996 (1996a)

Eilenberger, G.: Lexikon der Finanzinnovationen, 3. Auflage, München/Wien 1996 (1996 b)

Fleck, A.: Hybride Wettbewerbsstrategien, Wiesbaden 1995

Furash, E. E. (1994): The Information Advantage, in: The Journal of Commercial Lending, Dezember 1994, S. 6-9

Furash, E. E.: Banks Are Obsolete – and Who Cares?, in: The Journal of Commercial Lending, März 1995, S. 7-10

Gandy, T.: Banking in E-space, in: The Banker, Dezember 1995, S. 74-76

Jaskulla, E. M.: Direct Banking im Cyberspace, in: Zeitschrift für Bankrecht und Bankwirtschaft, 1996, S. 214-224

Gerpott, T. J.: Multimedia: Geschäftssegmente und betriebswirtschaftliche Implikationen, in: WiSt, Heft 1, Januar 1996, S. 15-20

Jensen, E. P.: Putting on the style, in: The Banker, Mai 1995, S. 14-15

Kahler/Holliday, K.: It's time to take action, in: Bank Marketing, Juni 1995, S. 41-45

Lian, T.: The Threat of the Piper: Losing Customers to High-Tech Competitors, in: Bank Marketing, Mai 1995, S. 25-31

Lian, T.: Banking on The Internet: Searching for a Competitive Edge, in: Bank Marketing, Juli 1995, S. 35-42 (1995 a)

Lian, T.: One on One Banking, in: Bank Marketing, February 1995, S.23-27, (1995 b)

Mathauer, V.: Die Kommunikation geht eigene Wege: Corporate Networks – Einsatzmöglichkeiten für Geldinstitute, in: geldinstitute, 1-2/1995, S. 62-66

Neuburger, R.: Electronic Data Interchange – Einsatzmöglichkeiten und ökonomische Auswirkungen, Wiesbaden 1994 *o. V.:* Battle of the Strong Marks Banks' New Era, in: Bank Management, Januar/ Februar 1995, S. 8-10

o. V.: Decisions on the information edge, in: Euromoney, Dezember 1995, S. 64-70 (1995 a)

o. V.: Erwartungen nur teilweise erfüllt: Untersuchung über Telephon-Banking zeigt Schwachstellen auf, in: Süddeutsche Zeitung, 11.4.1996, S. 17

o. V.: Online-Dienste der Telekom, in: Blick durch die Wirtschaft, Nr.36/ 20.02.1996, S. 10 (1996 a)

o. V.: Online-Dienste: Jeder zehnte Teilnehmer kündigt, in: PC-Welt, 4/1996, S. 23 (1996 b)

o. V.: Online-Anbieter auf einen Blick, in: PC-Welt, 4/1996, S. 58 (1996 c)

o. V.: Für oder gegen Telekom ?, in: Wirtschaftswoche, Nr. 16/ 11.4.96, S. 8 (1996 d)

o. V.: Wertpapiergeschäfte gibt es nur mit Beratung, in: Handelsblatt, Nr.60/ 25.03.1996, S. 17

Perlman, A.: A job for multimedia, in: The Banker, Januar 1995, S. 67-69

Picot, A.: Transaktionskostenansatz in der Organisationstheorie: Stand der Diskussion und Aussagewert, in: Die Betriebswirtschaft, Nr. 2/1982, S. 267-284

Picot, A.: Transaktionskostenansatz, in: HWB, hrsg. v. *W. Wittmann et al.*, Bd. 3, 1993, Sp. 4194-4204

Picot, A.: Die organisatorische Herausforderung, unveröffentlichtes Manuskript anläßlich eines Vortrages auf dem Kongreß des Münchner Kreises über „Telekommunikation für Banken und Versicherungen – Finanzdienstleistungen im Wandel", München 1995

Picot, A. / Dietl, H.: Transaktionskostentheorie, in: Wirtschaftswissenschaftliches Studium, Nr. 4/1990, S. 178-184

Picot, A./Böhme, M.: Multispezialist im Bankgeschäft, in: Die Bank, Januar 1996, S. 30-36

Porter, M./E.: Wettbewerbsvorteile, Frankfurt/ Main 1986

Porter, M./E.: Wettbewerbsstrategie (Competitive Strategy), 5. Auflage, Frankfurt am Main 1988

Porter, M.E. / Millar, V.E.: How Information Gives You Competitive Advantage, in: Harvard Business Review, Nr. 4/1985, S. 149-160

Pribilla, P./Reichwald, R./Goecke, R.: Telekommunikation im Management: Strategien für den globalen Wettbewerb, Stuttgart 1996

Randle, W. R.: Who Will Guard the Gates to the Financial Services Industry?, in: Bank Marketing, April 1995, S. 19-22 (1995 a)

Randle, W. R.: Delivering the Future: Redefining the Role of Banks in a New Competitive Environment, in: Bank Management, Januar/ Februar 1995, S. 45-48 (1995b)

Salmon, F./Jones, R.: Megabucks and Megabytes, in: Euromoney, November 1995, S. 98-90

Saurais, G.: Creating Tomorrow's „Customer Bank" Today, in: Bank Marketing, February 1995, S. 55-61

Taylor, D./Metha, B./Wurster, T.: Facing the Challenges: Online delivery & the Information Superhighway, in: Bank Management, September/ Oktober 1995, S. 24-44

Taylor, D./Metha, B./Wurster, T.: Retail Banking & the Information Superhighway, in: Bank Management, Mai/ Juni 1995, S. 8-10 (1995 a)

United Nations Conference On Trade And Development/ DTCI: The Tradability of Banking Services: Impact and Implications, Geneva 1994

Vietor, R.: Contrived Competition: Regulation and Deregulation in America, Cambridge 1994

Wanless, D.: No time to wait, in: The Banker, Januar 1995, S. 10-11

Zukunftsweisende Strukturen von Logistik- und Produktionsbereichen in Banken

Dr. Karsten Kunert, Credit Suisse, Zürich

1. Einleitung

Der Bankensektor befindet sich derzeit in einer Phase des Umbruchs, wobei eine zum industriellen Sektor vergleichbare Entwicklung festzustellen ist: Kundenbedürfnisgerechte Gestaltung der angebotenen Leistungen, effiziente Abwicklung, schlanke Strukturen mit kurzen Entscheidungswegen sowie größtmögliche Kostentransparenz beschreiben schlaglichtartig den derzeitigen Fokus des Bank-Managements. Diese Veränderungen werden unterstützt durch die Möglichkeiten der Informations- und Kommunikationstechnologien, die einerseits neuartige Wege des Kundenkontaktes erlauben, andererseits zu erheblichen Produktivitätsfortschritten in verarbeitenden Einheiten beitragen (Kunert 1993).

2. Bisherige Organisationsstrukturen

Die Organisationsstrukturen der Banken sind bis zur heutigen Zeit vielfach durch eine Vermischung von kundenorientierten, verarbeitenden und unterstützenden Tätigkeiten gekennzeichnet. Das Bankmanagement war lange Zeit der Ansicht, daß durch die Ansiedlung von Abwicklungsaufgaben im Umfeld der Kundenberater Kundennähe gezeigt und die Abwicklung rasch – sowie teilweise sogar unter Einbezug des Kunden – getätigt werden konnte. Veränderungen wurden vielfach mit Hinweis auf allfällig negative Kundenreaktionen unterlassen.

Diese Organisationsstruktur weist aber gewichtige Nachteile auf: Zum einen werden vielerorts kleine, zum Teil subkritische Abwicklungseinheiten unterhalten, deren Effizienz in Frage zu stellen ist. Zum anderen treten „economy of skill"-Probleme auf, da entweder entsprechend ausgebildete Spezialisten in diesen „Minieinheiten" gar nicht ausgelastet werden können (was wiederum negative Kostenfolgen nach sich zieht), oder die Spezialisten nicht verfügbar sind, was die Qualität der Abwicklung und damit den Kundenservice nachhaltig belastet.

Diese suboptimalen Strukturen im Unterstützungs- und Abwicklungsbereich sind sicherlich mit ein Grund für die unbefriedigenden Kostenstrukturen: Bei einzelnen Banken werden bis zu 80% der Erträge durch die Aufwendungen absorbiert, wobei selbst Großbanken Spitzenwerte um 70% erreichen (o.V. 1996 a, S. 19; o.V. 1996 b, S. 18)[1]. Diese Situation wird noch unbefriedigender angesichts des zunehmenden Wettbewerbs – speziell durch das Eindringen branchenfremder Unternehmen, die mit neuen Ideen und besseren Kostenstrukturen erfolgreich Nischen nutzen (Bill 1988)[2].

3. Zielsetzung

Die nachstehende Abbildung zeigt die wesentlichen Komponenten des Zielsystems der Banken.

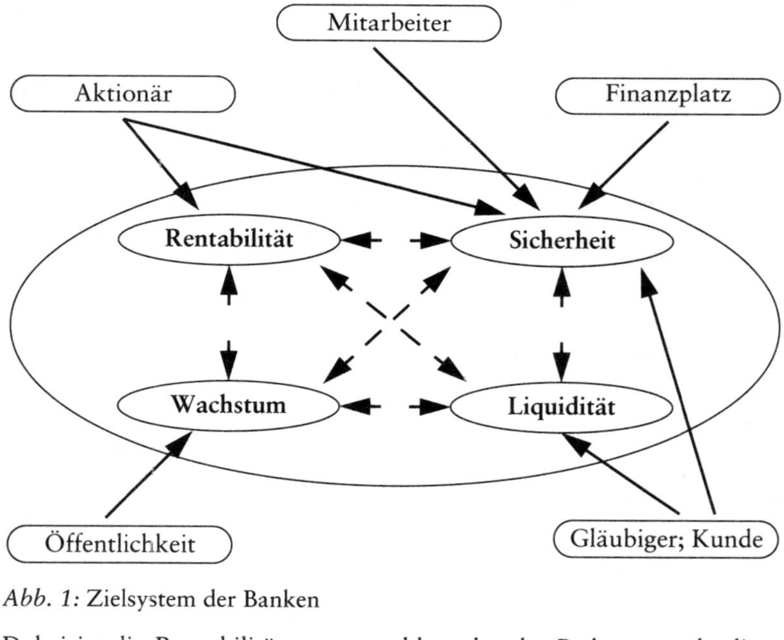

Abb. 1: Zielsystem der Banken

Dabei ist die Rentabilität von ausschlaggebender Bedeutung, da diese letztendlich den Shareholder Value entscheidend beeinflußt, der die zentrale Beurteilungsgröße des Bankmanagements darstellt und in Zukunft – vor allem in Europa – noch an Bedeutung gewinnen wird (Kleinewefers 1996, S. 23; Volkart 1996, S. 23; Schiltknecht 1996, S. 21; Vontobel 1996, S. 28; o.V. 1996 c, S. S4). Der Fokus auf die Rendite zwingt die Banken nicht nur dazu, neue Ertragspotentiale zu erschließen, sondern auch Kostensenkungspotentiale konsequent auszuschöpfen. Damit rükken die Gebiete der Produktion und Logistik ins Zentrum des Interesses; mehr noch: deren richtige Gestaltung wird zu einem kritischen Erfolgsfaktor.

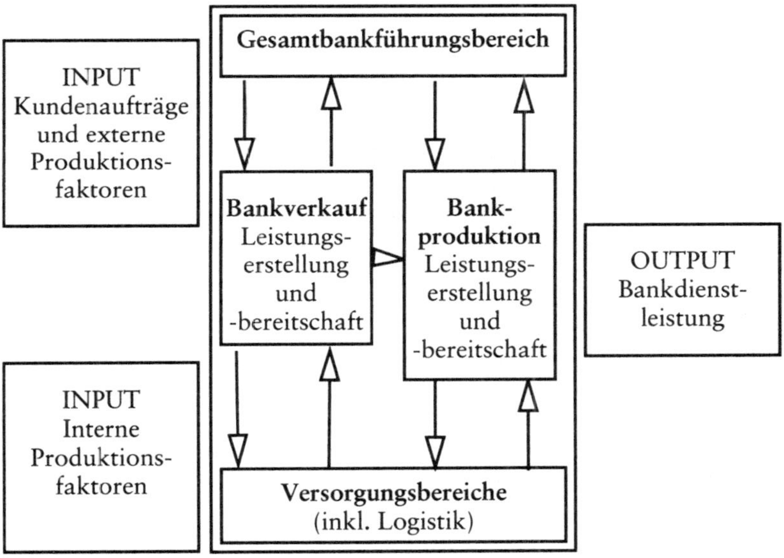

Abb. 2: Betrachtung des Bankbetriebs unter dem Aspekt der Leistungserstellung

In diesem Zusammenhang ist es erforderlich, zunächst die beiden Begriffe Produktion und Logistik zu definieren. Abbildung 2 zeigt in Anlehnung an Bösch den Bankbetrieb unter dem Aspekt der Leistungserstellung (Bösch 1992, S. 51). Unter **Produktion** wird die Faktorkombination innerhalb des Bankbetriebs verstanden, bei der Produktionsfaktoren durch geeignete Produktionsverfahren in absetzbare Bankleistungen nach Maßgabe von Produktionszielen transformiert werden. Es handelt sich somit schwergewichtig um Abwicklungstätigkeiten, die in der Regel in gleicher Art und in großen Volumina wiederkehrend auftreten. Ein wesentliches charakteristisches Merkmal besteht darin, daß es sich um standardisierbare Routinefunktionen handelt, deren Kosten in der Regel volumenabhängig variieren. Als Beispiel sei der Zahlungsverkehr erwähnt, bei dem u.a. die Belegerfassung, die Korrektur/Ergänzung von Angaben und die Unterschriftenprüfung zur Produktion zu rechnen sind. Diese Tätigkeiten können als kundenkontaktarm bezeichnet werden.

Demgegenüber werden im vorliegenden Beitrag unter **Logistik** sämtliche Unterstützungsleistungen für die im Verkauf tätigen MitarbeiterInnen verstanden, weshalb Logistikeinheiten vielfach den Versorgungsbereichen gleichgestellt werden. Diese Tätigkeiten sind in der Regel einzelfallorientiert und generieren zusätzlichen Nutzen – speziell für den Kunden.

Diese Unterscheidung der Tätigkeiten im Backoffice-Bereich der Banken bildet die Basis einer ausgeprägteren Prozeßorientierung. Diese wiederum ist erforderlich für die Realisierung schlanker Strukturen und einfacher Prozesse mit klaren Schnittstellen sowie geringen Durchlaufzeiten.

Insgesamt gesehen, müssen sich zukunftsweisende Strukturen an folgenden Zielsetzungen orientieren:
- rationelle, kostengünstige Erstellung von Bankleistungen,
- konsequente Nutzung der Möglichkeiten zur Automatisierung von Prozessen,
- Kostentransparenz mit klar zuordbaren Kosten zu Leistungen und Organisationseinheiten,
- Entlastung des Verkaufs von sämtlichen administrativen und Abwicklungs-Tätigkeiten,
- Förderung des „Intrapreneurship“, d. h. des Unternehmertums in der Bank durch interne Konkurrenz,
- Klare Flußoptimierung.

4. Zukunftsweisende Konzeption

Die unterschiedlichen Charakteristika der Tätigkeiten im Backoffice bilden den Ausgangspunkt für die Gestaltung zukunftsweisender Strukturen, die zur Zielerreichung beitragen (Geiger 1994, S. 77). Sämtliche Verarbeitungsschritte, die aus Kundenoptik keinen Zusatznutzen und aus Bankoptik ausschließlich Kosten generieren, sollten in **Produktionsbetrieben** zusammengefaßt werden.

> Durch die Zusammenfassung großer Volumina und weitgehend automatisierter Verarbeitung sollen Einsparungen erzielt und die Kosten je Transaktion gesenkt werden.

Diese Einheiten sind einer industriellen Produktion vergleichbar und haben auch ähnlichen Zielen (rascher Durchlauf, geringe Fehlerquote, tiefe Kosten) zu genügen. Dabei bietet sich der Einsatz entsprechender technischer Mittel an, wobei die resultierenden Fixkosten auf hohe

Abwicklungsvolumina verteilt werden können. Derartige Produktionsbetriebe sind für verschiedene Abwicklungsaufgaben denkbar, wie z. B.:
- Zahlungsverkehr Inland und Ausland,
- Check-/ Wechselverarbeitung,
- Wertschriftenabwicklung,
- Devisenabwicklung,
- Teilgebiete des Rechnungswesens (z. B. Pflege der Kundenstammdaten).

Eine Voraussetzung bildet die Standardisierung der Leistungen, wobei ein besonderes Augenmerk auf die einfache Gestaltung von Formularen zu legen ist. Diese Veränderungen haben natürlich auch Konsequenzen für die Schnittstelle Kunde – Bank: Während der Kunde bislang gewohnt war, seine Aufträge bei der Geschäftsstelle aufzugeben, muß er diese nun an ein „anonymes“ Zentrum in größerer Entfernung schicken. Diese Umstellung hat vor allem psychologische Folgen, weshalb die Mitarbeiter im Kundenkontakt einige Überzeugungsarbeit zu leisten haben und selbst von der Lösung überzeugt sein müssen. Für den Kunden bestehen allfällige Anreize in einer höheren Verarbeitungsqualität und/oder niedrigeren Kosten, da die Bank entstehende Kostenvorteile via Preisgestaltung an den Kunden weitergeben kann (Claassen 1996, S. 31)[3].

Abbildung 3 zeigt beispielhaft, welche Rationalisierungen sich durch den kombinierten Einsatz von technischen und strukturellen Verbesserungen erzielen lassen (Zahlenmaterial einer Schweizer Großbank).

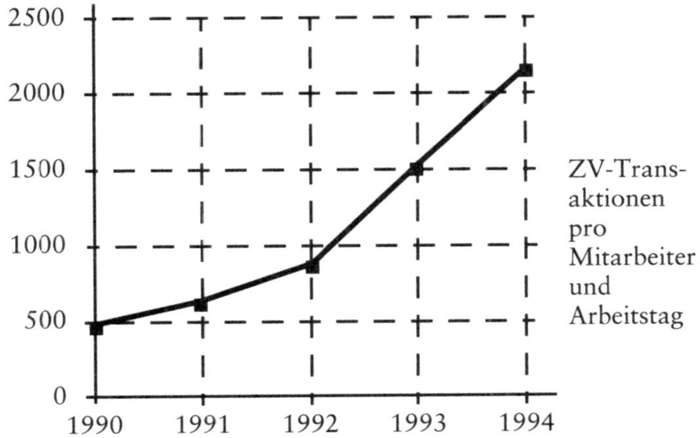

Abb. 3: Rationalisierungen im Zahlungsverkehr einer Großbank

Die Effizienz, d. h. die Anzahl abgewickelter Zahlungsverkehrstransaktionen pro Leistungseinheit und Arbeitstag, konnte innerhalb von vier Jahren auf das Vierfache gesteigert werden. Das führte zu einer merklichen Reduktion der Verarbeitungskosten. Analoge Entwicklungen sind sicherlich auch in anderen Produktionsbereichen möglich.

Die strukturelle Ausgliederung der Produktionsbetriebe stellt eine Voraussetzung dar, um Abwicklungsleistungen auch Dritten, wie z. B. Konkurrenzinstituten oder Regionalbanken, anbieten zu können. Somit werden aus kostenverursachenden Produktionsfunktionen interessante Ertragspotentiale! Das Backoffice kann damit in doppelter Hinsicht einen Erfolgsbeitrag leisten: Niedrige Abwicklungskosten für das eigene Institut sowie Ertragsgenerierung durch institutsübergreifende Leistungserbringung. Eine Verzerrung der Wettbewerbssituaton zwischen Konkurrenzinstituten ist dabei nicht zu befürchten, da die reinen Produktionsfunktionen zunehmend eine neutrale Position im bankenspezifischen Werben um die Kunden einnehmen.

Es versteht sich von selbst, daß die Produktion nach allgemeingültigen Grundsatzregeln unter Wahrung des Bankgeheimnisses zu erfolgen hat und auch erfolgen kann. Nicht notwendige und daher nicht vorhandene direkte Kundenkontakte der Produktionsbetriebe unterstützen derartige Problemlösungen (o.V. 1996 d, S. 24)[4].

Im Gegensatz hierzu sind die **Servicecentren** zu sehen, die über einen ausgeprägten Kontakt zu internen und externen Kunden verfügen. Die Servicecentren werden konsequent kundenorientiert geführt und enthalten sämtliche Funktionen, die zu einer optimalen Verkaufsunterstützung erforderlich sind.

> Die nicht abwicklungsbezogenen Logistikfunktionen werden konsequent kundenorientiert ausgerichtet. Die Servicecenter unterstützen den Verkauf beim Angebot der Dienstleistungen und sind Ansprechpartner für die Kunden bei Problemen.

Die Unterstützungsfunktionen der Servicecentren können dabei verschiedene Aufgabengebiete umfassen, was aus Abbildung 4 ersichtlich ist.

Als Funktionen, die in die Servicecentren integriert werden können, sind unter anderem denkbar:

- Trouble Shooting / Kundenauskünfte im Bereich Zahlungsverkehr, Devisen- und Wertschriftenabwicklung;
- Organisations- und Informatiksupport;
- Dienste/Infrastruktur-Funktionen wie z.B. Archiv, Registratur, Drukkerei;
- Betreuung ausgewählter Kundensegmente mit standardisierten Bedürfnisstrukturen;
- Produkteentwicklung unter Nutzung neuer technologischer Möglichkeiten;
- Abwicklungsaufgaben, die nicht in Produktionsbetriebe integriert werden können
- Unterstützungsleistungen im Bereich des elektronischen Zahlungsverkehrs (Electronic Banking)
- Administrativaufgaben, wie z.B. Formalitätenkontrolle.

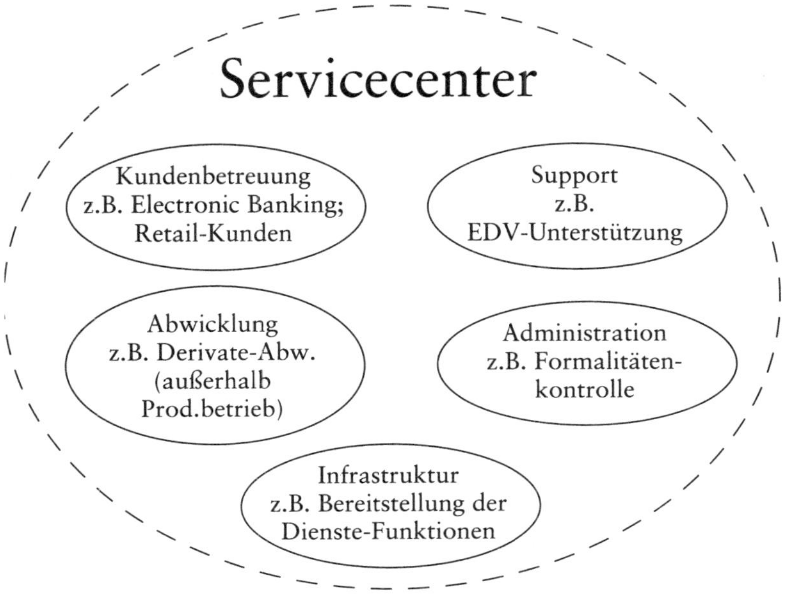

Abb. 4: Aufgabengebiete im Servicecenter

Die Servicecenter haben die Aufgabe, ihre Dienstleistungen auf dem bankinternen Markt zu „verkaufen", wobei die Nachfrager den Make-or-Buy-Entscheid fällen können. Sollte es günstiger sein, kann der Nachfrager gewisse Leistungen selbst herstellen oder bei einem anderen Servicecenter beziehen. Die Servicecenter werden dadurch zu einer qualitativ guten und wirtschaftlichen Erstellung ihrer Leistungen angehalten. Beispielhaft für eine Servicecenter-Dienstleistung sei an dieser Stelle das „Call Center" erläutert.

Untersuchungen haben ergeben, daß sich Geschäftsstellen-MitarbeiterInnen zu 90% mit Routine-Aufgaben (Storck 1983, S. 22) befassen und daß ca. 70% aller auf einer Geschäftsstelle von Kunden eingehenden Anrufe auch von einer zentralen Stelle beantwortet werden können. Das Servicecenter kann somit die Kundenberater dadurch unterstützen und entlasten, daß es deren Telefonate entgegennimmt. Dieser Service, der erst durch den Einsatz neuer Technologien möglich wird, bringt gleichzeitig eine Verbesserung aus Kundensicht: Die zeitliche Verfügbarkeit von kompetentem Beratungspersonal ist höher; die Erreichbarkeit kann jederzeit sichergestellt werden, und die Qualität der Auskünfte ist in jedem Fall hochstehend. Zudem wird ein freundlicher Service garantiert. Abbildung 5 zeigt beispielhaft die Verteilung der Anrufe, unterteilt nach Tageszeit resp. Art der Nachfrage[5].

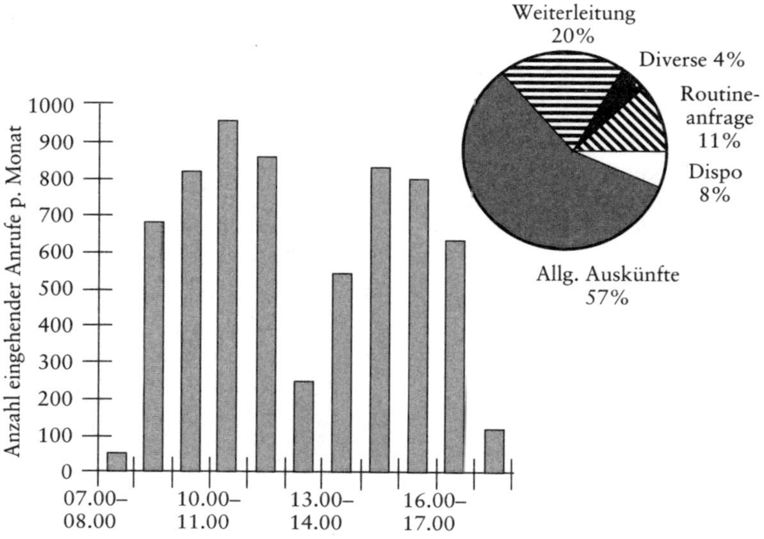

Abb. 5: Charakteristika des Call-Centers

Die Abbildung zeigt, daß die Kunden ihre Bankgeschäfte vor allem am späten Vormittag sowie am frühen Nachmittag tätigen, wobei diese Verteilung an jedem Wochentag beobachtet werden kann. Die Anrufe an Randstunden am Morgen und am Abend bilden die Ausnahme. Es zeigt sich somit, daß der Kunde tagsüber eine kompente Auskunft wünscht. Dabei entfallen ca. 68 % der Anfragen auf allgemeine Auskünfte und Routineanfragen aus den Bereichen Zahlungsverkehr, Rechnungswesen (Kontobetreuung, Stammdaten) und Produktegestaltung (Konditionen, Spesen). Mit einem Anteil von ca. 20 % bilden die Weiterleitungen an die Kundenbetreuer nur einen geringen Anteil und bestätigen somit die Vermutung, wonach die Mehrzahl der Telefonate zentral beantwortet werden kann.

Durch diese Servicecenter-Leistung kann einerseits eine Wertschöpfung für den Kunden generiert, andererseits eine Einsparung für die Bank (Reduktion der Anzahl Telefonisten) realisiert werden. Diese Organisationsstruktur führt somit zu einer Zweistufigkeit in der Erstellung von Bankdienstleistungen. Der Kunde tritt in den Kontakt mit dem Verkauf und mit den Servicecentren, sofern er spezifische Rückfragen bezüglich der Erstellung einer Leistung hat. Die eigentliche Produktion erfolgt in dafür vorgesehenen Betrieben. Diese organisatorische Veränderung sollte eingebettet sein in einer strukturellen Vision der Gesamtunternehmung, die Abbildung 6 beispielhaft zeigt.

Die Kundenberater im Verkauf und die MitarbeiterInnen der Servicecenter stehen mit dem Kunden in unmittelbarem Kontakt. Sie bilden somit die aus Kundenoptik wahrnehmbare „Oberfläche“ der Bankorganisation. Diese werden unterstützt von Zentren, die einerseits der Produktentwicklung und -pflege dienen und andererseits gewisse Kernkompetenzen, wie z.B. Personal-/Lehrlings-Betreuung oder spezielles Abwicklungs-Know-how (z.B. Akkreditiv), zur Verfügung stellen. Auf der nächsten Unterstützungsstufe stehen Einheiten der Applikationsentwicklung sowie der Produktion. Die Basis wird gebildet von infrastrukturellen Einheiten, die u.U. Gegenstand von Outsourcing-Überlegungen sein können. Beispielhaft sei die zwischen der CS Group und der Winterthur-Versicherungs-Gruppe per 1.1.1997 realisierte Zusammenarbeit im Bereich der dezentralen Systeme erwähnt, aus der eine Firma „IT Services“ hervorgeht.

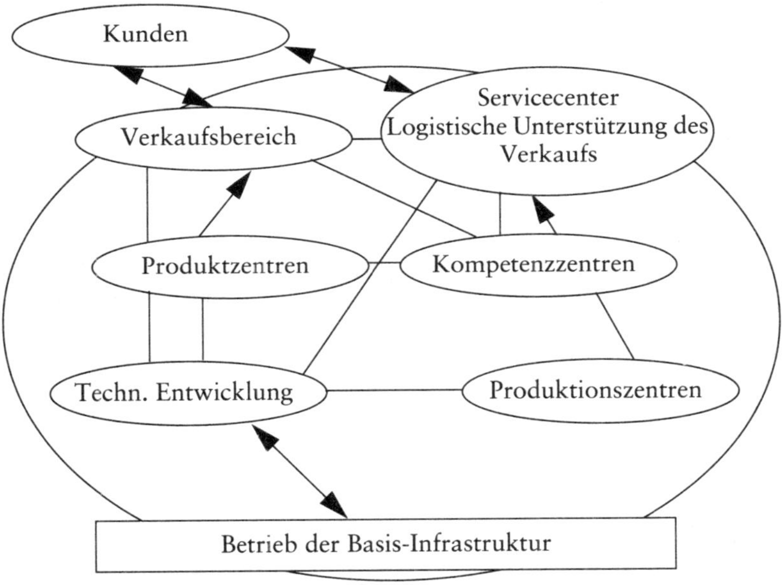

Abb. 6: Strukturelle Vision für einen Bankbetrieb

5. Konsequenzen

Die Realisierung der Vision erfordert jedoch nicht nur organisatorische Veränderungen, sondern auch Anpassungen auf diversen anderen Gebieten:

- Die Führungskräfte auf allen Ebenen müssen umdenken und sich von der klassischen Gestaltung von Bankorganisationsstrukturen hin zum Unternehmertum und -geist umorientieren.

- Die strukturellen Veränderungen müssen begleitet werden von einer Anpassung der Vorgaben und Meßgrößen pro Bereich, die eine größere Differenzierung erfahren. Der Verkauf ist an der Anzahl verkaufter Produkte sowie an Konditionen zu messen; die Produktionsbetriebe müssen ihren Fokus auf die Transaktionskosten legen und die Servicecentren sind mittels Qualitätskennziffern sowie Kostendeckungsgraden zu beurteilen. Dies setzt voraus, daß ein System der innerbetrieblichen Leistungsverrechnung besteht. Dazu müssen einerseits die verrechenbaren Leistungen spezifiziert werden; andererseits sind Absprachen zwischen Leistungsempfänger und -anbieter über die Modalitäten erforderlich. Dieses System führt letztendlich zu verstärktem Kostenbewußtsein und Kundenorientierung. Eine unabdingbare Voraussetzung ist jedoch die Abbildung der Führungsinstrumente in der Informatik, damit entsprechende Auswertungen termingerecht und in der gewünschten Qualität zur Verfügung stehen.
- Die Führungsinstrumente müssen zur Kostentransparenz beitragen und eine Kostenverrechnung auf Verursacher erlauben (Kunde / Produkt / Organisationseinheit).
- Die skizzierte Neuausrichtung im logistischen und Produktions-Bereich führt auch zu neuen Anforderungsprofilen an Stellen, wobei die MitarbeiterInnen entsprechend ihren Fähigkeiten eingesetzt werden sollten. Dies kann letztendlich zu einer Imageverbesserung dieser Bereiche beitragen. Ferner wird die innerbetriebliche Zusammenarbeit und das gegenseitige Verständnis gefördert, da auch die Abwicklungseinheiten grundsätzlich kundenorientiert ausgerichtet sind.

6. Zukunftsausblick

Die Logistik- und Produktionsbereiche werden auch in Zukunft zentrale Erfolgsfaktoren für Banken sein. Dabei sind jedoch weitere Veränderungen – speziell hervorgerufen durch technologische Entwicklungen – nicht auszuschließen. Die Computer werden immer leistungsfähiger und gleichzeitig billiger (o.V. 1996 e, S. 31; o.V. 1994, S. T1)[6]. Namhafte Hersteller arbeiten bereits an billigen Geräten für die zukünftige Internet-Nutzung (Settele 1996, S. 62). Dadurch nimmt auch deren Verbreitung in Privathaushaltungen zu. Diese Entwicklung in Kombination mit den geringeren Berührungsängsten der jungen Generation wird dazu führen, daß die Kunden vermehrt elektronisch mit der Bank verkehren. In den USA nutzen bereits ca. 700.000 Amerikaner das Home-Banking; Schätzungen gehen davon aus, daß das Home-Banking bis ins Jahr 2005 75 % der US-Haushalte erreicht haben wird (Pastega 1996, S. 26f.). Dadurch werden sich gewisse Abwicklungsaufgaben, wie z. B. die Erfassung von Börsen- oder Zahlungsaufträgen, zu den Kunden verlagern.

Auch wird die „Intelligenz" der eingesetzten Systeme zunehmen, so daß Prüf-, Beurteilungs- und Korrekturaufgaben vermehrt durch die technischen Einrichtungen übernommen werden können. Ferner wird eine weitergehende Standardisierung der Abläufe und Dienstleistungen zusätzliche Einsparungsmöglichkeiten eröffnen.

Diese Entwicklung kann wiederum in einigen Jahren eine Neubeurteilung der Existenzberechtigung der Produktionsbetriebe nach sich ziehen. Die Strukturen werden somit zukünftig einem steten Wandel unterworfen sein, dem sich die Institute nicht entziehen können, dessen frühzeitige Bewältigung aber Erfolgschancen eröffnet. „Panta rhei", diese Heraklit (6./5. Jht. v. Chr.) zugeschriebene Aussage, gilt noch heute; auch für die Gestaltung von Organisationsstrukturen von Banken. „Alles fließt" in immer wieder neue Formen, wobei allerdings die Veränderungsgeschwindigkeiten ständig zunehmen.

Anmerkungen

[1] Westfalen-Bank (81%) – Deutsche Bank (71%).

[2] Bill berichtet von dem Eindringen der amerikanischen Kaufhauskette Sears in den Bankensektor und deren Erfolgen.

[3] So z.B. haben britische Banken seit 1988 diverse Maßnahmen zur Effizienzsteigerung durchgeführt; u.a. wurden ca. 25 % der Geschäftsstellen geschlossen. Allerdings hat sich das Kosten-Einkommens-Verhältnis von ca. 64 % nur marginal verbessert, da die Kostenvorteile unter dem Druck des Wettbewerbs an die Kunden weitergegeben wurden.

[4] Beispielhaft sei die institutsgruppenübergreifende Kooperation von Schweizer Regionalbanken mit einzelnen Kantonalbanken auf dem Gebiet der Informatik erwähnt; weitergehende Kooperationen werden sicherlich in Zukunft folgen.

[5] Basis: Auswertung der Daten (eingehende Anrufe) eines Call-Centers für eine Region der ehemaligen Schweizerischen Volksbank (Juni 1996)

[6] Als Beispiel sei die neue Produktreihe von Compaq herangezogen: Die Basisversion mit einem Pentium-100-Prozessor, 8 Megabyte Arbeitsspeicher, 630 Megabyte Festplattenspeicher soll zu einem Einstiegspreis von unter 1.200 $ verkauft werden. o.V.: Preise für PC sinken. In: Tages-Anzeiger, 23.7.96, S. 31. Die Entwicklungsgeschwindigkeit läßt sich auch darin ablesen, daß im Jahre 1994 das Erreichen der 100-MHz-Grenze bei Prozessoren besondere Beachtung fand, die heute als Selbstverständlichkeit gilt.

Literatur

Bill, K.: Wird die Bank zum „Automaten"? in: Institut für Bankwirtschaft, Band 14, St. Gallen 1988

Bösch, G.: Produktionsmanagement in Banken, Bern, Stuttgart, Wien 1992

Claassen, D.: Schlechte Noten für Banken, in: Tages-Anzeiger, 23. Juli 1996, S. 31

Geiger, H.: Schulterschluß: Erfahrungen mit Erfolgsfaktoren, in: io-Management-Zeitschrift, Nr. 5/1994, S. 77-82

Kleinewefers, H.: Plädoyers für den Shareholder value, in: Neue Zürcher Zeitung, Nr. 154/1996, S. 23

Kunert, K.: Organisatorische Ansätze zur innovativen und wirtschaftlichen Nutzung neuer Technologien bei Großbanken, Dissertation ETH Zürich, 1993 *o. V.:* Der PC an der 100-Megahertz-Grenze, in: Frankfurter Allgemeine Zeitung, Nr. 56, 1994, S. T1

o. V.: Westfalenbank: Rückzug aufs Kerngeschäft, in: Frankfurter Allgemeine Zeitung, Nr. 140, 1996, S. 19 (1996 a)

o. V.: Die Deutsche Bank treibt den Umbau im Konzern weiter voran, in: Frankfurter Allgemeine Zeitung, Nr. 123, 1996, S. 18 (1996 b)

o. V.: Auf Kernaktivitäten ausrichten, in: Frankfurter Allgemeine Zeitung-Beilage „Deutsche Aktiengesellschaften", Nr. 158, 1996, S. S4 (1996 c)

o. V.: RBA Holding kooperiert mit Kantonalbanken, in: Neue Zürcher Zeitung, Nr. 172, 1996, S. 24 (1996 d)

o. V.: Preise für PC sinken, in: Tages-Anzeiger, 23. Juli 1996, S. 31 (1996 e)

Pastega, N.: Mondex-Moneten mischen den Markt auf, in: Schweizer Bank, Nr. 8, 1996, S. 26-27

Schiltknecht, K.: Prosperität durch Shareholder-Orientierung, in: Neue Zürcher Zeitung, Nr. 158, 1996, S. 21

Settle, C.: PC light fürs Internet, in: Cash, 31. Mai 1996, S. 62

Storck, A.: Die Technik- und Beratungs-Bank, Frankfurt am Main, Bern, New York 1983

Volkart, R.: Langfristige Shareholder-Orientierung, in: Neue Zürcher Zeitung, Nr. 154, 1996, S. 23

Vontobel, H.-D.: Shareholder value – ein trügerischer Reiz, in: Neue Zürcher Zeitung, Nr. 140, 1996, S. 28

Ökologiemanagement in Banken

Univ. Prof. Dr. habil. Hans Corsten, Universität Kaiserslautern

1. Konzeptioneller Rahmen

Um mögliche Gestaltungsobjekte für ein Ökologiemanagement in Banken zu identifizieren, bietet es sich an, nach einem konzeptionellen Rahmen der Bankbetriebslehre Ausschau zu halten, um so eine systematische Analyse durchführen zu können. Ein Blick in die bankbetriebliche Fachliteratur zeigt jedoch, daß bis zum heutigen Zeitpunkt weder eine geschlossene Theorie[1] noch ein in sich konsistenter **konzeptioneller Rahmen** für eine Bankbetriebslehre vorliegt. Die Feststellung, daß die Bankbetriebe das Erkenntnisobjekt der Bankbetriebslehre darstellen, erscheint dabei wenig hilfreich (vgl. Schierenbeck 1993, Sp. 241; differenzierter hierzu Deppe 1974, Sp. 404 ff.). Schwerpunkt der Bankbetriebslehre, deren Entwicklung sehr stark praxisorientiert verlief, ist dann auch die **Deskription von Bankensystemen, -geschäften und -techniken**[2], d.h. die Beschreibung einzelner Geschäfte, der Bankenorganisation, des Rechnungswesens und der Struktur des Bankwesens stehen im Zentrum vieler Lehrbücher[3]. Demgegenüber beziehen sich theoretische Ansätze primär auf Teilprobleme. Aber auch dabei muß festgestellt werden, daß sich die Bankbetriebslehre insbesondere dadurch auszeichnet, daß sie Erkenntnisse aus der Allgemeinen Betriebswirtschaftslehre und den Speziellen Betriebswirtschaftslehren, teilweise mit erheblichem time lag, adaptiert (z.B. Industriebetriebslehre, Marketing, Unternehmungstheorie, Finanzierung, Controlling, Organisation)[4]. Insofern ist der folgenden Aussage des mit dieser Festschrift zu Ehrenden in vollem Umfang zuzustimmen: „Darüber hinaus weist die Bankbetriebslehre im Vergleich zur Allgemeinen BWL und auch zu anderen speziellen BWL's zum Teil in der Entwicklung erhebliche time lags auf (z.B. Marketing, Planung, Kostenmanagement etc.)" (Schuster 1995, S. 103). In pointierter Form bringt Schuster dann den Forschungsbeitrag der Bankbetriebslehre[5] zum Ausdruck, wenn er schreibt: „Die eigentliche Leistung der Bankbetriebslehre liegt mehrheitlich in der Adaption allgemeiner betriebswirtschaftlicher Ansätze auf den Bankbetrieb und der Verfeinerung von Methoden und Instrumenten zur praxisgerechten Anwendung“ (Schuster 1995, S. 103; vgl. hierzu ferner Hein 1972, S. 201). Dieser Sachverhalt wird auch dadurch in besonderem Maße deutlich, wenn, wie in der Literatur teilweise üblich (vgl. z.B. Hein 1972, S. 201), zwischen traditioneller Institutionslehre, die auch als Fundament der Bankbetriebslehre bezeichnet wird und der „modernen“ Bankbetriebslehre, die sich aus den Bausteinen Managementlehre, Kapitalmarkttheorie und Theorie der Unternehmung zusammensetzt, unterschieden wird (vgl. Schierenbeck 1993, Sp. 243 ff.). Aus der „Integration“[6] dieser Bausteine ergibt sich jedoch noch kein konzeptioneller Rahmen für eine Bankbetriebslehre[7].

Es lassen sich nur wenige Arbeiten finden, die versuchen, einen konzeptionellen Rahmen für eine Bankbetriebslehre zu entwerfen und damit eine systematische Einordnung bankbetrieblicher Problemstellungen ermöglichen[8]. Eine solche Ausnahme stellt das Konzept von Deppe dar (vgl. Deppe 1974, Sp. 407 ff.; Deppe 1978, S. 3 ff.). Aufbauend auf **das Prämissen- und Faktorsystem** von Gutenberg (1979, S. 2 ff.), das Deppe um den **liquiditätsmäßig-finanziellen Bereich (LFB)** (vgl. Deppe 1969, S. 21; Deppe 1974, Sp. 407 ff.; zum monetären Faktor vgl. ferner Lipfert 1960, S. 25; Siegert 1974, S. 97 ff.) erweitert und die Faktoren Gutenbergs zum **technisch-organisatorischen Bereich (TOB)**[9] zusammenfaßt und damit an die Einteilung in Wertleistung (finanzielle Dimension) und Stückleistung/Betriebsleistung (personelle und sachliche Dimension) von Kaminsky (1955, S. 22 ff.) anknüpft, entwickelt er einen ersten Grundstein für einen konzeptionellen Rahmen der Bankbetriebslehre. Als dritten Bereich führt Deppe den **Geschäftspolitischen Bereich (GPB)** an[10], dessen Aufgaben er wie folgt skizziert: „Jeder Betrieb und damit auch jeder Bankbetrieb wird durch ein System von Normen gekennzeichnet, die seinen Handlungen den eigentlichen betriebswirtschaftlichen Sinn geben und diese Handlungen direkt oder indirekt auf ein übergeordnetes Ziel oder eine übergeordnete Zielkonzeption hin ausrichtet. Die gedankliche Einheit aller dieser dem Betrieb gesetzten übergeordneten Normen, die aus ihnen abgeleiteten Handlungsanweisungen (Strategische Grundsätze) und die Kontrollmaßstäbe zur Überprüfung der Effektivität der Strategien für die Zielerreichung werden hier als ‘Geschäftspolitischer Bereich’ des Bankbetriebs bezeichnet“ (Deppe 1978, S. 19). Der GPB besteht somit aus den drei folgenden Komponenten:

- übergeordnete Zielkonzeption,
- strategische Grundsätze und
- Kontrollnormen zur Überprüfung.

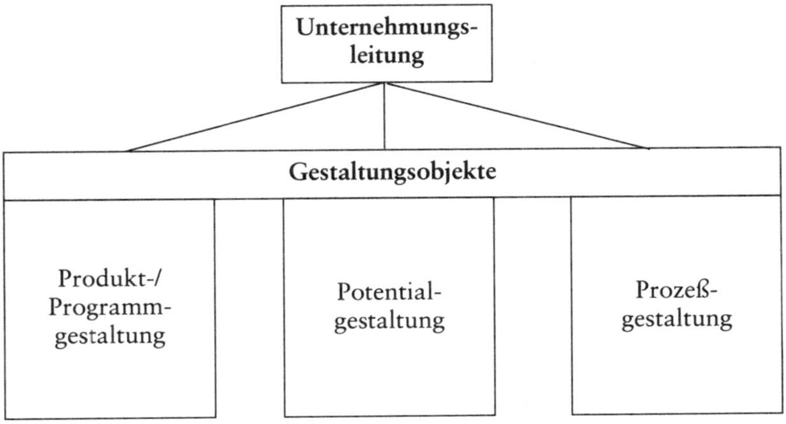

Abb. 1: Konzeptioneller Rahmen

Die Abgrenzung der Bereiche LFB, TOB und GPB wirft jedoch einige Probleme auf. Hinsichtlich ihrer Zuordnung betont Deppe, daß der GPB den beiden anderen Bereichen übergeordnet ist: „Der GPB zeigt wegen seiner normativen Ausrichtung völlig andersartige Problembeziehungen, verglichen mit den Mechanismen des LFB und des TOB des Bankbetriebs" (Deppe 1978, S. 50). Inkonsistent ist dann jedoch die Zuordnung des „dispositiven Faktors"[11] zum TOB in seinem Produktionsfaktorsystem. Hinzu kommt, daß der dispositive Faktor ebenfalls im LFB von Bedeutung ist[12]. Dieses Problem scheint Deppe zu sehen, wenn er schreibt: „Die Aktivitäten der Geschäftsleitung ... gehören daher zum kapazitätsmäßig zu erfassenden TOB, wohingegen nur die Ergebnisse dieser Aktivitäten in Form 'normativer Information' den GPB bilden." (Deppe 1978, S. 19). Selbst wenn dieser Überlegung zugestimmt würde, ist damit das angesprochene Zuordnungsproblem des dispositiven Faktors nicht gelöst. Die Abgrenzungsproblematik wird weiterhin dadurch verstärkt, daß auch **soziale Beziehungen**[13] (z.B. Betriebsklima) und **Information**, die er als Subsysteme des TOB betrachtet, teilweise auch dem GPB zuzurechnen sind[14]. Die Zuordnung zu den Bereichen TOB und GPB ist damit bei einzelnen Komponenten nicht nur äußerst problematisch und kaum nachvollziehbar, sondern stellt auch die Aussage in Frage, daß im GPB völlig andersartige Problemstellungen existieren. Darüber hinaus sind auch die theoretischen Verknüpfungen dieser Bereiche noch in den Anfängen. Ein Kernproblem des Ansatzes von Deppe ist darin zu sehen, daß er das Faktorsystem von Gutenberg, mit Ausnahme der Werkstoffe als Elementarfaktor[15], vollständig zum

TOB übernimmt und die beiden anderen Bereiche eher additiv hinzufügt. Die angesprochenen Mängel zeigen, daß dieses Konzept keinen konsistenten Rahmen für die Einordnung bankspezifischer Fragestellungen bietet (zu einer anderen Auffassung vgl. Böhner 1982, S. 882). In den weiteren Überlegungen soll deshalb ein anderer Weg beschritten werden. Da der Autor dieses Beitrages Produktionswirtschaftler ist und es, wie bereits betont, in der Bankbetriebslehre durchaus „gute Tradition" ist, auf Erkenntnisse anderer Spezieller Betriebswirtschaftslehren zurückzugreifen, sei auf das sogenannte 3-P-Konzept aus der Produktionswirtschaft (vgl. Kern 1992, S. 96 ff.) zurückgegriffen, das zwischen Produkt-/Programmgestaltung, Potentialgestaltung und Prozeßgestaltung unterscheidet[16]. Es ergeben sich dann die in Abbildung 1 genannten Gestaltungsobjekte.
Es kann dabei nicht das Ziel der weiteren Ausführungen sein, ein in sich geschlossenes und logisch konsistentes Konzept für die Bankbetriebslehre zu entwickeln, sondern es soll lediglich ein heuristischer Rahmen sein, der es erlaubt, bankspezifische Fragestellungen, und im vorliegenden Kontext ökologische Fragestellungen, einzuordnen.

2. Die Banken in ökologischer Perspektive

Das Vorhaben, Banken als Teil des Dienstleistungssektors einer ökologischen Analyse zu unterziehen, mag zunächst ein wenig erstaunen, denn im Gegensatz zu industriellen Produktionsprozessen bieten die Bearbeitungsprozesse in Banken weniger unmittelbare Anhaltspunkte für einen aktiven Umweltschutz (vgl. Büschgen 1992, S. 134; Krüger 1992, S. 710; Schierenbeck/Seidel 1992, S. 4). Dies mag neben dem Aspekt, daß Banken eher als „... konservative Systeme, die sich gegenüber Innovation und Wandel eher reserviert verhalten" (Schuster 1993, S. 14) ein wesentlicher Grund für die späte Beschäftigung mit Umweltproblemen in dieser speziellen Betriebswirtschaftslehre sein[17].

Eine differenzierte Analyse relativiert diese Einschätzung hingegen. Als wesentliche Gründe, weshalb Banken sich der **Umweltproblematik** annehmen müssen, lassen sich dann nennen (vgl. Büschgen 1992, S. 132 ff.; Schierenbeck/Seidel 1992, S. 5 ff.; Seidel 1992, S. 1094 f.):

- **Imagewirkungen**, in negativer (z.B. als Hausbank stark umweltbelastender Industrien) oder positiver Form (z.B. Verschiebung in den Geschäftsfeldern von umweltbelastenden Industrien in Umweltschutztechnik (dies kann auch nachfrageinduziert sein, d.h. durch verändertes Käuferverhalten) oder Öko-Sponsoring).
- **Direkt erfolgswirksame Konsequenzen** (z.B. im Rahmen der Finanzierung von Altlastensanierungen oder mögliche Wertminderungen von Realsicherheiten, die als Kreditsicherheiten erworben wurden (Eigentums- oder Pfandrechte) oder in positiver Hinsicht bei einer Kombination staatlicher Förderung mit eigenen Finanzierungsleistungen).

Dies zeigt einerseits, daß Umweltschutz bei Banken eine etwas andere Gewichtung erfährt als in der Industrie (vgl. Büschgen 1992, S. 134), anderseits aber auch, daß eine ökologisch abstinente Bank Wettbewerbspotenz und Image verlieren kann (vgl. Köllhofer/Schenk 1992, S. 97; Schierenbeck/Seidel 1992, S. 7). Insofern ist der Aussage, daß Umweltrisiken der Betriebe die Kreditrisiken der Bank seien, in vollem Umfang zuzustimmen (vgl. Köllhofer/Schenk 1992, S. 97).

Im folgenden sollen nun konkrete Ansatzpunkte für ein ökologieorientiertes Management herausgearbeitet werden, wobei es müßig erscheint, auf die allgemein gestiegene Bedeutung der ökologischen Probleme und den Wertewandel einzugehen, da dies in den letzten Jahren hinreichend geschehen ist (vgl. z.B. Bihl 1993, S. 83 ff.; Horst 1990, S. 21; Juncker 1990, S. 16; Klages 1993, S. 1 ff.; Rosenstiel 1993, S. 47 ff.; Schierenbeck/Seidel 1992, S. 3 f.; Tiebler 1992, S. 183 ff.). Als Ansatzpunkte werden die skizzierten Gestaltungsobjekte Produkt-/Programmgestaltung, Potentialgestaltung und Prozeßgestaltung im Zentrum der weiteren Überlegungen stehen.

Die Unternehmungsleitung sollte in den Unternehmungsgrundsätzen ihre Position hinsichtlich einer Ökologieorientierung formulieren. Diese Positionen sind nicht nur unternehmungsintern, sondern ebenfalls gegenüber der relevanten Öffentlichkeit zu bekunden (vgl. Götzelmann 1992, S. 31 ff.). Umweltschutz sollte folglich zu einem festen **Bestandteil der Unternehmungskultur**[18] werden[19], da nur dann ökologische Glaubwürdigkeit erlangt werden kann, wenn ökologische Gedanken wirklich handlungsleitend werden (vgl. Schierenbeck/Seidel 1992, S. 19). Dabei kann es mittlerweile als herrschende Meinung angesehen werden, daß eine Unternehmung eine prospektiv kooperative Unternehmungsstrategie (auch als aktives oder offensives Umweltmanagement bezeichnet) betreiben soll (vgl. Corsten/Götzelmann 1989, S. 350 ff.; Knopp/Striegl 1992, S. 2014; Meffert et al. 1986, S. 148 ff.), die ein ökologisch orientiertes Frühaufklärungssystem erfordert (vgl. Senn 1986, S. 146 f.). Ein solches Konzept[20] sieht in ökologischen Gegebenheiten nicht nur eine Bedrohung, von der potentielle Unsicherheiten für eine Unternehmung ausgehen, sondern es eröffnet auch Chancen für zukünftige Aktivitäten (vgl. Corsten/Götzelmann 1989, S. 351). Dies kann auch implizieren, daß eine Unternehmung nicht nur die aktuellen Normen erfüllen soll, sondern darüber hinausgehen sollte (moralisch begründeter Imperativ)[21].

2.1 Ökologische Aspekte der Produkt- und Programmgestaltung

Einen ersten Ansatzpunkt für eine ökologische Ausrichtung in Banken bietet die **Produkt- und Programmpolitik,** zumal der Umweltmarkt mit seinen überdurchschnittlichen Wachstumsraten ökologisch bedingte Chancen für die Banken bietet (vgl. Horst 1990, S. 22 f.; Krüger 1992, S. 707 ff.). Zu beachten ist in diesem Zusammenhang, daß in diesem Gestaltungsbereich enge Grenzen durch die Uniformität der Produkte und die schnellen Reaktionsmöglichkeiten anderer Banken (vgl. Krüger 1992, S. 708) im Rahmen wettbewerbsstrategischer Überlegungen existieren, da innovative Produkte ohne größeren Aufwand durch die Konkurrenten nachgeahmt werden können. Generell lassen sich die folgenden Aspekte in diesem Kontext unterscheiden (vgl. z.B. Büschgen 1992, S. 136):

- Aktiv- und Passivgeschäft[22] und
- Beratungs- und Vermittlungsleistungen.

Bei **Passivgeschäften** handelt es sich um Einlagen von Geschäftspartnern, die in diesem Kontext unter ökologischen Aspekten erfolgen. Während derartige Einlagen im allgemeinen Bankenbereich keine wesentliche Rolle spielen, da in der Bundesrepublik Deutschland Umweltfonds im Gegensatz zu den USA und Großbritannien kaum verbreitet sind (vgl. Baumert 1992, S. 62; Büschgen 1992, S. 136; Krüger 1992, S. 707 ff.; Schierenbeck/Seidel 1992, S. 15 ff.), sieht dies bei den speziellen Öko-Banken (z.B. Ökobank Frankfurt a.M., Gemeinnützige Kreditgarantiegenossenschaft e.G., Bochum) anders aus. Derartige Institute unterscheiden zwischen Normal- und Förderbereich. Während im Normalbereich, der auf der Grundlage von Negativkriterien definiert wird, nur bestimmte Bereiche ausgeschlossen werden (z.B. Kernkraft, Rüstungsindustrie) und in dem übliche Konditionen gelten, wird im Förderbereich verlangt, daß eine Liste von Positivkriterien erfüllt ist und das Prinzip „Transparenz von Mittelherkunft und Mittelverwendung" (vgl. Förster/Gelbrich 1992, S. 130 f.) praktiziert wird. Dabei verzichtet der Einleger auf einen Teil der Zinsen, d.h. es liegt eine zinsreduzierte Einlage vor (etwa 1,5 bis 3 Prozentpunkte unter den Normalkonditionen). Vom Geschäftsvolumen her besitzen diese Banken keine größere Bedeutung, sondern sie stellen eher eine Ergänzung zum allgemeinen Leistungsangebot im Bankbereich dar. Seidel sieht ihre eigentliche Funktion als „Katalysatoren des Wandels" (vgl. Seidel 1992, S. 1102).

Grundsätzlich gilt das zum Passivgeschäft Gesagte auch für das **Aktivgeschäft.** Aus Sicht der Banken wird aber bereits dann von einer Ökologisierung im Aktivgeschäft gesprochen, wenn im Rahmen der Kreditvergabe ökologische Kriterien in die Kreditwürdigkeitsprüfung einfließen, ein Sachverhalt, der in jüngster Zeit zunehmend gefordert wird (vgl. Krüger 1992, S. 706 f.; Manski 1992, S. 663 ff.; Schierenbeck/Seidel 1992, S. 13 f.; Seidel 1992, S. 1097; Wieandt 1992, S. 37). Das Kreditrisiko (zu einer Systematisierung unterschiedlicher Kreditrisiken vgl. z.B. Keidel 1993, S. 30 f.) ist letztlich das zentrale Risiko im Bankgeschäft. Gegenwärtig erfolgt die Einbeziehung ökologischer Risiken insbesondere bei der Prüfung von Grundstückssicherheiten (Altlastenproblem) (vgl. Drebes 1992, S. 20 f.; Horst 1990, S. 22; Krüger 1992, S. 707). Ziel der Kreditwürdigkeitsprüfung ist es ex ante eine Aussage hinsichtlich der Ausfallwahrscheinlichkeit einzelner Kreditengagements zu tätigen (vgl. Keidel 1993, S. 17). In einer systematischen Analyse zeigt

Keidel (1993, S. 46 ff.), daß das Risiko der Altlastenproblematik in dem Ausfall- und Besicherungsrisiko[23] liegt[24]. Da es für die Banken kein realistischer Weg ist, nur noch unbelastete Grundstücke als Sicherheit zu akzeptieren oder nur dann Kredite zu vergeben, wenn kein Umweltrisiko besteht, erscheint es notwendig, einen Ansatz zu entwickeln, der Umweltrisiken aufdeckt, die mit einem potentiellen oder tatsächlichen Kreditnehmer verbunden sind oder von denen die Sicherheiten einer Bank betroffen sind (vgl. Keidel 1993, S. 61). Dies bedeutet, daß die „traditionelle" Kreditwürdigkeitsprüfung, in der die Jahresabschlüsse der Kreditnehmer die zentrale Informationsbasis darstellen (vgl. Staudt/Hafkesbrink/Lewandowitz 1996, S. 17), erweitert werden muß, da diesen nur selten Hinweise auf umweltschutzrelevante Maßnahmen entnommen werden können. Grundlage hierfür können Checklisten darstellen, die eine Möglichkeit zur Identifikation umweltspezifischer Gefährdungspotentiale bieten (vgl. z.B. Knopp/Striegl 1992, S. 2014 f.; Krüger 1992, S. 706). Um jedoch zu einer differenzierteren Grundlage zur Erfassung und Abwägung von Chancen und Risiken zu gelangen, können **Umwelt-Audits** herangezogen werden (zu einem konkreten Prüfraster vgl. Keidel 1993, S. 69 ff.), eine Vorgehensweise, die in den USA prinzipiell realisiert wird. Darüber hinaus wird empfohlen, sogenannte Umweltverträglichkeitsstudien durchzuführen. Inwieweit jedoch ein Kaufmannsgehilfe für das Bankwesen für die Durchführung und Bewertung eines Umwelt-Audits geeignet erscheint oder ob es notwendig ist, Mitarbeiter mit speziellem ökologischen, juristischen sowie fertigungs- und verfahrenstechnischen Wissen einzusetzen, soll in diesem Zusammenhang nicht weiter thematisiert werden.

Als weiterer Problemkomplex sind die **Beratungs- und Vermittlungsleistungen** zu nennen. Im Rahmen der Beratung ist insbesondere die **Förderberatung** zu nennen, wobei Förderprogramme der EG, des Bundes und der Länder zu unterscheiden sind (vgl. Baumert 1992, S. 61; Goose 1992, S. 140 ff.; Seidel 1992, S. 1097). Daß das Angebot öffentlicher Förderprogramme, bedingt durch seine Vielfalt und unterschiedliche Träger, nur schwer durchschaubar ist, bedarf kaum eines Hinweises (vgl. Seipp 1992, S. 89; Neuber 1992, S. 72 f.): „Die Gestaltung der Programme ist dabei recht unterschiedlich. Sie reicht von Bürgschaften für Kredite über Zinssubventionen bis hin zu direkten Investitionszuschüssen" (Neuber 1992, S. 73). Auf die existenten Informationsdefizite bei den potentiellen Kreditnehmern haben die Banken mit dem Aufbau spezifischer Beratungsleistungen[25] reagiert, wobei i.d.R. eine EDV-Unterstützung gegeben ist (vgl. Seipp 1992, S. 89). Da viele Programme über die Hausbanken abgewickelt werden, erlangen die Banken in diesem Zusammenhang eine spezifische Mittlerfunktion beim Weiterleiten öffentlicher Fördermittel für den Umweltbereich (vgl. Wieandt 1992, S. 50). Aus diesem Sachverhalt ergibt sich für die Banken eine spezifische Chance. Da öffentliche Mittel i.d.R. nur einen Teil des Gesamtinvestitionsbetrages ausmachen (vgl. Seipp 1992, S. 90), bietet sich die Vermittlung staatlicher Kreditprogramme als Teil einer Akquisitionsstrategie (vgl. Goose 1992, S. 138) an, d.h. es geht einerseits um die Ergänzung öffentlicher Mittel durch Bankkredite und anderseits um die Anbahnung von Anschlußgeschäften (vgl. Wieandt 1992, S. 40). So betonen dann auch Schierenbeck und Seidel, daß einer privat-öffentlichen Mischfinanzierung zukünftig große Bedeutung zukommen wird (vgl. Schierenbeck/Seidel 1992, S. 13).

2.2 Ökologische Aspekte der Potentialgestaltung

Zur Realisation des Produktionsprogramms bedarf es des Einsatzes von Produktionsfaktoren, die dann im Leistungserstellungsprozeß kombiniert werden. Dabei wird in der Produktionswirtschaft zwischen den Faktoren menschliche Arbeitsleistungen, Anlagen (Aggregate) und Materialien unterschieden (vgl. Kern 1992, S. 148).

Im Bereich der menschlichen Arbeitsleistungen sind zunächst die **Mitarbeiterschulung und -motivation** zu nennen (vgl. Köllhofer/Schenk 1992, S. 105 f.). Die Notwendigkeit der Mitarbeiterschulung ergibt sich unmittelbar aus dem Sachverhalt, daß ein Bankmitarbeiter bedingt durch seinen Ausbildungsschwerpunkt i.d.R. nicht geeignet sein dürfte, Investitionsprojekte oder Kreditvergaben unter Umweltgesichtspunkten hinreichend zu beurteilen. Dieser **ökologieinduzierte Lernbedarf** und seine Deckung ist keine kurzfristig zu bewältigende Aufgabe, sondern ist im Rahmen eines umfassenden strategischen Personalentwicklungskonzeptes zu planen, durchzuführen und zu kontrollieren (vgl. Schierenbeck/Seidel 1992, S. 18). Um ein solches Programm zu konzipieren, dürfte eine Bank i.d.R. gezwungen sein, auf externes Know-how zurückzugreifen. Als generelle Maßnahme zur Schaffung eines lernfreudigen und innovationsförderlichen Klimas ist die Schaffung flexibler Organisationsformen zu nennen, die der zunehmenden Bedeutung der Selbstentfaltung von Mitarbeitern (vgl. Klages 1993, S. 6) Rechnung trägt, um so entsprechende Freiräume für eine Selbstorganisation zu schaffen (vgl. hierzu u.a. Rosenstiel 1993, S. 53). Hierdurch lassen sich offene Kommunikationsstrukturen gestalten und unterstützen, und zwar sowohl bankintern als auch -extern (Kunden, gesellschaftliches Umfeld etc.) (vgl. Schierenbeck/Seidel 1992, S. 18). Darüber hinaus läßt sich durch eine entsprechende Gestaltung eines betrieblichen Vorschlagwesens (vgl. Horst 1990, S. 21; grundsätzlich zum betrieblichen Vorschlagwesen vgl. Thom 1993) auch auf die Motivation der Mitarbeiter einwirken und diese für ökologische Probleme sensibilisieren (vgl. Köllhofer/Schenk 1992, S. 105 f.), zumal empirische Untersuchungen zeigen, daß die Umwelt und ihre Erhaltung zunehmend als ein bedeutendes Ziel gesehen wird (vgl. Rosenstiel 1993, S. 58 ff.).

Als organisatorische Maßnahme, die aus den relevanten umweltrechtlichen Vorschriften resultiert, ist die Einrichtung eines **Umweltschutzbeauftragten** zu nennen (vgl. Büschgen 1992, S. 141), dem die Funktion eines **Informationszentrums** und einer **Evidenzzentrale** zukommt (vgl.

Köllhofer/Schenk 1992, S. 106). Sein Aufgabenspektrum (vgl. z.B. Seipp 1992, S. 87)[26] umfaßt neben generellen Aufgaben wie der Schaffung eines Umweltleitfadens und der Erstellung von Beschaffungsrichtlinien (vgl. Seidel/Menn 1988, S. 129) sowie Aus- und Weiterbildungsmaßnahmen, eine Fülle an Einzelproblemen, die von baulichen Maßnahmen zur Energieeinsparung, Umstellung auf umweltfreundliche Büromaterialien, Substitution im Reinigungsmittelbereich über Maßnahmen zur Einschränkung von Ressourcen (z.B. Wasserverbrauch) bis hin zu Recycling- und Entsorgungsfragen reichen. Eine weitere grundlegende Aufgabe ist die Schaffung eines betrieblichen Umweltinformationssystems (vgl. Hilty/Rautenstrauch 1995, S. 296), das ein Subsystem des betrieblichen Informationssystems ist. Es dient der spezifischen Erfassung, Verarbeitung, Speicherung und Übertragung von raum-, zeit- und inhaltsbezogenen umweltrelevanten Informationen (vgl. Corsten/Götzelmann 1993, S. 23). Ein derartiges Umweltinformationssystem ist damit einerseits eine Basis für die Unterstützung von Maßnahmen zur Vermeidung und Verminderung von Umweltbelastungen und anderseits unerläßlich für die im Rahmen der Produkt- und Programmgestaltung angesprochenen Beratungsaufgaben im Bereich öffentlicher Förderprogramme.

Eine weitere organisatorische Frage ist darin zu sehen, ob die Funktion des Umweltschutzbeauftragten einer bestehenden Stelle als zusätzliche Aufgabe übertragen werden oder ob hierfür eine eigenständige Stelle geschaffen werden soll, die es dann in die Unternehmungsorganisation entweder als Stab oder Instanz zu integrieren gilt. Unabhängig von dem Sachverhalt, daß diese Problemstellung von einer Vielzahl an Determinanten[27] abhängt und sich einer generellen Beantwortung entzieht, dürfte die Stellung eines Umweltschutzbeauftragten dann am stärksten sein, wenn es sich hierbei um eine Instanz handelt, die möglichst „hoch" in der Unternehmungshierarchie angesiedelt ist.

Im Anlagen-(Aggregate-)bereich ist zunächst als generelle Forderung der Einsatz von weitgehend emissionsvermeidenden Aggregaten und umweltfreundlichen Verfahren zu nennen (vgl. Corsten/Götzelmann 1989, S. 409 f.; Seidel 1992, S. 1095). Dies reicht von Maßnahmen im Baubereich (vgl. Geiger 1992, S. 111; Köllhofer/Schenk 1992, S. 102), z.B. Wärmedämmung, umweltfreundliche Heizungsanlagen und Warmwasseraufbereitung, Beschaffung umweltfreundlicher Bürogeräte über Fragen der Raumgestaltung, z.B. Beleuchtung, Belüftung bis hin zu Problemen des Transportes (z.B. Fuhrpark) (vgl. Büschgen 1992, S. 134; Corsten/Götzelmann 1992, S. 113 ff.; Schierenbeck/Seidel 1992, S. 7).

Im Materialbereich, d.h. den Repetierfaktoren, stellen sich Probleme wie der Einsatz recyclingfähiger Materialien (zum Recycling vgl. Corsten/Götzelmann 1989, S. 411; z.B. Farbbänder, Mappen aus Papier statt Plastik), die Verwendung von recyclierten Gütern (z.B. Papier) (zum Einsparungspotential vgl. Köllhofer/Schenk 1992, S. 99 f.), der Ersatz von Chemikalien in der Wasseraufbereitung und von Reinigungsmitteln, die z.B. FCKW als Treibmittel enthalten (vgl. Büschgen 1992,

S. 134; Schierenbeck/Seidel 1992, S. 7) und die Abfalltrennung.[28] Ebenso gehören hierzu alle Maßnahmen, die dazu geeignet sind Ressourcen einzusparen (z.B. Reduzierung des Papier- und Energieverbrauchs). Hauptansatzpunkte bilden damit die Substitution und die Ressourcenreduktion.

Die nur andeutungsweise skizzierten Maßnahmen im Rahmen der Potentialgestaltung können darüber hinaus dazu dienen, einen positiven Beitrag zur Erreichung und zum Ausbau einer ökologischen Glaubwürdigkeit in der Öffentlichkeit zu leisten, d.h. der Potentialbereich kann durchaus dazu dienen, ein ökologisches Engagement in der Öffentlichkeit glaubwürdig vorzuleben (vgl. Seidel 1992, S. 1096).

2.3 Ökologische Aspekte der Prozeßgestaltung

Aufgaben der **Prozeßgestaltung** sind
- die Festlegung der generellen Produktionsabläufe, d.h. die Grundsatzentscheidung für einen generellen Organisationstyp der Leistungserstellung,
- die innerbetriebliche Standortplanung (Layoutplanung) und
- den optimalen Einsatz der vorhandenen Aggregate und Mitarbeiter zu realisieren und den wirtschaftlichen Vollzug der Aufgabenerfüllung sicherzustellen.

Diese auf den ersten Blick eher industriell orientierte Beschreibung läßt sich, wie Haak nachgewiesen hat, auf Banken übertragen (vgl. Haak 1982, S. 228 ff.). Trotzdem dürfte dem Komplex der Prozeßgestaltung für ein Ökologiemanagement in Banken im Vergleich zu den beiden anderen Gestaltungsobjekten die geringste Bedeutung beizumessen sein. Als mögliche Maßnahmen bieten sich Veränderungen oder Einführung von Arbeitsabläufen zur Beschleunigung von Kreditbewilligungen, Weiterleitung von Fördermitteln und die Weitergabe umweltrelevanter Informationen an, so daß der Beitrag der Banken in diesem Bereich eher mittelbarer Natur ist. Ebenfalls dürfte die Wahl des Organisationstyps für den Leistungserstellungsprozeß und die innerbetriebliche Standortwahl unter Umweltschutzaspekten eher subsidiär sein.

3. Zusammenfassung und Ausblick

Umweltschutzrelevante Fragestellungen wurden in der Bankbetriebslehre im Vergleich zu anderen speziellen Betriebswirtschaftslehren erst relativ spät aufgegriffen, obwohl Banken hiervon einerseits in ihrem Image und anderseits direkt in erfolgswirksamer Hinsicht betroffen sein können.

Als Grundlage für die Untersuchung wurde als heuristischer Rahmen das sogenannte **3-P-Konzept** aus der Produktionswirtschaftslehre herangezogen, insbesondere deshalb, weil in der Bankbetriebslehre bislang kein konsistentes Rahmenkonzept existiert. Die Analyse zeigt, daß umweltrelevante Problemstellungen in Banken eine andere Gewichtung erlangen als in Industrieunternehmungen. So zeigen sich die größten Gefahren aber auch Chancen für die Banken im Produkt- und Programmbereich, wobei augenblicklich dem Passivgeschäft sowie dem Beratungs- und Vermittlungsgeschäft die größte Bedeutung zukommen. Ganz neue Probleme stellen sich dabei den Banken im Rahmen der Kreditwürdigkeitsprüfung, in die ökologische Risiken einzubeziehen sind (z.B. Altlastenproblematik). Probleme in der Potentialgestaltung, die tendenziell für die Banken von geringerer Bedeutung sein dürften als im Industriebereich, zeigen sich bei den Faktoren menschliche Arbeitsleistungen, Aggregate und Materialien. Während beim Faktor menschliche Arbeitsleistungen Fragen der Mitarbeiterschulung und -motivation, der Arbeitsorganisation sowie die Einbindung eines Umweltschutzbeauftragten Relevanz erlangen und im Aggregatebereich der Einsatz umweltfreundlicher Technologien von Bedeutung ist, stellen sich im Materialbereich primär Fragen der Substitution und der Ressourcenreduktion. Die geringste ökologische Bedeutung für Banken hat hingegen die Prozeßgestaltung, deren Umweltbeitrag eher mittelbarer Natur ist.

Es ist jedoch davon auszugehen, daß die Bedeutung des Umweltschutzes zukünftig auch für Banken weiter zunehmen wird, wobei der Produkt- und Programmbereich sicherlich eine dominante Rolle spielen werden. So sieht Seidel in der Ökologisierung des Bankgeschäftes ein großes Innovationspotential, das insbesondere neue Produkte hervorbringen kann (vgl. Seidel 1992, S. 1099). Hierzu zählen z.B. Öko-Investmentzertifikate, Öko-Wachstumskapital-Fonds, Debt for Nature Swaps[29] und Sonderfinanzierungen, wie etwa die Finanzierung von Großprojekten im Umweltschutz. Generell darf die Bedeutung der Banken, insbesondere bedingt durch ihre Investitionslenkungsfunktion, im Ökologisierungsprozeß nicht unterschätzt werden. Ihnen kommt in diesem Prozeß vielmehr eine strategische Stellung zu (vgl. Seidel 1992, S. 1102), d.h. es kommt den Banken eine gesamtwirtschaftliche Verantwortung zu. Darüber hinaus müssen sich die Banken bemühen, umweltschutzrelevantes Know-how zu erlangen, das zur Zeit eher rudimentär und zufällig vorhanden sein dürfte. Tendenziell sind die Mitarbeiter in diesem Bereich überfordert.

Anmerkungen

1 Damit hat die von Böhner (1982, S. 882) formulierte Aussage auch heute noch Gültigkeit.

2 Vgl. Schuster (1995, S. 103). Dies wird auch aus der kurzen Beschreibung der Entwicklungsgeschichte der Bankbetriebslehre bei Hahn (1986, S. 138 f.) deutlich.

3 Vgl. z.B. Büschgen (1994, S. 25 ff.); Priewasser (1994); demgegenüber knüpft Süchting (1992) mit seinem Lehrbuch „Bankmanagement“ an Gestaltungsfragen an

und greift auf die entscheidungsorientierte Betriebswirtschaftslehre zurück.

[4] Es wirkt dann schon ein wenig befremdend, wenn Hahn (1986, S. 139) von der „Entdeckung" des Bankenmarketing, der Bankplanung und des Bankmanagement spricht.

[5] So beklagt Schuster (1972, S. 5), daß es Tendenzen gibt, die bankbetriebliche Lehre aus den Universitäten auszugliedern und eigenständigen praxisorientierten Bankakademien zu übertragen, die etwa von Banken oder gar den Industrie- und Handelskammern getragen werden. Daß hieraus keine nennenswerten Impulse für die bankbetriebliche Forschung resultieren, bedarf keiner besonderen Betonung, so daß die Forderung nach der Einheit von Lehre und Forschung an den Universitäten nachdrücklich zu unterstreichen ist.

[6] Es handelt sich lediglich um eine additive Aneinanderreihung dieser Bausteine.

[7] Hein (1972, S. 199) sieht als einen Grund für das Hinterherhinken der Bank- hinter der Industriebetriebslehre, den Sachverhalt, daß „... die einzelnen Leistungen einer Bank in vielfältiger Weise miteinander verknüpft (sind), wodurch es schwieriger als beim Industriebetrieb ist, sich in der Forschung zunächst auf klar abgegrenzte, überschaubare Teilprobleme zu konzentrieren." Unabhängig von der Frage, welche Art von Industriebetrieb Hein bei dieser Aussage vorschwebt, erscheint eine solche Aussage nicht haltbar, wenn Aspekte wie Kuppelproduktion, Zyklen, Nichtlinearitäten, um nur einige Beispiele zu nennen, in der Industrie beachtet werden. Darüber hinaus ist diese Aussage auch deshalb nicht unproblematisch, weil einige Autoren gerade auf die Dominanz von Routinegeschäften in Banken hinweisen (vgl. Schuster 1991, S. 69; aus produktionstheoretischer Sicht vgl. Haak 1982, S. 146 ff.).

[8] Dieser Sachverhalt zeigt sich auch in aller Deutlichkeit, wenn Hahn (1986, S. 140 ff.) zwar von fünf „Konzeptionen" spricht und dann diese „Konzeptionen" vernachlässigend, einen personenbezogenen Stammbaum der Bankbetriebslehre aufstellt, in dem dann „typische Bankbetriebswirte" wie K. Mellerowicz, E. Schmalenbach, E. Schneider etc. zu finden sind. Insofern ist es auch nicht enttäuschend, wenn in der Abhandlung von Hahn letztlich aus seiner Sicht nur zwei Paradigmen übrigbleiben. Zu einer kritischen Betrachtung der Paradigmavorstellung in der Betriebswirtschaftslehre vgl. Schneider (1982, S. 849 ff.).

[9] „Unter dem technisch-organisatorischen Bereich (TOB) wird die gedankliche Einheit der Struktur sowie des sachlichen und räumlichen Zusammenwirkens der Produktionsfaktoren menschliche Arbeit, Sachmittel (einschließlich Energie) und Information verstanden" (Deppe 1974, S. 410). Zum Produktionsfaktor Information vgl. Corsten (1985, S. 47 f.). Zur Produktion der Information vgl. Müller (1987, S. 119 ff.); Wild (1970, S. 50 ff.). Wenn Deppe (1974, Sp. 412) jedoch betont, daß die Information und die Informationsanalyse als zentraler Fragenkreis des TOB anzusehen seien, dann erfaßt er nicht den gesamten Komplex der „Information und Informationsanalyse".

[10] Schuster (1991, S. 75) unterscheidet zwischen LFB, TOB und Führungs- und sozialer Bereich. Zu einzelnen Elementen des TOB und GPB vgl. Schuster (1993, S. 5). Weshalb Büschgen (1994, S. 16) den TOB als internen Leistungsbereich und den LFB als externen Leistungsbereich bezeichnet, wird aus seinen Ausführungen nicht ersichtlich.

[11] Zumal Deppe sich dabei auf das Produktionsfaktorsystem von Gutenberg bezieht.

[12] Zu einer anderen Faktorsystematik, die zwar ebenfalls auf Gutenberg basiert, aber nicht mit diesem Problem behaftet ist, vgl. Haak (1982, S. 129).

[13] Diese sozialen Aspekte greift Schuster (1991, S. 77 f.) auf, indem er aufbauend auf den in der Soziologie verwendeten Soziogrammen sogenannte Beziehungsdiagramme als Grundlage für eine neue organisatorische Struktur von Banken vorschlägt.

[14] „... muß jedoch dabei beachtet werden, daß auch Organisationsprinzipien, soziale Beziehungen (Betriebsklima) und Informationen zum technisch-organisatorischen Bereich gehören, soweit sie nicht dem GPB zuzurechnen sind" (Deppe 1978, S. 69).

[15] Die Existenz von Werkstoffen in Banken wird in der Literatur unterschiedlich beurteilt (vgl. Haak 1982, S. 125 ff.). Deppe nimmt insofern eine etwas unklare Position bei dieser Fragestellung ein, als er in einer Veröffentlichung betont, daß Werk-

stoffe im bankbetrieblichen Faktorsystem überhaupt keine Rolle spielen (vgl. Deppe 1964, S. 368) und in einer anderen Publikation den Formularen einen werkstoffähnlichen Charakter zugesteht (vgl. Deppe 1978, S. 46) wobei er die Übernahme des Terminus Werkstoffe wegen der Gefahr einer terminologischen Verwässerung ablehnt (kritisch hierzu Haak 1982, S. 125 ff.). Unabhängig von der Frage, was unter „werkstoffähnlichem Charakter" zu verstehen ist, stellt diese Vorgehensweise eher eine Problemumgehung als eine -lösung dar.

[16] Wird als zweites Gliederungskriterium die „Stärke und Dauer der Erfolgswirkung" herangezogen, dann ließen sich die 3-P's jeweils in strategische, taktische und operative Dimensionen weiter differenzieren (vgl. Corsten 1994, S. 7 ff.), eine Vorgehensweise, der im weiteren nicht gefolgt werden soll.

[17] Insofern erscheint die Aussage von Seipp (1992, S. 86) eher zu optimistisch: „Als Teil unternehmerischer Verantwortung für das Allgemeinwohl sind die Banken auf dem Weg zu einem konsequenten umweltorientierten Management." Auch Krüger (1992, S. 709) scheint diesen Optimismus nicht zu teilen, wenn er schreibt: „Zur Zeit sind die Verbindungen zwischen Umweltschutz und Banken partiell." So weist Junkker (1990, S. 19 f.) zwar auf die Versäumnisse der öffentlichen Hand im Umweltschutz hin, jedoch sind seine Ausführungen hinsichtlich der Rolle von Banken eher unkritisch.

[18] Generell zum Problembereich der Kultur in Banken vgl. Schuster (1990, S. 101 ff.) u. Schuster (1996, S. 4 ff.).

[19] Vgl. Baumert (1992, S. 53 ff.); Corsten/Götzelmann (1989, S. 354). Auf die Zusammenhänge Unternehmungskultur, -philosophie und -identität soll dabei nicht näher eingegangen werden.

[20] Steger (1988, S. 150 f.) kommt auf der Grundlage eines Portfolios der Marktchancen-Umweltrisiken-Analyse zu vier Strategien, von denen er aber lediglich zwei (offensive und innovative) in seine Überlegungen einbezieht. Da diese Einteilung mehr Probleme aufwirft als löst, wird dieser Vorgehensweise nicht gefolgt.

[21] Vgl. Kern (1982, S. 132). Dies darf nicht mit dem Prinzip der „Gesellschaftlichen Verantwortung der Unternehmung" (Davoser Manifest) verwechselt werden, das Steinmann (1973, S. 467 ff.) in einer kritischen Analyse als „pseudo-normative Leerformel" qualifiziert.

[22] Schierenbeck/Seidel (1992, S. 17) weisen darauf hin, daß eine strikte Trennung von Aktiv- und Passivprodukten nur im Kundengeschäftsbereich möglich ist, während im Bereich des Eigengeschäfts Passivprodukte auch als Aktivprodukte auftreten können.

[23] Das Besicherungsrisiko wird jedoch erst bei Eintritt des Ausfallrisikos relevant.

[24] Diese Aussage gilt ebenfalls für das Luft- und Wasserverunreinigungsrisiko (vgl. Keidel 1993, S. 51 ff.).

[25] Bei den zu Beratenden kann es sich um private Haushalte (z.B. umweltfreundliches Bauen), gewerbliche Wirtschaft (z.B. Existenzgründungs- oder Investitionsberatung) oder um kommunale Entscheidungsträger handeln (vgl. Geiger 1992, S. 112 ff.; vgl. ferner Wieandt 1992, S. 40 ff.).

[26] Zu einer additiven Zusammenstellung der in der Literatur vorgeschlagenen Aufgaben eines Umweltschutzbeauftragten vgl. Lang (1995, S. 158 ff.).

[27] Auch die Frage nach einer Mindestbetriebsgröße, die für die Etablierung eines Umweltschutzbeauftragten als eigene Stelle gegeben sein soll, ist nicht generell sondern nur situativ zu beantworten. Eine etwas inkonsistente Vorgehensweise findet sich bei Lang (1995, S. 191), wenn er zunächst feststellt: „Absolut ungeeignet erscheinen dagegen finanzwirtschaftliche Größen wie zum Beispiel die Bilanzsumme..." um dann einige Zeilen weiter die folgenden Sätze zu formulieren: „So ist bei Banken ab etwa 1 Milliarde DM Bilanzsumme ... von einer entsprechenden Menge Sonderabfall auszugehen, so daß auf jeden Fall die Schaffung einer eigenen Umweltschutzinstanz an zentraler Stelle vorgenommen werden muß. Bei Größenordnungen von 10 Milliarden DM Bilanzsumme sollen ... mehrere Personen ... eingesetzt werden."

[28] Teilweise wird in der Literatur vorgeschlagen, konkrete Maßnahmen auf der Grundlage einer Arbeitsplatzklassifikation zu systematisieren. Dieser sicherlich

durchaus interessanten Vorgehensweise wird jedoch durch Aussagen wie „...ein Backoffice-Arbeitsplatz braucht einen anderen Leitfaden als ein Kantinen-Arbeitsplatz" (Lang 1995, S. 170) kaum Rechnung getragen. Wenn der Autor dann noch von „richtiger Müllsammlung" spricht und diese Aussage gleich mehreren Klassen als „umweltschutzrelevante Charakteristik" zuordnet, wird die Fragwürdigkeit dieses Vorgehens evident.

[29] Hierbei handelt es sich um ein internationales Kreditgeschäft, bei dem im Rahmen einer Umschuldung neue Wege zur Finanzierung von Umweltschutzinvestitionen beschritten werden. Ziel dieser internationalen Kreditgeschäfte ist es, in den Schuldnerländern Anreize für Umweltschutz zu schaffen. Zu einem Beispiel vgl. Horst (1990, S. 23); Juncker (1990, S. 17 f.); ferner Seidel (1992, S. 1100).

Literatur

Baumert, A.: Ökologische Aspekte der Unternehmenskultur und der betrieblichen Bildung in Kreditinstituten, in: Banken und Ökologie. Konzepte für die Umwelt, hrsg. v. *H. Schierenbeck* u. *E. Seidel,* Wiesbaden 1992, S. 51-67

Bihl, G.: Unternehmen und Wertewandel: Wie lauten die Antworten für die Personalführung, in: Wertewandel. Herausforderung für die Unternehmenspolitik in den 90er Jahren, hrsg. v. *L.v. Rosenstiel* et al., 2. Aufl., Stuttgart 1993, S. 83-94

Böhner, W.: Bankbetriebslehre, in: Zeitschrift für Betriebswirtschaft, 52. Jg. (1982), S. 871-892

Büschgen, H.E.: Ökologie als geschäftspolitische Herausforderung für Banken, in: Die Bank, o. Jg. (1992), H. 3, S. 132-142

Büschgen, H.E.: Bankbetriebslehre, 3. Aufl., Stuttgart/Jena 1994

Corsten, H.: Gestaltungsbereiche des Produktionsmanagement, in: Handbuch Produktionsmanagement, hrsg. *v. H. Corsten,* Wiesbaden 1994, S. 5-21

Corsten, H./Götzelmann, F.: Ökologische Aspekte des betrieblichen Leistungsprozesses, in: Das Wirtschaftsstudium, 18. Jg. (1989), Teil I: S. 350-355, Teil II: S. 409-414

Corsten, H./Götzelmann, F.: Abfallvermeidung und Reststoffverwertung – Eine produkt- und verfahrensorientierte Analyse, in: Betriebswirtschaftliche Forschung und Praxis, 44. Jg. (1992), S. 102-119

Corsten, H./Götzelmann, F.: Betriebliche Umweltinformationssysteme – Analyse bestehender Problemfelder und Perspektiven zu ihrer Überwindung, in: Zeitschrift Angewandte Umweltforschung, 6. Jg. (1993), S. 22-34

Deppe, H.-D.: Der Bankbetrieb als Gegenstand von Wachstumsanalysen, in: Zeitschrift für Betriebswirtschaft, 34. Jg. (1964), S. 353-381

Deppe, H.-D.: Bankbetriebliches Wachstum. Funktionalzusammenhänge und Operations Research in Kreditinstituten, Stuttgart 1969

Deppe, H.-D.: Bankbetriebslehre, in: Handwörterbuch der Betriebswirtschaft, hrsg. v. *E. Grochla* und *W. Wittmann,* 4. Aufl., Stuttgart 1974, Sp. 402-418

Deppe, H.-D.: Eine Konzeption wissenschaftlicher Bankbetriebslehre in drei Doppelstunden, in: Bankbetriebliches Lesebuch. Ludwig Mülhaupt zum 65. Geburtstag, hrsg. v. *H.-D. Deppe,* Stuttgart 1978, S. 3-98

Drebes, G.: Ökologische Risiken im Bereich der Kreditvergabe, in: Bankinformation und Genossenschaftsforum, 19. Jg. (1992), H. 8, S. 20-21

Förster, O./Gelbrich, J.: Was heißt ökologisch orientiertes Management? Ein ökologisches Bankkonzept, in: Banken und Ökologie. Konzepte für die Umwelt, hrsg. v. *H. Schierenbeck* u. *E. Seidel,* Wiesbaden 1992, S. 123-136

Geiger, H.: Ökologieorientierte Kundenberatung durch die Sparkasse, in: Banken und Ökologie. Konzepte für die Umwelt, hrsg. v. *H. Schierenbeck* u. *E. Seidel,* Wiesbaden 1992, S. 109-122

Goose, D.: Staatliche Kreditprogramme für den Umweltschutz in der Bundesrepublik Deutschland, in: Banken und Ökologie. Konzepte für die Umwelt, hrsg. v. *H. Schierenbeck* u. *E. Seidel,* Wiesbaden 1992, S. 137-152

Götzelmann, F.: Umweltschutzinduzierte Kooperationen der Unternehmung. Anlässe, Typen und Gestaltungspotentiale, Frankfurt a.M. et al. 1992

Gutenberg, E.: Grundlagen der Betriebswirtschaftslehre, Bd. 1: Die Produktion, 23. Aufl., Berlin/Heidelberg/New York 1979

Haak, W.: Produktion in Banken. Möglichkeiten eines Transfers industriebetrieblich-produktionswirtschaftlicher Erkenntnisse auf den Produktionsbereich von Bankbetrieben, Frankfurt a.M./Bern 1982

Hahn, O.: Konzeptionen der Bankbetriebslehre, in: Wirtschaft und Wissenschaft im Wandel. Festschrift für Carl Zimmerer zum 60. Geburtstag, gewidmet von seinen Freunden, Frankfurt a.M. 1986, S. 137-155

Hein, M.: Entwicklung und Stand der Bankbetriebslehre in Deutschland, in: Wirtschaftswissenschaftliches Studium, 1. Jg. (1972), S. 197-202

Hilty, L.M./Rautenstrauch, C.: Betriebliche Umweltinformatik, in: Umweltinformatik – Informatikmethoden für Umweltschutz und Umweltforschung. Handbuch der Informatik, Band 13.3, hrsg. v. *B. Page* u. *L.M. Hilty,* 2. Aufl., München/Wien 1995, S. 295-312

Horst, P.M.: Umweltschutz – eine Herausforderung an die Geschäftspolitik der Banken, in: bank und markt, 19. Jg. (1990), H. 7, S. 21-23

Juncker, K.: Umweltschutz – Herausforderung und Verpflichtung, in: bank und markt, 19. Jg. (1990), H. 7, S. 16-20

Kaminsky, S.: Die Kosten- und Erfolgsrechnung der Kreditinstitute, Meisenheim a.G. 1955

Keidel, T.: Die Prüfung von Umweltrisiken in der Kreditwürdigkeitsprüfung, Bonn 1993

Kern, W.: Umweltschutz als Herausforderung an die Innovationskraft industrieller Unternehmungen, in: Innovation und Technologietransfer. Einzel- und gesamtwirtschaftliche Probleme, hrsg. v. *H.J. Engeleiter* u. *H. Corsten,* Berlin 1982, S. 121-138

Kern, W.: Industrielle Produktionswirtschaft, 5. Aufl., Stuttgart 1992

Klages, H.: Wertewandel in Deutschland in den 90er Jahren, in: Wertewandel. Herausforderung für die Unternehmenspolitik in den 90er Jahren, hrsg. v. *L.v. Rosenstiel et al.,* 2. Aufl., Stuttgart 1993, S. 1-15

Knopp, L./Striegl, S.: Umweltschutzorientierte Betriebsorganisation zur Risikominimierung, in: Betriebs-Berater, 47. Jg. (1992), S. 2009-2018

Köllhofer, D./Schenk, H.: Umweltschutzmanagement in der Bank, in: Banken und Ökologie. Konzepte für die Umwelt, hrsg. v. *H. Schierenbeck* u. *E. Seidel,* Wiesbaden 1992, S. 95-107

Krüger, R.: Umweltschutz und Banken, in: Handbuch des Umweltmanagements. Anforderungs- und Leistungsprofile von Unternehmen und Gesellschaft, hrsg. v. *U. Steger,* München 1992, S. 703-710

Lang, L.F.: Die Bedeutung des Faktors Umweltschutz für die Geschäftspolitik deutscher Universalbanken, Frankfurt a.M. et al. 1995

Lipfert, H.: Nationaler und internationaler Zahlungsverkehr, Wiesbaden 1960

Manski, E.-E.: Ökologische Kriterien der Kreditvergabe, in: Die Bank, 32. Jg. (1992), S. 662-667

Meffert, H. et al.: Marketing und Ökologie – Chancen und Risiken umweltorientierter Absatzstrategien der Unternehmungen, in: Die Betriebswirtschaft, 46. Jg. (1986), S. 140-159

Müller, W.: Zur informationstheoretischen Erweiterung der Betriebswirtschaftslehre – Ein Modell der Informationsproduktion, in: Neuere Entwicklungen in der Produktions- und Investitionspolitik, hrsg. v. *D. Adam*, Wiesbaden 1987, S. 119-136

Neuber, F.: Die geschäftspolitische Bedeutung neuer ökologieorientierter Bankprodukte, in: Banken und Ökologie. Konzepte für die Umwelt, hrsg. v. *H. Schierenbeck* u. *E. Seidel*, Wiesbaden 1992, S. 69-83

Priewasser, E.: Bankbetriebslehre, 4. Aufl., München/Wien 1994

Rosenstiel, L.v.: Wandel in der Karrieremotivation – Neuorientierung in den 90er Jahren, in: Wertewandel. Herausforderung für die Unternehmenspolitik in den 90er Jahren, hrsg. v. *L.v. Rosenstiel et al.*, 2. Aufl., Stuttgart 1993, S. 47-81

Schierenbeck, H.: Bankbetriebslehre, in: Handwörterbuch der Betriebswirtschaft, hrsg. v. *W. Wittmann et al.*, 5. Aufl., Stuttgart 1993, Sp. 241-258

Schierenbeck, H./Seidel, E.: Die Ökologisierung der Wirtschaft und das Bankgeschäft – Eine Einführung, in: Banken und Ökologie. Konzepte für die Umwelt, hrsg. v. *H. Schierenbeck* u. *E. Seidel*, Wiesbaden 1992, S. 1-25

Schneider, D.: Das Versagen der Paradigmavorstellung für die Betriebswirtschaftslehre, in: Zeitschrift für betriebswirtschaftliche Forschung, 34. Jg. (1982), S. 849-869

Schuster, L.: Standort der Bankbetriebslehre, in: Bankbetriebliche Forschung und Ausbildung, hrsg. v. *L. Schuster* u. *R. Dubs*, Bern 1972, S. 5-22

Schuster, L.: Bankpolitik im Spiegel aktueller Themen, Bern/Stuttgart 1990

Schuster, L.: Die Bankorganisation im Dienste von Kunden und Mitarbeitern, in: Die soziale Dimension der Unternehmung, hrsg. v. *H. Corsten, L. Schuster* u. *B. Stauss*, Berlin 1991, S. 65-80

Schuster, L.: Lean Banking – Modewort oder Notwendigkeit? Diskussionsbeiträge der Wirtschaftswissenschaftlichen Fakultät Ingolstadt der KUE, Nr. 34, Ingolstadt 1993

Schuster, L.: Bankbetriebslehre, in: Lexikon der Betriebswirtschaftslehre, hrsg. v. *H. Corsten*, 3. Aufl., München/Wien 1995, S. 103-106

Schuster, L.: Intercultural Bank Management – A General Survey, in: Banking Cultures of the World, hrsg. v. *L. Schuster*, Frankfurt a.M. 1996, S. 3-22

Seidel, E.: Die Rolle der Banken im Ökologisierungsprozeß der Wirtschaft, in: Österreichisches Bankarchiv, 40. Jg. (1992), S. 1093-1103

Seidel, E./Menn, H.: Ökologisch orientierte Betriebswirtschaft, Stuttgart et al. 1988

Seipp, W.: Die Förderung von Umweltschutzprojekten durch Kreditinstitute im Inlandsgeschäft, in: Banken und Ökologie. Konzepte für die Umwelt, hrsg. v. *H. Schierenbeck* u. *E. Seidel*, Wiesbaden 1992, S. 85-93

Senn, J.F.: Ökologie-orientierte Unternehmensführung. Theoretische Grundlagen, empirische Fallanalysen und mögliche Basisstrategien, Frankfurt a.M./Bern/New York 1986

Siegert, T.: Eigenarten bankbetrieblicher Leistungen. Ein Beitrag zur theoretischen Bankbetriebslehre, Diss. München 1974

Staudt, E./Hafkesbrink, J./Lewandowitz, T.: Kompetenz und Kreditwürdigkeit. Bestandsaufnahme der Kreditwürdigkeitsprüfung in Theorie und Praxis bei Existenzgründern und innovativen Klein- und Mittelbetrieben, in: Quem-report. Schriften zur beruflichen Weiterentwicklung, hrsg. v. d. Arbeitsgemeinschaft QUEM, H. 43, Berlin 1996

Steger, U.: Umweltmanagement. Erfahrungen und Instrumente einer umweltorientierten Unternehmensstrategie, Frankfurt a.M./Wiesbaden 1988

Steinmann, H.: Zur Lehre von der „Gesellschaftlichen Verantwortung der Unternehmensführung" – Zugleich eine Kritik des Davoser Manifests, in: Wirtschaftswissenschaftliches Studium, 2. Jg. (1973), S. 467-473

Süchting, J.: Bankmanagement, 3. Aufl., Stuttgart 1992

Thom, N.: Betriebliches Vorschlagswesen. Ein Instrument der Betriebsführung, 4. Aufl., Bern et al. 1993

Tiebler, P.: Umwelttrends im Konsumentenverhalten, in: Handbuch des Umweltmanagements, hrsg. v. *U. Steger*, München 1992, S. 183-206

Wieandt, P.: Investitionen in den Umweltschutz – Herausforderung und Chance für Unternehmen und Kreditinstitute, in: Banken und Ökologie. Konzepte für die Umwelt, hrsg. v. *H. Schierenbeck* u. *E. Seidel,* Wiesbaden 1992, S. 27-50

Wild, J.: Input-, Output- und Prozeßanalyse von Informationssystemen, in: Zeitschrift für betriebswirtschaftliche Forschung, 22. Jg. (1970), S. 50-72

IV

Visionen im Marketing- und Vertriebsmanagement

Service-Versionen als Marketing-Vision für Banken*

Prof. Dr. Wilhelm Bühler, Wirtschaftsuniversität Wien

1. Einleitung

Immer dann, wenn theoretisches Wissen und traditionelle Konzepte zu kurz greifen, scheint der Ruf nach Visionen zum Allheilmittel der Managementtheorie und -praxis geworden zu sein. Die Probleme der Beherrschbarkeit des Wandels, Selbstorganisationsphänomene in dezentralisierten Unternehmungen, mangelnde Kooperation und Motivation der Mitarbeiter u.ä. sind dann nicht mehr allein Probleme der Führung oder der Organisation, sondern werden dem Mangel an Visionen zugeschrieben. In Zeiten der (heraufbeschworenen) Krisen werden besonders erfolgreiche Unternehmen analysiert und deren Visionen und Visionäre als die zentralen Erfolgsgrößen herausgestellt (Collin/Porras 1992, S. 108 ff.). Es werden Aussagen bekannter Firmengründer zitiert ohne Rücksicht darauf, ob damit einer Vision oder einer Utopie Ausdruck verliehen wird. Auf jeden Fall besteht die Gefahr, daß keine inhaltliche Auseinandersetzung mit dem Phänomen der Vision stattfindet und dadurch ihr Nutzen für das Unternehmen mit seinen Problemen unklar bleibt. Dennoch legen erfolgreiche Unternehmensbiographien Zeugnis dafür ab, daß Visionen durchaus einen wertvollen Beitrag für die durch veränderte Markt- und Wettbewerbsbedingungen hervorgerufenen strategischen Herausforderungen leisten können.

Mit folgendem Beitrag wird der Versuch unternommen, die Inhalte von Visionen im bankbetrieblichen Kontext einzugrenzen, Verbindun-

* Dieser Beitrag ist unter dankenswerter Mitarbeit meiner Assistenten, Herr Dr. Martin Breyer und Herr Dr. Georg Nader, entstanden.

gen zwischen ihnen und managementrelevanten Sachverhalten aufzuzeigen und das Beispiel einer marktorientierten Vision zu erörtern.

2. Die Vision ist eine Zukunftsidee

Schon ein erster Blick auf die Literatur läßt erkennen, daß ein allgemeingültiger Visionsbegriff und somit ein einheitliches Verständnis fehlt. Zusammenfassend kann festgehalten werden: Eine Vision ist eine Erscheinung vor dem geistigen Auge. Sie beschreibt ein Objekt bzw. einen Sachverhalt, den es in der Realität nicht gibt. Eine Vision ist das Ergebnis eines Gedankenspiels. Im Unterschied zur Fiktion ist ihr kennzeichnendes Merkmal der inhärente Glaube an die Realisierung. Visionen können somit als nachhaltige und tragfähige Zukunftsideen bezeichnet werden.

Um Bestand zu haben, müssen Visionen eine Reihe von Bedingungen erfüllen (Henzler 1992, S. 813 f.):

- Eine Vision muß realisierbar sein, sie darf keine Utopie darstellen. Die Visionen von Henry Ford über „Autos für jedermann" und Max Grundig über das „Radio in jedem deutschen Haushalt" hatten einen klaren Realitätsbezug. Die Idee der „virtuellen Bank" ist beispielsweise vor einem Jahr Wirklichkeit geworden. Im Februar 1996 hat die Security First Network Bank (FSNB), der Welt erste Internetbank, ihre „Türen" geöffnet. Diese Bank, die ausschließlich im Computer existiert und deren Kunden ihre Banker nie zu Gesicht bekommen, hatte im Oktober 1996 bereits 65.000 Kunden.
- Die Vision muß einen bisherigen Zustand nachhaltig verändern. Sie ist Aussage und Leitbild zugleich, die zusammenfaßt, wohin ein Unternehmen sich entwickeln will. (z.B. Adidas: „Vom Fußballschuh- zum Sportartikelhersteller").
- Die Vision muß eine neue Wettbewerbsarena mit wirtschaftlichem Erfolgspotential aufzeigen. Eine Vorstellung darüber, in welchem Wettbewerbsfeld sich ein Unternehmen künftig bewegen will und welche Position es dort anstrebt, sollte den Hintergrund einer Unternehmensvision bilden. Ein gutes Beispiel ist an dieser Stelle die Vision von NEC-Chef Kobayashi: „Future World Leader in Communications and Computers".
- Die Vision spiegelt die persönliche Überzeugung eines Unternehmensführers bzw. der -führung wider. Heinz Nixdorf, Thomas J. Watson oder Gottlieb Daimler waren Visionäre, die unbeirrt durch Zweifler und „Beweise der Unmöglichkeit" den Computer am Arbeitsplatz (Nixdorf), die vermietete Hardware (IBM) und die technische Perfektion von Kraftfahrzeugen (Daimler-Benz) Wirklichkeit werden ließen. Die charismatische Führungspersönlichkeit alleine wird in diesem Zusammenhang jedoch überbewertet, und Versuche, visionäre Substanz durch Charisma zu ersetzen, hatten verheerende Auswirkungen.

3. Visionen und Wandel

Ein Reflektieren über Visionen ist ohne Beschreibung des Wandels nicht sinnvoll. Während die Vision das Zukunftsbild ist, welches es anzustreben gilt, beschreibt der Wandel den Weg hin zu diesem Ziel. Die Darstellung des Wandels unserer Zeit schafft gleichzeitig den Raum für neue Visionen und erlaubt eine Standortbestimmung des Realisierungsfortschritts bestehender Visionen. Grundsätzlich schreiben fast alle kreditwirtschaftlichen Autoren vom tiefgreifenden Wandel in der Kreditwirtschaft. Wenn wir uns die Worte des amerikanischen Philosophen und Systemtheoretikers C. W. Churchman vor Augen halten, muß man sich fragen, warum dies so ist: „Wir sollten nicht mehr sagen: zum ersten Mal in der Geschichte stehen wir vor bisher nie dagewesenen Wandlungen und Verflechtungen. Der Mensch steht eben nicht zum ersten Mal in seiner Geschichte vor nie dagewesenen Wandlungen und Verflechtungen. Aber auch andere Zeitalter haben ihre Probleme gehabt, auch jene Probleme waren in ihrer Verflechtung und Wandlung noch nie dagewesen“ (Churchman 1973).

Der Wandel ist ein Phänomen, welches zu jeder Zeit aufgetreten ist. Natürlich haben sich nicht immer dieselben Veränderungen wiederholt. Beim Wandel handelt es sich um einen ständigen Prozeß, der sich in immer wieder anderen Formen vollzieht und immer wieder andere Phänomene betrifft. In der aktuellen kreditwirtschaftlichen Diskussion sind davon drei große Bereiche betroffen:

- Wandel der Rechtsvorschriften: Globalisierung, Liberalisierung und Deregulierung der Finanzmärkte sowie die Notwendigkeit zur Harmonisierung der nationalen Gesetzgebung entsprechend europäischer Richtlinen, wie beispielsweise die Wohlverhaltens- und Kapitaladäquanzrichtlinie, stellen umfassende Änderungen in den Rahmenbedingungen dar.
- Wandel der Märkte: Kreditinstitute sehen sich in vielen Geschäftsfeldern einem gesättigten Markt in der Reifephase gegenüber, der sich vom traditionellen Verkäufermarkt zum Kundenmarkt gewandelt hat. Produkte und Leistungen werden zunehmend austauschbar, wodurch das Imageprofil der Banken an Schärfe verliert. Ein verstärktes Auftreten von Non- und Nearbanks läßt die Wettbewerbsintensität im Finanzdienstleistungssektor ansteigen. Überdies müssen sich die Banken in einem veränderten technischen Umfeld zurechtfinden.
- Wandel im Kundenverhalten: Der Kunde, der den Banken in der Vergangenheit so vertraut war, ist mittlerweile zum „Mythos“ geworden. Sein Verhalten kann durch den Trend zum Bindungsverlust, zur Probierfreude und zur späten Kaufentscheidung charakterisiert werden.

Die aktuellen Herausforderungen der Kreditwirtschaft entstehen jedoch nicht durch den Wandel an sich, sondern durch seine Geschwindigkeit.

Die Beschleunigung des Wandels kann durch einige Beispiele illustriert werden (Töpfer 1994, S. 225 f.):

- Die Entwicklungszeiten neuer Produkte unterschiedlicher Branchen reduzierten sich innerhalb einer Dekade teilweise auf weniger als 50 Prozent (siehe Abb. 1).

Firma	Produkt	Entwicklungszeit in Jahren	
		1980	1990
Rank Xerox	Kopierer	5	3
Brother	Drucker	4	2
Hewlett Packard	Drucker	4,5	2
Apple	Computer	3,5	1
Volvo	LKW	7	5,5
Honda	PKW	8	3
AT&T	Telefonanlagen	2	1
Sony	Fernseher	2	0,75

Abb. 1: Entwicklungszeiten neuer Produkte

- Die Produktlebenszyklen haben sich in einem Zeitraum von 50 Jahren in verschiedenen Branchen auf einen Bruchteil reduziert, bei Kosmetikartikeln beispielsweise von 12 auf nicht einmal mehr 2 Jahre.
- Bei Siemens galt 1980 der Grundsatz: 50% der Produkte sollten jeweils jünger als fünf Jahre sein. Bei Xerox gilt 1994 die Devise: Zwei Drittel aller Produkte sollten höchstens drei Jahre alt sein.

Eine Erhöhung der Anpassungsgeschwindigkeit alleine ist nach unserer Beobachtung keine zielführende Strategie mehr, um den Wandel zu bewältigen. Die Kreditwirtschaft braucht nachhaltige und tragfähige Zukunftsideen, um sich nicht nur schnell, sondern auch in die richtige Richtung zu entwickeln. Visionen bewirken daher ein Abrücken vom „Quick and Dirty" hin zum, gemessen an den Zielkonzeptionen, „Quick and Efficiently".

4. Die Bankenmärkte im Spiegel des Wandels

In der Kreditwirtschaft sind gute Visionen solche, die sich auf den Märkten nachhaltig bewähren. Aus der Sicht das Bankmanagements waren diese Märkte in der Vergangenheit durch den Produktwettbewerb und Preiswettbewerb charakterisiert. Die nachfolgende Beschreibung dieser beiden Marktphasen, die teilweise parallel verliefen, soll Anhaltspunkte für visionäre Wege des Bankmanagements liefern.

4.1 Der Produktwettbewerb

Kennzeichnend für den Produktwettbewerb ist die Situation des Verkäufermarkts, d.h. eine das Angebot übersteigende Nachfrage. Obwohl eine solche Situation die deutschen Märkte in der Nachkriegszeit charakterisierte, blieb der Produktwettbewerb bei Banken lange Zeit ein Schwerpunkt der Marktpolitik. Die Positionierung der Banken am Markt erfolgte über eine Vielzahl von Produktvarianten. Unter dem Stichwort „Innovation" wurden die angebotenen Dienstleistungen in ihren Merkmalen wie beispielsweise Zins, Zinsbindung, Laufzeit, Bonität lediglich variiert.

Im Ergebnis entstand eine fast unüberschaubare und unübersehbare Vielfalt von Produktvarianten und Innovationen. In Konsequenz daraus dominiert bis heute in fast allen Banken die gemischt sparten- und kundengruppenorientierte Aufbauorganisation, woraus die umfassende Bedeutung des marktfernen Produktspezialisten resultiert. Ein übertriebenes Spezialistentum, verkrustete Strukturen und die hiermit einhergehende Abschottung von Marktentwicklungen führen langfristig zu einer Entfernung vom Markt.

4.2 Der Preiswettbewerb

Im Kosten- und Preiswettbewerb gewann der Markt größere Bedeutung. Es zeichneten sich Sättigungserscheinungen und eine wachsende Substitutionskonkurrenz ab. Verstärkte Werbung und eine Erhöhung der Verkaufsanstrengungen (Push and Pull) i.S. aggressiven Verkaufens waren die Folge. Produktions- und Investitionspolitik bildeten jedoch nach wie vor den Ausgangspunkt aller Planungsüberlegungen. Das Marketing mußte absetzen, was produziert wurde. Im Vordergrund standen Fragen der Absatzrationalisierung.

Um die Nachteile des Produktwettbewerbs zu mildern, begannen Banken, ihre Produktpalette unter Kostenaspekten zu straffen. Unangetastet bleibt weiterhin die Aufbauorganisation und die Bedeutung der Produktspezialisten. Die Innovationstätigkeit erschöpft sich größtenteils im Aufspüren von Kostenreduktionspotentialen, um die vorhandenen Produkte kostengünstiger erstellen und billiger als bisher anbieten zu können. Hier boten die technologischen Entwicklungen eine wesentliche Hilfestellung. Gleichzeitig wurde versucht, durch eine Ausweitung des Vertriebssystems näher an den Kunden heranzukommen. Diese Entwicklung wurde begleitet durch aggressive Verkaufsbemühungen der Marketingabteilungen, was sich nicht zuletzt in der Ausweitung der Werbebudgets niederschlug. Neben den Produktspezialisten wurden die Verkäufer zum wichtigsten personellen Produktionsfaktor.

Ebenso wie in der Phase des Produktwettbewerbs, finden beim Kosten- und Preiswettbewerb die Bedürfnisse des Marktes nur ungenügende Berücksichtigung. Das Unternehmen selbst und seine spezifischen

Zielsetzungen stehen im Mittelpunkt der Bankpolitik. Trotz der als positiv zu beurteilenden Effekte der Kostenreduzierung und Prozeßentschlackung begann sich mit der Ausdehnung des Vertriebssystems die Schere zwischen Personalkosten und Produktivität zu öffnen. Zugleich wurden die eigenen Kunden unabsichtlich zu erhöhter Preissensibilität – auch gegenüber Konkurrenzangeboten – „erzogen". Völlig übersehen wurde weiterhin die Substituierbarkeit von Produktentwicklungen.

4.3 Der Qualitätswettbewerb

Die sich heute anbahnende dritte Phase ist in erster Linie das Ergebnis jener wirtschaftlichen Bedingungen, wie sie für alle hochentwickelten Volkswirtschaften inzwischen typisch geworden sind und in den o.g. Rahmenbedingungen zum Ausdruck kommen. Sie ist als ein aggressiv umworbener Käufermarkt mit all den Begleiterscheinungen der Überflußgesellschaft zu beschreiben (wachsendes Güterangebot, Globalisierung der Märkte, Verkürzung der Produktlebenszyklen und explosives Anwachsen der Informationsflut). Die Bemühungen der Unternehmen sind auf ein Angebot nutzenstiftender Produkte und Leistungen ausgerichtet.

Im Qualitätswettbewerb ist die Grundausrichtung des Unternehmens von einem schnellen internen und externen Reagieren auf Marktveränderungen bestimmt. Die Kommunikation ist durch unkomplizierte, kurze Wege charakterisiert. Die Kooperation erfolgt unbürokratisch, indem Projektteams, mit Entscheidungskompetenzen ausgestattet, bereichsübergreifend arbeiten (Crossfunctional Teams). Den Mitarbeitern werden die nötigen Freiräume vor dem Hintergrund klarer Zielvereinbarungen, die das klassische Zieldreieck um die Kundenzufriedenheit erweitern, eingeräumt. Sie leisten nach Möglichkeit „ganze Arbeit". Die Mitarbeiterfühung ist auf die Mobilisierung des unternehmerischen Potentials ausgerichtet und versucht, dieses zu entwickeln und zu fördern. Die Aufgaben der Führungskräfte entsprechen mehr denen eines Coaches als denen eines Machers. Sie moderieren, koordinieren und lösen Konflikte. Die Mitarbeiter selbst werden wiederum auf den Kunden ausgerichtet. Die Einstellung zum Kunden ist durch das Bemühen um ein möglichst gutes persönliches und fachlich ehrliches Verhältnis bestimmt. Banken in der Qualitätskultur sind experimentierfreudig und offen nach innen und außen.

5. Der erweiterte Geschäftszweck als marktpolitische Vision von Banken

Es ist unbestritten, daß die Herausforderungen, vor denen Banken heute stehen, ein grundlegendes Überdenken ihrer bisherigen Rolle zu Folge haben. Die oben skizzierten Charakteristika des Qualitätswettbewerbs deuten an, wie vielschichtig der Veränderungsbedarf ist. Sie sind zugleich Voraussetzungen für die erfolgreiche Realisierung bankbetrieblicher Visionen und als solche, gemessen an der aktuellen Situation, selbst visionär.

Während der Qualitätsbegriff sämtliche Sektoren der Wirtschaft umfaßt, werden die dienstleistungstheoretischen Besonderheiten von Banken mit dem Gedanken des Servicewettbewerbs speziell berücksichtigt (Bühler 1992, S. 6 f.). Der Begriff des Servicewettbewerbs ist als eine Sonderform des Qualitätswettbewerbs zu verstehen. Die Merkmale eines erfolgreichen Qualitätswettbewerbs gelten somit auch für ihn. Er ist der Boden, auf dem die nachhaltige Umsetzung folgender Vision möglich erscheint: Vergrößerung des Marktpotentials von Banken durch eine erweiterte Sicht der Geschäftsziele.

Vor dem Hintergrund der bisherigen Ausführungen ist dieser Aspekt für das zukünftige Agieren auf den Bankenmärkten von großer Bedeutung. Ein kurzes Beispiel soll dies erläutern: Herkömmlicherweise und aus der Sicht der Bank definiert sich das Dienstleistungsgeschäft „Zahlungsverkehr" als die „Durchführung der von Kunden erteilten Zahlungsaufträge". Das Leistungsangebot der Banken konzentriert sich daher traditionell auf die Teilleistungen „Kontoeröffnung", „Betreuung beim Bankbesuch" und „Durchführung von Zahlungsaufträgen" (siehe Abb. 2). Im Gegensatz dazu belegen Studien unsrerseits jedoch, daß aus der Sicht der Kunden der Zahlungsverkehr bereits mit dem Eingang der Rechnungen, dem Erteilen von Lastschriftaufträgen usw. beginnt und später endet, nämlich mit der Kontoauszugskontrolle und der Belegarchivierung.

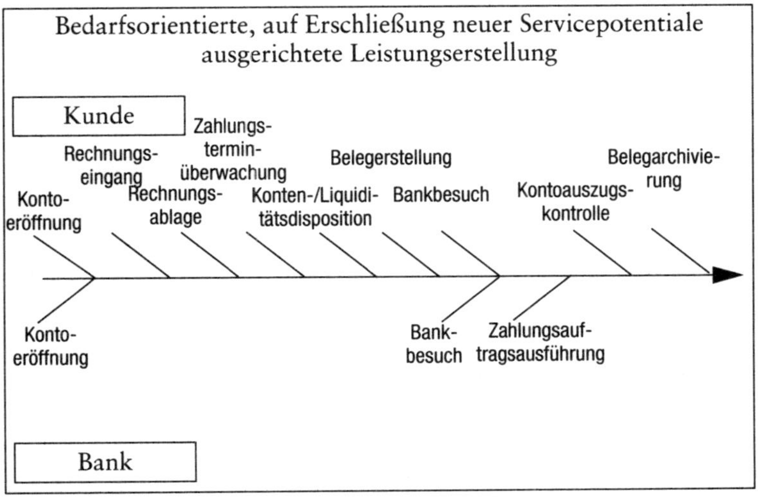

Abb. 2: Erweiterer Geschäftszweck am Beispiel des Zahlungsverkehrs

Bisher haben Banken lediglich den „Geldtransport“ des Kunden als Geschäftszweck des Zahlungsverkehrs wahrgenommen und dieses „Kern“-Bedürfnis abgedeckt, was als eine der vier Elementarfunktionen der Kreditwirtschaft bezeichnet wird. Aufgrund dieser historischen und engen Definition des Geschäftszwecks wurde übersehen, daß sich im Laufe der Zeit eine Reihe weiterer Bedarfsfelder entwickelte. Diese scheinen erst im Zuge des Qualitätswettbewerbs erkannt und vor dem Hintergrund einer erweiterten Geschäftszweckdefinition systematisch in nutzenstiftende Leistungsbestandteile umgesetzt zu werden.

Dienstleistungsbedarf	Dienstleistungskette
1. Zahlungsvorbereitung – Infrastruktur (Kassabuch, Haushaltsbudget, Kontoauszugsmappe) – Ausgabenkontrolle – Kontostandsabfrage – Rechnungszwischenablage – Belegerstellung – Belegeingabe (Selbstbedienung) 2. Kontoverfügbarkeit 3. Zahlungsauftragsausführung – diverse Zahlungsarten – Verbuchung – Verzinsung – Wertstellung 4. Aufwandsminderung von Weg- und Wartezeiten 5. Vermeidung von Haftungs- und Verlustrisiken – Kontoauszugskontrolle – Zahlungsterminplanung 6. Laufende Kontodisposition (Cash-Management bzw. Bestandsumschichtung zwecks zins-, liquiditäts- und gebührenoptimaler Abstimmung der Geldausgaben und -einnahmen) 7. Forderungs- und Schuldenmanagement – Forderungsinkasso – Kreditmanagement – Schuldenmanagement (zwecks Vermeidung von Überschuldung) 8. Anlagemanagement (Vermögensbildung und -sicherung)	Kontoeröffnung ↓ Rechnungseingang/ Plausibilitätsprüfung ↓ Rechnungsablage ↓ Zahlungsterminüberwachung ↓ Konten-/Liquiditätsdisposition ↓ Belegerstellung/ Haushaltsbuchführung ↓ Bankbesuch bzw. Telefonbanking ↓ Zahlungsauftragsausführung ↓ Kontoauszugskontrolle ↓ Belegarchivierung

Abb. 3: Prozessuale Sichtweise des Zahlungsverkehrs aus Kundensicht

Im Gegensatz zur verkaufsorientierten Sichtweise des Produktwettbewerbs dominiert also im Servicewettbewerb das Denken in Prozessen. Diese gilt es nun, in entsprechenden Analysen zu identifizieren und zu quantifizieren, um eine Grundlage für die Entwicklung einer umfassenden Problemlösung zu schaffen. Reiht man aus Kundensicht die nutzenstiftenden Leistungsbestandteile aneinander, so ergibt sich eine Dienstleistungskette (Abb. 3). Je nach strategischer Zielsetzung kann eine Bank entsprechende Elemente dieser Leistungskette in ihr Problemlösungsangebot aufnehmen.

Um nun systematisch und umfassend das bedürfnisorientierte Differenzierungspotential ermitteln zu können, empfiehlt sich die Verwendung von DOCTOR[1]. Dieses auf der Kontaktpunktanalyse basierende, ereignisorientierte Verfahren kann in Abhängigkeit von der jeweiligen Datenbasis des betreffenden Instituts mit einer merkmalsorientierten Bedarfserfassung kombiniert werden. Die dadurch aus Kundensicht identifizierten Probleme und Bedürfnisse werden in entsprechenden Kategorien zusammengeführt. Hieraus lassen sich in der Folge unterschiedlich kombinierte Dienstleistungsangebote ableiten, die entsprechend auf die nach Bedürfnissen segmentierten Kundengruppen zugeschnitten sind. Eine exemplarische Unterteilung kann gemäß Abbildung 4 nach unterschiedlichen Serviceversionen vorgenommen werden. Deren unterschiedliche Ausgestaltung folgt den beiden Dimensionen Servicegrad und Preisniveau, d.h. es handelt sich nicht nur um ein kostenloses und somit die Ertragsseite der G+V belastendes Hinzufügen eines „value-added services“, sondern um eine erweiterte und bepreiste Problemlösung.

Hierdurch ermöglicht der Servicewettbewerb die konsequente Umsetzung der Vision des erweiterten Geschäftszwecks durch die Entwicklung einer modernen, von der Konkurrenz bisher vernachlässigten strategischen Variante, indem Kundensegmentierungs-Strategien durch Service-Differenzierungs-Strategien ergänzt bzw. ersetzt werden (Serviceniveau-Differenzierung statt Qualitäts-Nivellierung). Zusätzlich werden durch die Erweiterung des Geschäftszwecks neue Servicepotentiale erschlossen, die über das Anbieten von bedürfnisorientierten Problemlösungen die Ertragsseite eines Kreditinstituts stabilisieren und verbessern. Die Installation kundenorientierter Wertschöpfungsketten und deren Gegenüberstellung mit den bankinternen Leistungsketten ermöglichen weiters die marktorientierte Ausrichtung der Leistungserstellungsprozesse. Durch eine entsprechende Ausrichtung der Geschäftsplanung, -steuerung und einem adaptierten Qualitäts- bzw. Service-Controlling wird somit Kundenorientierung und Produktivitätssteigerung verbunden.

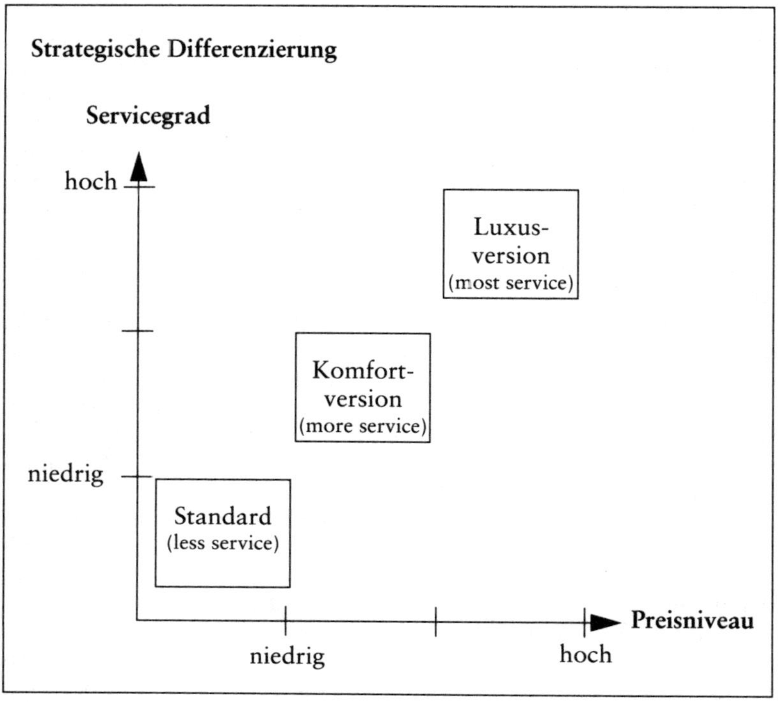

Abb. 4: Serviceversionen im Privatgeschäft

6. Schlußbetrachtung

Die aktuelle Wettbewerbssituation erfordert von zukünftig erfolgreichen Banken die kritische Auseinandersetzung mit den Phänomenen des Wandels. Wir müssen uns die Frage gefallen lassen, ob wir nicht an einem Punkt angelangt sind, wo der durch die Globalisierung induzierte Wandel zu einer Paralyse der Managementtheorie geführt hat. Im Rahmen einer Weiterentwicklung des Preis- und Kostenwettbewerbs in Richtung einer qualitätsorientierten Differenzierungsstrategie kommt dem Servicegedanken und seiner geschäftspolitischen Ausformulierung ein bedeutender Stellenwert zu. Die Vision der Erweiterung des traditionellen Geschäftszwecks von Banken führt zur Entdeckung neuer Servicepotentiale. Die prozeßorientierte Betrachtung der Wertschöpfungskette aus Kundensicht ermöglicht es, Kundenorientierung und Produktivitätssteigerung durch die Erweiterung des Geschäftszwecks zu verbinden. Hierdurch erfahren beide – Bankkunde und Kreditinstitut – eine quantitative und qualitative Nutzensteigerung. Der vorliegende Beitrag verdeutlicht, daß Visionen nicht nur als Utopien verstanden werden dürfen, sondern ihren konkreten Niederschlag im marktorientierten Bankmanagement finden können.

Anmerkungen

1 DOCTOR = Detection of Customer Troubles Being of Relevance

Literatur

Bühler, W.: Bankdienstleistungsmarkt und Wettbewerb, Wien 1992

Bühler, W.: Total Quality Management, in: Kreditwesen, 3/1993, S. 12-14

Churchman, C. W.: Perspektiven des Systemansatzes, in: *Hentsch, B./Malik, F.* (Hrsg.), Systemorientiertes Management, Bern 1973

Collins, J.C./Porras, J. I.: Werkzeug Vision, in: HARVARDmanager, 4/1992, S. 108-118

Henzler, H. A.: Vision und Führung, in: *Hahn, D./Taylor, B.* (Hrsg.), Strategische Unternehmensplanung - Strategische Unternehmensführung, 6. Aufl., Heidelberg 1992, S. 811-824

Töpfer, A.: Zeit-, Kosten- und Qualitätswettbewerb: Ein Paradigmenwechsel in der marktorientierten Unternehmensführung?, in: *Blum, U./Greipl, E./Hereth, H./Müller, S.* (Hrsg.), Unternehmerischer Wandel, Stuttgart 1994, S. 223-261

Rüttinger, R.: Von der Verwaltungs- zur Servicekultur, in: Sparkasse, 104. Jg., 12/1987, S. 527-532

Kundenorientierung: Anforderungen an das Bankmanagement

Dr. Bernd Thiemann, Vorsitzender des Vorstandes, DG BANK
Deutsche Genossenschaftsbank, Frankfurt am Main

1. Einleitung

Dem aufmerksamen Mediennutzer stellt sich die Frage, warum das Thema und der Begriff Kundenorientierung in die Schlagzeilen der deutschen Öffentlichkeit geraten ist und en vogue werden konnte. Ist denn nicht selbstverständlich davon auszugehen, fragt sich der kritische Zeitgenosse, daß primär der Markt und die Kundenbedürfnisse im Mittelpunkt unternehmerischen Handelns stehen?

Unterstellen wir, daß die Problematisierung eines Themas auch zugleich einen Indikator für gesellschaftliche Problemlagen darstellt, so läßt sich, je nach Blickrichtung, entweder ein Verlust an dieser Selbstverständlichkeit konstatieren oder ein begründeter Zugewinn an Sensibilität hierfür feststellen. Welche der beiden Blickrichtungen der Realität eher entspricht, soll im folgenden untersucht werden. Darüber hinaus geht es insbesondere darum, wie die DG BANK, Deutsche Genossenschaftsbank, das Spitzenkreditinstitut des genossenschaftlichen Bankensektors, mit der Frage der Kundenorientierung umgeht.

2. Die Kunden der DG BANK

Kundenorientierung wirft die Frage nach der Bedeutung des Kunden generell, den Kunden der DG BANK und der konkreten Maßnahmen auf. Wenden wir uns zunächst der begriffsbestimmenden Frage zu.

Etymologisch bedeutet Kunde in seiner ursprünglichen Bedeutung Bekannter, Einheimischer, seit dem 16. Jahrhundert „der in einem Geschäft ... Kaufende". Vom Zeitgenossen zum Kunden zu werden, hat somit offensichtlich die tiefere Bedeutung, aus einem Fremden einen Bekannten, Vertrauten zu machen. Vertraute und Vertrauende sind sich gegenüber zu riskanter Vorleistung bereit (Luhmann 1970). Sie bieten sich Informationen, Geheimnisse, Problemlagen zum vertraulichen Gebrauch oder Mißbrauch an. Der Vertraute hat also einen Vorsprung vor dem Fremden. Den Fremden zum Bekannten bzw. Vertrauten zu gewinnen, dies ist das Geheimnis jeglicher Kundenorientierung und langfristiger Kundenbindung.

Diesem Verständnis von Kundenorientierung ist die DG BANK aufgrund ihrer historisch gewachsenen Aufgaben gegenüber ihren Kunden in besonderer Weise verpflichtet. Zu diesen Aufgaben zählt die Funktion als Spitzenkreditinstitut der deutschen Genossenschaftsorganisation, Verbundbank und Geschäftsbank.

Spitzenkreditinstitut der deutschen Genossenschaftsorganisation

In dieser Funktion ist die Bank dienende Kraft für den genossenschaftlichen Sektor durch Bereitstellung von Produkt- und Beratungs-Know-how und innovativen Systemleistungen.

Hauptkundengruppen der DG BANK sind in dieser Funktion Kreditgenossenschaften, regionale Zentralbanken, Spezialinstitute des Finanzverbundes und zentrale gewerbliche, wohnungs- und warenwirtschaftliche Genossenschaften.

Verbundbank

Ihrer Aufgabe als Verbundbank wird die DG BANK durch ein subsidiäres Leistungsangebot unter Einbezug spezialisierter Institute im In- und Ausland, bedarfsbezogene Beratung und Betreuung durch Betreuungs-Teams und Absatzförderung vor Ort gerecht. Hauptkundengruppen sind Kreditgenossenschaften und deren Kundengruppen, insbesondere mittelständische Unternehmen und private Anleger.

Geschäftsbank

In ihrer Funktion als Geschäftsbank ist die DG BANK Partner international operierender Unternehmen mit einer umfassenden Leistungspalette auf strategischen Geschäftsfeldern der Zukunft. Darüber hinaus beinhaltet diese Funktion die Führung von und die Beteiligung an Anleihe- und Kreditkonsortien sowie die Beratung und Betreuung der Unternehmen. Hauptkundengruppen sind große Unternehmen, Institutionen und Banken im In- und Ausland.

Im Fokus der Marktbearbeitung stehen somit auf Kundenseite primär Kreditgenossenschaften, Firmenkunden und Institutionelle. Was macht nun die Kundenorientierung der DG BANK aus? Dazu zunächst ein Exkurs in die Grundwerte der Deutschen Genossenschaftsbank.

3. Grundwerte der DG BANK

Die Beziehung der DG BANK zu ihren Kunden bzw. den verschiedenen Kundengruppen kann nicht ohne Rekurs auf die genossenschaftlichen Grundwerte der Bank verstanden werden. Vier Grundwerte spielen eine zentrale Rolle: Partnerschaft, Ertragserzielung, Verbunddienstbarkeit und Spitzeninstitut der gesamten Genossenschaftsorganisation.

Grundprinzipien wie Selbsthilfe, Selbstverantwortung, Selbstverwaltung, Subsidiarität und Solidarität fließen im Grundwert der Partnerschaft der DG BANK zusammen und drücken sich im WIR-PRINZIP aus – eine moderne Interpretation genossenschaftlicher Ideen und Werte und zugleich gewolltes Handlungsprinzip in der Beziehung zum Kunden. Partnerschaft heißt grundsätzlich: eine symmetrische Beziehung des Austauschs zu etablieren, die vom wechselseitigen Geben und Nehmen gekennzeichnet ist.

Die DG BANK bekennt sich klar zur Notwendigkeit der Ertragserzielung, denn „wir messen unseren Erfolg vorrangig an den Erträgen, die wir erwirtschaften. Nur entsprechende Erträge machen die Erfüllung des Förderauftrages möglich." So formulieren wir in unserem Unternehmensleitbild unsere betriebswirtschaftliche Zielsetzung, um deutlich zu machen, daß unsere Finanzdienst-, Beratungs- und Betreuungsleistungen nicht karitativer Natur sein können und dürfen.

Der genossenschaftliche Wert der Subsidiarität schlägt sich nieder in der Selbstverpflichtung unseres Leitbildes, daß wir an der Spitze der Genossenschaftsorganisation eine dienende Funktion für den Verbund haben. Damit verbunden ist der Wille und die Notwendigkeit zur überlegenen Leistung. Dieser Selbstanspruch stellt an das Verhalten der Mitarbeiter und die Qualität unserer Produkte hohe Anforderungen. Hohe persönliche und soziale Kompetenz, verbunden mit fachlicher Autorität und exzellenter Produktexpertise sind somit die unternehmenskulturellen Eckpfeiler in der Beziehung zu unseren Kunden.

Damit wird deutlich, daß aufgrund der Historie des Genossenschaftswesens in Deutschland und der Historie sowie der Grundwerte der DG BANK dem Haus und seinen Mitarbeitern nur die Möglichkeit bleibt, durch Spitzenleistungen Erträge zu erzielen sowie durch Exzellenz und Expertise eine Position der Einmaligkeit aufzubauen und zu halten. Die angestrebte Wirkung der DG BANK lautet: durch Kundenorientierung eine Orientierung des Kunden zu erreichen!

Diese durch die Grundwerte unserer Bank modulierte Unternehmensforderung an die Grundhaltung unserer Mitarbeiter und unserer Beziehung zu unseren Kunden, ist sensibel und wird beeinflußt durch gesamtgesellschaftliche Prozesse, welche sich unter dem Stichwort Werteverschiebung thematisieren lassen.

4. Werteverschiebung

Wie jedes andere Unternehmen auch, agiert die DG BANK in einem wirtschaftlichen und gesellschaftlichen Umfeld, welches in den letzten Jahrzehnten charakteristische Veränderungen erfahren hat, die auch an der DG BANK nicht spurlos vorübergegangen sind.

Für die Bundesrepublik Deutschland ist vielfach für die Jahre 1963-1975 ein Wertewandel im Sinne eines Wandlungsschubes konstatiert worden, der einen Wandel von Pflicht- und Akzeptanzwerten hin zu Selbstentfaltungswerten umschreibt (Klages 1985). Konkret bedeutet dies, daß innerhalb dieses Wandels individuelle Werte wie Disziplin, Gehorsam, Pflichterfüllung, Treue, Unterordnung, Fleiß, Bescheidenheit, Selbstbeherrschung, Anpassungsbereitschaft, Fügsamkeit, Enthaltsamkeit an Bedeutung verloren, d.h. in ihrer Wichtigkeit und subjektiven Verbindlichkeit abgenommen haben. An Bedeutung gewonnen haben Werte wie Emanzipation von Autoritäten, Gleichbehandlung, Demokratie, Autonomie des einzelnen, Genuß, Abenteuer, Spannung, Abwechslung, Ausleben emotionaler Bedürfnisse, Kreativität, Spontaneität, Selbstverwirklichung, Ungebundenheit, Eigenständigkeit.

In seinem Kern bedeutet dieser Wertewandel, daß sich die Orientierungsrichtung innerhalb unserer Kultur bzw. Gesellschaft verschoben hat: von einer eher traditionalen, an einer stabilen Einfügung in vorgegebene soziale Zusammenhänge zu einer mehr individualistischen, d.h. durch Bestimmtheit von Lebenssituation und Lebenslauf durch individuelle Entscheidungen sowie Hervortreten persönlicher Eigenarten, orientierten Wertehaltung verschoben hat (Meulemann 1996).

Wesentlich getrieben wird diese Verschiebung zu einem mehr individualistischen Wertekorridor durch jenen Prozeß der Modernisierung, der in der Folge der Ausbreitung der Industrialisierung zur Dienstleistungsgesellschaft eine Erhöhung des sozioökonomischen Entwicklungsniveaus nach sich zieht (Hofstede 1980).

Welche Konsequenzen ergeben sich aus diesem Wertewandel für die Beziehung zwischen dem Bankkunden und dem Lieferanten, dem Banker? Der Kunde erwartet vom Banker tendenziell eine mehr und mehr individualisierte Leistung, in doppelter Hinsicht:

Zum einen bei der Abgabe von personenungebundenen Leistungen durch Systeme und Technik, bei denen der Kunde eigenständig, spontan und in Grenzen ungebunden entscheidet, wann er wo Auszahlungen, Transaktionen, Kontoausdrucke und Anlagen vornehmen möchte; ein plurales Angebot für pluralistische Nachfrageformen.

Zum anderen bei der Abgabe von personengebundenen Leistungen in Beratung, Betreuung und Verkauf, wo der Kunde nicht nur eine individuelle Betreuung, sondern eine individualisierte, auf sein Problem, seinen Bedarf, seine Bedürfnisse zugeschnittene Leistung erwartet, welche sich vor allem in individualisierter kommunikativer Zuwendung manifestiert und inhaltlich mehr und mehr Mitbestimmung und Mitgestaltung seitens des Kunden ermöglicht (Grässle 1993; Meulemann 1996; Wunderer 1993).

Insgesamt werden die Verhältnisse schwieriger, denn nicht nur der Kunde der Bank reagiert differenzierter, meldet Bedarfe und Bedürfnisse an, klagt angemessene Reaktion auf die eingebrachte Last seiner Subjektivität ein; eine ähnliche Entwicklung ist auch beim Bankmitarbeiter zu beobachten, denn er unterliegt vergleichbaren Werteverschiebungen. Der Wertewandel wirkt sich somit sowohl auf das Kundenverhalten als auch auf das Mitarbeiterverhalten aus.

Kritisch wird es in dem Moment, in dem die individuellen Ansprüche und Erwartungen der Mitarbeiter mit den Erwartungen und Ansprüchen der Kunden nicht mehr zur Deckung zu bringen sind – an den Bank-Mitarbeiter jedoch die Forderung nach Verhaltensänderung herangetragen wird. Konflikte und Verhaltensbrüche sind ebenso vorprogrammiert wie die Suche nach patenten Kurztrainings, welche die vom Management ersehnte Kundenorientierung herbeizaubern soll und doch oftmals nichts anderes produzieren als jene unauthentische Künstlichkeit des Typs „Guten Tag, ich bin Frau Müller, was kann ich für Sie tun?“, welche die Kühle eines Geldausgabeautomaten zur geschätzten Eigenschaft wachsen läßt.

Wertewandlungsprozesse unserer Gesellschaft können so als wesentliche Quelle der eingangs erwähnten Problematik identifiziert werden. Der Verlust an Selbstverständnis und Zugewinn an Sensibilität für das Thema Kundenorientierung sind zwei Seiten einer Medaille. In Zeiten wachsender Aufwände je Einheit Umsatz und Ertrag ist die aufscheinende Sensibilität und oftmals technizid wirkende Bearbeitung des Themas Kundenorientierung nur die Kehrseite, der Preis, für eine an vielen Stellen verlorengegangene Selbstverständlichkeit und Natürlichkeit: Den Kunden als vertrauten Garanten des wirtschaftlichen Erfolges, Einkommens und damit des Überlebens zu erleben und zu schätzen. Dieses Erleben des Kunden beinhaltet wahrzunehmen und zu verstehen, was seine Bedarfe und Bedürfnislagen sind, ihn in den Mittelpunkt zu stellen und nicht sich selbst.

5. Kundenbedürfnisse und Kundenbedarfe

Wir haben die notwendige, aber gegebenenfalls heute tiefgreifend gestörte Wahrnehmung der Bedarfe und Bedürfnisse von Kunden als Kern der Kundenorientierung ausgemacht, wobei die bedeutsame Trennung in Bedürfnis und Bedarf und damit die Differenzierung zwischen Bedürfnisbefriedigung und Bedarfsdeckung unscharf bleibt.

Bedürfnisse werden als Leere, Suchen, Streben oder Verlangen erlebt. In jedem Fall haben sie den Charakter von Gefühlen und besitzen Antriebskraft. Die mit den Bedürfnissen verbundenen Gefühle sind bisweilen ungerichtet, meist aber mit Erfahrungen und Eindrücken verbunden und daher auf konkrete Objekte bezogen, deren Abwesenheit als Mangel empfunden wird. Auf der Ebene der wirtschaftlichen Entscheidung und Handlung wird dieser Mangel zum Bedarf und mit den vorhandenen Mitteln (Kaufkraft) konfrontiert, was entweder zum Verzicht, zum Aufschub oder zur kaufkräftigen Nachfrage führt (Scherhorn 1959).

Wir sind mit diesen Definitionen im Kern von Kundenorientierung angelangt: wahrnehmen und verstehen, was die Bedarfe und Bedürfnislagen des Kunden sind unter der verschärfenden neuzeitlichen Bedingung, Selbstwahrnehmung zugunsten von Fremdwahrnehmung abzuschwächen. Denn, beleuchten wir die Orientierung des Bankers auf seinen Kunden, dann sind Bankprodukte und Dienstleistungen Güter der Bedarfsdeckung – offen bleibt nur, woher der Banker weiß, ob er damit die Bedürfnisse seiner Kunden trifft, denn selbst rudimentäre Marktforschung ist in vielen deutschen Banken auch heute noch eher spärlich ausgeprägt.

Schauen wir uns die Beziehung zwischen Banker und Bankkunden näher an, so entdecken wir zwei Möglichkeiten der Bedarfserkennung und Bedarfsdeckung: Ressourcenorientierung und Bedürfnisorientierung.

Ressourcenorientierung

In dieser Form der Orientierung auf den Kunden arrangiert der Banker als Lieferant eigene Ressourcen (Arbeitskraft, Ideen, Wissen, Systeme) zu überwiegend standardisierten Produkten, die seiner Vorstellung tradierter wie rationeller Produktion bei auskömmlichen Margen und Erträgen ebenso entsprechen, wie der nie hinterfragten Erfüllung von Kundenbedürfnissen. Das Produkt paßt auf vermutete Bedarfe als Ausdruck nie erfragter Bedürfnisse. Die aufkeimenden Marketingaktivitäten und Verkaufsbemühungen der Branche in den 70er und 80er Jahren zeugen von dem Versuch, den Kunden im Zeichen wachsender Kundenorientierung von der Passung der Produkte zu seinen Bedarfen zu überzeugen. Die Beziehung Kunde und Bank ist gekennzeichnet durch Autorität und Risiko. Die Beziehung ist autoritär, da der Kunde der Bank im Rahmen seiner Ertragskraft dient. Die Beziehung ist risikoreich, da sie auf die rechtzeitige und richtige Interpretation von Marktdaten in Form marktinduzierter Nachfrageschwankungen setzt.

Bedürfnisorientierung

In dieser Form der Orientierung auf den Kunden erfragt und erforscht der Banker zunächst jenes gerichtete wie ungerichtete Suchen oder Verlangen, welches ein Bedürfnis des Kunden signalisiert. Der Kunde muß zunächst in seiner Bedürfnisstruktur wahrgenommen und verstanden werden. Das Verstehen wird in den Kunden vorverlagert und nicht im Produkt vorweggenommen. Das lieferantenseitige Arrangement von Ressourcen zu Produkten und Dienstleistungen ist dann zunächst ein Entwurf in bedarfsdeckender Absicht. Das Arrangement wird zur Beratung über Lösungsmöglichkeiten und nähert sich über Annahmen der Bedarfsdeckung bis zur bedarfsgerechten Kundenlösung. Die Beziehung Kunde und Bank ist charakterisiert durch Partizipation und Sicherheit. Die Beziehung ist partizipativ, da die Bank dem Kunden im Rahmen seiner Lösungsmöglichkeiten dient. Die Beziehung ist risikoarm, da sie dem Umstand gerecht wird, daß Menschen in der Regel über sich selbst am besten Bescheid wissen.

6. Was unternimmt die DG BANK?

Der Anspruch, Spitzenkreditinstitut zu sein, verbindet Partnerschaft und den Willen zur überlegenen Leistung als Diktion für jegliche Beziehung zum Kunden. Hohe persönliche und fachliche Autorität, verbunden mit exzellenter Produktexpertise sind die Eckpfeiler in dieser Beziehung.

Um den formulierten Ansprüchen gerecht werden können, hat sich die DG BANK das Ziel gesteckt, eine „Lernende Bank“ zu werden bzw. deren Eigenschaften aufzubauen. Eine „Lernende Bank“ bzw. „Lernende Organisation“ läßt sich beispielsweise durch folgende Eigenschaften der Organisation und ihrer Mitarbeiter umschreiben (Pedler/Burgoyne/Boydell 1994):

- Systeme, Strukturen, Prozeduren und Politik sind auf Anpassungsfähigkeit, Flexibilität, Sensibilität für interne und externe Impulse und Bedarfe ausgelegt.
- Anpassungen an Veränderungen erfolgen schnell und überlegt: überraschende und unerwartete Ereignisse werden als Lerngelegenheit verstanden und genutzt.
- Wissen wird rasch und effektiv durch formelle und informelle Strukturen übertragen; die Arbeitsgeschwindigkeit ist sehr hoch.
- Lernen erfolgt schwerpunktmäßig in Arbeits- und Lern-Teams und teamübergreifend.
- Die Lernfähigkeit und Lernbereitschaft aller Mitarbeiter ist hoch ausgeprägt. Internes und externes Benchmarking sind ein wesentlicher Erfolgsfaktor für kontinuierliche Verbesserung.

Unbeschadet der Problematik der Findung von Maßstäben hierfür und der Erfolgsmessung, hat die DG BANK ein Design erarbeitet, das mit Maßnahmen und Instrumenten unterlegt den Leitgedanken von Kundennutzen und lernender Organisation nachhaltig unterstützt.

6.1 Partnerschaft und Sensibilität für interne und externe Impulse

Ausgangspunkt ist die Feststellung, daß der Grundwert Partnerschaft eine symmetrische Beziehung zwischen Kunde und Banker voraussetzt. Dieser Grundwert und ein kritisch aufgeklärtes Publikum zwingen den Banker zur Erhöhung seines Einfühlungsvermögens für die Bedürfnisse seiner Kunden.

Der Banker muß lernen, die Absichten und Signale anderer zu erkennen und darauf einzugehen. Wer kompromißbereit und konsensfähig sein will, der benötigt nicht nur ein klares Judiz für unternehmerische und betriebswirtschaftliche Notwendigkeiten, sondern gleichermaßen verfeinerte soziale Sensorien. Das Lesen von Körpersprache, Mimik und Tonfall sowie das Verstehen von Metaphern und Anspielungen, von Ironie und sprachlichen Eigenheiten der anderen wird zu einem Erfolgsfaktor eigener Art. Untersuchungen beweisen, wie sehr sich die Einsicht verbreitet hat und daß ohne diese zusätzlichen Fähigkeiten in Zukunft nicht mehr auszukommen ist (Ernst 1996).

Die DG BANK formuliert deshalb nicht nur Weiterbildungsangebote für das Management zur Erhöhung von Sensibilität und sozialer Kompetenz, sondern achtet bereits in der Phase der Personalakquisition und des Personaleinsatzes darauf, daß nur solche Mitarbeiter in Funktionen mir direktem Kundenkontakt, wie beispielsweise Bankenbetreuungs-Teams und Firmenkundenbetreuungs-Teams, zum Einsatz kommen, die spezifische Fachkompetenz und Verhaltens-Anforderungen gleichermaßen erfüllen, letzteres sind insbesondere Merkmale wie soziale Kompetenz, Eigeninitiative und der Auftritt gegenüber Kunden.

Ausführliche Feedback-Prozesse der Führungskräfte untereinander und gegenüber Ihren Mitarbeitern in Verbindung mit jährlichen Weiterbildungsbedarfsanalysen für alle Mitarbeiter dienen einerseits der Spiegelung erreichter Leistungs- und Verhaltensniveaus im Hinblick auf definierte Anforderungen und sind andererseits Eckpunkte für ein Benchmarking.

6.2 Wille zur überlegenen Leistung und Lernen in Teams

Die DG BANK hat sich als Organisationsform eine Matrix-Struktur gegeben. Dies bedeutet, daß unsere Service-, Produkt- und Kundeneinheiten über vielfältige Kreuzungspunkte im Rahmen unserer zum Kunden führenden Geschäftsprozesse miteinander verbunden sind. Der Primat bestimmter Einheiten ist zunächst einmal kraft Organisation nicht gegeben, es sei denn über Ausführungsbestimmungen. Wie jede andere Organisationsform auch, so verfügt die Matrix über typische Vorteile und typische Nachteile, bspw. hoher Kommunikationsaufwand, ausgeprägte Mitspracherechte der Matrix-Partner, hoher Regelungsaufwand der Kreuzungs-Punkte, aufwendige Entscheidungsprozesse (Hill/Fehlbaum 1981). Die Realität der Matrix-Struktur der DG BANK kennt analoge Probleme. Gleichwohl gibt es ein Bewußtsein dafür, daß der Kunde im Fokus der Geschäftsprozeßkette zu stehen hat.

Wir haben unseren Grundwert Partnerschaft unter dem Wir-Prinzip umgesetzt in systematische Teamentwicklungsmaßnahmen. Zunächst haben wir unsere Führungskräfte als Teamleiter und dann als Matrix-Partner ausgebildet, um die strukturell angelegten Nachteile zu minimieren und die Vorteile optimal nutzen zu können, d.h. die tendenzielle Bedürfnisorientierung der Kunden-Bereiche und tendenzielle Ressourcenorientierung der Produkt-Bereiche im Interesse des Kunden optimal zu kombinieren. Ziel ist ein synergetisches Optimum typischer Vorteile von Produkt- und Kundenbereichen zur Befriedigung von Kundenbedürfnissen.

6.3 Kundenorientierung thematisieren und leben

Reflektierte und gelebte Kundenorientierung ist das Resultat der beschriebenen Maßnahmen und Ketten. Die Überzeugung ist richtig, daß das Haus nicht stehen kann, wenn das Fundament nicht hinreichend gegründet ist. Wenn die fachlichen und verhaltensbedingten Voraussetzungen bei Mitarbeitern und die Geschäftsprozesse nicht stimmig sind, kann am Ende bzw. Anfang der Kette keine Orientierung auf Bedürfnisse und Bedarfe des Kunden erfolgen, da Bank und Mitarbeiter überwiegend mit der Klärung eigener Probleme beschäftigt sind.

Kundenorientierung simulieren wir deshalb u. a. in moderierten Workshops unserer Bankenbetreuungs-Teams durch einen schonungslosen Abgleich von konkreten Kundenerwartungen und einer Bewertung des eigenen Leistungsstandes durch konkrete Erwartungs-/Erfüllungsraster. Abweichungsanalysen, Planung und Umsetzung konkreter Verbesserungsbedarfe im bankfachlichen Wissen, Verhalten oder Kooperation in den Geschäftsprozessen innerhalb der Bank sind die Themenfelder, in denen bei Bedarf systematisch mit kontinuierlichen Verbesserungen begonnen wird. Mit diesem ganzheitlichen Ansatz, der komplexitätsreduzierenden und -aufbauenden Charakter gleichermaßen hat und nur prozeßhaft zu denken und zu exekutieren ist, erhoffen wir uns letztlich stabile und nachhaltig verbesserte Marktergebnisse.

Literatur

Ernst, H.: PsychoTrends. Das Ich im 21. Jahrhundert, München 1996

Grässle, A.A.: Quantensprung. Durch Veränderungsmanagement zur Unternehmerindentität, München 1993

Hill, W./Fehlbaum, R./Ulrich, P.: Organisationslehre, Band 1, 3. Aufl., Bern/Stuttgart 1981

Hofstede, G.: Culture´s Consequences. International Differences in Work-Related Values, Beverly Hills/London 1980

Klages, H.: Wertorientierungen im Wandel. Rückblick, Gegenwartsanalysen, Prognosen, Frankfurt a.M. 1985

Luhmann, N.: Vertrauen. Ein Mechanismus der Reduktion sozialer Komplexität, Stuttgart 1970

Meulemann, H.: Werte und Wertewandel. Zur Identität einer geteilten und wieder vereinten Nation, Weinheim 1996

Pedler, M./Burgoyne, J./Boydell, T.: Das lernende Unternehmen. Potentiale freilegen – Wettbewerbsvorteile sichern, Frankfurt a.M./New York 1994

Scherhorn, G.: Bedürfnis und Bedarf, Berlin 1959

Wunderer, R.: Führung und Zusammenarbeit. Beiträge zu einer Führungslehre, Stuttgart 1993

Beratung als Herausforderung

Prof. Dr. Jörg-Engelbrecht Cramer, persönlich haftender Gesellschafter der Georg Hauck & Sohn Bankiers KGaA, Frankfurt am Main

1. Die Konkurrenz der Direktbanken beflügelt das Geschäft der Institute, die auf Beratung setzen

So leicht wie heute hatte es der Bankkunde noch nie: Anwählen genügt! Spätestens seit dem Eintritt der Direktbanken in den Wettbewerb und der Möglichkeit für den professionellen Nutzer, sich mit seinem PC beim Großrechner seiner Bank einzuloggen, stellt sich die Frage, ob das in herkömmlicher Weise betriebene Bankgeschäft als absterbender Ast anzusehen ist. Wenn der Kunde sich zu allen erdenklichen Informationsquellen durchwählen kann, braucht er dann noch einen persönlichen Berater? Oder anders herum gefragt: Können die Berater gegenüber den vielfältigen Informationsmöglichkeiten, die sich über die Technik eröffnen, noch bestehen, indem sie einen echten Zusatznutzen vermitteln?

So paradox, wie es zunächst erscheint, ist es gar nicht: Je breiter und tiefer das Informationsangebot, das man sich über den Bildschirm erschließen kann, ausfällt, desto lauter wird der Ruf nach persönlicher Beratung. Je verwirrender es wird, sich in der Informationsflut noch zurechtzufinden, desto größer ist der Bedarf an Orientierung. Insofern ist das Phänomen gar nicht so erstaunlich, daß der höchste Beratungsaufwand auch heute schon bei denjenigen Kunden anfällt, die sich sehr gut in Bankgeschäften auskennen: Sie suchen ständig nach Anregungen und testen geplante Maßnahmen durch Befragen anderer Experten.

Allerdings sind die Ansprüche an die Beratung deutlich gestiegen, und sie werden weiter zunehmen, zumal die Qualität zunehmend überprüfbarer wird. Darüber, daß unbefriedigende Leistungen dann auch publik werden, wachen die Medien (o.V 1996 a, S. 30). Für allgemeine oder überall zugängliche Informationen braucht man künftig keinen Berater mehr und schon gar nicht für unpräzise Angaben. Der Berater vermittelt nur dann einen Mehrwert, wenn er hilft, Informationsquellen aufzuspüren, die entscheidungsrelevanten Daten zu selektieren, zu bewerten und zu gewichten und schließlich die richtigen Schlüsse daraus zu ziehen. Im Gegensatz zu früher, als der Berater zu allererst Wissenvermittler war, ist er künftig Moderator.

Da für viele Bankkunden komplexere Anlage- oder Finanzierungsentscheidungen nur selten vorkommen und die Inanspruchnahme der einfacheren Bankdienstleistungen aufgrund der technischen Weiterentwicklungen immer unkomplizierter geworden ist, kommen immer mehr Kunden ohne Berater aus. Zwar macht die Zahl der Kunden der Discount- und Direktbanken bisher nur wenige Prozent aus, doch wird ihr Potential im Privatkundengeschäft immerhin auf 20 bis 30 Prozent aller Bankkunden geschätzt (o.V. 1996 b, S. 18). Falsch wäre aber die Annahme, daß ein System dem anderen überlegen ist. Die beiden Systeme ergänzen sich vielmehr. Über 85 Prozent der Deutschen wollen auch in Zukunft nicht auf den persönlichen Kontakt mit ihrem Kreditinstitut verzichten, stellte der Deutsche Sparkassen- und Giroverband in seinem Jahresbericht 1995 fest. Das Beziehungsbanking ist demnach nicht zu ersetzen (o.V. 1996 c, S. 11).

Sowohl der Wunsch nach Selbstbedienung als auch nach qualifizierter Beratung nimmt zu. Es hat den Anschein, als ob die beratungsarmen bzw. beratungslosen Offerten der Discount- und Direktbanken den Kunden den Wert von Beratung und Service erst so richtig bewußt machen. So geht der Sparkassensektor auch davon aus, daß sich der Anteil der individuell zu betreuenden Kunden von derzeit 13 Prozent bis zum Jahre 2010 auf 35 Prozent nahezu verdreifachen wird (Jakobs/Wiebe 1996, S. 36). Das hat zur Konsequenz, daß die Institute die Zahl der im Standardgeschäft eingesetzten Mitarbeiter stark vermindern und im Gegenzug die Zahl höherqualifizierter Berater kräftig heraufsetzen werden.

2. Die Analysen zum Status quo liefern ein erschreckendes Bild

„Die große Mehrheit der Bevölkerung steht dem Kreditgewerbe sehr distanziert, ja sogar verständnislos und bisweilen feindselig gegenüber" (o.V 1996 d, S. 4). Dieses negative Meinungsbild hat vielerlei Wurzeln. Eine der wichtigsten ist sicherlich die von den Mitarbeitern häufig an den Tag gelegte Arroganz, Selbstüberschätzung und Unbeweglichkeit. Wie ist es sonst zu erklären, daß jedes dritte Beratungsgespräch, das die Stiftung Warentest im Frühjahr 1995 in Banken und Sparkassen führen ließ, nur mit den Noten „mangelhaft" oder „sehr mangelhaft" bewertet werden konnte (o.V. 1995, S. 14). Allerdings muß man dabei wohl berücksichtigen, daß die Tester besonders kritisch vorgehen. Unübersehbar ist jedoch, daß auch die Kunden inzwischen kritischer den Kreditinstituten gegenüber eingestellt sind. So geht aus einer Befragung des Institutes für praxisorientierte Sozialforschung in Mannheim hervor, daß immerhin 13 % der Kunden mit den Leistungen ihres Institutes unzufrieden oder sogar sehr unzufrieden sind (o.V. 1996 e, S. 573).

Eine qualitative Untersuchung des Bundesverbandes deutscher Banken aus dem Jahr 1995 stellt fest, daß es den Mitarbeitern einfach schwerfällt, eine wirkliche Dienstleistungshaltung einzunehmen (Bundesverband deutscher Banken e.V. 1995, S. 19). Die Universität Bamberg kam im Rahmen einer 1992 durchgeführten Untersuchung zur Qualität von Anlageberatern mehr oder weniger zum gleichen Ergebnis, nämlich daß „die überwiegend hohe Selbsteinschätzung der Qualifikation der Anlageberater und die weitgehende Unterstützung durch Informationstechnologien nicht in befriedigendem Maße ihren Niederschlag in der Qualität des Beratungsprozesses und der resultierenden Anlageempfehlungen findet" (Rehkugler/Voigt/Kraus/Otterbach 1992, S. 321).

Angesichts einer solchen Einstellung bei vielen ihrer Mitarbeiter einerseits und des gestiegenen Selbstbewußtseins und Kenntnisstandes ihrer Kunden andererseits kommen die Banken in Gefahr, an Einfluß zu verlieren, d. h. immer weniger um ihren Rat gefragt zu werden. Ein erstes Indiz dafür ist die abnehmende Bankenloyalität: Die Bereitschaft zum Bank-Picking nimmt beständig zu (Köcher 1992, S. 41).

Wo aber die Banken Lücken aufweisen, stoßen schnell neue Anbieter hinein. „Banking is essential to a modern economy. Banks are not", heißt es auf den Punkt gebracht in einer von Price Waterhouse erstellten Studie zum Vertrieb von Dienstleistungen (Price Waterhouse World Technology Centre 1996, S. 1). Der Trend, statt die Bank auch Freunde um finanziellen Rat zu fragen, ist seit Mitte der achtziger Jahre im Steigen, und parallel dazu wächst die Kontaktnahme zu Branchenaußenseitern, Drittunternehmen und Freiberuflern (Köcher 1992, S. 42 f.).

3. Zuviel Abwicklung verbaut den Blick für die Kundenprobleme

Als ein wichtiger Grund für die Mängel in puncto Beratung und Betreuung ist ganz offensichtlich die unzureichende Organisation dieser Aufgabenbereiche anzusehen. In Pilotprojekten der Sparkassenorganisation hat sich gezeigt, daß höherqualifizierte Mitarbieter häufig zu sehr mit Routinearbeiten belastet sind und daher ihre Fähigkeiten nicht voll zur

Geltung bringen können (Jakobs/Wiebe 1996, S. 36). Die Problematik ist freilich inzwischen erkannt und wird in allen Häusern mit höchster Priorität angegangen. Kein Wunder: Mit der Optimierung der Informationstechnologie sowie der Verbesserung der Strukturen und Arbeitsabläufe in der Kundenbetreuung lassen sich in den nächsten zehn Jahren Produktivitätsreserven von bis zu 30 Prozent erschließen (Jakobs/Wiebe 1996, S. 36).

Vor allem sind es aber auch Fehler im Selbstverständnis der Institute und ihrer Mitarbeiter, die dazu führen, daß Kundenorientierung bei ihnen immer noch eher als Fremdwort gilt. Fragt man die Kunden selbst, dann empfinden sie die Behandlung durch Bankmitarbeiter häufig als eine Art hoheitlichen Akt (Bundesverband deutscher Banken e.V. 1995, S. 19). Es ist fast unglaublich, daß es erst eines Gesetzes (des Wertpapierhandelsgesetzes) bedurfte, die Bankberater dazu zu bringen, sich mit den Verhältnissen, Bedürfnissen und Zielvorstellungen ihrer Kunden vor der Erteilung von Empfehlungen nachhaltig zu beschäftigen.

Ein Großteil der Ausbildung der Bankkaufleute konzentriert sich unverändert auf das Erlernen von Vorschriften, Aneignen von Arbeitsabläufen und Aufnehmen von Fachwissen. So wichtig die fachliche Kompetenz für den Berater ist – mit ihr allein kommt er allerdings nicht aus: Es ist zu allererst die persönliche, zwischenmenschliche Beziehung, die die Vertrauensbasis schafft, ohne die wiederum eine Akzeptanz des Beraters seitens des Gesprächspartners nicht vorstellbar ist. Insofern muß der Sozialkompetenz bei Auswahl und Ausbildung der Berater mehr Bedeutung beigemessen werden und die Belastung durch ablauforganisatorische Maßnahmen nachdrücklich zurückgeführt werden.

4. Was zu einer guten Beratung gehört

Eine erfolgreich durchgeführte Beratung setzt vielerlei voraus: Einfühlungsvermögen und Servicebereitschaft, Gesprächstechnik und Fachkompetenz, Informationsunterstützung und qualifizierte Produkte. Angsichts des verschärften Wettbewerbs wachsen die Ansprüche. Es sind nicht weniger als 7 Qualitätsanforderungen, die an eine gute Beratung gestellt werden:

- Objektivität
- Professionalität
- Universalität
- Aktualität
- Individualität
- Effektivität
- Plausibilität.

Objektivität: Im Rahmen der schon erwähnten Untersuchung stellte die Forschungsgruppe der Universität Bamberg fest, daß sehr häufig eigene

Produkte bzw. die Angebote von Tochtergesellschaften zum Zuge kommen. In immerhin einem Viertel der Fälle versuchten die Berater sogar, den Beobachter geradezu zu einer bestimmten Anlageform zu drängen, wobei es sich jeweils fast ausschließlich um hauseigene Produkte handelte (Rehkugler/Voigt/Kraus/ Otterbach 1992, S. 320). Ein Berater sollte aber gerade das nicht tun, d. h. nicht die Interessen seiner Bank mit denen seines Kunden und Auftraggebers vermengen. Es ist guter, angelsächsischer Brauch, bei Beratungs- und Verwaltungsmandaten Wertpapiere, bei deren Emission man selbst mitgewirkt hat, grundsätzlich nicht zu berücksichtigen. In Deutschland haben sich bislang nur einige wenige Privatbanken diese Usance der strikten Objektivität zu eigen gemacht.

Professionalität: Als professionell kann eine Beratung nur dann bezeichnet werden, wenn die entscheidungsrelevanten Informationen nachvollziehbar übermittelt werden. Im Hinblick auf die zumeist komplexen Problemstellungen ist das ohne EDV-Unterstützung kaum noch vorstellbar, nicht nur wegen der Vielzahl der in die Entscheidungen einfließenden Komponenten, sondern auch zur gezielten Gesprächsführung und – bei sich anbietenden Lösungsalternativen – zur Vorausberechnung der zu erwartenden Ergebnisse.

Universalität: Daß sich der Berater um Lösungsalternativen bemüht, ist keineswegs selbstverständlich. Häufig ist er gar nicht so universell ausgebildet, um in der Lage zu sein, die wirklich beste Entscheidung herbeizuführen; häufig bringt er allerdings auch nicht die rechte Mühe dafür auf.

Aktualität: Erstaunlich ist, daß – trotz Vorhandensein der technischen Möglichkeiten – die Berater in weiten Bereichen nicht auf jeweils tagesaktuelle Informationen zurückgreifen können. So ist bis heute erst bei ganz wenigen Instituten das Researchmaterial komplett auch auf dem Bildschirm abrufbar. Nur auf diesem Wege läßt sich in der Praxis aber erreichen, daß die Berater stets auf aktualisiertes Material zurückgreifen.

Individualität: Als eines der erschreckendsten Defizite, die die Bamberger Forschungsgruppe feststellte, muß es angesehen werden, „daß das Eingehen auf die individuellen Anlageziele offenbar zu den Schwachstellen der Anlageberatung der Banken gehört" (Rehkugler/Voigt/Kraus/Otterbach 1992, S. 320). Zu einem guten Teil ist das darauf zurückzuführen, daß sich die Berater nicht genügend um die Ermittlung des Kundenstatus bemühen (o.V. 1995, S. 17). Wie aber soll es zu einem das individuelle Umfeld des Kunden, seine Ziele und seine Risikoneigung berücksichtigenden Vorschlag kommen, wenn der Berater auf deren Ermittlung verzichtet? Gerade die Möglichkeit, daß den individuellen Bedürfnissen Rechnung getragen werden kann, zeichnet aber die persönliche Beratung vor dem Selbstbedienungsangebot der Direktbanken aus.

Effektivität: Eine Beratung ist dann als effektiv zu bezeichnen, wenn sie zum anstehenden Problem einen Lösungsweg aufzeigt, der mit größtmöglicher Sicherheit und bei vertretbarem Aufwand das gewünschte

Ergebnis zeitigt. Von höchster Bedeutung sind für Kunden, die aufgrund ihrer persönlichen Verhältnisse mehr oder weniger regelmäßig die Beratung ihrer Bank oder Sparkasse in Anspruch nehmen, die steuerlichen Konsequenzen. In der ganz überwiegenden Zahl der Beratungen wird diese spezielle Problematik aber entweder gar nicht oder nur z. T. berücksichtigt (o.V. 1995, S. 18). So bleibt es häufig dem Zufall überlassen, ob wirklich die beste Lösung gefunden worden ist. Effektiv kann man eine solche Beratung dann aber nicht bezeichnen.

Plausibilität: Der Berater hat seine Aufgabe nur dann erfüllt, wenn der Kunde seine Entscheidung in dem sicheren Gefühl trifft, damit das Richtige zu veranlassen. Auch das ist aber eher selten der Fall; häufig folgt er einfach nur dem Berater aus dem verzweifelten Gefühl heraus, daß überhaupt etwas zu tun besser sein dürfte als gar nichts zu tun. Warum ihm sein Berater ein bestimmtes Vorgehen vorgeschlagen hat, ist ihm jedoch nicht plausibel.

5. Das Quasimonopol des echten Beraters

Ein Kunde kann sich glücklich schätzen, wenn sein Berater diesen sieben Anforderungen genügt. Er dürfte wenig Veranlassung haben, von sich aus seine Bankverbindung zu wechseln. Insofern dürfte die häufig beklagte fehlende Loyalität der Kunden zu ihrer Bank vor allem ein Zeichen dafür sein, daß die gebotenen Beratungsleistungen nicht ihren Vorstellungen entsprechen.

Im Prinzip wird von den meisten Kunden größter Wert auf Betreuungskontinuität gelegt. Umso erstaunlicher ist es daher, daß in den meisten Instituten den Beratern ständig neue Aufgaben und Einsatzbereiche zugewiesen werden, so daß eigentlich gar nicht erst die rechte Vertrauensbasis entsteht und ein über den abrupten Beraterwechsel enttäuschter Kunde dem Nachfolger zunächst mit einiger Reserve begegnet. Die großen Institute sind hier im Nachteil, solange bei ihnen Aufstieg und Einkommensentwicklung der Mitarbeiter mit der Übernahme neuer anspruchsvollerer Aufgaben verbunden ist. Dadurch wird eine ständige Rotation in Gang gehalten; denn der Nachrücker eines „promovierten" Beraters macht eine Position frei, die ebenfalls neu zu besetzen ist. Erfahrungsgemäß löst auf diese Weise eine einzige „Beförderung" sechs bis sieben weitere Neubesetzungen aus.

Hier sind kleinere, filiallose Institute im Vorteil. Der Berater wächst an seinen Aufgaben und bleibt in der Regel an seinem Arbeitsplatz. Das führt nahezu zur Identität von Bank und Berater und zu wachsender Identifikation des Anlegers mit seiner Bank. Man kann beobachten, daß sich hier der Kunde häufig gar nicht „traut", seinen Berater zu übergehen, da er befürchten müßte, das gute, ja fast freundschaftliche Verhältnis zu stören.

6. Bei der Beratung schlägt David Goliath auch über die Kosten

Die kleineren Institute tun gut daran, sich über die Qualität ihrer Beratung und Betreuung zu profilieren. Läßt sich ohnehin aufgrund der Größenverhältnisse ein solcher Anspruch leichter erzielen und aufrechterhalten, kommt noch hinzu, daß dies auch einer der ganz wenigen Bereiche ist, in denen das kleinere Institut Kostenvorteile gegenüber dem größeren geltend machen kann.

Beratung ist – abgesehen von der EDV-Unterstützung, die aber bei vertretbarem Aufwand am freien Markt auch weitgehend eingekauft werden kann – eine höchstpersönliche Leistung. In diesem Fall der wirklich individuell zu erbringenden Dienstleistung ist aber nicht erkennbar, wo ein größeres Institut im Vergleich zu kleineren Wettbewerbern Kostendegressionseffekte geltend machen könnte. Im Gegenteil: Der Berater in der Großbank hat einen ungleich größeren Betrag von Overheadkosten mit zu tragen!

Die Konsequenz daraus kann für die „Davids" nur lauten: Auf die Dienstleistungen setzen, bei denen der Anteil an der Wertschöpfung, der auf die Beratung entfällt, besonders hoch ist. Das ist z. B. im Privatkundengeschäft bei der Vermögensstrukturberatung der Fall, im Firmenkundengeschäft im Bereich Corporate Finance oder im Geschäft mit institutionellen Anlegern bei der Entwicklung von Treasury-Strategien.

In diesem Zusammenhang soll noch auf einen anderen Kostenaspekt aufmerksam gemacht werden. Ein guter Berater ist nur etwa 20 bis 25 Prozent teurer als ein mittelmäßiger und ein sehr guter wiederum in ähnlicher Relation wie ein guter. Da aber die Effizienz eines mittelmäßigen Beraters nur halb so hoch zu veranschlagen ist wie die eines guten Betreuers und dessen Leistung ebenfalls wieder nur halb so hoch wie die eines sehr guten Beraters, ist es erstaunlich, daß letztlich nicht mit äußerster Energie die Höherqualifizierung der Berater betrieben wird. Auch hier sind kleinere Institute im Vorteil gegenüber den größeren, die ihrerseits nicht so viele gute Berater zur Verfügung haben, wie sie es sicherlich wünschen.

7. Von der persönlichen zur programmierten Beratung und zurück

Es ist interessant zu vermerken, daß selbst die Direktbanken häufig nicht vollständig auf den „Faktor" Mensch verzichten. In ihrem Geschäftsbericht zum Jahr 1995 zitiert die Quelle Bank aus einer im Auftrage des Nachrichtenmagazins „Der Spiegel" durchgeführten Infratest-Umfrage: Direktangebote erregen nur dann die Aufmerksamkeit vieler Befragter, wenn sie mit einem Menschen und nicht mit einem Computer telefonieren können; in dieser Weise äußerten sich immerhin 60 Prozent. In einer 1995 abgeschlossenen eigenen Studie der Bank kristallisierte sich heraus, daß als der entscheidende Grund für die Verbindung die Freundlichkeit der Servicemitarbeiter angesehen wird (Quelle Bank 1996, S. 13 f.).

Ähnliche Erkenntnisse liegen offensichtlich dem strategischen Konzept der Advance Bank AG zugrunde: im Wertpapiergeschäft setzt auch sie den Akzent auf die Beratung durch Menschen. Im Hinblick auf die Komplexität von Problemstellung und Lösungsalternativen sieht sie in der qualifizierten Beratung einfach „ein strategisches Muß“ (o.V. 1996 b, S. 18) Allerdings geben die Wertpapierberater keine Einzelempfehlungen, sondern wählen nur entsprechend den Anlagezielen und der Risikoneigung des Kunden unter fünf Modellportfolios die besten Investmentfonds aus.

Es ist also festzustellen, daß offensichtlich nur ein sehr kleiner Kreis von Kunden als eine Art „totaler Selbstversorger“ anzusehen ist. Insofern verwundert es wiederum, daß die Kreditinstitute im Wettbewerb um Kunden dem Phänomen „menschliche Nähe“ nicht mehr Aufmerksamkeit beimessen und die vorhandenen Defizite in puncto Sozial- und Fachkompetenz nicht konsequenter angehen.

8. Organisatorische Konsequenzen

Nach Ansicht des Deutschen Sparkassen- und Giroverbandes bleibt eine flexible, ortsnahe und langfristige Bankbeziehung zumindest für Privatkunden und mittelständische Firmenkunden von hoher Bedeutung. Dem ist zuzustimmen – bis auf das Adjektiv „ortsnah“; hier jedenfalls sind einige Anmerkungen zu machen.

Mit dem Stichwort „ortsnah“ wollen die Sparkassen zugleich kundennah sein. Das ist – auch im Zeitalter der Chipcard – sicherlich immer noch richtig, soweit es sich um die sogenannten Nahverkehrsleistungen, die Dienstleistungen des täglichen Bedarfs, handelt. Ortsnähe ist aber praktisch ohne große Bedeutung und hat dementsprechend mit Kundennähe nicht viel gemein, wenn es sich um echte Beratungsfälle handelt. Natürlich schätzen die Kunden auch dann die Bequemlichkeit, den Berater ganz in ihrer Nähe zu haben; aber vor allem kommt es ihnen auf die Qualität der Beratung an sowie die Kompetenz des Beraters und der Experten, die er gegebenenfalls zur Unterstützung hinzuziehen kann.

Dementsprechend haben bereits viele Banken ihre qualifizierten Beratungseinheiten aus der Fläche zurückgezogen und auf sogenannte Centers of Competence konzentriert. Diesem Trend tragen mehr und mehr auch die Sparkassen Rechnung. So werden zwei Drittel der heute fast 20.000 Geschäftsstellen in sogenannte Finanzdienstleistungszentren umgewandelt, die nur den Grundbedarf abdecken und künftig mit lediglich einem qualifizierten Mitarbeiter als eine Art „Vorarbeiter“ für die übrigen Angestellten besetzt sind. Während in diesen Stellen zugleich mit dem Ausbildungsniveau auch die Kostenbelastung zurückgeht, ist in den übrigen Filialen mit steigendem Qualitätsstandard zur Betreuung anspruchsvoller Kunden in Fragen der Vermögensanlage und Immobilienfinanzierung auch mit höherer Kostenbelastung zu rechnen (Jakobs/Wiebe 1996).

Die Berliner Bank unterscheidet sogar vier Kategorien von Geschäftsstellen: die Selbstbedienungsstelle, deren Zahl vor allem über die Kooperationspartner Aral und Esso noch deutlich verstärkt werden soll, die normale Filiale, in der mehr oder weniger Standardleistungen angeboten werden, die Hauptfiliale, in der beratungsintensive Geschäfte wie z. B. das Firmengeschäft abgewickelt werden, und das VIP-Beratungszentrum, in dem vermögende Privatkunden betreut werden (o.V. 1996 f, S. 6). Hinter diesem Ansatz steht die Strategie „Weg von der Universalbank, hin zum Angebot für jede Kundengruppe“ (o.V. 1996 f, S. 6).

Die Banken – genauso aber auch die Sparkassen – sehen sich zu diesem Schritt gezwungen, da einerseits eine wirklich qualifizierte Beratung im Hinblick auf die erforderliche Anzahl von geeigneten Mitarbeitern flächendeckend gar nicht darstellbar ist, die entsprechenden Kapazitäten andererseits nicht hinreichend ausgelastet wären. Überdies wäre ein solches Konzept von der Kostenbelastung her gar nicht zu vertreten; müssen doch eher die Kosten zurückgeführt werden: „Der Komfort in den Banken ist zu hoch, die Büros in den Innenstädten sind zu teuer, der Service ist häufig miserabel, die Hierarchie oft zu stark“, wird in einem Leitartikel der FAZ kritisiert (Kloepfer 1996, S. 13). 20 bis 30 % der Kosten ließen sich hier einsparen, wobei eine Rechnung bezüglich möglicher Effizienzsteigerungen noch gar nicht einmal angestellt ist.

Die filiallosen Privatbanken haben im übrigen schon längst den Beweis erbracht, daß Kundennähe und Ortsnähe nicht unbedingt deckungsgleich sind. Die Kunden des Bankhauses Georg Hauck & Sohn, das sich auf die Beratung des anspruchsvollen Mittelstandes konzentriert, stammen zum Beispiel nur zu rund 20 % aus der Rhein-Main-Region; der „Rest“ verteilt sich ziemlich gleichmäßig über die übrigen Bundesländer.

Das Bemühen der Institute, ihre Beratungskompetenz noch deutlicher hervortreten zu lassen, hat noch eine andere Konsequenz: Mehr und mehr Banken gehen dazu über, besonders qualifizierte Einheiten in eigens dafür geschaffene Tochtergesellschaften einzubringen. Inbesondere für die Vermögensstrukturberatung für high networth individuals und die Corporate Finance-Aktivitäten für mittelständische Unternehmen werden Consulting-Töchter gegründet. Mit einer weitgehenden Unabhängigkeit vom Mutterhaus soll den Mitarbeitern die für eine qualifizierte Beratung unerläßliche Distanz und Objektivität gegeben und eventuellen Interessenkonflikten entgegengearbeitet werden. Auf diese Weise lassen sich aber auch leichter die für Experten zum Teil deutlich höheren, oft erfolgsabhängigen Vergütungen unter Wahrung des sonstigen Tarifgefüges darstellen.

9. Wie man Beratungsqualität messen kann

Zufrieden ist ein Kunde, wenn seine Erwartungen erfüllt worden sind. Dem Anleger geht es zum Beispiel darum, die – unter Berücksichtigung der obwaltenden Umstände – beste Rendite zu erzielen. Welcher Maßstab ist aber zugrundezulegen? Die höchste Rendite ist wahrscheinlich nur ausnahmsweise die beste Rendite; hieße das doch, Risiken in Kauf zu nehmen, die nicht nur das gewünschte Jahresergebnis, sondern auch die eigentliche Vermögensbasis in Gefahr bringen könnten. Der normale Anleger hat jedoch eher eine Präferenz für die Erhaltung der Substanz und eine gewisse Gleichmäßigkeit der Einkünfte. Hinzu kommt, daß viele, inbesondere wenn sie älter werden, es schätzen, wenn sie bei der Verwaltung ihres Vermögens entlastet werden, und nicht zuletzt sei der Stellenwert verkannt, der der emotionalen Komponente zukommt. Dahinter verbergen sich so unterschiedliche Begriffe wie Zuverlässigkeit, Schnelligkeit, Kompetenz, Verständnis-Erreichbarkeit, Höflichkeit oder auch Tradition.

Ein generell gültiges Performancemaß gibt es also nicht; dazu sind die individuellen Anforderungen zu vielgestaltig. Es ist aber immerhin als ein wichtiger Fortschritt anzusehen, daß nicht mehr nur einfach Renditezahlen miteinander verglichen werden, sondern daß eine zweite Dimension berücksichtigt wird, nämlich das zur Renditeerzielung jeweils eingegangene Risiko.

1990 erhielten Harry Markowitz und William Sharp den Nobelpreis dafür, daß sie für den Prozeß der Anlageentscheidung einen Ansatz entwickelt haben, der Risiken und Ertragsaussichten miteinander in Beziehung setzt und damit eine quantitative Bewertung dieser beiden Dimensionen ermöglicht. Effizient, d. h. optimal ist ein Portfolio dann, wenn bei gegebenem Ertrag das geringstmögliche Risiko bzw. bei gegebenem Risiko der höchstmögliche Ertrag erzielt wird. Das Risiko findet dabei seinen Ausdruck in der Preis- oder Kursvolatilität.

Neben einigen anderen realitätsfernen Prämissen ist es aber gerade die Erhebung der Volatilität bzw. Standardabweichung zum Risikomaß, die die Frage aufwirft, ob dieses Modell hinreichende Relevanz besitzt. Inzwischen gibt es Weiterentwicklungen, die von einigen Hypothesen Abstand nehmen, z. B. auch der Annahme, daß die Portfolio-Erträge normal verteilt sind. Diese Modelle berücksichtigen so wichtige Kriterien wie beispielsweise die Referenzwährung, das Mindestertragserfordernis oder den Anlagehorizont (Metzler Asset Management 1996, S. 2). Das PC-System MAMBA geht z. B. davon aus, daß ein Investor auch darin ein Risiko sieht, daß seine Anlage nicht einen bestimmten Mindestertrag abliefert, und insofern ersetzt es die Volatilität als Risikokennziffer durch Shortfall-Maße (Metzler Asset Management 1996, S. 3 ff.).

10. Wer berät, haftet!

Beratung ist kein risikoloses Geschäft. Es gibt gleich mehrere Anspruchsgrundlagen, auf die sich ein Kunde abstützen kann, wenn er mit der ihm gegenüber erfolgten Beratung im nachhinein nicht einverstanden ist.

- Die Prospekthaftung greift, wenn die mit einer Empfehlung verbundenen Risiken nicht klar zum Ausdruck gekommen, die Kosten und Gebühren nicht eindeutig zuzuordnen und etwaige personelle Verflechtungen nicht offen dargestellt sind.
- Die Beratungshaftung greift, wenn die Beratung fehlerhaft war, also z. B. eine offensichtlich unpassende Anlage empfohlen wurde oder schlichtweg falsche Informationen übermittelt wurden.
- Die deliktische Haftung greift, wenn der Tatbestand der vorsätzlichen Schädigung oder des Betrugs erfüllt ist.

Banken haben also die Verpflichtung, ihren Kunden alle Informationen wahrheitsgemäß und vollständig zukommen zu lassen, die für ihre Entscheidung relevant sein können. Dabei richtet sich die Aufklärungspflicht nach dem Informationsstand des Kunden. Die Beratungspflicht entfällt nur dann, wenn kein Zweifel besteht, daß der Anleger aufgrund eigener Fachkunde die Gefahren des angestrebten Geschäfts abschätzen kann. Wird der Kunde von einem Vermögensberater betreut, braucht die Bank ihrerseits den Wissensstand der Kunden nicht zu erforschen; in einem solchen Fall darf die Bank davon ausgehen, daß sich der Kunde über das von ihm angestrebte Anlagegeschäft bereits informiert hat und er nur insoweit noch der Beratung bedarf, als er dies ausdrücklich verlangt oder dies aus anderen Gründen erkennbar wird.

11. Zusammenfassung

1. Banken und Sparkassen widmen der Beratung mehr Sorgfalt, da sie in vielen Fällen als einzige Profilierungschance angesehen wird.
2. Die Kunden – anspruchsvoller geworden – stehen der von den Kreditinstituten gebotenen Beratungsqualität zunehmend kritischer gegenüber.
3. Gesetzliche Maßnahmen, wie die Vorschriften der Wertpapierhandelsrichtlinie, verstärken den auf die Anbieter erfolgenden Druck zur Verbesserung ihrer Dienstleistungsqualität.
4. Banken und Sparkassen tun daher gut daran, ständig die Qualität ihrer Beratungsleistungen zu verbessern. In diesem Sektor wird in den nächsten Jahren ganz wesentlich der Wettbewerb ausgetragen.
5. Es ist wird sich ein Trend etablieren, wonach qualifizierte Beratungsleistungen von den Kunden auch honoriert werden.

Damit wird sich auch eine Arbeitsteilung zwischen Instituten etablieren, die vornehmlich beraten, und anderen, die sich auf die Abwicklung bzw. den Ausgleich von Risiken verstehen.

Literatur

Bundesverband deutscher Banken e.V. (Hrsg.): Inhalt und Genese der Kritik an Banken, Köln 1995

Jakobs, G./Wiebe, F.: Gewaltige Verschiebungen in der Filialstruktur, in: Handelsblatt vom 13.6.1996, S. 36

Kloepfer, I.: Schärferer Wind für die Banken, in: FAZ vom 15.6.1996

Köcher, R.: Was erwartet der Kunde von seiner Bank?, in: Bankkaufmann, Heft 11, 1992

Metzler Asset Management (Hrsg.): Neue Risikomaße im Asset Management: Die Volatilität auf dem Rückzug, Frankfurt/Main 1996

o. V.: Leere Versprechen, in: finanztest, Heft 5, 1995

o. V.: Das große Umdenken in der Anlageberatung ist notwendig, in: FAZ vom 6.9.96 (1996 a)

o. V.: Direktbanken kämpfen in einem kräftig wachsenden Markt um Kunden, in: FAZ vom 9.8.96 (1996 b)

o. V.: Köhler: „Beziehungsbanking" nicht zu ersetzen, in: Börsen-Zeitung vom 5.6.96 (1996 c)

o. V.: Banken leiden an Glaubwürdigkeitsdefizit, in: Börsen-Zeitung vom 25.6.96 (1996 d)

o. V.: Zufriedene Bankkunden, in: Die Bank, Heft 9, 1996, S. 573 (1996 e)

o. V.: Berliner Bank mit neuer Filialstruktur, in: Börsen-Zeitung vom 8.6.96, S. 6 (1996 f)

Price Waterhouse World Technology Centre (Hrsg.): Retail Financial Services: The Challenge of Virtual Banking in the New Millenium, Menlo Park/USA 1996

Quelle Bank (Hrsg.): Geschäftsbericht 1995

Rehkugler, H./Voigt, M./Kraus, B./Otterbach, A.: Die Qualität der Anlageberater, in: Die Bank, Heft 6, 1992

Durch Kompetenz-Center zum Erfolg – Ansatzpunkte zur Stärkung des filialgestützten Vertriebs im Privatkundengeschäft der Banken

Dr. Hansjörg Leichsenring, Deutsche Bank AG,
Mannheim/Heidelberg

1. Ausgangslage

Im Geschäftsbericht 1995 einer Großbank war folgendes zu lesen: „Vor dem Hintergrund eines zunehmend härteren Wettbewerbs steht der Privatkundenmarkt vor großen Herausforderungen. Bankfremde Vertriebswege gewinnen weiter an Bedeutung. Hinzu kommt der Vorstoß der Direktbanken. Diese Entwicklungstrends sind Folge eines Wandels des Finanzdienstleistungsmarktes vom Verkäufer- zum Käufermarkt, der zudem mit einer Änderung des Kundenverhaltens einhergeht. Der Kunde wird kritischer, preisbewußter und anspruchsvoller, er verlangt einen besseren, bequemeren Service und ist schneller bereit – auch aus Kostengründen – „die Bankverbindung zu wechseln“ (BfG 1995, S. 16).

Derzeit gibt es in Deutschland rund 50000 Bankfilialen. Dies entspricht einer Einwohnerzahl von rd. 1300 pro Filiale. Von den Nachfragegewohnheiten ausgehend, daß jeder Bundesbürger im Schnitt 1,74 Bankverbindungen hat (Spiegel 1996, S. 86), entspricht dies durchschnittlich ca. 2260 Kunden pro Filiale.

Vom Sparkassenbereich liegen exakte Angaben zur personellen Besetzung der Filialen vor: Läßt man die Einmannstellen außer acht, sind von den verbleibenden 13971 Filialen 58 Prozent mit 2-5 Mitarbeitern sowie 24 Prozent mit 6-10 Mitarbeitern besetzt (Sparkassenverband 1995, S. 3). Diese Filialstruktur, d.h. ca. 80 bis 90 Prozent der Filialen sind mit bis zu 10 Mitarbeitern besetzt, dürfte – zumindest in der Tendenz – nicht untypisch für die deutsche Bankenlandschaft sein.

Betrachtet man diese Zahlen, so stellt sich zwangsläufig die Frage nicht nur nach Effizienz eines Filialnetzes, sondern vor allem nach der Wirtschaftlichkeit einer solchen Struktur. Um diese herbeizuführen bzw. nachhaltig zu sichern, muß es gelingen, Bankleistungen zum einen kostengünstiger zu produzieren und zum anderen durch eine zweckmäßige Differenzierung eine stärker vertriebsorientierte Ausrichtung der Filialen zu erreichen, um so das Filialsystem als Ganzes effizienter zu gestalten und die Leistung gegenüber den Kunden zu verbessern.

Als Ansatz, dieses zu bewirken und den filialgestützten Vertrieb damit nachhaltig zu stärken, werden nachfolgend drei Typen von Kompetenz-Centern vorgestellt:
- intern orientierte Service- und Verwaltungs-Center zur Optimierung der Kostenstrukturen,
- marktorientierte Beratungs- und Betreuungs-Center zur Optimierung der Vertriebsstrukturen sowie
- filialübergreifende Support-Center als Ergänzung der Vertriebsstrukturen.

2. Optimierung der Kostenstrukturen durch Bildung interner Service- und Verwaltungs-Center

Ausgangspunkt der Überlegungen ist es, die Filialen auf ihre Funktion als erstrangiger Vertriebskanal zu trimmen. Zur Zeit arbeiten viele Filialen noch wie komplette Minibanken. Die Mitarbeiter sind vielfach mit vertriebsfernen Verwaltungs- und Abwicklungstätigkeiten belastet, die mitunter mehr als 50 Prozent der Arbeitszeit ausmachen (Krupp 1996, S. 716).

In einem ersten Schritt gilt es, diese vertriebsfernen Arbeiten möglichst vollständig zu identifizieren. Beispiele für nicht unmittelbar vertriebsbezogene Tätigkeiten sind etwa
- die Rückgabe von Schecks oder Lastschriften im Rahmen der täglichen Kontodisposition,
- die Eingabe von Daten in die unternehmensinterne EDV,
- die Prüfung von Unterlagen zur Kreditgewährung,
- die technische Bearbeitung von Kreditsicherheiten,
- die Bearbeitung von Spezialgebieten, wie z.B. Nachlässe oder Pfändungen.

In einem nächsten Schritt muß geklärt werden, welche der identifizierten Tätigkeiten aus einer Filiale herausgelöst werden können. Maßstab ist dabei im wesentlichen die notwendige Anwesenheit des Kunden beim Verrichten der Tätigkeit.

Anschließend erfolgt eine zweckmäßige Bündelung dieser herauslösbaren vertriebsfernen Aufgaben und deren Übertragung auf entspre-

chende Service- und Verwaltungs-Center. Beispiele für eine solche Bündelung wären etwa:
- Kreditbearbeitung und -prüfung,
- Mahnung und Beitreibung im Kreditbereich,
- Kontoführung und -disposition etc.

Durch die Bildung von Service- und Verwaltungs-Centern können mehrere Vorteile realisiert werden:
- Die Filialmitarbeiter können sich voll und ganz auf ihre Vertriebsaufgaben, also die Beratung und Betreuung der Kunden konzentrieren.
- Der Produktionsbereich kann losgelöst von bestehenden Arbeitsabläufen nach industriellen Maßstäben neu strukturiert und damit optimiert werden, was zu entsprechend schlanken und kosteneffizienten Abläufen führt, durch die sich Economies of Scale auch tatsächlich realisieren lassen.
- Nicht vertriebsorientierten Bankmitarbeitern wird ein neues Arbeitsfeld mit eigenen Karriereperspektiven eröffnet.

Ein (fiktives) Beispiel soll zeigen, wie sich ein solches Center kostenentlastend auswirken kann. Es wird von einer Filiale mit einer Stammbesetzung von 6 Mitarbeitern ausgegangen. Diese verursacht bei durchschnittlichen Personalkosten von 100 TDM p.a. pro Mitarbeiter rd. 600 TDM jährliche Personalkosten. Nach einer Schätzung der Beratungsgesellschaft A.T. Kearney beträgt das Verhältnis Filialmitarbeiter zu „Back-Office-Mitarbeitern“ derzeit in Deutschland rd. 2:1. Dabei bezieht der Begriff „Back-Office“ in diesem Fall nicht nur das technische Personal mit ein, sondern ebenso Service- und Stabsbereiche, z.B. in führungsmäßig vorgelagerten Filialen oder Zentralen. Geht man vom o.g. durchschnittlichen Personalkostenansatz aus, bedeutet dies, daß eine 6-Mann-Filiale zusätzliche jährliche Personalkosten i.H.v. 300 TDM verursacht. Unterstellt man vereinfachend einen durchschnittlichen Sachkostenaufschlag von 25 Prozent, so betragen die gesamten jährlichen Fixkosten einer 6-Mann-Filiale rd. 1125 TDM.

Gelingt es nun, die o.g. Effekte durch die Trennung von Vertrieb und Produktion zu realisieren, wird sich dies zum einen auf die notwendige Anzahl der vor Ort tätigen Mitarbeiter sowie zum anderen auf die Relation Vertriebsmitarbeiter zu Back-Office-Mitarbeiter auswirken. Unter der Annahme, in der Filiale könnte ein Mitarbeiter aufgrund der Verlagerungen eingespart werden, und weiterhin unterstellt, die Relation Front-Office- zu Back-Office-Mitarbeitern könne durch Steigerungen in Effizienz und Produktivität von 2:1 auf 4:1 verbessert werden, würde der Fixkostenblock unserer Beispielfiliale nur noch rd. 780 TDM p.a. betragen, die erzielbare Kosteneinsparung läge bei über 30 Prozent.

3. Optimierung der Vertriebsstrukturen durch Bildung marktorientierter Beratungs- und Betreuungs-Center

Von den eingangs genannten Strukturzahlen für das Bankgewerbe ausgehend, muß unterstellt werden, daß
- es zu viele kleine Filialen gibt, die an oder unterhalb der Rentabilitätsschwelle arbeiten,
- für Spezialberatungen und -produkte auf der Kundenseite keine Nachfragehäufigkeit besteht, die ein entsprechendes permanentes Angebot vor Ort rechtfertigt und
- es fraglich ist, ob die professionelle Kompetenz der Bankmitarbeiter vor Ort für solche Spezialberatungen in jedem Fall garantiert werden kann.

Diese Überlegungen lassen nur den einen Schluß zu, daß eine Aufrechterhaltung des Full-Service-Angebots in jeder Filiale aus Kosten- und Effizienzgründen weder möglich noch sinnvoll ist. Es gilt also, einen alternativen Weg zu finden, wie gegenüber dem Kunden dennoch das komplette Angebot der Bank aufrechterhalten werden kann.

Ein Ansatz besteht in der Herauslösung bestimmter Segmente des Privatkundengeschäftes und ihrer Bündelung in entsprechenden Beratungs- und Betreuungs-Centern. Diese Segmente müssen folgende Kriterien erfüllen:
- es muß sich um eindeutig beschreib- und abgrenzbare Beratungsaufgaben bei bestimmten Produkten oder
- um eine klar abgrenzbare Kundengruppe mit eigenständigem Nachfrage- und damit Betreuungsprofil handeln. Weiterhin muß
- die eindeutige Zuordnung von Kompetenzen und Verantwortung bzw. die klare Verteilung der Aufgaben zwischen Filiale einerseits und Kompetenz-Center andererseits möglich und überprüfbar sein.

Damit kommen für die Bildung von Beratungs- und Betreuungs-Centern z.B. folgende Bereiche in Frage:
- Baufinanzierung und Beratung rund um die Immobilie,
- Beratung und Betreuung vermögender Privatkundschaft sowie
- Beratung und Betreuung von wirtschaftlich Selbständigen sowie kleineren Firmen und Gewerbetreibenden, insbesondere bei einem Nachfrageschwerpunkt Kreditgeschäft.

Erste Erfahrungen mit derartigen Beratungs- und Betreuungs-Centern lassen folgende Vorteile deutlich werden:
- Die Bündelung von Spezial-Know-how in den Centern führt zu einer Erhöhung der Qualität und Profitabilität bei der Betreuung höherwertiger Kundensegmente bzw. der Beratung in bestimmten Spezialprodukten und trägt damit insgesamt zu einer besseren Marktdurchdringung bei.
- Die Filialen werden von den zeitraubenden Details bestimmter Berei-

che entlastet und erhalten dadurch zusätzliche zeitliche Freiräume, die z.B. in der Neukundenakquisition eingesetzt werden können.
- Beratungs- und Betreuungs-Center können die Filialen bei ihren Vertriebsbemühungen aktiv unterstützen, so daß gemeinsam ein offensiver Auftritt im Markt bewirkt wird.
- Durch Spezialisierung in den Centern wird eine höhere Effizienz in den jeweiligen Bereichen realisiert.
- Vertretungsregelungen werden vereinfacht.
- Die Aus- und Weiterbildung kann gezielter erfolgen.
- Die Marktbearbeitung kann systematischer und intensiver erfolgen, insbesondere in bezug auf bestimmte Zielgruppen und/oder werbliche Schwerpunkte.
- Der Erfahrungsaustausch unter den jeweiligen Spezialisten ist leichter zu gewährleisten.
- Es eröffnen sich neue interessante Karrierewege für qualifizierte Mitarbeiter.

Aber auch mögliche Nachteile im Zusammenspiel zwischen Beratungs- und Betreuungs-Center und Filiale sind erkennbar, denen frühzeitig in geeigneter Form entgegenzusteuern ist:
- Durch „Mehrfachbetreuung" einzelner Kunden kann es zu einem Informationsverlust kommen.
- Kundenbetreuer aus einem räumlich von der Filiale entfernten Beratungs- und Betreuungs-Center haben u.U. nicht die gleiche Marktkenntnis wie die Mitarbeiter vor Ort.
- Es kann zu längeren Bearbeitungszeiten kommen, wenn Zuständigkeiten und Schnittstellen nicht klar definiert sind.
- Bei Unterbesetzung eines Centers können Vertretungsprobleme entstehen.
- Das Center muß über die Marketingaktionen der Filialen zeitnah informiert sein (et vice versa).
- Durch Wegezeiten entstehen zusätzliche Kosten.

Bei der Bildung von Beratungs- und Betreuungs-Centern müssen daher neben ökonomischen Gesichtspunkten auch geografische und demografische Erkenntnisse in die Überlegungen einbezogen werden. Vor allem in Stadtgebieten mit mehreren Standorten kleiner Filialen innerhalb der Stadtgrenzen bietet sich die Bildung an. Schwieriger ist eine Anbindung von Filialen in eigenen Gemeindegebilden, zumal wenn diese sich in geografischer Entfernung vom Standort eines zu bildenden Kompetenz-Centers befinden. Hier ist zu entscheiden, welche Wegezeit der Kunde zugunsten einer von ihm subjektiv empfundenen Serviceverbesserung ggf. bereit ist, in Kauf zu nehmen. Bewährt hat sich in der Praxis auch die Alternative, dem Kunden feste oder flexible Beratungstermine in seiner „Heimatfiliale" anzubieten, die durch einen Mitarbeiter des Centers wahrgenommen werden.

Beide – Kompetenz-Center und Filiale – müssen als Profit-Center agieren und übernehmen damit eine eigene Markt- und Ergebnisverantwortung. Um hier keine interne Konkurrenzsituation zu provozieren, müssen die vom Kompetenz-Center erzielten Erträge in der Erfolgsrechnung der Filiale verbleiben. Sie werden allerdings im Sinne einer Schattenrechnung den Kosten des Centers gegenübergestellt.

4. Ergänzung der Vertriebsstrukturen durch filialübergreifende Support-Center

44 Prozent der Befragten einer Studie finden es gut, wenn sie ihre Bankgeschäfte bequem zu Hause oder vom Büro aus abwickeln können (Spiegel 1996, S. 94). In diesem Zusammenhang hoffen die in den letzten Jahren gegründeten Direktbanken auf die schnelle Bildung eines hohen Marktanteils bei einem Marktpotential, das zur Zeit zwischen 3 und 4 Mio Kunden geschätzt wird (Spiegel 1996, S. 15).

Sicherlich kann die Gründung einer eigenständigen Direktbank durch die Möglichkeit, losgelöst von einem stationären Vertriebssystem eigene Vertriebsstrategien zu entwickeln und umzusetzen, helfen, völlig neue Kundengruppen zu erschließen. Auch ist es für eine filialungebundene Direktbank einfacher, technologische Innovationen einzuführen.

Andererseits wollen 88 Prozent der Bankkunden jedoch „bei Geldangelegenheiten auf persönliche Beratung nicht verzichten" (Spiegel 1996, S. 15). Insgesamt zeigt die erwähnte Studie ein sehr differenziertes Nachfrageverhalten der Bankkunden, das den Schluß zuläßt, daß, unabhängig von der Gründung einer filialunabhängigen Direktbank, dem Angebot von Direct Banking als Ergänzung des filialgestützten Vertriebs eine hohe Bedeutung zukommt.

Bei der Verbesserung der Servicebereitschaft und damit der Kundenzufriedenheit durch Direct Banking spielt das telefongestützte Direktmarketing über sog. Call-Center eine große Rolle. Einfache Call-Center-Funktionen im Rahmen des Telefonbanking sind z.B.
- die Entgegennahme telefonischer Kundenanfragen,
- die Erteilung von telefonischen oder schriftlichen Auskünften, wie Kontostandsabfragen etc.,
- die Entgegennahme von Überweisungsaufträgen.

Ein derart definiertes Call-Center ist allerdings in erster Linie auf die Annahme von Kundenkontakten ausgerichtet, d.h. passiv orientiert. Um einen echten Added Value in der Wertschöpfungskette des filialgestützten Vertriebs beisteuern zu können, muß seine Funktion um zusätzliche aktive Aufgaben in der Vertriebskette resp. Servicebestandteile ergänzt werden. Aus einem Call-Center kann dann ein echtes Support-Center werden und damit eine attraktive Ergänzung und Unterstützung der Filialen bei deren Vertriebsanstrengungen.

Zusätzliche Funktionen, die ein solches Support-Center übernehmen könnte, wären z.B:
- Erfüllung von Standardservicefunktionen (z.B. Einrichtung, Änderung eines Dauerauftrags, Zusendung eines neuen Scheckheftes),
- Nukleus eines zentralen Beschwerdemanagementsystems,
- Durchführung von Direct-Mailing-Marketingaktionen mit anschließendem telefonischem Nachfassen und Vereinbarung von Gesprächsterminen für die Filialen,
- telefonische Beratung und Abschluß bei Anschlußverkäufen in einfachen Produkten (z.B. Prolongation eines Sparvertrags),
- zentrale Inhouseberatungsstelle für Bankmitarbeiter z.B. bei der Einführung neuer Produkte.

Vorteile, die ein Support-Center bietet, sind z.B. die flexibleren, weil von Öffnungszeiten der Filiale unabhängigen Arbeitszeiten (24-Stunden-Banking) und die professionelle Ausbildung der Mitarbeiter. Wegen der hohen Investitionskosten, des notwendigen Spezial-Know-hows und zur Sicherstellung professioneller Qualitätsstandards empfiehlt es sich, derartige Support-Center zu zentralisieren.

Support-Center sind keine Konkurrenz, sondern eine Ergänzung des filialgestützten Vertriebs. Die Erträge fließen voll in die Rechnung der betreuenden Filiale ein. Die Kosten können z.B. mittels einer auftragsbezogenen Abrechnung erhoben werden. Somit ist auch die Führung eines Support-Centers als Profit-Center grundsätzlich denkbar.

5. Ausblick

Anhand von drei Beispielen wurden Möglichkeiten gezeigt, ein filialgestütztes Vertriebssystem durch die Einbindung von Kompetenz-Centern zu ergänzen und zu unterstützen. In einem solchen System kommt den Filialen immer noch die zentrale Rolle in der Beziehung zum Kunden zu. Die Kompetenz-Center übernehmen eine – allerdings wichtige – Komplementärfunktion, die sie jedoch nur im Zusammenspiel mit den Filialen voll erfüllen können. Der entscheidende Schlüssel zu einer Verbesserung der Vertriebskraft und damit der Profitabilität eines Filialsystems sind und bleiben die Mitarbeiter vor Ort. Sie sind der Motor eines vertriebsorientierten Bankensystems.

Die Bildung von Kompetenz-Centern bedeutet einen Eingriff in gewohnte Arbeitsabläufe der Filialen und hat Auswirkungen auf gewohnte und vertraute Arbeitsinhalte der Bankmitarbeiter. Die vollständige Ausrichtung des Filialsystems auf Beratung und Vertrieb tangiert in erheblicher Weise das tradierte Selbstverständnis vieler Bankmitarbeiter. Lange gültige Wertmaßstäbe, wie z.B. Höhe der Kreditkompetenz, Breite des Aufgabenfeldes, Erfüllung von Repräsentationsaufgaben vor Ort, verlieren zugunsten neuer Aufgabeninhalte und damit verbundener Rollenverständnisse, wie z.B. teamorientierter

Führung, aktives Vertriebsmanagement, Sicherstellung einer hohen Kundenzufriedenheit. Diese neuen Wertmaßstäbe müssen allerdings die Nachhaltigkeit ihrer Anwendung erst noch unter Beweis stellen. Hinzu kommt, daß der Filialmitarbeiter und in besonderem Maße der Filialleiter nicht mehr in allen Fällen der uneingeschränkte, alleinige Gesprächspartner der Kunden ist, woraus mitunter ein Ansehens- und Kompetenzverlust befürchtet wird.

Bei allen Veränderungen, die sich derzeit im Privatkundengeschäft vollziehen, muß sich die Veränderungsgeschwindigkeit daher zwar am Wettbewerb orientieren, darf aber die Anpassungsfähigkeit der i.d.R. zahlenmäßig größten Mitarbeitergruppe einer Bank nicht außer acht lassen.

Daher ist die enge vertrauensvolle und partnerschaftliche Zusammenarbeit zwischen Filiale und Komptenz-Center von entscheidender Bedeutung für den gemeinsamen Erfolg. Im Mittelpunkt aller Maßnahmen und Aktivitäten müssen stets die gemeinsamen Vertriebs- und damit die Kundeninteressen stehen.

Literatur

BfG-Bank AG, Geschäftsbericht 1995

Deutscher Sparkassen- und Giroverband: S-Finanzgruppe in Zahlen, Jahresbericht 1995

Krupp, G.: Erfolgsstrategien für parallele Vertriebskanäle im Privatkundengeschäft, in: Die Bank 12/1996, S. 712ff

Spiegel Studie: Soll und Haben 4/1996

Retention-Marketing im Retail Banking

Prof. Dr. Dr. Oskar Betsch, Technische Hochschule Darmstadt

1. Wettbewerbsszenario

1.1 Marktbetrachtung

Aufgrund ihrer zentralen Stellung im Wirtschaftsprozeß sind Kreditinstitute unmittelbar von Veränderungen in fast allen Bereichen ihrer politischen, gesellschaftlichen, technologischen und wirtschaftlichen Umwelt betroffen. Dieses komplexe Umfeld hat sich insbesondere in den 90er Jahren fundamental verändert. Die Veränderungen haben bewirkt, daß sich die Branche derzeit in einem gravierenden Umwälzungsprozeß befindet. So sieht auch die Bank für Internationalen Zahlungsverkehr (BIZ) auf ihrer 66. Generalversammlung die Bankensektoren in den Industrieländern einem noch nie dagewesenen Druck zu grundlegender Restrukturierung und Konsolidierung ausgesetzt (o. V. 1996 a, S. 35) und fordert von den Instituten Flexibilität, um diesen Strukturwandel, dessen Kräfte sich noch weithin bemerkbar machen werden, zu bewältigen (o. V. 1996 b, S. 1).

Die Kreditinstitute drangen in der Vergangenheit in Kerngeschäftsfelder der jeweiligen anderen Gruppe ein, so daß heute alle traditionellen Banken konform am Markt auftreten, was zu einem typischen Verdrängungswettbewerb geführt hat. Darüber hinaus ist festzustellen, daß die Markteintrittsbarrieren für neue Mitbewerber weiter sinken. Als Gründe hierfür gelten insbesondere Deregulierungsmaßnahmen sowie die neuen Medien, welche es ermöglichen, neue Wege des Vertriebs ohne kostenintensives Geschäftsstellennetz zu erschließen. Die traditionellen Kreditinstitute stehen in zunehmenden Maße im Wettbewerb zu Near- und Non-Banks, wie etwa Strukturvertrieben, Kreditkartengesellschaften, Fonds-Boutiquen, Brokern, Anlage- und Vermögensberatern, Industrieunternehmen und dem Handel, welche sich durch andere Strukturen und Verhaltensweisen heute bereits vielfach kundenfreundlicher präsentieren können als Kreditinstitute. Hinzu kommen als Mitwettbewerber Versicherungen, Bausparkassen und Investmentgesellschaften sowie Direktbanken. Gleichzeitig werden die Bankprodukte immer homogener, können leichter und schneller imitiert werden (Burchard/Hagen 1995, S. 30; Schuster 1995, S. 922) und die Transparenz des Marktes steigt.

1.2 Kundenverhalten

Sieht man von der persönlichen Wirtschaftslage und den spezifischen Service- und Beratungsbemühungen eines Kreditinstitutes ab, so werden Verhalten und Verhaltensspielraum eines Kunden bei der geldgeschäftlichen Beratung einerseits durch seine das Bankgeschäft betreffenden oder berührenden Kenntnisse, Fähigkeiten und Erfahrungen, andererseits durch seine auf die Situation einwirkenden Motive und Orientierungen bestimmt.

Allgemein haben sich die Erwartungen gegenüber Kreditinstituten durch ein gestiegenes Bildungsniveau und eine Demokratisierung des Wohlstandes (Epple 1991, S. 546) auf breiter Front erhöht. Bei wachsendem Einkommen ist eine Tendenz zu Mehrfachbankverbindungen mit daraus resultierendem offensiven gegeneinander Ausspielen und sogar komplettem Bankwechsel (Köcher 1992, S. 6) festzustellen. Die ehemals so festen Hausbankbeziehungen erodieren. 79 % der Privatkunden haben zwei und mehr Bankverbindungen; 40 % davon verfügen über zwei, 25 % über drei und 14 % sogar über vier Bankverbindungen (Capital/psychonomics 1995, S. 8). Die Loyalität zur traditionellen Hausbank wird durch eine Transaktionsorientierung abgelöst (Burchard/Hagen 1995, S. 30).

Der Privatkunde ist emanzipiert (Szallies 1993, S. 46). Er ist durch Fachzeitschriften, Wirtschaftszeitungen, spezielle Sendungen in Funk und Fernsehen und die mit dem technischen Fortschritt einhergehenden Veränderungen wie Internet oder Börseninformationssysteme deutlich besser informiert als früher. Seine Hemmschwelle gegenüber der Technik sinkt kontinuierlich, durch steigende Selbstbedienung verliert er allerdings immer mehr den Kontakt zu „seinem" Kreditinstitut. Er verlangt Kompetenz und Komfort (o. V. 1990, S. 10), weshalb sich seine eventuell vorhandene Unzufriedenheit in zunehmendem Maße auf die Beratung und den Service als auf die Produkte an sich bezieht (Schlesinger/Heskett 1992, S. 109). Dabei darf nicht verkannt werden, daß diese kritisch eingestellten Konsumenten, die sogenannten „smart shopper", danach streben, höchstmöglichen Nutzen aus den ihnen zur Verfügung stehenden Mitteln zu ziehen. Diese Kunden erwarten von jedem angebotenen Produkt oder jeder Dienstleistung den Beweis, daß sie es wert ist, gekauft oder in Anspruch genommen zu werden.

Die Konsumenten-Komplexität hat vehement zugenommen. Wir leben in einer Gesellschaft der vielen Möglichkeiten und es existieren Anbieter, welche die Anzahl und Attraktivität der Wahl-Alternativen systematisch erhöhen. Alles wird vielfältiger, reichhaltiger und differenzierter. Die Kunden reagieren auf diese Multi-Optionsmöglichkeiten mit der Auflösung fester Verhaltensnormen. Dies führte in der Kreditwirtschaft zu erheblichen Kundenwanderungstendenzen. Obgleich die Kundenzahlen (Haupt- und Nebenkundenverbindungen) bei den meisten Kreditinstituten gleich bleiben oder eventuell sogar leicht ansteigen, ist davon auszugehen, daß jährlich ca. 10 % der Kunden fluktuieren (jedes Jahr verlassen die Bank 10 % und 10 % werden neu hinzugewonnen). Dieses Revolving-door-Syndrom ist in der Regel ein Ausdruck der Kundenunzufriedenheit. Bei sehr zufriedenen Kunden ist die Wahrscheinlichkeit eines Wiederkaufs, einer Weiterempfehlung oder eines Zusatzkaufs höher als bei gerade zufriedengestellten Kunden (Meyer/Dornach 1995, S. 165 f.; Scherer 1994, S. 11). Kundenbindung bzw. Kundenloyalität führen zu höheren Erträgen, bedingt z. B. durch längere Kundenbindungsdauer, geringere Preiselastizität und geringere Kosten hinsichtlich der Akquisition von Kunden (Homburg/Rudolph 1995, S. 49). Neukunden zu gewinnen ist vier- bis sechsmal teurer, als Altkunden zu binden (Bruhn 1996, S. 7), und eine Senkung der Kundenabwanderungsrate um 5 % bewirkt je nach Branche eine Gewinnsteigerung von 25 bis 85 % (Kappeler 1995, S. 60). Andererseits dauert es ungefähr zwei Jahre, bis ein Neukunde profitabel ist (Furlong 1993, S. 12).

2. Ansätze des Retention-Marketing

2.1 Ziele und Abgrenzung des Retention-Marketing

Retention-Marketing muß beim Problem der Kundenabwanderung ansetzen. Eine gezielte Vorgehensweise erfordert eine Marktsegmentierung, um

- anhand der Kundenkalkulation Ergebnisgrößenklassen zu bilden,
- die Merkmale der attraktiven/unattraktiven Kundengruppen zu ermitteln,
- die unattraktiven Kundengruppen auf positive Merkmale zu untersuchen.

Damit ist festzustellen, welche Teile der bestehenden Geschäftsverbindungen für die Bank attraktiv sind und welche nicht.

Danach müssen folgende Fragen beantwortet werden (Betsch 1988, S. 113):

- Welche Möglichkeiten bestehen, die heute unattraktiven Segmente rentabel zu machen?
- Welche Rolle spielen die definierten Sektoren für die Bilanzstruktur?
- Welche Beziehungen bestehen zwischen den defizitären und den gewinnbringenden Segmenten?
- Erlaubt das Selbstverständnis der Bank einen Abbau der unrentablen Segmente?

Hieraus sind dann entsprechende Maßnahmenbündel zu entwickeln und die strategischen Alternativen sowohl quantitativ als auch qualitativ zu bewerten (Betsch 1988, S. 113). Ziel des Retention-Marketing ist es, vom bisherigen Kundenstamm die profitablen Kunden mit Finanzdienstleistungen möglichst umfassend zu versorgen, zufriedenzustellen und dauerhaft an das Kreditinstitut zu binden und dadurch die Erlöse pro Kunde und gleichzeitig die Gesamterlöse zu erhöhen.

Beim Retention-Marketing handelt es sich um eine Fokussierung der Marktaktivitäten auf langfristig angelegte, intensive, vertrauensvolle und rentable Geschäftsbeziehungen. Eine solche Neuorientierung gewinnt wegen des Trends zur Individualisierung des Leistungsangebots, der Neustrukturierung von Wertschöpfungsketten und der damit verbundenen Vernetzung sowie der steigenden Bedeutung emotionaler Komponenten im Rahmen der Kundenbeziehung strategische Bedeutung. Retention-Marketing weist Deckungsflächen zum Quality Banking einerseits und zum Relationship-Marketing andererseits auf, qualifiziert sich jedoch dadurch, daß das zur Verfügung stehende Instrumentarium ausschließlich auf bestehende Geschäftsbeziehungen mit dem Ziel der Kundenbindung eingesetzt wird. Es bietet Chancen zum Aufbau neuer Wettbewerbsvorteile und eine Abkehr von in Kreditinstituten tradiertem produktorientiertem Denken.

2.2 Strategierahmen im Retail Banking

Das primäre Ziel des Retention-Marketing ist die absolute Kundenorientierung mit den sich daran anschließenden positiven Effekten für das Kreditinstitut. So finden sich heute bei vielen Unternehmen Schlagworte wie „Customer in Focus" oder „First Customer Care". Dies ist zwar häufig gut gemeint, weil die Tendenz richtig erkannt wurde. „Kundenorientierung" als Schlagwort ist jedoch oftmals zu einem Allgemeinplatz geworden, wird nicht ernst genommen, und es fehlen weitgehend Strategien zur Umsetzung.

Retention-Marketing kann man nicht mit bloßen Retuschen am heutigen Marktauftritt der Kreditinstitute betreiben. Es wird unabdingbar sein, ein ganzes Bündel neuer Strategien durchzusetzen. Dabei stehen folgende Faktoren im Vordergrund:

- die konsequente Ausrichtung der Geschäftstätigkeit auf die Bedürfnisse der Retail-Kunden,
- die Schaffung und Einführung neuer Vertriebskanäle,

- die Standardisierung und Vereinfachung der Produktpalette bei möglichst gleichzeitiger Individualisierung,
- die Konzipierung von Bonusprogrammen im Rahmen der Preispolitik,
- die zeitgerechte Bereitstellung der notwendigen Technologieunterstützung sowie
- die Schaffung der entsprechenden Human Resources, die für das Retail Banking erforderlich sind.

Eine verstärkte Kundenbindung mit dem Ziel der Verminderung von Kundenabwanderungen und verstärkter Nutzung der Leistungspalette des eigenen Kreditinstitutes läßt sich nur über eine Differenzierung gegenüber den Mitwettbewerbern erreichen. Eine Differenzierung von den Mitwettbewerbern läßt sich über die Qualität, den Preis, die Kundennähe (Blatter 1995, S. 8) und flexibles Anpassen an veränderte Marktbedingungen erzielen (Rausch 1996, S. 256). Dabei wird die Dienstleistungsqualität immer mehr zu einem strategischen Wettbewerbsfaktor (Rodewald 1995, S. 2; Bruhn/Stauss 1995, S. 5). Speziell die Servicequalität wird zu einem wirksamen und vom Wettbewerb schwer zu kopierenden Weg zur Differenzierung und zu einem entscheidenden Profilierungsmerkmal im Finanzdienstleistungssektor werden. Bei Serviceleistungen handelt es sich um alle Dienstleistungen, die für den Kunden einen Zusatznutzen darstellen und zusätzlich zur eigentlichen Kernleistung geboten werden. Für das Retail Banking sind dies alle über den Produktverkauf bzw. die Ausführung des Zahlungsverkehrs hinausgehenden Leistungen (Müller/Guigas 1994, S. 37). Vor allem bei elementaren Bankleistungen – ohne hohen Beratungsaufwand – spielen neben der zur Verfügung gestellten Technikausstattung vor allem personenbezogene Komponenten, das Mitarbeiterverhalten respektive die „menschliche Qualität“ (Hahn 1995, S. 665) eine wesentliche Rolle (Hecker 1996, S. 261; Schmid 1992, S. 29; Beitner 1994, S. 330). Um die Servicequalität zu optimieren, ist es entscheidend, die Kundenerwartungen zu kennen und den eigenen Service daran auszurichten, denn letztlich entscheidet der Kunde darüber, ob eine Leistung gut oder schlecht ist. Die Grundlage für Servicequalität kann demnach nur eine konsequente Kundenorientierung sein. Das Erfüllen der Kundenanforderungen führt zu Zufriedenheit und erhöht die Loyalität gegenüber dem Kreditinstitut, was wiederum die Basis für finanziellen Erfolg darstellt (Rapp 1995, S. 10 f.; Stauss/Seidel 1995, S. 181).

2.3 Kundenzufriedenheitsforschung als Basis des Retention-Marketing

Charakteristika von Bankleistungen

Bankleistungen zeichnen sich durch folgende Merkmale aus: Abstraktheit, Immaterialität, fehlende Patentierbarkeit, Intangibilität, Unteilbarkeit, Individualität und der Dominanz des Leistungsversprechens. Aufgrund der Zeitgleichheit von Produktion und Absatz sind Bankleistungen nicht lagerfähig und der Kunde wirkt direkt an der Leistungserstellung als externer Faktor mit (Diedrich 1994, S. 568). Anhand dieser Merkmale läßt sich erkennen, daß Bankleistungen kaum über sogenannte „search attributes" verfügen, durch die der Kunde schon vor dem Kauf der Leistung ihre Qualität beurteilen könnte (Zeithaml 1981, S. 186), die „experience attributes" spielen eine weitaus größere Rolle (Hentschel 1995, S. 349).

Begriffliche Einordnung der Kundenzufriedenheit

Stehen die Anforderungen der Kunden im Mittelpunkt der Betrachtung, so ist von einem subjektiven Qualitätsbegriff auszugehen. Dabei ist die Kundenzufriedenheit ein subjektiver Qualitätsmaßstab (Touch Quality) und häufig weder identisch mit der „objektiven" Produkt-Qualität noch mit der von den Mitarbeitern vermuteten Qualität ihrer Dienstleistung (Meyer/Dornach 1995, S. 163). Durch den Vergleich der pre-konsumtiven Erwartungen (Soll-Leistungen) und der tatsächlich erlebten Leistung (Ist-Leistung) entsteht bei jedem Kunden Zufriedenheit bzw. Unzufriedenheit (Rapp 1995, S. 6).

Die Kundenerwartungen werden durch eine Reihe von durch das Unternehmen nicht oder nur bedingt zu beeinflussenden Faktoren geprägt. Das sind z. B. Erfahrungen mit anderen Unternehmen, Werbung, die psychologische Verfassung zum Zeitpunkt der Bedienung (Davidow/Uttal 1995, S. 272), situationsabhängige Ansprüche an die Problemlösung, Mund-zu-Mund-Kommunikation (Bruhn 1996, S. 25 f.), sich verändernde Bedürfnisse der Kunden sowie Innovationen der Wettbewerber (Schuster 1986, S. 144; Davidow 1991, S. 207). Die Zufriedenheit ist das Ergebnis einer Ex-post-Beurteilung und setzt somit ein konkretes selbsterfahrenes Konsumerlebnis voraus (Stauss/Seidel 1995, S. 182). Die dabei der Kundenzufriedenheit zugrunde gelegte Definition wird als Confirmation/Disconfirmation-Paradigm bezeichnet und entspricht der gängigen Konzeptualisierung von Kundenzufriedenheit.

Neben der Diagnose des Stellenwertes einzelner Qualitätsmerkmale und dem Grad der Zufriedenheit ist es wichtig, die Toleranzbereiche zu erkennen, in denen der Kunde keine wesentlichen Qualitätsunterschiede empfindet. Allerdings kann nicht von *der* Kundenzufriedenheit gesprochen werden. Möglich ist eine Differenzierung in Global- und Teilzufriedenheit (z. B. Transaktions-, Episoden- und Kontaktpunktzufriedenheit, Stauss/Seidel 1995, S. 191). Die Globalzufriedenheit ergibt sich aus der Zufriedenheit mit einzelnen Merkmalen der Dienstleistung (Multiattributansatz oder merkmalsorientierter Ansatz, Stauss/Seidel 1995, S. 183). Die Servicezufriedenheit stellt demnach das Ausmaß der Bedürfnisbefriedigung dar, das durch den Service eines Kreditinstitutes gestiftet wird.

Empirische Untersuchungen zur Kundenzufriedenheit und den Serviceanforderungen

Zu Kundenwünschen bei Bankverbindungen liegen diverse empirische Untersuchungen vor, die hinsichtlich der Aspekte Kundenzufriedenheit und Serviceanforderungen analysiert und anhand der Globalzufriedenheit und servicerelevanten Merkmalen dargestellt werden sollen.

In einer vom EMNID 1994 durchgeführten Umfrage gaben 33 % der Interviewten an, sich „oft" bzw. „sehr oft" über schlechten Service in Banken, Restaurants etc. zu ärgern (EMNID 1994, S. 6 f.). Bei einer Umfrage von IPOS im März 1995 antworteten auf die Frage „Und wie zufrieden sind Sie mit den Leistungen Ihrer Bank oder Sparkasse?" 24,7 % der Personen mit „sehr zufrieden" und 59,7 % mit „zufrieden" (IPOS 1995, Frage 24).

Eine der bekanntesten Erhebungen zur Kundenzufriedenheit ist das jährliche „Deutsche Kundenbarometer". Bei der Globalzufriedenheit erreichten Banken 1995 einen Durchschnittswert von 2,43 bei einer Fünf-Punkte-Skala (1 = vollkommen zufrieden, 5 = unzufrieden), was 52 % sehr zufriedener und 40 % zufrieden gestellter Kunden entspricht (Meyer/Dornach 1996, S. 27). Banken und Sparkassen lagen damit im Vergleich zu anderen Branchen im oberen Mittelfeld. Spitzenreiter waren die Sparda-Banken (2,0) gefolgt von der Citibank und der Commerzbank (Meyer/Dornach 1996, S. 28).

An sehr unfreundlichem Personal nahmen 72 % der Befragten der EMNID-Erhebung Anstoß, 61 % an mangelnder Hilfsbereitschaft und 56 % an langen Wartezeiten und mangelnder Kulanz bei Beschwerden (EMNID 1994, S. 6 f.). Bei einer von A. T. Kearney durchgeführten telefonischen Studie stellte sich heraus, daß die Servicequalität deutscher Banken deutlich schlechter als die amerikanischer Institute ist (Kearney-Servey 1994, S. 51). In der BRD gab es bei einzelnen Instituten eine sehr viel weitere Streuung der Servicequalität als dies bei US-amerikanischen Banken der Fall war (Burchard/Hagen 1995, S. 49). Negativ waren die mangelnde Produktivität der Bankmitarbeiter, daß sie gestreßt und unhöflich waren, die Anrufer meist nicht mit Namen ansprachen, die schlechte Erreichbarkeit und unnötiges Weiterverbinden (Burchard/Hagen 1995, S. 49 f.). Bei einem Durchschnittswert (aller getesteten deutschen Institute) der Servicequalität von 53 % erreichte die Commerzbank mit 62 % den Spitzenwert, während die beste amerikanische Bank bei 88 % lag (Kearney-Servey 1994, S. 18 u. 25).

Nach einer Capital-Umfrage wünschen sich Bankkunden vor allem mehr Service (22 %), aktive Kundenansprache (8 %) und längere Öffnungszeiten (5 %). Bemängelt wurden vor allem schlechter Service (18 %), unfreundliches und inkompetentes Personal (11 %), Öffnungszeiten (6 %), Wartezeiten (5 %), Langsamkeit (4 %) und unzureichende telefonische Erreichbarkeit (1 %) (Braun/Kahlen 1995, S. 200 f). Besonders wichtig erachten 58 % das sofortige Nennen eines kompetenten Ansprechpartners bei einem persönlichen Gesprächswunsch (Capital/

psychonomics 1995, S. 19). Das Prädikat „sehr gut" würden die Bankkunden einem Institut u. a. aus folgenden Gründen geben: guter Service (27 %), Freundlichkeit (19 %), Kompetenz (9 %) und Schnelligkeit (6 %) (Capital/psychonomics 1995, S. 61 f.).

3. Retention-Marketing als Managementaufgabe

Wie die empirischen Untersuchungen zur Kundenzufriedenheit zeigen, sollte bei Kreditinstituten der Kunde im Mittelpunkt der Geschäftspolitik stehen. Retention-Marketing muß als strategisches Geschäftsfeld verstanden werden. Sowohl operative als auch strategische Maßnahmen der Kundenbindung müssen Teil der Unternehmensplanung und damit der Unternehmensziele werden. Sollte dies nicht der Fall sein, dann wird die Umsetzung einer Retention-Marketing-Strategie sowie deren Akzeptanz und die Identifikation der Mitarbeiter mit Kundenbindungsstrategien erschwert, wenn nicht gar unmöglich gemacht.

Zielsetzung des Retention-Marketing als strategische Ausrichtung eines Kreditinstitutes ist der Aufbau und die Sicherung differenzierter Kundenbindungsstufen, die in ihrer unterschiedlichen Ausprägung von den jeweiligen Kundensegmenten als solche empfunden werden und diesem Anspruch bei einer Überprüfung standhalten. Eine solche Neuausrichtung erfordert die Entflechtung traditioneller aufbau- und ablauforganisatorischer Strukturen, auf die hier allerdings nicht eingegangen werden soll, ebenso wie die Veränderung der Denkhaltung beim Management und den Mitarbeitern.

Die entscheidenden Differenzierungsmöglichkeiten der Kreditinstitute am Markt ergeben sich durch unterschiedlich zu gewichtende Komponenten und deren Zusammenwirken. Dies sind u.a. der Zufriedenheitsgrad der Kunden, der Motivationsgrad und vor allem die menschliche Qualität, die Innovationsfähigkeit aber auch die strategische Sensibilität.

3.1 Leistungsspektrum und Produktpolitik

Das Management muß detailliert untersuchen, welche Produkte die Bedürfnisse der Kunden bei Anlagen und Darlehen sowie im Zahlungsverkehr effizient erfüllen. Hierbei stellen sich zwei Grundsatzfragen:

- Sind die Kunden mit den ihnen offerierten Finanzdienstleistungen wirklich zufrieden?
- Wählen sie die heutigen Dienstleistungen weiterhin, auch wenn realistische Kosten verrechnet werden?

Die damit angerissene Kernproblematik ist durch die viel zu große Produktpalette der einzelnen Institute entstanden. Retention-Marketing muß im Leistungsbereich bei einer Straffung der Produktpalette und Rückführung in zielgruppenadäquate modulare Hauptleistungsbereiche, die den Bedürfnissen der anvisierten Kundengruppe entsprechen, ansetzen. Die Lösung ist nicht in einer EDV-mäßigen Beherrschung dieser Komplexität zu suchen, sondern es geht um die Vereinfachung und Reduzierung einer im Laufe der Jahre immer aufgeblähteren Produktpalette (Schuster 1993, S. 7). Die große Zahl der heutigen Leistungen (allein über 80 im Schalterbereich) ist mehr ein Produkt kreativer Stabsabteilungen als ein Ergebnis kundenbedürfnisorientierten Handelns.

Kreditinstitute in Form von sogenannten „Bauchladenanbietern", die im Extremfall ein umfassendes Angebot zu einem günstigen Preis mit möglichst hoher Kundennähe (Omnipräsenz) anbieten, werden es schwer haben. Ohne ein pointiertes zielgruppenspezifisches Profil werden solche Institute immer mehr zum Me-too-Anbieter (Benölken/Wings 1994, S. 32), die der Kunde allzu leicht vergißt.

Mit Produkten kann der abbröckelnden Kundenloyalität nicht begegnet werden. Sie sind im Regelfall kurzfristig austauschbar. Eine allein auf Preis- und Produktpolitik ausgerichtete Wettbewerbsphantasie ist im gegenwärtigen Marktstadium nur noch begrenzt erfolgversprechend. Dies schon deshalb, weil die Kunden den Nutzen so mancher Bankleistung heute mit anderen Augen sehen als vor zehn oder gar zwanzig Jahren (Bühler 1993, S. 110). Die Erneuerungsprozesse müssen künftig beim Zusatznutzen der Produkte ansetzen. Sonst bleibt das Kreditinstitut mit seinem scheinbar exzellenten Produkt in einem in der Kreditwirtschaft speziell ausgeprägten Innovations- und Imitationswettbewerb (Schuster 1986, S. 140 ff.), der auf fehlende Schutzmöglichkeiten für bankbetriebliche Innovationen zurückzuführen ist (Kaiser 1989, S. 6), allein, weil es nur auf die Überzeugungskraft des Produktes gesetzt hat.

Produkte können das geforderte Faszinosum kaum noch durch materielle Qualität erbringen. Deshalb fordern die Bankkunden immer deutlicher Serviceleistungen und Interpretationsmuster über dem Produkt, die Hardware allein reicht nicht mehr aus.

Der Wertewandel bewirkt, daß es immer mehr Menschen gibt, die nicht in der Masse untertauchen wollen. Traditionelle Marketingstrategien haben es deshalb zunehmend schwer, die stark wachsende Differenzierung menschlicher Sehnsüchte und Forderungen zu berücksichtigen. Letztendlich zeigt dies, daß das Anbieterdenken des traditionellen Marketings durch die individuelle Verschmelzung mit den Kunden (Interfusion) überwunden werden muß. Es müssen Systeme gefunden werden, die es ermöglichen, individuelle Wünsche, Ziele, Bedürfnisstrukturen incl. des fließenden Wertewandels des Individuums so zu erfassen, daß je nach Konstellation vielfältige, aber in sich gleichartige Standardlösungen angeboten werden. Die Konsequenz hieraus muß ein Baukasten-Prinzip bzw. eine LEGO-Strategie sein. Aus einer begrenzten Anzahl uniformer Basiselemente muß letztendlich eine große Menge individueller Lösungen zusammengestellt werden (Bernet 1995, S. 42). Das Angebot einer Vielzahl von Monoprodukten hat keine Zukunft. Kreditinstitute brauchen mehr Flexibilität und mehr Fragmentierungsqualität. Dies ist der Trend zum Private Product. Finanzprodukte müssen fließend nach den fließenden Wünschen von immer mehr Fragmenten hergestellt werden, wenn es sein muß sogar als Unikat.

3.2 Preispolitik

Die Zins- und Gebührenpolitik der Kreditinstitute stand im vergangenen Jahrzehnt stärker in der öffentlichen Diskussion als die Preispolitik vieler anderer Wirtschaftszweige. Entscheidenden Anteil an diesem öffentlichen Interesse (Krupp 1991, S. 5) hatten einerseits die Gebühren im Zahlungsverkehr, andererseits Quersubventionierungen und verdeckte Ertragsquellen, deren primäres Ziel die Erwirtschaftung von Deckungsbeiträgen zur Abwicklung des defizitären Zahlungsverkehrs waren. Der Ergebnisbeitrag der Girokonten wird mit nur 7 Prozent der Konten erwirtschaftet (Krupp 1993, S. 81).

Da nahezu jeder Bundesbürger über eine Bankverbindung verfügt, hat sich das Preisinteresse jedes einzelnen für die Bankpreise verstärkt. Daß Bankpreise zwischenzeitlich zu den „politischen" Preisen zu rechnen sind, ist ein Faktum geworden (Rapp 1992, S. 1; Otto 1995, S. 4). Gegenüber Verbraucherverbänden, Politikern, vor allem aber den Medien müssen die Kreditinstitute ständig Rechtfertigungsversuche abgeben, wobei sie sich den Begründungszwang zum Teil selbst zuzuschreiben haben. Auch die nachlassende Kundentreue ist auf eine gestiegene Preisempfindlichkeit zurückzuführen. Die Preise der Kreditinstitute stehen verstärkt auf dem Prüfstand und für Commodity-Produkte besteht eine nahezu vollkommene Preistransparenz. Die Preispolitik hat somit für die Kreditinstitute an Bedeutung gewonnen. In einem noch stärker umkämpften und in Bewegung geratenen Markt wird in Zukunft ein Spektrum höchst unterschiedlicher preispolitischer Modelle miteinander im Wettbewerb stehen.

Im Rahmen des Retention-Marketing kann es dabei nicht um die in der Kreditwirtschaft immer häufiger anzutreffenden Sonder-, Jubiläums- und Einführungsangebote (Morschhäuser 1993, S. 32 f.) mit Dumpingpreisen gehen, da diese Preise zum Rosinenpicken verleiten und einer Kundenbindungsstrategie diametral entgegenstehen. Darüber hinaus fließen vagabundierende Kundengelder schnell wieder ab, wenn das Institut zu marktkonformen Verhältnissen zurückkehrt. Mit dem Prinzip der Ausgleichskalkulation (Krümmel 1964, S. 121 ff.) wird beabsichtigt, den Kunden durch das günstige Angebot von Basisleistungen zur Nachfrage nach Folgeprodukten zu bewegen. Diese Strategie wird in Zukunft kaum noch aufgehen. Ebenso auszuschließen ist eine Strategie der „Dauerniedrigpreise", die derzeit von den meisten Direktbanken verfolgt wird, da die Kostenstruktur einer Filialbank eine derartige Preispolitik langfristig nicht ermöglicht. Um die Kundenbindung zu erhöhen und die Kunden gegenüber den Lockvogelangeboten resistent zu machen, bieten sich vor allem Strategien zur Preisbündelung sowie nichtlineare Preisstellungen mittels Bonussystemen an.

Ein Grundsatz der Preispolitik im Retention-Marketing muß die Dominanz des Verursachungsprinzips und eine weitgehende Abkehr von der Quersubventionierung, der kompensatorischen Preisstellung, sein. Defizitäre Produkte oder Kundenbeziehungen zu subventionieren, ist nicht nur kalkulatorisch unvertretbar, sondern gegenüber den auf diese Weise stärker belasteten Kunden auch nicht haltbar.

Das Verursachungsprinzip entspricht dem Selbstverständnis der Bankkunden über eine faire Preispolitik und dient gleichzeitig zur dauerhaften Erhaltung der Wettbewerbsfähigkeit des Kreditinstitutes. Die Anwendung des Verursachungsprinzips geht allerdings weit über die Verrechnung kostendeckender Preise im Zahlungsverkehr hinaus. Es schließt die Kalkulation adäquater Risikoprämien im Kreditgeschäft ebenso ein wie die Berechnung von Preisen für bestimmte Beratungsleistungen. Für letzteres ist allerdings eine Entbündelung der Preise erforderlich, d. h. die Beratung als Dienstleistung ist von der Transaktion, der Verwaltung und dem Geldgeschäft abzukoppeln. Diese Überlegungen werden für die Kreditwirtschaft um so dringlicher, wenn sich der Bankkunde in einer Filialbank beraten läßt und sich die Bankleistung bei einer Direktbank ohne Beratung billig besorgt. In der Kreditwirtschaft ist diese Trennung bislang nur in einigen wenigen Fällen erfolgt, wie z.B. beim Wertpapiergeschäft der Dresdner Bank, wo die Wertschöpfungskette in die Elemente Handel, technische Abwicklung und Beratung aufgespalten wird (Platzek 1995, S. 14).

Unter Beachtung des Verursachungsprinzips stellt die Preisbündelung im Rahmen des Retention-Marketings eine interessante Preisstellungsvariante dar. Preisbündelung bedeutet, daß die Preise nicht mehr nur für einzelne absatzfähige Leistungselemente festgelegt werden, sondern daß mehrere selbständige Absatzleistungen in einem neuen Angebot mit einem eigenen Preis zusammengefaßt werden.

Für das angebotene Leistungspaket muß dann ein Preis festgelegt werden, der unter der Summe der Einzelpreise bleibt. Dabei handelt es sich bei der Preisbündelung nicht nur um einen „Rabatt" für die paketmäßige Inanspruchnahme mehrerer Finanzdienstleistungen, weil der Paketpreis hinreichend attraktiv erscheint, sondern über dieses Bündel-Cross-Buying wird gleichzeitig eine entsprechende Kundenbindung erreicht.

Als Preisstrategie im Rahmen des Retention-Marketing bietet sich auch eine nichtlineare Preissetzung im Rahmen von Bonusprogrammen an. Der Bonus ist grundsätzlich ein Mittel der Preispolitik (Meffert 1986, S. 348; Diller 1991, S. 227) und ist Teil der konditionspolitischen Entscheidungen. Innerhalb dieser Entscheidung ist der Bonus ein Instrument der Rabattpolitik, wobei ein Bonus den Mengenrabatten zugeordnet wird (Meffert 1986, S. 346 ff.). Da sich der Bonus nach der Leistungsabnahme innerhalb einer Abrechnungsperiode richtet, handelt es sich um einen periodenbezogenen Mengenrabatt. Ein Bonus wird nachträglich entweder direkt als Rückvergütung oder indirekt als Naturalrabatt in Form von Zugaben gewährt (Männel 1974, S. 14 ff.). Derart könnten auch Bonusprogramme von Kreditinstituten aufgebaut werden.

Dem Bonusberechtigten könnten Zugaben in Form von Preiszugeständnissen oder Sachleistungen gewährt werden.

Für den Einsatz von Bonussystemen in Kreditinstituten sprechen mehrere Gründe. Im Zentrum steht in der Regel die Intensivierung der Kundenverbindung. Damit eng verbunden ist das Cross-Buying sowie der Versuch, den direkten Preiswettbewerb in bestimmten Marktsegmenten für die eigene Produktpalette zu reduzieren (Bernet 1996, S. 734).

Bei der preislichen Belohnung über ein Bonussystem muß selbstverständlich das Primat der Kostendeckung als langfristige Preisuntergrenze, zuzüglich eines angemessenen Gewinnzuschlags berücksichtigt werden, da die Loyalitätsbelohnung die Wettbewerbsfähigkeit des Anbieters nicht schwächen, sondern stärken soll (Neumann 1992, S. 29). Um die beabsichtigte Kundenreaktion zu erreichen, verlangt andererseits das Bonussystem eine entsprechende preisliche Belohnung oder Zugaben, welche die angestrebten Wirkungen auslösen. Somit kommt es zum einen auf die Höhe des Bonus, zum anderen auf dessen Gestaltung an. Während die Höhe des Bonus im Spannungsfeld von Kosten-, Kunden- und Konkurrenzorientierung steht, erfordert dessen Gestaltung Verständlichkeit, Nachprüfbarkeit, Kontinuität und Kreativität.

Da der Grundgedanke des Bonussystems die Förderung der Kundenbindung ist, müssen die Konditionen für die Kunden um so günstiger sein, je mehr Leistungen sie aus dem angebotenen Sortiment nachfragen (Singer 1992, S. 524) und werden somit besser gestellt als Kunden, die aus dem Sortiment nur einzelne Leistungen „herauspicken". Es sind selbst „Familien-Bonussysteme" nach dem Muster des Gruppentarifs von Versicherungen denkbar (Priewasser 1994, S. 220).

Vermutlich als erstes Kreditinstitut im deutschsprachigen Raum hat der Schweizerische Bankverein ein Frequent Banking Konzept entwikkelt, um dem Problem der abnehmenden Kundenloyalität zu begegnen. Dabei werden im Rahmen eines Club-Systems (KeyClub) Boni nicht mehr produkt- sondern kundenorientiert angewandt, und somit die ausgelobte Prämie nach der gesamten Geschäftsbeziehung der Kunden bemessen (Schlechthaupt/Gygax 1995, S. 24). Um am KeyClub teilnehmen zu können, muß sich der Kunde anmelden und erklärt sich dabei bereit, die Kommunikation mit dem Schweizer Bankverein zu intensivieren (Schlechthaupt/Gygax 1994, S. 28).

Als Mitglied des KeyClub erhalten die Kunden für alle beim Schweizerischen Bankverein getätigten Bankgeschäfte Bonuspunkte, die ihnen in Punkteschecks, die eine Gültigkeit von zwei Jahren besitzen, ausbezahlt werden (Schlechthaupt 1995, S. 16). Je nach Punktekonto kann der Kunde auswählen zwischen Zinsboni, kostenloser VISA-Karte, Blumenpräsenten, Zirkuskarten, Konzertkarten, Freiflügen mit Swissair und Crossair. Darüber hinaus werden Prämien ausgelobt, die sich der Kunde mit Geld allein nicht erfüllen kann (wie z.B. einen Tag mit der ehemaligen Skirennläuferin Vreni Schneider auf einer Skipiste zu verbringen), denn Bargeld als Bonifikation reizt oftmals die Kunden nicht mehr (Otto 1995, S. 24).

Mit Hilfe von Bonussystemen, welche die gesamte Kundenverbindung einbeziehen und nicht lediglich einzelne Produkte bonifizieren, wird es auch möglich, sich in der Kreditwirtschaft von der immer noch dominanten Produktorientierung zu trennen und zur Kundenorientierung überzugehen. Außerdem kann mit einem Bonussystem ein Beitrag zum Nachkaufmarketing geleistet werden, da der Kunde nachträglich durch eine Prämie des Bonusprogramms belohnt wird und so evtl. aufkommende Dissonanzen reduziert und aus dem Weg geräumt werden können, was sich letztendlich in einer höheren Kundenzufriedenheit äußert.

3.3 Mitarbeiter

Retention-Marketing mit dem Ziel, Strukturen und Geschäftsprozesse so zu gestalten, daß insgesamt produktiver, flexibler und mit höherer Qualität und Kundenzufriedenheit gearbeitet wird, um die Kunden dauerhaft und leistungsumfassend an ein Kreditinstitut zu binden, erfordert ein neues Rollenverständnis von den Mitarbeitern und den Führungskräften. Kundenorientierung und Kundenbindung müssen in die Unternehmensphilosophie, das Leitbild und die Führungsgrundsätze eines Kreditinstitutes aufgenommen werden (Müller/Guigas 1994, S. 72; Rothenstein 1996, S. 326).

Die Ziele des Retention-Marketing zu erreichen, bedeutet, langfristig wirkende positive Veränderungen zu initiieren und zu betreiben. Kundenorientierung kann nicht verordnet werden, sondern basiert auf Überzeugung und nicht auf Überredung. Deshalb ist eine Einbeziehung aller Beteiligten von Beginn an wichtig. Einbeziehung bedeutet hierbei, Veränderungen als einen Lern- und Entwicklungsprozeß bewußt zu machen und zu praktizieren und die Mitarbeiter nicht mit einem fertigen, bis ins letzte Detail ausgearbeiteten Konzept zu konfrontieren.

Wenn die Produktqualität nur noch Basis für die Kundenbeziehung ist, dann heißt das auch: Im Auge des Kunden schwindet zunehmend die Grenze zwischen Produkt und Kreditinstitut. Wo und wie Finanzdienstleistungen offeriert werden, zeigt in Wahrheit das gesamte Kreditinstitut, sein Geist steht auf dem Prüfstand, seine Menschen treten in Wettbewerb mit anderen Menschen aus anderen Kreditinstituten – um die Gunst des Kunden (Betsch 1995, S. 61 f.)

Nicht die breitere Produktpalette oder das bessere Konzept sind in Zukunft erfolgreich, sondern die bessere Qualität von Menschen. Die meisten Finanzdienstleistungen sind abstrakt und erklärungsbedürftig und gewinnen ihre eigentliche Qualität erst durch den Mitarbeiter. Qualität darf nicht nur auf Produkte beschränkt werden, sondern sie wird im Unternehmensauftritt durch Menschen mit Leben erfüllt. Die Mitarbeiter dürfen sich nicht als Verkäufer der Produkte ihres Institutes verstehen, sondern als kreative Löser von Kundenproblemen. Sie müssen

„Bank-Chinesisch" ebenso wie beraterische Ego-Trips vermeiden. Mitarbeiter im Kundenkontakt müssen gern beraten, weil sie den Umgang mit Menschen suchen und die Beratung ihrer inneren Überzeugung entspricht (Boehm-Bezing 1994, S. 12).

Insbesondere die Qualität der Führung und der Mitarbeiter bringt im Finanzdienstleistungssektor Wettbewerbsvorsprünge. Qualität von Auftritten heißt nicht nur Sachkompetenz, sondern – in Entsprechung zum Zusatznutzen der Produkte – emotionale Kompetenz (Betsch 1995, S. 62). Die Mitarbeiter müssen Normen verinnerlichen, die ihnen erlauben, flexibel und effektiv auf Kunden einzugehen (Davidow 1991, S. 210 f.). Hierzu sollten generelle Standards festgelegt werden, die durch Schaffung einer Servicekultur unterstützt werden müssen. Dabei sollten diese Standards an den Kundenbedürfnissen ausgerichtet, meßbar und möglichst im ganzen Unternehmen einsetzbar sein (Horovitz 1992, S. 88). Schließlich kann auch die Einführung von Service-Garantien erwogen werden.

Wenn in Zukunft die Qualität des Unternehmensauftritts für die Wettbewerbsposition und die Kundenbindung eines Institutes mitentscheidend ist, dann werden zahlreiche Institute in noch stärkerem Maße als bislang versuchen, sich von den anderen abzugrenzen. Dabei stellen die Mitarbeiter ein entscheidendes Differenzierungsmerkmal im Wettbewerb dar (Süchting 1992, S. 6). Das Management muß wissen, daß die Mitarbeiter der wichtigste Aktivposten (Heskett 1988, S. 127) bzw. das eigentliche Kapital eines Kreditinstitutes sind. Führung und Motivation der Mitarbeiter müssen deshalb so ausgerichtet sein, daß sie sich alle als Glied einer Service- und Qualitätskette verstehen (Haiss 1995, S. 52). Letztlich steht die Zufriedenheit der Mitarbeiter in direktem Zusammenhang mit der Kundenzufriedenheit (Homburg 1995, S. 234) und damit mit dem Unternehmenserfolg.

Der Kundennutzen ist so dynamisch geworden wie die Welt, in der wir leben. Für Kreditinstitute heißt das: Die Unberechenbarkeit des Kunden nimmt zu. Um das Problem zu reduzieren, muß das Kreditinstitut folgern: Der Anspruch des Kunden auf Begleitung wächst. Der Kunde läßt sich nicht auf seine Wünsche von gestern festlegen. Daraus resultiert: Den Kundennutzen ständig neu definieren. Das geht nur zusammen mit dem Kunden, denn im Kern des Nutzens steckt die Erwartung des Kunden.

Früher gab es die gute Bezeichnung „Geschäftsfreund". Das waren Leute, die einander mochten, die füreinander einstanden, voneinander im Austausch Vorteile bezogen und sich aufeinander verlassen konnten. Kein Kunde hat eine Bankbeziehung aus Gnade oder Wohlwollen, weil er der Bank oder dem Bankmitarbeiter etwas Gutes tun will. Kunden haben einen einzigen Grund: das eigene Erfolgsziel. Deshalb ist eine innere Umstellung erforderlich, um den richtigen Weg zum Kunden zu finden und den Kunden an seine Bank zu binden:

- Kundenbindung kann erreicht werden, wenn Mitarbeiter mit ihren Kunden über deren Erfolgsziele sprechen, und nicht, wenn sie nach ihren Wünschen fragen.
- Kundenbindung entsteht, wenn Mitarbeiter ihre Kunden mit Informationen über die Finanzdienstleistungsbranche versorgen und sie am „Herrschaftswissen" der Bank teilhaben lassen.
- Kundenbindung wird erreicht, wenn Bankmitarbeiter die Aussagen des Kunden registrieren und mit ihm darüber reden, und nicht, wenn sie ihm immer wieder dieselbe Botschaft des eigenen Hauses eintrichtern.
- Kundenbindung entsteht, wenn man als Bank schnell, beweglich und individuell reagiert, und nicht, wenn man die Kundenbeziehung in Routineregelungen erstarren läßt.
- Kundenbindung entsteht schließlich, wenn der Kunde gelebtes Engagement erfährt, und nicht, wenn man Kundenorientierung als Schlagwort in jedem Prospekt und jeder Anzeige hinausposaunt.

Beim Retention-Marketing handelt es sich somit um die endgültige Realisation des in der Marketing-Philosophie bereits seit jeher angelegten Prinzips der Kundenorientierung.

4. Thesen zum Retention-Marketing

1. Auf einem weitgehend gesättigten Finanzdienstleistungsmarkt vollzieht sich derzeit eine grundlegende Restrukturierung und Konsolidierung.
2. Durch die Homogenität und Imitierbarkeit der Bankleistungen benötigen Kreditinstitute im Wettbewerb andere Differenzierungsmöglichkeiten.
3. Die Retail-Kunden sind emanzipiert geworden, verfügen über mehrere Bankverbindungen, haben ihre Hausbankloyalität aufgegeben und sich zum „smart shopper" entwickelt.
4. Das Retail Banking benötigt einen neuen Strategierahmen, bei dem Kundenorientierung, Kundenzufriedenheit und Kundenbindung im Zentrum stehen müssen.
5. Durch Retention-Marketing sollen die Kundenabwanderung reduziert und das Cross-Buying aktiviert werden, um den Erfolg pro Kunde und den Unternehmenserfolg insgesamt zu steigern.
6. Retention-Marketing ist eine wesentliche Managementaufgabe und muß als strategisches Geschäftsfeld verstanden werden.
7. Das Leistungsspektrum eines Institutes muß sich an den Kundenbedürfnissen orientieren und trotz Vereinfachung und Standardisierung der Produktpalette individuelle Problemlösungen ermöglichen.
8. Bei der Preispolitik muß das Verursachungsprinzip dominieren. Bündelpreise und Bonussysteme, welche die gesamte Kundenbezie-

hung einbeziehen, verhindern das „Rosinenpicken" bei Mitwettbewerbern und unterstützen das Cross-Selling.

9. Die Mitarbeiter stellen einen wesentlichen Baustein des Retention-Marketing dar und können zum entscheidenden Differenzierungsmerkmal werden.
10. Retention-Marketing kann nur über den vernetzten Einsatz mehrerer Instrumentalvariablen voll wirksam werden. In der künftigen Wettbewerbsstrategie zahlreicher Kreditinstitute wird Retention-Marketing eine wesentliche Stellung einnehmen.

Literatur

Beitner, R.P.: Qualitätsmanagement ein Personalproblem, in: Die Bank 6/1994, S. 330-332

Benölken, H./Wings, H.: Lean Banking – Wege der Marktführerschaft, Wiesbaden 1994

Bernet, B.: Strategie: Nicht ohne Retail-Banking, in: Bank Magazin 7/1995, S. 40-43

Bernet, B.: Bonusprogramme als Instrument der Preisdifferenzierung, in: Die Bank 12/1996, S. 734-737

Betsch, O.: Strukturwandel und Wettbewerb am Bankenmarkt, Stuttgart 1988

Betsch, O.: Sparkassen und Visionen, in: Sparkassen- und Giroverband Hessen-Thüringen (Hrsg.): Management durch Vision – Das inspirierte Unternehmen, Frankfurt 1995, S. 49-65

Blatter, P.E.: Der Markt fordert Qualität von uns, in: Bank Magazin 11/1995, S. 8-13

Boehm-Bezing von, C.L.: Wettbewerb um Privatvermögen – wer wird ihn gewinnen, in: bank und markt 4/1994, S. 5-13

Braun, H./Kahlen, R.: Banken im Test: Was Kunden wünschen...und was sie bekommen!, in: Capital 4/1995, S. 198-211

Bruhn, M./Stauss, B.: Dienstleistungsqualität, Wiesbaden 1995

Bruhn, M.: Qualitätsmanagement für Dienstleistungen, Berlin 1996

Burchard, U./Hagen, J.U.: Der Service entscheidet, in: Bank Magazin 3/1995, S. 48 - 51

Burchard, U./Hagen, J.U.: Servicequalität als der Erfolgsfaktor, in: Bank Magazin 7/1995, S. 30-34

Bühler, W.: Total Quality Management, in: Kreditwesen 3/1993, S. 110-112

Capital/psychonomics: Die ideale Bank im Spiegel der Kundenwünsche, Köln 1995

Davidow, W.H.: Service total, Frankfurt 1991

Davidow, W.H./Uttal, B.: So wird ihr Kundendienst unschlagbar, in: *Simon, H./Homburg, Ch.* (Hrsg.): Kundenzufriedenheit, Wiesbaden 1995, S. 259-274

Diedrich, H.: Ganzheitliches Qualitätsmanagement als Zukunftsherausforderung, in: Sparkasse 12/1994, S. 567-573

Diller, H.: Preispolitik, 2. A., Stuttgart u.a. 1991

EMNID: Was Verbraucher in Deutschland stört, Bielefeld 1994

Epple, M.H.: Die Kundenbindung wird schwächer. Vertrieb von Bankprodukten, in:

Die Bank 10/1991, S. 544-550

Furlong, C.B.: Rules for Customer Retention, in: Bank Marketing 1/1993, S. 10-16

Hahn, O.: Menschliche Qualität beim Finanzdienstleistungsvertrieb, in: *Betsch, O./ Wiechers, R.* (Hrsg.): Handbuch Finanzvertrieb, Frankfurt 1995, S. 656-674

Haiss, P.: Total Quality Banking, in: Österreichische Sparkassenzeitung, 28.2.1995, S. 50-53

Hecker, Ch.: Servicequalität ist nur teilweise standardisierbar, in: Betriebswirtschaftliche Blätter 6/1996, S. 261-265

Hentschel, B.: Multiattributive Messung von Dienstleistungsqualität, in: *Bruhn, M./ Stauss, B. (Hrsg.):* Dienstleistungsqualität, 2. A., Wiesbaden 1995, S. 347-378

Heskett, J.L.: Management von Dienstleistungsunternehmen, Wiesbaden 1988

Homburg, Ch.: Optimierung der Kundenzufriedenheit durch Total Quality Management, in: *Simon, H./Homburg, Ch.* (Hrsg.): Kundenzufriedenheit, Wiesbaden 1995, S. 229-239

Homburg, Ch./Rudolph, B.: Theoretische Perspektiven zur Kundenzufriedenheit, in: *Simon, H./Homburg, Ch.* (Hrsg.): Kundenzufriedenheit, Wiesbaden 1995, S. 29-49

Horovitz, J.: Service entscheidet, 4. Aufl., Frankfurt 1992

IPOS: Vertrauen und Kompetenz, Mannheim 1995

Kaiser, E.: Innovation und Imitation von Bankleistungen, München 1989

Kappeler, W.: Die Kunden werden viel zu selten befragt, in: acquisa 4/1995, S. 60-61

Kearney-Servey A.T.: Servicequalität Banken, o.O. 1994

Köcher, R.: Kundenpräferenzen und Kundenorientierung in einem schwieriger werdenden Markt, in: geldinstitute 10/1992, S. 6-16

Krümmel, H.-J.: Bankzinsen, Untersuchungen über die Preispolitik von Universalbanken, Köln u.a. 1964

Krupp, G.: Preispolitik im Privatkundengeschäft, in: bank und markt 5/1991, S. 5-9

Krupp, G.: Bankpreise zwischen wirtschaftlichen und „politischen" Notwendigkeiten, in: Die Bank 2/1993, S. 78-81

Männel, W.: Mengenrabatte in der entscheidungsorientierten Erlösrechnung, Opladen 1974

Meffert, H.: Marketing, 7. A., Wiesbaden 1986

Meyer, A./Dornach, F.: Das Deutsche Kundenbarometer – Qualität und Zufriedenheit, in: *Simon, H./Homburg, Ch.* (Hrsg.): Kundenzufriedenheit, Wiesbaden 1995, S. 161-178

Meyer, A./Dornach, F.: Banken im Test: Das „Klima" ist eher kühl als freundlich, in: Bank Magazin 5/1996, S. 26-30

Morschhäuser, B.: Im Dutzend billiger: Rabatte bei Banken, in: bank und markt 4/ 1993, S. 32-33

Müller, H./Guigas, S.: Total-quality-Banking, Wiesbaden 1994

Neumann, M.: Theoretische Volkswirtschaftslehre II, Produktion, Nachfrage und Allokation, München 1992

o.V.: Kundenbefragung: Was Kunden von ihrem Geldinstitut erwarten, in: bank und markt 11/1990, S. 10

o.V.: Banken vor gewaltigem Strukturwandel, in: Handelsblatt vom 11.6.1996 a, S. 1

o.V.: BIZ: Bankensektor unter Anpassungsdruck, in: Handelsblatt vom 13.6.1996 b, S. 35

Otto, K.: Der Preis der Beratung, in: bank und markt 3/1995, S. 4

Otto, K.: Erhalten Geschenke die Freundschaft? in: bank und markt 4/1995, S. 23-24

Platzek, H.-J.: Die Rolle des Wertpapiers im Privatkundengeschäft, in: bank und markt 4/1995, S. 5-15

Priewasser, E.: Die Priewasser-Prognose, Bankstrategien und Bankmanagement 2009, Frankfurt 1994

Rapp, A.: Bankpreise und Kundenverhalten: eine empirische Analyse unter besonderer Berücksichtigung wissenschaftstheoretischer und wettbewerbstheoretischer Erkenntnisse, Frankfurt u.a. 1992

Rapp, R.: Kundenzufriedenheit durch Servicequalität, Wiesbaden 1995

Rausch, K.: Quantensprung in der Kundenberatung, in: Betriebswirtschaftliche Blätter 6/1996, S. 256-260

Rodewald, B.: Qualitätsmanagement und Zertifizierung, in: Bankinformation 5/1995, S. 2

Rothenstein, W.: Durch lean- und quality-banking weiter auf Überholspur, in: Österreichisches Bank-Archiv 5/1996, S. 325-326

Scherer, H.: Kundengefühle und Tatsachen, in: HARVARD manager 3/1994, S. 9-13

Schlechthaupt, W.-D.: Die Bankfiliale 2002, Vertriebspolitik der Zukunft, in: geldinstitute 4-5/1995, S. 12-16

Schlechthaupt, W.-D./Gygax, M.: Frequent Banking Programm – das Bonussystem einer schweizer Großbank, in: bank und markt 12/1994, S. 26-29

Schlechthaupt, W.-D./Gygax, M.: Auf den Punkt gekommen – Ein Frequent-Banking-Programm als Mittel zur Kundenbindung: der KeyClub des Bankverein, in: geldinstitute 10/1995, S. 24-25

Schlesinger, L.A./Heskett, J.L.: Dem Kunden dienen – das müssen viele Dienstleister noch lernen, in: HARVARD manager 1/1992, S. 106-116

Schmid, D.C.: Qualitätsmanagement in Banken – Utopie oder Strategie, in: bank und markt 5/1992, S. 28-31

Schuster, L.: Innovationspolitik der Banken. Notwendigkeit oder Nostalgie?, in: ZfgG Bd. 36, 1986, S. 140-149

Schuster, L.: Lean Banking – Modewort oder Notwendigkeit?, Diskussionsbeiträge der Wirtschaftswissenschaftlichen Fakultät Ingolstadt, Nr. 34, Ingolstadt 1993

Schuster, L.: Trends im deutschen Bankwesen, in: Kreditwesen 18/1995, S. 918-923

Singer, H.-J.: Allfinanz-Preispolitik ist notwendig, in: Kreditwesen 12/1992, S. 524-525

Stauss, B./Seidel, W.: Prozessuale Zufriedenheitsermittlung und Zufriedenheitsdynamik bei Dienstleistungen, in: *Simon, H./Homburg, Ch.* (Hrsg.): Kundenzufriedenheit, Wiesbaden 1995, S. 179-203

Süchting, J.: Wachsen die preispolitischen Spielräume? Anmerkungen zu Banktreue und Beziehungsmanagement, in: bank und markt 5/1991, S. 16-20

Süchting, J.: Zum Qualitätswettbewerb in der Kreditwirtschaft, in: Bankinformation 5/1992, S. 6-8

Szallies, R.: Vagabundierendes Finanzverhalten, in: geldinstitute 4-5/1993, S. 46-51

Zeithaml, V.A.: How Consumer Evaluation Processes Differ between Goods and Services, in: *Donnelly, J.H./George, W.R.* (Hrsg.): Marketing of Services, Chicago 1981, S. 186-190

Hat das Relationship-Banking im Firmenkundengeschäft noch Zukunft?

Dr. Michael Krause, Commerzbank AG, Ulm

1. Relationship-Banking versus Technology-Banking

Bisher war unbestritten, daß Bankgeschäfte persönliche Geschäfte sind. „Bankgeschäfte insbesondere Kreditgeschäfte sind Vertrauenssache", d. h. nur erfolgreich zu betreiben, wenn zwischen Kunde und Bankbetreuer ein auf Vertrauen gegründetes, persönliches Verhältnis besteht. Dieses wächst mit der Anzahl der persönlichen Kontakte im Laufe der Zeit und mündet dann in Aussagen wie: „Es handelt sich um einen bevorzugten, langjährigen Kunden, dem wir unser volles Vertrauen schenken"; oder umgekehrt aus Kundensicht: „Bitte erkundigen Sie sich bei meiner Hausbank, mit der ich seit vielen Jahren vertrauensvoll zusammenarbeite". Relationship-Banking beschreibt also die Beziehungen von Privaten und Unternehmen mit „ihrer" Hausbank.

Auf der anderen Seite können wir seit einigen Jahren eine stürmische Entwicklung beobachten, die geradezu darauf ausgerichtet zu sein scheint, die personalen Beziehungen zu reduzieren oder gar zu unterbinden. Dies geht einher mit der Tendenz zur zunehmenden Anonymisierung der Kunden-Bank-Beziehung, ähnlich wie es im Einzelhandel schon vollzogen ist: Weg von dem „Tante Emma"-Laden und den Fachgeschäften, hin zu den Supermärkten, Versandhäusern und Discountern. Stichworte dazu sind „home banking", „die nur mit Automaten ausgestattete Bankzweigstelle", „Bankdienstleistungen im Internet", „Telefonbanking", „Electronic Banking", „Standardisierung von Produkten und Bonitätsprüfungen", „Direktbanken" u. ä. So wird z. B. dem Direktbankkunden der Wunsch verweigert, jeweils von einem bestimmten Berater bedient zu werden. Der Kunde muß den Berater akzeptieren, der den Telefonhörer abnimmt. Diese Entwicklung führte dazu, daß ein Vorstandsmitglied der Deutschen Bank schon das Zeitalter des „Technology-Banking" ausrief. Stehen wir also vor einer Zukunft, in der Geschäftsbeziehungen nur noch aus opportunistischen Transaktionen zwischen virtuellen Unbekannten bestehen? Gleichzeitig stellt sich damit folgende zentrale Frage: Wie schafft die Bank künftig eine Bindung an sich und ihre Produkte, durch Relationship-Banking oder Technology-Banking?

Dies hängt von der Zielgruppe ab. Vier Geschäftsfelder sind zu unterscheiden: Im Privatkundengeschäft das Geschäft mit den privaten Kunden, die nur Grundleistungen und -produkte nachfragen, die standardisierbar und somit automatisierbar sind. Auf der anderen Seite der vermögende Privatkunde, der individuelle Behandlung und anspruchsvolle, auf ihn zugeschnittene Produkte erwartet. Im Firmengeschäft haben wir auf der einen Seite die weltweit tätigen Großunternehmen, die durch starke Kapitalkraft, weltweites Ansehen und hohe Verhandlungsmacht gekennzeichnet sind. Diese Unternehmen decken ihren Kapitalbedarf direkt auf dem Kapitalmarkt, unterhalten ein eigenes Netting- und Clearing-System und brauchen die Banken nur noch für ihren Spitzenbedarf – meistens auf dem Anlagesektor oder bei Projektfinanzierungen, bei denen das volle Risiko auf die Banken abgeladen werden soll. Den Multis steht die bevorzugte Zielgruppe der Banken, der Mittelstand, gegenüber.

Beim privaten Kunden, der nur wenige, sich häufig wiederholende Produkte nachfragt, ist die persönliche Beziehung zu seinem Bankberater eher zweitrangig. Er will ganz genau definierte, in der Regel nicht erklärungsbedürftige Bankprodukte schnell und zu einem möglichst niedrigen Preis. Da die meist einfachen Produkte von jeder Bank angeboten werden, ist die Hemmschwelle, die Bank zu wechseln, nicht sehr hoch. Noch niedriger ist die Hemmschwelle, eine zweite oder dritte Bank hinzuzunehmen und dort das Produkt zu erwerben. Bei einfachen Produkten zählen eben gute Beziehungen weit weniger als der Preis.

Das Hauptziel dieses Kunden liegt im Erwerb des Produkts, genauso wie er ein Paar preiswerte, qualitativ gute Schuhe erwirbt: Wo und bei wem und von welchem Verkäufer spielt keine Rolle. Um auch diese Kunden an sich zu binden, muß die Bank andere Instrumente einsetzen. Da ein wesentlicher, wenn nicht entscheidender Faktor der Preis ist, müssen die teuren Elemente wie Beratung und anspruchsvolles Ambiente (was auch bei diesem Kunden für die Kaufentscheidung nicht ausschlaggebend ist) ersetzt werden durch Standardisierung, Automatisierung, „Fern“-Bedienung zu jeder Tageszeit u. ä. Diese Absatzwege erlauben Preisnachlässe beim Produkt und so über die Bindung an das Produkt die Bindung an die Bank.

Für die weltweit tätigen „Multis“ hat die persönliche Beziehung zu „ihren“ Banken ebenfalls nur eingeschränkte Priorität. Im Gegensatz zum Mittelstandsunternehmen werden viele Bankdienstleistungen (wie vor allem direkte Kreditaufnahmen durch steigende Verbriefungstendenz, Dienstleistungen und Produkte im Zahlungsverkehr und Beratungsbereich, Marktanalysen, weltweite Kontaktherstellung etc.) in eigener Regie produziert. Auf den Geld- und Kapitalmärkten ist man oft gleichberechtigter Marktteilnehmer und handelt mit dem, der das beste Angebot macht. Zudem ist die Fluktuation gerade in Großunternehmen so groß, daß gar keine oder nur sehr professionelle persönliche Beziehungen zwischen den Geschäftspartnern entstehen. Dabei geht der Trend dahin, daß die Bankverbindungen drastisch reduziert werden auf ein oder zwei Banken pro Land plus eventuell noch ein Spezialinstitut.

Ein Grund dafür könnte sein, daß man doch nicht ganz auf die Pflege der personalen Beziehungen verzichten will bei gleichzeitiger Steigerung der Verhandlungsmacht durch Konzentration des noch verbliebenen Geschäfts auf einige wenige Institute.

Unverzichtbar – so die hier vertretene These – ist das Relationship-Banking beim vermögenden Privatkunden und dem mittelständischen Unternehmen. Letztere Zielgruppe soll hier besprochen werden.

2. Abnehmende Kundenzufriedenheit im Firmenkundengeschäft

Ziel des Relationship-Banking ist es, Neu- oder Bestandskunden langfristig und auf hohem Nutzenniveau an die Bank zu binden. Verbesserungen der Kundenbindung führen nachweisbar zu überdurchschnittlichen Ertragssteigerungen. Eine Verbesserung der Kundenbindungsrate um 5 % kann zu Ertragssteigerungen von 25 % bis 50 % führen.

Der Kunde verspricht sich dagegen Vorteile bei der auf ihn zugeschnittenen Beratung und Betreuung sowie Unterstützung in wirtschaftlich unruhigen Zeiten. Untersuchungen zeigen jedoch, daß die Kundenzufriedenheit in den letzten Jahren abgenommen hat. Laut Kundenbarometer 1995 stagniert die Kundenzufriedenheit auf niedrigem Niveau, teilweise ist sie sogar rückläufig. Die Folge mangelnder Kundenzufriedenheit ist abnehmende Kundentreue.

Worin liegen die Gründe für die geringe Kundenzufriedenheit im Firmenkundengeschäft?

2.1 Fehlende Kundenorientierung

Obwohl sich inzwischen alle Banken auf ihre Fahnen geschrieben haben, daß „der Kunde im Mittelpunkt aller ihrer Aktivitäten steht", ist dies vielfach nur ein Lippenbekenntnis. Steigerung des Kundenutzens wird nicht primär gesehen als Steigerung des Nutzens für den Kunden, sondern als Steigerung des Nutzens am Kunden. Dabei ist letzteres die fast automatische Folge, wenn der Nutzen für den Kunden verbessert wird. Um die Kundenloyalität zu steigern, ist Kundenorientierung das probateste Mittel. Wie Ludwig Erhard schon sagte: „Marktwirtschaft ist eine Verbraucherveranstaltung".

2.2 Zunehmende Insolvenzen

Nicht zuletzt die immer neuen Rekordmarken bei der Zahl der Insolvenzen haben die Kreditbereitschaft der Banken deutlich reduziert. Damit gekoppelt ist ein unverhältnismäßig hohes Informationsbedürfnis als Basis für die Aufrechterhaltung der Kreditbereitschaft. Viele Kunden können den Wunsch nach speziellen Informationen überhaupt nicht mehr nachvollziehen, teilweise können es auch nicht die Berater, die oft nur die Anforderungen der vorgesetzten Stellen vortragen. Lange Entscheidungswege und -zeiten sind ebenso die Folge wie abnehmende Kundenloyalität.

2.3 Wechsel des Ansprechpartners

Ein häufiger Wechsel des Ansprechpartners senkt die Kundenloyalität dramatisch. In den letzten 6 bis 8 Jahren haben insbesondere die Privatbanken ihr Filialsystem, aber auch Ablaufprozesse grundlegend umstrukturiert. Dabei standen eindeutig Kostengesichtspunkte im Vordergrund:

Personalabbau, Lean Management, Standardisierung, Abbau der Produktvielfalt, Verlagerung von Funktionen und Abläufen auf vorgesetzte Stellen, Konzentration von Dienstleistungen auf die Orte, wo auch die entsprechende Nachfrage vorhanden ist, gekoppelt mitunter auch mit Filialschließungen. Ziel dieser Maßnahmen war und ist eine Verbesserung der Aufwandsrentabilität. Diese führt zu einer Absenkung des break even, so daß auch bei geringerem Geschäftsvolumen noch mit Gewinn gearbeitet wird bzw. genügend Flexibilität vorhanden ist, um im Preiswettbewerb mithalten zu können. Inzwischen ist diese Phase weitgehend abgeschlossen und die Ertragsseite tritt wieder in den Vordergrund. Dies aus der richtigen Erkenntnis heraus, daß die permanente Anpassung der Kosten an sinkende Umsätze in der Verabschiedung vom Markt endet.

Eine Auswirkung der geschilderten Strukturreformen war, daß während der sich über mehrere Jahre hinziehenden Umstrukturierungen die Ansprechpartner permanent wechselten.

Da auch der Kunde Zeit und Engagement in eine Bankverbindung investiert, führt oft schon ein „normaler" Wechsel des Ansprechpartners durch Pensionierung, Karrieresprung u. a. oft zur Verärgerung, die von den Mitbewerbern gezielt ausgenutzt wird. Zeit und Engagement müssen neu investiert werden, schon allein, um den neuen Partner auf den gleichen Informationsstand zu bringen wie den alten. Ein häufiger, kurzfristiger Wechsel senkt die Kundentreue drastisch. Daß sich dies im Firmenkundengeschäft nicht so ausgewirkt hat, liegt weniger an der einzelnen Bank als vielmehr daran, daß diese Problematik bei jeder privaten Geschäftsbank, aber auch bei den Volksbanken und Sparkassen auftrat. Profitiert haben die Banken, die ihre Reform als erste begonnen und am konsequentesten durchgezogen haben.

2.4 Zeitmangel

Für die Beziehungsqualität Kunde/Bank genauso abträglich wie häufiger Beraterwechsel ist ein Betreuer, der keine Zeit hat. Der überall sich vollziehende Personalabbau bürdet den Betreuern immer mehr Kunden auf. Verschlimmert wird die Situation, wenn die vorgegebenen Mengengerüste (ein Betreuer muß x Kunden betreuen) jährlich dem Personalabbau angepaßt werden. Erreicht die pro Kunden durchschnittlich zur Verfügung stehende Zeit einen Grenzwert – der sich je nach Arbeitsaufwand pro Kunde bei den einzelnen Beratern unterscheiden kann –, kann der Betreuer nur noch reagieren und nicht mehr agieren. Das trifft nicht nur die zuletzt hinzugekommenen Kunden, sondern seinen ganzen Kundenstamm. Aufweichung der Termintreue, Fehler, Zeitüberschreitungen und sinkende Kompetenz sind die Folge mit der Konsequenz, daß die Kundenloyalität sinkt und die Erträge einbrechen.

3. Vorteile des Relationship-Banking

Eine Festigung der Beziehung Bank/Kunde über die Brücke der Bezugspersonen, mit der ein Vertrauensverhältnis aufgebaut wurde, bedeutet gleichzeitig eine Erhöhung der „Austrittsbarrieren", d. h., daß der Kunde die Bank wechselt bzw. Teile seines Geschäftes verlagert.

Stimmt das Verhältnis, ergeben sich für die Bank eine Reihe von Vorteilen, die sich einmal im steigenden Ertrag am Kunden niederschlagen, zum anderen mit dazu beitragen, daß die Kundenloyalität, die Kundenzufriedenheit und damit die Austrittsbarrieren weiter erhöht werden.

3.1 Informationsvorsprung

Es wurde schon angedeutet, daß das zunehmende und teilweise nicht mehr nachvollziehbare Informationsbedürfnis der Bank das Wechselrisiko zu einer anderen Bank drastisch erhöht.

Durch ein gutes Vertrauensverhältnis Betreuer/Kunde kann diese Problematik überspielt werden: Der Kunde gibt dem Berater die gewünschte, oft nur mit erheblichem Zusatzaufwand zu erstellenden Informationen aus „alter Freundschaft“ oder sogar aus mitleidvollem Verständnis. Darüber hinaus sind eher Informationen aus der persönlichen Sphäre, aus der Branche, über Konkurrenten, aus der lokalen Unternehmerszene bis hin zu Angeboten anderer Banken zu erhalten. Solche Informationen bieten wiederum Ansatzpunkte für zusätzliche Geschäfte – auch im Privatbereich – bzw. bieten Möglichkeiten für Neuakquisitionen bzw. rechtzeitige Maßnahmen zur Risikoreduzierung des eigenen Kreditportefeuille.

Ein gutes Vertrauensverhältnis führt des weiteren dazu, daß der Kunde „seine“ Hausbank zuerst über neue Projekte, Aktivitäten, Pläne informiert, die ertragreiches Bankgeschäft nach sich ziehen. Die frühzeitige Einschaltung gibt der Bank die Möglichkeit, durch zielgerichtete Beratung den Kunden ins Wort zu nehmen, dieses Geschäft auch über die Bank abzuwickeln.

3.2 Geschäftszuweisung

Vorteile für die Bank können trotz der vielfach vereinbarten Gleichbehandlungsklauseln auch bei der Verteilung der Geschäftszuweisungen realisiert werden: ertragreiches und/oder wenig risikobehaftetes, häufig anfallendes Geschäft statt arbeitsaufwendiges, mit vielen Risiken behaftetes Einmalgeschäft, das unter Umständen noch schlecht honoriert wird.

3.3 Imagegewinn

Daß sich Unternehmer über ihre Banken unterhalten, ist nur natürlich. Hier wird das Image der Bank geprägt, wobei Multiplikatoren wie Steuerberater und Wirtschaftsprüfer einbezogen sind.

Gute Kunden-Bank-Beziehungen führen zu einem guten Image der Bank, wobei sich das normalerweise auf die bekannten Ansprechpartner personalisiert: Diese werden gelobt, nicht die Bank generell.

Das führt einmal zu Erleichterungen bei Neuakquisitionen im allgemeinen, zum anderen ist die Erfolgschance erheblich höher, wenn der Kunde sich sogar bereit erklärt, ein Entree zu vermitteln.

Tatsächlich überwiegen bei der Entscheidung, mit welcher Bank ein Unternehmen zusammenarbeitet, die psycho-sozialen Aspekte mehr als die rein sachlichen Lösungen, d. h. man wird vom Markt dem Mitbewerber vorgezogen, weil am Markt bekannt ist, daß man mit diesem Leiter/Betreuer „vernünftig“ reden kann, daß die Firmenbetreuung engagiert ist, daß die Bank (= der Betreuer) sich für das Unternehmen einsetzt.

- Kundenbindung kann erreicht werden, wenn Mitarbeiter mit ihren Kunden über deren Erfolgsziele sprechen, und nicht, wenn sie nach ihren Wünschen fragen.
- Kundenbindung entsteht, wenn Mitarbeiter ihre Kunden mit Informationen über die Finanzdienstleistungsbranche versorgen und sie am „Herrschaftswissen" der Bank teilhaben lassen.
- Kundenbindung wird erreicht, wenn Bankmitarbeiter die Aussagen des Kunden registrieren und mit ihm darüber reden, und nicht, wenn sie ihm immer wieder dieselbe Botschaft des eigenen Hauses eintrichtern.
- Kundenbindung entsteht, wenn man als Bank schnell, beweglich und individuell reagiert, und nicht, wenn man die Kundenbeziehung in Routineregelungen erstarren läßt.
- Kundenbindung entsteht schließlich, wenn der Kunde gelebtes Engagement erfährt, und nicht, wenn man Kundenorientierung als Schlagwort in jedem Prospekt und jeder Anzeige hinausposaunt.

Beim Retention-Marketing handelt es sich somit um die endgültige Realisation des in der Marketing-Philosophie bereits seit jeher angelegten Prinzips der Kundenorientierung.

4. Thesen zum Retention-Marketing

1. Auf einem weitgehend gesättigten Finanzdienstleistungsmarkt vollzieht sich derzeit eine grundlegende Restrukturierung und Konsolidierung.
2. Durch die Homogenität und Imitierbarkeit der Bankleistungen benötigen Kreditinstitute im Wettbewerb andere Differenzierungsmöglichkeiten.
3. Die Retail-Kunden sind emanzipiert geworden, verfügen über mehrere Bankverbindungen, haben ihre Hausbankloyalität aufgegeben und sich zum „smart shopper" entwickelt.
4. Das Retail Banking benötigt einen neuen Strategierahmen, bei dem Kundenorientierung, Kundenzufriedenheit und Kundenbindung im Zentrum stehen müssen.
5. Durch Retention-Marketing sollen die Kundenabwanderung reduziert und das Cross-Buying aktiviert werden, um den Erfolg pro Kunde und den Unternehmenserfolg insgesamt zu steigern.
6. Retention-Marketing ist eine wesentliche Managementaufgabe und muß als strategisches Geschäftsfeld verstanden werden.
7. Das Leistungsspektrum eines Institutes muß sich an den Kundenbedürfnissen orientieren und trotz Vereinfachung und Standardisierung der Produktpalette individuelle Problemlösungen ermöglichen.
8. Bei der Preispolitik muß das Verursachungsprinzip dominieren. Bündelpreise und Bonussysteme, welche die gesamte Kundenbezie-

hung einbeziehen, verhindern das „Rosinenpicken" bei Mitwettbewerbern und unterstützen das Cross-Selling.

9. Die Mitarbeiter stellen einen wesentlichen Baustein des Retention-Marketing dar und können zum entscheidenden Differenzierungsmerkmal werden.
10. Retention-Marketing kann nur über den vernetzten Einsatz mehrerer Instrumentalvariablen voll wirksam werden. In der künftigen Wettbewerbsstrategie zahlreicher Kreditinstitute wird Retention-Marketing eine wesentliche Stellung einnehmen.

Literatur

Beitner, R.P.: Qualitätsmanagement ein Personalproblem, in: Die Bank 6/1994, S. 330-332

Benölken, H./Wings, H.: Lean Banking – Wege der Marktführerschaft, Wiesbaden 1994

Bernet, B.: Strategie: Nicht ohne Retail-Banking, in: Bank Magazin 7/1995, S. 40-43

Bernet, B.: Bonusprogramme als Instrument der Preisdifferenzierung, in: Die Bank 12/1996, S. 734-737

Betsch, O.: Strukturwandel und Wettbewerb am Bankenmarkt, Stuttgart 1988

Betsch, O.: Sparkassen und Visionen, in: Sparkassen- und Giroverband Hessen-Thüringen (Hrsg.): Management durch Vision – Das inspirierte Unternehmen, Frankfurt 1995, S. 49-65

Blatter, P.E.: Der Markt fordert Qualität von uns, in: Bank Magazin 11/1995, S. 8-13

Boehm-Bezing von, C.L.: Wettbewerb um Privatvermögen – wer wird ihn gewinnen, in: bank und markt 4/1994, S. 5-13

Braun, H./Kahlen, R.: Banken im Test: Was Kunden wünschen...und was sie bekommen!, in: Capital 4/1995, S. 198-211

Bruhn, M./Stauss, B.: Dienstleistungsqualität, Wiesbaden 1995

Bruhn, M.: Qualitätsmanagement für Dienstleistungen, Berlin 1996

Burchard, U./Hagen, J.U.: Der Service entscheidet, in: Bank Magazin 3/1995, S. 48 - 51

Burchard, U./Hagen, J.U.: Servicequalität als der Erfolgsfaktor, in: Bank Magazin 7/1995, S. 30-34

Bühler, W.: Total Quality Management, in: Kreditwesen 3/1993, S. 110-112

Capital/psychonomics: Die ideale Bank im Spiegel der Kundenwünsche, Köln 1995

Davidow, W.H.: Service total, Frankfurt 1991

Davidow, W.H./Uttal, B.: So wird ihr Kundendienst unschlagbar, in: *Simon, H./Homburg, Ch.* (Hrsg.): Kundenzufriedenheit, Wiesbaden 1995, S. 259-274

Diedrich, H.: Ganzheitliches Qualitätsmanagement als Zukunftsherausforderung, in: Sparkasse 12/1994, S. 567-573

Diller, H.: Preispolitik, 2. A., Stuttgart u.a. 1991

EMNID: Was Verbraucher in Deutschland stört, Bielefeld 1994

Epple, M.H.: Die Kundenbindung wird schwächer. Vertrieb von Bankprodukten, in:

mehr oder weniger kluge Überlegungen ihre Existenzberechtigung nachweisen will. Die Folge: abnehmende Kundennähe und damit zunehmende Kundenferne zur Bank.

Der Ausweg aus diesem Dilemma: Verkürzung der Prozesse durch Konzentration der gesamten Bearbeitung auf eine Stelle bis hin zur endgültigen Entscheidung. Voraussetzung dafür sind die Delegation von ausreichenden Kompetenzen sowie die Ausstattung mit moderner Technik, so daß der Banker vor Ort auch als Unternehmer vor Ort handeln kann.

Um die Zahl der Fehlentscheidungen möglichst klein zu halten und die Kreditbearbeitung auf den vor Ort nötigen Umfang zu begrenzen, haben die Reformen zu zwei Ergebnissen geführt:

- Auslagerung und Konzentration bestimmter Teilarbeitsprozesse wie Sicherheitenbearbeitung, Auskunftswesen etc. auf Bearbeitungszentren,
- Standardisierung von Prozessen – im Idealfall so weit, daß der Bearbeiter bei Beachtung der entsprechenden Richtlinien keine Fehler mehr machen kann.

Die Tendenz geht vielfach dahin, auch aus Kostengründen alle Funktionen, die nicht Vertrieb sind, zu zentralisieren. Aus Sicht der Bank sprechen viele, einleuchtende Gründe dafür. Ist dies auch im Sinne der Kundenorientierung, wonach ja Arbeitsprozesse mit Blick durch die Kundenbrille organisiert sein sollten? Für interne Funktionen, die den Kunden überhaupt nicht oder nur am Rande berühren, ist Zentralisierung – wenn kostengünstiger – unproblematisch. Wenn aber Kundenwünsche wie z. B. taggleiches Erstellen eines Avales, direkte Kreditzusage auch im Hinblick auf vertrauliche Hintergrundinformationen, sofortige Konditionszugeständnisse im Hinblick auf Konkurrenzkonditionen, sofortige Immobilienbewertung, wegen Dringlichkeit vorgezogene Kreditbearbeitung, schnelle Eröffnung eines Akkreditives und vieles andere mehr nicht mehr möglich sind, dann wird auf diesem Wege systematisch Kundenferne erzeugt. Dies wiegt umso mehr, wenn Institute vor Ort – in der Regel mindestens die Volksbanken und Sparkassen – diese Wünsche erfüllen können.

Gerade große Unternehmen neigen dazu, in Form von Organisationshandbüchern, Verfahrensrichtlinien, Rundschreiben und EDV-Programme Prozesse möglichst perfekt zu definieren. Die Einhaltung dieser Anweisungen wird im Laufe der Zeit ein Wert an sich. Nicht der Kundenwunsch steht mehr im Vordergrund, sondern die Erfüllung der Richtlinien: Die Mitarbeiter befassen sich zunehmend mit sich selbst und ihrer eigenen Absicherung – und entfernen sich damit immer mehr vom Kunden.

Dies gilt auch für die sich überall durchsetzenden Rating-Systeme, die jeden Kunden in ein System pressen – ob es paßt oder nicht.

Dabei ist nicht die Nutzung von Ratingsystemen – die sicher im Laufe der Jahre noch perfektioniert werden – zu bemängeln, sondern die Tatsache, daß Mitarbeiter nach einiger Zeit gar nicht mehr wissen, wie der Computer auf Grund der vorgenommenen Eingaben zu dem errechneten Ergebnis gekommen ist: Der Verstand wird ausgeschaltet, die Maschinengläubigkeit wächst.

Als Ergebnis bleibt festzuhalten, daß Unternehmen, die versuchen, möglichst viele Prozesse zu standardisieren, sich vom Kunden entfernen. Die größte Gefahr für kundenbezogene Prozesse ist eine übertriebene Prozeßstandardisierung. Um den Kunden zu binden, ist gerade hier die Unterstützung der Organisation zwingend notwendig.

4.3 Dienstleistungsqualität

Erfahrungen zeigen, daß in der Regel nicht der Preis oder die Qualität eines Produktes, sondern vielmehr mangelnde Serviceleistungen den Ausschlag für einen Wechsel der Bankverbindung geben. Die meisten Kreditinstitute beantworten die Frage nach guter Service-bzw. Dienstleistungsqualität aus ihrer subjektiven Sicht: „Mit Höflichkeit und Freundlichkeit werden wir den Kunden schon so erziehen, daß wir unsere Strukturen und Abläufe optimieren können". Das ist der falsche Ansatz. Nicht die Bank, sondern der Kunde bestimmt, was Dienstleistungsqualität ist. Daß der Kunde Höflichkeit und Freundlichkeit erwartet, ist ebenso Grundvoraussetzung wie der Wunsch nach einem guten Produkt zu einem akzeptablen Preis.

Viel wichtiger sind aus der Sicht des Kunden objektive, überprüfbare Kriterien, die die Qualität der Dienstleistung bestimmen. Diese Faktoren bieten die besten Möglichkeiten, sich vom Mitbewerber unverwechselbar abzuheben und die Kundenbindung weiter zu erhöhen.

Erreichbarkeit

Die Stärke der persönlichen Beziehungen ist nur mäßig, wenn sie eingegrenzt ist auf Banköffnungszeiten und Bankräume. Ein gutes persönliches Vertrauensverhältnis hat geradezu zur Voraussetzung, daß es losgelöst ist von normalen Geschäftszeiten und an dem Ort und zu der Zeit gepflegt wird, die den Kunden passen. Dies war im Firmenkundengeschäft eigentlich schon immer ausgeprägt, gewinnt aber im Privatkundengeschäft zunehmend an Bedeutung.

Erreichbarkeit heißt natürlich auch, für den Kunden möglichst oft antreffbar und nicht – wie immer häufiger – zu den besten Geschäftszeiten wegen Meetings, Besprechungen, Sitzungen abwesend zu sein.

Natürlich muß auch der notwendige Freiraum beim Berater vorhanden sein. Zuviele übertragene Betreuungsverhältnisse schwächen die Kundenbeziehung: Der Kunde erwartet, daß sein Betreuer Zeit für ihn hat.

Aktive, unaufgeforderte Ansprache

Der Kunde erwartet von seinem Betreuer, daß er nicht nur auf seine Anfragen reagiert und diese möglichst umgehend und umfassend beantwortet und erledigt, vielmehr ist er i. d. R. höchst interessiert daran, daß ihm unaufgefordert zum richtigen Zeitpunkt Vorschläge gemacht werden, die ihm Nutzen bringen. Sei es, daß er zum günstigen Zeitpunkt auf die Absicherung seines Kreditzinssatzes angesprochen wird, sei es, daß ihm zum Jahresende die für ihn passenden Steuerspar-Modelle angeboten werden.

Maßstab für die Dienstleistungsqualität ist natürlich auch die Termintreue, d. h. daß zugesagte Leistungen auch zu dem zugesagten Termin erbracht werden – eigentlich eine Selbst-verständlichkeit. Zuverlässige und schnelle Abwicklung sind Grundvoraussetzung für eine hohe Kundenloyalität, die allerdings ohne ein funktionierendes, kundenorientiert arbeitendes Back-Office nicht darstellbar ist. Hier ist auch die Grenze der Zentralisierung erreicht: Back-office-Funktionen, die unabdingbar zur Erfüllung der Dienstleistung für den Kunden sind, müssen vor Ort bereitgestellt sein.

Beschwerde-Management

Es ist eine altbekannte Tatsache, daß die Dunkelziffer bei Beschwerden sehr hoch ist: Auf eine Beschwerde kommen zwanzig unzufriedene Kunden, die sich nicht wehren, aber bis zu zehn Leuten aus ihrem Bekanntenkreis ihr Frustrationserlebnis erzählen. Beschwerden sind deshalb nicht als lästige Störungen zu behandeln, sondern schnell und persönlich zu klären und gegebenenfalls zu korrigieren. Oft können sie auch als Chance für eine dauerhafte, intensive Kundenbeziehung genutzt werden, mit dem positiven Effekt der Weiterverbreitung. Auch hier erwartet der Kunde, daß er ernst genommen wird und man sich seines Problems schnell und unbürokratisch annimmt.

Außerbetriebliche Aktivitäten

Zur Dienstleistungsqualität gehören auch Aktivitäten, die nur indirekt mit dem Bankgeschäft zu tun haben. Beispielhaft anzuführen sind Einladungen zu eigenen oder fremden Fachvorträgen, Diskussionen und Seminaren bis hin zu Vernissagen, Musikabenden, sportlichen oder kulturellen Veranstaltungen. Dies aktualisiert nicht nur den Wissensstand des Kunden, sondern bietet ihm oft auch Gelegenheit, sich mit anderen Unternehmern auszutauschen oder gar eine Geschäftsbeziehung anzuknüpfen. Daß solche Anlässe die Beziehung Kunde-Berater intensiv festigen, braucht nicht besonders betont zu werden.

5. Fazit

Die Antwort auf die zentrale Frage „Wie schafft die Bank eine stärkere Bindung an sich und ihre Produkte?" wird von den meisten Instituten nach jahrelangen Phasen des Reengineering und Lean Management so beantwortet: „Wir müssen mehr Kundennähe gewinnen und diese langfristig sichern!" Doch Kundenorientierung kann nicht per Rundschreiben verordnet werden. Kundenorientierung spielt sich in den Köpfen ab, es ist eine Frage der Unternehmenskultur. Dabei gibt es eine Vielzahl von Indizien, ob Kundenorientierung in einem Unternehmen gelebt und diese Verhaltensweise auch „belohnt" wird, z. B.:

- Werden die kundenorientierten Mitarbeiter gefördert oder die Bürokraten?
- Ist es klug, sich zu profilieren und dabei eventuell Fehler zu machen, oder ist es besser, auf Tauchstation zu gehen und Absicherungsstrategien zu verfolgen?
- Machen mehr Mitarbeiter des Vertriebs Karriere oder der Stabsabteilungen?
- Wird Risikofreudigkeit honoriert oder mehr die Einstellung: „Lieber nein sagen, dann kann ich keine Fehler machen".

Festzuhalten bleibt, daß auch in Zukunft die Beziehungspflege ein entscheidender Erfolgsfaktor ist, um den Kunden an die Bank zu binden. Vor dem Hintergrund der zunehmenden Komplexität der Finanzierungsinstrumente sowie der weiter anhaltenden Globalisierung der Märkte wird der Beratungsbedarf größer.

Eine Ablösung durch einfache, nicht erklärungsbedürftige Produkte, bei denen letztlich der Preis das allein ausschlaggebende Kaufmotiv ist, ist nicht zu sehen.

Darüber hinaus ist bei zunehmender Produkt- und Preisgleichheit das Relationship-Banking eine der wenigen Möglichkeiten, dem Kunden einen unverwechselbaren Nutzen zu bieten, den der Mitbewerber – wenn überhaupt – nur schwer kopieren kann. „Banking is people" bleibt weiterhin gültig, vielleicht angepaßt dem Slogan einer amerikanischen Bank noch besser und treffender: „The difference in banking is people".

Literatur

Betsch, O.: Lean Marketing – Der Weg zur virtuellen Bank, hrsg. von DMA-Direktmarketing Akademie für Finanzdienstleistungen GmbH, Hamm o.J.

Schuster, L.: Theorie und Politik der Banken im Wandel, München 1996

Schuster, L.: Interkulturelles Bankmanagement, in: *Schuster, L. (Hrsg):* Die Unternehmung im internationalen Wettbewerb, Berlin 1994

Singer, J.: Kundenloyalität als Marketingziel, in: bank und markt, 6/1994, S. 36-38

Süchting, J.: Strategische Positionierung von privaten Banken: Relationship-Banking als Marketingansatz in: Kreditwesen 6/1996, S. 263-267

Vertriebswegeoptimierung in der Sparkassenorganisation*

Manfred Pix, Vizepräsident des Bayerischen Sparkassen- und Giroverbandes, München

1. Einführung

Die vorliegende Festschrift beschäftigt sich mit „Visionen im Bankmanagement". Der Duden versteht unter Vision ein „inneres Gesicht, Erscheinung vor dem geistigen Auge", er gibt aber „auch: Trugbild" als Erklärung (Der Große Duden, Bd. 5, 1966, S. 752).

In der Brockhaus Enzyklopädie ist unter anderem zu lesen: „V.(isionen) sind oft vom Traum nicht klar abgehoben und liegen nahe an Autosuggestion und Halluzination und damit auch am religiösen Wahn" (Brockhaus Enzyklopädie, Bd. 23, 1994, S. 377).

Bei einem so aktuellen und sachlich-nüchternen Thema wie der „Vertriebswegeoptimierung in der Sparkassenorganisation" kann es aber nicht darum gehen, Trugbildern nachzujagen oder Träume zu realisieren. Auch Phantasie und Spekulation sind nicht gefragt. Es geht vielmehr darum, wichtige Rahmenbedingungen zu erkennen und zu analysieren, unter denen die Sparkassenorganisation heute und in den kommenden fünf bis zehn Jahren ihre Leistungen anbieten wird. Es sind Wege aufzuzeigen, diese Leistungen mit möglichst hohem Nutzen und möglichst geringen Kosten für Kunden und Institute zu vertreiben. Dabei gilt es, flexibel und vorausschauend auf Veränderungen der Rahmenbedingun-

* Herrn Dr. Gerd Jaeger danke ich für die wertvolle Mitarbeit.

gen zu reagieren und die daraus resultierenden Anforderungen marktgerecht umzusetzen.

2. Rahmenbedingungen

Es sind insbesondere drei Eckpunkte, die den Rahmen für die Wahl der Vertriebswege innerhalb der Sparkassenorganisation und für den Versuch ihrer Optimierung bilden.

2.1 Die technische Evolution

Der Satz „Banking is a technology driven business" (Endres 1990, S. 662) dürfte für Gegenwart wie Zukunft gleichermaßen gelten. Die Technik befreit das Bankgeschäft von allen zeitlichen und räumlichen Grenzen. Wettbewerbsvorteile werden dabei nur die Kreditinstitute gewinnen, denen es gelingt, die Informations- und Kommunikationsmedien als „Mehrzweckwaffe" nach innen wie nach außen optimal einzusetzen. Sie ist entscheidend für die effiziente und kostengünstige Abwicklung von Geschäftsvorfällen, steuert den innerbetrieblichen Ablauf und ist ein notwendiges Instrument für die strategische Planung. Ohne leistungsfähige Informations- und Kommunikationsanlagen ist heute weder eine Kundenberatung im Kreditinstitut noch ein Dialog mit dem Kunden außerhalb der Zweigstelle oder außerhalb der Öffnungszeiten möglich. Beratungskompetenz und Beratungseffizienz stehen und fallen damit mit einer intelligenten Systemunterstützung.

Die Informations- und Kommunikationstechnologie öffnet aber gleichzeitig die Märkte und ermöglicht es branchenfremden Anbietern, lukrative Nischenprodukte für ausgewählte Kundensegmente ebenso vorzuhalten wie kostengünstige Bankdienstleistungen im Rahmen einer Basisversorgung. Information und Kommunikation werden damit zum eigenständigen Produktionsfaktor. Nur Kreditinstitute, die allein oder gemeinsam mit ihren Verbundpartnern die Informations- und Kommunikationsmedien ein- und umsetzen, werden sich an den Märkten erfolgreich behaupten.

2.2 Kundenbedürfnisse – Kundenverhalten – Kundenakzeptanz

Diese quantitative und qualitative Änderung des technischen Umfeldes hat gemeinsam mit dem wachsenden Wohlstand und der zunehmenden „Akademisierung der Bevölkerung" (Priewasser 1994, S. 221) den Wertewandel in der Gesellschaft beschleunigt. Der Verbraucher von heute ist anspruchsvoller, selbstbewußter, aufgeklärter und deutlich kritischer als noch vor einer Generation.

Die steigende Markttransparenz ermöglicht einen fast mühelosen Preis-Leistungs-Vergleich. Dieser wiederum trägt dazu bei, daß der Kunde kosten- und renditebewußt auf Veränderungen an den Finanzmärkten reagiert. Marktforschungsergebnisse belegen eindeutig, daß private Haushalte mit nur einer Bankverbindung bereits heute in der Minderheit sind (Epple 1991, S. 548). Mit rund zwei Drittel konzentriert sich das Neugeschäft bei einzelnen Produkten bzw. Sparten nicht mehr auf die Hausbank, sondern ist zu konkurrierenden Instituten abgewandert (Bühler 1996, S. 20).

Insbesondere bei jüngeren Kunden ist das herkömmliche Verhaltensmuster nicht länger als Konstante vorgegeben. Hedonistische Überlegungen gewinnen zunehmend an Einfluß. Sparsamkeit ist innerhalb bestimmter Altersgruppen keine Tugend mehr, der Konsum jetzt und heute steht im Vordergrund. Die Generation der Erben wird diese Entwicklung weiter beschleunigen. Die Deutsche Bundesbank geht davon aus, daß künftig jährlich bis zu 200 Mrd. DM vererbt werden (Deutsche Bundesbank 1993, S. 27). Kennzeichnend für diese Erbengeneration sind neben einer hohen Risikobereitschaft vor allem eine zunehmende räumliche Mobilität, eine hohe Aufgeschlossenheit gegenüber technischen Innovationen sowie eine ausgeprägte und steigende Präferenz für mehr Freizeit (Wünsche/Swoboda 1994, S. 278).

Die Sicherung der Altersvorsorge wird sich zudem immer stärker auf die private Sphäre verlagern. Gerade die jüngere und mittlere Generation wird diesen Aspekt bei ihrer privaten Vermögensanlage in den Vordergrund stellen (müssen). Produkt- und Dienstleistungsangebote sind entsprechend bedarfsgerecht zu gestalten, um diese Bedürfnisse abzudecken.

Neue Produkte und Dienstleistungen sowie Vertriebswege werden aus unterschiedlichen Gründen akzeptiert. Neben einer ausgereiften Technik, einer hohen Nutzenstiftung, Bequemlichkeit und Erreichbarkeit spielt vor allem die Vorbildfunktion zufriedener Kunden eine entscheidende Rolle (Ambros 1995, S. 244). Akzeptanz ist damit nicht etwas Konstantes in der Beziehung Kunde – Sparkasse, sondern muß permanent neu erarbeitet und bestätigt werden. Ein – aus welchen Ursachen auch immer – beabsichtigter Bankwechsel mag im Einzelfall unterbleiben, weil ihm einige Unbequemlichkeiten und Kosten entgegenstehen. Dennoch wird die Kundenbeziehung nicht mehr wie früher sein. Entscheidend ist deshalb, daß eine lebendige Beziehung aufgebaut wird. Kunden sind nicht nur als Kontoinhaber oder Angehörige einer bestimmten Kundenschicht zu sehen, sondern stehen in einem partnerschaftlichen Beziehungsgeflecht. Dabei ist für eine optimale Service- und Beraterleistung auch immer eine gewisse gefühlsmäßige Nähe erforderlich (Mauerer 1996, S. 278).

2.3 Das Selbstverständnis der Sparkassenorganisation

Das Selbstverständnis der Sparkassenorganisation als dritter Eckpunkt ihrer Vertriebswegeoptimierung läßt sich zurückführen auf ihren aufgabenbezogenen Unternehmenszweck, ihre regionale Verwurzelung sowie ihre gesellschaftliche und soziale Verantwortung im örtlichen Geschäftsgebiet. Vertriebswege, die dieses so definierte Selbstverständnis nicht angemessen berücksichtigen, scheiden deshalb für diese Organisation aus.

Das Festhalten an diesem Selbstverständnis ist heute aktueller denn je. Ein dezentral aufgebautes Wirtschafts- und Gesellschaftssystem, das den Bürgern Raum gibt für ihr persönliches Engagement und ihre persönliche Entfaltung, schafft – verbunden mit einer effizienten örtlichen Geld- und Kreditversorgung – eine gesunde Basis für die Entwicklung der Wirtschaftskraft im jeweiligen Sparkassengeschäftsgebiet.

Für die Sparkassenorganisation steckt in dieser Politik aber auch ein gutes Stück Eigeninteresse. Die starke Identifikation mit den Interessen der Bürger, der mittelständischen Wirtschaft und der Kommunen hat sie zur größten deutschen Kreditinstitutsgruppe gemacht. Deshalb würde die Aufgabe dieses Selbstverständnisses mittelfristig nicht nur zur Schwächung des Wirtschaftsstandortes Bundesrepublik führen, sondern würde auch den Lebensnerv der Sparkassenorganisation selbst empfindlich treffen.

3. Vertriebswege der Sparkassenorganisation

3.1 Geschäftsstellen

Innerhalb des von diesen Eckpfeilern gebildeten Rahmens sind die Geschäftsstellen für die Sparkassenorganisation auch künftig die wichtigste Vertriebsschiene. Eine schnelle und forcierte Ausdünnung des Zweigstellennetzes ist für sie keine Alternative. Allerdings ist auch die Zeit einer Geschäftsstellenexpansion vorbei und der Charakter und die Struktur der bestehenden Filialen werden sich nachhaltig ändern müssen. Die Zweigstelle als exklusive Bankverbindung wird es nicht mehr geben. Bei mehr als 20.000 Sparkassengeschäftsstellen wird nicht an jedem Ort und zu jeder Zeit eine leistungsstarke Individual- und Firmenkundenbetreuung wirtschaftlich vorgehalten werden können. Die steigenden Kosten sind nicht über die Erlöse eines umfassenden Allfinanzangebots bei jeder Zweigstelle aufzufangen. Marktuntersuchungen zeigen, daß bestimmte anspruchsvolle und beratungsintensive Geschäfte im Wertpapierbereich, in der Außenhandels- oder Wohnungsbaufinanzierung weder vom anfallenden Mengengerüst noch von der erforderlichen Mitarbeiterqualifikation her in der Fläche vorgehalten werden können und müssen. Die Kunden sind bei qualifizierten Beratungsvorgängen und komplizierten Geschäftsvorfällen durchaus bereit, für die Kompetenz und das Know-how qualifizierter Berater zentral gelegene Zweigstellen aufzusuchen und dabei gewisse räumliche und zeitliche Unbequemlichkeiten in Kauf zu nehmen.

Gerade auf diese Geschäftsvorfälle werden sich allerdings in den kommenden Jahren die Aktivitäten konzentrieren, gerade in diesem Kundensegment wird sich der Wettbewerb weiter verschärfen. Das Privatkundenklientel, das Beratung und Kompetenz nachfragt, ist einerseits mit etwa 13 % relativ klein, andererseits unterhält es weit mehr als die Hälfte des privaten Geldvermögens. Die Konzentration des Geldvermögens in verhältnismäßig wenig Händen wird sich fortsetzen. Trendberechnungen zeigen, daß gegen Ende des ersten Jahrzehnts des neuen Jahrtausends auf etwa zwei Fünftel der Privatkunden vier Fünftel des Geldvermögens entfallen. Damit wird bis zum Jahre 2010 etwa jeder dritte Kunde in eine Größenordnung für eine Individualbetreuung hineinwachsen (Heitmüller 1994, S. 20).

Im täglichen Standardgeschäft ist die Nähe zur Geschäftsstelle nach wie vor ein wichtiger Wettbewerbsfaktor. Dieses Geschäft im Umfeld des Zahlungsverkehrs und der einfachen Anlageprodukte bindet rund zwei Drittel der Kosten des Sparkassen-Filialsystems. Ein verstärkter Einsatz der Technik und eine zentrale Bündelung der EDV-Aktivitäten ist für eine nachhaltige Kostenabsenkung gerade für die Standardfiliale unerläßlich. Regionale EDV-Machtblöcke müssen sparkassengeschäftspolitisch und informationstechnologisch schnellstmöglich abgebaut werden. Durch eine verstärkte EDV-Kooperation und eine bundeseinheitliche Standardisierung technologischer Anwendungen werden Freiräume geschaffen. Das durch solche Maßnahmen innerhalb der Organisation liegende Kosteneinsparungspotential wird auf etwa 1 Mrd. DM pro Jahr geschätzt (Heitmüller 1994, S. 8). Zugleich werden wichtige Personalkapazitäten für anspruchsvollere Beratungstätigkeiten freigesetzt. Dies gilt insbesondere auch im Personalbereich, denn das in diesen Standardfilialen mit einem weniger leistungsstarken Produktangebot eingesetzte Personal muß nicht notwendigerweise einen qualifizierten Ausbildungsabschluß haben. Häufig wird eine ausgeprägte verkäuferische Neigung verbunden mit systemgestützten Verkaufsprogrammen genügen, um die Routinegeschäfte abwickeln zu können.

Die Kostensenkung wird ferner verstärkt durch Auslagerung der weitgehend technologisch abwickelbaren Geschäftsvorfälle insbesondere im Bereich des Zahlungsverkehrs in Selbstbedienungs- und reine Servicestellen, die praktisch einen 24-Stunden-Zugriff ermöglichen und mit allen SB-Automaten ausgerüstet sind. Für diese SB-Zweigstellen ist die Standortfrage besonders wichtig. Das bestehende Zweigstellennetz ist sorgfältig daraufhin zu prüfen, ob und welche Filialen in reine SB-Zweigstellen ohne oder nur mit einem minimalen Personaleinsatz umgerüstet werden können. Etwaige neue SB-Filialen sind insbesondere an häufig frequentierten und gut erreichbaren Standorten zu errichten.

Daß gerade im SB-Bereich noch erhebliche – aus heutiger Sicht allerdings noch keineswegs vollständig erkennbare – Potentiale liegen, wird bei einem Blick auf die steigenden Einsatzmöglichkeiten der verschiedene Automatentypen ebenso deutlich wie auf den bisher in einigen Ländern erreichten „Sättigungsgrad". Nach dem „Start" mit den GAA gehören KAD, ATM und Sortenautomaten heute bereits zur Standardausrüstung. SB-Spar-Automaten werden ebenso wie multifunktionale Selbstbedienungsterminals für Überweisungen, Daueraufträge und einfache Wertpapiertransaktionen die – kurzfristig zu realisierende – nächste Stufe bilden. Im Sättigungsgrad bleibt Deutschland merklich hinter anderen Staaten zurück (Priewasser 1994, S. 202 f.), maßgeblich wohl zurückzuführen auf unterschiedliche Präferenzen und Verhaltensmuster.

Der Trend zur Selbstbedienung wird unterstützt durch neue Zahlungsverkehrsinstrumente wie die Chip-Karte und die elektronische Geldbörse. Ein weiterer Schub zugunsten automatengesteuerter Zahlungsvorgänge dürfte mit dem Übergang zur Europäischen Wirtschafts- und Währungsunion erfolgen. Die damit verbundenen Kosten werden alle Wirtschaftsteilnehmer – auch wenn der parallele Einsatz von D-Mark und Euro auf eine kürzere Periode als sechs Monate reduziert werden sollte – zu systemgestützten Anwendungen zwingen.

Kostenreduzierung ist jedoch nur ein Effekt einer verstärkten Selbstbedienungsstrategie. Die dadurch eingeleitete Rationalisierung und Personalumsetzung führt auch zu einer deutlich höheren Wertschöpfung. Routinearbeit steht nicht mehr im Vordergrund, das frei- und umgesetzte Personal kann für neue Aufgaben und in eine gezielte Kundenakquisition, -betreuung und -beratung umgelenkt werden (Thuriaux 1996, S. 265).

Der Übergang zwischen den einzelnen Geschäftsstellentypen, die Veränderung ihrer Struktur, ihres Charakters und ihrer Aufgaben wird allerdings nur allmählich und fließend erfolgen. Eine radikale Reduzierung von Sparkassen-Filialen ist nicht zu erwarten. Je nach den örtlichen Verhältnissen wird es zwischen den einzelnen Geschäftsstellentypen eine räumliche Trennung geben, aber auch die sogenannte „Shop-in-the-shop-Lösung“ innerhalb bestehender Geschäftsstellen ist insbesondere für das Individual-Kundensegment eine realistische Variante. Im Vermögensanlage- und Immobiliencenter, die gemeinsam oder separat mit den Full-Service-Geschäftsstellen eingerichtet werden können, übernehmen qualifizierte Berater und Spezialisten das „Financial-Planing“ für vermögende Privatkunden entsprechend den individuellen Bedürfnissen innerhalb der einzelnen Lebenszyklen und der jeweiligen Vermögenssituation (Heitmüller 1994, S. 22).

3.2 Home-Banking

Neben der Auffächerung des stationären Vetriebsweges in Geschäftsstellentypen mit differenzierten geschäftspolitischen Schwerpunkten und unterschiedlicher, aber weitgehend noch an die Zweigstelle gebundener Systemunterstützung ermöglicht die fortschreitende Technologie immer stärker einen unmittelbaren Konto- und Bankzugriff von dem häuslichen und beruflichen Umfeld des Kunden. Seit etwa einem halben Jahrzehnt hat die PC-Nutzung im Privathaushalt sprunghaft zugenommen.

Die zunächst kümmerliche und weitgehend stagnierende Nachfrage nach Btx-Diensten erlebt im Rahmen des T-Online einen deutlichen Aufschwung. So stieg die Zahl der T-Online-Konten bei den IZB-Sparkassen in Bayern 1995 von gut 47.000 auf über 90.000. Steigerungsraten liegen bei Konten und Teilnehmern relativ konstant zwischen 3 und 5 % gegenüber dem jeweiligen Vormonat.

Mit der „Bank im Wohnzimmer oder im Büro" gewinnt der Kunde also an Flexibilität, verbunden mit einer höheren Bequemlichkeit. Auch wenn über dieses Medium bislang in erster Linie Standardtransaktionen abgewickelt werden, so erlaubt der Computer doch eine praktisch unbegrenzte – wenn auch keineswegs kostenlose – Information und ermöglicht damit eine merklich steigende Markttransparenz. Dies wird die Wettbewerbssituation nachhaltig verschärfen.

Um in diesem Wettbewerb zu bestehen und die erreichte Marktposition weiter auszubauen, setzen die Sparkassen gleichzeitig auf drei Strategien:

- Verbreiterung des homebank-kompatiblen Angebots zur Erhöhung der Akzeptanz, z. B. durch geeignete Software im Bereich des Zahlungsverkehrs, der Passiv- und Wertpapiergeschäfte;
- Weiterentwicklung der Technologie zur Sicherung der zukünftigen Präsenz. Dabei gilt das Hauptaugenmerk einer stabilen und zuverlässig funktionierenden Software, verbunden mit einer übersichtlichen und benutzer-freundlichen Anwendung;
- Einsatz geeigneter Produkte, Vertriebs- und Marketingaktivitäten zur Erschließung des Privatkundenmarktes.

Zur weiteren Intensivierung des Wettbewerbes wird auch der absehbare Ausbau der Home-Banking-Möglichkeiten über das Internet bis hin zum Virtual-Banking beitragen. Der Fernseher wird damit in wenigen Jahren unter Einbeziehung des Videophones für Kunden zu einem multimedialen Dialoginstrument mit seiner Bank, das 24 Stunden am Tag und sieben Tage in der Woche eingesetzt werden kann.

Für die Sparkassen liegen die Vorteile des wachsenden Home-Banking-Einsatzes vor allem in einer deutlichen Kostensenkung, die umso stärker ausfällt, je mehr transaktionsintensive Kunden dieses Medium nutzen. Hier fehlen aber noch weitgehend gesicherte Marktkenntnisse. Eine positive Einstellung gegenüber dem Einsatz von PC oder Telefon im Bankgeschäft haben insbesondere jüngere und gut ausgebildete Kunden der höheren Einkommensschichten. Über die Häufigkeit und die Intensität der PC-Nutzung im Vergleich zu anderen Vertriebswegen sagen die vorliegenden Marktuntersuchungen aber nur wenig aus. Hier bietet sich für gezielte Marktuntersuchungen noch ein weites Feld.

Allerdings liegt in der wachsenden Technisierung – sei es in Form von SB-Zweigstellen oder des Home-Banking in all seinen Facetten – auch eine große Gefahr. Die Kreditinstitute bieten weitgehend homogene Dienstleistungen an und diese haben etwas mit „Dienen" und „Leistung" zu tun. Führt deshalb der steigende EDV-Einsatz – auf welcher

Seite und durch wessen Initiative auch immer – zu einer „Enthumanisierung“, so ist die Beziehung Kunde – Sparkasse gefährdet. Bei einem Automatisierungsgrad von 80 % und mehr – so die Erfahrung japanischer Banken (Schultze-Kimmle 1994, S. 92) – sind Wettbewerbsnachteile festzustellen, wenn sich die persönliche Beratungsleistung nicht parallel zur elektronischen Selbstbedienung entwickelt.

Dieser Aspekt der Kundenbeziehung sollte nicht auf die leichte Schulter genommen werden. Nach einer Studie der Agamus Research Marktforschungsgesellschaft fanden mehr als 46 % der Befragten die steigende Abwicklung von Bankgeschäften über den Computer oder das Telefon bedauerlich oder unzumutbar, weil sie dabei etwas vermissen oder eine solche Abwicklung sie stört. Selbst bei höherem Einkommen ist die Zurückhaltung mit 42 % nicht wesentlich geringer (o.V. 1996, S. 11).

3.3 Exkurs: Direktbank

Direktbank-Aktivitäten, wie sie insbesondere von allen Groß- und Regionalbanken in den letzten Jahren forciert wurden, stehen im Vertriebswege-Mix der Sparkassenorganisation nicht an vorderster Stelle. Allerdings werden auch die Sparkassen diese Vertriebs-Variante nicht vollständig vernachlässigen können. Der dezentrale Aufbau der Organisation und ihre lokale und regionale Verankerung spricht dabei aber gegen eine zentrale und mehr für regionale Serviceeinrichtungen. Damit bleibt der Kunde grundsätzlich bei seiner vertrauten Sparkasse und kann nach eigenen Vorstellungen über den jeweiligen Vertriebsweg entscheiden. Die -direkt-Servicegesellschaft greift dabei auf die Angebote der regionalen Verbundpartner zurück. Durch eine einheitliche DV-Unterstützung und eine Angebotsstandardisierung wird eine Kostenreduzierung erreicht.

Für den zurückhaltenden Aufbau der Direktbank-Aktivitäten innerhalb der Sparkassenorganisation sprechen nicht nur deren Struktur und Selbstverständnis, sondern auch die bisherigen Erfahrungen der Konkurrenten. Einerseits wurden bisher nur selten die erhofften Ergebnisse erzielt. Die Aufbauphase verlängert sich erkennbar und der „break-even-point“ verschiebt sich bei den meisten Direkt-Banken deutlich in die Zukunft.

Andererseits hat sich auch die Produktpalette der Direktbanken ausgeweitet und tendiert zu einem Vollangebot mit hohem Beratungs- und Serviceniveau. Wenn aber Leistung und Produkt sich immer stärker angleichen und sich die Direktbank weder im Rahmen von Verbund noch von Konzernangeboten signifikant hervorhebt, stellt sich zwangsläufig die Frage nach anhaltenden Markterfolgen (o.V. 1996, S. 5).

3.4 Verbund-Vertrieb

In dem Vertriebswege-Mix der Sparkassenorganisation spielen die Verbundpartner der Sparkassen eine ebenso traditionsreiche wie herausragende Rolle. Die Zusammenarbeit im Verbund ist eine der Säulen der Sparkassenorganisation. Innerhalb eines sehr weitgefaßten rechtlichen Rahmens beachtet die Kooperation grundsätzlich die Eigeninteressen der einzelnen Partner und beruht auf der Überzeugung, daß die Finanzbedürfnisse der Kunden durch effiziente Leistungsangebote innerhalb der Verbundpartner optimal abgedeckt werden. Die Kooperation hebt die räumliche Beschränkung der Sparkassenaktivität und ihre Konzentration auf das Gebiet des Gewährträgers auf und sichert für den Kunden eine umfassende, an seinen Bedürfnissen ausgerichtete Versorgung mit Finanzdienstleistungen und eine qualifizierte Beratung aus einer Hand und an einem Ort.

Auch wenn die Verbesserung der gemeinsamen Wettbewerbsfähigkeit und der Marktstellung im Vordergrund der strategischen Überlegungen der Verbundkooperation stehen, so sind einige konkrete Ziele für die Vertriebswegeoptimierung der Organisation von herausragender Bedeutung. Dazu gehören (Pix/Zinn 1996, S. 2)

- ein zielgruppenorientierter wechselseitiger Einsatz der spezifischen und bewährten Vertriebswege der Verbundpartner unter Berücksichtigung ihrer jeweiligen Vorzüge,
- eine umfassende Kundenansprache durch Rückgriff auf mehrere Vertriebswege und unterschiedliche Produktpaletten der Verbundpartner und
- eine Erhöhung der Kundenbindung durch Verbesserung der Kundenzufriedenheit.

Über die Zusammenarbeit mit den Verbundpartnern bieten die Sparkassen den Privat- und Firmenkunden in ihrer Region Produkte und Dienstleistungen an, die jede Sparkasse für sich aufgrund der räumlichen Beschränkung und ihrer Größe aus betriebswirtschaftlichen Gründen nicht vorhalten kann oder bei denen entsprechende Einschränkungen des Sparkassenrechts bestehen. Insbesondere in Zusammenarbeit mit den Landesbanken verfügen damit die Sparkassen über ein Leistungsangebot, das denen weltweit agierender Kreditinstitute in nichts nachsteht.

Dies gilt insbesondere für die immer komplexer werdenden Vorgänge an den nationalen und internationalen Kapital- und Wertpapiermärkten, die mit einem entsprechenden Ausbau der EDV-Unterstützung und Informationssysteme erschlossen und aufbereitet werden und eine umfassende Anlageberatung und Informationsbereitstellung ermöglichen, die den Anforderungen der Sparkassen-Wertpapierkunden voll genügen.

Die Entwicklung der Verbund-Vermittlungsanteile der Sparkassen lassen erkennen, daß diese Überlegungen weitgehend auf Akzeptanz bei den Kunden stoßen. Sie lassen aber auch erkennen, daß zumindest bei einigen Produkten noch ein erhebliches Vermittlungspotential seitens der Sparkassen besteht. Die Vermittlungsanteile reichen von relativ bescheidenen 10 % bei einzelnen Sachversicherungsvermittlungen bis zu weit mehr als vier Fünftel im Bereich der Immobilienvermittlung.

Der künftige Erfolg des Verbundvertriebs hängt allerdings davon ab, wie weit es gelingt, die noch zum Teil relativ eigenständigen Vertriebswege der Partner zu einer gemeinsamen Vertriebsstrategie zu bündeln. Das leistungsfähige Sparkassengeschäft ist mit dem leistungsfähigen Geschäft sparkassennaher Bereiche wie Investment, Immobilien, Versicherung und Bausparern so zu kombinieren, daß die Interessenlage des Kunden optimal abgedeckt wird und bei der Nutzung der Vertriebswege eine Kostendegression für alle Partner möglich ist.

4. Fazit

Die Ausführungen über die Vertriebswegeoptimierung in der Sparkassenorganisation sollen thesenartig zusammengefaßt werden:

- Die Nutzung verschiedener Vertriebswege wird sich evolutionär, nicht revolutionär entwickeln.
- Die Sparkassenorganisation muß dabei die Möglichkeiten der organisationspolitischen Vielfalt mit den Vorteilen ihrer Größe und Marktdurchdringung verbinden.
- Die Informationstechnik ist kein Substitut für die örtlich verankerte Zweigstelle, sondern erfüllt in erster Linie komplementäre Funktionen, die zur optimalen Produktbündelung ebenso beitragen wie zur Kostensenkung und Produktivitätssteigerung.
- Die Sparkassen-Zweigstelle verändert ihre Struktur, ihren Charakter und ihren Stellenwert, wird aber in ihren einzelnen Ausprägungen weiterhin im Zentrum der Vertriebspolitik stehen.

Literatur

Ambros, H.: Virtual Reality – Virtual Banking, Wien 1995

Brockhaus Enzyklopädie, 19. Auflage, Bd. 23, Mannheim 1994, S. 377

Bühler, W.: Kundenbindung oder Kunden-Neugewinnung, Bank Information, Nr. 11, 1996

Der Große Duden, Bd. 5, 1966, S. 752

Deutsche Bundesbank (Hrsg.): Zur Vermögenssituation der privaten Haushalte in Deutschland, in: Monatsbericht Nr. 10, 1993

Endres, M.: Die europäische Bankenwelt-Entwicklungslinien und Zukunftstrends, in: ÖBA 9/90, S. 662

Epple, M.: Die Kundenbindung wird schwächer: Vertrieb von Bankprodukten, in: Die Bank, Nr. 10, 1991

Heitmüller, H.-M.: Märkte im Umbruch – Chancen und Risiken für die Sparkassenorganisation, in: Sparkasse, Nr. 11, 1996

Heitmüller, H.-M.: Entwicklungslinien im Sparkassenmarketing, Manuskript, Abschlußvortrag Marketing-Tagung 1994

Mauerer, A.: Die Partnerschaft zwischen Sparkassen und Kunden, in: Sparkasse, Nr. 6, 1996

o. V. bank und markt, Nr. 12, Frankfurt 1996

Pix, M./Zinn, B.: Strategische Dimensionen und Formen des Direktmarketing, in: *Betsch, O./Wiechers, R.* (Hrsg.): Handbuch Finanzvertrieb, Frankfurt/Main 1995

Pix, M./Zinn, B.: Vertrieb im Verbund, Beitrag für das Enzyklopädische Lexikon des Geld-, Bank- und Börsenwesens, 1996 (unveröffentlichtes Manuskript)

Priewasser, E.: Die Priewasser Prognose. Bankstrategien und Bankmanagement 2009, Frankfurt 1994

Schultze-Kimmle, H.-D.: Zehn Thesen zur Bank der Zukunft, in: Die Bank, Nr. 2, 1994

Szallies, R.: Vagabundierendes Finanzverhalten – Herausforderung für das Bankmarketing der 90er Jahre, in: Bayerischer Sparkassen- und Giroverband (Hrsg.): V. Betriebswirtschaftliche Tagung, München 1993

Turiaux, J.: Electronic Banking und stationärer Vertrieb, in: *Betsch, O./ Wiechers, R.* (Hrsg.): Handbuch Finanzvertrieb, Frankfurt/Main 1995

Wünsche, G./Swoboda, U.: Die Bedeutung von Zielgruppen für die fokussierende Universalbank, in: Die Bank, Nr. 5, 1994

V

Visionen im Controlling, in der Konzernsteuerung und Konzernentwicklung

Produktivitätssteuerung als Element der Vertriebssteuerung im Kundengeschäft einer Universalbank

Dr. Stefan Schmittmann, Bayerische Vereinsbank AG, München

1. Produktivitätsergebnis als Ergebnisquelle

Der entscheidende Wettbewerbsfaktor, der die Zukunft einer jeden Universalbank im Privatkundengeschäft ebenso wie im unteren mittelständischen Firmenkundensegment bestimmen wird, ist die Fähigkeit, die knappen und teuren Ressourcen in ihre effizienteste Verwendung zu steuern. Dabei geht es nicht primär um Kostenreduktion, sondern vor allem darum, die Vertriebswege so zu schneiden, daß die mit ihnen jeweils verbundenen Kosten vom Markt honoriert werden. Die Konkurrenz der Direktbanken und die zunehmende Technisierung des Bankgeschäftes haben einen Margenverfall bei gleichzeitig hohem und steigenden Investitionsbedarf in breiten Bereichen des Geschäftes der klassischen Filialbanken ausgelöst. Dieser Trend führt zwangsläufig zu einer rasanten Erosion der Ertragskraft dieses Geschäftes, sofern nicht durch die Schaffung von erkennbarem Mehrwert gegenüber den Wettbewerbern, bei gleichzeitig erheblicher Produktivitätssteigerung, gegengesteuert wird. Hierzu bedarf es hochentwickelter Produktivitätssteuerungssysteme, die in deutschen Banken durchwegs noch bei weitem nicht dem Standard anderer reifer Industrien, zum Beispiel großer Einzelhandelsunternehmen entsprechen.

Hochentwickelte Produktivitätssteuerungssysteme im Vertrieb einer Bank müssen in ihrer Steuerungsmechanik einfach sein, damit sie von den Mitarbeitern noch verstanden und akzeptiert werden. Sie müssen sich nahtlos in die übrigen Steuerungssysteme einfügen, was nichts anderes heißt, als daß die gleichen Daten, die in der Produktivitätssteuerung Verwendung finden, sich in den Profit Center Rechnungen ebenso wiederfinden müssen wie in der Welt der Kundenkalkulationen. Dies ist ein Anspruch, der zunächst selbstverständlich zu sein scheint, der aber in der Praxis durchaus schwierig umzusetzen ist und der vor allem ein absolut schlüssiges Controlling-Gesamtkonzept voraussetzt.

Das Controlling hat die Funktion, das Betriebsergebnis einer Bank sowohl planerisch ex ante als auch in der retrospektiven Ist-Abbildung in seine Quellen zu zerlegen.

Abbildung 1 zeigt eine Darstellung der Ergebnisquellen, die sich in der Praxis als Ordnungsrahmen sehr bewährt hat. Wesentlich ist die Erkenntnis, daß die Ergebnisquellen sehr unterschiedlichen Mechanismen unterliegen und sie daher auch sehr unterschiedliche Managementfähigkeiten verlangen (Schüller 1990, S. 270). Die Verantwortungsbereiche der Bank sind so zu schneiden, daß sie den unterschiedlichen Ergebnisquellen entsprechen:

Der Kundenbetreuer ist für das Marktergebnis verantwortlich, das er mit seinem Kundenstamm erzielt. Das Marktergebnis ist die Summe der Deckungsbeiträge der von ihm betreuten Kunden. Der Betreuer hat Einfluß auf die mit seinen Kunden erzielten Bruttobeiträge, auf das Produktemix, das er seinen Kunden verkauft sowie auf die Standardrisikokosten, die ihm aufgrund des Risikogehaltes der Geschäfte verrechnet werden. Durch den Verkauf, z. B. von kostengünstig abzuwickelnden Produkten des elektronischen Zahlungsverkehrs, kann er sein Marktergebnis ebenso verbessern wie durch die Kreditbesicherung bei Kunden minderer Bonität.

Vor allem im Firmenkundengeschäft wird der Betreuer sinnvollerweise auch verantwortlich sein für das Risikoergebnis, also den Abgleich zwischen verrechneten Standardrisikokosten und den tatsächlich schlagend gewordenen Risiken.

Der Profit-Center-Leiter im Vertrieb, also beispielsweise der Niederlassungsleiter, ist dagegen nicht nur für die Markt- und Risikoergebnisse der an seiner Einheit betreuten Kunden, sondern auch für den effizienten Ressourcenverbrauch und somit für das Produktivitätsergebnis seiner Einheit verantwortlich. Das Produktivitätsergebnis bestimmt sich aus den verrechneten Standardstückkosten auf Ebene der Niederlassung abzüglich der tatsächlichen Ist-Kosten.

Da an den Niederlassungen regelmäßig die kritische Masse für eine rationelle Verarbeitung aller industriell abzuwickelnden Prozesse nicht vorhanden ist, sind von wohl allen großen Banken weitgehend zentrale Abwicklungsfabriken installiert worden, auf die immer mehr Backoffice-Tätigkeiten verlagert werden. Die Steuerung dieser Einheiten erfolgt

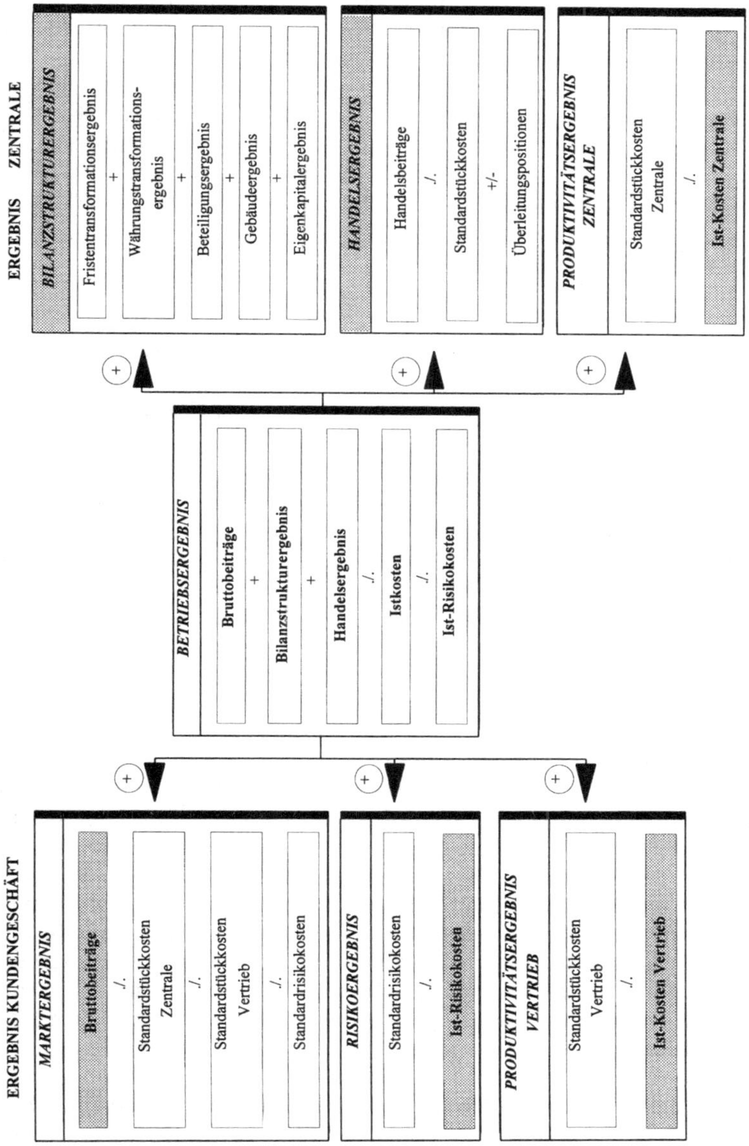

Abb. 1: Das Controlling zerlegt das Betriebsergebnis in seine Quellen

allein über das Produktivitätsergebnis[1]. Voraussetzung sind hierfür vollständig und detailliert, sinnvollerweise maschinell erfaßte Leistungsmengen sowie den aktuellen Abläufen angepaßte Standardstückkosten. Die Anzahl Leistungen multipliziert mit den jeweiligen Standardstückkosten abzüglich der Ist-Kosten ergibt das Produktivitätsergebnis, für das der Leiter der betreffenden Einheit verantwortlich ist. Wichtiger als das Produktivitätsergebnis als reine Ergebnisinformation ist die Ermittlung von Mengen- und Preisabweichungen, wie sie aus der industriellen Kostenrechnung bekannt sind. Diese Informationen setzen eine Planung sowohl der Leistungsmengen als auch der Standardpreise voraus, eine Aufgabe, die relativ komplex und aufwendig ist, ohne die aber von echter Steuerungsinformation für das Management solcher Abwicklungsfabriken nicht gesprochen werden kann.

2. Fehlsteuerungen durch reine Produktstückkostenrechnung

Seit einigen Jahren haben sich in Theorie und Praxis der Bankkostenrechnung die Ideen der Prozeßkostenrechnung weitgehend durchgesetzt (Brühl/Frischmuth 1995, S. 551; Gerke 1995, S. 393 ff.). Voraussetzung für die Prozeßkostenrechnung ist selbstverständlich die Existenz von identifizierbaren Prozessen, wobei hierunter „eine auf Erbringung eines Leistungsoutputs gerichtete Kette von Aktivitäten" (Horváth/Meyer 1993, S. 16) verstanden wird. In der Praxis der Bankkostenrechnung werden in vielen Banken allein einzelne Produkte als relevante Kostentreiber verstanden. Die im Zusammenhang mit diesen Produkten notwendigen Aktivitäten werden folglich als Hauptprozesse definiert, denen die von ihnen verursachten Kosten sowie die Gemeinkosten zugeordnet werden.

Nur in zentralen Abwicklungseinheiten ist jedoch diese Sicht zutreffend, da nur dort die abzuwickelnden Bankprodukte den alleinigen Kostentreiber darstellen. Im Vertrieb dagegen ist eine rein produktorientierte Standardkostenrechnung nicht ratsam, da sich nur – je nach Kundensegment – 20 bis 70% der Kosten des Vertriebes sinnvoll auf Produkte zuordnen lassen. Der Kundenbesuch mit Bilanzbesprechung eines Firmenkundenbetreuers läßt sich beispielsweise nicht schlüssig auf die vom Kunden in Anspruch genommenen Produkte „Zahlungsverkehr", „Hypothekarkredit" und „Wechselkredit" verteilen. Gemeinkostenzuschläge von teilweise mehreren hundert Prozent auf die direkt im Prozeß identifizierbaren Kosten verbieten sich aber allein aus der Überlegung heraus, daß Produktstückkosten auch die Preisuntergrenze im Vertrieb definieren sollten. Auch die hohen Kosten des Kreditprozesses, also der Kreditanalyse und -genehmigung, lassen sich nicht vernünftig einzelnen Aktivprodukten zuordnen, da der Kreditprozeß seine Kosten völlig unabhängig von der Beanspruchung des Kredites sowie der Anzahl der genutzten Kredit- oder Treasury-Produkte verursacht. Eine

Rahmenlinie mit einem Kompetenzwert von 10 Mio. DM verursacht im Kreditgenehmigungsprozeß immer die gleichen Kosten, unabhängig von der Zahl der vom Kunden in Anspruch genommenen Produkte; d.h. es spielt keine Rolle, ob der Kunde diese Linie nur durch einen Barkredit oder durch weitere Produkte, z.B. Wechselkredit, Devisentermingeschäfte oder Avale belegt.

Fazit dieser Überlegung ist, daß Produktstückkosten für sich alleine genommen den Ressourcenverbrauch am Einzelkunden falsch abbilden und damit durch falsch gesetzte Preisuntergrenzen zu gravierenden Fehlsteuerungen führen. In der Praxis läßt sich daher in vielen Banken beobachten, daß Produktstückkosten nicht recht ernst genommen, schlecht gepflegt und damit für die Produktivitätssteuerung ebenso wie für das Marktergebnis im Prinzip unbrauchbar werden.

3. Kostentreiberorientierte Stückkostenrechnung

Das Vertriebskonzept einer Bank definiert unterschiedliche Kundensegmente, die in der Regel durch unterschiedliche Betreuertypen oder Vertriebswege bearbeitet werden. Beispielsweise können im Privatkundengeschäft die Kunden entsprechend ihren Bedürfnissen in Mengenkunden, Individualkunden und vermögende Privatkunden segmentiert werden. Diese Kundensegmente unterscheiden sich für die Bank vor allem auch dadurch, daß die mit ihnen erzielbaren Deckungsbeiträge sehr unterschiedlich intensive Betreuungs- und Marketingaktivitäten rechtfertigen. So kann beispielsweise ein Mengenkunde nicht erwarten, in exklusiven Räumlichkeiten in mehrstündigem Gespräch maßgeschneiderte Problemlösungen von einem umfassend ausgebildeten Vermögensberater präsentiert zu bekommen. Umgekehrt kann das Ertragspotential eines vermögenden Privatkunden selbstverständlich nicht durch kurze Verkaufsgespräche am Schalter ausgeschöpft werden.

Daher sind die Kosten, die im Zusammenhang mit der Bedürfnisanalyse, -weckung und -ansprache entstehen, sehr stark geprägt vom Vertriebsbaustein, d.h. von dem Typ des Betreuers, der sich mit dem jeweiligen Kunden befaßt. Dies findet darin seinen Ausdruck, daß für jeden Vertriebsbaustein – neben dem zu bearbeitenden Kundensegment – auch Kundenzahlen als Eckwerte definiert sein müssen. Während beispielsweise ein Schaltermitarbeiter 1000 Kunden betreuen kann, wird ein Vermögensberater – abhängig von der vorgesehenen Betreuungsintensität – kaum mehr als 80 vermögende Privatkunden zugeordnet bekommen. Kostentreiber ist daher der einzelne Kunde. Jeder Mengenkunde beansprucht im Beispiel quasi ein Promille der Betreuungskapazität des Schaltermitarbeiters und exakt dieser Ressourcenverbrauch muß als Betreuungsstückkosten in die Kundenkalkulation einfließen.

Im Kreditgeschäft ist nur im geringen Umfang die Nutzung einzelner Produkte, in weit größerem Umfang aber der Prozeß der Kreditgenehmigung für den Ressourcenverbrauch verantwortlich. Dies wurde oben bereits anhand von Beispielen gezeigt. Ein weiterer wichtiger Kostentreiber ist somit – sofern ein Kunde die Einräumung von Kreditlinien beansprucht – das Kreditengagement, also der Verbund aller Kunden, die als wirtschaftliche Einheit zu betrachten sind. Jedes Kreditengagement muß daher mit Engagementstückkosten belastet werden, die die im Genehmigungsprozeß standardmäßig anfallenden Kosten abbilden.

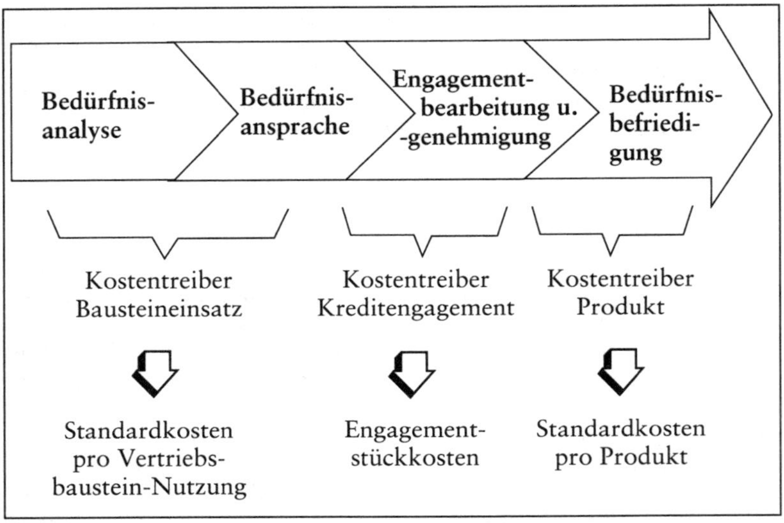

Abb. 2: Kostentreiber im Wertschöpfungsprozeß der Bank

Daneben sind die Produktberatungs- und -abwicklungskosten in Produktstückkosten zu erfassen. Sie bilden die Ressourcen ab, die bei der unmittelbaren Bedürfnisbefriedigung anfallen.

Wesentlich ist, wie in Abbildung 2 gezeigt, die Erkenntnis, daß im Vertriebsbereich einer Bank nicht ein einzelner Kostentreiber unterstellt werden darf, sondern daß die Kosten des Wertschöpfungsprozesses in seinen unterschiedlichen Phasen von unterschiedlichen Kostentreibern bestimmt werden. An diesen Kostentreibern hat sich die Stückkostenrechnung auszurichten.

4. Vorgehen bei der Ermittlung von Standardstückkosten

4.1 Produkt- und Engagementstückkosten

Voraussetzung für die Erarbeitung von Produktstückkosten ist zunächst die Existenz eines Produktkataloges, der die von der Bank vertriebenen Produkte erfaßt. Ein Produkt ist eine absatzfähige Leistung, d.h. eine

Leistung, die beim Verkauf an einen Kunden einen Bruttobeitrag generiert. Sinnvollerweise werden die Produkte der Bank in eine Hierarchie von Produktvarianten und ggf. -subvarianten untergliedert und andererseits Produktgruppen und Geschäftssparten zugeordnet.

Aufbauend auf dem Produktkatalog werden im ersten Schritt die zur Erstellung der Produkte bzw. Produktvarianten notwendigen Prozesse festgelegt und erfaßt. Prozesse durchlaufen i.d.R. mehrere Leistungsorte. Daher werden die Prozesse in Teilprozesse pro Leistungsort und ggf. noch weiter in Tätigkeiten zerlegt. In der Praxis geht es hierbei auch darum, die Prozeßschritte auf ihre Notwendigkeit zu überprüfen, und möglicherweise in ihren Leistungsorten und Schnittstellen neu zu ordnen. Insbesondere ist im Bankvertrieb bei jedem Prozeß die Schnittstelle zur zentralen Abwicklung auf Sinnhaftigkeit zu überprüfen. Vielfach zeigt sich, daß mit fortschreitender Technisierung zusätzliche Abwicklungstätigkeiten zentralisiert werden müssen, um Kostenvorteile zu erzielen.

Im zweiten Schritt werden die Standardzeiten pro Teilprozeß erhoben. Hierfür stehen mehrere Verfahrensweisen zur Verfügung. Stellvertretend für andere seien nur zwei Verfahren genannt:

Bei der 470-Minutenrechnung verteilt der Mitarbeiter die zur Verfügung stehende Tagesarbeitszeit auf seinen Tätigkeitskatalog, so daß Standardzeiten pro Tätigkeit bestimmbar werden. Dieses Verfahren ist relativ einfach, hat bei den Betroffenen eine hohe Akzeptanz, führt aber zwangsläufig nicht zur Aufdeckung hoher Verteilzeiten und Leerkapazitäten, da die Befragten dazu neigen, ihre gesamte Tagesarbeitszeit produktiven Tätigkeiten zuzuordnen. Beim Verfahren der Multimomentaufnahme wird die Verteilung der Arbeitszeit auf die unterschiedlichen Tätigkeiten dagegen weitgehend objektiv durch Beobachter in zufällig bestimmten Intervallen stichprobenweise erfaßt und auf Basis der Stichprobe auf die Gesamtarbeitszeit hochgerechnet. Zur Bestimmung der Standardzeiten wird eine Normalauslastung unterstellt, da mit Blick sowohl auf den Einsatz der Stückkosten in der Kundenkalkulation als auch in der Produktivitätssteuerung die Verrechnung von Unproduktivitäten, Beschäftigungsschwankungen oder Leerkosten unzulässig ist. Die Multimomentaufnahme ist der 470-Minutenrechnung in ihrer Aussagekraft deutlich überlegen. Die Ersterfassung der Prozesse sollte daher mit diesem relativ aufwendigen Verfahren vorgenommen werden. Bei der Aktualisierung von Standardzeiten, z.B. im Anschluß an eine Ablaufänderung, kann die 470-Minutenrechnung zum Einsatz kommen.

Eine Aufgabe, die in ihrer Komplexität und Bedeutung in der Praxis vielfach unterschätzt wird, ist die Erfassung der Leistungsmengen. Die Produktivitätssteuerung ist jedoch auf eine modern konzipierte und multidimensional auswertbare Leistungsmengendatenbank zwingend angewiesen.

Diese Datenbank liefert idealerweise die Information,

- an welchem Leistungsort (z.B. Auslandszahlungsabteilung im Leistungszentrum „Abwicklungszentrum Berlin“),
- welche Leistung (z.B. Auslandszahlung),

- für welchen Kunden (z.B. Kunde Meier),
- für welchen internen Abnehmer (z.B. Filiale Kurfürstendamm),
- wie oft (z.B. zwei Stück),
- wann (z.B. 02.02.97, 11.35 und 11.38 Uhr)

erbracht wurde.

In der Vergangenheit konnte davon ausgegangen werden, daß beispielsweise das Berliner Abwicklungszentrum ausschließlich Produkte für Filialen der Region abwickelt, was die Prozeßzählung stark vereinfacht hat. Bei solchen fest definierten Prozeßketten kann bei Zählung an nur einer Durchlaufstation des Prozesses auf die Leistungsmengen jedes am Prozeß beteiligten Leistungsortes geschlossen werden. Zukünftig werden dagegen mehrere zentralisierte Abwicklungszentren für wechselnde interne Abnehmer Leistungen erbringen, wodurch die möglichen Leistungsbeziehungen vervielfacht werden. Moderne Steuerungssysteme werden die Arbeiten überregional dorthin steuern, wo gerade Kapazitäten verfügbar sind. Daher ist eine detaillierte Prozeßzählung an jedem einzelnen Leistungsort erforderlich. Technisch ist die Installation einer solchen Leistungsmengendatenbank, angesichts des in den meisten Banken nicht immer wohlgeordneten Datenhaushaltes, einigermaßen anspruchsvoll. Quer durch alle Basissysteme müssen – je nach gewünschter Detaillierung in unterschiedlicher Dichte – maschinelle Zähler die genannten Informationen über Schnittstellen an eine Datenbank liefern.

Der letzte und einfachste Schritt ist die Berechnung der Standardstückkosten (Abbildung 3). Zunächst werden pro Leistungsort Standardkosten bei einer geplanten Kapazität definiert. Dabei wird von einer realistischen Maximalauslastung ausgegangen. Es wird ein minimales oder durchschnittliches Gehaltsniveau der leistenden Stelle zugrunde gelegt. Der Standardkostensatz für den einzelnen Teilprozeß bestimmt sich mittels Division der Plankosten des Leistungsortes durch die geplante Leistungsmenge. Wie bereits gezeigt, durchläuft ein Bankprodukt in der Regel mehrere Leistungsorte, in denen die einzelnen Teilprozesse abzuarbeiten sind. Zur Kalkulation eines einzelnen Produktes müssen daher die Standardkosten der Teilprozesse addiert werden.

Unter den skizzierten Voraussetzungen ist sichergestellt, daß in den Kundenkalkulationen und damit im Kundengeschäft Unproduktivitäten nicht abgebildet werden. Gezeigt werden diese Unproduktivitäten dagegen an der Stelle, an der sie zu verantworten sind, nämlich im Leistungszentrum bei der Bestimmung des Produktivitätsergebnisses: Durch Subtraktion der Ist-Kosten von den „eingenommenen" Standardkosten läßt sich das Produktivitätsergebnis bestimmen. Abweichungen bei den Standardkostensätzen bzw. bei den Leistungsmengen entsprechen den Preis- bzw. Mengenabweichungen der industriellen Kostenrechnung und sie zeigen dem Management Ansatzpunkte für geeignete Gegensteuerungsmaßnahmen.

Stammdaten								Bewegungsdaten
		Leistungsort						
Nr.	Teilprozeß	Filiale	WP-Abt.	ZGA	Standardzeit	Kostensatz	Standard-St.kosten	Verkehrsmeng. (IST)
1	WP-Beratung	●			14,00 min	1,57 DM	21,98 DM	X
2	WP-Kauf ausführen	●			2,06 min	1,57 DM	3,23 DM	X
3	Börsenhandel		●		1,59 min	1,69 DM	2,69 DM	X
4	Lieferung			●	13,24 min	1,34 DM	17,74 DM	X
5	Depotbuchung			●	0,38 min	1,34 DM	0,51 DM	X
	Summe Produkt						46,15 DM	X

Abb. 3: Standardstückkostenrechnung am Beispiel des Prozesses „Kauf einer Aktie im Inland“

Standardstückkosten legen für den Vertrieb naturgemäß eine Preisuntergrenze fest, da jeder Betreuer negative Deckungsbeiträge aus Einzelgeschäften zu vermeiden sucht. Diese Funktion der Preisuntergrenze muß zu der Frage führen, welche Kosten dem einzelnen Prozeß zugeordnet werden können. Theoretisch würde sich nach vielfacher Verschlüsselung aller Gemeinkosten allein auf die an den Hauptprozessen beteiligten Leistungszentren die Möglichkeit einer Vollkostenabbildung ergeben. Diese ist jedoch für die Stückkostenrechnung abzulehnen, da die Verrechnung von produkt- bzw. prozeßfernen Bereichen (z.B. Geschäftsleitung, Controlling) zu Standardkosten führt, die für den Vertrieb nicht entscheidungsrelevant sind, da sie der Preisuntergrenzenfunktion nicht gerecht werden[2] (Gerke 1995, S. 405 f.). Zu belasten sind den Leistungszentren neben den eigenen Primärkosten nur diejenigen Kosten, die mit dem kostentreibenden Prozeß in einer direkten Beziehung stehen. In einer Abteilung, die den Zahlungsverkehr abwickelt, sind beispielsweise die Kosten der Datenverarbeitung, die von einer anderen Einheit erbracht werden, über interne Leistungsverrechnungen dem Leistungszentrum und damit dem Prozeß zu belasten. Dies gilt dagegen nicht für die Leistung der Personalbetreuung, die von einem Stab erbracht wird.

Das Vorgehen bei der Bestimmung von Engagementstückkosten erfolgt analog dem Vorgehen für Produktstückkosten. Naturgemäß sind die Prozesse im Kreditgenehmigungsverfahren je nach Kompetenzstufe unterschiedlich. Die mit Stückkosten zu belegenden Prozesse sind daher die Kreditgenehmigungsprozesse für die unterschiedlichen Kompetenzstufen. Die Engagementstückkosten werden in der Kundenkalkulation additiv zu den Stückkosten des einzelnen Kreditproduktes auf der Ebene des Gesamtkunden (z.B. des Kundenkonzerns) gezeigt. Es ist unzulässig und führt zu Fehlsteuerungen, wenn diese Kosten, z.B. nach willkürlichen Schlüsseln, auf einzelne Produkte oder Teilkunden heruntergebrochen werden.

Sowohl bei den Produktstückkosten als auch bei den Engagementstückkosten kann sich vor allem im langfristigen Kreditgeschäft die Frage stellen, ob sie periodisiert über die Kreditlaufzeit oder mit einmaliger Ergebniswirkung abgebildet werden sollen. Diese Frage stellt sich im Falle der traditionellen Margenkalkulation, nicht dagegen bei barwertiger Ertragsabbildung. Im Hypothekenbankgeschäft beispielsweise fallen zum Zeitpunkt der Darlehensausreichung umfangreiche Kosten für Beratung des Kunden, für die Bonitätsprüfung und für die Kreditabwicklung an. Die aus dem Darlehen generierten Zinskonditionenbeiträge sind in der gleichen Periode normalerweise relativ gering. In späteren Perioden generiert das Darlehen dagegen bis zur Zinsanpassung minimale Stückkosten und relativ große Zinskonditionenbeiträge. Sofern der Kundenkalkulation und damit dem Ergebnis des einzelnen Betreuers die Stückkosten zum Zeitpunkt des Geschäftsabschlusses entsprechend dem tatsächlichen Ressourcenverbrauch voll belastet werden, verschlechtert sich dessen Marktergebnis im Zuge des Neugeschäftes. Dies wiederum führt zu unerwünschten Steuerungsimpulsen, die durch eine gleichmäßige Verteilung der Stückkosten über die Zinsbindungsfrist des Darlehens verhindert werden können.

Der gravierende Nachteil periodisierter Stückkosten zeigt sich allerdings bei der Produktivitätssteuerung (Everding 1995, S. 188). Die periodisierten Stückkosten entsprechen nicht dem tatsächlichen Ressourcenverbrauch der Periode und lassen sich daher auch nicht zur Bestimmung des Produktivitätsergebnisses heranziehen.

4.2 Betreuungsstückkosten im Relationship-Banking

In der Kundenbetreuung sind die Prozesse – ganz im Gegensatz zur Produktabwicklung – nur schwer standardisierbar. Die Betreuungsaktivitäten für einen gehobenen mittelständischen Firmenkunden beispielsweise lassen sich nicht in Standardprozesse fassen, denen Standardzeiten zugeordnet werden könnten. Die Betreuung eines solchen Kunden hat individuell zu erfolgen und die Vorgabe standardisierter Prozesse wäre völlig unangemessen. Hier wird im weiteren vom sogenannten Betreuungsprinzip ausgegangen, das in den meisten Banken in ähnlicher Form anzutreffen ist. Im Betreuungsprinzip wird jedem Kunden ein Betreuer zugeordnet, der einerseits für den Kunden Ansprechpartner in allen Fragen des Bankgeschäftes ist und der andererseits innerhalb der Bank die Gesamtkundenbeziehung mit all ihren Ertrags-, Kosten- und Risikokomponenten verantwortet.

Ausgangspunkt der Bestimmung von Betreuungsstückkosten sind Standardkundenzahlen pro Betreuertyp, was hier als Kundeneckwerte bezeichnet wird. Die Definition der Kundeneckwerte ist zentraler Bestandteil des Vertriebskonzeptes einer Bank. Die unterschiedlichen Betreuertypen sind nichts anderes als unterschiedliche Vertriebswege, die mit differenzierten Angeboten unterschiedliche Bedürfnisse möglichst homogen definierter Kundengruppen zu befriedigen suchen. Die Frage, wieviele Kunden ein Betreuertyp zugeordnet erhält und damit mit wieviel Zeit sich ein Betreuer einem einzelnen Kunden widmen kann, stellt entscheidende Weichen für die Profitabilität des gesamten Kundensegmentes; denn: nicht der Kunden per se ist unprofitabel, sondern die Art, wie die Bank mit dem Kunden umgeht. Maßgeblich für die Festlegung der Kundeneckwerte ist einerseits die Überlegung, welche Bedürfnisse die Kunden eines bestimmten Segments haben, andererseits welche Ertragspotentiale in diesem Kundensegment gehoben werden können und zum dritten, welche Kosten ein der Kundengruppe angemessener Betreuertyp verursacht. An anderer Stelle war bereits im Beispiel gezeigt worden, daß von einem Betreuer für vermögende Privatkunden sinnvollerweise maximal 80 Kunden betreut werden können, während ein Schaltermitarbeiter z.B. an 1000 Universalkunden Basisdienstleistungen verkaufen kann.

Im zweiten Schritt werden auf Basis der Produktstückkostenrechnung die Zeiten eines Betreuers eliminiert, die dieser standardmäßig für den reinen Verkauf und die Abwicklung von Bankprodukten einsetzt. Diese Zeitanteile werden sinnvollerweise aus den Verkaufsstückzahlen der Leistungsmengendatenbank empirisch erhoben, indem sie mit den Standardzeiten multipliziert werden. Die nicht durch die rein produktbezogenen Tätigkeiten gebundene Zeit steht dem Kundenbetreuer für die Aktivitäten des „Kundenmanagementprozesses“, somit – wie in Abbildung 2 gezeigt – für die Bedürfnisanalyse und -ansprache zur Verfügung. Diese Zeit, gewichtet mit dem Kostensatz des Betreuertyps und dividiert durch die im Kundeneckwert festgelegte Kundenzahl, ergibt den Standard der Betreuungsstückkosten je Kunde.

Von jedem Kundenbetreuer werden normalerweise auch Akquisitionsbemühungen bei Nichtkunden erwartet. Diese sind in angemessener Weise in die Eckwerte und damit in die Betreuungsstückkosten zu integrieren. Somit wird jeder bestehenden Kundenverbindung instrumentell quasi ein kleines Stück Nichtkundenakquisition belastet. Der einzelne Betreuer erhält faktisch die Vorgabe, neben der Betreuung der im Eckwert festgelegten Kundenzahl noch eine genau fixierte Anzahl Nichtkunden zu akquirieren und/oder zu besuchen.

Die aus den Kundeneckwerten abgeleiteten Betreuungsstückkosten führen nicht nur zu einer korrekten Abbildung des Ressourcenverbrauches der Kundenbetreuung in der Kundenkalkulation, sondern auch im Produktivitätsergebnis. Diesen Zusammenhang zeigt (unter Vernachlässigung der Produktstückkosten) Abbildung 4.

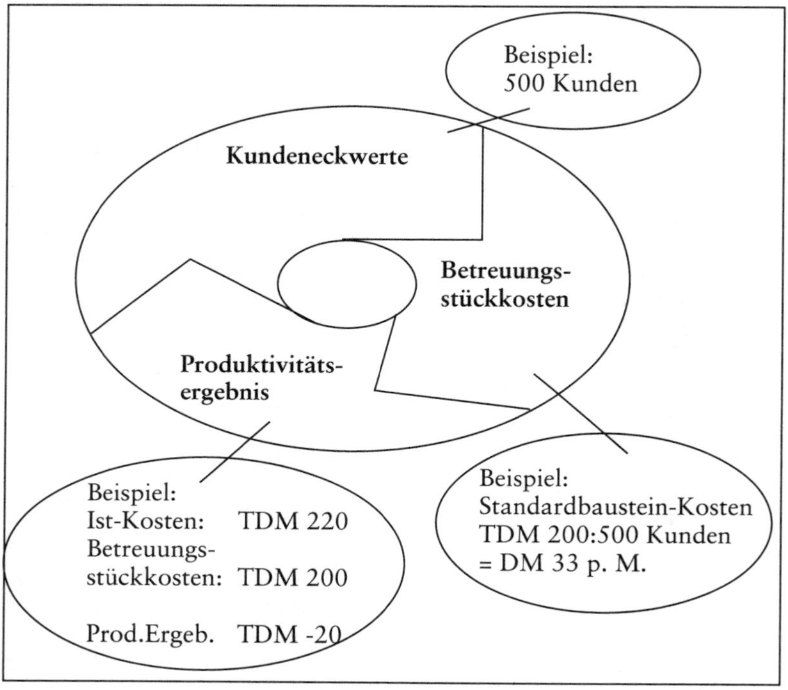

Abb. 4: Zusammenhang der Steuerungsgrößen Kundeneckwerte, Betreuungsstückkosten und Produktivitätsergebnis

5. Integration der Standardkostenrechnung in die Kostenstellen- und Profit-Center-Rechnung

In der Einleitung war die Forderung erhoben worden, daß sich die Mechanik der Produktivitätssteuerung und damit der gesamten Welt der Stückkosten nahtlos in die Profit-Center-Rechnung einfügen läßt. Die Profit-Center-Rechnung soll dabei selbstverständlich den Ressourcenverbrauch nicht mittels Standards, sondern zu Istkosten abbilden. Dies wiederum stellt, wie in Abbildung 1 gezeigt, die Überleitung zum dokumentären Betriebsergebnis der Bank sicher.

Die Steuerung von einzelnen Betreuern erfolgt mittels des Marktergebnisses, somit allein unter Verwendung von Kostenstandards. Auch die Steuerung kleinerer Vertriebsstellen sollte sich lediglich am Marktergebnis ausrichten. Die Leiter solcher Vertriebsstellen haben nur sehr eingeschränkte Möglichkeiten, Kosten zu beeinflussen und dürfen daher auch nicht für die Kosten verantwortlich gemacht werden. Die Chefs der übergeordneten Niederlassungen dagegen verfügen normalerweise über genügend Personal und ebenso ein Sachkostenbudget, das eine echte Produktivitätssteuerung sinnvoll und notwendig erscheinen läßt. Während ein einzelner Filialleiter mit einem Personalstand von wenigen Mitarbeitern sowohl Leerkapazitäten als auch Belastungsspitzen kaum ausgleichen kann, hat der Niederlassungsleiter durch den Einsatz von „Springern", d.h. durch den Einsatz eines Mitarbeiters an verschiedenen Filialen die Möglichkeit, die Kapazitäten zu optimieren.

Unterstellen wir folglich, daß die Steuerung der Filiale anhand des Marktergebnisses erfolgt, die Steuerung der Niederlassung dagegen anhand des Profit-Center-Ergebnisses. Auf Ebene der Niederlassung sind folglich diejenigen Standardkosten durch Ist-Kosten zu ersetzen die durch Prozesse auf Ebene der Filiale und der Niederlassung verursacht wurden. Dieser Übergang vom Marktergebnis zum Profit Center Ergebnis ist in Abbildung 5 veranschaulicht.

Das Marktergebnis der Niederlassung verwendet ausschließlich Standardkosten. Aus der Kostenstellenrechnung werden die Ist-Kosten der Niederlassung in die Profit-Center-Rechnung eingespielt. Die Stückkosten der von der Niederlassung und ihren Filialen erbrachten Teilprozesse werden durch diese Ist-Kosten ersetzt. Die Standardstückkosten derjenigen Teilprozesse, die auf der Ebene des übergeordneten Regionalbereiches oder die zentral erbracht werden, bleiben in der Profit-Center-Rechnung als Standards erhalten. Dies ist insofern die richtige Ergebnisdarstellung als die auf höherer Ebene entstehenden Kosten nur in ihren Standards, also nicht in ihren Unproduktivitäten von der Niederlassung zu verantworten sind.

Bei diesem Vorgehen ergibt sich zwangsläufig aus der Differenz zwischen Standard- und Ist-Kosten das Produktivitätsergebnis als – neben dem Marktergebnis – wichtige Quelle des Niederlassungserfolges. Ein negatives Produktivitätsergebnis zeigt an, daß und in welchem Umfang das Ergebnis der Niederlassung durch Unproduktivitäten belastet wird. Ein durchgängig positives Produktivitätsergebnis zahlreicher Niederlassungen kann dagegen Anlaß sein, die Stückkosten auf Senkungspotentiale zu untersuchen, da möglicherweise zu hohe Kosten standardmäßig verrechnet werden.

Auf den höheren Stufen der Organisationshierarchie erfolgt die Kostenzuordnung analog. Nur vom Profit-Center verursachte und verantwortbare Kosten werden somit auf jeder Ebene ausgewiesen. In der Praxis zeigt sich, daß sich die Kosten der übergeordneten Ebene, je höher man sich in der Hierarchie bewegt, um so weniger den Prozessen der Produkterstellung und Kundenbetreuung zuordnen lassen, da verhältnismäßig mehr Ressourcen in unterstützenden Stabstätigkeiten (wie z.B. Personal, Controlling usw.) gebunden sind. Dies führt dazu, daß sich das

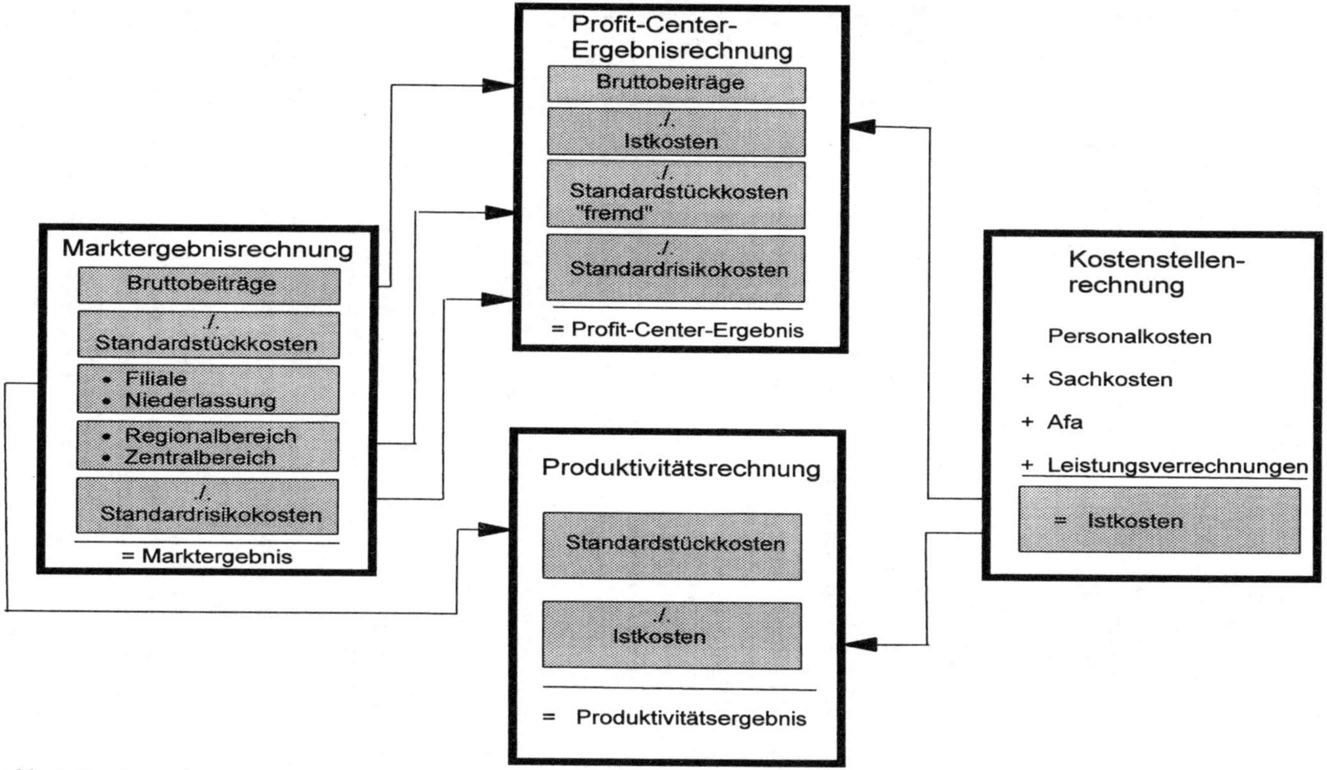

Abb. 5: Zusammenhang zwischen Markt- und Produktivitätsergebnis sowie Profit-Center-Ergebnis am Beispiel der Ebene „Niederlassung"

Produktivitätsergebnis normalerweise auf höheren Ebenen systematisch verschlechtert und daß andererseits sich das Profit-Center-Ergebnis einem Vollkostenergebnis annähert.

6. Konsequenzen für die Vertriebssteuerung

Das aufgezeigte Konzept zur Produktivitätssteuerung im Vertrieb, insbesondere die Betreuungsstückkosten auf Kundenebene, führen zu einer Reihe von Konsequenzen für die Vertriebssteuerung, die im folgenden zu diskutieren sind.

6.1 Kundendeckungsbeitrag als primäre Steuerungsgröße

Die Erkenntnis, daß nicht das Produkt alleine, sondern auch das Kreditengagement und vor allem der Kunde Kostentreiber ist, führte zu differenzierten Stückkosten für Produkte, Kreditengagements und – in Abhängigkeit vom Betreuerbaustein – für Kunden. Dies führt in der Folge dazu, daß Rentabilitätsberechnungen auf der Ebene des einzelnen Produktes nur noch mit erheblichen Einschränkungen sinnvoll sind, da auf dieser Ebene Kosten nur in relativ geringem Umfang gezeigt werden können. Der in vielen Lehrbüchern beschriebene „Controllingwürfel", der die Rentabilität des Bankgeschäftes wahlweise aus den Sichten „Produkt", „Kunde" oder „Region" abbildet, muß der Tatsache Rechnung tragen, daß das Kalkulationsobjekt „Kunde" auf höherer Ebene steht als das des Produktes (Schierenbeck/Bohnenkamp 1996, S. 476 f.) und das Kalkulationsobjekt „Kreditengagement" auf höherer Ebene als das des Kunden. Die in der Kundenkalkulation abzubildenden Kosten sind somit größer als die Summe der Kosten der Einzelgeschäfte, die der Kunde in Anspruch genommen hat; die in der Kalkulation eines Konzerns abzubildenden Stückkosten sind wiederum größer als diejenigen der Summe der Konzernunternehmen.

Vor diesem Hintergrund kann eine am Produkt orientierte Vertriebssteuerung nicht sinnvoll sein. Statt dessen hat sich eine Orientierung der Vertriebssteuerung am Deckungsbeitrag der Gesamtkundenverbindung bei den meisten Banken durchgesetzt; dies auch aus der Überlegung heraus, daß sich Kundenbedürfnisse nicht auf Einzelleistungen, sondern auf Leistungsbündel beziehen. Der Deckungsbeitrag bestimmt sich wie das Marktergebnis aus den Bruttobeiträgen abzüglich der Stückkosten des Vertriebs – einschließlich Betreuungsstückkosten –, der Stückkosten der zentralen Abwicklung sowie der Standardrisikokosten. Kostenstandards sowohl bei den Stückkosten als auch bei den Risikokosten sind in der Kundenkalkulation der geeignete Maßstab für den Ressourcenverbrauch. Sie gelten einheitlich für alle Kunden der Bank, die ein bestimmtes Produkt in Anspruch nehmen bzw. ein bestimmtes Risiko repräsentieren.

6.2 Kundeneckwerte und Zieldeckungsbeiträge

Direktbanken heben sich durch günstigere Konditionen von den konventionellen Banken ab. Der Kostenvorteil, der den Direktbanken diese Konditionenzugeständnisse ermöglicht, ist dabei nicht verursacht durch günstigere Betriebsgrößen – hier bestehen gegenüber den großen privaten Banken sogar Nachteile –, sondern durch einen sehr viel kostengünstigeren Vertriebsweg. Dieser Vertriebsweg bedeutet für den Kunden zwangsläufig einen modifizierten und in vielen Punkten „abgespeckten" Service im Vergleich mit dem herkömmlichen Filialvertrieb. Der Erfolg der Direktbanken macht deutlich, daß unterschiedliche Kundensegmente mit genau auf ihre Bedürfnisse abgestimmten Vertriebswegen bedient werden wollen.

Im stationären Vertrieb sind die unterschiedlichen Betreuertypen, die auf die Bedürfnisse eines Kundensegments spezialisiert sind, als solche Vertriebswege anzusehen. An anderer Stelle war bereits beispielhaft vom Schaltervertrieb einerseits und von den Kundenbetreuern für vermögende Privatkunden andererseits die Rede gewesen. Dort wurden Eckwerte als Maßstab für standardmäßig zu betreuende Kundenzahlen und somit zur Produktivitätssteuerung vorgeschlagen. Solche Eckwerte machen aber nur Sinn, wenn sie durch Zieldeckungsbeiträge als wirkungsvolle Steuerungsgröße für das Marktergebnis eines jeden Betreuertyps ergänzt werden. Auf diese Weise wird Produktivitätssteuerung im Vertrieb wirkungsvoll mit der Ergebnissteuerung verknüpft.

Am Beispiel wird das Vorgehen in Abbildung 6 gezeigt: Dort wurden für das Kundensegment „Individualkunden" als Eckwert 500 Kunden pro Betreuer und als Zieldeckungsbeitrag DM 1.200,– pro Kunde festgelegt. Anhand der Ist-Daten, kann der Vorgesetzte sich und dem Mitarbeiter die für die Steuerung wichtigen Fragen stellen, die in der rechten Spalte beispielhaft aufgeführt sind: Betreuer Meier hat das gesetzte Marktergebnis-Ziel bei weitem übertroffen. Er erreicht dies durch eine Potentialausschöpfung seiner Kunden, die ebenso über dem Ziel liegt wie der durchschnittliche Deckungsbeitrag pro Kunde. Betreuer Friedrich dagegen liegt zwar ebenso beim Marktergebnis über dem gesetzten Ziel, er kann aber seine Kundenpotentiale nicht ganz ausschöpfen. Hier stellt sich die Frage, ob die überdurchschnittlich vielen Kunden ihn so stark belasten, daß die Potentialausschöpfung zu kurz kommt. In diesem Falle müßte über eine Unterstützung, z.B. durch einen neuen Betreuer, nachgedacht werden. Betreuer Schulze erreicht weder den angestrebten Zieldeckungsbeitrag noch ist ihm eine ausreichende Kundenanzahl zugeschlüsselt. Hier kann die Frage gestellt werden, ob der Betreuer, z.B. an einer neuen Filiale, noch überdurchschnittlich mit dem Aufbau eines neuen Kundenstammes befaßt ist oder ob mangels Potentials ein Betreuer dieses Typs an dieser Stelle nicht gerechtfertigt ist.

Eckwerte und Zieldeckungsbeiträge können und sollen in der Praxis der Vertriebssteuerung noch um weitere Ziele ergänzt werden. So hat es sich bewährt, neben die reinen Ertrags- und Produktivitätsziele auch sogenannte Strukturziele zu stellen, die langfristige strategische Ziele der Bank repräsentieren. Beispielsweise sind Jugendkonten für Betreuer unter Ertragsgesichtspunkten wenig attraktiv, so daß das langfristig wichtige Kundensegment der Auszubildenden und Studenten durch solche Strukturziele (z.B. Anzahl neue Konten) abgesichert werden kann. Sinnvollerweise werden diese Ziele durch qualitative Ziele (z.B. bezüglich Kundenzufriedenheit) ergänzt.

6.3 Steuerung in den optimalen Vertriebsweg

Das Steuerungssystem hat eine Zuordnung der Kunden zum – aus Sicht der Bank – optimalen Betreuertyp sicherzustellen. Eine rein am Gesamt-Deckungsbeitrag ausgerichtete Vertriebssteuerung kann dies nicht leisten, da ein Betreuer mit Übergabe eines Kunden an einen anderen Betreuer Deckungsbeiträge verliert und dieses natürlich zu verhindern sucht. Werden ihm aber Ziel-Deckungsbeiträge vorgegeben, so ist sichergestellt, daß Kunden, die in seiner Betreuungszuständigkeit nachhaltig nicht profitabel genug sein können, an einen weniger kostenintensiven Vertriebsweg weiterleitet werden. Stellt beispielsweise ein Individualkundenbetreuer fest, daß eine Kundenverbindung bei Belastung mit Betreuungsstückkosten von DM 30,– p.M. auch längerfristig nicht in die Nähe des vorgegebenen Zieldeckungsbeitrages führen wird, so wird er diesen Kunden in die Betreuung der Schaltermitarbeiter und somit des Universalkundensegmentes weiterleiten. Die in diesem Vertriebsweg berechneten deutlich niedrigeren Betreuungsstückkosten lassen in aller Regel eine profitable Kundenverbindung zu. Eine Steuerung in den jeweils kostenoptimalen Vertriebsweg ist somit systemimmanent sichergestellt.

Optimale Kundenbetreuung bedeutet aber nicht nur Abgabe von Kunden in kostengünstigere Betreuungszuständigkeiten, sondern auch umgekehrt Überleitung von Potentialkunden an einen Vertriebsbaustein, der durch intensivere Betreuung eher in der Lage ist, die Kundenpotentiale auszuschöpfen. Im beschriebenen Steuerungssystem ist für jeden Betreuer zunächst der Anreiz gegeben, Kunden, die den Zieldeckungsbeitrag übererfüllen und die möglicherweise noch weitergehendes Potential haben, keinesfalls an einen anderen Betreuertyp, z.B. einen Betreuer für vermögende Privatkunden abzugeben. Die Vertriebssteuerung hat daher durch geeignete Zielsetzungen Anreize zu schaffen, systematisch Potentialkunden aus dem eigenen Kundenstamm an betreuungsintensivere Vertriebsbausteine, z.B. an die Vermögensbetreuer, weiterzuleiten.

Betreuer	**Markt-ergebnis Ziel TDM 600**	**DB 3/ Kunde Ziel DM 1.200**	**Kunden-zahl Ziel 500**	**Fragen** ?
Meier	TDM 840	DM 1.400	600	✔
Müller	TDM 675	DM 1.500	450	DB 3 allein durch Spezialisten-Einsatz?
Friedrich	TDM 660	DM 1.100	600	Zusätzlicher Betreuer notwendig?
Huber	TDM 520	DM 1.300	400	Baustein im Aufbau?
Schmidt	TDM 550	DM 1.000	550	Behindert Kundenzahl die Potentialausschöpfung?
Schulze	TDM 405	DM 900	450	Baustein im Aufbau? Baustein abbauen?

Abb. 6: Beispiel der Verknüpfung von Zieldeckungsbeiträgen und Kundeneckwerten

7. Zusammenfassung

- Die Standardkostenrechnung muß ihre Standards für die Hauptprozesse anhand der wichtigsten Kostentreiber bestimmen.
- Im „Relationship-banking“ sind dies neben dem Produkt das Kredit-

engagement sowie der Kunde in der Kundenbetreuung.

- Neben den Produktstückkosten sind daher Engagement- und Betreuungsstückkosten Bestandteil der Einzelkundenkalkulation.
- Unter diesen Voraussetzungen läßt sich die Standardstückkostenrechnung (und damit die Kundenkalkulation) sowie die Ermittlung des Produktivitätsergebnisses nahtlos in die Profit-Center-Rechnung integrieren.
- In den Abwicklungsbereichen ist eine detaillierte Prozeßerhebung, Erfassung von Standardzeiten und leistungsortbezogene Ist-Mengenerfassung Voraussetzung für eine wirkungsvolle Produktivitätssteuerung mittels des Produktivitätsergebnisses.
- Kundenbetreuer steuern ihre Ergebnisse anhand des Deckungsbeitrages der Gesamtkundenbeziehung. Die Produktivitätssteuerung erfolgt anhand einer Verknüpfung von Zieldeckungsbeiträgen und Kundeneckwerten.

Anmerkungen

1 Als Alternative ist es denkbar, solche Einheiten als Profit Center zu steuern. Voraussetzung ist jedoch das Vorhandensein eines echten Marktpreises, der auch gegenüber fremden Dritten durchsetzbar ist.

2 Die in der Literatur teilweise geforderte Trennung in proportionale und fixe Kosten zur Darstellung einer Preisuntergrenze ist ebenso abzulehnen. Ganz pragmatisch führt ein solcher Ansatz nämlich in einer Bank zu einem sehr geringen Deckungsgrad der Istkosten, da praktisch alle Kosten kurz- und mittelfristig fix sind. Es sind aber auch die klassischen Fixkosten (Afa, Raumkosten usw.) einer Steuerung zu unterwerfen, da auch diese Ressourcen bei jedem Einzelgeschäft beansprucht werden. Daher müssen alle am Prozeß der Leistungserstellung beteiligten Einheiten mit ihren Kosten in die Minutensätze und damit in die Standardkosten einfließen.

Literatur

Brühl, R./Frischmuth R.: Prozeßkostenrechnung im Bankbetrieb, in: Die Bank 9/1995, S. 551 ff.

Everding, M.: Kostenmanagement in Kreditinstituten, Frankfurt a.M. 1995

Gerke, W.: Prozeßkostenrechnung im Bankbetrieb, in: *Schierenbeck H./Moser H.* (Hrsg.): Handbuch Bankcontrolling, Wiesbaden 1995, S. 393 ff.

Horváth, P./Mayer R.: Prozeßkostenrechnung – Konzeption und Entwicklungen, in: Kostenrechnungspraxis, Sonderheft 2, 1993, S. 15 ff.

Schierenbeck, H./Bohnenkamp, P.: Mehrdimensionale Kostenrechnung in Kreditinstituten, in: DBW 4/1996, 56. Jg., S. 475-488

Schüller, St.: Steuerung des Produktivitätsergebnisses, in: Die Bank 5/1990, S. 264 ff.

Schüller, St.: Stückkostenkalkulation mit Hilfe der prozeßorientierten Standard-Einzelkostenrechnung, in: *Schierenbeck H./Moser H.* (Hrsg.): Handbuch Bankcontrolling, Wiesbaden 1995, S. 357 ff.

Vision in Banking Controls and Risk Management

Hyder M. Habib, President of Habib Bank AG, Zürich, and
A.G. Abbasi, President of Habib American Bank, New York

The traditional banker emphatically expressed „we are not risk takers, but risk managers". This somewhat paradoxical statement ignored the fact that banking business is risky. However, it emphasized the fact of risk management. In fact the conventional and conservative bankers only recognized the „credit risk" and „liquidity risk". The credit risk was managed and monitored by analyzing the intent and ability of the borrower to timely repay the credit extended and the liquidity risk was monitored by gap analyses to manage the maturities mix of Assets and Liabilities.

The complexities of the market place, products, technological developments, fast paced communication modes, as well as legal and regulatory issues have resulted in major shifts in the focus and processes of banking controls. In fact, the banking control function has a new definition of „risk management" since banking itself is defined as „A business of taking risk in order to earn profits" (The Comptroller of the Currency Handbook 1996). To be effective the risk management must identify, measure, monitor and control the risks involved in this risky business. Therefore, the Control function in the banking industry will continue to remain dynamic for the year 2000 and beyond, in order to avail the opportunities and to meet the challenges of the times.

It is, therefore, important to understand why and how risk arises and to define risk and risk management. Risk arises due to challenges to meet Corporate Objectives. The most important of these are:
- adequate financial returns to the shareholder,
- excellent services to customer,
- attractive job opportunities for employees,
- community responsibilities.

Let us therefore, define Risk and Risk Management:
„Risk is the degree of uncertainty surrounding the potential that events, expected or otherwise, may have an adverse impact on future income and net-present-value of equity" (The Comptroller of the Currency Handbook 1996). And Risk Management is „the continuous process of identifying and capitalizing on the appropriate opportunities while avoiding the inappropriate exposure in such a way as to maximize the value of enterprise" (The Comptroller of the Currency Handbook 1996).

The size and complexity of an institution warrants a desired degree of sophistication of risk management systems. „If an institution's level of risk is „high" and/or the quality of risk management is „low", risk must be brought down and/or risk management improved" (Robert/Young 1995).

An effective risk management system must at least address:
- Risk Identification
- Risk Measurement
- Risk Monitoring
- Risk Control
- Internal Control

Risk Identification

To recognize and understand the risk in present business products and future products/services, a continuous focus on transactions and portfolio is required. In this respect the US regulators have helped the banks to identify and define the broad categories of risk as under:
- Credit Risk
- Interest Rate Risk
- Liquidity Risk
- Price Risk
- Transaction Risk
- Strategic Risk
- Reputation Risk.

Credit Risk

Credit extension continues to remain a main banking function. Consequently, the risk that arises from this function is the paramount risk in banking. The risk arises when a bank extends credit, invest funds or makes commitment and the counterparty or the borrower fails to perform as contracted. The risk is to earnings as well as to capital.

Interest Rate Risk

This is a result of the effect of movements in interest rate on Assets and Liabilities. The timing of change in rate and timing of repricing assets and liabilities determine the degree of risk. For an assets-sensitive bank rising interest rates will be beneficial but declining interest rates will result in an adverse impact, both on earnings and capital.

Liquidity Risk

As pointed out earlier, this is a recognized banking risk which might result from a bank's inability to meet its obligations when due. When a bank violates the cardinal principle of banking of „matching maturities" it runs a liquidity risk. This risk also arises when unplanned external/internal changes in cash flows or funding sources force a bank to liquidate assets. The cost of such liquidation depends on market conditions, which will dictate the ability to liquidate assets while minimizing the loss. A bank with „short term liabilities" and „long term assets" may go through the above scenario which was the fate of a number of savings and loan institutions in the USA.

Price Risk

This risk is the result of changes in the value of a bank's investment portfolio. It is also known as „Market Risk" since changes in market factors such as interest rates and foreign exchange rates may have an impact on the value of securities or instruments in a bank's portfolio. A bank actively dealing in the foreign exchange or holding foreign currency dominated assets and liabilities will be impacted by movements in foreign exchange rates. Foreign exchange positions are a greater price risk.

Transaction Risk

This risk is also known as an operational risk since it arises from the operation of banking services due to processing transactions for each product/service on a daily basis. Lack of Internal Controls, MIS and employee integrity gives rise to this risk. Compliance risk also becomes a part of transaction risk since they arise out of failure to comply with the laws, rules and regulations governing the conduct of products/services and obligations of a bank.

Strategic Risk

This risk arises due to poor decisions or improper planning or implementation of the strategic plan.

Reputation Risk

The failure of any bank to maintain its reputation may result in adverse public opinion which will result in loss of customers and inability to attract new customers. Negative publicity whether true or not may result in financial loss, costly litigation and loss of goodwill.

Risk Measurement

A sound risk measurement is a continuous process based on timely verification of financial condition, operating performance and exposures.

Risk Monitoring

The monitoring of risk positions and exceptions on a continuous and predetermined intervals helps to check the integrity and accuracy of the reporting systems.

Risk Control

To determine controls, limits, powers and delegation of authorities within the ranks, commensurate with experience of individuals and to document and report exceptions. A primary responsibility of any institution is to determine a level of its risk tolerance consistent with its strategic plan. For an aggressive growth plan higher risk will be an acceptable norm and vice versa for a conservative plan. The Board and Senior Management must therefore, determine its tolerance as high, moderate or low.

Internal Control

The effectiveness of an adequate framework of internal controls is critical to the management of risk. The internal controls should determine level of authority and responsibility while separating the business decision making authority from control function personnel.

An integral part of the internal control is ready availability of accurate management information reports and a continuous review and testing of the systems. In this respect Internal Audit plays a predominant role of an independent source to objectively point out weaknesses and exception to procedures and processes.

„Integrated risk management“ will be crucial in future since the identified risks are not mutually exclusive. A single event can increase several risks simultaneously. While you may have all the pieces of the puzzle, you cannot see the total picture until you put the pieces together. The challenge for management is developing and implementing a dynamic framework for an „integrated risk management“.

Risk management systems will not prevent the banks from taking risks. It will ensure that appropriate risks are taken commensurate with the size and complexity of an institution and the level of exposure that the Board and management can tolerate. „Properly understanding and managing the risk exposures of an institution allows the management to confidently maximize its earnings potential and value, while at the same time protecting the safety and soundness of an institution.“ (Robert/Young 1995).

The challenges therefore are to continuously improve the ability to effectively and efficiently manage the risks involved in banking in order to continue to outperform the competition and to meet the corporate objectives.

References

The Comptroller of the Currency Handbook, April 1996

Robert, S. M./Young, D. L., in: American Banker, October 1995

The Changing Balance Between Accommodating and Autonomous Restructuring in Banking Strategy

em. Prof. Jean-Paul Abraham, Leuven

1. Introduction

The aim of the present paper is to revisit some issues of banking strategy in the light of the experience of the Nineties. Some six years ago, I explored this issue with a colleague of mine at Paribas Bank Belgium, whereby we distinguished accommodating and autonomous restructuring of banks (Abraham/Lierman 1990). After six years that analysis needs a reappraisal.

Section 1 briefly sketches the driving forces and the key developments in banking since 1990. Section 2 analyses the impact of and on banking strategies. Section 3 deals more specifically with merger and acquisition activity, which is an important issue in strategies of external growth. Finally, section 4 briefly explores the implications of my analysis for multi- and intercultural management, as a tribute to Professor Schuster's work in this field.

In our 1990 paper we noted a shift in emphasis from innovation and market penetration to restructuring and cost-cutting. In this rejuvenated supply approch we *identif*ied two types of restructuring policies. The accommodating type aims to "adapt the micro-level of the banking firm to often unforeseen developments in the macro-level of the economy and/or in the meso-level of financial markets" (ibidem p. 416).

The autonomous restructuring type takes existing resources of the banking firm as a starting point and is explicitly oriented "towards maximizing its comparative advantages and minimizing its comparative disadvantages in the financial markets". It focuses on the internal strength of the banks and/or the external growth by mergers acquisitions or cooperative arrangements. Our opinion at that time was that "in the world of the 1990's external growth will be more a complement of than a substitute for internal strength" (ibidem p. 416). The question is whether we were right.

2. Driving forces and key developments in banking: the 1990-1996 experience

In 1995-96 a survey of the impact of the Single Market Project on the European banking and credit sector identified technological change and competition from domestic banks as major driving forces in the first part of the Nineties. As can be seen from table 1, the direct influence of European unification seems to have been rather weak, especially in the large countries of the Union.

Average	EU	Germany	France	UK
Technological change	76	75	88	75
Competition from domestic firms	72	78	90	75
Domestic regulatory development	66	69	31	51
Competition between banks and non-banks	65	58	63	75
Competition from firms in other EU countries	49	45	51	25
EU SMP programme	50	43	30	25
Competition from firms in non EU countries	42	44	52	25

NB: 0 is "not important", 25 is "of little importance", 50 is "quite important", 75 is "very important" and 100 is "critically important".
Source: Economic Research Europe Ltd, 1996, Technical Appendix, table 5.20.

Table 1: The impact of various factors on banking strategy 1992-1995

As a Belgian participant in the survey, I explain the rather low direct influence of European integration on banking strategy as follows. The Single Market Programme exerted its main influence via national deregulation and modernization. The interaction and the combination of European integration and national deregulation increased the contestability of domestic financial markets. It induced the major domestic banks in various countries to strengthen their domestic base in order to avoid effective penetration by competitors, both domestic and foreign. The outcome was twofold: increased domestic competition and reduction of profitability for the major domestic banks, higher cost of entry into foreign customer markets, particularly in Northern and Western Europe.

In this context we derive four key developments from the same study, the impact of which on banking strategies has been extremely significant:

1. In most years, shrinking interest margins, only partially compensated for by fee income. This casts doubts on the profitability of traditional commercial banking based on financial intermediation.
2. No overall improvement of cost-to-income ratios and very marked deterioration of the return on equity because of huge write-offs on commercial credits, linked to the deterioration of economic conditions in several countries.
3. Sharp increase in merger and acquisition activity, mainly on a domestic basis, mainly by absorption of poorly performing banks by stronger and larger ones.
4. Increased concentration in several EU countries.

As may be seen in the following section, these developments are partly the effect and partly the cause of major changes in banking strategy.

3. Impact on and of banking strategies

The combination of deteriorating economic conditions and deregulation has made accommodating restructuring imperative. Profitability had to be improved, risk exposure had to be reduced. The balance has certainly shifted towards this type of restructuring. Efforts have been concentrated on risks and costs. As to the risk aspect, awareness of financial fragility has increased, risk management has become quite fashionable. Massive write-offs and provisions had to be made, mainly on commercial credits.

As to the cost aspect, cost-cutting has become the main determinant of the short-term strategy of most commercial banks. In Western and even more in Southern Europe, the striking and paradoxical aspect of this cost-cutting drive has been that, up to now, the rationalization measures have not led to a significant reduction of the branch networks. On the opposite, central overheads are being cut almost everywhere. Lower hardware costs have contributed to the generalization of telematics and to the improvement of technical efficiency, if not lowering of over-all costs.

In my opinion, this relative stability of the domestic branch networks in many countries is not only due to institutional rigidities and to the resistance of local vested interests. In countries like Italy it has been favored by the removal of restrictions on the geographic expansion of some credit institutions. Credito Italiano e.g. has set up 300 new branches in 4 years besides acquiring Credito Romagnolo.

By and large, the phenomenon of the relative stability of branch networks in notoriously overbanked countries seems to be linked to market share policies aiming at strengthening the domestic base of each institution. At a certain point, when all institutions and all countries have the same defensive strategy, this strategy becomes self-defeating: domestic competition leads to the absorption of the weaker banks and increasing concentration; high entry costs discourage penetration into foreign markets and cross-border expansion. Under these conditions, it is no wonder that many banks have introduced serious restrictions on their participation in foreign domestic markets, especially at the retail level.

This also goes to show that autonomous restructuring has become increasingly defensive, at least in customer-linked operations. As already mentioned, the Leitmotiv has been: strengthening the domestic base before penetrating foreign markets. Hence, the single market has not become a uniform market, neither for retail nor for corporate banking for small and medium-sized companies.

On the contrary, interbank professional markets and, to a certain degree, investment banking, are being globalized in international financial markets. Obviously, this trend has been stimulated by the technological progress in computer science and telecommunications. This explains the growing concentration of professional banking and financial activities in a few international centers, such as New York and London, where also other countries' leading banks locate some of their specialized activities. Therefore, important autonomous restructurings follow the following pattern: declining profitability of financial intermediation contributes to the development of off-balance-sheet operations, such as derivatives and other sources of fee income. These operations are much less customer-linked than deposits and commercial credits. The advantage of proximity and historical customer relations in domestic markets is much smaller and delocalization is easier for this type of activity. In some institutions this leads to a major shake-up in the internal organization of the banking firm. Instead of aiming at a global service to the customer, the bank is being split up into rather independent divisions, métiers or business centers: e.g. domestic commercial banking, capital market operations, private and institutional banking, international corporate banking. A typical example is the split-up of the Paribas Group into "métiers" and into specialized group members as Paribas Capital Markets in London. Other banks, especially the German and Swiss ones, have used acquisitions to shift their capital market operations to London.

These shifts in autonomous restructuring have undoubtedly led to tensions between the locally-based, customer-linked commercial banking activities and the world-wide professional capital market activities of the European banking firms. Externally, these tensions only reflect the transition from a mainly bank-oriented financial system (B-system) to a more market-oriented one (M-system). Internally, these developments have forced bankers to reassess the organization of their institution, the trend being a movement from a closely knit top-to-bottom directed hierarchical set-up to a more horizontal, looser form of organization.

When not only reorientation, but also growth of the activities is concerned, the choice or the combination between organic-internal growth and external growth, mainly through mergers and acquisitions, becomes a crucial issue.

In the experience 1990-1996, I identify a series of important developments:

- In autonomous restructuring, organic growth complemented by selective external acquisitions has become the model. The catastrophic outcome of the Crédit Lyonnais attempt to do "everything everywhere" and to become a Pan-European universal bank by a combination of internal expansion and many, sometimes doubtful acquisitions, has acted as a deterrent, even for very large institutions.
- Organic growth has been mainly based on technology and skills (networks, dealers, commercial specialists, asset managers, etc.).
- External growth increasingly concentrates on foreign networks complementary to the domestic base (acquisition of Crédit Lyonnais Nederland bij Generale Bank) and on investment banking (acquisition of Morgan Grenfell by Deutsche Bank, of Kleinwort Benson by Dresdner Bank, of Warburg by Swiss Bank Corporation).
- Geographic expansion is oriented towards neighboring markets, international financial centers and emerging markets in some developing countries and in Central Europe.
- New efforts have been made to set up international alliances, especially in the area of savings banks and regional public banks. The typical example is the recent go-together of Westdeutsche Landesbank, Bank Austria and Cariplo.
- Privatizations have created opportunities to increase market shares or to develop conglomerates. The new Dutch-Belgian Bancassurance Group Fortis has acquired a major stake in the (partly) privatized Caisse Générale d'Epargne et de Retraite, which, in turn, acquired the privatized Société Nationale de Crédit à l'Industrie.

Although buyers have become more selective, merger and acquisition activity has been intense in the periode under review. This issue is surveyed in the next section.

4. Mergers and acquisitions as instruments of external growth

Our 1990 paper tried to summarize a comparative cost -benefit analysis of organic internal growth and various types of external growth in a tabulation, the main elements of which are reproduced in table 2 (Abraham/Lierman 1990, p. 421).

	Benefits	Costs
1. Internal (re)structuring	– Independance – Organic growth • same culture • same objectives • same leadership • same procedures • synergy between domestic and cross-border operations	– Slow growth – High input of time and energy – High capital base requirements – Difficult access to domestic markets abroad – Marginal position in international financial centers
2. External (re)structuring **2.1 Mergers**	– Increase in market shares, placement and bargaining power – Economics of scope, if not of scale – Poison pill against hostile take-overs – International glamor	– Critical problem of leadership: Who is n° 1? – Problem of integrating management, E.D.P., etc. – Clash between different business cultures – Institutional obstacles to domestic (monopoly power) and cross-border mergers (foreign control) – Problem of redundancies – Loss of identity on some domestic markets
2.2 Acquisitions	(Including majority holdings) – One and unique leadership – Clearly defined objectives – Fast growth made possible – Access to foreign markets – Access to markets outside banking	– High costs of acquisition (goodwill from 20 to 40 %) – Problems of capital adequacy -(goodwill does not fit into tier one of capital requirements) – Problems of integration – Clash between business cultures

Source: J.P. Abraham and F. Lierman 1990, tab. 3, p. 421.

Table 2: Cost-benefit analysis of internal and various forms of external (re)structuring in banking

What does the 1990-1996 experience reveal?

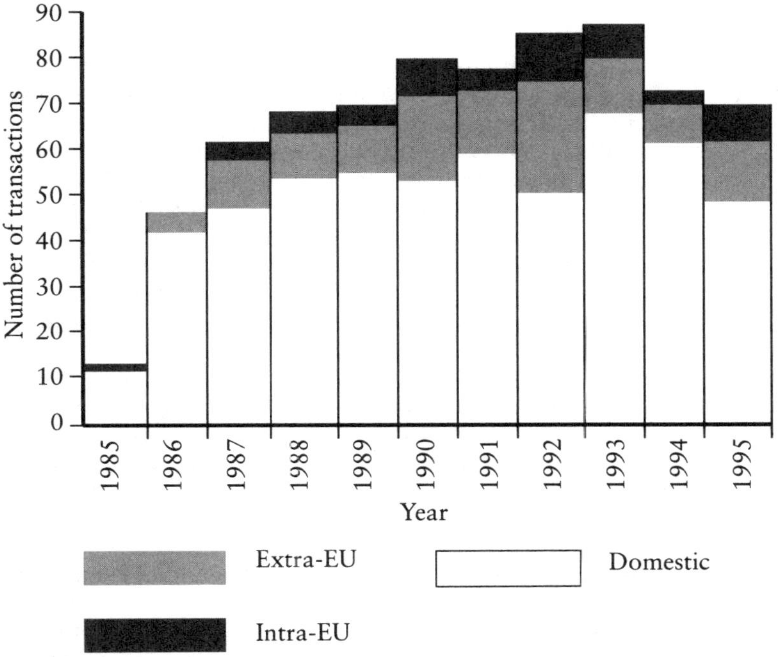

Source: E.R.E. Study, 1996, figure 4.16 p. 72 on the basis of Acquisition Monthly (various issues), IBCA/Bankscope.

Figure 1: Number of mergers and acquisitions in EU financial services 1985-95

A quick glance at Figure 1, taken from the ERE Study shows in the first place that M&A activity in the financial sector has been intense, in spite of the increased preference for organic growth. The top years were 1992-1993 (and probably also 1996). Secondly, this activity has constantly been concentrated much more on domestic than on international transactions. Of the 1.617 acquisition cases identified in the ERE Study (ERE 1996, table 4.18, p. 74) 72 % were domestic, 17 % intra-EU and 11 % extra EU. This is highly consistent with the view that banking strategies aimed primarily at strengthening the domestic base, M&A activity being a complement to organic internal growth. Thirdly, the experience of the Nineties shows an outspoken preference for acquisitions – in the first place integral or majority acquisitions – compared to mergers, especially cross-border mergers.

In his monumental PhD dissertation at the University of Ghent, R. Vander Vennet has examined 492 cases of take-overs in the EU over the period 1988-92. 83 of them were domestic majority acquisitions, 266 domestic integral acquisitions, 73 domestic mergers and only 70 cross-borders acquisitions. The author did not identify a single case of cross-border merger (Vander Vennet 1994, chapter 3).

More recent data confirm this major trend. The October 1996 issue of the European Banker mentions that for the first three quarters of 1996 the Merger Task Force of the European Commission received 20 notifications under the 1989 Merger Control Regulation, involving financial services sector undertakings. There were 13 acquisitions of joint control or creations of joint ventures, five pure acquisitions and only two mergers (European Union Financial Industry Monitor in European Banker, issue 130, p. VIII).

The very limited number of mergers can easily be explained in the light of the "costs" listed in table 2. The clash of different personalities and different business cultures seems to have been the dominant factor of many failures in merger negotiations. In cross-border cases, differences in institutional set-up and in regulations have been important too, as exemplified by the famous AMRO-General Bank case in the early Nineties.

Unless the merger is a hidden form of acquisition and dominance by one of the partners (the mega-merger between Chemical and Chase in the US has been considered by many insiders as the acquisition of the latter by the former !), mergers seem difficult and cross-border mergers even more so.

As to domestic acquisitions, Vander Vennet's conclusion is that their dominant motivation is not efficiency but market power: "The typical domestic acquisition involves a large universal bank with solid market position acquiring a smaller competitor which also has an established presence in its local deposit and loan markets" (op. cit. p. 319). I fully support this statement, and would add, as an important explaining factor, the efforts of savings and cooperative banks to diversify and to "universalize" by the acquisition of a more industry-oriented institution. A typical example of this trend is the acquisition of the industry- and market oriented Banque Indosuez by Crédit Agricole in France and, at least for 80 %, by CERA in Belgium.

In Vander Vennet's case, cross-border acquisitions involve "very large, well-diversified institutions which face increased competition (or saturation ?) in their home markets and which seek foreign expansion markets with future growth potential" (op. cit. p. 320). This is not inconsistent with my thesis that the domestic base is the priority and foreign acquisitions are the complement, especially when the domestic base no longer offers sufficient opportunities to grow.

An extreme case arises when a major bank with basic domestic roots, but important international activity decides to convert, from a solid domestic bank with important international transactions, into an international bank with important domestic transactions. This is what e.g. Swiss Bank Corporation is presently exploring after acquiring investment bank Warburg and after a major internal reorganization.

Finally, the trend towards more frequent and more important cases of joint control and joint venture operations should be stressed (cfr. supra the 1996 notifications to the European Commission).

Joint control operations seem to be favored by bank assurance initiatives and the desire to acquire European market power, but also by the desire to avoid major difficulties linked to full merger. Two major cases involving Belgian financial institutions may be mentioned: the FORTIS case, involving the (former) Belgian Assurances Générales and the Dutch AMEV, and the DEXIA case, involving Crédit Communal de Belgique and Crédit Local de France. In the FORTIS case the main motivation was to develop a cross-border bancassurance scheme, in which operating units in banking would be partly privatized Caisse Générale d'Epargne et de Retraite (CGER) and the completely privatized Société Nationale de Crédit à l'Industrie (SNCI) in Belgium and the acquired Mees and Pierson Bank in the Netherlands.

The formation of the DEXIA Group was mainly determined by functional complementarity and the effort to acquire European market power in the specialized field of financing local authorities. In both cases the technical device was a 50 % participation of the holdings of the two partners in each other's operation units. The scheme can be analyzed as a cross-border merger of strategy and control without a merger of the operating units, situated in two different countries. This scheme preserves the institutional, cultural and technical homogeneity of each operating unit. It remains to be seen whether it also secures improvement of economic efficiency and of profitability. The first years of the FORTIS-CGER experience in Belgium are quite promising in this respect.

5. Aspects of inter- and multicultural bank management

The implications of my analysis for the issue of inter- and multicultural bank management appear more clearly if I link my statements to two antitheses:

- relations banking versus transactions banking,
- domestic base versus globalization.

Traditional commercial banking base on financial intermediation is the prototype of "relations banking". As J. Dermine has recently emphasized, the comparative advantage of a bank in such an environment is linked to

(i) historical customer relations,
(ii) proximity,
(iii) denomination in local currency (Dermine 1995, Conclusions).

Hence, the typical relations banker is a person having his roots in the local environment, sharing the same culture and the same language, participating in the economic and social life of his country, his region, his city. In such a context, there is not much room for "foreigners" and hence not much room for multicultural bank management. This approach is still predominant in Continental Europe.

The situation is quite different in "transactions" banking, where the technical efficiency and the price of the individual transactions are determinant. Here skill, alertness, assertiveness are the key factors. These factors are only loosely linked to the local environment in which the transaction takes place. As foreign exchange, capital market operations and investment banking show, these transactions tend to agglomerate in important international financial centers, mainly of the Anglo-Saxon countries, where multinational teams of young, ambitous and mostly skilled professionals are at work. There multicultural bank management flourishes. As these transactions expand more rapidly than traditional commercial banking, multicultural bank management expands too.

But intercultural management also develops. On the one side, transactions banking of the Anglo-Saxon type pervades Continental European Banking. This is mainly determined by the globalization of capital and exchange market transactions and in general by the globalization of most off-balance-sheet business. The trend not only favors the delocalization of this business to the international financial centers, but also changes the organization and the functioning of continental banking.

On the other side, transactions banking does not take place in a vacuum, but at a well-defined place, in a specific country and city. Except in a few international centers, financial institutions remain mainly directed by nationals of that country, even if the bank functions, at a lower level, on the basis of multinational teams. So the scene is set not only for more interaction between relations and transactions banking, but also between bankers of different style and culture. This also seems to be Prof. Schuster's perception where he writes: "But even within the national corporate culture of a universal bank, active in both commercial and investment banking, cultural differences become evident as sub-cultures; this is also true for bank with a widespread branch network between headquarters and individual locations, especially in countries with a significant divide between urban and rural areas" (Schuster 1995, p. 248).

This certainly applies to the future. The introduction of the euro will erode one of the comparative advantages of relations banking: the denomination of most transactions in local currency. It will also undermine a (mere) national definition of the "domestic" base of a bank, especially in neighboring countries and regions. Also in relations banking, multinational teams will multiply. This trend is already apparent in the Benelux countries, but it also reaches Germany, West of the Rhine and the North of France. It flourishes most where geographical, cultural and linguistic "proximity" exists and where domination by one partner is excluded. Additionally, the use of English as a working language in many transactions often helps to overcome tensions and domination. Concluding, I may state that multi- and intercultural bank management is to increase in quantity and in quality in "European banking with a single currency".

6. Conclusions

In the period 1990-1996, European banking strategies have been mainly defensive, at least on the Continent. They have aimed at preserving and strengthening the domestic base, which has remained largely defined in national terms.

In this context, the declining profitability of commercial banking has led to the intensification of rationalization and cost-cutting, shifting the balance between accommodating and autonomous restructuring in the direction of the former. The paradox is that this trend has not primarily affected the core component of commercial banking, the branch network of the institutions. Considering the development of technology-determined direct banking, this strategy cannot be sustained in the long term. It is to be hoped that efforts of autonomous restructuring will be sufficiently successful to leave the necessary time to adjust the branch network in an orderly and socially acceptable way.

In autonomous restructuring there have been tensions between the locally-based customer-linked commercial banking activities and globalized world-wide capital market and other off-balance-sheet operations. These tensions reflect not only the transition in the financial systems of the Western world from B(ank)-oriented to M(arket)-oriented systems. The changing balance between relations banking and transactions banking has also increased the threat of delocalization of activities to the major international financial centers. It has forced the institutions to introduce major changes in their internal organization.

The defensive mood of the period under review has favored organic internal growth at the expense of external growth. External growth has been mainly considered as a complement of organic growth to strengthen the domestic base. Nevertheless M&A activity has been intense, but has remained concentrated on domestic acquisitions.

Although relations banking is still predominant, multi- and intercultural bank management has developed significantly due to the penetration of transactions banking in Continental Europe and the setting up of multinational teams of commercial bankers in neighboring countries and regions.

The combined effect of improvement of economic conditions and of further European integration leading to the introduction of the euro could – and should – induce major changes in the mainly defensive strategy of most European banks. In the longer term policies based only on the strengthening of the domestic base are self-defeating. They try to close up national and regional markets in segmented and separate entities, while the national protection of the local currency disappears and the increase of transactions banking leads to a (partial) world-wide globalization of banking activity. The implications of these trends for intercultural and multicultural bank management are significant.

Nevertheless, I do not believe in a complete reversal of the historical situation. Europe will never become a uniform financial market, even not with a single currency. Ample room will remain for customer-linked, geographically, culturally and linguistically determined banking. But this kind of domestic base will no longer be determined by national borders only. In this way I support the outcry of E.P.M. Garderner: "Traditional banking is dead, long live banking" (Gardener 1996, p. 197).

References

Abraham, J.P./Lierman, F.: European Banking Strategies in the Nineties, Revue de la Banque, Bank- en Financiewezen, 8-9/1990, also published in IEF Research Papers 8/ 1991

Dermine, J.: European Banking with a single currency, Brussels, BBL Bank, October-November 1995

European Banker: issues 119 (November 1995) and 130 (October 1996)

Economic Research Europe Ltd: A study of the effectiveness and impact of Internal Market Integration on the banking and credit sector, mimeo, to be published by the European Commission (our abbreviation: E.R.E. Study), 1996

Gardener, E.P.M.: The Future of "Traditional Banking", Revue de la Banque, Bank- en Financiewezen, 4/1996

Schuster, L.: Intercultural Bank Management, Revue de la Banque, Bank- en Financiewezen, 4/1995

Vander Vennet, R.: Determinants of EC bank takeovers and their performance effects, an empirical analysis 1988-1992, Ghent 1994

Asset Management als Weg zur Stabilisierung der Bankerträge

Dr. Klaus Wieners, Geschäftsführer der WestLB Research GmbH, Düsseldorf

Mitte der achtziger Jahre stellte Ulrich Cartellieri, Vorstandsmitglied der Deutschen Bank, den deutschen Kreditinstituten in Aussicht, daß sie „die Stahlindustrie der neunziger Jahre" sein würden – womit gemeint war, daß die Kreditinstitute in erhebliche Ertragsprobleme geraten würden, was die Stahlindustrie bereits in den späten siebziger und den achtziger Jahren erlebte. Solche „Schlagworte" sollen (und können) immer nur die Tendenz beschreiben, nicht die Details und insofern wurde natürlich diese Charakterisierung der deutschen Kreditwirtschaft teilweise heftig kritisiert, denn es gibt selbstverständlich erhebliche Unterschiede zwischen einer ausgeprägt zyklischen Branche wie der Stahlindustrie und der Kreditwirtschaft, die beachtliche stabile Ertragskomponenten hat, wie zum Beispiel der große Block der langfristigen Festzinskredite.

Aber: Was lange Zeit als eine unangemessen dramatische Parallele betrachtet wurde, erweist sich immer mehr als eine durchaus zutreffende Beschreibung, vor allem wenn man auf die Trendelemente abstellt und nicht so sehr die konjunkturellen Schwankungsprozesse im Auge hat. So ist z.B. die Eigenkapitalrentabilität der deutschen Kreditinstitute von gut 19 % im Jahre 1984 auf etwa 12 % im Jahre 1995 gesunken (Deutsche Bundesbank 1996, S. 42). Die Belastungen, die immer deutlicher zutage treten, liegen vor allem auf zwei Gebieten:

- dem Wettbewerb durch kostengünstigere ausländische Anbieter und
- dem durch diesen Wettbewerb erzwungenen Anpassungsprozeß in den Kosten- und Produktionsstrukturen im Inland.

1. Neue Geschäftsstrukturen prägen das Bild

Nun erlaubt das deutsche Bilanzrecht, das noch immer mehr auf die Interessen der Gläubiger als der Kapitalanleger abstellt, natürlich auch den Kreditinstituten manche – positive wie negative – Ertragskorrekturen, so daß die Schwankungen der jährlich „gezeigten" Ergebnisse weniger dramatisch erscheinen, als sie in vielen Fällen wirklich sind. Aber vor allem die Aktiengesellschaften in der deutschen Kreditlandschaft werden sich immer stärker den internationalen Bilanzierungsregeln (IAS) anpassen müssen, weil die Anleger, und damit die Kapitalgeber, dies im Interesse der internationalen Vergleichbarkeit der einzelnen Kreditinstitute verlangen. Auch die Entwicklung in Europa, das heißt der Weg hin zu einem europäischen Kapitalmarkt im Zuge der weiteren Integration der europäischen Wirtschaft, fordert diese Vergleichbarkeit. Dieser Prozeß wird die auch heute schon recht ausgeprägten jährlichen Schwankungen der Ertragslage der Kreditinstitute zunehmend verdeutlichen, so wie wir dies von den Ertragsrechnungen amerikanischer Häuser seit langem kennen.

Aber nicht nur die neuen Bilanzierungsgewohnheiten, sondern auch veränderte Geschäftsstrukturen führen zu immer stärkeren Schwankungen in der Ertragskraft der Kreditinstitute. Die veränderten Geschäftsstrukturen hängen zu einem erheblichen Teil damit zusammen, daß die mittleren und vor allem die großen international tätigen Kunden sich kaum noch an traditionellen Hausbankverbindungen orientieren. Man nimmt Dienstleistungen und Finanzierungsangebote dort in Anspruch, wo sie besonders preisgünstig und flexibel angeboten werden. An die Stelle traditioneller Kredite mit längeren (Zins-)Bindungsfristen treten hierbei immer mehr kapitalmarktorientierte Finanzierungsinstrumente. Diese bieten den Banken häufig nur noch eine Vermittlungsprovision und keine langfristig stabilen Kreditmargen. Abbildung 1 zeigt, daß bei den drei großen deutschen Privatbanken die drei wesentlichen Ertragskomponenten – Zinsüberschuß, Provisionsertrag, Eigenhandel – bereits heute erheblichen Schwankungen unterliegen.

	Zinsüberschuß				Provisionsertrag				Eigenhandel			
Jahr	1993	1994	1995	1996	1993	1994	1995	1996	1993	1994	1995	1996
Deutsche Bank	58,4	61,1	56,7	49,6	29,1	30,3	29,4	32,3	10,0	5,6	10,7	15,2
Dresdner Bank	61,0	68,0	63,5	59,1	31,3	31,5	30,6	35,2	7,7	0,5	6,0	5,7
Commerzbank	65,8	72,3	68,7	68,5	26,6	25,7	25,3	26,3	7,5	1,5	6,0	5,2

Abb. 1: Ergebnisstruktur der deutschen Großbanken (1993-1996) (Anteile in %)

Natürlich sind die Schwankungen im Eigenhandel am ausgeprägtesten und bestimmen damit auch sehr stark die Schwankungen in den beiden anderen Ertragskomponenten. Aber der Vergleich z. B. mit den drei großen Schweizer Banken zeigt deutlich, wohin die Reise geht: Der Anteil des Zinsüberschusses am Gesamtertrag ist dort inzwischen auf unter 40% abgesunken und wird nach Schätzungen in 1998 nur noch zwischen 30 und 35% liegen. Der sehr schwankungsintensive Eigenhandel liegt dort zwischen 15 und 25% der Gesamterträge, während der Provisionsüberschuß, der auch die Erträge aus dem Asset Management umfaßt, im Jahre 1995 bereits etwa 40% betrug und eine weiterhin steigende Tendenz erwarten läßt.

Diese tendenzielle Veränderung in der Geschäftsstruktur ist sowohl Ausdruck der Internationalisierung der geschäftlichen Aktivitäten als auch der veränderten Nachfragestruktur. Gleichzeitig spielt aber auch die relativ niedrige Eigenkapitalbindung durch die provisionsintensiven Geschäftsbereiche eine wichtige Rolle. Denn die Eigenkapitalrendite ist bei zunehmender Bedeutung des Shareholder-Value-Gedankens in der Anlagepolitik vieler Investoren von erheblicher Bedeutung.

Die deutlich angehobenen Eigenkapitalanforderungen für das Kreditgeschäft einerseits und die bewußte und gezielte Anhebung der Eigenkapitalrendite anderer Branchen durch den Shareholder-Value-Gedanken andererseits, machen es den Kreditinstituten im Wettbewerb um die Kapitalgeber nicht leicht, ihre Position zu verteidigen. Abbildung 2 macht deutlich, daß die Aktienkurse der deutschen Banken seit etwa 10 Jahren deutlich hinter der Gesamttendenz, gemessen am WestLB-Index, zurückgeblieben sind. Entsprechend schwieriger wird die Kapitalbeschaffung zu attraktiven Bedingungen und damit wird auch der Wachstumsspielraum für das Kreditgeschäft begrenzt.

WestLB Gesamtindex versus WestLB-Subindex Banken

(indexiert)

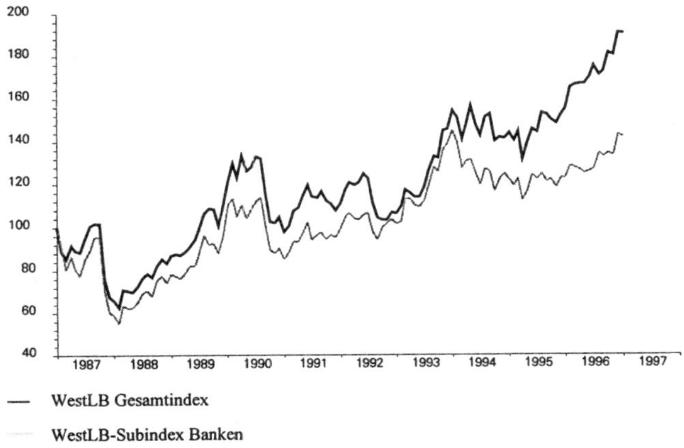

Abb. 2: WestLB Gesamtindex versus WestLB-Subindex Banken (indexiert)

Um so wichtiger ist es für die Kreditinstitute, diejenigen Aktivitäten zu forcieren, die relativ wenig Eigenkapital binden, gleichzeitig aber einen stabilen und vergleichsweise hohen Ertrag versprechen. Damit sind wir beim eigentlichen Thema, nämlich dem Stellenwert des Asset Management in der Ertragspolitik der Banken.

2. Asset Management in Deutschland

2.1 Erwerb ausländischer Gesellschaften als Akzelerator

In Deutschland hat die Vermögensverwaltung, vor allem mit Blick auf die Aktienanlage, bislang eine vergleichsweise geringe Rolle gespielt. Die Gründe sind bekannt: generell geringe Aktienneigung deutscher Privatanleger, Pensionsrückstellungen der Unternehmen in den eigenen Bilanzen statt über Pensionsfonds und die bis vor wenigen Jahren als ausreichend erachtete Alterssicherung durch die Sozialversicherungen. In diesem Umfeld sahen die Kreditinstitute wenig Ansatzpunkte für den aggressiven Vertrieb der Vermögensverwaltung. Seit einigen Jahren hat sich die geschäftliche Situation, wie schon kurz erläutert, deutlich gewandelt. Deshalb gewinnt die Vermögensverwaltung bzw. das Asset Management für die Kreditinstitute immer mehr an Bedeutung, und zwar sowohl aus Gründen der Marktstrukturen als auch aus eigenen bilanzpolitischen Überlegungen.

Dabei verspricht der Weg über den Erwerb ausländischer Vermögensverwalter naturgemäß schnelleren und sichereren Erfolg, weil man gewachsene Bestände übernehmen kann und gleichzeitig international erfahrene Vermögensverwalter gewinnt. So haben in den letzten Jahren alle großen deutschen Banken ausländische Asset-Management-Gesellschaften erworben. Beispielsweise seien der Kauf von Morgan Grenfell durch die Deutsche Bank (im Jahre 1989), der Kauf von Jupiter Tyndell durch die Commerzbank (in 1994), der Kauf von Kleinwort Benson durch die Dresdner Bank (in 1995) sowie der Kauf von Quorum Capital Management durch die WestLB (in 1996) genannt.

Die marktüblichen Preise beim Erwerb von Asset Management-Gesellschaften liegen in der Regel bei etwa 2 % des verwalteten Vermögens. Diese Preise lassen erkennen, daß Asset Management im internationalen Bereich ein recht lukratives Geschäft ist. Da die deutschen Bilanzierungsregeln bislang noch keine Spartengliederung erfordern, ist man bei Angaben über die Höhe der Erträge deutscher Kreditinstitute aus dem Asset Management auf Schätzungen angewiesen. Je nach Struktur des Geschäftes, d. h. insbesondere mit Blick auf die Größe der einzelnen Portfolios, ihre Anlagepolitik sowie die organisatorische Einbindung in die Kreditinstitute, dürften die Netto-Erträge etwa zwischen 0,05 und 0,3 % des verwalteten Volumens liegen.

Wenn ein Haus 100 Mrd. DM an Vermögen verwaltet, liegt somit der Beitrag zum Bilanzgewinn – je nach Struktur des Geschäftes und grob geschätzt – zwischen 50 und 300 Mio. DM, und dies ohne große jährliche Schwankungen. Da es für diesen Geschäftszweig keine gesetzlichen Vorschriften über das zu bindende Kapital gibt, bleibt es den einzelnen Instituten weitgehend überlassen, wie sie die Kapitalbindung – nicht zuletzt mit Blick auf die Außenwirkung – darstellen. In vielen Fällen wird durch eine Garantieerklärung der Mutter gegenüber der Tochtergesellschaft, die die Vermögensverwaltung betreibt, den Sicherheitsanforderungen der (Groß-)Anleger Rechnung getragen. Auf diese Weise kann die Ertragskraft des Konzerns – gemessen an der Eigenkapitalrendite – durch die Vermögensverwaltung erheblich gesteigert werden.

2.2 Volumina als strategische Größe

Einen Beitrag zur Stabilisierung der Bankerträge kann das Asset Management allerdings nur leisten, wenn ein erhebliches Volumen verwaltet wird, denn die personelle und organisatorische Infrastruktur des Asset Managements ist erheblich. Die großen institutionellen Anleger, aber auch die vermögenden Privaten sind immer stärker an einer internationalen Streuung ihrer Mittel interessiert, denn die Performance-Indizes zeigen, daß durch eine solche Streuung im langfristigen Durchschnitt insbesondere bei Aktienengagements die Erträge erhöht und gleichzeitig die Risiken begrenzt werden können (vgl. Abb. 3).

	Performance p.a.	Risiko
MSCI Deutschland	12,9 %	18,1 %
MSCI Europa (14)	13,3 %	14,6 %
MSCI World (ohne Japan)	15,0 %	14,9 %
MSCI World *	10,4 %	15,3 %

*) Hoher Anteil Japans hat in den letzten Jahren wegen der ungünstigen Kursentwicklung belastet.

Abb. 3: Performance und Risiken von Aktienportfolios in DM (31.12.1987 – 31.12.1996)

Deshalb ist es für die Asset Management Gesellschaften umso wichtiger, eine breite internationale Erfahrung nachzuweisen. Diese internationale Erfahrung beschränkt sich inzwischen nicht mehr allein auf die großen Industrieländer. Auch viele sogenannte Emerging Markets bieten heutzutage interessante Anlagemöglichkeiten, über die die Anleger umfassend informiert werden wollen, bevor sie bereit sind, ein solches Investment einzugehen. Auch die Berater, die heutzutage im Auftrag insbesondere institutioneller Anleger bei der Auswahl der Manager eine ganz entscheidende Rolle spielen, prüfen sehr sorgfältig, wie die personelle und organisatorische Infrastruktur der einzelnen Häuser gerade auch im Hinblick auf solche Märkte aussieht, bevor sie ein positives Votum abgeben.

Folgt man den Zahlen des „Institutional Investor" (November 1996), dann verwalteten Ende 1995 150 europäische Asset Management Gesellschaften rund 7,3 Billionen Dollar an fremden Geldern. Dabei werden allerdings die Beträge hinzugerechnet, die die Versicherungsgesellschaften für ihre verschiedenen Sparten zum großen Teil selbst verwalten. Aus diesem Grunde erscheinen zum Beispiel die französische AXA-Gruppe auf Rang 5, die Allianz auf Rang 7 oder die Züricher Versicherung auf Platz 28 dieser „Rennliste".

Geht man – zugegebenermaßen etwas pauschal – davon aus, daß etwa 60 % dieser 7,3 Billionen Dollar von Banken (bzw. ihren Spezialtöchtern) verwaltet werden, dann dürften die großen europäischen Banken in 1995 bei einer durchschnittlichen Nettomarge von z.B. 0,15 % rd. 7 Mrd. Dollar an der Verwaltung fremder Gelder verdient haben.

Der Artikel im „Institutional Investor" rechnet den deutschen Instituten rund 15 % der von den 150 führenden europäischen Häusern verwalteten Mittel zu. Das hieße, daß die deutschen Banken in 1995 netto rund 1,6 Mrd. DM (vor Steuern) aus dem Management fremder Gelder erzielt hätten. Diese Zahl sollte in keinem Falle als belegt oder authentisch betrachtet werden, da die Banken bislang keine detaillierten Angaben zu den Quellen ihrer Ertragslage machen (müssen). Insofern ist es auch nur sehr begrenzt aussagefähig, eine solche Zahl (1,6 Mrd. DM) in Relation zum gesamten „Jahresüberschuß vor Steuern" der deutschen Bankengruppen zu setzen, den die Bundesbank (im Monatsbericht August 1996) für 1995 mit 38,3 Mrd. DM angibt.

Wenn man von diesem Jahresüberschuß 20 Mrd. DM abzieht, die – wiederum grob geschätzt – auf Institute entfallen, die über keinerlei eigene Asset Management Abteilungen oder Gesellschaften verfügen, dann würden schon heute rd. 8,5 % des „Jahresüberschusses vor Steuern" bei den großen Instituten auf Netto-Erträge aus der Vermögensverwaltung entfallen. Diese Zahl, das sei nochmals betont, kann und soll nur eine ganz grobe Schätzung wiedergeben, deren Treffsicherheit derzeit auch nicht annäherungsweise nachgewiesen werden kann.

Eines allerdings ist ganz klar: Die Vermögensverwaltung wird in den nächsten Jahren und Jahrzehnten eine immer größere Bedeutung für die Ertragslage der Kreditinstitute gewinnen. Bei einer Performance von z. B. 7 % p.a. und einem jährlichen Netto-Zuwachs der Ersparnisse aus der laufenden Vermögensbildung von z. B. 2 % werden die Anlagemittel im langjährigen Trend um etwa 9 % pro Jahr wachsen. Da aus den eingangs erwähnten Gründen (insbesondere wachsende Bedeutung der privaten Vermögensbildung) der Anteil der Mittel, die langfristig und professionell angelegt und verwaltet werden, eher stärker wachsen dürfte, kann man für das Asset Management durchaus von jährlichen Steigerungsraten von etwa 10 % ausgehen. Unter dieser Voraussetzung wird der Ergebnisbeitrag, den das Asset Management zur Stabilisierung der Bankerträge leisten wird, tendenziell auch in Deutschland weiter zunehmen. Dies würde umso mehr gelten, wenn die Kreditinstitute – wie viele Experten vorhersehen und -sagen – ihr Personal weiter reduzieren und damit auch die gesamte Kosten- und Ertragsstruktur auf längere Sicht verändern.

3. Kundeninteresse muß absoluten Vorrang haben

Die Stahlindustrie hat nach vielen Nackenschlägen gelernt, ihre Produktionsstrukturen anpassungsfähiger zu machen und damit auch in den „alten" Industrieländern ihre Wettbewerbsfähigkeit wiederherzustellen. Ähnlich werden auch die Kreditinstitute in den kommenden Jahren einen grundlegenden Anpassungsprozeß durchlaufen müssen, um sich auf die wandelnden Marktbedingungen, nicht zuletzt in der Welt des Euro, einzustellen. Dabei wird das Asset Management eine immer wichtigere Rolle spielen, denn das Wachstum des privaten und institutionellen Anlagevermögens ist eine der wenigen „Konstanten" in der Welt der Finanzen. Insoweit muß der eingangs erwähnte Ausspruch von Ulrich Cartellieri („die deutschen Kreditinstitute werden die Stahlindustrie der 90er Jahre sein") nicht als Todesurteil, sondern als Antrieb von den Kreditinstituten verstanden werden, sich auf neue Herausforderungen des Marktes einzustellen.

Asset Management ist ohne Zweifel ein stark wachsender Bereich. Er wird allerdings nur dann einen kontinuierlich wachsenden Beitrag zur Stabilisierung der Bankerträge leisten, wenn die Kreditinstitute ihren Kunden überzeugend nachweisen, daß sie dieses Geschäft – soweit es Auswahl und Management der Assets anlangt – ausschließlich im Interesse ihrer Kunden (und nicht etwa im eigenen Interesse) wahrnehmen. Anderenfalls werden unabhängige Vermögensverwalter immer stärker in dieses interessante und ertragreiche Geschäft eindringen und den Banken gerade das Feld streitig machen, von dem sie sich einen langfristigen und wichtigen Ergebnisbeitrag erwarten.

Literatur

Deutsche Bundebank (Hrsg.), Monatsbericht August 1996

Institutional Investor, November 1996

VI

Visionen für das Management in einzelnen Bankengruppen

Die Ausrichtung einer privaten Großbank auf einen einheitlichen Finanzmarkt

Martin Kohlhaussen, Sprecher des Vorstandes, Commerzbank AG, Frankfurt am Main

„Der internationale Handel, indem er durch Hervorrufung neuer Bedürfnisse zur Tätigkeit und Kraftanstrengung anreizt und neue Ideen, Erfindungen und Kräfte von einer Nation auf die andere überträgt, ist einer der mächtigsten Hebel der Zivilisation und des Nationalwohlstandes"
Friedrich List (1841)

Der seit mehr als vier Jahren bestehende europäische Binnenmarkt hat insbesondere durch den Abbau von Kapitalverkehrsbeschränkungen und den Europa-Paß für Banken und Wertpapierfirmen die Integration der Finanzmärkte wesentlich gefördert. Die wichtigsten Auswirkungen waren nicht erst Anfang 1993 sichtbar; sie haben sich hauptsächlich bereits in den Jahren davor eingestellt, und zwar in Form eines zunehmenden innereuropäischen Kapitalverkehrs, vermehrter Fusionen und Beteiligungen von Finanzdienstleistern – bisher ganz überwiegend noch im nationalen Rahmen, kaum dagegen grenzüberschreitend – sowie gestiegener europaweiter Präsenz und von Kooperationen auch auf begrenzten Geschäftsfeldern.

Die künftige Europäische Währungsunion ist vor diesem Hintergrund nicht bloß als Fortsetzung bisheriger Ansätze der Finanzmarkt-Integration zu sehen; sie schafft eine neue Qualität. Mit Wegfall der Währungssegmentierung wird erstmals ein einheitlicher Finanzmarkt entstehen, auch wenn die vielfältigen nationalen Unterschiede in der Rechnungslegung, den Steuersystemen oder bei Börsenusancen und Finanzierungstechniken wohl erst in einer sehr viel ferneren Zukunft eingeebnet – geschweige denn völlig aufgehoben – werden können.

Einige der führenden Industrieunternehmen haben sich bereits frühzeitig auf die künftige Europäische Währung eingestellt. Für sie – wie die gesamte europaweit tätige Wirtschaft – bietet die Währungsunion spürbare Vorteile durch den Wegfall von wechselkursbedingten Transaktionskosten und einen größeren Finanzmarkt. Am ersten und stärksten betroffen sind jedoch die Banken, die daher insgesamt in der konzeptionellen Vorwegnahme des einheitlichen Finanzmarktes und in der konkreten Vorbereitung auf die neue Währung an der Spitze stehen. Ihre Informationssysteme müssen bereits im Vorfeld umgestellt werden, um vom ersten Tag der Währungsunion den Zahlungsverkehr in Euro abwickeln und Einlage- und Kreditprodukte in dieser Währung anbieten zu können. Die übrige Wirtschaft sowie Privatpersonen werden dagegen über einen dreijährigen Umstellungszeitraum verfügen. Vorbehalte in der Bevölkerung ließen sich sicher leichter abbauen, wenn besonders die staatliche Finanzverwaltung von Anbeginn auf Euro umstellt.

Für die Banken ergeben sich kurzfristig per saldo keine Vorteile aus der Währungsunion. Zunächst überwiegen die Umstellungskosten und ein Wegfall von Geschäft, insbesondere im innereuropäischen Devisenhandel, sowie der Kostendruck im Zahlungsverkehr verbunden mit erhöhtem Investitionsaufwand. Interessant ist die Währungsunion für europaweit und international tätige Banken letztlich nur unter zwei Gesichtspunkten: Zum einen kommen die Vorteile der Wirtschaft – Einsparung von Transaktionskosten, Wegfall von Risiken, damit mehr Intra-Handel und Direktinvestitionen – indirekt auch den Banken zugute, zum anderen ergeben sich Vorteile aus der längerfristig wichtigeren internationalen Rolle der neuen Europawährung. Die Perspektive besteht, daß diese Währung im Welthandel, bei Zentralbank-Reserven und privaten Kapitalanlagen im Vergleich zur D-Mark heute stark an Bedeutung gewinnt.

Insbesondere die größeren Kreditinstitute bereiten sich daher nicht nur technisch und produkt-bezogen auf die Euro-Währung vor, sondern entwickeln auch konzeptionelle Vorstellungen über den einheitlichen Finanzmarkt in Europa. Diese seien im folgenden in Form von zehn Thesen vorgestellt. Viele der hier angesprochenen Veränderungen vollziehen sich sicherlich unabhängig von der Währungsunion; sie werden durch diese jedoch verstärkt.

1. In Europa entsteht einer der weltgrößten Anleihemärkte – bei einer späteren EWU-Teilnahme aller EU-Staaten erreicht er sogar die Größenordnung der Vereinigten Staaten.

Mit einer aus sieben Ländern bestehenden Europäischen Währungsunion wird einer der größten Märkte für Staatsanleihen entstehen. Es ergibt sich ein Marktvolumen von 1500 Mrd. Dollar; die Vereinigten Staaten verfügen über 2600 Mrd. Dollar, Japan über 1100 Mrd. Dollar. Ein Beitritt der übrigen EU-Staaten in den Jahren nach 1999 würde zu einem Marktvolumen von 2600 Mrd. Dollar führen – entsprechend dem der Vereinigten Staaten. Allerdings wird die Vielfalt staatlicher Emittenten mit unterschiedlicher Qualitätseinstufung und damit wie bisher unterschiedlicher Preisgestaltung bleiben. Das Laufzeitenspektrum wird sich im Euro-Kapitalmarkt erweitern, insbesondere in Ländern, die noch kaum über kurzfristige bzw. sehr langfristige Staatsanleihen verfügen. Regierungen kleinerer Staaten, die bisher in größerem Umfang die sogenannten exterritorialen „Euro"-Märkte in Anspruch genommen haben, werden dann in stärkerem Maße auf den Kapitalmarkt des Währungsgebietes zurückgreifen.

Dabei wird sich der Euro rasch als die gemeinsame Währung durchsetzen. Nachdem auf dem Madrider EU-Gipfel im Dezember 1995 zunächst nur vereinbart worden war, Neuemissionen von handelbaren Staatspapieren ab Jahresbeginn 1999 in der Europa-Währung zu begeben, zeichnet sich inzwischen auch die Umstellung aller umlaufenden Anleihen ab. Dieser Schritt ist zuerst in Frankreich, Belgien und den Niederlanden bekanntgegeben worden; eine grundsätzliche Bereitschaft besteht auf seiten des deutschen Bundesfinanzministeriums. Eine Marktspaltung in D-Mark- und Euro-Bundesanleihen würde den Finanzplatz weiter zurückwerfen.

Die Staatspapiere Deutschlands oder Frankreichs werden sich zur Benchmark entwickeln, im übrigen wird sich eine gewisse Bonitätsabstufung herausbilden. Marktusancen, z.B. bei der Zinsberechnung, werden vereinheitlicht, was einem Modernisierungsschub entspricht.

2. Noch stärker wird der europäische Aktienmarkt von dem größeren Währungsgebiet profitieren; durch die größere Markttiefe wird er nicht zuletzt für Investoren aus Drittstaaten interessant.

Verstärkt durch die Währungsunion wird die europäische Harmonisierung, z.B. hinsichtlich Übernahmeregelungen, Unternehmenssteuern und Rechnungslegung – immer mehr große Unternehmen orientieren sich an den International Accounting Standards – den Prozeß der Integration der Aktienmärkte fördern. Die wachsende Integration und Multinationalisierung der börsenrelevanten, führenden Unternehmen bedingt eine steigende Bedeutung europäischer Branchentrends bei gleichzeitig abnehmender Bedeutung von Ländertendenzen. Dies wird dazu führen, daß Portfolios innerhalb Kerneuropas zunehmend auf einer Branchenauswahl basieren.

Von der Wertpapier-Analyse und von Investoren werden zunehmend diejenigen fundamentalen Eigenschaften eines Unternehmens in den Vordergrund gestellt, die nur teilweise und in abnehmendem Maße landesspezifisch bestimmt sind. Dann können einzelne Kurs-Gewinnverhältnisse von Unternehmen länderübergreifend direkt miteinander verglichen werden. Logische Konsequenz dieser Entwicklung werden unter anderem Fondsprodukte sein, die Europa als einen Aktienmarkt betrachten.

In Europa ist eine Tendenz zur Modernisierung, Harmonisierung und Vereinheitlichung des für Aktieninvestoren relevanten rechtlichen und regulatorischen Rahmens festzustellen. Hier sind z.B. Insidergesetze und neue Publizitätsvorschriften für börsennotierte Gesellschaften zu erwähnen. Zusätzlich werden Rechnungslegungsvorschriften und Informationsverhalten der Gesellschaften immer mehr an internationale Gepflogenheiten angepaßt. Die merklich verstärkte Investor Relations-Aktivität deutscher Unternehmen ist hiervon ebenso Ausfluß wie der stärker betonte Gedanke des Shareholder Value.

Die Weiterentwicklung von Übernahmeregelungen wie auch die Modernisierung von Börsenusancen ist ebenfalls in diesem Zusammenhang zu sehen. Allein diese Entwicklungen machen das Anlageinstrument Aktie aus Sicht in- und ausländischer institutioneller wie privater Investoren attraktiver. Dasselbe gilt für Unternehmen, für die die Aktie als Instrument der Kapitalbeschaffung an Bedeutung gewinnt. Dies dürfte sich auch in verstärkter Neuemissionstätigkeit niederschlagen. Ferner sollte durch anstehende und geplante Privatisierungen der europäische Aktienmarkt zusätzlich an Größe gewinnen und in breiten Bevölkerungsschichten das Aktieninvestment ähnlich popularisiert werden wie durch die britischen Privatisierungen. Gemeinsam mit den vorgenannten Faktoren ist zu erwarten, daß im Bereich der Altersvorsorge tendenziell von Umlage- auf Kapitaldeckungsverfahren und von staatlicher auf private Vorsorge umgestellt wird. In diesem Zusammenhang wird die Aktie als ein Anlageinstrument, das besonders für langfristige Anlagehorizonte geeignet ist, profitieren. Vor diesem Hintergrund ist auch eine Umstellung des Verhaltens der Versicherungen zu erwarten, die in Anlehnung an angelsächsisches Investorenverhalten einen größeren Anteil ihres Anlagevermögens in Aktien halten werden. Angesichts der bisher nur sehr geringen Aktienquoten der Investoren, die in den niedrigen kontinentaleuropäischen Börsenpräsenzquoten ihren Ausdruck finden, ist das Veränderungspotential erheblich und ein Zuwachs in der Aktienanlage wahrscheinlich.

3. Die Kapitalverflechtung innerhalb des neuen Währungsraumes wird zunehmen; damit verstärkt sich der Wettbewerb in dem entstehenden einheitlichen Finanzmarkt.

Schon seit der Gründung der Europäischen Wirtschaftsgemeinschaft ist der Warenaustausch im Kreis dieser Länder stärker gewachsen als jener mit der übrigen Welt. Seit den siebziger Jahren und speziell aufgrund des Binnenmarktprojektes gilt dies auch für Direktinvestitionen und Wertpapieranlagen. Hierzu haben die Abschaffung von Kapitalverkehrskontrollen und eine größere Wechselkursstabilität im Europäischen Währungssystem entscheidend beigetragen.

Deutsche Anlagen in ausländischen Wertpapieren – Aktien und Renten – gingen vor zehn Jahren erst mit einem Anteil von 20% in europäische Nachbarländer. Auf die Vereinigten Staaten entfielen damals rund 30%. Inzwischen haben die Mitgliedstaaten der Europäischen Union einen Anteil von mehr als 60%, auf die USA entfallen weniger als 20%.

Mit der Währungsunion ist mit einem weiteren Zusammenwachsen der Kapitalmärkte in Europa zu rechnen. In dem einheitlichen Finanzraum – ohne Währungssegmentierung – wird der Wettbewerb im Finanzdienstleistungssektor stark zunehmen.

4. Die Europäische Währungsunion wird einen Sekuritisierungsschub auslösen.

In den Ländern Kontinentaleuropas herrscht – anders als in den angelsächsischen Staaten – traditionell die Finanzintermediation durch Banken vor. Der direkte Zugriff auf die Kapitalmärkte, durch Anleger ebenso wie durch kapitalsuchende Unternehmen, nimmt aber bereits zu. Neue Instrumente wie Commercial Paper haben in den letzten Jahren Verbreitung gefunden. Dennoch existiert bisher beispielsweise in Deutschland praktisch noch kein lebendiger Markt für Unternehmensanleihen.

Mit der Währungsunion und dem damit verbundenen weiteren Deregulierungsprozeß wird sich diese Situation ändern. Für Pensionsfonds und andere Institutionelle in Europa entfallen jetzt bestehende währungsbedingte Beschränkungen. Zum Bedeutungsgewinn der Verbriefung trägt – unabhängig von der Währungsunion – die Krise der staatlichen Rentenversicherung bei; die private Altersvorsorge wird zunehmen, ebenso wird es in größerem Umfang zur Ausgliederung von Pensionsfonds aus Unternehmen kommen.

5. Bankstrukturen werden sich ändern; so vollzieht sich die Verlagerung zum Investmentbanking überwiegend unter dem Dach der Universalbank.

Die einheitliche Regulierung führt zu einer weiteren Angleichung der Finanzmarktstrukturen in Europa. Die meisten Länder sind traditionell durch ein Universalbanksystem gekennzeichnet. Dieses besteht de facto auch in Großbritannien, nachdem im Zusammenhang mit der Börsenreform (Big Bang 1986) die großen Commercial Banks bestehende Wertpapierhäuser übernommen bzw. eigene Tochtergesellschaften gegründet haben. In Italien ist durch Lockerung der gesetzlich vorgegebenen Spezialisierung die Bildung von mehr-funktionalen Gruppen ermöglicht worden. Das klassische kontinentaleuropäische Universalbankmodell entwickelt sich in Richtung von Holding-Strukturen, die zum Teil auch Versicherungen umfassen.

Die meisten kontinentaleuropäischen Staaten zeichnen sich noch durch eine hohe Bankendichte aus. Eine Ausdünnung in der Flächenabdeckung ist unausweichlich. Verbunden mit dieser Neustrukturierung wird die Bedeutung von Direktbanken, die in den letzten Jahren gegründet worden sind, zunehmen. Auch andere Vertriebsformen werden an Bedeutung gewinnen.

Der Konzentrationsprozeß hat sich mit der Schaffung des europäischen Binnenmarktes verstärkt. In Ländern wie Spanien, den Niederlanden, Italien sowie skandinavischen Ländern sind – meist mit Förderung der Regierung – größere Einheiten entstanden. Bisher vollzog sich der Konzentrationsprozeß nur im nationalen Rahmen; grenzüberschreitende Fusionen könnten sich zukünftig anschließen.

Im Zahlungsverkehr nimmt mit beschleunigtem technischen Fortschritt ebenfalls die Wettbewerbsintensität zu. Das Vordringen von vorausbezahlten Karten verringert den Bargeldbedarf und erleichtert somit die Währungsumstellung. Damit verbunden werden neue Anbieter, auch aus dem Non- und Near-Bank-Bereich auftreten. Das Nebeneinander unterschiedlicher nationaler Systeme wird letztlich zu einem Vereinheitlichungsprozeß führen.

Bei den Großbetragszahlungs- und Clearing-Systemen kann es zu einer Konkurrenzsituation zwischen dem Netz des Europäischen Zentralbanksystems und verschiedenen privaten Anbietern kommen. Das Korrespondenzbankgeschäft wird innerhalb des Währungsgebietes an Bedeutung verlieren.

Ein einheitlicher Währungsraum in Europa wird die Strukturveränderungen im Bankbereich verstärken. Insbesondere mittelgroße Banken stehen vor der Entscheidung, entweder mit dem Markt zu wachsen oder sich auf regionale bzw. Produktnischen zurückzuziehen. Vor besonderen Problemen steht der Sparkassensektor: einerseits Dividendenforderungen der Gewährträger, andererseits fehlende Möglichkeit und Bereitschaft zu Kapitalerhöhungen. Ein Ausweg sind Teilprivatisierungen.

Ein europaweiter Anbieter von Bankdienstleistungen muß zwar eine bestimmte Mindestgröße aufweisen. Andererseits besteht keine Korrelation zwischen Größe und Ertragskraft. Wichtiger als die Bilanzsumme ist die Fähigkeit, flexibel und schnell auf neue Herausforderungen zu reagieren.

6. Der Wettbewerb der führenden Finanzplätze verstärkt sich durch die Währungsunion. Frankfurt hat die Chance, der führende Finanzplatz in Kontinentaleuropa zu werden.

Die Europäische Union verfügt gegenwärtig über 45 Börsen: jeweils eine in den fünfzehn nationalen Hauptstädten sowie darüber hinaus weitere Regionalbörsen. Die Vereinigten Staaten haben acht Börsen. In der Europäischen Union bestehen sechzehn Terminbörsen – gegenüber sechs in den Vereinigten Staaten. Mit einem Konzentrationsprozeß ist in jedem Fall zu rechnen. Er vollzieht sich zunächst innerhalb der einzelnen Staaten.

In Ländern wie Frankreich oder Großbritannien hat sich bereits in früheren Jahrhunderten das führende nationale Finanzzentrum herausgebildet. In Deutschland ergab sich diese Entwicklung erst in jüngerer Zeit, und zwar in einem relativ kurzen Zeitraum. Vor zwanzig Jahren hatten die Börsenplätze Düsseldorf und Frankfurt etwa gleich hohe Umsätze. Heute entfällt 75% des Geschäfts allein auf Frankfurt – auf kleinere Regionalbörsen dagegen manchmal nur 1%. Auf längere Sicht werden auch kleinere nationale Börsen im Wettbewerb nicht mehr bestehen können, obwohl ihre Existenz von den jeweiligen Regierungen verteidigt werden wird.

Der Wettbewerb unter den größeren Finanzzentren – insbesondere London, Frankfurt, Paris – nimmt an Intensität zu. Aufgrund der besonders guten Position Londons wird sich die eigentliche Konkurrenz auf dem Kontinent und hier in erster Linie zwischen Paris und Frankfurt abspielen. Allerdings bezog London bisher einen wesentlichen Vorteil aus der Überregulierung an anderen Plätzen. Hier spielt insbesondere die Mindestreservebelastung eine Rolle.

Falls die Europäische Zentralbank eine Mindestreserve einführen sollte, könnte London hieraus Vorteile ziehen und sich sozusagen zum Offshore-Zentrum außerhalb der Europäischen Währungsunion, also zum „Euro-Euro-Zentrum“ entwickeln.

Spezifische Vorteile Frankfurts ergeben sich aus dem Sitz des Europäischen Währungsinstituts und der künftigen Europäischen Zentralbank, vor allem aber aus seiner geographischen Lage im Zentrum der stärksten Volkswirtschaft und als Bezugspunkt für die aufstrebenden Märkte in Mittel- und Osteuropa. Bei weiterer Deregulierung, einem Ausbau des Laufzeitenspektrums von Staatspapieren und dem Abbau steuerlicher Nachteile bestehen günstige Voraussetzungen, daß Frankfurt der führende Finanzplatz in Kontinentaleuropa wird. Dies erfordert die koordinierte Anstrengung aller am Markt Beteiligten, einschließlich Bundesbank und Bundesregierung.

7. Für die deutschen Banken fällt der Vorteil aus der prominenten internationalen Rolle der D-Mark weg. Die Banken anderer Länder werden vom Euro profitieren, sofern das Stabilitätsversprechen erfüllt wird.

Die D-Mark ist die einzige Währung in der Europäischen Union, die eine prominente internationale Rolle als Anlage-, Reserve- und Fakturierungswährung spielt. Die deutschen Banken haben daher einen Startvorteil bei allen damit verbundenen Geschäften: Sie müssen ihre D-Mark-Kompetenz nicht erst unter Beweis stellen. Freilich gibt es einen scharfen Wettbewerb, auch von Banken und Investmenthäusern außerhalb der Europäischen Union, in den einschlägigen Geschäftsfeldern. Wenn der

Euro eine stabile Währung wird und nach einigen Jahren eine starke internationale Position einnimmt, wird der Vorteil daraus prinzipiell allen Banken der Teilnehmerländer der Währungsunion zufallen.

8. Der Euro hat die Chance, als international verwendete Währung stark an Bedeutung zu gewinnen und langfristig größere Anteile zu erzielen als die D-Mark heute. Dies eröffnet Geschäftsmöglichkeiten für international tätige europäische Banken.

Der Dollar hat bereits in den letzten 25 Jahren an Bedeutung verloren; sein Anteil an den Devisenreserven der Zentralbanken verringerte sich von 80% auf 60%; die nächstwichtigen Währungen – D-Mark und Yen – erhöhten ihre Anteile auf 15% bzw. 10%. Eine vergleichbare Entwicklung hat sich bei privaten Portfolios oder internationalen Anleiheemissionen gezeigt – hier allerdings verbunden mit größerer Volatilität.

Den europäischen Banken wird allerdings nicht automatisch ein „Euro-Vorteil" zufallen, wenn diese Währung in Zukunft international an Gewicht gewinnt. Die potentiellen Vorteile erschließen sich nur, wenn zielstrebig neue Positionen besetzt werden. Hier befinden sich die europäischen Kreditinstitute in Konkurrenz zu den führenden außereuropäischen Banken, die im übrigen nicht mit den rein inlandsbezogenen Umstellungskosten belastet sind. Der Weltfinanzplatz London ist seit langem ein Beispiel dafür, daß der Nutzen nicht automatisch den „heimischen" Banken zufällt: Im internationalen Bankgeschäft dominieren dort durchweg ausländische Institute. Richtige Positionierung, um die Chance aus der neuen Europa-Währung wahrzunehmen, heißt z.B. eine der führenden Korrespondenz-Banken in der Euro-Zone zu sein.

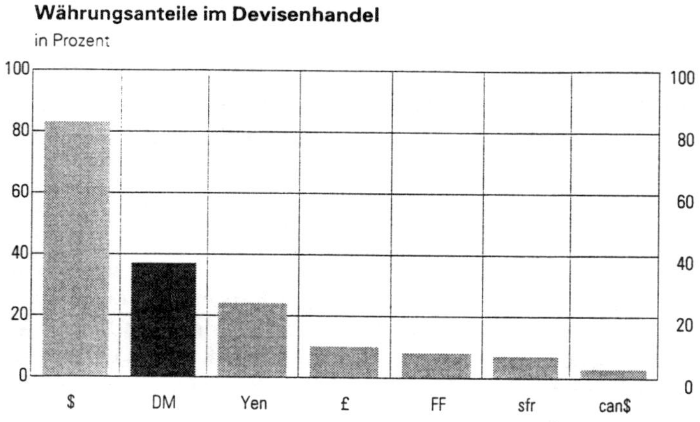

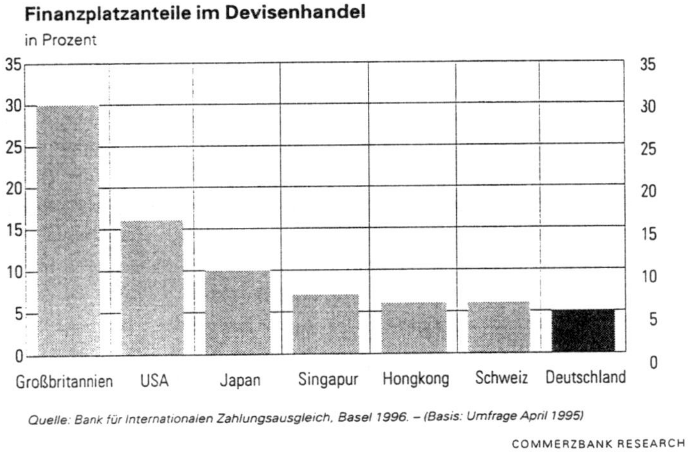

Abb. 6.1: Währung- und Finanzplatzanteile im Devisenhandel

9. Bei erfolgreichem Start der Europäischen Währungsunion wird sich der Umstellungsprozeß rascher vollziehen als bisher konzipiert. Höhere Anforderungen an Banken ergeben sich bei Beratung und Produktangebot.

Auf dem Madrider EU-Gipfel im Dezember 1995 ist ein dreijähriger Umstellungszeitraum beschlossen worden, innerhalb dessen die Marktteilnehmer selbst entscheiden können, inwieweit sie noch nationale Währungen oder bereits den Euro (als Buchgeld) verwenden. Dem soll sich ein weiteres halbes Jahr anschließen, in dem Euro-Noten und -Münzen neben den nationalen Geldzeichen zirkulieren. Insbesondere der hiervon besonders betroffene Einzelhandel wendet sich inzwischen wegen der hohen Kostenbelastung gegen eine solche mehrmonatige Doppelwährungsphase. Viele Großunternehmen planen mittlerweile, bereits im ersten Jahr der Währungsunion ihr Aktienkapital sowie ihr Rechnungswesen auf die neue Währung umzustellen, was wiederum Auswirkungen auf Zulieferer und Abnehmer haben kann.

Die führenden Börsen im neuen europäischen Währungsraum – und damit am Ende vermutlich alle Börsen der Teilnehmerländer – werden ihre Notierungen schon vom ersten Börsentag an, dem 4. Januar 1999, auf Euro umstellen.

Euro-Zahlungsverkehr aus D-Mark-Konten, Doppelwährungsausweis auf Kontoauszügen sowie Bankprodukte in Euro in allen Kredit- und Einlagebereichen werden in Deutschland ab Anfang 1999 selbstverständlicher Standard sein. Die privaten Großbanken werden sich dadurch profilieren, daß sie mehr bieten: insbesondere Wechselkurssicherung im Vorfeld sowie Zahlungsverkehr im Vorfeld – ECU-Clearing – auf Basis der 1:1-Umstellung von ECU auf Euro.

Die weitere Vorbereitungsarbeit der Banken umfaßt die Umstellungsberatung von Anlegern und insbesondere mittelständischen Unternehmen.

10. Eine Währungsunion als Stabilitätsgemeinschaft setzt solide Staatsfinanzen, eine beschäftigungsorientierte Lohnpolitik und weitreichende Arbeitsmarktflexibilisierung voraus.

In praktisch allen Industriestaaten ist in den letzten Jahren und Jahrzehnten die Staatsschuld absolut und relativ zum Bruttoinlandsprodukt stark gestiegen. Die Schuldenquote hat sich innerhalb von zwei Jahrzehnten verdoppelt. Wenn der Stabilitätspakt befolgt und die öffentlichen Haushalte in wirtschaftlichen Normallagen annähernd ausgeglichen sein werden, ergibt sich erstmals die Chance, die gesamte Staatsschuld in Relation zum Bruttoinlandsprodukt deutlich zurückzuführen. Dies würde die Perspektive auf dauerhaft niedrige Zinsen und damit mehr Investitionen und Beschäftigung eröffnen. Dazu gehört freilich auch eine am Produktivitätstrend orientierte Lohnpolitik bei mehr Flexibilität in den Tarifverträgen und sonstigen Arbeitsmarktregulierungen.

Wesentliche Erfolgsbedingung der Europäischen Währungsunion ist, daß der Kreis der teilnehmenden Länder am Anfang nur solche Staaten einbezieht, welche die festgelegten Kriterien nachhaltig erfüllen. Das liegt auch im Interesse der zunächst noch nicht teilnehmenden Länder, damit sich der Euro rasch als stabile Währung etablieren kann. Der Beginn als „Weich"-Währung wäre schädlich.

Historische Analogien

Die heutige europäische Integration ähnelt in mancher Hinsicht der Bildung von Nationalstaaten im 19. Jahrhundert. Die politische Landkarte Deutschlands und Italiens glich damals einem Flickenteppich. Die vielfältigen Trennungen durch territoriale Herrschaften, Rechtsordnungen und Währungen erwiesen sich für die sich entwickelnden Volkswirtschaften als hinderlich und mußten daher durch die Bildung von Nationalstaaten überwunden werden.

Der bedeutende deutsche Ökonom Friedrich List ist weithin als Theoretiker und politischer Vorkämpfer eines einheitlichen nationalen Marktes – Abbau innerer Zollschranken – bekannt. Diese Zielsetzung entsprach dem Entwicklungsstand seiner Zeit und seines Landes: „Die höchste, zur Zeit realisierte Einigung der Individuen unter dem Rechtsgesetz ist die des Staats und der Nation; die höchste gedenkbare Vereinigung ist die der gesamten Menschheit. Gleich wie das Individuum im

Staat und in der Nation seine individuellen Zwecke in einem viel höheren Grade zu erreichen vermag, als wenn es allein stünde, so würden alle Nationen ihre Zwecke in einem viel höheren Grade erreichen, wären sie durch das Rechtsgesetz, den ewigen Frieden und den freien Verkehr miteinander verbunden." Wie das Zitat aus Lists 1841 erschienenem Hauptwerk „Das nationale System der politischen Ökonomie" zeigt, nahm er jedoch bereits Zusammenschlüsse auf höherer Ebene – zwischen Nationen – vorweg und betonte zugleich die Offenheit nach außen, die stimulierende Wirkung des freien Welthandels.

Neben der Schaffung eines großen nationalen Marktes – durch Abbau interner Schranken – setzte sich List für eine gemeinsame Verkehrsinfrastruktur ein – damals Eisenbahnen – als wesentliches Mittel, um diesen größeren Markt zusammenzuschließen. Auf das heutige Europa übertragen, entspräche dies nicht nur dem Ausbau transnationaler Netze bei Eisenbahn, Straßen, Telekommunikation und Energieversorgung, sondern wohl auch einer grenzüberschreitenden Finanzinfrastruktur, wie sie durch Kapitalverkehrsliberalisierung, Dienstleistungs- und Niederlassungsfreiheit für Finanzinstitute sowie schließlich die Währungsunion ermöglicht wird.

Die damaligen – nationalen – Einigungen in Deutschland und Italien brachten Gewinner und Verlierer hervor. Der Wegfall von Schutzzäunen führte für manchen zu Nachteilen; nicht jeder war in der Lage, neue Chancen zu ergreifen. Die Wirtschaft insgesamt hat davon profitiert, aber viele Vorteile zeigten sich erst auf lange Sicht.

Unternehmensführung in Genossenschaftsbanken – Herausforderungen und Perspektiven

Dr. Willibald Folz, Präsident des Genossenschaftsverbandes Bayern, München

Stehen die Banken vor der größten Herausforderung seit der Erfindung des Geldes? Ein Blick über die Schlagzeilen von Wirtschafts- und Fachpresse legt die Antwort „Ja“ nahe. Überschriften wie „Revolution im Bankgeschäft“, „Sturmwarnung – Bankgewerbe in der Ertragsklemme“, „Geldverdienen wird für Banken schwieriger“, „Die Entlassungswelle bei den deutschen Banken geht weiter“, und dergleichen mehr, zeigen die Richtung der Bestandsaufnahme, Analysen und Prognosen.

Doch ist Vorsicht am Platz. Die Erfahrung lehrt, allzuleicht beurteilt der aktuelle Beobachter die Entwicklung, in der er steckt, als revolutionär, die aus einigen Jahren Abstand sich doch als Abschnitt eines Evolutionsprozesses einordnen läßt.

Denn in der Geschichte des modernen Bankwesens hat es immer wieder gravierende Umwälzungen gegeben. Zuzugeben ist, sie kamen meist allmählich und nicht in der gegenwärtigen Geschwindigkeit. Mag also zunächst offen bleiben, ob wir vor (oder in) einer revolutionären Neuorientierung, einem evolutionären Sprung oder einem Abschnitt einer besonders eilig verlaufenden Entwicklungsphase stehen; unbestreitbar stehen die bayerischen Volksbanken und Raiffeisenbanken mittendrin im Sturm dieser Entwicklung. Wie werden sie nachher aussehen? Werden sie vom Orkan der Entwicklung gar hinweggefegt?

Ihre Position ist heute noch vergleichsweise gut: Sie haben auf der Einlagenseite einen Marktanteil von 23 %, im Kreditgeschäft einen Marktanteil von 15,5 %. Ihr durchschnittliches Betriebsergebnis ist mit 1,20 % noch zufriedenstellend. Das durchschnittliche Geschäftsvolumen einer Genossenschaftsbank hat sich von 113 Mio. DM im Jahre 1990 auf heute 244 Mio. DM mehr als verdoppelt. Rund 2,2 Millionen bayerische Bürger sind mit ihrer Volksbank oder Raiffeisenbank vor Ort über die Mitgliedschaft verbunden. Sie sind als Bankteilhaber die Eigentümer der Bank. Etwa 7,5 Millionen Kunden können in über 4200 Bankstellen oder per Telefon und PC die Dienste ihrer Genossenschaftsbank in Anspruch nehmen. Seit 1990 hat sich jede vierte Volksbank oder Raiffeisenbank in Bayern mit einer Nachbargenossenschaft zusammengeschlossen, es waren insgesamt 266 Fusionen. Nach wie vor sind unsere Banken aber dem Kunden ganz nahe. Die Straffung des Geschäftstellennetzes (425 Zweigstellen wurden seit Anfang 1990 geschlossen) ist hauptsächlich eine Folge der Fusionen, die Doppelbesetzungen überflüssig machten. Also eine Entwicklung in fast allen wichtigen strategischen Faktoren, die Anlaß geben sollte, zufrieden zu sein. Wenn – und das ist das große Aber – wenn die Entwicklung außerhalb des Genossenschaftssektors nicht noch wesentlich rascher verlaufen wäre, die Globalisierung der Kapital- und Geldmärkte, die Internationalisierung der Bankgeschäfte, die zunehmende multimediale Elektronisierung des bankbetrieblichen Vertriebs und der enorme Wandel des Kundenverhaltens. Zur Zufriedenheit besteht also kein Anlaß. Wenn sich auch nicht bewahrheitete, was von Großbankenseite vor Jahren schon behauptet wurde, nämlich daß die Großen die Kleinen fressen, so besteht doch die Gefahr, daß die Langsamen von den Schnellen eingeholt werden und an Marktanteilen verlieren. Eine große Managementaufgabe in unseren Volksbanken und Raiffeisenbanken, aber darüber hinaus auch bei unserem Verband und bei den Verbundunternehmen, ist es, dafür zu sorgen, daß die Kleinen schneller sind als die Großen.

Wie wird es weitergehen?

1. Das bankwirtschaftliche Umfeld verschärft den Wettbewerb

Die Langfristprognosen zur wirtschaftlichen Entwicklung in Deutschland bis zum Jahr 2010 gehen von einem jahresdurchschnittlichen realen Wachstum des Bruttoinlandsprodukts von 2,0 bis 2,5 % aus. Gegenüber einer durchschnittlichen Wachstumsrate von 2,9 % im Zeitraum 1985 bis 1995 würde das bedeuten, der Wachstumspfad der deutschen Volkswirtschaft wird flacher ansteigen mit all den Auswirkungen auf das Passiv- und Aktivgeschäft derjenigen Banken, die ausschließlich im Inland tätig sind.

Noch weit bedeutsamer als die etwas geringeren Wachstumsraten wird sich aber für die Banken auswirken, daß ihre Brückenfunktion zwischen Sparern und Investoren sich abschwächt. Dieser unter dem Schlagwort „Disintermediation“ beschriebene Prozeß dürfte in Zukunft im Zeichen des Wertpapier- und Versicherungssparens stehen: d. h. der Anteil von Bankeinlagen an der privaten Geldvermögensbildung wird im Trend weiter sinken zugunsten des Wertpapier- und Versicherungssparens. Zugleich tendieren die Unternehmen bei der Kreditinanspruchnahme verstärkt zu Eigenemissionen, also zu einer Verbriefung ihrer Verpflichtungen, d. h. zur Securitisation. Damit wird der Anteil der Banken bei der Unternehmensfinanzierung weiter zurückfallen. Wenn das bisher auch in Deutschland noch wenig ausgeprägt ist und sich auf Großunternehmen beschränkt, so ist doch zu erwarten, daß auch für das mittelständische Gewerbe ähnliche Finanzierungsinstrumente entwikkelt werden. Aus diesen Gründen wird sich der Wettbewerb sowohl im Aktiv- wie im Passivgeschäft generell verschärfen.

Dazu kommt das sich stark verändernde demographische Umfeld. Der Anteil der über 65jährigen wird steigen, damit verbunden ist ein drastisch erhöhter „Rentnerquotient“. Die Schwierigkeiten der gesetzlichen Rentenversicherung und die Zurückhaltung der Unternehmen bei unternehmenseigenen Altersversorgungssystemen werden den Trend zum privaten Vorsorgesparen in den nächsten Jahrzehnten verstärken. Ob es den Banken gelingt, an diesem Trend zu partizipieren, wird für das Kreditgewerbe insgesamt eine Schlüsselfrage sein.

Die Wettbewerbslandschaft wird sich auch dadurch verändern, daß sich zu den traditionellen Finanzdienstleistern zahlreiche Neuanbieter gesellen werden. Die Banken werden gezwungen sein, sich stärker zu differenzieren und zu spezialisieren. Mit den Veränderungen der Kundenbedürfnisse – und hier vor allem bei den für das eigene Institut relevanten Kundengruppen – müssen die Banken ihr Leistungsspektrum bei den Produkten und Dienstleistungen ständig ergänzen. Gleichzeitig müssen sie auch für eine Produktstraffung sorgen. Der bereits heute deutlich spürbare Wandel im Kundenverhalten wird sich noch verstärken. Das bedeutet auch einen noch stärkeren Margendruck. Die inzwischen stark gewachsene Gruppe wohlhabender Kunden wird dank fortschreitender Kommunikationstechnologien noch besser informiert sein, noch anspruchsvoller und preisbewußter werden. Kurzum: das Preis-Leistungs-Verhältnis wird noch mehr das Verhältnis Bank-Kunde bestimmen. Das für Deutschland traditionelle „Relationship-Banking“ wird dadurch eingeschränkt, aber keineswegs verdrängt werden.

Allerdings ergeben sich mit der rasch fortschreitenden Informations- und Kommunikationstechnologie auch neue Geschäftsmöglichkeiten. Sie schaffen für die Banken beim Leistungsangebot und bei der Leistungserstellung ständig neuen Spielraum zur Steigerung der Effizienz in der Beratung, Information und der Geschäftsabwicklung. Darüber hinaus werden zunehmend mehr Kunden ihre Geschäftstätigkeit im Rahmen des Zusammenwachsens von Wirtschaftsräumen und Absatzmärkten noch stärker regional und überregional ausweiten. Das wiederum erhöht das Anspruchsniveau an die Banken insbesondere im internationalen Geschäft. Mit dem EURO als künftiger einheitlicher Währung entsteht der rechtlich längst existente Binnenmarkt dann auch als ein einheitlicher Bankenmarkt. Erträge aus dem Devisen- und Sortenhandel werden scharf einbrechen. Produktgestaltung und Strukturen der nationalen Vertriebsnetze werden sich anpassen. Der EURO-Finanzmarkt wird den Sparern und Investoren zusätzliche Anlage- und Finanzierungsmöglichkeiten bieten. Im Zusammenwirken mit den elektronischen Vertriebswegen und dem Direktbanking erhält der Kunde zunehmende Markttransparenz; damit wird seine Preissensibilität weiter zunehmen.

Neben dem Eindringen neuer Anbieter wird die Wettbewerbslandschaft auch von dem Bestreben der Banken gekennzeichnet sein, sich von ihren Wettbewerbern noch stärker als bisher abzugrenzen. Bei sich verschärfender Konkurrenzlage, zunehmend homogenem Dienstleistungsangebot sowie nachlassender Kundenloyalität dürfte es zu einer weiteren Akzentuierung der jeweiligen Unternehmensphilosophie kommen im Sinne einer stärkeren Markt- und Imageprofilierung.

Der Stellenwert einer spezifischen, d. h. unverwechselbaren Unternehmenskultur einer Bank, die ihrerseits die Qualität der Kundenbeziehung beeinflußt, dürfte zunehmen. Für die Genossenschaftsbanken bedeutet das: sie müssen ihre durch das Förderprinzip geprägte „positive Alleinstellung am Markt“ noch mehr betonen und zwar nicht mit einem Reduzieren auf die Ausschüttung einer Dividende, sondern über eine stärkere Bindung der Mitglieder an ihre Bank mit einer Vielzahl von mitgliederbezogenen Aktivitäten.

2. Die Technik revolutioniert den Vertrieb

Die Technik und die neuen Möglichkeiten der Informationsvermittlung und -verarbeitung sind zu einem herausragenden Wettbewerbsfaktor geworden. Jeder Kunde kann sich jede Information, die er bisher von seiner Bank erhalten hat, selbst zu Hause über entsprechende Dienste oder auf dem PC beschaffen und auswerten.

Neben den traditionellen Wettbewerbern haben sich die Banken auf völlig neue Konkurrenten wie Netzanbieter und Online-Dienste einzustellen. Diese waren bisher nur auf Informationsübertragung spezialisiert, sie werden aber künftig auch einen eigenen Zahlungsverkehr und zusätzliche Bankdienstleistungen anbieten. Vergleichbare Angebote könnten auch von den Multimedia-Allianzen, TV-Sendern oder Handelshäusern ausgehen. Bereits innerhalb der nächsten zwei Jahre wird sich allein über dem deutschsprachigen Europa die Anzahl der Satellitenkanäle mehr als verzehnfachen. Es wird zwar nicht mehr Fernsehsendungen geben. Aber in vielen Lebensbereichen wird es wesentlich mehr Angebote in Form von interaktivem Fernsehen und Kommunikation über multimediale Endgeräte geben. Nur Unternehmen, die diese Hochtechnologie auf breiter Basis nutzen, können dann die Wettbewerbsvorteile über eine stärkere Kundenbindung, mit neuen Produkten und wesentlich leistungsfähigeren Vertriebswegen nutzen.

Bereits heute werden in diese Infrastruktur weltweit dreistellige Milliardenbeträge investiert. Wenn sich deshalb eine Bank die erforderlichen Technikkomponenten nicht selbst oder im Verbund beschafft bzw. vorhält, dann wird sie morgen im breiten Kundengeschäft kaum mehr eine Rolle spielen.

Das Monopol des stationären Vertriebs fällt. Die neuen multimedialen Vertriebswege stehen dem Kunden über die Schalteröffnungszeiten hinaus und außerhalb der Bankräume zur Verfügung. Vor allem mit Passivprodukten der Bank und Verbundprodukten wird er über die elektronischen Medien umworben werden. Seine Routinebankgeschäfte erledigt er am Terminal oder am PC weitgehend selbst.

Es versteht sich von selbst, daß die Banken mit dem dichtesten Bankstellennetz, nämlich die Genossenschaftsbanken, von dieser Entwicklung am meisten herausgefordert werden. Deshalb wird die moderne Geschäftsstelle einer Volksbank oder Raiffeisenbank durch Technik geprägt sein und zwei Kernbereiche umfassen: den Bereich, in dem die Routinegeschäfte ohne Beratung und mehr und mehr auch in Selbstbedienung abgewickelt werden, und den Bereich, in dem eine Individualberatung mit der Möglichkeit zum Geschäftsabschluß erfolgt.

Natürlich kann die Ausprägung von Geschäftsstelle zu Geschäftsstelle unterschiedlich sein, je nachdem, welche Leistungen die Kunden vor Ort bevorzugt in Anspruch nehmen wollen. Es kann Geschäftsstellen mit Schwerpunkt Anlageberatung und andere mit Schwerpunkt Unternehmensfinanzierung geben. Im Selbstbedienungsbereich sind jedenfalls alle Automaten zu installieren, die dem Kunden den einfachen Zugang zu Geld oder seinem Konto ermöglichen. Es sind dies Geldautomaten, Info-Terminals, Kontoauszugsdrucker bis hin zu Einzahlungsautomaten auf Sparkonten, evtl. auch Automaten für einfache Kredite im Rahmen vorgegebener interner Linien mit Autorisierung, Versicherungen, Investmentfonds bzw. Verfügungen über Wertpapiere des eigenen Depots im Rahmen des KontoDirekt.

Aber auch der Bereich der Individualberatung wird mit hoher Technik ausgestattet werden müssen. Kundenterminals über Bildschirmtext bis hin zu Videogeräten für Konferenzen sind darin zu finden. Um eine enge Anbindung zwischen dem Selbstbedienungsbereich und der persönlichen Kundenbetreuung zu gewährleisten, wird es noch mehr Videotelefonmöglichkeiten geben, damit einerseits der Berater mit dem Kunden am Terminal kommunizieren kann und andererseits Experten bei der Betreuung am Beraterplatz hinzugezogen werden können. Gerade Mitarbeiter in kleineren Filialen können dann Experten der Zentrale oder eines Verbundinstituts für die Beratungsgespräche mit dem Kunden einbeziehen. Damit könnte auch eine kleine Geschäftsstelle, die vielleicht wegen der Kostensituation zur Disposition steht, zu einem qualifizierten Beratungsplatz werden. In einer zweiten Stufe könnten dann diese Anwendungen in das Homebanking integriert werden, so daß jeder Kunde zu Hause im Wohnzimmer mit den Experten der Bank kommunizieren kann. Es wird dann zum Wettbewerb der Experten kommen.

Aus der Differenzierung der Vertriebswege leitet sich auch eine neue Produktstruktur ab. Bankprodukte werden sich noch mehr differenzieren insofern, als es auf der einen Seite einfache standardisierte Produkte gibt, bei denen der Kunde mit Hilfe von Homebanking und SB-Leistungen sich selbst bedient. Ausschlaggebend wird hier neben der technischen Verfügbarkeit vor allem auch der günstige Preis sein. Allerdings muß das Produktangebot überschaubar sein. Eine zu umfangreiche, breite Produktpalette, wie sie heute noch in vielen Banken angeboten wird, erschwert den Vertrieb und zieht vor allem auch aufwendige und komplexe Arbeits- und Schulungsprozesse nach sich. Deshalb gilt es auch, Bankprodukte nicht nur zu differenzieren, sondern die Produktpalette auch konsequent zu straffen.

Neben einfachen Produkten und neuen Vetriebswegen müssen sich die Banken aber auch auf hochqualifizierte Beratung, insbesondere beim Management von Finanzrisiken, in der Anlageberatung und in der Unternehmensfinanzierung einstellen. Per EDV stehen heute ungeheuer viel Informationen zur Verfügung. Die Berater haben die Aufgabe, diese Informationen zu selektieren, aufzubereiten und dem Kunden entscheidungsgerecht zur Verfügung zu stellen. Damit ändert sich auch die Dimension der Beratung. Wer solche Dienstleistungen nicht ebenso günstig anbieten kann wie Online-Wettbewerber, wird aus dem Markt ausscheiden.

3. Anforderungen an das Management

Der Wandel im wirtschaftlichen Umfeld, in der Technik und im Kundenverhalten erfordert naturgemäß nicht nur einen Wandel in der Organisation und in der Vertriebsstruktur, sondern auch ein verändertes Management. Es besteht nämlich die große Gefahr, daß wir unsere Kunden durch das Tempo des Wandels verlieren, weil diese nicht mehr verstehen, was wir tun.

Damit stellen sich dem Management ganz neue Aufgaben. Neue „Leader" sind gefragt; doch die wachsen nicht auf den Bäumen. Deshalb stehen auch Schulung und Weiterbildung vor großen Aufgaben mit neuen Akzenten. Es geht nicht nur um das oberste Management, sondern auch das mittlere, das ja das Rückgrat eines Unternehmens ist. Es muß mit ins Boot gezogen werden, wenn die Vision eines modernen Bankmanagements Realität werden soll.

3.1 Leader, Coach und Sparringspartner

Unzweifelhaft werden die fachlichen Anforderungen an das Management immer anspruchsvoller: Die Märkte ändern sich schneller, die Problemstellungen werden komplexer, die Entwicklungen sind viel schwerer abschätzbar als früher, Informationen sind jederzeit, in jedem Umfang und an jedem Ort abrufbar. Gleichwohl müssen aber Entscheidungen getroffen werden, die oft von großer Tragweite sind und häufig unter Bedingungen, die für den Entscheider nicht voll durchschaubar sind. Die Bankwirtschaft befindet sich im Aufbruch, aber wer weiß schon genau wohin?

Die Banken haben in den letzten Jahrzehnten erheblich in Personal investiert, aber vielleicht eher quantitativ als qualitativ. Sicherlich, eine gute Grundausbildung als Bankfachmann ist unverzichtbar. Zusatzwissen etwa in Recht, Steuer, Rechnungswesen, Controlling, Marketing wird ebenfalls vorausgesetzt. Das reicht aber nicht. Zum Fachwissen müssen Führungsqualitäten sich gesellen. Ja letztere sind im Zweifel eher wichtiger. Der beste Sachbearbeiter ist eben noch nicht der beste Abteilungsleiter, geschweige denn der geeignete Vorstand. Die gesellschaftlichen und wirtschaftlichen Rahmenbedingungen sind heute komplexer denn je, deshalb sind auch die Anforderungen an das Management komplexer als früher.

Wie kann also Führung heute aussehen, wenn die Bedingungen so sind, wie sie sind? Welche Führungskräfte brauchen unsere Banken, um erfolgreich zu sein? Wie müssen diese Führungskräfte ausgebildet und weitergebildet werden, um diese Herausforderungen gestalten zu können?

Ein hohes Maß an Fachkenntnissen, an Methodenwissen, an sozialer Kompetenz im Umgang mit anderen Menschen ist Voraussetzung. Grundlage für diese eher technischen „Fähigkeiten" sind aber Haltung und Einstellungen zu sich und anderen. Eine Führungskraft in der Bank der Zukunft muß Coach und Sparringspartner zugleich sein, muß eine Atmosphäre schaffen können, in der die Kreativität der Mitarbeiter gefördert wird und sich entfalten kann.

Führung beginnt mit der Person des Führenden. Er formuliert Visionen und Strategien und übersetzt sie in konkrete, erreichbare Teilziele. Er überzeugt seine Mitarbeiter – vor allem durch sein Beispiel. Heute helfen nicht mehr Befehl oder Anordnung, vielmehr gilt es, ein Klima zu schaffen, in dem Mitarbeiter aus eigenem Antrieb und aus eigener Entscheidung im Gesamtprozeß mitwirken. Deshalb wird auch der Führungsanspruch weniger aus der hierarchischen Einordnung in einem Organigramm, sondern aus der individuellen Führungs- und Fachqualität des einzelnen abgeleitet.

3.2 Selbstbild, Menschenbild, Unternehmensbild

Das Thema Führungsqualität läßt sich gut verdeutlichen in dem Dreigespann Selbstbild, Menschenbild und Unternehmensbild. Wie sehe ich mich selbst als Person in dieser Umwelt? Wie sehe ich mein Verhältnis zu meinen Mitmenschen, Kollegen, Mitarbeitern, Kunden? Wie definiere ich mein Verhältnis zu meiner Aufgabe und meinem Unternehmen?

Diese Haltungen lassen sich nicht wie Fachwissen aus einem Buch lernen. Einstellungen lernt man zu einem großen Teil am „Modell", also indem man andere beobachtet und deren Einstellungen und daraus resultierende Verhaltensweisen übernimmt oder verwirft. Hier schließt sich der Kreis und zeigt deutlich die Verantwortung der obersten Führungskräfte. Unsere Werte und Einstellungen beeinflussen unser Verhalten. Das eigene Verhalten beeinflußt in einem hohen Maße die Haltung der Mitarbeiter zu Kollegen, zu Kunden, zur Arbeit, zum Unternehmen.

Selbstbild

Was bedeutet das Selbstbild für die Führungskraft? Eine wichtige Voraussetzung, um als Führungskraft wirken zu können, natürlich in einem gewollten Sinn, ist die Kenntnis über sich selbst. Erst wenn ich mich mit meinen eigenen Werten und Normen, mit meinen Haltungen, z.B. in schwierigen Situationen, auseinandergesetzt habe, bekomme ich ein Bild von mir und davon, wie ich auf andere wirke, wie ich sie beeinflusse im Positiven wie im Negativen. Das Vorleben entsprechender Haltungen und Einstellungen durch den Manager, vor allem auch in der alltäglichen Arbeit, in der Routine, ist eine Voraussetzung dafür, daß die Ziele und Maximen des Unternehmens transparent und real werden. Nur dann können die Führungskräfte in dieser Bank diese an ihre Mitarbeiter weitergeben. Hier beginnt ein wichtiger Teil der Personalführung und der Mitarbeiterentwicklung. Dieser Prozeß muß ganz oben in der Hierarchie beginnen.

Innerhalb des Managements muß eine einheitliche Linie vertreten werden. Nur dann kann der Prozeß über die verschiedenen Ebenen wirksam werden. Als Beispiel: Unter schnellebigen und komplexen Wettbewerbsbedingungen ist Veränderungsbereitschaft eine wesentliche Voraussetzung für den wirtschaftlichen Erfolg, für das wirtschaftliche Überleben. Veränderungsbereitschaft der Mitarbeiter und des gesamten Unternehmens wird es aber nur geben, wenn das Management diesen Prozeß initiiert und vorlebt, wenn es selbst bereit ist, sich zu verändern. Ist die Veränderungsbereitschaft im Management nicht vorhanden, werden entsprechende Ziele zu Worthülsen und Leerformeln. Man könnte weitere Beispiele finden: von der Kundenorientierung über Teamarbeit bis hin zum Qualitätsmanagement.

Personalführung muß unter sich schnell verändernden Bedingungen einen Orientierungsrahmen vorgeben und vor allem auch vorleben. Für die einzelne Führungskraft bedeutet dies, immer wieder zu fragen, was erwarte ich von meinen Mitarbeitern verbal und wie verhalte ich mich real. Das heißt, daß Personalführung heute sehr stark verbunden ist mit einem möglicherweise auch altmodisch klingenden Begriff wie Vorbild. Dies wiederum macht es notwendig, daß ich als Führungskraft ein möglichst reales Bild von mir haben muß.

Menschenbild

Neben dem Bild, das ich von mir selbst habe, ist natürlich eine wichtige Voraussetzung, welches Bild ich von meinen Mitarbeitern habe. Wie sehe ich deren Stellung und Aufgaben im Unternehmen? Gehe ich mit der Vorstellung an meine Mitarbeiter heran, ich kann ja alles besser und meine Mitarbeiter sind meine Erfüllungsgehilfen? Oder sehe ich meine Mitarbeiter als eigenständig an? Erkenne ich, daß ich umso erfolgreicher sein werde, je besser es mir gelingt, die unterschiedlichen Ideen, Vorstellungen und Vorzüge aller meiner Mitarbeiter zu integrieren?

Jeder Mensch verfügt über Kreativität, hat Ideen und Potentiale, die ein Unternehmen nutzen kann und muß. Werden diese Möglichkeiten nicht genutzt, dann hat dies Auswirkungen in zweifacher Hinsicht: Das Potential, das in den Mitarbeitern und damit im Unternehmen steckt, fehlt im Wettbewerb. Außerdem wird der Mitarbeiter frustriert, weil er seine Ideen und Möglichkeiten nicht einbringen kann. Langfristig werden unter den gegebenen Wettbewerbsbedingungen aber nur die Banken erfolgreich sein können, die es verstehen, die Potentiale, die in ihren Mitarbeitern stecken, zu nutzen und zu fördern. Das heißt auch, daß die Mitarbeiter in ihrem Handlungsbereich Freiräume und Entscheidungsmöglichkeiten haben müssen.

Dieser Gedanke entspringt nicht allein einem humanistischen Menschenbild, das die Entwicklung des Menschen als einen Wert an sich betrachtet, sondern einer Analyse der aktuellen und sich entwickelnden Wettbewerbssituation. Unter den gegebenen Wettbewerbsbedingungen ist es nicht mehr erfolgversprechend, daß die Vorgesetzten Informationen sammeln und bündeln und diese fallweise an die Mitarbeiter in Portionen weiterreichen. Erfolgreich werden in Zukunft nur diejenigen Banken sein, deren Führungskräfte es verstehen, die Informationen, die die Mitarbeiter aufgrund ihrer Ausbildung und Erfahrung haben und regelmäßig aus ihrer Arbeit erhalten, z.B. im Hinblick auf die Marktentwicklung, auf technische, rechtliche Veränderungen etc., freizusetzen, zu erfassen, zu kanalisieren und dorthin zu lenken, wo sie für den Unternehmenserfolg genutzt werden können.

Führung heißt dann weniger, Arbeiten anzuweisen, als vielmehr, jene Rahmenbedingungen und Möglichkeiten zu schaffen, damit Mitarbeiter ihre Potentiale und Fähigkeiten einsetzen können. Führung heißt dann auch, darauf zu achten, daß die Mitarbeiter einerseits diese Möglichkeiten und ihre Gestaltungsspielräume nutzen, andererseits ihre notwendigen Grenzen nicht überschreiten. Dies ist aber nur möglich, wenn alle Mitarbeiter informiert sind, ihren Tätigkeitsbereich überblicken können und wissen, welche Informationen wichtig sind und wo sie gebraucht werden.

Auch hier ist die Vorbildfunktion der Führungskraft gefragt, nämlich zum einen, Informationen weiterzugeben, und zum anderen, Informationen von anderen einzuholen und bei eigenen Entscheidungen auch zu berücksichtigen.

Dieser Aspekt wird gerade für Genossenschaftsbanken in Zukunft von entscheidender Bedeutung sein. In kleinen Banken hat die Geschäftsleitung zwangsläufig einen guten Überblick über die Abläufe im Unternehmen, über die Marktsituation, über die einzelnen Mitarbeiter etc.

Mit zunehmender Größe wird dies aber nicht mehr der Fall sein. Deshalb wird ein entscheidender Erfolgsfaktor für unsere Banken sein, inwiefern es ihnen gelingt, Strukturen und Prozesse zu schaffen, die die Potentiale der Mitarbeiter voll zur Geltung kommen lassen. Eine wesentliche Voraussetzung dafür ist, welches Bild ich von meinen Mitarbeitern habe.

Unternehmensbild

Über dieses unmittelbare Vorleben hinaus braucht gerade eine Genossenschaftsbank einen Rahmen, der über die Person der einzelnen Führungskraft hinausgeht. Vorleben ist die eine Seite, ich brauche aber auch eine Orientierungslinie, an der ich das Agieren der Gesamtbank und der einzelnen Mitarbeiter messen kann. Eine Vision, eine Vorstellung, die allen Mitarbeitern vor Augen führt, wohin die Reise gehen soll. Es muß transparent sein, welchen Maximen die Bank folgt, welche Leistungen, welchen Nutzen die Bank ihren Kunden bieten kann und will. Nur wenn das konkrete Verhalten der Führungskräfte mit dieser Vision übereinstimmt, wird es auch möglich sein, diese Vision bei den Mitarbeitern zum Leben zu bringen, so daß sie in letzter Instanz auch gegenüber dem Kunden deutlich wird.

Voraussetzung für erfolgreiche Führung heißt somit auch, eine Vision von den Zielen und Aufgaben der Bank zu haben und immer wieder neu zu entwickeln. Die Aufgabe moderner Führung ist es, diesen Prozeß aktiv voranzutreiben. Dabei geht es nicht darum, am Ende eines solchen Prozesses eine Reihe von allgemeinen Statements auf Hochglanzpapier zu haben, sondern eine einheitliche Orientierung und Ausrichtung des Unternehmens, die von den Mitarbeitern akzeptiert und umgesetzt wird.

3.3 Genossenschaftliches Management

Welchen Nutzen haben unsere Kunden von unserer Bank? Wie können wir den Kundennutzen verbessern? Diese Fragen muß sich jede Bank stellen. Die Genossenschaftsbanken aber um so mehr, als sie durch ihre besondere Rechtsform einen Auftrag haben, den Nutzen für die Mitglieder zu mehren. Das Gesetz nennt das Förderauftrag. Welchen Nutzen bieten wir als Genossenschaft unseren Mitgliedern und Kunden? Welchen Nutzen können wir ihnen bieten? Mit der Beantwortung dieser Fragen wird etwas entstehen, was von den Mitarbeitern in zunehmenden Maße gefordert wird: der Sinn des Unternehmens.

Gelingt es, diesen Sinn herauszustellen und zu vermitteln, dann wird es gelingen, die wichtigste Voraussetzung zu schaffen für den Erfolg, nämlich Begeisterung bei den Mitarbeitern für die Bank. Diese wird letztendlich dann geschaffen, wenn die Mitarbeiter in die Gestaltungsprozesse aktiv einbezogen werden. Die Aufgabe moderner Führung ist es, diesen Prozeß aktiv voranzutreiben. Dies wiederum setzt voraus, daß die Führungskräfte sich ihrer Funktion als Katalysatoren und Moderatoren in einem offenen Prozeß bewußt sind. Hier schließt sich erneut der Kreis: die Führungskraft als Mensch.

Neben diesen Eigenschaften und Qualitäten, die heute jeder Bankleiter braucht, muß der Vorstand einer Genossenschaftsbank aber eine weitere Kunst beherrschen. Er muß Kommunikator, Politiker sein. Er muß Mitglieder überzeugen und Gremien gewinnen, bei Fusionen, bei Filialschließungen usw. Das kann er nur, wenn er neben fachlicher und sozialer Kompetenz Vertrauen ausstrahlt und damit auch in anderen erwecken kann. Er hat komplizierte Zusammenhänge verständlich darstellen zu können und muß in den Teilhabern seiner Bank das Wissen, die Sicherheit schaffen können, daß sie ihm vertrauen und folgen, seinen Vorschlägen zustimmen können, auch wenn sie die fachlichen Argumente nicht in allen Einzelheiten nachvollziehen können. Der Vorstand der Genossenschaftsbank agiert eben nicht in einer fernen Konzernzentrale, in der er von der Richtigkeit seiner Entscheidung allenfalls Fachleute zu überzeugen hat. Er muß in seiner ganz konkreten Situation vor Ort Stellung beziehen zu den großen und kleinen Problemen und Fragen, sei es im Kreis der Mitglieder, in seiner Gemeinde, in einem größeren Gremium von Fachleuten oder auch vor einem großen Publikum. Er kann sich heute nicht mehr dispensieren von den großen volkswirtschaftlichen, politischen oder sozialen Auseinandersetzungen, dem Problem des Umweltschutzes, der Entwicklungsländer, der Frage der Vermögensverteilung, der öffentlichen Verschuldung oder anderen Fragen.

Gerade der Vorstand in einer Genossenschaftsbank von heute kann sich nicht nur auf das rein Ökonomische beziehen, er muß auch gesamtgesellschaftliche Verantwortung zeigen, er muß glaubhaft sein, Stellung beziehen und sich bekennen. Dies gilt schon deshalb für Vorstände von Genossenschaften noch mehr als für andere, weil sie tagaus, tagein mit jenen Menschen zusammenleben und -arbeiten, die ihre Geschäftspartner, Kunden und Teilhaber sind. Mancher Manager, der weit weg ist von seinen Kunden oder gar im Ausland, hat es in dieser Beziehung leichter.

4. Die Bank als Kommunikationszentrum / Marketing als Unternehmensprinzip

Wie könnte unter den vorgenannten Veränderungen des Marktes und der Technik die genossenschaftliche Bankwirtschaft in Bayern in zwei Jahrzehnten aussehen?

- Rund 300 Banken mit einer durchschnittlichen Bilanzsumme von 1 Mrd. DM, die in rd. 3.000 Geschäftsstellen in Bayern kaum weniger Mitarbeiter als heute beschäftigen, die aber anders als heute qualifiziert sind. Eine beachtliche Bandbreite von den 100 Millionen-Banken bis zu 10 Mrd.-Banken.
- Bedarfs- und kundengerechte Betriebsstrukturen, die einen modularen Aufbau des Vertriebsnetzes erlauben.

- 80 % der Bankleistungen (Basis- und Standardprodukte) werden über SB-Terminals oder per PC rund um die Uhr abgewickelt.
- Die Geschäftsstellenstruktur ist auf das Potential des jeweiligen Marktes ausgerichtet. Neben Full-Service-Geschäftsstellen treten Spezialgeschäftsstellen mit Teilleistungsangeboten und reine SB-Zweigstellen mit kostengünstigen Standardbankleistungen.
- Zwischenbetriebliche Kooperationsmodelle sichern die Kundenbindung an die Gruppe und Marktanteile für den gesamten Sektor, getragen von vertrauensvoller kollegialer Zusammenarbeit der Banken in der Region.
- Verwaltung und Servicearbeiten werden weitgehend von Tochtergesellschaften des Verbandes oder gemeinsamen Töchtern der Banken übernommen. Das gilt auch für den durch die Bankenaufsicht geforderten Verwaltungswust.
- Die Spezialisten werden nicht mehr ausschließlich festangestellte Mitarbeiter der Bank oder des Verbundes sein, sondern in vielen Fällen selbständige Problemlöser, deren sich die Bank bedient.
- Die Genossenschaftsbank wird Informations- und Kommunikationszentrale für ihre Mitglieder und Kunden sein. Sie wird ein Ort der Begegnung für das ganze Gemeinwesen sein, für eine Vielzahl wirtschaftlicher, künstlerischer, kultureller, volksbildnerischer Ereignisse.
- Alle Kunden werden Bankteilhaber sein mit der Möglichkeit, aktiv die Meinungsbildungs-, Prozeßlösungs- und Entscheidungsprozesse mitzugestalten. Die Mehrheit wird davon auch Gebrauch machen.

Literatur

Bechtel, E. W.: Kundenmentalitäten verändern Betriebsstrukturen – Neue Vetriebsschienen von Bankdienstleistungen durch elektronische Medien, in: BankInformation und Genossenschaftsforum 11, 1996, S. 22 – 26

Bodin, M./Hübl, L. (Hrsg.): Banken in gesamtwirtschaftlicher Verantwortung, Stuttgart 1994

Fliegner, M.: Verantwortung als Gestaltungskriterium für die Beziehung zwischen Kunde und Bank, Düsseldorf 1987

Genossenschaftsverband Bayern (Raiffeisen/Schulze-Delitzsch) e.V. (Hrsg.): Genossenschaften – Leitbilder und Perspektiven, München 1996

Herrhausen A.: Denken – Ordnen – Gestalten. Reden und Aufsätze, hrsg. von *K. Weidemann,* Berlin 1990

International Bankers Forum e.V. (Hrsg.): Die Banken auf dem Weg ins 21. Jahrhundert. Strategien und Konzepte, Wiesbaden 1996

Kempkes, H. P./ Meister, R.: Die Genossenschaftsbank von Morgen. Tendenzen, Visionen und Konzepte zur Entwicklung im Bankgewerbe. Konsequenzen für die Personalentwicklung, Wiesbaden 1996

Krönung, H.-D.: Die Bank der Zukunft. Plattformen schaffen, Flexibilität und Leistungsfähigkeit sichern, Wiesbaden 1996

Siemens Nixdorf Informationssysteme AG Banken und Versicherungen (Hrsg.): Report. Fachzeitschrift für Banken und Versicherungen 11, 1996

Visionen im Sparkassenbereich

Dr. Günther Merl, Mitglied des Vorstandes der Landesbank Hessen-Thüringen, Frankfurt am Main

1. Rahmen und Umfeldbedingungen

1.1 Ausgangssituation der Sparkassen

Wirtschaftliche Situation

Die 624 Sparkassen unterhielten innerhalb der S-Finanzgruppe in 1995 ein Netz von 19.486 Zweigstellen, darunter 4.891 Einmannstellen. Mit einer aggregierten Bilanzsumme von 2.867 Mrd. DM ist sie mit Abstand die größte Gruppe im deutschen Kreditgewerbe und mit 375.774 Beschäftigten in 1995 weiterhin der größte Arbeitgeber im Finanzdienstleistungsbereich.

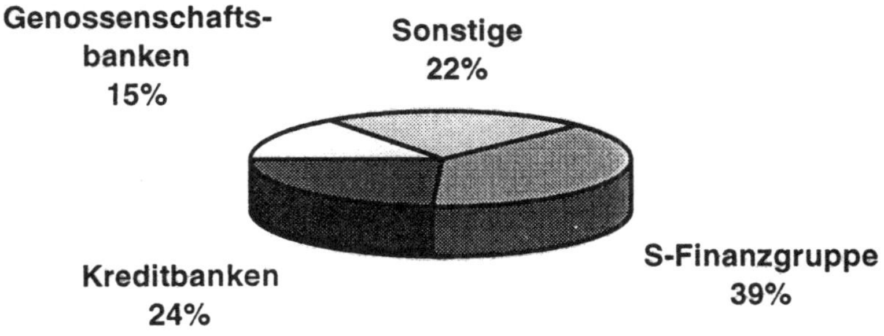

Abb. 1: Marktanteile der S-Finanzgruppe Ende 1995 (Geschäftsvolumen)

Die S-Finanzgruppe betreute in 1995 82.898 Mio. Sparkonten mit einem Volumen von 545 Mrd. DM. Das an inländische Nichtbanken ausgelegte Kreditvolumen in Höhe von DM 1.511 Mrd. entspricht einem Marktanteil von 38,4 % (DSGV 1996, S. 19 f). Beispielhaft für die Bedeutung der S-Finanzgruppe im Zahlungsverkehr sei die Gesamtzahl aller Kontenumsätze genannt: 8.710 Mrd. DM. In 1995 waren Bewegungen mit einem Volumen von 28.750 Mrd. DM zu verbuchen; darunter 4.472 Mrd. Überweisungen über insgesamt 21.464 Mrd. DM.

Bei einer Zinsspanne von 3 % in 1995 konnte ein Jahresüberschuß in Höhe von 0,34 % der DBS erzielt werden. Dies entspricht einer Eigenkapitalrendite (Relation von Teilbetriebsergebnis zu Eigenkapital) von 24 %. Somit blieben die Sparkassen (West) mit gut 7,5 Mrd. DM (+ 2,0 Mrd.) der wichtigste Steuerzahler aller Gruppen des Kreditgewerbes.

Diese Zahlen belegen zum einen die Bedeutung der S-Finanzgruppe für den Finanzdienstleistungsbereich der Bundesrepublik Deutschland. Zum anderen wird die nach wie vor zentrale Bedeutung des Retail- und Spargeschäftes für die Sparkassen deutlich. Diese Zahlen sind allerdings zeitlich zu relativieren und nach Sparten zu differenzieren. So sind die Sparkassen im Retailgeschäft nach wie vor Markführer: ca. 50 % aller Privat- und kleineren Gewerbekunden unterhalten eine Hauptbankverbindung mit einer Sparkasse. Jedoch geriet die Ergebnisposition der Sparkassen in den letzten Jahren deutlich unter Druck (Eigenkapitalrendite 1982: 38 %). Differenziert man das Gewerbe- und Firmenkundensegment zusätzlich nach der Unternehmensgröße, so ist mit zunehmender Größe ein sinkender Marktanteil der Sparkassen festzustellen. Bei mittleren Firmenkunden (bis 100 Mio. DM Umsatz) beträgt er immerhin noch 36 %, bei großen Firmenkunden (über 100 Mio. DM Umsatz) sind die Sparkassen allerdings nur noch mit einem Anteil von 10 % vertreten. Dies kann durch einen Marktanteil der Landesbanken von 13 % in diesem Segment nur z.T. ausgeglichen werden. In ihrer Funktion als Hausbanken der Kommunen können die Sparkassen ihre Stellung als wichtigste Kreditgeber der Gemeinden, Kreise und Städte bisher behaupten. Bei einem auch in diesem Marktsegment ständig an Dynamik gewinnenden Wettbewerb sank der Marktanteil der S-Finanzgruppe beim Kommunalkredit aber von 67,3 % (1983) auf 62,7 % (1993). Aufgrund der Kürze, den der Rahmen dieser Festschrift gebietet, sei nur beispielsweise auf die Segmente wie Auslandsgeschäft und vermögende Privatkunden verwiesen, in denen die Sparkassen weit unterdurchschnittlich (in Relation zu ihrem Marktanteil beim Geschäftsvolumen) vertreten sind.

Politische Situation

In Anbetracht der o.a. wirtschaftlichen Situation stehen die Sparkassen und Landesbanken – in einem Spannungsfeld verschiedener Strömungen – im Wettbewerb. Hintergrund der schon seit längerem andauernden, insbesondere von konkurrierenden Kreditinstitutsgruppen forcierten Diskussion ist der öffentlich-rechtliche Status der Sparkassen und die gesetzlich manifestierte Gewährträgerhaftung (i.d.R. der Kommunen). Hierin meint die private Kreditwirtschaft eine staatliche Subventionierung der Sparkassen und somit eine Wettbewerbsverzerrung erkennen zu können. Aus dieser These wird die Forderung abgeleitet, den Sparkassensektor zu privatisieren. Als jüngste Spitze wurde diese Forderung in die europäische Ebene hineingetragen, wo das Thema zur Zeit kontrovers diskutiert wird. Oft wird dabei allerdings der mit dem öffentlich-rechtlichen Status verbundene Auftrag in nicht ausreichendem Maße gewürdigt. Sparkassen und Landesbanken mit ihrer regionalen Verankerung stehen als Garanten für Subsidiarität und wirtschaftliche Chancengleichheit in allen Regionen. Gerade vor dem Hintergrund von Globalisierungstendenzen werden dezentrale Problemlösungen und ein fairer Wettbewerb – auch in den Regionen – immer wichtiger (Schmidt 1995, S. 119). Sparkassen kommen auch in Regionen ihrer Verantwortung und ihrem Auftrag als Partner des Mittelstandes, der Kommunen und privater Kunden nach, in denen (mit Ausnahme genossenschaftlicher Institute) keine privatrechtliche Bank vertreten ist. Darüber hinaus nimmt die Sparkassenorganisation zahlreiche Sonderaufgaben wahr. Dieses weite Feld erstreckt sich vom Sponsoring lokaler Vereine über ein umfassendes Mäzenatentum in den Bereichen Kunst und Kultur bis hin zu eigenen Veranstaltungen, wie Austellungen, Konzerte etc. Aus dem oben Angeführten wird deutlich, daß Sparkassen in ihrer Geschäftspolitik unter Berücksichtigung ihres öffentlichen Auftrages betriebswirtschaftliche Effizienz und Ertragskraft mit Verantwortung in Gesellschaft und Region verbinden müssen (Krafft 1992, S. 224).

Zur Erfüllung des öffentlichen Auftrages ist auch eine ausreichende Eigenkapitalausstattung notwendig. Als Anstalten des öffentlichen Rechts ist es Sparkassen und Girozentralen nicht möglich, ihr Kernkapital über den Kapitalmarkt aufzustocken, so daß als primäre Kernkapitalquelle nur einbehaltene Gewinne zur Verfügung stehen. In Anbetracht leerer Haushaltskassen fordert eine zunehmende Zahl der Kommunen – quasi als Preis für ihre Gewährträgerfunktion – eine höhere Gewinnbeteiligung. Um aber weiterhin den öffentlichen Auftrag in vollem Umfang wahrnehmen zu können, wird eine angemessene Eigenkapitalausstattung der Sparkassen auch in Zukunft notwendig bleiben.

Auf Landesbankenebene stehen z.Zt. die Maßnahmen einzelner Bundesländer zur Verbesserung der Eigenkapitalbasis auf dem Prüfstand. Die andauernde Diskussion über die Zulässigkeit dieser Vorgehensweise wird voraussichtlich erst durch den Europäischen Gerichtshof abschließend geklärt werden können.

1.2 Wandel der Umweltfaktoren

Kunden und Markt

Privatkunden: Das Privatkundensegment wird primär sowohl von demographischen Fakten als auch vom Verhalten und den Erwartungen der in diesem Segment agierenden natürlichen Personen determiniert. Das demographische Umfeld ist gekennzeichnet durch starke Geburtenrückgänge (seit Ende der 60er Jahre) und Stagnation auf niedrigem Niveau. Parallel dazu nimmt die durchschnittliche Lebenserwartung der deutschen Bevölkerung ständig zu. Dies hat zur Folge, daß sich der Anteil älterer Menschen an der Gesamtbevölkerung erhöht. Dieser Trend wird auch in Zukunft weiter anhalten oder sich sogar noch weiter verstärken. Eine Abmilderung fand in den letzten Jahren lediglich durch eine Zuwanderung von Personen aus anderen Ländern statt: alleine von 1988 bis 1991 kamen 2,6 Mio. Menschen aus anderen Staaten in die Bundesrepublik Deutschland (Priewasser 1994, S. 34). Infolge der jüngsten Wirtschaftskrise und struktureller Veränderungen stieg auch der Anteil der Arbeitslosen rapide an. Kurzfristige Entspannungen auf dem Arbeitsmarkt sind nicht zu erwarten. Auf der anderen Seite steigt das Vermögen der sog. Erbengeneration an. Immer breitere Schichten, auch jüngerer Personen, gelangen durch Erbschaft zu z.T. nicht unerheblichen Vermögenswerten an Immobilien und/oder Wertpapieren. In Zusammenhang damit wandelt sich auch die Erwartungshaltung von Privatpersonen an das Niveau einer Finanzberatung und Vermögensverwaltung. Da weite Teile dieses Personenkreises weder über das notwendige Know-how noch über die Zeit für eine Verwaltung ihres Vermögens verfügen, sind diese Personen auf eine hochwertige Anlageberatung und/ oder Vermögensverwaltung angewiesen. Diese sollte aus Sicht der Anleger seriös, kompetent und mit möglichst wenig Arbeitsaufwand für den Kunden verbunden sein. Gleichzeitig steigt die Sensibilität gegenüber Risiko-Rendite-Zusammenhängen an, und auch die Technikakzeptanz nimmt zu.

Firmen- und Gewerbekunden: Infolge von MBO's und Outsourcing-Maßnahmen sind Spezialisierungstendenzen und ein Anstieg der Zahl kleinerer und mittelständischer Unternehmen – die zentrale Zielgruppe der Sparkassen im Firmenkundensektor – festzustellen. Für mittelständische Firmenkunden spielt die zunehmende Globalisierung der Märkte eine immer stärkere Rolle (Neuber 1990, S. 31). Viele Firmen investieren verstärkt in den Export und suchen weltweit nach für sie interessanten Märkten. Für die sich ergebenden internationalen finanziellen Fragestellungen benötigen die Unternehmen zunehmend die Unterstützung und Beratung durch einen kompetenten Finanzpartner. Das Spektrum reicht hierbei von der einfachen Abwicklung des internationalen Zahlungsverkehrs bis hin zu internationalen Marktanalysen und M&A Beratungen. Innereuropäisch verstärkt wird diese Tendenz durch den europäischen Binnenmarkt und die bevorstehende Währungsunion. Allein der letztgenannte Punkt wirft viele Fragen auf und führt zu Unsicherheiten bei den Unternehmen. Hier bietet sich der S-Finanzgruppe Gelegenheit, sich auch als internationaler Finanzpartner zu profilieren, Vertrauen zu gewinnen und die Kundenbeziehung weiter zu festigen.

Kommunale Kunden: Städte, Kreise und Gemeinden stehen – primär im Zuge des wiedervereinigten Deutschlands und der aktuellen Wirtschaftsflaute – vor erheblichen Herausforderungen. Auf der einen Seite stagnieren seit Jahren die Einnahmen, auf der anderen Seite steigen infolge erhöhter Arbeitslosigkeit die Soziallasten rapide an. Hinzu kommt noch das durch Gesetze vorgegebene hohe Leistungsniveau, welches die Kommunen zu Großinvestitionen, wie die Errichtung einer ausreichenden Zahl von Kindergartenplätzen oder die dritte Reinigungsstufe für Kläranlagen, zwingt (Kahn 1993, S. 81). Der resultierende Anstieg der kommunalen Verschuldung verdeutlicht die Notwendigkeit der Zusammenarbeit mit einem kompetenten Finanzierungspartner, der alternative Finanzierungskonzepte aufzeigen und anbieten kann.

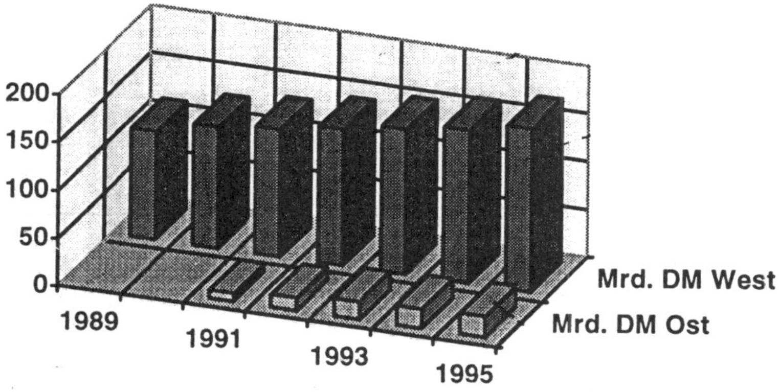

Abb. 2: Kommunale Schuldenlast in Mrd. DM

Sparkassen sind als „kommunaleigene Banken“ seit jeher die Hausbanken der Kommunen. Die S-Finanzgruppe ist mit 136 Mrd. DM (1993) der bedeutendste Kreditgeber der Gemeinden, Städte und Kreise.

Tendenzen im nationalen Markt: In dem durch eine hohe Bankendichte gekennzeichneten deutschen Bankenmarkt stieg die Wettbewerbsintensität in den letzten Jahren deutlich an. Dieser Anstieg wird nicht nur durch Trends wie Desintermediation und Securitisation im Markt für Firmenkunden determiniert, sondern vielmehr auch durch die in den Markt drängenden non- und near-banks (Schneider 1993, S. 47; Faßbender 1993, S. 121). Hierunter sind sowohl verstärkte Angebote von

Finanzprodukten von z.B. Versicherungen und Automobilherstellern als auch Kreditkartenanbieter, Discount-Broker, Clearinggesellschaften etc. zu verstehen. Hinzu tritt infolge der EU-Liberalisierung der Finanzmärkte eine zunehmende Konkurrenz durch ausländische Kreditinstitute. Insbesondere der technische Fortschritt in den Bereichen EDV, Kommunikation und Medien (s.u.) begünstigt die „Spezialanbieter" innovativer und preisgünstiger Produkte, wie z.B. Direktbanken, Versandhäuser, Softwarefirmen oder Telefongesellschaften.

Tendenzen im europäischen Markt: Die Liberalisierung der Finanzmärkte in der EU eröffnete den deutschen Kreditinstituten neue Chancen (Neuber 1993, S. 36). Insbesondere große Kreditinstitute mit bereits bestehenden Auslandsaktivitäten nutzen diese Gelegenheit, sich zu sog. „Global-Players" zu entwickeln. Im europäischen Banken-/Versicherungsmarkt wird es zu Megafusionen kommen, um als universell und weltweit tätige Großbank im sich intensivierenden Wettbewerb bestehen zu können. Mittleren und kleineren Kreditinstituten, in erster Linie Spezialbanken und/oder regional orientierten Instituten wie Landesbanken, stehen die sich aus der Internationalisierung ergebenden Möglichkeiten nicht in gleichem Maße offen. Die Nachteile in Form eines erhöhten Margendruckes, den ausländische Institute und fusionierte Großbanken durch ihre verstärkten Aktivitäten bzw. „economies of scale" erzeugen (Stammer 1987, S. 29) müssen allerdings von den lokalen und regionalen Kreditinstituten mitgetragen werden. Eine weitere Herausforderung steht wahrscheinlich in 1999 mit der Umsetzung der EWWU an. Alleine schon die Umstellung wird große Universalbanken gegenüber Sparkassen bevorteilen, da auf Sparkassenseite infolge der Vielzahl kleinerer Konten die Umstellungskosten deutlich höher liegen werden. Hinzu tritt der enorme Kostendruck, der aus der Umsetzung neuer EU-Richtlinien resultiert (siehe Kapitel 1.2). Auch für die Folgezeit ab 2002 können insbesondere weltweit tätige Großbanken für ihr international orientiertes Klientel Vorteile aus der entfallenden währungsbedingten Segmentierung nutzen. Die schwerpunktmäßig regional orientierten Girozentralen werden aus dem größeren Währungsraum nur z.T. Vorteile ziehen, das Abgrenzungskriterium „Region" wird umgekehrt aber immer mehr an Bedeutung verlieren. Lediglich die lokal agierenden, in der Region traditionell verwurzelten Sparkassen werden aufgrund ihrer intimen Kenntnisse der Region nur einer geringen Wettbewerbsintensivierung ausgesetzt sein. Die Markteintrittkosten in die jeweiligen Regionen – z.B. in Form von Informations- und Marketingkosten – sind i.d.R. für ausländische Konkurrenten zu hoch.

Technologie

Die rasante Entwicklung der Mikroelektronik, insbesondere der kommunikationstechnologischen Infrastrukturen (Internet, ISDN, Interaktives TV, etc.) und die damit einhergehende Reduktion von

Informationsasymmetrien (realtime Verfügbarkeit von Information an jedem Ort) eröffnen Chancen, neue Finanzprodukte zu entwickeln. Die von Jahr zu Jahr zunehmende Fülle an jedermann zugänglichen Informationen erschwert aber Übersicht und Auswahl. Der Wandel ist heute bereits in vollem Gange: Die Vernetzung von Kunde und Sparkasse nimmt zu (Balgheim 1993, S. 134). Für Kunden im Retail-Bereich, die eine Online-Bankverbindung (noch) nicht realisieren möchten, geht der Trend hin zu verstärkter Automatisierung und Selbstbedienung. Stellvertretend seien hier die Chipkarte und das Multifunktionsterminal genannt. Auf der anderen Seite werden die Zweigstellennetze zusehends ausgedünnt und die direkten Berater-Kunde-Kontakte werden sich weiter verringern.

Auch viele sparkasseninterne Arbeitsabläufe, primär Informationsflüsse (betriebsinterne Kommunikation), Banksteuerung (Risiko-, Kosten- und Ertragsmanagement), Planung und Controlling, sind durch die technologische Entwicklung einem ständigen Wandel unterworfen. Entscheidungsrelevante Informationen für die strategische Planung wie auch für die Tagesdispositionen stehen in punkto Schnelligkeit, Umfang und qualitativem Aufbereitungsgrad den Entscheidungsträgern in einem Ausmaß zur Verfügung, das vor wenigen Jahren noch undenkbar erschien. Auswirkungen auf die Kostenstruktur wie auch auf den Personalbereich zeigen sich bereits heute. Während die Sachkosten (z.B. Investitionen in neue Mikroelektronik) überproportional ansteigen, entwickeln sich die Personalkosten – bei z.T. rückläufigen Mitarbeiterzahlen – deutlich unter dem Durchschnitt. Für die Angestellten selbst ist dieser Wandel mit einer weiteren Flexibilisierung von Arbeitszeiten und mit einem Trend zu mehr Heimarbeitsplätzen verbunden. Die Anforderungen an das Personal unterliegen dementsprechend einer starken Modifizierung: Einfache, manuelle Tätigkeiten und somit gering qualifizierte Arbeitskräfte werden zunehmend entbehrlich. Andererseits entstehen neue Aufgaben mit einem hohen Anforderungsprofil z.B. in der qualifizierten Privat- und Firmenkundenbetreuung.

Regulatorisches Umfeld

In den vergangenen Jahren erließ der Gesetzgeber eine Fülle von neuen, für Kreditinstitute relevanten Gesetzen. Diese auch noch weiter anhaltende Gesetzes- und Verordnungswelle rührt im wesentlichen von EU-Vorgaben her. Die Bewältigung dieser Neuregelungsflut bindet erhebliche Ressourcen und wird sich tendenziell – aufgrund des gestiegenen Komplexitätsgrades der Neuregelungen – langfristig kostensteigernd auswirken. Mit Blick auf die EWWU sind auch zukünftig weitere Neuregelungen zu erwarten, so daß der Umsetzungs- und damit einhergehende Kostendruck – im wesentlichen durch die intensive Beanspruchung der personellen Ressourcen – andauern wird.

2. Strategische Antworten und geschäftspolitische Maßnahmen

2.1 Optionen im Marktbereich

Produkte

Die Vielfalt der Veränderungen der im ersten Kapitel skizzierten Rahmen- und Umweltbedingungen determiniert den allumfassenden Umfang der notwendigen Reaktionen und Anpassungsmaßnahmen. Eine auch nur kurze Darstellung aller Optionen über alle Sparten hinweg würde den hier vorgegebenen Rahmen sprengen. So sollen im folgenden nur die zentralen Visionen kurz aufgezeigt werden, die aber zum Erkennen der wesentlichen Trends im Sparkassensektor ausreichen.

Grundlage einer kundengruppenadäquaten Produktentwicklung ist eine Segregation der einzelnen Zielgruppen (z.B. in Standard-, Privat- und Individualkunden). Der Übersicht halber ist dieser Abschnitt nur nach den Segmenten Firmen-, Privat- und Kommunalkunden aufgegliedert.

Firmenkunden: Während derivative Finanzprodukte bisher primär in Eigengeschäften oder in Geschäften mit größeren Firmenkunden eingesetzt werden, wird diesem Geschäftsfeld in Zukunft auch im Gewerbe- und mittelständischen Firmenkundenbereich eine stark ansteigende Bedeutung zukommen. Die Entwicklung neuer Software vereinfacht die Beratung in diesem erklärungsbedürftigen Segment, so daß auch die für die Sparkassen wichtigen mittelständischen Kunden in den Genuß der Vorteile des Einsatzes von Derivaten – z.B. eine verfeinerte individuelle Abstimmung der Finanzstruktur eines Unternehmens – gelangen.

Im Zusammenhang mit der Optimierung der Finanzstruktur der mittelständischen Sparkassenkunden ist auch die Stärkung der Eigenkapitalbasis dieser Unternehmen zu nennen. Hier gilt es, den Unternehmen bei ihren Bemühungen, die Eigenkapitalbasis zu verbreitern, beratend zur Seite zu stehen, alternative Wege – z.B. going public (neue Börsensegmente) oder Kapitalbeteiligungsgesellschaften – aufzuzeigen und die Umsetzung aktiv zu begleiten (Siegert 1993, S. 165). Diese Geschäftsintensivierung im Corporate Finance Bereich erfordert ein erhebliches Maß an Know-how und stellt dementsprechend hohe Anforderungen an die Firmenkundenbetreuer. Die Intensivierung der Verbundzusammenarbeit zur Nutzung von Spezialistenwissen wird für die Sparkassen immer wichtiger. Dies verdeutlicht sich am Beispiel der sich – infolge der Globalisierungstendenzen – verstärkenden Auslandsaktivitäten des Mittelstandes. Für diese Beratungsschwerpunkte stellen die Landesbanken zusammen mit dem DSGV, angefangen von umsetzungsreifen Konzepten (z.B. Marketing) bis hin zu konkreten Einzelberatungen, den Sparkassen eine Palette von Dienstleistungen zur Verfügung, so daß sich der Mittelstand – in gewohnter Weise – auch in diesen Bereichen auf eine kompetente Beratung durch die S-Finanzgruppe verlassen kann.

Privatkunden: Auch im Privatkundengeschäft werden Derivate zur Verbesserung der Anlagestruktur des Kundenportfolios (Optimierung der Rendite in Abhängigkeit vom individuell – vom Kunden bestimmten – Risiko) zur Anwendung gelangen. In diesem Kundensegment ist speziell der demographischen Entwicklung (s.o.) Rechnung zu tragen. D.h. die Sparkassen werden sich mit neuen Produkten verstärkt auf ältere Kunden und auf jüngere Erben einzustellen haben. Die stark ansteigende Bedeutung der Kundengruppe älterer Menschen rechtfertigt die Entwicklung eines speziell auf diese Zielgruppe abgestimmten Produkt- und Betreuungsprogramms: Neben einem speziellen Angebot an Finanzprodukten gewinnt auch die Beratung in Nachfolgefragen sowie Erbangelegenheiten (Ott/Sperrhacke 1995, S. 67-71) für die S-Finanzgruppe immer mehr an Bedeutung. Der Einzelhandel ist bei der Exploration dieser Kundengruppe z.T. schon erheblich weiter fortgeschritten als der Finanzsektor. Im Einzelhandel wurde die zunehmende Bedeutung dieser „Zielgruppe Nr. 1 von morgen“ schon frühzeitig erkannt, so daß man sich heute bereits in der Experimentierphase befindet. So werden z.B. gut erreichbare Regale oder besonders griffige Verpackungen getestet. Ebenfalls ist die Gruppe der Erben für die Sparkassen attraktiv. Diese weist als Merkmal – infolge der Erbschaft – einen gewissen Wohlstand bei gleichzeitiger Zeitknappheit, diesen zu verwalten, auf. Den Verwaltungsaufwand gilt es, den Kunden durch ein maßgeschneidertes, ganzheitliches Anlagekonzept abzunehmen. Hierzu wird die Verbundkompetenz – LBS, Sparkassenversicherung, Investmentgesellschaften – weiter ausgebaut werden.

Kommunalkunden: Wie eingangs geschildert, haben die Finanzierungsprobleme der deutschen Kommunen eine vollkommen neue Qualität erreicht. Entsprechend groß ist hier der Handlungsbedarf. Eine qualifizierte Beratung muß äquivalent zu den Problemen eine neue, deutlich höhere Qualität aufweisen und über die in der Vergangenheit übliche – konservative – Kommunalkreditfinanzierung hinausgehen. Den Kommunen müssen individuell zu differenzierende Finanzierungen angeboten werden. Der Beratungsbedarf reicht im Sinne ganzheitlicher Problemlösungen von der Finanzberatung über rechtsformbezogene Organisationsberatung bis hin zum Consulting, z.B. Optimierung von Verwaltungsstrukturen und -abläufen, den Aufbau eines Verwaltungscontrollings und Privatisierungsfragen (Lüthje 1995, S. 35). Allein die Palette von innovativen Finanzierungsalternativen ist dabei sehr umfassend. Beispielhaft seien hier die Stichworte Leasing, Factoring, Derivate, Investoren-, Betreiber- und Fondsmodelle sowie Beteiligungsfinanzierung (Kirchhoff/Müller-Godeffroy 1996, S. 9) genannt. Die im öffentlich-rechtlichen Status und dem regionalen Charakter der Sparkassen angelegte Interessenidentität zwischen Kommunen, Bürgern und Sparkassen ist ein entscheidender Vorteil für die Entwicklungsmöglichkeiten von Regionen. Die Sparkassen können sich als Bestandteil dieser „Interessengemeinschaft“ mit ihren intimen Kenntnissen der Region in Verbindung mit Finanz-Know-how auch in Fragen des Stadtmarketings, der Wirtschaftsförderung oder Standort- und Strukturanalyse verstärkt einbringen. Zudem verbinden sich in der Kommunalkundenberatung betriebswirtschaftliche Notwendigkeiten einer erfolgreichen Geschäftstätigkeit mit dem öffentlichen Auftrag der Sparkassen.

Vertriebswege

Im Sinne des ganzheitlichen Betreuungsansatzes muß die Entwicklung neuer Produkte Hand in Hand gehen mit einer Akzeleration des Ausbaus der Vertriebswege. Dabei ist zwischen den einzelnen Produkten, insbesondere zwischen Standard- und erklärungsbedürftigen Produkten zu unterscheiden. Im Retailsegment geht der Trend eindeutig in Richtung Automatisierung und Selbstbedienung. Darunter muß die Qualität nicht zwangsläufig leiden. Ganz im Gegenteil geht dieser Prozeß sogar oft mit einer Serviceverbesserung einher. Als Beispiel sei hier die schnellere und bequemere Abwicklung von Bankgeschäften infolge des Homebankings genannt. Informationen, seien es Kontostand, Wirtschaftsdaten oder Anlageempfehlungen, sind sozusagen vom „Fernsehsessel" aus in Sekundenschnelle abrufbar. Ohne mühselige Wege kann der Kunde auf Grundlage dieser Informationen sofort agieren, z.B. eine Überweisung tätigen oder Kauf- und Verkauforders für Wertpapiere erteilen. Sowohl für das Direct-Banking wie auch für jedes Selbstbedienungsterminal (z.B. Geldausgabeautomaten) muß, gerade vor dem Hintergrund der anhaltenden Diskussionen über Ladenöffnungs- und flexiblere Arbeitszeiten, ein weiterer zentraler Vorteil Erwähnung finden: die jederzeitige Verfügbarkeit. Die Sparkassen wollen bei dieser Entwicklung Marktführer bleiben und sie maßgebend mitbeeinflussen. Wenn die „kurzen Wege" zu den Zweigstellen – das dichte Zweigstellennetz der S-Organisation stellt einen erheblichen Wettbewerbsvorteil dar – durch Direct-, Telephone-, Homebanking und interaktives TV zukünftig weniger häufig benötigt werden, so wird sich dies auf das Zweigstellennetz auswirken. Wenn es zur Zeit auch noch zu früh ist –, viele, insbesondere ältere Kunden scheuen vor dem Kontakt mit moderner Technik noch zurück – wird die S-Finanzgruppe das Zweigstellennetz deutlich umgestalten. Die Optionen reichen hierbei von der Substitution ineffizienter Einmannzweigstellen durch SB-Geschäftsstellen über Umorganisationen im „Service- und Kassenbereich" größerer Filialen bis hin zu Kooperationen mit dem Einzelhandel. Äquivalent zur Post AG / Postbank AG ist es denkbar, über den Einzelhandel Standardprodukte anzubieten oder zumindest in dessen Verkaufsräumen oder Foyers Automaten aufzustellen.

2.2 Optionen im betriebsinternen Bereich

Banksteuerung

Die Bereiche Steuerung, Planung und Controlling sind z.Zt. primär auf die Datenaufbereitung (z.B. externe Wirtschafts- und Börsendaten sowie hausinterne Plan- und Ist-Zahlen) wie auch auf die „technische Pflege" und Weiterentwicklung der Planungs- und Prognosesysteme (z.B. zur Vorhersage von Zins- und Währungstrends) ausgerichtet. Hierzu werden auch, namentlich von Wirtschaftswissenschaftlern der Hochschulen, ständig neue, komplexere Modelle (neuronale Netze, Ökonometrie, Chaostheorie etc.) zur Abbildung und Prognose realer Trends entwickelt oder alte verifiziert und verbessert. Diese beständige Weiterentwicklung hochkomplexer Simulationen wurde erst durch einen äquivalenten Fortschritt in der EDV ermöglicht. Es steht zu erwarten, daß diese mathematischen Modelle zukünftig einen solchen Grad an Genauigkeit erreichen werden, daß – außer im Detail – mit „revolutionären" Weiterentwicklungen nicht mehr zu rechnen ist. Diese Modelle bzw. Simulationen werden in anwenderfreundlichen Softwarelösungen zur Verfügung stehen, die sozusagen „auf Knopfdruck" funktionieren, so daß dieser personalintensive Aufgabenbereich – da „vollautomatisiert" – reduziert werden kann. Auch die Datenerfassung wird durch automatische Einspeisung von Daten der „Frontbereiche" oder von Nachrichtendiensten/Datenbanken, z.B. Reuters oder Bloomberg, weitgehend entfallen. Die neue Aufgabe der strategischen Planung wird es zukünftig vielmehr sein, Visionen anstelle von Planzahlen zu formulieren (Priewasser 1994, S. 76). Der Übergang von aufwendiger Datenaufbereitung zur „Automatisierung" dieser Abläufe wird sich in gleicher Art und Weise auch auf Bereiche wie das Liquiditäts- und Risikomanagement auswirken. So werden die Verfahren zu Risikoerkennung z.B. bei der Darlehensvergabe zunehmend standardisiert und automatisiert. Die abschließende Entscheidung der Kreditvergabe bleibt, auch bei Vorliegen einer maschinell errechneten Ratingziffer, nach wie vor dem Menschen überlassen.

Daß sich, im Hinblick auf das bisher Gesagte, das sparkasseninterne Informationsmanagement rapide weiterentwickeln wird, erscheint offensichtlich. Das Papier als Informationsträger wird weitestgehend aus den Büros verdrängt und durch Netzwerke ersetzt werden. Durch gut strukturierte interne wie auch externe Datenbanken werden sich die für die Angestellten zur Verfügung stehenden Informationsressourcen exponentiell vermehren. Trotz dieser unübersehbaren Grundgesamtheit an Daten wird sich, infolge strukturierter automatischer Suchvorgänge, die Zeit der Informationsauswahl deutlich reduzieren, so daß qualitativ hochwertigere Informationen in kürzerer Zeit zur Verfügung stehen.

Betriebssteuerung

Personal: Wie es bereits schon verschiedentlich anklang: Der Sparkassenmitarbeiter von morgen wird in vielen Bereichen nicht mehr mit dem von heute vergleichbar sein. Dieser Wandel wird neben der Umstrukturierung der Vertriebswege im wesentlichen durch den technischen Fortschritt und die damit in Zusammenhang stehenden Veränderungen der Aufgabenstellungen determiniert. Pauschal geht der Trend von einer Reduzierung einfacher Tätigkeiten hin zu hochqualifizierten Aufgaben. Allerdings ist auch mit einer Veränderung innerhalb bereits bestehender komplexer Aufgabenbereiche – wie der beschriebene Veränderungsprozeß zeigt – zu rechnen. Dies stellt hohe Anforderungen an die Personalauswahl, -förderung und -weiterbildung. Heute ist das Personal für morgen auszuwählen. D. h. mit Blick auf die bisher dargestellten Sachverhalte, daß verstärkt hochqualifizierte Spezialisten für das Back-Office (Thiemann 1993, S. 102) und Generalisten für die Individual- und Firmenkundenbetreuung benötigt werden. Für die Abwicklung der übrigbleibenden einfachen Tätigkeiten, z.B. Telefondienste im Retailgeschäft, genügen angelernte Kräfte. Im Umkehrschluß folgt daraus, daß insbesondere mittlere Qualifikationen (z.B. Bankkaufleute ohne Weiterbildung) in Zukunft kaum noch gefragt sein werden. Eine Lösung für die Betroffenen erscheint durch Umschulungs- und Weiterbildungsmaßnahmen möglich. Die Mitarbeiter werden sich dieser Entwicklung nicht entziehen können. Für den Kundenberater von morgen werden zudem der Außendienst sowie flexible Arbeitszeiten – insbesondere Beratungstätigkeiten in den Abendstunden und/oder samstags – zur Normalität gehören. Im Back-Office-Bereich werden ganze Bürogebäude überflüssig werden. Der Heimarbeitsplatz, ausgestattet mit PC und vernetzt, wird zur Regel. Die Sparkasse als „Gebäude/Ort“ fungiert nur noch als Evidenzzentrale. Dort werden, soweit nicht elektronisch verfügbar, Informationsmaterialien vorgehalten, Aufgaben koordiniert und gelegentliche Informationstreffen (soweit nicht durch Videokonferenzen zu ersetzen) stattfinden.

Auch die Entlohnungssysteme werden einem Veränderungsprozeß unterliegen. Von Kreditinstituten mit privater Rechtsform werden bereits heute erfolgsorientierte Anreizsysteme implementiert, d.h. ein kleineres Fixgehalt in Verbindung mit einer Erfolgsprämie. Der BAT (Bundesangestelltentarif), dem die meisten Sparkassen unterliegen, läßt in dieser Hinsicht zur Zeit nur wenig Spielraum. Wenn die Sparkassen aber auch in Zukunft ein attraktiver Arbeitgeber für hochqualifizierte und -motivierte Stellensuchende bleiben wollen, so werden sie diesen Mitarbeitern eine stärke Gewichtung des Erfolgsanteils am Gesamtlohn bieten müssen. Ob dies durch eine generelle Lockerung des BAT oder durch eine Ausnahmeregelung für öffentlich-rechtliche Kreditinstitute umzusetzen ist, muß hier offen bleiben. Ein zweiter Anreiz zu mehr Motivation, der sog. „intrinsische Anreiz“, geht von der steigenden Attraktivität des Arbeitsplatzes „Sparkasse“ aus. Damit sei hier nicht der öffentlich-rechtliche Status, sondern vielmehr die in den oben beschriebenen Entwicklungstendenzen enthaltenen Verbesserungen des Arbeitsumfeldes gemeint. Dies sind primär die Heimarbeitsplätze, die freiere Zeiteinteilung, die interessanteren Aufgabenstellungen und in Verbindung damit die Verlagerung der Verantwortung von höheren Hierarchieebenen nach unten (Dreyer 1993, S. 67).

Organisation: Neben den personellen Sachverhalten ist hier auch knapp auf die Veränderungen im technisch-organisatorischen Bereich einzugehen. Zur Theorie der optimalen Betriebsgröße ist in der einschlägigen

Fachliteratur bereits alles Wesentliche gesagt worden. Auch die Sparkassen unterliegen diesen Aussagen. Unsere Prognose lautet, daß die Sparkassen und Landesbanken verstärkt die Möglichkeiten der economies of scale nutzen werden. Dementsprechend wird es auch in Zukunft zu weiteren Fusionen – insbesondere kleinerer Sparkassen – kommen. Neben diesem Konzentrationsprozeß werden Outsourcing-Möglichkeiten verstärkt Beachtung finden. Insbesondere werden davon Nicht-Bank-Tätigkeiten, wie z.B. Sicherheits-, Fahr- und Reinigungsdienste betroffen sein. Aber auch banktypische Aufgaben, u.a. Back-Office-Tätigkeiten, wie die Kreditnehmerbeurteilung/Rating, oder auch Front-Bereiche, wie das Consulting oder Immobilien, können ausgegliedert werden (z.B. Consultinggesellschaft, Wertpapierhandelshaus, Anlageberatungsgesellschaft).

2.3 Optionen im sparkassenpolitischen Bereich

Verbundpolitik

Die Sparkassen werden sich aufgrund ihrer intimen Kenntnisse der jeweiligen Region (Informations- und Transaktionskostenvorteile gegenüber Konkurrenten) in Kombination mit Finanz-Know-how verstärkt zu „Regionalexperten" entwickeln. Damit kommen die Sparkassen gleichzeitig ihrem öffentlichen Auftrag nach, was mit Blick auf die anhaltende Diskussion über die Notwendigkeit des öffentlich-rechtlichen Status besondere Beachtung finden muß. Vor dem Hintergrund der eingangs beschriebenen Wettbewerbsintensivierung und des daraus resultierenden Margendruckes wird der Kostendruck infolge verbundinterner Doppel-/Parallelentwicklungen von z.B. Produkten, Konzepten oder Software zunehmend deutlicher und inakzeptabler. Um sich auch weiterhin – insbesondere im europäischen Kontext – am Markt zu behaupten, erscheint eine Intensivierung der Zusammenarbeit auch zwischen den Landesbanken als unumgänglich. Der Rahmen der Handlungsmöglichkeiten ist dabei weit gesteckt: Am Markt der Meinungen werden Konzepte von einer nur punktuellen Zusammenarbeit, wie der Gründung gemeinsamer Wertpapierhandelshäuser, bis hin zu Fusionen, z.B. zu nur noch je einer nord-, mittel- und süddeutschen Landesbank, gehandelt.

Unternehmensphilosophie

Die Unternehmensphilosophie repräsentiert das Werte- und Bezugssystem jeder Sparkasse. Über den monetären Zweck der Gewinnmaximierung hinaus wird der Arbeit ein weitergehender Sinn verliehen. In Zusammenhang damit wird die Attraktivität und das Bild der Sparkassen bei Kunden, Mitarbeitern und der breiten Öffentlichkeit erhöht bzw. konturierter. Hierbei stehen das Regionalprinzip und der öffentliche Auftrag im Mittelpunkt. Das Subsidiaritätsprinzip wird auch in Zukunft seinen zentralen Stellenwert behaupten. Dies geht Hand in Hand mit

Konzepten wie „Sparkassen als Partner der Kommunen". In Zeiten knapper Kassen kommt den Sparkassen nicht nur die Aufgabe zu, Kommunen günstig zu finanzieren oder privatwirtschaftliche Finanzierungsalternativen anzubieten. Vielmehr übernehmen die Sparkassen, insbesondere in ländlichen Regionen, sozio-kulturelle Aufgaben, die ansonsten von der Kommune oder gar nicht wahrgenommen würden. Hier ist z.B. das Mäzenatentum für Veranstaltungen sportlicher oder kultureller Art zu nennen. Auch werden Vereinsleben oder soziale Einrichtungen über Spenden aktiv gefördert. Nicht zuletzt für die mittelständische regionale Wirtschaft sind die Sparkassen zentraler Ansprechpartner und Förderer. Zudem wird der öffentliche Auftrag eine Internationalisierung erfahren (Borscheid 1995, S. 83). An dieser Stelle sei nur kurz auf die zahlreichen EU-Initiativen der S-Finanzgruppe verwiesen. Zukünftig wird z.B. die Unterstützung von EU-Strukturförderprogrammen zum Ausgleich regionaler Ungleichgewichte verstärkt zu einem Aufgabenbereich für die Sparkassen werden. Das noch stärkere Betonen dieser im Zusammenhang mit dem öffentlichen Auftrag stehenden Aktivitäten (i. S. einer inneren Rechtfertigung) ist für das Weiterbestehen der Sparkassen in öffentlich-rechtlicher Form eine Notwendigkeit (Becker 1995, S. 103).

Unternehmenskultur

Die Unternehmenskultur hat im Einklang mit der Unternehmensphilosophie zu stehen. Sie ist Basis der nach außen und innen gerichteten Selbstdarstellung und des Selbstverständnisses der Sparkassen. Sie soll über ein akzentuiertes Profil Anziehungskraft und emotionale Übereinstimmung mit Kunden und Mitarbeitern erzeugen, um sich so auf einem Markt mit weitgehend homogenen Produkten (neben der Preispolitik) durchsetzen zu können (Priewasser 1994, S. 55). Für die Sparkassen gilt es hier, schon den Anschein einer öffentlich-rechtlichen Bürokratiementalität zu vermeiden. Vielmehr werden sich die Sparkassen auf ihre Rolle als „Partner" (des Mittelstandes, der Kommunen etc.) konzentrieren und dabei den Teamgeist, sowohl im Umgang der Mitarbeiter untereinander als auch im Außenverhältnis, in den Mittelpunkt stellen. Daß daneben auch Aspekte wie Kostenorientierung, Innovation oder Kompetenz beachtet werden müssen, ist selbstverständlich.

3. Ausblick

Die Sparkassenorganisation hat sich auch in Zukunft immer wieder auf veränderte Marktbedingungen einzustellen. Das Leistungsangebot muß dementsprechend beständig überprüft und den Kundenbedürfnissen angepaßt werden. Die S-Finanzgruppe ist dabei in zweifacher Hinsicht gefordert: Zum einen steht sie mit den Geschäftsbanken in einem intensiven Wettbewerb, zum anderen muß sie ihren öffentlichen Auftrag wahrnehmen. Für die nachhaltige Sicherung des Markterfolges ist es unumgänglich, interne Unternehmensstrukturen mit der externen Verbundstrategie abzustimmen. Wenn die S-Finanzgruppe ihre individuellen Stärken – regionales Know-how in Verbindung mit überregionaler Verbundkompetenz – weiter ausbaut, wird sie auch in Zukunft als verläßlicher und kompetenter Partner eine der tragenden Säulen des deutschen Kreditgewerbes sein.

Literatur

Balgheim, Th. u.a.: Banking 2000 – Organisatorische Tendenzen, in: *Lüthje, B.* (Hrsg.), Bankstrategie 2000, Berichte und Analysen, Band 15, Bonn 1993, S. 131-146

Becker, W.-D.: Öffentliche Banken in der sozialen Marktwirtschaft, in: *Lüthje, B.* (Hrsg.), Banken und öffentlicher Auftrag, Berichte und Analysen, Band 22, Bonn 1995, S. 89-106

Borscheid, P.: Geschichtliche Entwicklungslinien des öffentlichen Auftrages im Bankensektor, in: *Lüthje, B.* (Hrsg.), Banken und öffentlicher Auftrag, Berichte und Analysen, Band 22, Bonn 1995, S. 63-88

Deutscher Sparkassen- und Giroverband (Hrsg.): Jahresbericht 1995, Bonn 1996

Dreyer, K.-J.: Geschäftsstrategie der Hamburger Sparkasse für das Jahr 2000, in: *Lüthje, B.* (Hrsg.), Bankstrategie 2000, Berichte und Analysen, Band 15, Bonn 1993, S. 57-74

Faßbender, H.: Produktstrategien der Banken im Jahr 2000, in: *Lüthje, B.* (Hrsg.), Bankstrategie 2000, Berichte und Analysen, Band 15, Bonn 1993, S. 117-130

Gattermann, H.: Perspektiven der Bankenstruktur in Gesamt-Deutschland, in: *Lüthje, B.* (Hrsg.), Banken und öffentlicher Auftrag, Berichte und Analysen, Band 22, Bonn 1995, S. 43-62

Kahn, P.: Die Strategie einer Landesbank für das Jahr 2000, in: *Lüthje, B.* (Hrsg.), Bankstrategie 2000, Berichte und Analysen, Band 15, Bonn 1993, S. 75-92

Kirchhoff, U./Müller-Godeffroy, H.: Finanzierungsmodelle für kommunale Investitionen, 6. Aufl., Wissenschaft für die Praxis: Abteilung 3, Analysen, Band 1, Bonn 1996

Kolbeck, R. (Hrsg.): Die Finanzmärkte der neunziger Jahre – Perspektiven und Strategien, Frankfurt am Main 1990

Krafft, R.: Westdeutsche Kreditinstitute in den neuen Bundesländern – Strategische Optionen bei der Kundenakquisition, Aus der Forschung für die kreditwirtschaftliche Praxis, Band 2, Frankfurt am Main 1992

Lüthje, B. (Hrsg.): Bankstrategie 2000, Berichte und Analysen, Band 15, Bonn 1993

Lüthje, B. (Hrsg.): Banken und öffentlicher Auftrag, Berichte und Analysen, Band 22, Bonn 1995

Lüthje, B.: Das Private und das Öffentliche – der Gegensatz gehört im Bankwesen zusammen, in: *Lüthje, B.* (Hrsg.), Banken und öffentlicher Auftrag, Berichte und Analysen, Band 22, Bonn 1995, S. 9-42

Neuber, F.: Strategische Ausrichtung der Landesbanken – Herausforderung für die neunziger Jahre, in: *Kolbeck, R.* (Hrsg.), Die Finanzmärkte der neunziger Jahre – Perspektiven und Strategien, Frankfurt am Main 1990, S. 29-40

Neuber, F.: Die Europastrategie der Westdeutschen Landesbank, in: *Lüthje, B.* (Hrsg.), Bankstrategie 2000, Berichte und Analysen, Band 15, Bonn 1993, S. 31-42

Ott, G./Sperrhacke, V.: Betreuungsansätze im Seniorenmarkt, in: Sparkasse, Nr. 2/ 18995, 112. Jahrgang, S. 67-71

Priewasser, E.: Die Priewasser-Prognose, Bankstrategien und Bankmanagement 2009, Frankfurt am Main 1994

Schmidt, D.: Die Anstalt des öffentlichen Rechts als sozialstaatlich adäquate Unternehmensform für Sparkassen und öffentliche Banken, in: *Lüthje, B.* (Hrsg.), Banken und öffentlicher Auftrag, Berichte und Analysen, Band 22, Bonn 1995, S. 107-137

Schneider, G.: Auf Kurs: Von den Postbankdiensten zur Postbank, in: *Lüthje, B.* (Hrsg.), Bankstrategie 2000, Berichte und Analysen, Band 15, Bonn 1993, S. 43-56

Siegert, Th.: Anforderungen großer Unternehmen an die Bank des Jahres 2000, in: *Lüthje, B.* (Hrsg.), Bankstrategie 2000, Berichte und Analysen, Band 15, Bonn 1993, S. 147-176

Stammer, K.: Nichtbanken als Substitutionskonkurrenten auf dem Bankleistungsmarkt – Eine vergleichende Analyse für das deutsche und US-amerikanische Bankensystem, Wirtschaftswissenschaftliche Reihe, Band 35, Frankfurt am Main 1987

Thiemann, B.: Die Strategie der DG Bank für das Jahr 2000, in: *Lüthje, B.* (Hrsg.), Bankstrategie 2000, Berichte und Analysen, Band 15, Bonn 1993, S. 93-116

Der japanische Geist und die Bankenkrise

Prof. Dr. Hans-Peter Sonnenborn, Fachhochschule Hof

1. Einleitung

Der Kurseinbruch der japanischen Aktien an der Tokyo Stock Exchange zu Anfang des Jahres 1997 erinnerte die Wirtschafts- und Finanzwelt sowie die interessierte Öffentlichkeit wieder einmal daran, daß die Probleme der japanischen Banken und des Finanzsektors keineswegs überwunden sind. Im Gegenteil: Der japanische Finanzsektor steckt weiterhin tief in der Krisenbewältigung.

Tatsache ist: Die japanische Wirtschaft, die noch in den 80er Jahren eine durchschnittliche reale Wachstumsrate von 4,1 % aufwies, erreichte von 1991 bis 1995 nur noch eine durchschnittliche Zuwachsrate von 1,2 %. Für 1997 werden die Aussichten nicht besser beurteilt. Fallende Grundstücks- und Hauspreise würden die Ausgabenbereitschaft der Haushalte wesentlich beeinträchtigen[1]. Zwar berichten viele Unternehmen, daß sie nunmehr wieder in die Gewinnzone gelangt seien, doch die Börse scheint die Situation realistischer widerzuspiegeln. Die Krise des japanischen Bankensektors belastet unverändert die wirtschaftlichen Aussichten Japans, denn insbesondere die Börsenkurse der Bankwerte geraten immer wieder unter Druck. Bei dem neuerlichen Kursrutsch fielen die Bankwerte von Anfang November 1996 bis Januar 1997 zwischen 20 und 30 %. Das angesehene Wirtschaftsmagazin „Economist" sprach daher auch von einem vernichtenden Urteil der Börse über die japanischen Banken[2]. Der Grund hierfür ist allgemein bekannt: Japanische Banken haben in ihren Büchern eine hohe Anzahl „notleidender" Kredite[3], die auf das Geschäftsgebaren der 2. Hälfte der 80er Jahre zurückgehen und eigentlich wertberichtigt gehörten. Interessant ist in diesem Zusammenhang, daß eine verläßliche Zahl über die Höhe der Wertberichtigung nicht existiert. Das japanische Finanzministerium veröffentlicht nur Zahlen, die immer weit hinter den Schätzungen von Kennern der Szene liegen. So schwankt das Ausmaß der notleidenden Kredite zwischen rund 600 Mrd. DM (offizielle Angabe) und 1000 bis 2000 Mrd. DM nach Schätzungen von Beobachtern der japanischen Finanzwelt (Becker 1996; Reszat 1995, S. 297).

So ist in den 90er Jahren nichts mehr von der Siegesstimmung des Jahrzehnts zuvor zu spüren. Ende der 80er Jahre sprach man davon, daß die 90er Jahre ein Jahrzehnt der japanischen Erfolge auf breiter Ebene sein werden und der weitere Weg einer Dominanz der japanischen Wirtschaft im 21. Jahrhundert vorgezeichnet sei (Cutts 1990, S. 172).[4] Japan habe die Zeit der Politik des leichten Geldes für Zukunftsinvestitionen genutzt und sei auch für Durststrecken gerüstet. Der Chefökonom der Deutschen Bank in Tokyo schrieb: „Mit seinen strategisch orientierten Investitionen hat sich Japan das Wirtschaftswachstum in diesem Jahrzehnt sichern wollen. Das globale Gleichgewicht wirtschaftlicher Macht hat sich durch die strategische Neupositionierung der japanischen Wirtschaft verschoben."[5]

Interessant ist in diesem Zusammenhang, daß sich die wissenschaftliche Literatur lange Zeit nur am Rande mit diesem Thema beschäftigte. So blieb es populärwissenschaftlichen Autoren vorbehalten, ein je nach Interessenlage über- oder unterlegenes Bild der japanischen Wirtschaft zu zeichnen.[6] Diese Situation änderte sich, als durch die japanischen Erfolge im Wirtschafts- und Finanzsektor nach den Gründen geforscht wurde, und 1990 eine MIT-Studie eine dramatische Produktivitätslücke zwischen westlichen und japanischen Automobilfabriken konstatierte und dies auf ein überlegenes japanisches Management-System zurückführte (Womack/Jones/Roos 1990). Ein weiterer Faktor für die raschen Erfolge der japanischen Wirtschaft wurde in den einzigartigen Bedingungen der Steuerung der japanischen Wirtschaft und Gesellschaft gesehen, populärwissenschaftlich mit dem Begriff „Japan AG" umschrieben.

In diesem Beitrag soll der Frage nachgegangen werden, wie es dazu kommen konnte, daß sich die japanischen Banken sechs Jahre nach dem Kurswechsel der japanischen Geldpolitik und dem Ende der Spekulationsphase noch nicht erholt haben und die Wirtschaft insgesamt noch unter den Auswüchsen der späten 80er Jahre leidet. Wenn die Erfolge typisch japanische Gründe haben, dann liegt es nahe, beim Mißerfolg die gleichen Erklärungsfaktoren heranzuziehen. Anders gewendet: Inwieweit hat der japanische Geist, sprich die Werte, Einstellungen und Verhaltensweisen der Führungselite, zu den Erfolgen der japanischen Wirtschaft beigetragen, in welchem Ausmaß sind die Ursachen der Mißerfolge nunmehr darauf zurückzuführen und welche Konsequenzen ergeben sich daraus?

2. Der japanische Geist, der kulturelle Hintergrund und die Industrialisierung Japans

Die Niederlage Chinas im Opiumkrieg von 1840-1842 führte in Japan zur Erkenntnis, daß sich Japan entweder dem überlegenen Wissen des Westens öffnen oder dem Weg Chinas in die Kolonisierung und Unterjochung folgen müsse. Die Konsequenz war, daß sich die Elite Japans entschloß, die überragende Technik des Westens aufzunehmen und sie anschließend gegen den Westen selbst einzusetzen (Pauer 1987, S. 29 ff.).

Japanische Studenten, Ingenieure und Wirtschaftsfachleute traten in der Folgezeit im Westen als gelehrige Schüler auf. Das neu erworbene Wissen wurde zu Hause im Sinne einer „Versuch-Irrtum-Methode" umgesetzt und durch Verbesserungen im Detail weiterentwickelt. An dieser Grundhaltung hat sich über 150 Jahre nichts geändert. Nur im Westen kam von Zeit zu Zeit die Meinung auf, daß mit der Übernahme westlicher Erfindungen und Systeme auch eine Übernahme westlicher Werte verbunden sei. Die Aufnahme und Übertragung ausländischen Wissens sollte schon damals die eigene Tradition nicht ersetzen, sondern immer nur ergänzen. Im 19. Jahrhundert betonte Japan die Übernahme und Aufnahme westlicher Technik in Harmonie mit der traditionellen japanischen Kultur. Nicht Substitution einer Kulturtradition durch eine andere war die Devise, sondern Aufnahme von Teilen einer fremden Kultur und deren Assimilation in die eigene (Pauer 1987, S. 49).

Dies dürfte mit ein Grund dafür sein, daß es uns schwerfällt, Japan zu verstehen und der Tendenz zu erliegen, japanische Wirtschaftserfolge und -methoden eher zu mystifizieren als zu analysieren.[7] Japan hat in diesen 150 Jahren der Hinwendung zum Westen und der Übernahme westlicher Technologien ein typisches Entwicklungsmuster durchlaufen.[8] Der Faktor Arbeit besaß in Japan günstige, andauernde Voraussetzungen, sich schnell zu entwickeln. Ein qualitativ gutes Bildungssystem war vorhanden und hatte Tradition. Werte wie Lernen, Disziplin und Konzentration wurden über Jahrhunderte vom Konfuzianismus gepflegt.[9] Aus dem Bestreben, sich in der gruppenorientierten Gesellschaft durchzusetzen, ohne die Harmonie in der Gruppe zu verlieren, entstand eine besondere Form der Motivation, sich selbst zurückzunehmen und den Gruppenerfolg zu suchen.[10] Aus dieser Perspektive wird sichergestellt, daß die Leistungen nicht nur von der Gruppe getragen, sondern auch weiterentwickelt werden.

Da in Japan die Ausführung den gleichen Stellenwert besitzt wie die eigentliche Entscheidung, braucht das japanische Managementsystem viel Zeit, um einen Plan zu erstellen, aber die Konsequenz in der Umsetzung kompensiert diesen Zeitverlust mehrfach. Neben der Motivation, einen Gruppenbeitrag zu leisten und dadurch von der Gruppe anerkannt zu werden, wird die Leistungsbereitschaft noch durch den Umstand gefördert, daß das japanische Bildungssystem nach der Auflösung des Stände-Systems den Auf- und Abstieg in der Gesellschaft regelt.

In der konfuzianisch, hierarchisch geprägten Gesellschaft kommt es mehr darauf an, woher man kommt und welche Charakterzüge der einzelne mitbringt, als das, was man kann. So rekrutieren die japanischen Ministerien, Handelshäuser und Banken, die in der pyramidalen Gesellschaftsstruktur das höchste Ansehen genießen, nur Kandidaten von ehemaligen kaiserlichen Universitäten in Tokyo und Kyoto sowie den besten privaten Universitäten, wie Waseda und Keio. Sie wissen, daß diese Kandidaten im „richtigen" Geiste erzogen werden. Die notwendigen Fähigkeiten erlernen die Universitätsabgänger in einem intensiven „Training on the job" (Esser 1994; Alexander 1994).

Die japanischen Schulen haben sich zwangsläufig diesem System angepaßt. Da in Japan die Auslese unter den Schülern und Studenten durch die Eingangsprüfung erfolgt[11], spezialisierten sich die Schulen mit ihrem Lernangebot auf die zu erwartenden Anforderungen der Aufnahmeprüfung bestimmter weiterführender Institutionen. So kommt es, daß bereits in der Vorschulzeit die Grundlagen dafür gelegt werden, ob überhaupt die Chance besteht, an einer hochangesehenen Universität aufgenommen zu werden.

Die Tatsache, daß nur ganz bestimmte Bildungsinstitutionen den gesellschaftlichen Aufstieg ermöglichen, hat zur Folge, daß an den Schulen das Konkurrenzdenken und gleichzeitig der Konformitätsdruck sehr ausgeprägt ist. Eine gute Leistung zählt in Japan nur dann, wenn sie von einem anerkannten Lehrmeister stammt. Von daher wird nicht der eigene Kreativitätsspielraum gefördert, sondern die Annahme und Adaption des Wissens vom Lehrmeister. Vom Meister zu lernen, ist also eine hohe Tugend. Auf diese Weise wird das Gelernte weitergegeben und sichergestellt, daß die gedankliche Ausrichtung stimmig ist.

Da im japanischen Management-System der Vorgesetzte neben seiner persönlichen Qualifikation[12] in erster Linie durch das Senioritätsprinzip bestimmt wird, entfallen in Japan die aus westlichen Unternehmen bekannten Praktiken, daß sich der Vorgesetzte ständig gegen seine Mitarbeiter behaupten und durchsetzen muß. Ein probates Mittel zur Positionssicherung ist die selektive Weitergabe von Informationen sowie die Beurteilung nach Wohlgefallen.[13] Der „Chef" braucht in Japan nicht zu zeigen, daß er der Chef ist. Jeder weiß es und respektiert es. Entsprechend hoch ist das Interesse des Vorgesetzten, daß seine Mitarbeiter wohlinformiert sind und sich im Sinne der Gruppe einsetzen. Dies fördert sein Ansehen und sein Weiterkommen, führt aber auch dazu, daß die Gruppenwettkämpfe im japanischen Management sprichwörtlich sind. Die im westlichen Management praktizierten persönlichen Abschottungsstrategien finden in Japan zwischen den Gruppen statt.

Das Gruppenbewußtsein hat in Japan eine lange Tradition. So ordneten die Regierungen in der Tokugawa-Zeit an, daß aus fünf benachbarten Häusern eine Gruppe zu bilden sei. Diese Fünfer-Gruppe wurde als Einheit betrachtet. Jeder handelte für sich und für die Gruppe gleichermaßen und war gleichzeitig für sich und für die Gruppe verantwortlich. Entsprechend hoch war die soziale Kontrolle innerhalb der Gruppe.

Die vielgepriesene Arbeitsethik in Japan hat hier sicherlich ihre Ursachen. Japanische Unternehmen sind nach diesem Prinzip der Gruppenverantwortung organisiert. Fehlt ein Mitglied der Gruppe durch Krankheit, so werden die anderen Gruppenmitglieder dennoch das Gesamtergebnis erbringen müssen. Dies ist der entscheidende Grund dafür, daß japanische Mitarbeiter zögern, individuellen Urlaub in Anspruch zu nehmen. Das ständige Bemühen, mit der Gruppe in Harmonie zu sein, bildet den entscheidenden Antrieb für den hohen Arbeitseinsatz der japanischen Beschäftigten. Eher falsch als richtig ist die aus westlichem Denken und westlichen Werten entwickelte These, daß das lebenslange Beschäftigungsverhältnis für diese hohe Arbeitsmotivation verantwortlich zeichne.

In japanischen Organisationen stehen die einzelnen Gruppen in einem ständigen Wettstreit um den höchsten Beitrag zum Wohl des Ganzen.[14] Denn der Wert des einzelnen mißt sich am Wert der Gruppe und seiner Stellung innerhalb der Gruppe. Je nach Betrachtungsweise weitet sich das Gruppenverständnis aus: Es kann die Einheit sein, mit der man unmittelbar zusammenarbeitet, es kann das Unternehmen als „Familie" gemeint sein, der Keiretsu-Verband oder Japan als Ganzes. Praktiken, die innerhalb des Gruppen-Verbandes aufgrund der gegenseitigen Verpflichtungen an Grenzen stoßen, werden außerhalb Japans durchaus angewandt und dies ohne irgendwelche Schranken. So kommt es, daß innerhalb Japans eher ein Leistungswettbewerb herrscht, jedoch außerhalb von Japan die japanischen Unternehmen den Wettbewerb als Auslesemechanismus zu ihrem Vorteil begreifen (Albach 1990, S. 372 ff.).

Im japanischen Selbstverständnis kommt dabei die Tugend des Siegers zum Tragen. Nur wer tugendhaft ist, kann gewinnen. Erfolge dokumentieren daher auch eine moralische Überlegenheit. Der Verlierer war einfach nicht nur schwächer, es ist ihm vielmehr nicht gelungen, ein „wa" (Harmonie) herbeizuführen. Der Sieg legitimiert und schafft die moralische Rechtfertigung. Dies ist die Grundlage für das japanische „Ichiban-Prinzip", d. h. das Streben nach Größe, nach Dominanz, der Erste sein zu wollen.

Der wirtschaftliche Aufholprozeß Japans wurde von dieser geistigen Grundeinstellung geprägt. Die westlichen Hersteller von Motorrädern, Kameras, Bürokommunikation etc. haben dies leidvoll erfahren müssen. Das westliche Überlegenheitsgefühl erleichterte der japanischen Konkurrenz, an den Positionen anzugreifen, in denen die westliche Konkurrenz Schwächen zeigte: Statt teurer, hochkomplizierter Produkte bot man diese einfach, preiswert und mit hoher Qualität an.[15]

In den 80er Jahren erreichte Japan das Pro-Kopf-Einkommen der führenden westlichen Staaten wie der USA, Schweiz, Deutschland, Frankreich etc. Man hatte also aufgeschlossen und besitzt seitdem

- eine anspruchsvolle Verbrauchernachfrage,
- anspruchsvollste Industriekunden,

- eigene Technologien,
- japan-typische Management-Fähigkeiten,
- Fähigkeiten, Faktornachteile in Vorteile zu verwandeln,
- Unternehmen, die international tätig sind und Globalstrategien umsetzen können sowie
- eine ganze Reihe von Auslandsproduktionen in Schlüsselmärkten und bei Schlüsselprodukten.

3. Der japanische Geist und die Führungselite des Landes

Ende der 80er Jahre schien es eindeutig zu sein, daß die japanische Wirtschaft die bislang führende Wirtschaftsnation USA überholen würde. Nach japanischer Auffassung sollte das in den 90er Jahren der Fall sein, so daß das neue Jahrtausend ganz im Zeichen der japanischen Wirtschaft stehen würde.[16] Bedeutende japanische Wirtschaftsführer führten den vermeintlichen Vorsprung auf die spezifische japanische Konsensbildung und das darauf aufbauende japanische Management-System zurück. Nunmehr sollte der Westen von Japan lernen. Japan hatte ein neues Export-Produkt, insbesondere für die sich entwickelnden Länder: Das japanische Management Know-how.[17]

Die Elite des Landes konnte zufrieden sein. Ihr gruppenkonformes Vorgehen, als „Japan AG“ vom Westen bezeichnet, hatte sich anscheinend dem westlichen Konfliktmodell als überlegen erwiesen.

Zum besseren Verstehen, woher diese Elite kommt und durch welche Denkschule sie gegangen ist, ein Blick in die Vergangenheit.

Nach der Öffnung Japans im Jahre 1868 und der nachfolgenden Meiji-Restauration wurden nur 10 Prozent der Beamten aus dem Samuraistand in die moderne Verwaltung übernommen. Alle anderen mußten sich eine Karriere außerhalb des Staates in Wissenschaft, Technik und Wirtschaft suchen. Dabei hielten sie ihren Ehrenkodex bei, d.h:

- sich für die öffentliche Moral einzusetzen,
- nützliche Fähigkeiten zu erwerben,
- das Wissen zu erweitern und eine gute Regierung zu stützen.

Die Elite des Landes stellte also ihre persönlichen Ziele im Sinne der Samurai-Tradition in den Dienst des Landes, und über die gleiche schulische und universitäre Ausbildung ergab sich eine hohe Kongenialität innerhalb dieser Führungsgruppe. „Das erleichterte die Identifikation mit dem Ziel der ebenfalls von ehemaligen Samurais getragenen Regierung, wie überhaupt die Gemeinsamkeit der Herkunft und des sozialen Hintergrundes die Techniker und Ingenieure als Teil der relativ homogenen Führungselite der Meiji-Zeit erscheinen läßt“ (Pauer 1987, S. 463).

Vor diesem Hintergrund wird nachvollziehbar, daß sich typische japanische Steuerungselemente für die Wirtschaft herausgebildet haben, die sich von den westlichen Ordnungselementen fundamental unterscheiden. Es zeigt sich damit auch, daß Management kulturgebunden ist und sich spezifische Verfahren und Stile des Managements je nach kulturellem Hintergrund ergeben.[18]

In Japan wird nicht über formale Gesetze, Verordnungen bzw. Verwaltungsvorschriften geführt, sondern über ein Netzwerk von informellen Beziehungen, so daß es für den Außenstehenden fast unmöglich ist, zu erkennen, wer die eigentlichen Machthaber sind und welche Absichten gerade verfolgt werden.[19] Die Führungselite bleibt unter sich und regelt die Dinge miteinander. Nach rechtsstaatlichen Grundsätzen wird dabei nicht unbedingt gehandelt, doch unbestritten ist, daß die wirtschaftliche Entwicklung Japans durch diese konsensorientierte Gruppenführung außerordentlich erfolgreich war. Der ständige Personalwechsel von Ministerien zu Banken und Unternehmen – als amakudari (vom Himmel herabsteigend) bekannt – förderte den Zusammenhalt der Führungselite und bildete die Grundlage für den Gleichklang von Wirtschaft und Staat.[20]

Im Gegensatz zu unserem marktwirtschaftlichen Verständnis, in dem der Konsument der Souverän ist, wurden die Rahmenbedingungen der Wirtschaftsverfassung in Japan von vornherein zum Vorteil des Unternehmens- und Finanzsektors angelegt. Der Verbraucher ist in diesem Zusammenhang eine unterprivilegierte Größe. Im japanischen Ordnungsverständnis besitzt der Markt zwar eine ordnende Funktion; es wird ihm jedoch nicht gestattet, den Ablauf ökonomischer Prozesse zu bestimmen. Unsere vom Liberalismus geprägte Vorstellung der unsichtbaren Hand des Wettbewerbs, die bei gleichstarken Partnern das Gemeinwohl von selbst bewirkt, mutierte in Japan zu einer unsichtbaren Hand der gezielten Lenkung. Der Markt ist ein Instrument einer übergeordneten Zielsetzung: die Wohlfahrt, d.h. die Wettbewerbsstärke des Landes, zu steigern. Folglich ist die Marktwirtschaft japanischer Prägung eine produzentenorientierte Wirtschaftsform, und somit erfreuen sich japanische Unternehmen folgender günstiger Ausgangsbedingungen (nach unserem Verständnis):

- eines abgeschotteten Heimatmarktes, der aufgrund mangelnden Preiswettbewerbs hohe bis höchste Gewinne gewährleistet;
- durch die Solidarhaftung einer geringeren Risikoprämie;
- Aktionären, die vornehmlich an Kurssteigerungen als an Dividenden interessiert sind;
- Gewerkschaften und Betriebsräten, die sich dem Gruppenziel unterordnen;
- einer Solidargemeinschaft der Führungselite in Regierung, Administration, Banken, Handelshäusern und befreundeten Unternehmen;
- einer öffentlichen Meinung, die die Erfolge der Unternehmen mit einem kollektiven Stolz begleitet und kritische Berichterstattung unterläßt.

Die japanischen Unternehmen konnten sich daher auf ein Ziel konzentrieren: Expansion auf den Weltmärkten (Sonnenborn 1993).

4. Aufgaben und Stellung der Banken im japanischen Wirtschaftssystem

Innerhalb der Wirtschaft entstanden aus der gleichen geistigen Grundhaltung große Unternehmenskonglomerate. Unter Führung von industriellen Großunternehmen, Banken und Universalhandelshäusern sind nach dem II. Weltkrieg riesige Unternehmensgruppen entstanden, die nahezu alle Wirtschaftsvorgänge in Japan beherrschen. Rund 70 % der in Japan emittierten Aktien befinden sich in der Hand der Mitglieder einer Gruppe. Den Banken kommt dabei die Aufgabe zu, die Konglomerate zusammenzuhalten. Sie üben daher einen entscheidenden Einfluß aus. (Eli 1995, S. 265)

Hausbank und Handelshaus ergänzen sich bei der Verfolgung der Unternehmenspolitik der Gruppenmitglieder in der Weise: Die Banken finanzieren die Warenströme, die Handelshäuser befinden über Importe, Exporte, Produktausrichtung, Produktionskapazität und Investitionsvorhaben. Die überkommene und auch heute noch weitgehend gültige Hauptfunktion der Banken im japanischen Wirtschaftssystem ist einfach zu definieren: Innerhalb der arbeitsteiligen Volkswirtschaft fällt ihnen die Aufgabe einer reibungslosen, d. h. stets ausreichenden und billigen Versorgung der Hauptleistungsträger des Wirtschaftswachstums, nämlich der japanischen Unternehmen, mit Finanzierungsmitteln zu. Das Privatkundengeschäft dagegen wurde und wird immer noch diesem vorrangigen Ziel untergeordnet und konzentriert sich auf die Beschaffung von Einlagen zur Refinanzierung der Kreditausreichungen. Erst allmählich wird der Privatkunde auch von den Banken als geschäftlich interessanter Kreditkunde entdeckt (Baron 1995, S. 1051).

Banken und Universalhandelshäuser sind meist über eine maximale Beteiligung von 5% miteinander verbunden. Doch dies sagt nach japanischem Verständnis wenig über die wahren Machtverhältnisse. Nicht nur die gegenseitigen Kapitalbeteiligungen mit Banken, auch die multiplen Überkreuzverflechtungen der Mitglieder untereinander sowie die zwischen ihnen bestehenden langfristigen Liefer- und Abnehmerbeziehungen halten die Verbundgruppen zusammen. Aus Sicht des einzelnen Gruppenmitglieds kommt der Hausbank in der Rolle als Kreditgeber, Finanzier der Import- und Exportgeschäfte sowie Risikoträger durch Bürgschaftsübernahmen eine herausragende Bedeutung zu. Die Wahrnehmung der Risikoträger-Funktion spielt auch im internationalen Geschehen eine Rolle, etwa im Bemühen japanischer Großunternehmungen, am Eurokapitalmarkt finanzielle Mittel zu beschaffen. Ohne die Bankgarantie der Hausbank könnten keine Anleihen der Mitgliedsunternehmungen untergebracht werden (Eli 1995, S. 271 ff.).

Die starke Stellung der japanischen Banken in dieser Solidargemeinschaft findet ihre Ursache in der Tatsache, daß das japanische Finanzministerium die Banken unter seinen Schutz stellt, und die internationalen Kapitalmärkte dies so akzeptieren. Das Zusammenspiel der Führungselite untereinander führt zu einer gegenseitigen Stärkung der Position von Unternehmen und Banken im internationalen Wettbewerb. Die Banken zahlen dafür den Preis geringerer Margen, weil zum einen durch die Beziehungspflege im Kunden-Management die Betriebskosten höher sind und zum anderen von den „befreundeten" Kreditnehmern günstige Konditionen erwartet werden. Dazu steht das Finanzministerium Finanzinnovationen zurückhaltend gegenüber (Heffernan 1996, S. 347) und an dieser skeptischen Grundeinstellung hat sich bis zum heutigen Tage nicht viel geändert.[21]

Wenn also die Homogenität der Führungselite als ein Erfolgsfaktor im wirtschaftlichen Aufholprozeß Japans angesehen wird, dann muß mit der gleichen Konsequenz im umgekehrten Falle nach dem Verhalten dieser Gruppe gefragt werden, wenn es zu nachhaltigen Verwerfungen in der japanischen Wirtschaft kommt.

5. Die Politik der Banken und der Mechanismus der Bodenpreisinflation und Börsenspekulation

Gemessen an den Vermögenswerten führten (und führen) japanische Banken die internationale Statistik an: Die sieben größten Institute kamen 1989 aus Japan, 14 der 20 größten Institute waren japanisch. Nach dem Export- und High-Tech-Champion war Japan auf dem besten Weg, eine Finanzsupermacht zu werden.

In einer beispiellosen Expansion haben japanische Finanzinstitute ihre Präsenz in den 80er Jahren ausgebaut. So konnte man im BIZ-Bericht nachlesen, daß japanische Banken ihre internationalen Ausleihungen von 1985-1990 mit einer jährlichen Zuwachsrate von über 30 Prozent von 450 auf 1800 Mrd. Dollar ausgeweitet haben.

Die Parallele zur gleichzeitigen Expansion der japanischen Industrie liegt auf der Hand. Nach der Eroberung wichtiger zukunftsbezogener Gütermärkte strebte die Japan AG nunmehr die Dominanz auf den Weltfinanzmärkten an. Nahezu alle großen Projektfinanzierungen (z. B. Kanaltunnelbau, Aircraft-Leasing) waren nur noch mit japanischer Beteiligung machbar. Und es wurde sogleich eine Abhängigkeit der Weltwirtschaft von der japanischen Finanzindustrie befürchtet (Cutts 1990, S. 164 ff.). Daß diese Befürchtung nicht ganz grundlos war, zeigte sich in der japanischen Wortschöpfung für diese Finanz-Expansion: Zaitech – „Zai" für Finanzen und Kapital, „tech" in Anlehnung an High-Tech. Im japanischen Selbstverständnis stand „Zaitech" für modernes Finanzmanagement, das auch die Überlegenheit der japanischen Kreditinstitute gegenüber dem Rest der Welt dokumentieren sollte.[22]

Diese beispiellose Expansion japanischer Bankinstitute kann nur zu einem Teil mit ihrer Keiretsu-Funktion als Kreditgeber begründet werden. In dieser Funktion haben sie ersten Zugriff auf alle Finanzgeschäfte des Konglomerats. Im Zuge der Internationalisierung der japanischen Industrie bekamen die Bankinstitute eine Plattform, wie sie westliche Institute nie erreichen können. Ein weiterer wesentlicher Wettbewerbsvorteil liegt in der „flexiblen" und zugleich pragmatischen Handhabung von Finanzierungsgrundsätzen. Wenn nötig, kann z. B. das Niederstwertprinzip aufgehoben werden. Zur Stützung der u.a. auch für die Kapitalerhöhung notwendigen steigenden Börsenkurse ist die Hinterlegung der Effekten bei Lombardkrediten sukzessive auf 50% zurückgeführt worden.

Wie schon ausgeführt, konnte anders als bei den Wirtschaftsunternehmen der Bankensektor den Heimatmarkt nicht als eine Gewinnquelle nutzen. Da der Marktanteil ausländischer Kreditinstitute unter einem Prozent liegt, spielt die „Importkonkurrenz" so gut wie keine Rolle. Doch durch die Freigabe der Habenzinsen entstand ein zusätzlicher Druck auf die ohnehin schmalen Margen, so daß das operative Geschäft der Banken kaum auskömmliche Erträge bot und schon gar nicht ausreichte, eine Expansionsstrategie zu verfolgen.

Trotzdem gingen die japanischen Banken im Ausland aggressiv vor. Ihre nicht fristen- und zinskongruente Finanzierung bot zunehmend Anlaß zur Kritik (Reszat 1995, S. 308). Aufgrund der Kongenialität der Führungselite Japans kann es nicht verwundern, daß die Vorgehensweise japanischer Banken im Auslandsgeschäft der der Industrie ähnelt.

Das oberste Ziel japanischer Unternehmen ist die Marktführerschaft, d. h. ein möglichst großer relativer Marktanteil. Nicht das Profitstreben, was den westlichen Unternehmen als Kurzfristorientierung von der japanischen Seite angekreidet wird, sondern das Streben nach Größe, nach Macht steht im Vordergrund. Dieses Motiv bestimmt das Wettbewerbsverhalten.[23] Da im Inland durch die Netzwerk-Struktur immer gewisse Grenzen und Verpflichtungen einzuhalten sind, gelten diese Beschränkungen im Auslandsgeschäft nicht. Förderlich war dabei sicherlich, daß die einzelnen Gruppen der japanischen Wirtschaft – Banken, Versicherungen, Industrie, Handel – ihrerseits einen Wettstreit darüber austrugen, wer auf den Weltmärkten erfolgreicher agierte und damit mehr zum Wohl des Landes beitrug.

Wie konnte sichergestellt werden, daß das Expansionstempo durchgehalten werden konnte, obwohl die Erträge aus dem operativen Geschäft schmal bis negativ waren? Nunmehr entdeckte die Führungselite die Segnungen einer Politik des leichten und billigen Geldes, das in der Folge – mit Unterstützung – zu exorbitanten Preissteigerungen der Grundstückswerte und der Kurse an der Tokyo Stock Exchange führte.

Die Knappheit nutzbaren Bodens mit hoher Bevölkerungsdichte bei gleichzeitig hohem Tempo der Verstädterung läßt Ballungsräume wie den Großraum Tokyo, in dem in einem Umkreis von 50 km 30 Millionen Menschen leben, entstehen, die dem Faktor Boden zu einer Renaissance in seiner Bedeutung für den wirtschaftlichen und gesellschaftlichen Aufstieg verhelfen. Prohibitive Kapitalgewinnsteuern, moderate Grundsteuern sowie eine das Grundeigentum bevorzugende Erbschaftsteuer führen zu einer zusätzlichen Angebotsverknappung.

Die Rahmenbedingungen für steigende Grundstückspreise waren also gegeben, doch nur aufgrund besonderer Faktoren, die durchaus bewußt gesetzt wurden, setzte eine „Super-Spekulation" ein. Wie immer vermengen sich in solchen Situationen strukturelle Bedingungen mit gesamtwirtschaftlichen Erfordernissen und spezifischen Interessen.

Der handelspolitische Druck der USA auf Japan, der sich zu Beginn der 80er Jahre immer stärker aufbaute, da die Handelsbilanzüberschüsse Japans statt zu sinken weiter stiegen, obwohl in vielfachen bilateralen Handels- und Finanzgesprächen die japanische Regierung eine gegenteilige Entwicklung einzuleiten versprochen hatte, gipfelte auf der Plaza-Konferenz[24] in dem Bemühen, neben der Handelspolitik die Devisen- bzw. die Finanzmärkte einzusetzen, um diese Ziele zu erreichen. Die Folge war, daß sich der Yen zum Dollar von 1985 bis 1987 um 50 % verteuerte.[25]

Das amerikanische Kalkül fußte auf der althergebrachten Überlegung, daß ein festerer Devisenkurs die Exporte verteuern und die japanische Exportfähigkeit zwangsläufig vermindern müsse, gleichzeitig die Importe bessere Chancen haben müßten. Die Folge war, daß weite Teile der japanischen Industrie in die Verlustzone gerieten, das gesamtwirtschaftliche Wachstum auf 2,4 % in 1987 sank, aber das Exportwachstum nicht zum Stillstand kam, sondern auf einen neuen Rekordhandelsüberschuß mit den USA zusteuerte.[26] Daraufhin wurde die japanische Regierung aufgefordert, die Binnennachfrage anzukurbeln, um einen Importsog auszulösen. Die japanische Regierung reagierte darauf mit einer Politik des billigen Geldes und des Liquiditätsangebots – der Diskontsatz sank im Februar 1987 auf 2,5 % – und einer Konjunkturankurbelungspolitik in Form von staatlichen Konjunkturprogrammen in Höhe von 2 % des Bruttosozialprodukts sowie einer Deregulierung und Privatisierung öffentlicher Unternehmen.

Gleichzeitig gab das Finanzministerium den großen Unternehmen die Empfehlung, sich stärker bei ihren Hausbanken zu verschulden, um ihre einzigartige Stellung als Steuerungsinstanz zu bewahren, denn die großen japanischen Unternehmen waren längst nicht mehr auf den heimischen Kapitalmarkt angewiesen. So „schwamm" die Wirtschaft in Geld und suchte rentable Anlagen. Da traf es sich gut, daß durch die Privatisierung der ersten Tranche der NTT eine Börsenhausse in Gang gesetzt wurde. Der Korrespondent der Börsenzeitung schreibt dazu: „Die Börseneinführung von NTT symbolisierte mehr als nur das für Nippons Kommandowirtschaft überraschende Credo der Privatinitiative und der Sanierung der hochverschuldeten Staatsfinanzen. Vielmehr hatte damit zugleich der Trend zur Securisation in der japanischen Privatwirtschaft gleichsam ein amtliches Gütesiegel erhalten. Die Aktienbörse und vor allem die Aktienhausse war damit sozusagen in staatliche Obhut genommen worden. Daß die Industrie im Frühjahr 1987 ein Tal der Tränen durchschritt, eine Pleitewelle die Fundamente der Japan AG zu unterspülen drohte und das Gespenst der Massenarbeitslosigkeit umging, hinderte deshalb die Spekulation der Börse nicht, fast tagein-tagaus neue Indexrekorde zu feiern." (Becker 1991 b).

Unterstützt wurde die Kursentwicklung von Wertpapierhäusern, die die Industrie zu Lasten von Privatanlegern favorisierten und Kursgarantien gaben (Becker 1991 a). Ein weiterer Treibsatz, der, wie alles in Japan, nicht zufällig zustande kam, war eine Auswirkung der Steuerreform. Im April 1988 wurde die Steuerbefreiung von Kleinsparkonten bis 3 Mio. Yen aufgehoben und durch eine Quellenbesteuerung von 20 % ersetzt. Die Reform erfaßte ein Sparvermögen von fast 3.650 Mrd. DM bzw. rund die Häfte des privaten Kapitalvermögens Japans. Die Erwartungen, die der Fiskus mit diesem Abschnitt der großen Steuerreform verband, waren offensichtlich: Ein Teil der Mittel sollte die Binnenkonjunktur verstärken, der andere Teil sollte zum Aktienmarkt wandern und die Börsenhausse unterstützen.

Vereinfacht ausgedrückt, setzte folgender Mechanismus die Spirale der Bodenpreis- und Kurssteigerungen in Bewegung. Da sich die Bodenpreise innerhalb eines Jahres verdoppelten[27], ging die Kreditwirtschaft dazu über, Bankkredite mit über 120 % abzusichern. Dieses Geld wurde an der Börse wieder angelegt und nährte dort die Hausse.[28] Bei diesem Prozeß überlagerten sich die gegenseitig verstärkenden Prozesse. „In Japan, this self-fulfilling confidence became linked to other virtuous circles, which returns to the theme of hidden assets. Imagine that a company owns land in central Tokyo that is undervalued on its balance sheet. Every rise in the property market adds to the value of those assets, so the firm's stock rises accordingly. Furthermore, there is another sort of hidden asset, namely, corporate shareholdings valued at original purchase cost in the company's accounts. Every increase in the stock market inflates the market value of those hidden assets. So in turn the company's own shares ought to be worth more." (Emmott 1990, S. 121).

Das Spekulationsfieber ergriff die gesamte Wirtschaft: Mittel und Klein-Unternehmer konnten auf diese Weise zu einem Vermögen – zumindest auf dem Papier – kommen. Die Banken spielten dabei einen aktiven Part, indem sie die Ausleihungen immer weiter liberalisierten und aktiv auf potentielle Anleger zugingen. So stiegen die Börsenkurse von einem Jahresmittelkurs 1985 von 12.556 auf 38.130 im Dezember 1989. Die durchschnittlichen Dividendenrenditen lagen Ende 1989 bei 0,4 %. Die Anleger schauten nicht auf das Kurs/Gewinn-Verhältnis, sondern auf Kapitalgewinne.

Auf dem Immobilienmarkt sanken die Mietrenditen auf 0,5 % Brutto, gerechnet von den offiziellen Einheitswerten als Spitzenrendite. Für ein Einfamilienhaus, das eineinhalb Fahrstunden von der Innenstadt Tokyos entfernt lag, zahlte der Arbeitnehmer das 15fache seines durchschnittlichen Jahreseinkommens. Selbst für eine 68 m^2 große Wohnung mußte noch das 10fache des Jahreseinkommens aufgebracht werden. Hypotheken mit einer Laufzeit bis 100 Jahre wurden vergeben (Cutts 1990, S. 169 f.).

Angesichts dieses Datenkranzes muß die Frage gestellt werden, wie eine solche Entwicklung eintreten konnte, wer ein Interesse und damit einen Vorteil an dieser Entwicklung hatte und warum die westlichen Industrieländer anscheinend tatenlos zusahen?

Zum letzteren Punkt gibt es eine einfache Erklärung: Über Japans Erfolge hatten sich derartige Mythen gebildet, daß alles, was auf dieser Insel nicht „normal" zu erklären war, als eine japanische Besonderheit herausgestellt wurde, wobei die westlichen Beobachter anmerkten, daß das im Westen erprobte Analyse-Instrumentarium in Japan nicht greife. In der Folge bemühte man sich nachzuweisen, daß nach Abrechnung aller japanischen Sonderfaktoren eine ganz „normale" Entwicklung, z. B. bei der Börsenhausse vorliege (Hilgert 1990).

Vordergründig lag das Interesse der Regierung und Administration darin, dem amerikanischen Druck nach einer Ankurbelung der Binnenkonjunktur nachzugeben. Gleichzeitig konnte in Fortsetzung der traditionellen Denkweise, der eigenen Wirtschaft bessere Chancen im internationalen Wettbewerb zu verschaffen, durch das Sinken der Eigen-Kapitalkosten auf unter 1 % ein Ausgleich für den gestiegenen Yen gefunden werden. Aus dieser Sicht gab es keinen Anlaß, diese Spirale rechtzeitig zu stoppen. Ein gesamtwirtschaftliches oder sogar weltwirtschaftliches Verantwortungsgefühl konnte sich im kulturellen Kontext von Japan nicht entwickeln. Nationale Egoismen überwiegen (Murphy 1990). Dies kann leicht anhand der Statistik für den Verbraucherpreis-Index nachgewiesen werden.

Die Antwort auf die Frage, wie es zu einem solchen Preisanstieg bei Börse und Boden kommen kann, ohne daß sich Auswirkungen im Lebenshaltungskosten-Index zeigen, unterstreicht die Interessenlage offizieller Stellen. Der Index enthält z. T. viele Güter, die kaum noch nachgefragt werden und daher im Preis nicht steigen, und führt jene Preise für Mieten und Kosten der Hausanschaffung nicht auf, die aufgrund der Bodenpreis-Inflation stark gestiegen sein müßten.

In der japanischen Gesellschaft gilt der Anschein mehr als die Realität. Folglich haben Statistiken in Japan nicht den Zweck, die Realität möglichst exakt abzubilden, sondern die Aufgabe, den Anschein zu wahren. So stieg der Verbraucher-Preis-Index von 1986 bis 1990 um durchschnittlich 1,4 %, in den Jahren 1986-1988 lag die Steigerungsrate sogar unter 1 %. Mit diesen Steigerungsraten, die eine absolute Preisniveaustabilität signalisierten, wurde der Anschein gegeben, daß die japanische Wirtschaftspolitik ebenfalls außerordentlich tüchtig und dem Westen überlegen sei. Börsen-Hausse und Bodenpreissteigerungen konnten stattfinden, ohne daß es „Verlierer" gab: eine „win-win"-Situation für alle Beteiligten. Es entstand der Glaube, Kapital ließe sich beliebig vermehren, und Kapitalkosten ließen sich bis gegen Null senken.

Die japanischen Unternehmen haben sich in dieser Zeit (1985-1990) über den Aktienmarkt in Höhe von 1085 Mrd. DM praktisch kostenlos durch Ausgabe von neuen Aktien, Wandel- und Optionsanleihen refinanziert. Dies hat die Risikobereitschaft in der Chef-Etage sicherlich gefördert und so wurden Auslandsmärkte, insbesondere in den USA, erobert, weil die internationale Konkurrenz dem japanischen Expansionsstreben auf der Grundlage einer praktisch unerschöpflichen Kapitalquelle fast zum Null-Tarif nichts Gleichwertiges entgegenzusetzen hatte. Trotz des Expansionstempos wiesen die Bilanzen Rekordgewinne aus. Die japanische Wirtschaft schien vor Gesundheit zu strotzen. Unternehmen strukturschwacher Branchen kamen diese stillen Reserven ebenfalls gelegen. Die Krise in der Schwer- und Werftenindustrie konnte daher recht geräuschlos überstanden werden. Japanische Manager und ihre Management-Methoden erhielten weltweite Anerkennung.

In einem solchen psychologischen Erfolgsklima gab es keinen Raum für jene, die auf eine Scheinblüte hinwiesen. Es gab von innen keine Kraft, die den japanischen Konsens aufgebrochen hätte. Von außen – im Westen – wurde empirisch und wissenschaftlich nach der Überlegenheit japanischer Management-Systeme geforscht.[29]

Ausdruck des „neuen" japanischen Selbstbewußtseins – man fühlte sich nicht mehr als „underdog", man war vom Lehrling zum Lehrmeister emporgestiegen – war eine Schrift mit dem Titel: „The Japan that can say No".[30] Sie fand einen großen, positiven Widerhall in der Öffentlichkeit. Denn jetzt wurde zum ersten Mal von Mitgliedern der Führungselite offiziell formuliert, daß Japan ein gleichrangiger und gleichwertiger Partner zu den USA war.

Auch der Bürger Japans war mit dieser Situation zufrieden. Er war stolz darauf, daß die japanischen Inseln mit einem Festlandanteil von 0,3% rund 60% der Weltbodenpreise für sich beanspruchten, und der Boden des Kaiserpalastes so viel wert sei wie die Landmasse Kaliforniens. Die gesamte Führungselite unterließ in ihren öffentlichen Verlautbarungen nie den Hinweis, daß Japan ein einzigartiges Land sei, weil die Bevölkerung homogen und die Gesellschaft egalitär sei. Die Fiktion der klassenlosen Gesellschaft[31] war wichtig für das Gesetz der Harmonie. Für eine Nation, deren Faktoren des Wirtschaftsaufstieges in Motivation, Identifikation, Opferbereitschaft und Respekt vor der Autorität der Bevölkerung zu suchen sind, mußte Egalität und Harmonie nach außen (Anschein) unter allen Umständen gewahrt werden.

Die spektakulären Käufe von Immobilien in den USA – Rockefeller Center und Columbia Pictures – signalisierten dem Durchschnittsjapaner, daß Japan stark geworden war, daß es, wenn es nur wollte, alles in der Welt kaufen konnte. In seine Vorstellung paßte aber auch nicht das Bild, daß amerikanische Bürger diese „Nationalheiligtümer" überhaupt zum Kauf anboten. Wie auch immer, von diesen Käufen ging eine Signalwirkung aus. Es setzte ein „Run" auf Immobilienwerte in den USA ein. Sie schienen zum einen im Vergleich zu Japan spottbillig zu sein und zum anderen folgte man dem allgemeinen Gruppendruck, sein Geld in den USA anlegen zu müssen.[32]

Die Banken spielten hierbei eine aktive Rolle. Sie organisierten diese „Kauftrips", finanzierten das Immobiliengeschäft und verlängerten auf diese Weise ihre Bilanz. Das dazu notwendige Eigenkapital stellten die steigenden Börsenkurse sicher. „.... the Ministry of Finance includes their large hidden reserves of shareholdings as part of capital when calculating banks minimum capital requirements. In 1987, an international agreement on such capital rules for banks stipulatet that Japanese banks could count 45 Prozent of the market value of their shareholdings as capital. Every time the Tokyo stock market rises, Japanese banks capital rises, enabling them to make more loans and offer more financial services, boosting their profits" (Emmott 1990, S. 121).

Die Banken konnten endlich aus dem Schatten der Produktionsunternehmen heraustreten und beweisen, daß sie es sind, die den wirtschaftlichen Wohlstand Japans eigentlich zustande gebracht haben, indem sie eine Plattform für die Expansion der Unternehmen stellten. Die Geldwirtschaft strebte an, die reale Wirtschaft in den Hintergrund zu drängen. Die Finanzmacht überholte die Industriemacht.

6. Die Bankenkrise und ihre Schlußfolgerungen

Finanzmacht und Industriemacht Japan sind schwer geschädigt. Nach den Börsenkursen richtet sich nunmehr die Eigenkapitalquote der japanischen Banken. Fallen die Kurse rasch, geraten der japanische Finanzsektor und die Führungselite in helle Aufregung. „Die Börse trägt weniger den Charakter eines Marktes, sondern das Odium einer Regierungsveranstaltung" (Becker 1995, S. 302). Immer wenn sich der Nikkei Index der magischen Grenze von 14.000 Punkten nähert, droht der japanischen Finanzwelt der Kollaps, weil für die überwiegende Anzahl der Institute die Eigenkapitalquote unter 8 % sinkt. In den sechs Jahren der Krisenbewältigung wurde ein größerer Kollaps zwar verhindert, doch das permanente Krisenmanagement hat das Vertrauen in die Kompetenz der Führungselite nicht gerade verstärkt. Nach wie vor wird der echte Abschreibungsbedarf verschleiert (Becker 1993).

Die japanische Führungselite reagierte auf diese Krise traditionell: Wie in einem Dorf stecken die Dorfältesten die Köpfe zusammen, greifen zu den bewährten Rezepten und sorgen vornehmlich dafür, daß nichts nach außen dringt.[33] In diesem Sinne handelt die Elite unpolitisch und ohne globale Vision. Erst 1992 gab das offizielle Japan die Existenz einer Krise im Bankensystem zu, indem ein erstes Notprogramm beschlossen wurde.

Auf vielen Märkten der Welt büßte die japanische Wirtschaft ihre einstige Vormachtstellung ein. Das lag auch daran, daß andere Volkswirtschaften wie z. B. die USA in der Zwischenzeit stärker geworden waren.

Japanische Banken haben ihre überragende Position halten können – zumindest was die Bilanzsumme angeht. Doch das Zusammengehen von großen Instituten, der Kollaps von Regionalbanken und Hypothekenbanken zeigten, daß von der einstmaligen Stärke nicht viel übriggeblieben ist.

Die monetären Verluste sind bei weitem nicht die größten Kosten, die die Spekulationswelle der 80er Jahre hinterlassen hat. Die Führungselite Japans hat bei der breiten Mehrheit in der Bevölkerung an Vertrauen verloren. Ihr selbst fehlt Zukunftsvertrauen.

Die auch für japanische Verhältnisse häufigen Regierungswechsel, das Auseinanderbrechen der einstmals führenden Partei LDP, das Bemühen von Ministern, die Administration in den Griff zu bekommen und das Primat der Politik durchsetzen zu wollen, signalisieren, daß der Konsens der japanischen Führungselite gelitten hat oder sogar zerbrochen ist. Dies macht es den Institutionen so schwer, ein zielgerichtetes Krisenmanagement zu betreiben. Inwieweit es einen „Masterplan" für die Inszenierung des Spekulationsbooms gegeben hat, ist eine offene Frage (Emmott 1990). Fest steht: Die japanische Führungselite und insbesondere das Bankmanagement haben eine Entwicklung eingeleitet, die ihnen aus den Händen geglitten ist und deren Konsequenzen sie nur unzureichend in den Griff bekommen.

Die wesentliche Erkenntnis ist, daß die typischen japanischen Erfolgsbedingungen, wie Werte, Verhalten der Führungselite, Tradition etc., ab dem Zeitpunkt nicht mehr galten, als Japan den wirtschaftlichen Aufstieg geschafft zu haben schien, und die Führungselite weniger an das Land im Sinne der besten Samurai-Tradition, sondern mehr an sich und die öffentliche Anerkennung dachte. Das, was Japan im Aufstieg stark machte, im Konsens zu handeln, schwächte es in gleicher Weise in einer krisenhaften Entwicklung: Niemand hatte gelernt, war bereit oder sah die Notwendigkeit, rechtzeitig gegenzusteuern. Der gesellschaftliche Konsens innerhalb der Führungselite war wichtiger, als das Land und die Weltwirtschaft vor Schaden zu bewahren. Die gleiche Unfähigkeit, mit einer Krise umzugehen, zeigte sich 1995 beim Erdbeben in Kobe.

Was muß der Westen aus dieser Entwicklung lernen? Er muß lernen, Japan vorurteilsfreier zu betrachten, zu verstehen und zu analysieren. Aufgrund der westlichen „Blendung" gegenüber den japanischen Erfolgen war es der japanischen Elite längere Zeit möglich, auf selbst geschaffenem Buchgeld in Form von stillen Reserven vermeintlichen Wohlstand aufzubauen. Der Mythos stetig steigender Immobilienpreise geriet zur trügerischen Basis der Wirtschaftsexpansion.[34] Es besteht kein Zweifel, daß sich im Zuge der Interdependenzen der Volkswirtschaften alle an den Kosten der japanischen Krise beteiligen.

Die japanische Bankenkrise ist nur vordergründig eine Krise des Finanzsektors. Sie ist vielmehr eine Krise in der Führung des Landes und damit eine Krise des japanischen Management-Systems. Bill Emmott kommt daher zum Schluß: „Unlike the United States, Japan´s time for leadership, power and influence promises to be fairly brief" (Emmott 1990, S. 128).

Anmerkungen

1 Nikkei Weekly vom 6. Jan. 1997: „Economists forecast slump in the first half, recovery in the second."

2 Economist vom 25.1.1997; eine ausführliche Darstellung des japanischen Banken-Systems, das nach dem Trennbankensystem geordnet ist und durch starke Regulierungen sowie Segmentierung gekennzeichnet ist, findet man bei Baron 1990, S. 1053 ff.

3 In Japan gelten Kredite dann als notleidend, wenn mehr als 6 Monate keine Zins- oder Tilgungszahlungen geleistet wurden.

4 Der Generaldirektor der japanischen Economic Planning Agency, Masaru Yoshitomi, schlug den Amerikanern vor, gemeinsam die wirtschaftliche Führung in der Welt zu übernehmen und ein neues Weltwährungssystem zu begründen, da die militärische und ökonomische Stabilität der USA ohnehin von der japanischen Technik und dem Kapital abhänge. Vgl. H. Albach (1990), S. 370.

5 Kenneth Courtis zitiert nach Helmut Becker: „Hat Japan am Markt vorbei investiert?" in: Börsen-Zeitung vom 19.11.1991.

6 Seits (1990), Ederer (1991), Streib/Ellers (1994).

7 Zu beobachten ist, daß der Westen immer dann zur Mythologisierung neigt, wenn die Erfolge Dritter nicht auf die Überlegenheit des eigenen kulturellen Systems zurückgeführt werden können. Nur so kann m. E. erklärt werden, daß sich die Entwicklung Japans lange Zeit einer rationalen Erklärung verschloß und sich in den 80er Jahren ein Respektabstand zu Japan ergab, der als ein weiterer Erfolgsbaustein herangezogen werden kann.

8 Zu den Entwicklungsmustern einer Volkswirtschaft siehe Porter (1990).

9 Was Disziplin in Zusammenhang mit einer vom Konfuzianismus geprägten Gesellschaft bedeutet, kann am folgenden Beispiel gezeigt werden, das der Autor selbst in Tokyo verfolgen konnte: Eine japanische Schülerin war wenige Minuten zu spät zur Schule gekommen, und der Lehrer warf das eiserne Schultor ohne Rücksicht auf die herbeieilende Schülerin zu mit der Folge, daß sie mit dem Kopf zwischen Eisentor und Betonmauer geriet und sich tödliche Verletzungen zuzog. Der erste Kommentar der Schulleitung war: Wäre sie pünktlich gewesen, wäre nichts passiert. Disziplin müßte sein. Dies war allerdings auch für das japanische Selbstverständnis zuviel des Guten. Direktor und der betroffene Lehrer wurden vom Schuldienst suspendiert – allerdings erst Monate später.

10 Für den einzelnen gilt in Japan die Regel: „Genialität, die sich nur selbst kennt, stört."

11 Ein Durchfallen bei der Abschlußprüfung würde der Gruppensolidarität ein schlechtes Zeugnis ausstellen. Deshalb sind die Abschlußprüfungen an japanischen Schulen bzw. Universitäten im Vergleich zur Aufnahmeprüfung eher harmlos.

12 Die persönliche Qualifikation umfaßt neben fachlichen Qualitäten vor allem die menschlichen.

13 Das Verhältnis vom Mitarbeiter zum Vorgesetzen ist entspannter, als man vermuten könnte.

14 In der japanischen Sprache gab es kein Zeichen für den Begriff Wettbewerb. Für Wettbewerb wurde der Begriff Wettstreit eingeführt, der aber etwas anderes meint. Vgl. hierzu Albach (1990), S. 371.

15 Westliche Unternehmen haben über ihre kurzfristige, profitorientierte Geschäftspolitik ihren Untergang z. T. selbst beschleunigt, indem sie auf abgeschriebene Forschungs- und Entwicklungsaufwendungen Lizenzen vergaben, ohne sich der Mühe zu unterziehen, eine eigene Position auf dem japanischen Markt aufzubauen.

16 So rechnete man damit, im Jahre 2000 die Wirtschaftsleistung der USA übertreffen zu können.

[17] Einer der eifrigsten Apologeten dieser These war Akio Morita, der Gründer und langjährige Präsident sowie Chairman von Sony.

[18] Zu Fragen des interkulturellen Managements siehe Schuster (1996).

[19] Siehe hierzu van Wolferen (1989): „Japan has the institutions of a parliamentary democracy, yet is effectively a one-party state and the power of the Japanese prime minister is less than that of any other head of government in Asia or the West. Japan is governed, contrary to all appearances, with no centre of accountable power."

[20] Es ist unbestritten, daß die politische Macht mehr in der Administration angesiedelt ist als z. B. im Parlament oder bei der Regierung. Siehe ebenda.

[21] Dies ist ein Ergebnis einer Reihe von Interviews mit japanischen Bank-Managern im Rahmen einer Projektstudie von Studenten der Katholischen Universität Eichstätt am Lehrstuhl für Bankbetriebslehre, Prof. Dr. Leo Schuster, über die Service-Qualität japanischer Banken im Oktober 1996, unveröffentlichtes Manuskript.

[22] Eine ausführliche Darstellung zur Popularität von Zaitech für japanische Banken findet man bei Heffernan (1996), S. 347 ff.

[23] Eine dataillierte Darstellung des Markt-Anteils-Strebens japanischer Unternehmen und Banken findet sich bei Thurow (1990) im Kapitel: Japan: The Challenge of Producer Economics.

[24] Am 22.9.1985 trafen sich im Hotel Plaza in New York die Finanzminister und Notenbankchefs der fünf wichtigsten Industrieländer und beschlossen, den Dollar abzuwerten und die anderen Weltwährungen, vor allem den Yen, aufzuwerten.

[25] Jahresanfangskurs 1985 von 260,3 zu Jahresendkurs 1987 von 128,4.

[26] Die Außenhandelstheorie spricht in diesem Zusammenhang vom J-Kurven-Effekt.

[27] Mitsubishi Real Estate kaufte im Herbst für 848 Mio. Dollar das Rockefeller Center. An der Ginza, Tokyos Prachtstraße, hätte man zum gleichen Zeitpunkt nur eine Grundstücksparzelle von 1200 qm zum gleichen Preis kaufen können. In dieser Zeit war es geradezu ein Hobby, abenteuerliche Vergleiche für die Grundstückswerte in Tokyo anzustellen. So z. B. daß der japanische Boden viermal mehr wert sei als der der USA oder der Grundstückswert eines Stadtteilbezirks von Tokyo (Chiyoda) soviel wert wie der Boden Canadas. Angesichts dieser Grundstückspreis-Dimensionen wundert es nicht, daß die tatsächlichen Umsätze sehr gering waren. Die Erwartung weiterer horrender Grundstückspreissteigerungen verknappte das Angebot zusätzlich. Siehe The Japan Economic Journal (1990).

[28] Zu dieser Zeit konnte sich eine Gastwirtin in fünf Jahren Kredite in Höhe von 42,5 Mrd. DM bei renommierten japanischen Banken verschaffen.

[29] Einer der wenigen westlichen Beobachter Japans, die schon frühzeitig auf die eigentlichen Ursachen der japanischen Scheinblüte hinwiesen, ist der Korrespondent der Börsen-Zeitung, Helmut Becker. So in einem Vortrag vor den oberen Führungskräften der BMW AG am 19.9.1991: „Die Japan AG am Wendepunkt -Angstgegner mit Schwächen", unv. Manuskript.

[30] Shintaro Ishihara/Akio Morita: „The Japan that Can Say No", Kobunsha, Kappa-Holmes. Kennzeichnend für das Denken der japanischen Führungselite war die Überschrift über ein Kapital von Morita: „The Decline of an America which can only see 10 minutes ahead".

[31] Daß dies nur eine Fiktion sein konnte, wird sofort deutlich, wenn die Gesellschaft nach Grundstücksbesitzern und -nichtbesitzern aufgeteilt wird.

[32] Der massive Aufkauf amerikanischer Immobilien war aufgrund des Renditegefälles eher ein Zeichen von Kapitalflucht. Dies wurde in Japan zur damaligen Zeit aber nicht diskutiert.

[33] Die Verschleierungstaktik hat sicherlich auch psychologische Gründe. Man wollte/ will weder das Gesicht verlieren noch das gesamte Vertrauen in die Bankenwelt aufs Spiel setzen und damit eine internationale Massenpsychose in Gang setzen. Als „harte" Maßnahmen wurden im Zusammenspiel von Regierung, Aufsichtsbehörden und Banken ergriffen: Verschmelzung von Banken, Zahlungen der Einlagenversicherung, Kauf von problematischen Bankkrediten durch den Staat. Vgl. die Ansätze zum Krisenmanagement bei Reszat (1995), S. 302 ff.

[34] Becker (1996) weist darauf hin, daß der explosionsartig steigende Wert des Faktors Boden nunmehr seine Wirkung in ganz Asien zeigt.

Literatur

Albach, H.: Japanischer Geist und internationaler Wettbewerb, in: ZfB, 60 Jg., 4/1990, S. 369-382

Alexander, P.: Struktur und Ziele des japanischen Bildungssystems – ein Modell für Deutschland?, in: *M. Esser/K. Kobayashi* (Hrsg.), Kaishain, Göttingen 1994

Baron, P. P. (1995): Vertriebsstrategien und Vertriebswege im Finanzmarkt in Japan, Frankfurt/Main 1995

Becker, H.: Brokerskandal schwächt Tokio, in: Börsenzeitung vom 10.7.1991 (1991 a)

Becker H.: Die Japan AG am Wendepunkt – Angstgegner mit Schwächen, Vortrag vor den oberen Führungskräften der BMW AG am 19.9.1991, unv. Manuskript (1991 b)

Becker, H.: Hat Japan am Markt vorbei investiert? in: Börsen-Zeitung vom 19.11.1991 (1991 c)

Becker, H.: Japan-Banken verschleiern Abschreibungsbedarf, in: Börsen-Zeitung vom 19.6.1993

Becker, H.: Börse, Banken, Immobilien: Das spekulative Element der Wirtschafts- und Finanzpolitik, in: *H. J. Mayer/M. Pohl*, Länderbericht Japan – Geographie, Geschichte, Politik, Wirtschaft, Gesellschaft, Kultur, Darmstadt 1995, S. 292-304

Becker, H.: Asiens teures Wunderelixier – der Faktor Boden, in: Börsen-Zeitung vom 19.1.1996

Cutts, R. L.: Power from the Ground Up: Japans Land Bubble, in: Harvard Business Review, May-June 1990, S. 164-172

Ederer, G.: Das leise Lächeln des Siegers: Was wir von Japan lernen können, Düsseldorf 1991

Eli, M.: Die Bedeutung wirtschaftlicher Verbundgruppen: Netzwerkstruktur und Keiretsu-Effekt, in: *H. J. Mayer/M. Pohl* (Hrsg.), Länderbericht Japan – Geographie, Geschichte, Politik, Wirtschaft, Gesellschaft, Kultur, Darmstadt 1995, S. 265-277

Emmott, B.: The Sun also sets, London 1989

Esser, M.: Mitarbeiterentwicklung in japanischen Großunternehmen, in: *M. Esser/K. Kobayashi* (Hrsg,), Kaisain, Göttingen 1994

Heffernan, S.: Modern Banking in Theory and Practice, Chichester 1996

Hilpert, H.-G.: Hintergründe der japanischen Yen- und Börsenbaisse, in: *O. Betsch/R. Wiechers* (Hrsg.), Handbuch Finanzvertrieb, Frankfurt am Main 1990

Murphy, R. T.: Japan – Finanzmacht ohne Verantwortung, in: Harvard Manager, 12. Jg., I. Q. 1990

o.V.: Japans land prices: A blessing becoming a curse, in: The Japan Economic Journal vom 20.1.1990

o.V.: Economists forecast slump in first half, recovery in second, in: The Nikkei Weekly vom 6. Jan. 1997

o. V.: Japan – Analysen, Prognosen, in: Mitteilungen für die Förderer der Japan-Studienstelle am Ifo-Institut für Wirtschaftsforschung, München

Pauer, E.: Japanischer Geist – westliche Technik: Zur Rezeption westlicher Technologie in Japan, in: Saeculum, XXXVIII, Heft 1/1987, S. 19-51

Porter, M. E.: The competitive Advantage of Nations, New York 1990

Reszat, B.: Japanische Banken im internationalen Wettbewerb – Phönix aus der Asche?, in: *M. Pohl* (Hrsg.), Japan 1994/95 – Politik und Wirtschaft, Hamburg 1995

Sakai, K.: The Feudal World of Japanese Manufacturing, in: Harvard Business Review, Nov.-Dec. 1990, S. 38-49

Schuster, L.: Intercultural Bank Management – A General Survey, in: *L. Schuster* (Hrsg.), Banking Cultures of the World, Frankfurt am Main 1996, S. 3-24

Seitz, K.: Die japanisch-amerikanische Herausforderung, Bonn 1990

Sonnenborn, H.-P.: Japan – Erfahrungsbericht über Mythen, Realitäten und Kooperationen, in: Technologie & Management, 42. Jg., 4/1993, S. 163-169

Streib, F./Ellers, M. (1994): Der Taifun – Japan und die Zukunft der deutschen Industrie, Hamburg 1994

Thurow, L.: Head to Head: the coming economic Battle among Japan, Europe, and America, New York 1992

van Wolferen, K.: The Enigma of Japanese Power, London 1989

Womack, J. P./Jones, D. T./Roos, D. (1990): The Machine that changed the World, New York 1990

Lebenslauf von Professor Dr. Leo Schuster

Prof. Dr. Leo Schuster, geboren am 8. Juli 1937 in Fürth/Bayern, studierte von 1957-1962 Wirtschaftswissenschaften an den Universitäten Erlangen/Nürnberg, München und Wien. Seine Tätigkeit als wissenschaftlicher Mitarbeiter am Lehrstuhl für Bankbetriebslehre der Universität Erlangen/Nürnberg bei Prof. Dr. Hanns Linhardt und später bei Prof. Dr. Oswald Hahn beendete er 1966 mit einer Dissertation über „Zentralnotenbankpolitik und Bankenaufsicht in den EG-Ländern". Habilitiert wurde Leo Schuster im Jahre 1975 an der Universität St. Gallen mit der Schrift „Macht und Moral der Banken". Von 1975 bis 1990 war er ordentlicher Professor, bereits seit 1971 Direktor des Instituts für Bankwirtschaft an der Universität St. Gallen. Nach abgelehnten Rufen an die Wirtschaftsuniversität Wien und die Ludwig-Maximilians-Universität München nahm er 1990 einen Ruf als Ordinarius an den Lehrstuhl für Allgemeine Betriebswirtschaftslehre, Finanzierung und Bankbetriebslehre der neugegründeten wirtschaftswissenschaftlichen Fakultät Ingolstadt der Katholischen Universität Eichstätt an.

Von 1991 bis 1993 war er Gastprofessor der Universität Lausanne/Schweiz. Das wissenschaftliche Werk von Leo Schuster umfaßt ca. 250 Artikel zu bank- und finanzwirtschaftlichen Themen sowie ca. 30 Buchveröffentlichungen als Autor oder Herausgeber. Leo Schuster ist Gründungsmitglied der „European Association of University Teachers of Banking and Finance" sowie Mitherausgeber der „Zeitschrift für das gesamte Kreditwesen" und im wissenschaftlichen Beirat der Zeitschriften „Schweizer Bank" und „Revue de la Banque".

Der Wirtschafts- und insbesondere Bankpraxis ist Leo Schuster verbunden durch die Mitgliedschaft in Verwaltungs- und Aufsichtsräten von Banken und Versicherungen sowie als Beirat in bankbetrieblichen Gremien in der Schweiz und Deutschland. Praktische Erfahrungen gewann er darüber hinaus im Rahmen seiner Tätigkeit bei der Commerzbank AG und als Consultant der Vereinten Nationen in New York.

Die Autoren des Bandes

A.G. Abbasi ist Präsident der Habib American Bank, New York.

Prof. Dr. Jean-Paul Abraham ist emeritierter Professor für Kapitalmarkttheorie an der Wirtschafts- und Sozialwissenschaftlichen Fakultät der Universität Notre-Dame de la Paix, Namur (Belgien). Darüber hinaus ist er Präsident der Société Universitaire Européenne de Recherches Financières (SUERF).

Dipl.-Vw. Torsten Arnsfeld ist wissenschaftlicher Mitarbeiter am Lehrstuhl für Bankmanagement und Controlling (Prof. Dr. Henner Schierenbeck) der Universität Basel.

Prof. Dr. Günter Ashauer ist Honorarprofessor an der Universität zu Köln und Direktor der Deutschen Sparkassenakademie in Bonn.

Prof. Dr. Uwe Bestmann hat an der Fachhochschule Aachen die Professur „Internationales Finanzmanagement" inne.

Prof. Dr. Dr. Oskar Betsch ist Inhaber des Lehrstuhls für Finanzierung und Bankbetriebslehre der Technischen Hochschule Darmstadt.

Prof. Dr. Wilhelm Bühler ist Vorstand des Instituts für Kreditwirtschaft an der Wirtschaftsuniversität Wien.

Marc Buermeyer ist wissenschaftlicher Assistent am Schweizerischen Institut für Banken und Finanzen der Universität St. Gallen.

Dr. Wolfgang Burr ist wissenschaftlicher Assistent am Lehrstuhl für Internationales Management der Universität Hohenheim.

Prof. Dr. habil. Hans Corsten, o. Universitätsprofessor, ist Inhaber des Lehrstuhls für Produktionswirtschaft an der Universität Kaiserslautern.

Prof. Dr. Jörg-Engelbrecht Cramer ist persönlich haftender Gesellschafter des Bankhauses Georg Hauck & Sohn Bankiers KGaA. Darüber hinaus nimmt er einen Lehrauftrag an der Johann Wolfgang Goethe-Universität in Frankfurt/Main, mit dem Schwerpunkt Wertpapier- und Kreditgeschäft, wahr.

Prof. Dr. Guido Eilenberger ist Inhaber des Lehrstuhls für Allgemeine Betriebswirtschaftslehre, Bankbetriebslehre und Finanzwirtschaft – Dr. Meyer-Struckmann-Stiftungsprofessur – an der Universität Rostock und Direktor des Instituts für Bank- und Wirtschaftsrecht an der Universität Rostock.

Prof. Dr. Rainer Förderreuther ist Professor an der Fachhochschule München für die Lehrgebiete Personalführung und Organisationspsychologie. Darüber hinaus leitet er eine Personalberatung.

Dr. Willibald Folz ist Präsident des Genossenschaftsverbandes Bayern. Daneben ist er Mitglied in verschiedenen Aufsichtsräten des Finanzdienstleistungs- und Genossenschaftssektors. Dr. Folz ist Lehrbeauftragter für die Fächer Bankrecht und Genossenschaftswesen an der Wirtschaftswissenschaftlichen Fakultät Ingolstadt der Katholischen Universität Eichstätt.

Prof. Dr. Steven F. Frowen ist Honorary Research Fellow an der Volkswirtschaftlichen Fakultät des University College London und Senior Research Associate am Von Hügel Institute des St. Edmund's College, Cambridge. Des weiteren ist er External Professorial Research Associate am Institute for German Studies.

Prof. Edward P.M. (Ted) Gardener ist Professor für Bankbetriebslehre an der University of Wales, wo er ebenfalls Direktor des „Institute of European Finance" ist. Darüber hinaus ist er Gastprofessor an den Universitäten von Malta, Queen Mary sowie am Westfield College (UCL), Turin und Namur.

Hyder M. Habib ist Präsident der Habib American Bank, New York. Herr Habib ist Mitglied in mehreren Kommissionen und Beratungsgremien, so z.B. bei der Expertenkommission zur Beratung der pakistanischen Regierung in Fragen industrieller und gesamtwirtschaftlicher Entwicklung.

Steffen Hörter ist wissenschaftlicher Mitarbeiter am Lehrstuhl für Allgemeine Betriebswirtschaftslehre, Finanzierung und Bankbetriebslehre von Prof. Dr. Leo Schuster.

Prof. Dr. Elias Karakitsos ist Professor für Volkswirtschaftslehre und Leiter der Volkswirtschaftlichen Abteilung an der Management School des Imperial College, University of London. Er ist Berater verschiedener britischer Regierungsgremien und multinationaler Banken.

Prof. Dr. Beat Kleiner ist emeritierter Professor für Bankrecht an der Universität St. Gallen.

Martin Kohlhaussen ist Sprecher des Vorstandes der Commerzbank AG. Gegenwärtig ist er Präsident des Bundesverbandes deutscher Banken.

Dr. Michael Krause ist Mitleiter der Commerzbank AG, Filiale Ulm, und dort zuständig für das Firmenkundengeschäft.

Dr. Karsten Karl Klaus Kunert ist Mitglied der Direction der CREDIT SUISSE und leitet das CREDIT SUISSE-Servicecenter Zürich. Daneben engagiert sich Dr. Kunert im Rahmen verschiedener Lehraufträge für den Nachwuchs.

Dr. Hansjörg Leichsenring ist Gebietsleiter im Geschäftsbereich Privat- und Geschäftskunden für das Gebiet Mannheim/Heidelberg der Deutsche Bank AG.

Dr. Günther Merl ist Mitglied des Vorstandes der Landesbank Hessen-Thüringen.

Prof. Dr. Ehrenfried Pausenberger ist Inhaber des Lehrstuhls Betriebswirtschaftslehre VII (Internationale Unternehmungen, Unternehmenszusammenschlüsse) an der Justus-Liebig-Universität, Gießen. Des weiteren ist er wissenschaftlicher Leiter des Arbeitskreises „Organisation und Führung international tätiger Unternehmen" der Schmalenbach-Gesellschaft/DGfB.

Manfred Pix ist Vizepräsident und als Verbandsdirektor Leiter der Sparkassenabteilung des Bayerischen Sparkassen- und Giroverbandes. Daneben ist er Lehrbeauftragter für Wirtschafts- und Sozialgeschichte an den Universitäten Erlangen/Nürnberg, München und Salzburg.

Prof. Dr. Henner Schierenbeck ist Ordinarius für Bankmanagement und Controlling an der Universität Basel.

Prof. Dr. Bernd Schips leitet die Konjunkturforschungsstelle KOF an der Eidgenössischen Technischen Hochschule (ETH) in Zürich und ist dort Professor für Nationalökonomie.

Peter M. Schmidhuber, ehemaliges Mitglied des Deutschen Bundestages und der Europäischen Kommission, ist Mitglied des Direktoriums der Deutschen Bundesbank.

Dr. Stefan Schmittmann ist als Mitglied der Geschäftsleitung Firmenkunden verantwortlich für den Zentralbereich Kredit der Bayerischen Vereinsbank AG.

Prof. Dr. Hans-Peter Sonnenborn ist Professor für Internationales Management und Marketing an der Fachhochschule Hof sowie Lehrbeauftragter für die Vorlesung „Unternehmensführung in Japan" an der Wirtschaftswissenschaftlichen Fakultät Ingolstadt der Katholischen Universität Eichstätt.

Prof. Dr. Klaus Spremann ist Professor für Finanz- und Rechnungswesen an der Universität St. Gallen (HSG), Direktor am Schweizerischen Institut für Banken und Finanzen der Universität St. Gallen und Partner der GfB (Gesellschaft für Bankberatung).

Prof. Dr. Johann Heinrich von Stein ist Inhaber des Lehrstuhls für Kreditwirtschaft der Universität Hohenheim, Stuttgart, sowie Leiter der Stiftung Kreditwirtschaft und des Europäischen Bausparinstituts, Stuttgart. Darüber hinaus ist er Mitglied des Börsenrates und anderer Aufsichts- und Unternehmungsgremien.

Dr. Bernd Thiemann ist Vorsitzender des Vorstandes der DG BANK Deutsche Genossenschaftsbank, Frankfurt am Main.

Dr. Burkhard P. Varnholt ist Associate der Financial Institutions Group von Morgan Stanley in London und Gastdozent an der Universität St. Gallen.

Andreas Wagner ist wissenschaftlicher Mitarbeiter am Lehrstuhl für Allgemeine Betriebswirtschaftslehre, Finanzierung und Bankbetriebslehre von Prof. Dr. Leo Schuster.

Dr. Klaus Wieners ist Geschäftsführer der WestLB Research GmbH und Mitglied verschiedener nationaler und internationaler Fachkomitees.

Prof Dr. Heinz Zimmermann ist Professor für Volkswirtschaftslehre mit Schwerpunkt in Finanzmarkttheorie an der Universität St. Gallen und Direktor am Schweizerischen Institut für Banken und Finanzen der Universität St. Gallen. Ferner ist er Dozent für Volkswirtschaftslehre an den Universitäten Basel und Zürich.